효과적인 사이버 보안 실행 및 정책 수립을 위한 지침서

EFFECTIVE CYBERSECURITY

이펙티브 사이버시큐리티

저자 윌리암 스탈링스 | **옮긴이** 한영태 김길성 장미영

EFFECTIVE CYBERSECURITY: A GUIDE TO USING BEST PRACTICES AND STANDARDS, 1st edition

Authorized translation form the English language edition, entitled EFFECTIVE CYBERSECURITY: A GUIDE TO USING BEST PRACTICES AND STANDARDS, 1st edition by STALLINGS, WILLIAM, published by Pearson Education, Inc, publishing as Addison—Wesley Professional, Copyright © 2019

이펙티브 사이버시큐리티

2021년 5월 31일 초판 1쇄 인쇄
2021년 6월 7일 초판 1쇄 발행

지은이 윌리엄 스탈링스
옮긴이 한영태, 김길성, 장미영

펴낸이 정상석
책임 편집 엄진영
본문편집 이경숙
표지디자인 김희연
펴낸 곳 터닝포인트(www.diytp.com)
등록번호 제2005-000285호

주소 (03991) 서울시 마포구 동교로27길 53 지남빌딩 308호
대표 전화 (02)332-7646
팩스 (02)3142-7646
ISBN 979-11-6134-093-7 (13000)

정가 40,000원

내용 및 집필 문의 diamat@naver.com
터닝포인트는 삶에 긍정적 변화를 가져오는 좋은 원고를 환영합니다.

머릿말

사이버 보안을 효과적으로 실행하는 것은 매우 어렵다. 전문적인 지식이 있는 많은 조직에서 모범 사례에 대한 문서를 작성했을 뿐 아니라 사이버 보안에 대해 개발하고, 구현하였으며 평가 표준을 만들었다.

사이버 보안 표준 기관중에서 NIST(National Institute of Standards and Technology, 미국 국립 표준 기술 연구소)가 가장 두드러진다. NIST는 사이버 보안 영역에서 9가지 FIPS(Federal Information Processing Standard, 연방 정보 처리 표준)를 통해 보안 지침을 제공하고 100개가 넘는 SP(Special Publication, 특별 간행물)를 포함하여 많은 간행물들 출판하고 있다. 국제 표준화 기관인 ISO에서도 정보 보안 관리 시스템에 대한 27000 시리즈 표준을 제공하고 있다. 그 외 사이버 보안 관련 표준과 지침을 제공하는 기관은 다음과 같다.

- SACA/COBIT: COBIT-5는 정보 보안과 관련된 문서 중에서 가장 널리 활용되는 문서이다.
- ITUT 통신 표준 분과(ITU-T): 보안 관리 분야에서 가장 중요한 문서는 X.1050에서 X.1060 시리즈이다.
- 인터넷 소사이어티(ISOC): 사이버 보안과 관련된 많은 표준과 RFC가 출간되었다.

또한 많은 전문가와 기업 그룹들이 모범 사례 문서들과 관련 지침들을 작성하고 있다. 그 중에서 가장 주목할 만한 것은 인터넷 보안 포럼(ISF : Information Security Forum)에서 발간한 정보 보안에 대한 모범 사례 표준(SGP : The Standard of Good Practice for Information Security)이다. 300 페이지에 이르는 이 문서에는 업계와 정부에서도 공감하는 다양한 모범 사례를 포함하고 있다. 그 외 중요 기관으로 산업에서 승인된 보안 통제 및 지표들에 대한 상세 목록을 출간하는 인터넷 보안 센터(CIS : Center for Internet Security)이다. 그 외 신뢰할 만한 많은 기관에서 다양한 문서들을 출간하고 있다. 실용적이며 많은 사람들이 수용하는 문서들이 존재한다. 문제는 너무도 많은 양의 정보가 있어 사이버 보안을 실행하는 사람들이 사이버 보안 시스템 및 정책 수립에 있어 이러한 문서들을 효과적으로 활용하지 못한다는 것이다. 이 책의 목적은 보안을 실행하는 사람들이 효과적으로 활용할 수 있도록 이러한 자료들을 일목요연하게 정리하는데 있다.

들어가기전에

이 책은 IT 보안 유지보수 및 보안 관리를 수행하는 사람들 뿐 아니라 사이버 보안 및 정보 보안에 관심을 갖는 사람들이 활용할 수 있을 것이다.

책의 구성

이 책은 세 부분으로 구성된다.

- 1부 : "사이버 보안 계획 수립"은 보안 거버넌스 및 보안 요구 사항을 포함한 사이버 보안 목표를 효과적으로 관리하기 위한 지침을 제공한다. ISF는 보안 거버넌스를 정책과 방향으로 구성된 프레임워크로 정의하며 이를 통해 고위 경영진에게 보안 관리 활동이 정확하고 일관되게 수행되고 있음을 보증한다. 1부에서는 조직의 사이버 보안 실무에 있어 공백이 없도록 하기 위해 위험 및 보안 요구 사항에 대한 지침을 제공한다.
- 2부 : "사이버 보안 기능 관리"는 정의된 보안 요구 사항들을 만족시킬 수 있는 보안 통제 정책들에 대한 자세히 기술한다. 특히 13장은 광범위한 관리, 운용 및 효과적인 사이버 보안에 도달하기 위한 기술적인 내용들을 다룬다.
- 3부 : "보안 평가"에서는 사이버 보안 통제의 성능을 감사하고 모니터링할 수 있는 기술들에 대해 논의할 것이다.

참고 사이트

저자가 운용하는 WilliamStallings.com/Cybersecurity에서 보안 관련 참고 사이트들을 제공하고 있으며 본 도서에 대한 정오표도 제공한다.

WilliamStallings.com/
CybersecurltyCompanion website

ComputerScience Student.com Computer
Science Student Resource Site

저자는 컴퓨터관련 전공자들을 위한 CimputerScienceStudent.com 사이트도 운용하고 있다. 사이트 운영 목적은 컴퓨터 관련 분야의 학생들과 교수들에게 다양한 문서들과 정보를 제공하고 그들을 연결시켜주는데 있다. 본 사이트에서 제공되는 링크와 문서는 다음과 같이 7가지 주제로 분류된다.

- 수학: 수학관련 보충 자료, 큐잉 분석 입문서, 수량법 입문서, 그 외 다양한 수학 관련 링크 제공
- How-to: 과제 풀이를 위한 조언과 안내서 제공, 기술 보고서 작성 방법 및 기술 발표 준비와 관련된 자료 제공
- 연구 자료: 중요 논문집, 기술 보고서 및 서지 정보에 대한 링크 제공
- 기타 유익한 것들: 여러 종류의 유용한 문서 및 링크 제공
- 컴퓨터 공학 진로: 컴퓨터 공학 진로에 관심 있는 사람들을 위한 유익한 사이트 및 문서 제공
- 글쓰기: 명확하고 효과적인 글을 쓰는 작가가 되기 위한 유익한 자료 제공
- 그 외 주제 및 유머: 휴식 시 도움될 만한 자료

감사의 글

이 책은 보안 분야의 전문적인 지식을 가진 많은 사람들의 기여로 만들어졌다. 그들 중에서도 전체 내용 검토에 많은 시간과 헌신을 아끼지 않은 Akhil Behl과 Michael Shannon에게 특별한 고마움을 전하고자 한다. 또한 이 책을 처음 제안해준 Steven M. Bellovin, Kelly Dempsey, Charles A. Russel, Susan Sand, Omar Santos 에게 감사의 마음을 전한다. 책의 각 장을 또는 그 이상을 검토해준 기술 감수자인 Sohail Awad, Vinay Banakar, Vilius Benetis, Rodrigo Ristow Branco, Michael Brown, Herve Carpentier, Jim Fenton, Adri Jovin, Joseph Kellegher, Adnan Kilic, Edward Lane, Junior Lazuardi, Matt Nichols, Omar Olivos, ShanShan Pa, Venkatesh Ramamoorthy, Antonius Ruslan, Jose Samuel, Jigar Savla, Matias Siri, Dauda Sule에게 고마운 마음을 전한다.

마지막으로 Pearson사의 관계자 분들께 감사의 마음을 전한다

저작 및 공헌자 정보

윌리엄 스탈링스(William Stallings) 박사는 컴퓨터 보안, 컴퓨터 네트워킹, 컴퓨터 아키텍처까지 광범위한 영역에서 관련 기술을 소개하는데 독보적인 공헌을 했다. 18권의 교과서를 저술했으며 개정판을 포함한다면 70권의 책을 저술했다.

IEEE 논문집, ACM 컴퓨팅 리뷰를 포함하여 ACM과 IEEE 간행물에 많은 논문을 기고했다. 스탈링스 박사는 교과서 및 학술 저자 협회에서 올해 최고의 컴퓨터 과학 교과서로 13회 수상했다.

30년 이상의 실무 경험을 가진 스탈링스 박사는 기술 공헌자, 기술 관리자, 첨단 기술 회사의 임원으로 활동했다. 스탈링스 박사는 마이크로 컴퓨터에서 메인 프레임에 대한 다양한 컴퓨터 및 운영체제에서 TCP/IP, OSI 기반 프로토콜을 설계하고 구현했다. 현재 컴퓨터 및 네트워킹 제조 업체, 소프트웨어 개발 회사, 최첨단 정부 연구 기관을 대상으로 독립 컨설턴트로 일하고 있다.

스탈링스 박사는 컴퓨터 과학분야 학생들에게 유용한 자원을 제공하는 ComputerScienceStudent.com 사이트를 운영하고 있다. 사이트에서는 일반적인 주제에서 컴퓨터 과학 분야에 이르기까지 다양한 문서와 사이트 정보를 제공하고 있다. 암호학의 모든 측면을 다루는 학술지인 Cryptologia의 편집 위원이다.

윌리암 스탈링스 박사는 컴퓨터 과학 분야에서 MIT 박사학위를 취득하였으며 노틀담 대학에서 전기공학 학사를 취득하였다.

기술 편집자

아킬 벨(Akhil Behl)

CCIE(19564) 자격을 보유하고 있으며 클라우드 및 IT 보안 관련 분야에서 임원으로 재직하고 있다. 15년 이상의 실무 경험을 가지고 있으며 조직을 이끄는 리더, 자문가, 컨설턴트로 일했으며 많은 조직과 함께 비즈니스 프로파일을 개발했다. 아킬의 전문 분야는 클라우드, 보안, 인프라, 데이터 센터, 비즈니스 커뮤니케이션이다.

아킬은 지난 몇 년 동안 보안 및 비즈니스 커뮤니케이션 기술에 대한 책을 저술했다. 12권 이상의 출간된 책에서 기술 편집자로 공헌했다. IEEE Xplore를 비롯한 미국 저널에 연구 논문을 발표했으며 IEEE 학회 뿐 아니라 우수한 ICT, 보안, 통신사 행사에서 발표를 했다. 글쓰기와 멘토링은 아킬이 열정적으로 일하는 분야이다.

아킬은 CCIE, CCSK, CHFI, PMP, ITIL, VCP, TOGAF, CEH, ISM, CCDP 등 많은 자격증을 보유하고 있다. 기술 학사 학위와 경영학 석사 학위를 가지고 있다.

마이클 J 샤넌(Michael J. Shannon)

1990년 초 스튜디오 음향 녹음 기술자로 종사하다 이 후 통신사 네트워크 기술자로 전환하면서 IT 분야에서 경력을 시작하게 되었다. 이후 보안 분야에 중점을 두기 시작했고 얼마되지 않아 HIPAA의 10명의 공인 전문가 중 한 명이 되었다. IT 분야에서 30년 동안 종사하는 동안 Platinum Technologies, Fujitsu, IBM, State Farm, Pearson, MindSharp, Thomson/NetG, Skillsoft 등에서 직원, 계약자, 트레이너, 컨설턴트 역할을 수행했다. 샤넌은 책과 교육용 교재를 저술했으며 오랜 시간동안 CBT을 제작했다. 보안 분야에서 CISSP, CCNP Security, SSCP, Security+, ITIL Intermediate SO 및 RCV 자격을 취득했다. 샤넌은 텍사스 전역의 대형 보험사 및 많은 회사를 대신한 사이버 보험 전문 라이선스를 보유한 대리인이기도 하다.

contents

chapter 01 모범 사례, 표준, 실행계획

part 01 사이버 보안 기획하기

chapter 02 보안 거버넌스

chapter 03 정보 보안 평가

chapter 04 보안 관리

part 02 사이버 보안 기능 관리하기

chapter 05 인적 관리

chapter 06 정보 관리

chapter 07 물리적 자산

chapter 08 시스템 개발

chapter 09 비즈니스 응용 프로그램 관리

chapter 10 시스템 접근

chapter **11** 시스템 관리

chapter 12 네트워크와 통신

chapter 13 공급망 관리 및 클라우드 보안

chapter 14 기술 보안 관리

chapter 15 위협 및 사고 관리

chapter 16 로컬 환경 관리

chapter 17 업무 연속성

part 03 보안 평가

chapter 18 시스템 모니터링 및 개선

모범 사례, 표준,
실행계획

이 장의 학습 목표는 다음과 같다.

- 사이버 보안 표준의 필요성과 모범 사례들을 제시할 수 있다.

- 정보 보안 표준 사례의 대략적인 내용을 제시할 수 있다.

- ISO 27001과 ISO 27002의 차이를 설명할 수 있다.

- 미국 표준 기술 연구소(NIST : National Institute of Standards and Technology)의 사이버 보안 프레임워크와 그 역할 및 ISO 27002가 제시하는 목표와의 차이점을 설명할 수 있다.

- CIS 핵심 통제 항목들에 대한 가치를 설명할 수 있다.

이 책의 목적은 보안 관리자와 보안 실무자들이 효과적인 사이버 보안 실행을 위한 기술, 운용절차, 관리 사례들에 대해 포괄적인 이해를 할 수 있도록 하는데 있다. 많은 지지를 받으며 다양한 곳에서 지침서로 활용되는 표준과 모범 사례 문서들을 상세히 살펴볼 것이다. 이러한 문서는 전문가들의 지침서라고 할 수 있지만 독자들에게 충분하다고 생각되지 않아 사이버 보안 실행 방법에 대해서도 다룰 것이다. 이 문서들에서 점검 항목을 제공하여 보안 사항들을 점검할 수 있도록 하지만 구체적인 수행 방법에 대해서는 정보를 제공하지 않는다. 이 책에서는 다음 사항들에 대해 중점을 두고 있다.

- 모범 사례 관련 문서들과 표준들에 대한 요구 사항, 지침을 실행하기 위해 필요한 기술, 동작 절차 및 관리 사례들에 대한 상세한 설명을 제공한다. 예를 들어 많은 문서들에서 위험 평가에 대한 중요성을 강조하고 있지만 위험 평가에 대한 깊이 있는 설명이나 지침을 제공하지 않는다. 3장 정보 위험 평가에서는 위험 평가 수행과 관련된 내용들에 대해 기술할 것이다.
- 많은 표준과 모범 사례들을 활용하여 사이버 보안을 실행하는데 있어 통합 정리된 내용과 프레임워크를 제공한다. 이는 단순한 요약이나 개요를 나열한 것이 아니다. 이 책에서는 언급한 문서들을 활용하여 사이버 보안을 실행하기 위한 체계적이고 광범위한 실행 계획을 제공한다.

이 장에서는 먼저 사이버 보안에 대한 정의를 살펴보고 사이버 보안과 관련된 표준과 모범 사례 문서들에 대해 논의할 것이다. 다음 절에서는 효과적인 사이버 보안 관리를 위한 가장 중요하다고 판단되는 문서들을 살펴 볼 것이다. 이 장의 마지막 부분에서는 관련 표준과 모범 사례 문서들을 효과적으로 활용할 수 있는 방법에 대해 논의할 것이다.

1.1 사이버 스페이스와 사이버 보안 정의

본론으로 들어가기 전 독자들의 이해를 돕기 위해 사이버 스페이스와 사이버 보안에 대한 정의를 살펴 보고자 한다. 사이버 스페이스에 대한 정의는 미국 국립 연구회의에서 출간한 사이버 보안과 공공 정책 연계(At the Nexus of Cybersecurity and Public Ploicy) [CLAR14]에서 발췌하였다.

사이버 스페이스는 컴퓨터나 통신 기술에 종속된 인공물들로 구성된다.

인공물에서는 정보를 이용, 저장, 처리하며 다양한 요소들과 연결된다.

사이버 보안은 ITU-T(국제 통신 연합)의 X.1205 권고에서 차용하였다.(사이버 보안의 개요, 2014)

사이버 보안은 사이버 스페이스 환경, 기관, 사용자 자산을 보호하기 위한 도구, 정책, 보안 개념, 보안 보호 수단, 지침서, 위험 관리 접근법, 실행, 훈련, 모범 사례, 보증 및 기술의 총체적 집합이다. 기관 및 사용자 자산은 컴퓨팅 장치와 연결된 장치, 개인, 기반시설, 응용 프로그램, 서비스, 통신 시스템 및 사이버 스페이스에서 전송 및 저장된 정보 등을 포함한다. 사이버 보안은 사이버 스페이스 환경에서의 보안 위험과 관련된 조직 및 사용자 자산의 보안 속성을 획득하고 유지한다. 일반적인 보안 목표는 가용성, 신뢰성 및 부인 방지를 포함하는 무결성, 기밀성, 부인 방지이다.

이와 관련된 용어는 다음과 같다.

- **정보 보안** : 정보의 기밀유지, 무결성, 가용성 유지. 진정성, 책임성, 부인방지, 신뢰성 같은 속성도 포함할 수 있음
- **네트워크 보안** : 허가되지 않은 수정, 파괴, 노출로부터 네트워크 및 서비스 보호 및 네트워크가 중요한 기능을 올바르게 수행하고 부작용이 없음을 보장

사이버 보안은 전자 정보 및 네트워크에 관한 정보 보안을 포함한다. 정보 보안은 물리적인 정보(예. 서류)와 관련성이 있다. 그러나 실제로는 사이버 보안과 정보 보호는 종종 혼용해서 사용되기도 한다.

위험 : 잠재적인 상황이나 사건의 위협 받는 범위의 척도로 (1) 이러한 상황이나 사건이 발생할 경우 발생할 수 있는 악영향 (2) 그와 비슷한 상황

자산 : 정보 시스템에 포함된 데이터, 시스템에 의해 제공되는 서비스, 또는 프로세싱 파워나 통신 대역폭과 처리 능력. 시스템 장비(즉, 하드웨어, 펌 웨어, 소프트웨어, 또는 문서와 같은 시스템 구성 요소), 건물의 시스템 동작 및 장비를 수용하는 시설

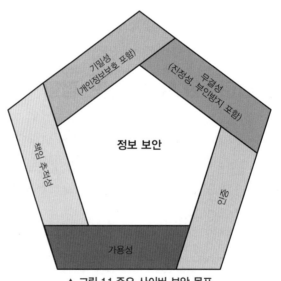

▲ 그림 1.1 주요 사이버 보안 목표

보다 폭넓은 관점에서 사이버 보안 목표는 다음과 같은 항목들을 포함한다.

- **가용성(Availability)** : 수요에 따라 시스템이나 시스템 자원에 접근, 사용, 운용 가능한 속성
- **무결성(Integrity)** : 비인가 접근이나 사고에 의해 데이터 수정, 파괴, 손실 등으로 인해 데이터가 변화되지 않는 속성
- **진본성(Authenticity)** : 진위 여부, 검증 및 신뢰 할 수 있는 속성. 이는 사용자가 자신들에 대해 말하는 것, 시스템에 입력된 정보들은 출처를 신뢰할 수 있다는 것을 의미
- **부인방지(Non-repudiation)** : 정보의 전송 확인과 송신자에 대한 신원이 확인되고 수신자에 대한 정보와 함께 수신 여부가 제공되어 추후 처리된 정보에 대해 부인 할 수 없음을 의미
- **기밀성(Confidentiality)** : 데이터에 대한 권한이 없다면 시스템 엔티티에 의해 정보가 노출되지 않는 속성
- **책임 추적성(Accountability)** : 시스템 또는 시스템 자원이 시스템 엔티티의 실행에 의해 추적되고 있음을 확증하고 실행에 대한 책임 소재를 추후 가릴 수 있음을 의미

*사이버 보안 딜레마 : 기술, 정책 및 보상[CICE14]*에서 효과적인 사이버 보안 시스템 개발에 대한 어려움을 다음과 같이 요약할 수 있다.

- **사이버 스페이스의 확장 및 복잡성** : 사이버 스페이스는 광범위한 영역을 다루며 매우 복잡하다. 사이버 스페이스는 모바일 장치, 워크스테이션, 서버, 대형 데이터 센터, 클라우드 컴퓨팅 서비스, 사물 인터넷(IoT :Internet of Things) 배치, 다양한 유무선 네트워크 등과 관련 있다. 이러한 자원에 접근하는 개인의 다양성 및 응용 프로그램이 요구하는 수준 또한 매우 크다. 더욱이 기술의 진보, 새로운 정보 통신 기술의 출현, 사회적 규범의 진화 등은 사이버 보안 달성을 끊임 없이 어렵게 한다.
- **위협의 본성** : 사이버 스페이스의 조직적인 자산은 파괴자, 범죄자, 테러리스트, 적대적인 국가 및 지역 사회의 위협으로부터 지속적이고 진화되는 위협을 겪고 있다. 더욱이 기업 및 정부와 같은 합법적인 행위자들은 잠재적 보안 및 개인 정보 보호 위험을 무릅쓰고 개인, 조직에 관한 정보를 수집, 분석, 저장하기를 원한다.
- **사용자의 요구와 보안 실행** : 사용자들은 강력한 기능을 가진 최신의 기술을 사용하고자 하는데 사용하기 편리하고, 특정 상황에서 익명성을 제공하며 안전하기까지 바란다. 사용자 편의성과 다양한 옵션을 활용하는데 있어 보안과 충돌이 발생한다. 일반적으로 시스템이 단순할수록 다른 사용자들과 개별 요소들이 고립되어 있을수록 효과적인 보안을 구현하기 쉽다. 그러나 시간이 지남에 따라 사람들은 시스템의 보안을 취약하게 할 수 있는 복잡한 많은 기능을 요구하게 된다. 조직 내 사용자 또는 그룹은 보안 메커니즘으로 인해 불편함을 느끼고 이러한 메커니즘을 우회할 수 있는 방법을 찾게 되며 보안 사항들에 대한 완화를 요청하게 된다.
- **비용 및 이익 추정의 어려움** : 사이버 보안 위반, 보안 정책 및 메커니즘의 이익에 대한 총 비용을 추정하는 것은 매우 어렵다. 이는 보안에 대한 자원 배분에 대한 합의에 도달하는 것을 어렵게 한다.

위협 : 특정 상황, 기능, 실행에 있어 보안을 취약하게 하거나 해할 수 있는 잠재적인 보안 위반. 즉 위협은 취약점을 악용할 수 있는 잠재적인 위험이다.

취약성 : 시스템 보안 정책을 위반하기 위해 악용될 수 있는 시스템 설계, 구현, 운영 및 관리에 내재되어 있는 결함 및 약점

이러한 어려움 때문에 자원 배분에 대한 결정뿐 아니라 효과적인 사이버 보안 프레임워크를 구현하는데 책임이 있는 사람들을 위한 모범 사례, 문서, 표준을 개발하려는 지속적인 노력이 있다. 이 책에서 중점을 두고 있는 사항은 문서들에 있는 내용들에 대해 깊은 공감대를 형성하는 것이다. 이러한 문서들의 양과 종류는 매우 광범위하며 이 책의 목표는 이러한 자료들을 통합하여 독자들이 쉽게 접근하도록 하는 것이다.

1.2 표준 및 모범 사례 문서의 가치

조직을 위한 사이버 보안 시스템의 개발, 실행, 관리는 특히 복잡하고 어렵다. 암호학, 네트워크 보안 프로토콜, 운영 시스템 메커니즘, 데이터베이스 보안 계획, 악성코드 판별을 포함한 다양한 기술적 접근 방법과 관련되어 있다. 저장된 데이터, 데이터 통신, 인적 요소, 물리적 자산 및 보안 속성, 법, 규제, 계약 관련 사항을 포함하여 신경 쓸 분야는 광범위하다. 그리고 사이버 보안은 진화하는 IT 시스템, 외부 당사자와 관계, 개인의 이직, 각종 기계 설비의 변화 및 지속적으로 진화하는 위협에 대해 높은 신뢰성을 필요로 한다.

효과적인 사이버 보안은 실현하기가 매우 어려우며 즉흥적이거나 독자적인 방법으로 확장해 가는 것은 실패로 가는 확실한 길이다. 하지만 사이버 보안 시스템 관리 팀의 상당한 고민과 함께 실험, 구현 경험들이 정책, 절차, 지침서에 이미 반영되어 있을 것이다. 많은 조직들이 폭 넓은 전문가들을 활용하여 모범 사례 문서를 작성했을 뿐 아니라 표준을 구현하고 사이버 보안에 대한 평가를 진행하고 있다. 보안과 관련된 가장 우수한 표준화 기관중 하나는 미국 국립 표준 기술 연구소(NIST : National Institute of Standards and Technology)라고 할 수 있다. NIST는 9가지 연방 정보 처리 표준(FIPS : Federal Information Processing Standards)뿐 아니라 100개의 특수 출판물(SP : Special Publication)을 포함하여 사이버 보안의 모든 관점에 대해 지침을 제공하는 많은 보안 문서를 출간하였다. 그 외 사이버 보안과 관련된 표준이나 지침을 출간하는 대표적인 기관으로 ITU-T, 국제 표준화 기구(ISO : International Organization for Standardization), 인터넷 협회(ISOC : Internet Society) 등이 있다.

또한 많은 전문 그룹 및 산업 그룹에서 모범 사례 문서와 지침서를 발간했다. 이러한 문서 중 가장 중요한 문서는 정보 보안 포럼(ISF :Information Security Forum)에서 출판한 정보 보안 모범 사례 표준(SGP : Standard of Good Practice for Information

Security)이다. 300 페이지가 넘는 문서에서 산업 및 정부 기관에서 의견 일치를 보인 우수한 사례들을 제시하고 있다. 비슷한 문서들을 출간한 기관으로 미국의 정보 시스템 감사 통제 협회(ISACA : Information Systems Audit and Control Association) 및 지불 카드 산업(PCI : Payment Card Industry)이 있다.

표 1.1에는 이 책에서 소개된 가장 우수한 사례 및 표준 문서들이 나열되어 있다.

▼ 표 1.1 모범 사례 및 표준 문서

기관	제목	년도
ISF	정보 보안 모범 사례 표준(Standard of Good Practice for Information Security)	2016
ISO	ISO 27002 : 정보 보안 통제를 위한 실무 규약(Code of Practice for Information Security Controls)	2013
NIST	사이버 보안 프레임워크(Framework for Improving Critical Infrastructure Cybersecurity)	2017
인터넷 보안 센터(CIS)	효과적인 방어를 위한 주요 보안 통제 항목(CIS Critical Security Controls for Effective Cyber Defense Version 7)	2018
ISACA	정보 보안을 위한 COBIT 5(COBIT 5 for Information Security)	2012
PCI 보안 표준 협회	데이터 보안 표준 v3.2 : 요구 사항 및 보안 평가 절차(Data Security Standard v3.2 : Requirements and Security Assessment Procedures)	2016

1.3 정보 보안에 대한 모범 사례

ISF는 국제 비영리 독립기관으로 ISF 구성원들은 정보 보안에 대한 실무적인 연구를 위한 기금을 조성하고 상호 협력한다. 사이버 보안, 정보 보안, 위험 관리, 모범 사례 방법론 개발, 프로세스, 구성원들의 비즈니스 목표와 일치하는 솔루션 개발에 관련된 문제들을 정의하고 이를 해결하기 위한 투자를 진행한다. ISF 구성원들 조직 내 깊이 있는 연구와 작업 과정을 통해 얻은 실무 경험과 지식을 공유하거나 이용할 수 있다는 것이 장점이라고 할 수 있다.

ISF의 진행되고 있는 중요 활동은 정보 보안에 대한 모범 사례 표준(SGP : Standard of Good Practice for Information Security)을 만드는 것이다. 비즈니스에 중점을 두고 있는 이 문서는 조직 및 공급망에 대한 정보 보안 위험을 식별하고 관리하기 위한 안내서이다. SGP의 개발에 대한 합의의 폭은 타의 추종을 불허한다. SGP는 연구 프로젝트와 ISF 구성원들의 의견 뿐만 아니라 사이버 보안, 정보 보안, 위험 관리에 대해 선도하는 표준에 기반을 두고 있다. SGP를 생성하고 수정할 때 ISF의 목표는 최적의 방법론, 프로세스, 중소기업 및 대기업, 정부 기관, 비영리 단체의 구성원들의 요구와 부합되는 솔루션을 개발하는 것이다.

SGP는 1996년에 발표된 후 많은 내용이 개정되었다. 책을 집필하는 시점에서 최신 버전은 2016년 버전이다. 표준 개발은 그림 1.2에 보인 바와 같이 4개의 주요 실행 그룹에 기반하고 있다.

- 정보 보안, 리포트, 툴, 방법론 개발 및 ISF의 정보 위험 분석 방법론(IRAM : Information Risk Analysis Methodology)과 같은 연구 업무를 수행하는 전임 ISP 관리 팀의 전문가들과 강도 높은 업무 프로그램

- 표준(예, ISO 27002, COBIT v5.1)과 관련된 정보 보안의 분석 및 통합, 법적 제도적 요구 사항(예, 사베인스—옥슬리 법(Sarbanes—Oxley Act) 2002, PCI 데이터 보안 표준, 바젤(Basel) Ⅱ 1998, 데이터 보호에 관한 EU 지침). SGP내 통합된 모든 표준들은 표 1.1에 나열되어 있다.

- ISF 구성원들의 워크샵, 면담, 실무 경험에 대한 인터뷰 참여

- 회원들 조직에 대해 정보 보호 적용 결과와 같은 ISF 벤치 마크 결과물

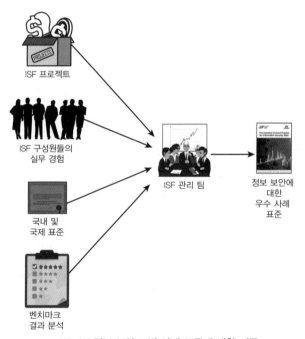

ISF 프로젝트

ISF 구성원들의 실무 경험

국내 및 국제 표준

벤치마크 결과 분석

ISF 관리 팀

정보 보안에 대한 우수 사례 표준

▲ 1.2 ISF 정보 보안 모범 사례 표준에 대한 기준

SGP는 다음과 같은 사람들에게 있어 중요하다.

- **최고 정보 보안 책임자(또는 이에 상응하는 책임자)** : 정책 및 건전한 정보 보안 거버넌스의 실현, 정보 보안 보증
- **정보 보안 관리자(보안 구조, 지역 보안 조정자, 정보 보호 대변자)** : 정보 보안 보증 프로그램의 홍보 또는 구현을 담당
- **비즈니스 관리자** : 핵심 비즈니스 응용 프로그램, 프로세스, 조직의 성공이 달린 로컬 환경을 효과적으로 관리하고 제어하도록 하는 책임
- **IT 관리자 및 기술 스태프** : 설계, 계획, 개발, 배포, 핵심 비즈니스 응용 프로그램의 관리, 정보 시스템 또는 시설들에 대한 책임
- **내부 및 외부 감사** : 보안 감사 실행에 대한 책임
- **IT 서비스 제공 업체** : 조직을 대신해서 주요 시설(예, 컴퓨터 설치, 네트워크) 관리에 대한 책임
- **조달 및 공급 업체 관리 팀** : 계약상 적절한 정보 보안 요구상의 정의에 대한 책임

SGP 조직은 2개 영역으로 구분할 수 있는 17개 분야로 조직되어 있다(표 1.2 참고). 각 영역은 주제, 비즈니스 활동으로 나누며 총 132 주제가 있다. 132개의 개별 주제들은 모범 사례들의 정보 보안 관점에서 특정 활동과 관련된 통제를 실시한다. 각 주제는 상세 정보와 지침을 제공하는 많은 소 주제로 나눌 수 있다. SGP는 ISO/IEC 27000 표준 구조와 흐름이 동일하기 때문에 ISO를 준수하거나 인증하려는 기업 또는 정보 보안 관리 시스템(ISMS : Information Security Management System)을 구현하고자 하는 기업이 활용할 수 있다. SGP 구조는 20년 이상 진화되고 정제된 광범위한 합의를 반영하며 이 책의 17장 내용이 SGP의 17개 범주에 해당한다. 각 장은 각 범주의 지침서 및 자료로 활용된다.

▼ **표 1.2 정보 보안에 대한 모범 사례의 ISF 표준 : 범주와 영역**

범주	영역
보안 거버넌스(SG)	• 보안 거버넌스 • 보안 거버넌스 요소
정보 위험 평가	• 정보 위험 평가 프레임워크 • 정보 위험 평가 프로세스
보안 관리	• 보안 정책 관리 • 정보 보안 관리
인사 관리	• 인적 자원 보안 • 보안 인식/교육
정보 관리	• 정보 분류 및 개인정보 • 정보 보호

물리 자산 관리	• 장비 관리 • 모바일 컴퓨팅
시스템 개발	• 시스템 개발 관리 • 시스템 개발 수명 주기
비즈니스 응용 프로그램 관리	• 협업 비즈니스 응용 프로그램 • 최종 사용자가 개발한 응용 프로그램
시스템 접근	• 접근 관리 • 고객 접근
시스템 관리	• 시스템 설정 • 시스템 유지보수
네트워크 및 통신	• 네트워크 관리 • 전자 통신
공급망 관리	• 외부 공급자 관리 • 클라우드 컴퓨팅
기술적인 보안 관리	• 보안 솔루션 • 암호학
위협 및 사고 관리	• 사이버 보안 탄력성 • 보안 사고 관리
환경 관리	• 환경 • 물리 및 환경적 보안
비즈니스 지속성	• 비즈니스 지속 프레임워크 • 비즈니스 지속 프로세스
보안 관제 및 개선	• 보안 감사 • 보안 성능

SGP17 범주를 고려하여 다음과 같은 3가지 주요 활동으로 구성이 가능하다.

1. **사이버 보안 계획하기 :** 주어진 IT 환경에 요구 사항 정의하기, 보안 기능을 관리하기 위한 정책 및 절차 개발과 같은 사이버 보안 기능을 관리하고 제어하기 위한 접근 방법론 개발

2. **사이버 보안 기능 관리하기 :** 정의된 보안 요구 사항을 만족시키는 보안 통제 항목들을 배치하고 관리하기

3. **보안 평가 :** 사이버 보안 통제의 제품 군 관제, 평가, 개선을 통해 보안 관리 기능이 비즈니즈 영속성 보장 여부 확인

그림 1.3의 화살표는 이러한 과정들이 진행되는 과정을 나타낸다. 1.11절에서 다시 한 번 논의할 것이다.

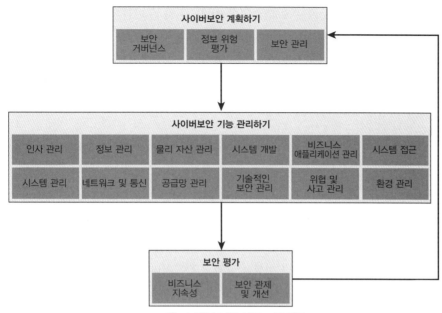

▲ 그림 1.3 정보 보안 실무 표준 범주

1.4 ISO/IEC 27000 정보 보안 표준

사이버 보안 표준에 있어 가장 중요한 것은 ISO 27000 정보 보안 표준이다. ISO 는 다양한 영역에서 표준을 제정하는 국제 기구이다. 자발적이며 비 조약기구로 참 여 국가의 표준 기구 및 투표권을 갖지 않는 조직이다. IOS가 정부 기관이 아니지만 70%의 구성원들은 정부 표준 기관 또는 공공 법에 의한 협력 기구이다. 나머지 대부 분은 해당 국가 내 공공 행정과 관련이 있다. 미국 회원 단체는 미국 국가 표준 협회 (ANSI : American National Standards Institute)이다.

ISO는 1946년에 설립됐으며 광범위한 영역에서 12,000 가지의 표준을 발간했다. 이 기관의 목표는 상품 및 서비스의 국제 교류를 촉진하고 지식, 과학, 기술, 경제 활동의 영역에서 협력을 발전시키기 위한 표준화 및 관련 활동을 독려하는데 있다. 나사 못에서부터 태양 에너지에 이르기까지 거의 모든 분야에서 표준을 발간했다. IOS를 대표할 수 있는 표준 중 하나는 개방형 시스템 상호 연결(OSI :Open System Interconnection) 구조 및 각 계층에 대한 표준이다.

International Organization for Standardization: https://www.iso.org/ home.html

데이터 통신, 네트워킹, 보안 영역에서 ISO 표준은 다른 표준 기관인 국제 전기 기술 위원회(IEC :International Electrotechnical Commission)와 협력 하에 개발되었다. IEC

는 전기 전자 공학 표준에 주로 관련되어 있다. 두 표준 기관은 정보 기술 분야에서 공통적인 관심을 가지고 있으며 IEC는 하드웨어 중점을 두고 ISO는 소프트웨어에 중점을 두고 있다. 1987년 두 표준화 그룹은 공동 기술 위원회1(JTC1 : Joint Technical Committee 1)를 구성했다. 이 위원회는 정보 기술 분야에서 궁극적으로 ISO 표준이 될 문서들을 개발하는데 책임을 가진다.

정보 보안 분야에서 ISO와 IEC는 ISMS를 다루는 ISO/IEC 27000 시리즈에서 확장되는 표준을 개발했다. ISMS의 ISO 27000 정의는 이 책에서 논의하는 바와 같다.

정보 보안 관리 시스템은 정보 자산을 보호하기 위해 조직에 의해 집합적으로 관리되는 정책, 절차, 지침, 자원 및 관련 활동으로 구성된다. ISMS는 비즈니스 목표 달성을 위해 조직의 정보 보안을 구축, 구현, 운용, 관제, 검토, 유지, 개선 분야에 체계적으로 다룬다. 위험 평가 및 위험을 효과적으로 처리하고 관리할 수 있는 조직의 위험 수용 수준에 기반을 두고 있다. 자산 보호에 대한 요구 사항을 분석하는 것은 ISMS의 성공적인 실현에 기여한다. 다음은 ISMS의 구현을 성공적으로 하기 위한 기본 원칙들이다.

- 정보 보안에 대한 필요성 인식
- 경영진과 이해 관계자간 관심 일치
- 정보 보안에 대한 책임 할당
- 수용 가능한 수준의 위험에 도달하기 위한 적절한 통제 항목을 결정하기 위한 위험 평가
- 정보 보안 사고에 대한 능동적인 예방 및 검출
- 정보 보안 관리에 대한 포괄적인 접근 방법론 보장
- 정보 보안의 지속적인 재평가 및 적절한 수정

ISO 27000 시리즈는 ISMS의 모든 분야에 대해 다룬다. 중소 기업 및 대기업이 모든 분야에서 정보 자산을 안전하게 지키는데 도움을 준다. 지속적으로 확장되고 있는 4가지 범주의 표준은 다음과 같다(그림 1.4 참고).

- **개요 및 용어 규정 :** ISMS에 대한 개요 및 관련 단어들을 소개한다.
- **요구 사항 :** ISMS 및 이러한 시스템을 인증하는 것들에 대한 요구 사항을 정의하며 규범 표준에 대해 논의한다.
- **지침서 :** ISMS를 확립, 구현, 유지 및 개선하기 위한 전반적인 프로세스에 대한 직접적인 지원 및 상세한 지침을 제공한다.
- **분야별 지침서 :** ISMS에 대한 분야별 지침에 대해 다룬다

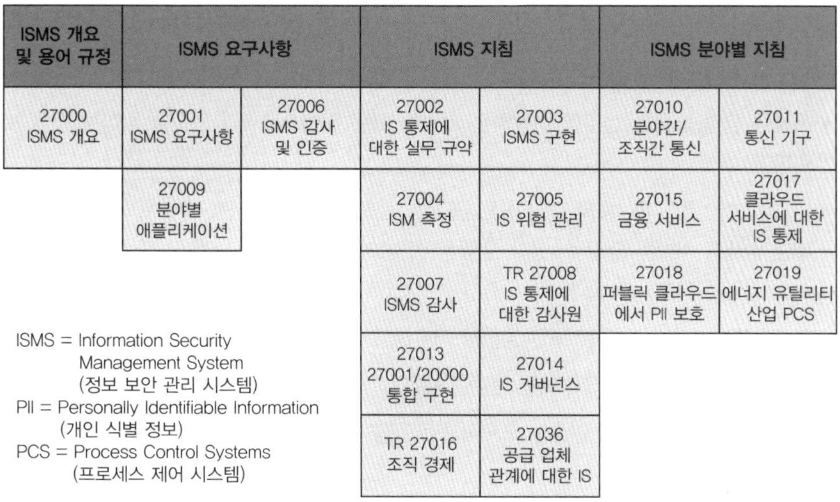

ISMS 개요 및 용어 규정	ISMS 요구사항		ISMS 지침		ISMS 분야별 지침	
27000 ISMS 개요	27001 ISMS 요구사항	27006 ISMS 감사 및 인증	27002 IS 통제에 대한 실무 규약	27003 ISMS 구현	27010 분야간/조직간 통신	27011 통신 기구
	27009 분야별 애플리케이션		27004 ISM 측정	27005 IS 위험 관리	27015 금융 서비스	27017 클라우드 서비스에 대한 IS 통제
			27007 ISMS 감사	TR 27008 IS 통제에 대한 감사원	27018 퍼블릭 클라우드에서 PII 보호	27019 에너지 유틸리티 산업 PCS
			27013 27001/20000 통합 구현	27014 IS 거버넌스		
			TR 27016 조직 경제	27036 공급 업체 관계에 대한 IS		

ISMS = Information Security Management System (정보 보안 관리 시스템)
PII = Personally Identifiable Information (개인 식별 정보)
PCS = Process Control Systems (프로세스 제어 시스템)

▲ 그림 1.4 ISO 27000 ISMS 계열 표준

이 중 가장 중요한 문서는 ISF SFP에 인용된 다음 문서들이다.

- **ISO 27001 – ISMS 요구 사항 :** 보안 조치를 인증할 수 있는 조직에서 ISMS를 수립하기 위한 목표 환경 정의, 위험 평가 및 적절한 통제 항목 선택과 같은 절차에 대한 필수 항목들을 제공한다.
- **ISO 27002 – 정보 보안 통제에 대한 실무 규약 :** ISMS에서 요구된 통제 항목들을 선택하기 위한 정보 통제 프레임워크를 제공한다.
- **ISO 27005 – 정보 보안 위험 관리 시스템 구현 지침 :** 위험 평가, 위험 처리, 위험 수용, 위험 보고, 위험 관제, 위험 검토를 포함한 위험 정보 보안 위험 관리 지침을 제공한다.
- **ISO 27014 – 정보 보안 거버넌스 :** 조직에 의해 평가, 지시, 관제되는 정보 보안 관리에 대한 정보 보안 거버넌스의 대한 원리 및 프로세스에 대한 지침을 제공한다.
- **ISO 27036 – 공급 업체 관계에 대한 정보 보안 :** 취득자와 공급자 모두를 위한 외부 업체의 정보 보안 개요를 제공한다.

ISO 27001

ISO 문서들이 간략해 보이지만 보안 책임이 있는 조직에서 실행하는데 있어 매우 중요한 문서이다. ISMS에 대한 요구 사항을 정의할 때 인증에 대한 점검 항목으로 활용될 수 있다. 인증으로 기업에 대한 신뢰를 부여하고 상품 및 서비스에 대한 기업 사용자들의 기대에 부합되는 것을 입증한다. 예를 들어 ISO 27001을 통한 보안 인증 작업을 통해 보안을 위한 자금이 충분히 확보되었으며 기업의 보안 요구 사항들을 충족하고 구현되었다는 것을 확신할 수 있다. 일부 산업에서 인증은 법적 또는 계약상의 요구 사항이기도 하다. 많은 독립 인증 기관들이 인증 서비스를 제공하고 있다.

ISSA 저널 기사에 따르면 ISO 27001 인증은 다음과 같은 장점을 가지고 있다.

- 폭넓은 경험을 통한 실무를 이행하는 기업이 보안 침해 위험을 줄이는 것을 보증한다.
- 폭넓은 경험을 통한 실무를 이행하는 기업이 모든 위반으로부터 영향을 줄이는 것을 보증한다.
- 기업이 보안 및 기록 처리 절차가 인증되었다는 것을 입증한다면 규제에 의한 보안 침해에 대한 잠재적 처벌을 줄일 수 있다. 인증은 폭 넓게 수용된 모범 사례 및 표준을 따른다는 것으로 강한 신뢰를 나타낸다.
- 주주들에게 기업이 건전한 보안 정책을 개발하고 구현했음을 보증한다.
- 기업의 ISMS에 대한 제 3의 독립 검증을 제공한다.
- ISO 27001 표준에 대한 인증은 국제적으로 인정받는 가장 포괄적인 정보 보안 표준이다.

ISO 27001은 기업 인증을 위해 개발된 관리 표준이다. 이 시스템은 다음과 같이 작동한다. 기업이 정책, 절차, 사람, 기술 등으로 구성된 ISMS를 개발한 후 인증 기관으로부터 개발된 ISMS 표준과 일치하는지 인증 절차를 거친다. 이를 인증 감사 (Certification Audit)라고 한다. 물론 ISMS를 개발하고 유지하기 위해서는 자격 있는 사람이 참여해야 한다. 따라서 다양한 인증 프로그램은 각각에 적용되는 것이며 ISO 27001 선도 시행자(Lead Implementer) 및 ISO 2700 선도 감사원(Lead Auditor) 프로그램이 가장 일반적이다. 인증을 획득하기 위해서는 기업 내 직원들의 가치를 향상시켜야 한다.

표 1.3은 ISO 27001에서 다루는 요구 사항 및 주제이다(ISO 문서 내 번호 부여 규칙 사용).

▼ 표 1.3 ISO 27001 요구 사항 주제

요구 사항	주제
4 기업 환경	4.1 기업 및 기업 환경에 대한 이해 4.2 이해 관계자의 필요성과 기대 4.3 정보 보안 관리 시스템의 범위 한정하기 4.4 정보 보안 관리 시스템
5 리더십	5.1 리더십과 헌신 5.2 정책 5.3 기업 역할, 책임, 및 권한
6 계획수립	6.1 위험과 기회에 대한 실행 6.2 정보 보안 목표 및 이를 성취하기 위한 계획 수립
7 지원	7.1 자원 7.2 자산 7.3 인식 7.4 소통 7.5 문서 정보

8 운용	8.1 운용 계획 및 통제 8.2 정보 보안 위험 평가 8.3 정보 보안 위험 처리
9 성능 평가	9.1 관제, 측정, 분석 및 평가 9.2 내부 감사 9.3 관리 검토
10 개선	10.1 부적합 및 시정 조치 10.2 지속적인 개선

ISO 27002

ISO 27001이 ISMS에 대한 요구 사항을 제시하고 있지만 상당히 일반적이며 명세서는 9페이지에 불과하다. ISO 27002에 대한 중요성 또한 이에 못지 않으며 정보 보안 통제를 위한 실무 규약은 ISO 27000 시리즈 내에서 가장 폭넓은 ISMS 주제를 다루고 있으며 90 페이지로 구성되어 있다. ISO 27001에서 정의된 ISMS 요구 사항들과 ISO 27002에서 정의된 정보 보안 통제 항목들 사이의 연결 고리는 ISO 27001의 6.1.3 절 정보 보안 위험 처리에서 제공된다. 본질적으로 이 절에서는 기업이 위험 처리 선택 사항 중에서 어떤 통제 항목들을 구현해야 하는가를 결정 짓는 위험 처리 프로세스를 개발을 요구한다. ISO 27002에서 통제 항목들을 참조하고 기업이 ISMS 요구 사항을 만족시키기 위해 필요한 통제 항목들에 대한 선택을 할 수 있음을 나타낸다. 그러나 ISO 27001은 ISO 27002이 아닌 기업이 모든 소스들로부터 통제 항목들을 선택할 수 있음을 기술하고 있다.

표 1.4는 ISO 27002의 ISO 번호 규칙에 따른 주제들을 보여준다. ISO 27001과 27002의 번호는 ISF SGP에서 논의한 위협 지능 및 시스템 해체를 포함한 중요한 주제 번호와 무관하며 320페이지로 ISF SGP보다 훨씬 상세하다.

▼ 표 1.4 ISO 27002 통제 주제

통제	주제
5 정보 보안 정책	5.1 정보 보안에 대한 관리 방향
6 기업의 정보 보안	6.1 내부 기업 6.2 모바일 디바이스 및 원격 근무
7 인적 자원 보안	7.1 취업 전 7.2 고용 중 7.3 고용 종료 및 변화

8 자산 관리	8.1 자산에 대한 책임 8.2 정보 분류 8.3 미디어 처리
9 접근 통제	9.1 접근 통제 비즈니스 요구 사항 9.2 사용자 접근 관리 9.3 사용자 책임 9.4 시스템 및 응용 프로그램 접근 통제
10 암호학	10.1 암호화 통제
11 물리 및 환경 보안	11.1 보안 영역 11.2 장비
12 운영 보안	12.1 운용 절차 및 책임 12.2 악성코드로부터 보호 12.3 백업 12.4 로깅 및 관제 12.5 운용 소프트웨어 통제 12.6 기술적 취약성 관리 12.7 정보 시스템 감사 고려사항
13 통신 보안	13.1 네트워크 보안 관리 13.2 정보 전송
14 시스템 획득, 개발, 유지보수	14.1 정보 시스템의 보안 요구 사항 14.2 개발 및 지원 프로세스에서 보안 14.3 테스트 데이터
15 공급자 관계	15.1 공급자 관계에서 정보 보안
16 정보 보안 사고 관리	16.1 정보 보안 사고 및 개선에 대한 관리
17 비즈니스 지속성의 정보 보안 관점	17.1 정보 보안 지속성 17.2 이중화
18 준법	18.1 법적 계약적 요구 사항 준수 18.2 정보 보안 검토

1.5 ISF SGP에 대한 ISO 27000 매핑

인증에 있어 ISO 27002와 ISO 27001 요구 사항을 맞추기 위해 통제 항목 선택에 있어 ISO 27002에 의존하는 기업에 대해 ISF SGP는 가장 중요하고 기초적인 도구일 것이다. 통제 항목에 대한 아주 상세한 내용을 제공하고 산업 현장, 정부, 학계 보안 전문가 및 실천가들에게 있어 광범위하게 수용될 수 있는 것들을 나타낸다.

표 1.5는 ISO 27001 요구 사항을 ISF SGP 보안 통제 항목에 매핑 시킨 내용이다. 상세 요구 사항에 대해 요구 사항을 충족시키는 ISF SGP 통제 항목을 표시했다.

ISO 27001 주제	ISF SGP 범주
4.1 기업 및 기업 환경의 이해	보안 거버넌스
4.2 이해 당사자간의 요구 사항 및 기대 이해하기	보안 거버넌스
4.3 정보 보안 관리 시스템 범위 한정하기	보안 관리
4.4 정보 보안 관리 시스템	보안 관리
5.1 리더십과 헌신	보안 거버넌스
5.2 정책	보안 관리
5.3 기업의 역할, 책임, 및 권한	보안 거버넌스
6.1 위험 및 기대에 대한 실행	정보 위험 평가
6.2 정보 보안 목표 및 이를 성취하기 위한 계획 수립	보안 관리
7.1 자원	보안 관리
7.2 자산	인적 관리
7.3 인식	인적 관리
7.4 소통	인적 관리
7.5 문서 정보	보안 관리
8.1 운용 계획 및 통제	보안 관리
8.2 정보 보안 위험 평가	정보 위험 평가
8.3 정보 보안 위험 처리	정보 위험 평가
9.1 관제, 측정, 분석 및 평가	보안 관제 및 개선
9.2 내부 감사	보안 관제 및 개선
9.3 관리 검토	보안 관제 및 개선
10.1 부적합 및 시정 조치	보안 관제 및 개선
10.2 지속적인 개선	보안 관제 및 개선

이와 유사한 표 1.6은 ISO 27002 보안 통제 항목과 ISF SGP에 그와 상응하는 통제 항목을 보여준다. 만약 기업이 ISO 27002를 보안 요구 사항을 충족시키기 위한 통제 항목들을 점검항목으로 사용할지라도 이러한 선택은 ISF SGP에서 활용 가능한 보다 상세한 정보에 의해 보강되어야 한다.

▼ 표 1.6 ISO 27002와 ISF SGP 매핑

ISO 270002 주제	ISF SGP 범주
5.1 정보 보안의 관리 방향	보안 관제 및 개선
6.1 내부 조직	보안 거버넌스

6.2 모바일 디바이스 및 원격 근무	인적 관리
7.1 취업 전	인적 관리
7.2 고용 중	인적 관리
7.3 고용 종료 및 변화	인적 관리
8.1 자산에 대한 책임	물리적 자산 관리
8.2 정보 분류	물리적 자산 관리
8.3 미디어 처리	물리적 자산 관리
9.1 접근 통제 비즈니스 요구 사항	시스템 접근
9.2 사용자 접근 관리	시스템 접근
9.3 사용자 책임	시스템 접근
9.4 시스템 및 응용 프로그램 접근 통제	
10.1 암호화 통제	기술적 보안 관리
11.1 보안 영역	로컬 환경 관리
11.2 장비	로컬 환경 관리
12.1 운용 절차 및 책임	시스템 개발
12.2 악성코드로부터 보호	기술적 보안 관리
12.3 백업	시스템 관리
12.4 로깅 및 관제	위협 및 사고 관리
12.5 운용 소프트웨어 통제	XX
12.6 기술적 취약성 관리	시스템 개발
12.7 정보 시스템 감사 고려사항	보안 통제 및 개선
13.1 네트워크 보안 관리	네트워크 및 통신
13.2 정보 전송	네트워크 및 통신
14.1 정보 시스템의 보안 요구 사항	보안 관리
14.2 개발 및 지원 프로세스에서 보안	시스템 개발
14.3 테스트 데이터	시스템 개발
15.1 공급자 관계에서 정보 보안	공급망 관리
16.1 정보 보안 사고 및 개선에 대한 관리	위협 및 사고 관리
17.1 정보 보안 지속성	비즈니스 지속성
17.2 이중화	비즈니스 지속성
18.1 법적, 계약적 요구 사항 준수	보안 관리
18.2 정보 보안 검토	보안 관제 및 개선

ISF SGP의 장점을 보여주는 예제로 위협 및 사고 관리를 생각해볼 수 있다. ISO 27002에서 해당 범주는 다음의 7가지 주제를 포함하고 있다.

16.1.1 책임 및 절차

16.1.2 정보 보안 사고 보고하기

16.1.3 정보 보안 취약성 보고하기

16.1.4 정보 보안 사고 결정 및 평가하기

16.1.5 정보 보안 사고 대응

16.1.6 정보 보안 사고로부터 학습

16.1.7 증거 수집

해당 처리에 대한 부분은 ISF SGP 22 페이지에 정의되어 있으며 9개 주제로 구성되어 있으며 표 17.1에 보인 바와 같이 74개의 부 주제로 구성되어 있다. 표 1.6에서 각 주제에 대해 기본과 특화된 항목으로 구분 지었으며 ISF 웹 사이트에서 제공되는 문서 링크를 배경 및 기술적 교육 정보에 제공하였다. 이러한 정보를 모두 활용하는 기업은 요구 사항을 충족 시키는데 필요한 보안 통제를 효과적으로 배포하고 있다는 것을 확신할 수 있다.

▼ 표 1.7 SGP 위협 및 사고 관리 범주

영역	주제	부 주제 수	유형
사이버 보안 탄력성	기술적 취약성 관리	10	기본
	보안 이벤트 로깅	7	기본
	보안 이벤트 관리	11	특화된
	위협 지능	10	특화된
	사이버 공격 방어	8	특화된
보안 사고 관리	보안 사고 관리 프레임워크	7	기본
	보안 사고 관리 프로세스	5	기본
	응급 복구	7	기본
	포렌식 조사	9	특화된

1.6 NIST 사이버 보안 프레임워크 및 보안 문서

NIST는 미국 정보와 관련된 과학, 표준 및 기술을 다루고, 미국 민간 부문 혁신을 홍보하는 미국 연방 기관이다. 미국 내 한정된 역할임에도 NIST 연방 정보 처리 표준(FIPS : Federal Information Processing Standard) 및 특별 문서는 국제적인 영향력을 갖는다. 정보 보안 영역에서 NIST 컴퓨터 보안 자원 센터(CSRC: Computer Security Resource Center)는 산업에서 광범위하게 사용되는 광대한 문서들의 요람이다.

NIST 사이버 보안 프레임워크

NIST Computer Security Resource Center (CSRC): http://csrc.nist.gov

미국 연방 정부 기관의 사이버 침입 사례가 증가함에 따라 주요 기관 시설의 사이버 보안 개선을 위한 행정 명령 13636에서 주요 시설들에 대한 사이버 위험을 줄이기 위한 프레임워크 개발을 NIST에 의뢰하였다. NIST 사이버 보안 프레임워크[NIST18]에는 다양한 표준 기관들에서 성공한 선도 사례들이 포함되어 있다. 따라서 이 프레임워크는 능률을 개선하고 구성 요소들을 보호하는 사례들의 모범 사례의 집합이라고 할 수 있을 것이다. 문서는 연방 기관을 위해서 만들어졌지만 비 정부 기관에서도 활용 가치가 있다.

NIST 사이버 보안 프레임워크는 3가지 구성 요소로 되어 있다(그림 1.5 참조).

NIST 사이버 보안 : https ://www. nist.gov/topics/ cybersecurity

- **코어** : 사이버 보안 활동, 결과 및 주요 인프라에 공통적으로 적용 가능한 참조들을 제공한다.
- **구현 단계** : 사이버 보안 위험을 파악하는 방법과 그 위험을 관리하기 위한 프로세스를 제공한다.
- **프로파일** : 프레임워크 코어, 범주, 하위 범주에서 선택된 조직이 필요로 하는 비즈니스적 요구 사항을 나타낸다.

프레임워크 코어는 조직의 사이버 위험 관리 접근법을 준수하는 5가지 주요 기능으로 구성된다. 표 1.8에 보인 것과 같이 각 기능은 세부 범주로 분류되고 각 범주는 다시 하위 범주로 나뉘어 지며 총 23개의 범주와 106개의 하위 범주가 있다. 5개의 기능은 조직의 위험 관리와 일치하는 시각에서 각 요소에 대한 상위 수준의 시각을 제공한다. 범주는 프로그램 요구 사항 및 특정 활동과 밀접하게 관련된 사이버 보안 결과물들이다. 각 범주는 포괄적은 아니지만 각 범주에서 지원하는 기술 또는 관리에 따른 결과물들로 구성된다. NIST 사이버 보안 프레임워크 각 하위 범주는 각 하위 범주의 목표를 성취할 수 있도록 주요 인프라에 대한 표준, 지침, 일반적인 실무 사례로 구성된 참고 문헌을 제공한다.

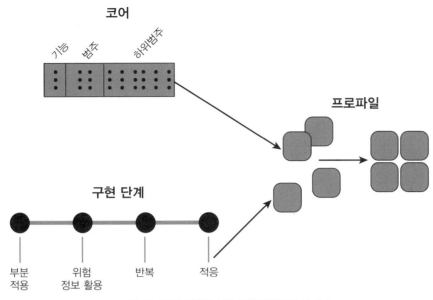

▲ 그림 1.5 NIST 사이버 보안 프레임워크 구성 요소

▼ 표 1.8 NIST 사이버 보안 프레임워크 기능 및 범주

기능	설명	범주
인지	시스템, 자산, 데이터, 기능을 관리하기 위한 조직적 인식 개발	• 자산관리 • 비즈니스 환경 거버넌스 • 위험 평가 • 위험 관리 전략 • 공급망 위험 관리
보호	주요 인프라 서비스 보장을 위한 적절한 안전 장치 개발 및 구현	• 접근 통제 • 인식 및 교육 • 데이터 보안 • 정보 보호 • 프로세스 및 절차 • 유지보수 • 예방 기술
탐지	사이버 보안 사건 발생 대한 식별을 위한 적절한 활동 개발 및 구현	• 비정상 행위 및 이벤트 • 지속적인 보안 관제 • 프로세스 탐지
대응	탐지된 사이버 보안 사고에 대한 적절한 조치 활동의 개발 및 구현	• 대응 계획 수립 • 통신 • 분석 • 완화 • 개선
복구	탄력성을 유지하고 사이버 보안 사고로 인한 기능 또는 서비스 장애 복구를 위한 적절한 활동 개발 및 구현	• 복구계획 • 개선 • 통신

프레임워크 코어는 점검 항목들이 많지 않아 실행하기에 부족하다고 여길 수 있지만 효과적인 위험 관리를 위해 적합 항목과 조직의 보안 목표의 절정성, 특정 활동에 관한 의사 결정을 할 수 있도록 도와준다.

사이버 보안 프레임워크에서 정의된 계층은 조직이 사이버 보안에 부여할 우선 순위 및 약속 수준을 정의할 수 있도록 도움을 준다. 부분 적용 단계(1단계)에서 적응단계(4단계)까지 있으며 사이버 보안 위험 관리 실무의 어려움과 복잡성에 대해 기술하며 비즈니스에서 요구된 사이버 위험 관리를 확장하여 조직의 전체적인 위험 관리 실무와 통합하여 설명한다.

조직이 위험 관리에 대한 의지를 확고히 하고 그에 따른 조치들에 대해 이해하고 있다면 보안 정책 및 계획은 프레임워크 프로파일에 설명된 것과 같은 계획을 수립할 수 있다. 프로파일은 기본적으로 프레임워크 코어에서 각 범주 항목에 대한 선택이라고 할 수 있다. 현재 프로파일은 조직의 사이버 보안 태도를 반영한다.

▼ 표 1.9 사이버 보안 프레임워크 구현 단계

위험 관리 프로세스	통합 위험 관리 프로그램	외부 참여
1단계 : 부분적		
위험 관리 실무는 공식화되지 않고 다소 즉흥적이다. 조직의 위험 목표, 위협 환경 또는 비즈니스 요구 사항에 의해 사이버 보안 실행에 대한 우선순위가 통보되지 않음	위험의 제한된 인식, 조직 차원의 위험 또는 사이버 보안 정보 관리는 조직 내 공유 되어야 함	다른 협력 개체와 조정 및 협력 부족
2단계 : 위험에 대한 정보		
위험 관리 실무는 경영진에 의해 승인되지만 조직 전체 정책으로 수립되지 않음. 사이버 보안 활동의 우선 순위는 조직의 위험 목표, 위협 환경, 또는 비즈니스/임무 요구 사항에 의해 직접 통보됨	프로세스 및 절차가 정의되고 구현되며 직원들은 사이버 보안 업무를 수행하기 위한 적절한 자원을 갖추고 있음. 위험 관리에 대한 조직 전체적인 관점에서 접근이 없음	공식적인 다른 협력 개체와 조정 및 협력 없음
3단계 : 반복 단계		
위험 관리 실무는 승인되고 정책화되어 있음 조직의 사이버 보안 실무는 비즈니스 또는 임무 요구 사항과 위협 및 기술 변화에 따라 정기적으로 수정됨	위험 정보 관리에 대한 조직적인 접근이 있음. 위험 정보 정책, 프로세스, 절차들은 정의 되었으며 의도한 바와 같이 구현되고 검토되었음. 직원들은 자신에게 주어진 역할과 책임에 따라 지식과 기술을 갖추고 있음	외부 사건에 대한 위험 관리 의사 결정이 가능한 파트너와 협업
4단계 : 적응 단계		
조직은 능동적으로 사이버 보안 환경에 적응하고 적시에 진화하고 정교한 위협에 대해 대응함	위험 정보 정책, 과정, 절차를 통한 잠재적인 보안 문제 해결을 위한 사이버 보안 위험 관리에 대한 조직적인 접근 방법	조직은 위험을 관리하고 정확성을 보증하기 위해 정보를 적극적으로 파트너와 공유

위험 관리에 기반하여 조직은 목표 프로파일을 정의할 수 있으며 목표에 도달하기 위한 범주 및 하위 범주를 선택한다. 현재의 목표 프로파일의 정의는 어떤 사항들이 완료되고 지속되어야 하는지, 위험 관리 실현을 위해 새로운 사이버 보안에서 지속적으로 관측해야 될 사항들이 무엇인지를 결정할 수 있도록 해준다. 각 하위 범주에 대한 참조된 지침, 표준, 실무들은 목표 프로파일에 도달하기 위해 필요한 구체적인 작업들이 무엇인지 알려준다.

NIST 사이버 보안 프레임워크는 조직의 사이버 보안 기능에 대한 계획, 구축, 평가와 관련된 사람들에게는 매우 중요한 자원이다. 간결하고 분명하게 정의된 범주와 하위 범주를 사용한다. ISF SGP 또는 ISO 27002와 같은 문서에 접근하는 것은 그들이 가지고 있는 광범위한 지식들로 인해 때론 위협적이고 압도적일 수 있다. 사이버 보안 프레임워크는 조직이 보다 효과적으로 상세한 문서를 활용할 수 있게 돕는 훌륭한 자원이다.

NIST 보안 문서

NIST는 보안 관리자, 설계자, 시행자들이 매우 유용하게 활용할 수 있는 FIPS와 SP 문서를 다수 발행했다. 이 문서들 중에 일부는 규범적 표준이지만 대부분은 레퍼런스 또는 설문 조사이며 보안 주제의 광범위한 영역에서 교육 자료로 지속적으로 수정되고 있다. 이 절에서는 그 중 중요한 몇 개의 문서에 대해 언급 할 것이다.

지금까지 가장 중요한 문서는 SP 800-53 연방 정보 시스템 및 조직을 위한 보안 및 개인 정보 통제이다. 이 문서는 시스템과 정보의 기밀성, 무결성, 가용성을 보호하기 위한 관리, 운용, 기술적인 보호 조치 또는 대응책이 나열되어 있다. 미국 정부 시스템을 위해 작성되었지만 모든 조직의 IT 시스템에 적용 가능하다. 기술 및 진화된 위협을 보강하기 위해 최신 실무 보안 통제 항목과 통제 기법들은 최신 버전에 통합되었다(2013). 모바일 및 내부 위협, 응용 프로그램 보안, 공급망 위험, 진보된 지속적인 위협, 정보 시스템의 신뢰, 확신, 탄력성을 포함한 클라우드 컴퓨팅 및 모바일을 예로 들 수 있다. 개정판은 국제적으로 인정된 정보 실무 원칙에 기반한 개인 정보 통제와 관련된 8가지 새로운 계열을 포함하고 있다.

그 외 특별히 관심을 가질만 한 문서들은 다음과 같다.

- **FIPS 200, 미 연방 정보 및 정보 시스템에 대한 최소 보안 요구 사항 (FIPS 200, Minimum Security Requirements for Federal Information and Information Systems 2006) :** 미 연방 정보 시스템의 기밀성, 무결성, 가용성 보호와 이러한 시스템에 의한 정보 처리, 저장, 전송과 관련된 17개 영역에서 최소 보안 요구 사항을 기술한다.

- **SP 800-100, 정보 보안 핸드북 - 관리자를 위한 지침서(Information Security Handbook : A Guide for Managers, 2006)** : 관리자가 정보 보안 프로그램을 수립하는 방법과 구현에 대한 이해를 돕기 위한 정보 보안 프로그램의 요소들의 광범위한 내용을 제공한다.
- **SP 800-55, 정보 보안에 대한 성능 측정 지침(Performance Measurement Guide for Information Security, 2008)** : 지침들을 통해 보안 통제 항목, 정책, 절차들에 대한 적절성을 제공한다.
- **SP 800-27, 정보 기술 보안에 대한 공학 원리(Engineering Principles for Information Technology Security) - 보안달성을 위한 기본 계획(A Baseline for Achieving Security, 2004)** : 정보 시스템의 설계, 개발, 운용 시 고려해야 될 시스템 레벨 보안 원칙들을 제공한다.
- **SP 800-12, 정보 보안 소개(Introduction to Information Security, 2017)** : 정보 보안 주제들을 소개한다.
- **SP 800-144, 공공 클라우드 컴퓨팅의 보안 및 개인 정보 보호 지침(Guidelines on Security and Privacy in Public Cloud Computing)** : 데이터 및 응용 프로그램을 클라우드로 이관 시 이와 관련된 중요한 보안/개인정보 보호 이슈에 대해 설명한다.

최근 NIST는 새로운 SP 18000 시리즈 간행물을 발표했다. 새로운 시리즈는 SP 800 시리즈의 보완으로 공공 및 민간 부분에서 특정 사이버 보안 문제들을 목표로 하고 있으며 사이버 보안에 대한 표준 기반 접근 방식으로 용이하게 적용 가능한 실용적이고 사용자 친화적인 지침을 제공한다.

1.7 효과적인 사이버 방어를 위한 CIS 주요 보안 통제 항목

Center for Internet Security:
https://www.cisecurity.org

인터넷 보안 센터(CIS : Center for Internet Security)는 비영리 기관이며 실행 가능한 보안 자원들을 추구하는 사람들이다. CIS는 CIS 전문가 그룹이 중요하다고 판단하는 특정 보안 기법 및 사례를 제시한다.

CIS의 주요 기여는 효과적인 사이버 방어를 위한 CIS 중요 보안 통제[CIS18]이다. CIS는 모든 기업들이 실행 해야 하는 가장 기본적이고 가치 있는 실행에 초점을 두고 있다. 여기서 가치는 기업이 당면한 공격에 대한 방어, 경고, 대응에 대한 지식과 데이터에 의해 정해진다. CIS는 실 세계에서 매우 중요하며 정보 자체의 실용성에 있어 중요하다. 통제 항목들을 단순히 나열한 것이 아니라 정책을 구현하는데 있어 중요한 목록이다. CSC의 도입은 다음과 같은 개인 및 기관의 국제 커뮤니티에 의해 통제 항목들이 성숙되었음을 나타낸다.

- 공격 및 공격자에 대한 통찰력을 공유하고 근본 원인을 파악하며 방어 실행의 클래스들로 변환
- 적용 스토리에 대한 문서화 및 문제 해결을 위한 도구들을 공유
- 위협, 적의 능력, 현재 침입 벡터에 대한 추적
- 규제 및 준법 프레임워크에 대한 CIS 통제 항목을 매핑하며 집단 우선 순위를 매겨 그것들에 집중
- 도구, 작업 보조 도구 및 번역을 공유
- 일반적인 문제(초기 평가 및 구현 로드맵)들을 식별하고 해결

통제 항목은 구성원들의 실제 공격 및 효과가 입증된 방어의 결과물들로 개발되었다. CSC내 통제 항목은 가장 효과적이며 가장 일반적이거나 진보된 공격에 대한 검출, 방어, 대응, 손해 완화에 활용 가능한 기술적 측정 기법들로 설계되었다.

문서의 많은 부분은 광범위한 범위에서 알려진 위협과 이러한 위협에 대응하는 최첨단 기술을 포괄하는 20 개의 통제 항목에 대한 설명이다(표 1.10 참조).

▼ 표 1.10 CIS CSC 통제 항목

기본 CIS 통제 항목	• CSC 1 : 하드웨어 자산 목록 및 통제 • CSC 2 : 소프트웨어 자산 목록 및 통제 • CSC 3 : 지속적인 취약성 관리 • CSC 4 : 관리자 권한의 통제된 사용 • CSC 5 : 모바일 디바이스, 랩탑, 워크스테이션, 서버에서 하드웨어 및 소프트웨어에 대한 보안 설정 • CSC 6 : 유지보수, 감사 로그의 관제 및 분석
근본적인 CIS 통제 항목	• CSC 7 : 이메일 및 웹 브라우저 보호 • CSC 8 : 악성코드 방어 • CSC 9 : 네트워크 포트, 프로토콜, 서비스 제한 및 통제 • CSC 10 : 데이터 복구 능력 • CSC 11 : 방화벽, 라우터, 스위치와 같은 네트워크 디바이스 보안 설정 • CSC 12 : 경계 방어 • CSC 13 : 데이터 보호 • CSC 14 : 인지할 필요가 있는 통제된 접근 • CSC 15 : 무선 접근 통제 • CSC 16 : 계정 모니터링 및 통제
조직적인 CIS 통제 항목	• CSC 17 : 보안 인식 및 훈련 프로그램 구현 • CSC 18 : 응용 프로그램 소프트웨어 보안 • CSC 19 : 사고 대응 및 관리 • CSC 20 : 침입 테스트 및 레드 팀 훈련

각 절은 다음과 같은 내용으로 구성된다.

- 공격을 차단하거나 식별하는 통제의 중요성 및 이러한 통제 부재를 활용한 공격법을 설명
- 조직이 구현, 자동화, 이러한 통제에 대한 효과적인 측정에 대한 하위 통제로 불리는 특정 활동에 대한 차트
- 구현 및 자동화를 위한 절차 및 도구
- 구현 컴포넌트를 도식화한 간단한 개체 관계 모델

또한 동반 문서인 CIS 주요 보안 통제 항목에 대한 측정 도구(A Measurement Companion to the CIS Critical Security Controls)에서는 주어진 하위 통제에 대한 성능 측정 기법뿐 아니라 세 가지 위험 임계 값(낮음, 보통, 높음)을 기술한다. 이러한 임계 값은 실무 경험자들 또한 동의하고 있다.

1.8 정보 보안에 대한 COBIT 5

비즈니스 및 관련 기술에 대한 통제 목표(COBIT : Control Objectives for Business and Related Technology)는 정보 시스템에 대한 개발, 채택, 국제 공인 사용, 산업 선도 지식 및 실무에 종사하는 독립된 비영리 국제 협회인 ISACA에서 출간된 문서이다. 다섯 번째 문서로 COBIT 5는 기업 IT 거버넌스 및 관리에 대한 포괄적인 프레임워크를 제공하기 위해 배포되었다.

정보 보안을 위한 COBIT 5는 관리 및 거버넌스 전략을 개발하기 위해 사용된 많은 정책들을 정의한다. 표 1.11에는 각 정책과 관련된 주요 기능들이 나열되었다.

COBIT 5 :

http://www.isaca.
org/cobit/pages/
default.aspx

▼ 표 1.11 정보 보안 COBIT 5 : 주요 정책 및 기능

정책	주요 기능
비즈니스 영속성 및 재해 복구	• 비즈니스 영향 분석 • 신뢰된 복구로 비즈니스 영속성 계획 • 주요 시스템에 대한 복구 요구 사항 • 우발 상황, 사고 전파에 대한 임계치 및 트리거 설정 • 재해 복구 계획(DRP : Disaster Recover Plan) • 훈련 및 테스트
자산관리	• 데이터 분류 • 데이터 소유권 • 시스템 분류 및 소유권 • 자원 이용률 및 우선 순위 • 자산 수명 주기 관리 • 자산 보호 조치

행동 규칙	• 작업에서 허용되는 사용 및 행동 • 외부에서 수용 가능한 사용 및 행동
정보 시스템 획득, 소프트웨어 개발 및 유지보수	• 수명 주기 프로세스에서 정보 보안 • 정보 보안 요구 사항 정의 프로세스 • 조달 및 획득 프로세스 내 정보 보안 • 보안 코딩(Secure Coding) 실무 • 변경 관리 및 설정 관리와 정보 보안의 통합
업체 관리	• 계약 관리 • 정보 보안 용어 및 조건 • 정보 보안 평가 • 정보 보안 표준에 대한 계약 모니터링
통신 및 운용 관리	• IT 정보 보안 구조 및 응용 프로그램 설계 • 서비스 수준 협약(SLA : Service Level Agreement) • IT 정보 보안 운용 절차
법규 준수	• IT 정보 보안 준수 평가 프로세스 • 지표 개발 • 평가 저장소
위험 관리	• 조직 위험 관리 계획 • 정보 위험 프로파일

COBIT 5는 다음의 2가지 일반 범주에서 5개 도메인과 37개 프로세스 내 효과적인 보안을 성취하는데 사용되는 유용한 기술 구성을 제공한다.

- 기업 IT 거버넌스
    - 평가, 지휘, 모니터링(EDM : Evaluate, Direct and Monitor) : 5개 프로세스
- 기업 IT 관리
    - 연계, 기획, 조직화(APO : Align, Plan and Organize) : 13개 프로세스
    - 구축, 도입, 구현(BAI : Build, Acquire and Implement) : 10개 프로세스
    - 제공, 서비스, 지원(DSS : Deliver, Service and Support) : 6개 프로세스
    - 모니터링, 평가, 진단(MEA : Monitor, Evaluate and Assess) : 3개 프로세스

거버넌스는 우선 순위 및 의사 결정을 통한 방향 설정 및 합의된 방향 및 목표에 대한 성능, 준수, 프로세스 관측을 통해 이해 관계자의 요구, 조건, 옵션에 대한 평가를 통해 기업의 목표 성취를 보장한다. 관리는 기업 목표를 달성하기 위해 거버넌스 기관에 의해 설정된 방향에 따라 활동을 계획, 구축, 실행, 모니터링한다.

1.9 지불 카드 산업 데이터 보안 표준

지불 카드 산업 데이터 보안 표준(PCI-DSS : Payment Card Industry Data Security Standard)는 PCI 보안 표준 협의회의 표준으로 지불 보안 유지에 관한 안내를 제공한다. 표준은 지불 처리 또는 수용 조직, 지불 처리에 사용되는 응용 프로그램 및 디바이스의 소프트웨어 개발자 및 제조업자를 위한 기술적 운용 요구 사항 집합이다. 기본적으로 PCI DSS 준수는 카드 데이터의 처리, 조작, 저장과 관련된 지불 방법을 결정한다. 지불 데이터를 처리하기 위해서는 상업 및 모든 비즈니스에서 요구된다.

PCI에서는 PCI DSS의 범위를 다음과 같이 정의한다.

PCI Security Standards Council: https://www.pcisecuritystandards.org/pci_security/

PCI DSS 보안 요구 사항은 카드 소유자 데이터 환경과 연결되거나 포함하는 모든 시스템에 적용된다. 카드 소유자 정보 환경(CDE : Cardholder Data Environment)은 사람, 프로세스, 저장, 프로세스 또는 민감한 카드 소유자 데이터 또는 민감한 인증 데이터를 전송할 때 프로세스 및 기술로 구성된다. 시스템 구성 요소는 네트워크 디바이스, 서버, 컴퓨팅 디바이스, 응용 프로그램을 포함한다.

PCI DSS는 표 1.12와 같이 6개의 목표와 12개의 요구 사항으로 구성된다. 각 요구 사항은 하나 또는 둘의 하위 요구 사항으로 나뉘며 테스트 절차와 지침이 제공된다.

▼ 표 1.12 PCI DSS 목표 및 요구 사항

목표	요구 사항
보안 네트워크 및 시스템 구축 및 유지보수	1. 카드 소유자 데이터 보호를 위한 방화벽 설정 설치 및 유지 보수 2. 공급 업체에서 제공된 기본 시스템 비밀번호나 그 외 보안 매개변수 사용 금지
카드 소유자 정보 보호	3. 저장된 카드 소유자 정보 보호 4. 개방 또는 공공 네트워크를 통한 카드 소유자 데이터 암호화 전송
취약성 관리 프로그램 유지보수	5. 악성 코드 및 바이러스 소프트웨어 또는 프로그램의 정기적인 업데이트에 대한 모든 시스템 보호 6. 보안 시스템 및 응용 프로그램 개발 및 유지보수
강력한 접근 통제 조치 구현	7. 카드 소유자 정보에 대한 접근 제한 8. 시스템 구성 요소에 대한 접근 식별 및 인증 9. 카드 소유자 데이터에 대한 물리적 접근 제한
정규적인 네트워크 모니터링 및 테스트	10. 네트워크 자원 및 카드 소유자 데이터에 모든 접근 추적 및 감시 11. 보안 시스템 및 프로세스 정기적 테스트
정보 보안 정책 유지보수	12. 모든 개인에 대한 정보 보안을 다루는 정책 유지 보수

다음은 PCI 하위 요구 사항의 예시이다.

- **하위 요구 사항 8.1.2** : 사용자 ID, 자격 증명, 기타 식별 객체의 추가, 삭제, 수정 통제
- **테스트 절차** : 권한이 부여된 사용자 ID 및 일반적인 ID의 샘플을 수집하기 위해서는 승인된 문서에 지정된 권한과 동일한지 인가된 또는 관측 시스템에서 사용자 ID 및 권한이 부여된 ID의 설정을 검증해야 한다.
- **지침** : 시스템에 접근이 허가된 사용자 계정은 사용자 검증 및 수행을 확인해야 하며 강력한 절차는 사용자 ID, 인증 정보의 새로운 권한 추가, 수정, 기존 권한 삭제를 포함한 모든 수정 사항을 관리해야 한다.

기술된 바와 같이 명세서는 분명하고 직설적이다. 테스트 절차와 지침을 갖춘 하위 요구 사항은 지불 카드 사용 환경에서 사이버 보안 기능 관리하기 위한 강력한 도구를 제공한다.

1.10 ITU-T 보안 문서

국제 전기 통신 연합(ITU)는 UN의 전문 기구이기 때문에 ITU-T 회원은 각국 정부 기관이다. 미국의 대표 권한은 국무부에 있다. ITU 헌장에서 기술, 운용, 관세 문제를 연구하고 국제적으로 표준화된 통신 분야의 권고안을 발간하는 책임을 갖는다고 명시하고 있다. 주요 목표는 출발 및 목적지 국가에 상관 없이 종단간 국제 통신 연결의 호환성을 달성하기 위해 전기 통신 기술 및 운용을 필요한 범위까지 확장하여 표준화하는데 있다. ITU 전기 통신 표준화 부문은 글로벌 전기 통신 표준화 관점에서 기술 연구, 운용, 관세 문제 및 권고안 수용에 대한 전기 통신 표준과 관련된 업무를 수행한다.

ITU-T는 23개의 연속 출판물로 구성된 수천 개의 권고안을 발행했다. 보안 관련 권고안은 이러한 연속 출판물에 퍼져있어 사이버 보안과 관련된 ITU-T의 지침 및 설명을 통합된 시각으로 제공하기가 어렵다. 표 1.13은 많은 권고안에서 다뤄진 사이버 보안, 정보 보안, 네트워크 보안에 대한 요약이다. ITU-T가 전기 통신 분야 및 인터넷 서비스 제공업자(ISP)에 중점을 두고 있지만 많은 보안 문서들은 광범위하게 적용 가능하다.

▼ 표 1.13 ITU-T 보안 기고문에서 다뤄진 주요 주제

주제	부 주제
보안 요구 사항	• 개방형 시스템 보안 구조 • 보안 서비스 • 종단 통신을 위한 보안 구조 • 네트워크 가용성 및 구성 요소 • 응용 프로그램 별 구조 • 피어 투 피어 보안 구조 • 메시지 보안 • 네트워크 관리 구조 • IPCablecom 구조 • IPTV
보안 구조	• 정보 보안 관리 • 위험 관리 • 사고 처리 • 자산 관리 • 정보 보안 거버넌스 • 전기 통신 관리
디렉터리의 역할	• 디렉터리 개념 • 공개 키 보안 메커니즘 • 권한 관리 구조 • 디렉터리 정보 보호 • 개인 정보 보호
신원 관리 및 원격 생체 인식	• 신원 관리 • 신원 관리 개요 • ITU-T 신원 관리 표준 핵심 • 원격 생체 인식 • 원격 생체 인증 • 원격 생체 인증 보안 및 안전 관점 • 인간 생리와 관련된 원격 생체 인식 • e-Health 및 원격 의료와 관련된 원격 생체 인식
인증 및 부인 방지 방법의 예	• 키 교환을 통한 암호 기반 인증 프로토콜 • 일회용 비밀번호 인증 • 일회용 비밀번호에 기반한 부인 방지 프레임워크 • 위임된 부인방지
네트워크 인프라 보안	• 전기 통신 관리 네트워크 • 안전한 관제 및 통제 활동 • 안전한 네트워크 운용 활동 및 관리 응용 프로그램 • 전기장 위협에 대한 방어 • 일반적인 보안 관리 서비스 • 보안 서비스 기반 CORBA(Common Object Request Broker Architecture)
네트워크 보안에 대한 몇 가지 구체적인 방법	• 차세대 네트워크 보안 • 모바일 통신 보안 • 홈 네트워크 보안 • IPCablecom • 유비쿼터스 센서 네트워크

ITU-T

Recommendations:

https://www.itu.int/
en/ITU-T/
publications/
Pages/recs.aspx

사이버 보안 및 사고 대응	• 사이버 보안 정보 교환 • 취약성 정보 교환 • 사이버 보안 정보 검출 • 사고 처리
응용 프로그램 보안	• VoIP 및 멀티미디어 • IPTV • 케이블 멀티스크린 텔레비전을 위한 DRM • 보안 팩스 • 태그 기반 서비스
일반적인 네트워크 위협 대응	• 스팸 • 악성 코드, 스파이웨어, 사기성 소프트웨어 • 소프트웨어 업데이트 알림 및 유포
클라우드 컴퓨팅 보안 측면	• 클라우드 컴퓨팅의 주요 특징 • 일반적인 클라우드 컴퓨팅 기능 및 서비스 • 신흥 클라우드 서비스 • 클라우드 컴퓨팅에 대한 보안 위협 및 보안 문제

이러한 기고서를 이해하고 활용하는 지침으로 ITU-T는 2015년 개정된 "통신 및 정보 기술 : 보안 통신을 위한 기존 ITU-T 권고안의 이슈 및 배포 개요"[ITUT15] 보안 매뉴얼이 있다.

1.11 효과적인 사이버 보안

이 절에서는 사이버 보안 관리 프로세스를 보는 유익한 방법을 소개하고 이 장에서 논의된 모범 사례 및 표준 문서들의 역할에 대해 설명할 것이다.

사이버 보안 관리 프로세스

사이버 보안 준비에 있어 기본적인 특징이라고 할 수 있는 것은 한 번에 수립 되는 것이 아니라 지속적으로 준비해야하는 프로세스라는 것이다. 기술, 위협, 응용프로그램, IT 자원, 인력으로 구성된 사이버 스페이스에서 변화에 대응하기 위해 끊임없이 관리 노력을 기울이는 것이 효과적인 사이버 보안의 목표라고할 수 있다. SP 800-53, ISF SGP, X.1055(통신 기업을 위한 위험 관리 및 위험 프로파일 지침)와 본질적으로 유사한 그림 1.6은 사이버 보안 관리 프로세스의 본질을 시사한다.

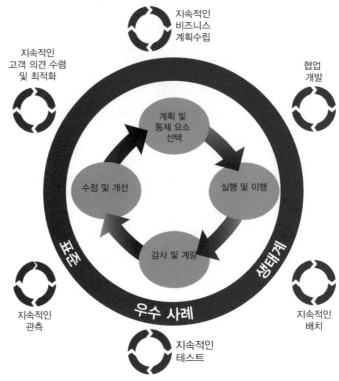

▲ **그림 1.6 사이버 보안 관리 프로세스**

프로세스는 4가지 주요 활동의 반복으로 구성된다.

1. 다음을 고려하여 위험을 평가한다

    a.   자산 및 가치 또는 효용

    b.   이러한 자산과 관련된 위협 및 취약성

    c.   이러한 자산이 위협 및 취약성에 노출될 위험

    d.   이러한 위험 노출로 인한 위험 및 영향

1b. 다음을 고려하여 위험을 처리한다

    a.   가용 위험 관리 옵션 식별

    b.   선호 위험 관리 옵션 선택

    c.   최종 위험 관리 결정

2. 다음을 고려하여 위험 관리 결정을 실행한다.

    a.   통제 항목 결정

    b.   자원, 역할, 책임 할당

    c.   통제 항목 실행

3. 다음을 고려하여 위험을 모니터링, 검토, 전달한다.
   a. 위험 상황 모니터링
   b. 위험 관련 측정
   c. 위험 검토 및 재 평가
   d. 위험 전달
4. 통제 항목 수정 및 개선
   a. 통제 항목 수정하기
   b. 통제 항목 개선하기

이러한 주기는 진화하는 사이버 스페이스 생태계에 의해서뿐만 아니라 진화하는 표준 및 모범 사례에 의해 영향을 받는다. 넓은 관점에서 2가지 반복적인 프로세스가 동작한다. 한 가지는 조직 위험에 중점을 둔 실행 레벨이며 다른 한 가지는 주요 인프라 위험 관리에 중점을 둔 비즈니스 레벨이다. NIST 사이버 보안 프레임워크와 유사한 그림 1.7은 이러한 관계를 보여준다. 실행 레벨에서 경영진은 임무 우선 순위를 정의하고 위험 수용 한계를 수립하며 가용 자원을 결정한다. 비즈니스 레벨에서는 IT 관리는 이러한 지침을 위험 관리에 대한 통제 항목으로 변환한다.

모범 사례 및 표준 문서 활용

이 장에서는 사이버 보안 계획자 및 시행자들이 활용할 수 있는 광범위한 문서들을 살펴보았다.

문서들간 중복된 내용이 많지만 각 문서의 차별성을 인식한다면 이를 보다 효과적으로 활용할 수 있을 것이다. 계획 수립에서 NIST 사이버 보안 프레임워크가 주요 참고 자료가 될것이다. 이 문서는 프레임워크 프로파일 개발에 대한 명확한 방법론을 제시하며 이 프로파일은 위험 관리 통제 항목의 정리 지침으로 활용가능하다. ISF SGP 및 ISO 27002가 가장 완벽한 지침을 제공하기 때문에 이를 함께 언급하였다. 특히, ISF SGP는 보안 관리자, 시행자, 평가자들이 활용할 수 있는 포괄적인 조사 내용을 포함하고 있다.

특정 통제 항목을 선택하는 경우 CIS 주요 보안 통제 항목 문서는 세부적인 실제 경험을 기반으로 하기 때문에 매우 중요하다.

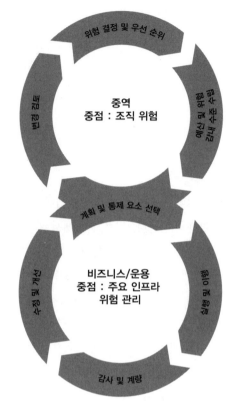

▲ 그림 1.7 조직 내 사이버 보안 정보 및 의사 결정 흐름

또한, NIST와 ITU-T와 같은 다른 문서들은 자습서 형식의 프레젠테이션, 특정 영역에서의 추천, 보조 자료를 포함한 사이버 보안에 대한 광범위한 주제를 다루고 있다.

1.12 참고 문헌

- **CICE14** : Cicerone, R., & Nurse, P. (Eds.), Cybersecurity Dilemmas : Technology, Policy, and Incentives. National Academy of Sciences, 2014.

- **CIS18** : Center for Internet Security, The CIS Critical Security Controls for Effective Cyber Defense version 7. 2018. https ://www.cisecurity.org

- **CLAR14** : Clark, D., Berson, T., & Lin, H. (Eds.), At the Nexus of Cybersecurity and Public Policy : Some Basic Concepts and Issues. National Research Council, National Academy of Sciences, 2014.

- **EO13** : Executive Order 13636, "Improving Critical Infrastructure Cybersecurity." Federal Register, February 19, 2013. http ://www.gpo.gov/fdsys/pkg/FR-2013-02-19/pdf/2013-03915.pdf

- **ITUT15** : ITU-T, Security in Telecommunications and Information Technology : An Overview of Issues and the Deployment of Existing ITU-T Recommendations for Secure Telecommunications. September 2015.

- **LAMB06** : Lambo, T., "ISO/IEC 27001 : The Future of Infosec Certification." ISSA Journal, November 2006.

- **NIST18** : NIST. Framework for Improving Critical Infrastructure Cybersecurity. April 16, 2018. https ://nvlpubs.nist.gov/nistpubs/CSWP/NIST. CSWP.04162018.pdf

사이버 보안 기획하기

1부에서는 주어진 IT 환경에서 요구 사항을 정의하고 보안 기능을 관리하기 위한 정책과 절차 개발과 같은 사이버 보안 기능에 대한 관리 및 제어의 접근 방법에 대한 개요를 제공한다.

2장은 정보 보안 거버넌스 개념에 대해 논의한다. 보안 거버넌스가 기업 거버넌스의 통합된 부분으로 기업 전반에 걸쳐 정보 보안 관련 활동의 방향 수립 및 감독을 가능하게 하는 방법에 대해 설명한다.

3장은 보안 요구 사항을 정의하고 이에 대한 준수 여부를 확인하는 절차 개발에 있어 처리해야 될 문제점들에 대해 논의한다.

4장은 내부 정책 및 조직 운용과 관련된 보안 문제들에 중점을 두고 살펴볼 것이다. 여기에는 (a)보안 정책 및 조직 : 포괄적인 보안 정책을 정의하고 최신 상태로 유지하며 효과적인 의사 소통과 관련된 문제 (b)정보 보안 관리 : 정보 보안 기능 관리와 조직을 통해 정보 보안이 효과적이고 일관되게 적용된 모범 사례의 확인과 관련된 문제를 포함한다.

보안 거버넌스

이 장의 학습 목표는 다음과 같다.

- 보안 거버넌스에 대한 개념과 보안 관리와의 차이점을 설명할 수 있다.
- 보안 거버넌스의 주요 컴포넌트를 제시할 수 있다.
- 전략적 보안 계획에서 다루어야 하는 주제들을 제시할 수 있다.
- 정보 보안 보고서에서 다루어야 할 주제들을 제시할 수 있다.
- 정보 보안 거버넌스의 역할 및 책임을 설명할 수 있다.
- 정보 보안 아키텍처의 개념에 대해 설명할 수 있다.
- 보안 거버넌스의 모범 사례를 제시할 수 있다.

NIST SP 800-100 정보 보안 핸드북 : 관리자를 위한 지침서에서는 보안 거버넌스를 다음과 같이 정의하고 있다.

> *정보 보안 거버넌스 : 모든 위험 관리 노력하에서 프레임워크를 수립하고 유지 보수하며 관리 구조를 지원하는 프로세스와 비즈니스 목표와 부합하는 정보 보안 전략을 보장하기 위한 프로세스는 정책과 내부 통제를 준수함으로써 적용 가능한 법과 규제와 일치하며 책임 할당을 제공한다.*

ITU-T X.1054 정보 보안 거버넌스는 정보 보안 거버넌스를 조직의 정보 보안 관련 활동을 감독하고 통제하는 시스템으로 정의한다. 일반적으로 보안 거버넌스는 사이버 보안, 정보 보안, 네트워크 보안에 대한 거버넌스 문제들을 포함한다.

2.1 보안 거버넌스 및 보안 관리

보안 거버넌스 역할을 이해하기 위해 정보 보안 거버넌스와 정보 보안 관리, 정보 보안 구현/운용의 차이를 구분하는 것이 도움이 될 것이다. ISO 270000은 정보 보안 관리를 다음과 같이 정의하고 있다.

> 조직의 정보 자산 보호를 통해 비즈니스 목표 달성을 위한 감독 및 의사 결정은 필수적이다. 정보 보안 관리는 조직과 이와 관련된 모든 개인들에 이르기까지 정보 보안 정책 및 형식, 절차, 지침의 활용을 통해 나타난다.

그리고 정보 보안 구현/운용은 다음과 같이 정의할 수 있다.

> *보안 통제의 구현, 배치, 운용은 사이버 보안 프레임워크 내에서 정의할 수 있다.*

그림 2.1은 세 가지 개념에 대한 계층 관계를 보여준다. 보안 거버넌스 수준은 임무 우선 순위, 가용 자원, 보안 관리 수준에 대한 전반적인 위험 허용에 대해 고려해야 한다. 기본적으로 보안 거버넌스는 비즈니스 전략적 요구에 적합한 보안 프로그램을 개발하는 프로세스이다. 보안 관리 수준은 보안 프로그램을 실현한 위험 관리 프로세스의 입력을 정보로 활용한다. 그런 다음 구현/운용 수준과 협력하여 보안 요구 사항을 전달하고 사이버 보안 프로파일을 생성한다. 구현/운용 수준은 시스템 개발 수명 주기와 이러한 프로파일과 통합되어 보안 성능을 지속적으로 모니터링한다. 현재

거버넌스 : 조직 내 관리체 구성원들에 의한 정책 수립과 적절한 이행에 대한 지속적인 모니터링

보안 프로그램 : 관리, 운용, 정보 및 정보 시스템에 보호에 대한 기술적 관점. 보안 프로그램은 정책, 정찰, 관리 구조, 보안 활동을 조정하는 메커니즘

의 인프라와 관련된 보안 관련 프로세스를 실행 또는 관리한다. 보안 관리 수준은 현재의 프로파일을 평가하기 위해 모니터링 정보를 활용하며 조직의 전체 위험 관리 프로세스에 대해 정보를 전달하기 위해 거버넌스 수준을 평가한다.

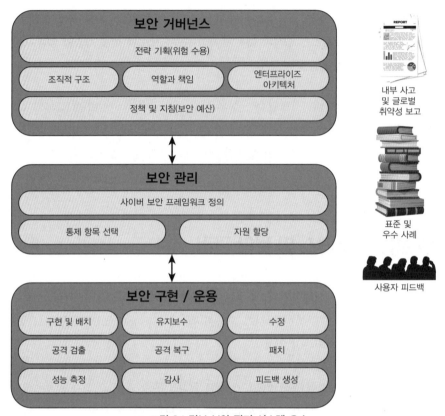

▲ 그림 2.1 정보 보안 관리 시스템 요소

그림 2.1은 각 수준에서 주요 책임들을 보여준다. 정보 보안 관리 시스템(ISMS : Information Security Management System)의 진화 과정에서 3계층 사이의 상호 작용이 존재한다. 세 가지 보안 요소들은 각각의 역할을 수행한다. 다양한 출처의 내부 보안 사고 보고서 및 글로벌 취약성 보고서는 조직이 정보 자산을 보호하기 위해 직면해 있는 위협 및 위험 수위를 정의하는데 도움을 준다. 많은 표준 및 모범 사례 문서는 위험 관리에 대한 지침을 제공한다. 사용자 피드백은 조직의 정보 자산에 접근했던 내부 사용자 및 외부 사용자로부터 온다. 피드백은 정책, 절차, 기술적 메커니즘의 효과를 개선하는데 도움을 준다. 조직 및 사이버 보안 접근 방법에 따라 세 가지 요인은 각 수준에 대해 크거나 작은 영향을 준다.

이 장은 보안 거버넌스에 대해 다룬다. 3장 정보 위험 평가에서는 보안 관리를 다루며 이어지는 장에서는 보안 구현 및 운영에 대해 다룰 예정이다.

2.2 보안 거버넌스 원칙 및 기대 성과

보안 거버넌스에 대한 세부적인 내용을 설명하기 앞서 거버넌스 원칙과 기대 결과에 대해 간략히 살펴보는 것이 이후 내용을 이해하는데 있어 도움이 될것이라고 생각한다.

원칙

X.1054는 보안 거버넌스를 위한 원칙 및 프로세스에 대한 개념 및 지침을 제공하며 조직은 이를 정보 보안 관리 평가, 지시, 모니터링에 사용한다. X.1054는 정보 보안 목표와 전략을 전반적인 비즈니스 목표 및 전략과 연계하여 정보 보안 거버넌스에 대한 주요 목표로 제시한다. X.1054는 이러한 목적을 달성하기 위한 6가지 원칙을 제시한다.

- **조직 전반의 정보 보안 수립** : 정보 보안, 사이버 보안에 대한 관심은 조직 구조 및 기능에 스며들어야 한다. 모든 계층에서의 관리는 정보 보안이 모든 계층에서 정보 기술(IT) 및 그 밖의 활동들과 통합 되었는지 확인해야 한다. 최상위 관리자는 정보 보안이 전반적인 비즈니스 목표에 도움이 되는지를 확인 해야 하며 조직을 통해 책임과 책임 추적성을 확립해야 한다.
- **위험 기반 접근 방법 적용** : 자원 및 예산 할당을 포함한 보안 거버넌스는 조직의 위험 성향, 경쟁 우위의 손실에 대한 고려, 컴플라이언스 및 책임 위험, 운용 붕괴, 이미지 추락, 재정적 손실을 기반으로 해야 한다.
- **투자 결정 방향 설정** : 정보 보안 투자는 조직 목표를 지원하기 위한 것이다. 보안 거버넌스는 법률 및 규제 컴플라이언스에 대해 자본 및 운용 지출이 기존 조직 프로세스와 통합 되도록 보장하는 것을 수반한다.
- **내부 및 외부 요구 사항에 부합하는지 확인** : 외부 요구 사항은 입법 및 규제, 인증을 위한 표준, 계약 요구 사항을 포함한다. 내부 요구 사항은 조직의 목표와 목적으로 구성된다. 독립적인 보안 감사는 적합성을 결정하고 관제하는 수용된 수단이다.
- **모든 이해 관계자를 위한 보안 환경 조성** : 보안 거버넌스는 이해 관계자들의 기대에 부흥해야 하며 이해 관계자들에 따라 가치 및 요구도 달라진다는 것을 명심해야 한다. 관리 기관은 보안 교육, 훈련, 인식 프로그램을 요구하거나 지지하는 것을 포함한 긍정적인 정보 보안 문화를 장려하는데 앞장서야 한다.
- **비즈니스 결과와 관련한 실적 검토** : 거버넌스 관점에서 보안 성능 효율성 및 효과성 뿐만 아니라 비즈니스 목표와 목적에 영향을 포함해야 한다. 거버넌스 임원들은 비즈니스 성과 모니터링, 감사, 정보 보안 성능 개선을 위한 성과 측정 프로그램에 대한 검토를 의무화 해야 한다.

이러한 원칙을 준수하는 것은 장기적으로 정보 보안의 성공에 필수적이다. 이러한 원칙들이 만족시키는 방법 및 사고 사전/사후의 책임을 따지는 것이 기업의 본질이다.

정보 기술(IT Information Technology) : 하드웨어, 소프트웨어, 종종 네트워킹 및 통신을 포함 일반적으로 업무 및 기업 환경 내 응용 컴퓨터 시스템. IT는 흔히 모든 전자 기기를 다루는 기업 부서의 이름이다.

이해 관계자 : 조직에 대해 관심이나 이해 관계를 갖는 개인, 그룹, 또는 조직이다. 이해 관계자들은 조직의 활동, 목표, 정책에 영향을 받거나 영향을 끼친다. 이해 관계자의 예로는 채권자, 이사, 직원, 정부, 소유자(주주), 공급자, 노동조합, 기업이 자원을 확보하는 커뮤니티 등이 있다.

기대 성과

IT 거버넌스 연구소는 조직의 임무와 정보 보안 통합을 성공적으로 이끌 수 있는 정보 보안 거버넌스에 대한 다섯 가지 기본 성과를 정의한다[ITGI06].

- **전략적 제휴 :** 전략적 조직 목표에 대한 지원은 정보 보안 전략 및 정책이 비즈니스 전략과 연계 되어 있어야 한다.
- **위험 관리 :** 위험을 완화하고 정보 자원에 대한 영향을 줄이거나 방지하는 정보 보안 거버넌스의 주요 원동력은 위험 관리이다.
- **자원 관리 :** 정보 보안에 소비되는 자원(예, 개인 시간 및 금액)은 제한이 없으며 정보 보안의 거버넌스의 주요 목표는 전반적인 기업 요구 사항과 정보 보안 예산을 일치 시키는 것이다.
- **가치 전달 :** 정보 보안에 소비되는 자원이 전반적인 기원 자원 목표에 제한되지만 정보 보안 투자는 최적의 가치를 달성하기 위해 관리 되어야 한다.
- **실적 평가 :** 기업은 조직 목표 달성 여부에 대한 정보 보안 정책을 판단할 지표들이 필요하다.

이 장의 다른 내용들을 살펴볼 때 이러한 성과를 염두하고 보는 것이 도움이 될 것이다.

2.3 보안 거버넌스 컴포넌트

SP 800-100은 효과적인 사이버 보안 거버넌스를 위한 주요 활동 또는 주요 구성 요소를 제시하고 있다(그림 2.1 참고).

- 전략 기획
- 조직 구조
- 역할과 책임 수립
- 엔터프라이즈 아키텍처와 통합
- 정책 및 지침의 보안 목표 문서

다음 절에서는 이러한 구성 요소를 차례대로 살펴 볼 것이다.

전략 기획

전략기획과 관련된 3가지 계층적 측면에 대한 정의를 살펴 보도록 하자.

- 엔터프라이즈 전략 기획

- 정보 기술(IT) 전략 기획

- 사이버 보안 또는 정보 보안 전략 기획

▲ 그림 2.2 전략 기획

엔터프라이즈 전략 기획은 장기 목표 및 조직의 목표(예, 비즈니스 엔터프라이즈, 정부 기관, 비영리 기관) 정의, 이러한 목표와 목적을 달성하기 위한 계획 개발을 포함한다. 엔터프라이즈 전략 기획에 포함된 관리 활동은 전략 관리 그룹의 전략 계획 기본 [SMG17]에 우선 순위를 정하기 위한 활동, 에너지와 자원에 중점, 운영 강화, 직원과 이해 관계자들에 공동의 목표를 위해 같이 일하고 있음을 확인, 성과/결과에 대한 합의 도출, 환경 변화에 따른 조직의 방향 평가 및 조정으로 정의하고 있다. 전략 계획 개발, 계획 이행에 대한 지속적인 감독을 포함하고 있다.

전략 계획 : 조직내에서 의사 소통을 위해 사용되는 문서 조직 목표, 목표를 달성하기 위해 필요한 활동, 그 외 개발된 주요 요소

IT 전략 기획은 엔터프라이즈 전략 기획의 IT 관리와 동일 선상에 있다. IT 관리를 넘어서 IT 기획 프로세스가 엔터프라이즈 전략 기획과 통합되도록 하기 위해서는 두 가지 요소인 임무 필요성 및 엔터프라이즈 성숙도를 필요로 한다[JUIZ15]. 효율성을 극대화하기 위해 IT를 활용하는 많은 사용자가 있는 조직은 IT 투자가 비즈니스 가치 창출 여부와 엔터프라이즈 목표와 목적에 부합하는가에 대한 위험 평가 확인 사항을 전략 기획에 포함해야 한다. 이는 엔터프라이즈 임무를 지원하기 위해서 필수적이다. 더욱이 사물 인터넷(IoT :Internet of Things) 인프라가 발전하고 성숙됨에 따라 엔터프라이즈 전략 목표에 도달하기 위해 클라우드 서비스 제공자, 직원 및 외부 실행가들의 모바일 디바이스 사용 증가, 사물 인터넷 기능을 개발하기 위한 다양한 신규 하드웨어 및 소프트웨어에 대해 외부 제공자에 의존할 가능성 있다. 이러한 활동은 유연성 측면에서 예상하지 못한 장벽을 생성할 수 있으며 새로운 위험을 초래

할 수 있다. IT 관리는 전략 기획을 통해 이러한 문제들을 해결할 수 있다.

IT 전략 기획의 가상 잘 설명된 예는 인텔에서 사용된 프로세스이다[HAYD08a, HAYD08b, PETE12]. 보안 전략 기획의 모델로 활용되기 때문에 검토할 만한 가치가 있다. 인텔의 IT 전략 기획 프로세스는 그림 2.3과 같이 6단계로 구성되어 있다.

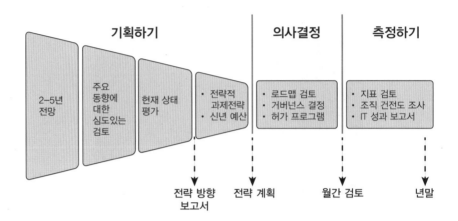

▲ 그림 2.3 인텔 IT 전략 기획 프로세스

1. **2~5년 비즈니스 기술 전망** : 연초 기획 팀은 엔터프라이즈 차원에서 개발된 비전과 목표 보고서를 받는다. 이 단계에서 팀은 엔터프라이즈 전략, 기술 동향, 직원 동향, IT 조직 및 그 결과물을 만들어낼 미래 환경에 대한 보다 깊은 이해를 할 수 있어야 한다. 조직 전반에 걸친 IT 전문가는 향후 몇 년 내에 조직 형성 및 의사 결정에 중요한 주요 동향 분석을 위해 채용 될 것이다.

2. **심도 있는 전략 검토** : 전반적인 전략 기획 프로세스를 알리기 위한 심도 있는 분석이 요구되는 높은 영향을 주는 소수 영역을 식별한다. 특정 시점의 상황에 따라 IoT, 소셜 미디어 동향, 규정 준수 규칙의 변화 등이 포함될 수 있다.

3. **현재 상태 평가** : 기획 팀은 IT와 관계된 모든 시스템과 정책의 현재 상태를 분석하며 이를 장래 전망과 비교하며 진행 단계에서 개발된 주요 동인에 대해서는 특별한 주의를 기울여야 한다.

4. **과제, 로드맵, 재원** : 다음 단계는 IT 전략 계획 개발이다. 계획은 전략 목표, 예산, 투자 계획에 대한 논의를 포함해야 한다. IT의 최우선 순위 항목을 고려하고 성공하기 위한 최종 프레임워크를 제공해야 한다. 각 항목은 차 년도 예산 및 조직 결정에 영향을 줄 수 있는 로드맵을 포함해야 한다.

5. **거버넌스 프로세스 및 의사 결정** : 일단 연간 계획이 승인되면 진행 단계의 정보는 전략 계획 및 년간 전략 목표를 실행하기 위한 조직 전체에 걸친 거버넌스 프로세스와 의사 결정에 대한 지침으로 활용된다. 의사 결정은 프로젝트 허가, 공급자 선택, 공급, 투자 최적 균형점 결정 등을 포함한다.

6. 정규적인 검토 : 다양한 입력을 기반으로 한 월간 검토는 전략 계획을 확인하고 거버넌스에 대한 결정이 뒤따를 수 있다. 이것은 년말 평가에서 절정에 이른다. 검토는 새로운 전략 계획이 수립되는 다음해까지 지속되며 새로운 거버넌스 결정은 검토 프로세스를 수정하기 위한 정보를 제공한다.

이러한 프로세스들은 보안 전략 기획 요소들을 포함 할 수 있으며 기획은 다른 팀들과 협력 및 동시에 진행 될 수 있다.

정보 보안 전략 기획은 정보 보안 관리, 엔터프라이즈 및 IT 전략 기획 운영과 부합한다. 조직 내 IT의 보편적인 사용과 가치는 조직의 위기 완화를 포함하여 IT가 조직의 가치를 전달하기 위한 개념으로 확장되었다. 따라서 IT 보안은 조직의 모든 수준에 대한 거버넌스와 의사 결정 프로세스 관계되며 정보 보안 전략 기획은 전략 기획의 기본 구성 요소이다.

정보 보안 전략 계획은 임원들과 위원회에 의해 승인을 거쳐 정기적으로 검토되는 문서로 구체화 되어야 한다.

표 2.1은 이러한 문서의 개요이다.

▼ 표 2.1 전략 기획 문서의 구성 요소

분류		설명
정의	임무, 비전, 목표	특정 전략을 시작 가능하도록 하는 개별 보안 프로젝트의 역할을 포함하여 조직의 목표 및 목적과 부합하는 전략을 정의
	속성	목표의 전략과 우선순위를 결정하는 요소들을 기술
	성공 조건	정보 보안 프로그램의 성공 조건을 정의. 부정적인 비즈니스 영향에 대한 위험 관리, 탄력성, 보호를 포함
	통합	조직의 비즈니스 및 IT 전략과 통합되는 보안 프로그램에 대한 전략
	위협 방어	보안 위협에 대해 보안 프로그램이 조직의 방어를 돕기 위한 방법 기술
실행	운용 계획	목표에 도달하기 위한 예산, 자원, 도구, 정책, 시작에 대한 합의된 년간 계획. 계획은 (a)진행 상황을 모니터링하고 이해관계자들과 소통하며 (b)관련된 프로젝트에서 정보 보안이 처음부터 포함될 수 있도록 보장해야 함
	모니터링 계획	계획은 이해관계자들의 지속적인 피드백에 의한 기획 및 유지보수, 목표 대비 진척 상황 모니터링, 전략 목표는 비즈니스 요구와 부합하고 유효함을 보장하는 것을 포함 해야 함
	조정 계획	계획은 전략적 목표가 유효하고 비즈니스 요구 사항과 부합할 뿐 아니라 가치를 전달하는 절차를 포함 함
검토	검토 계획	계획은 절차와 정보 보안 전략을 정기적으로 검토하는 개인/위원회를 기술 함

조직 구조

사이버 보안을 다루는 조직 구조는 조직의 규모, 유형(예, 정부 기관, 기업, 비영리 기관), 조직의 IT 의존도에 따라 달라진다. 하지만 기본적인 보안 거버넌스 기능은 조직을 떠나 기본적으로 수행되는 내용은 동일하다. X.1054에 기반한 그림 2.4는 광범위한 내용에서 기본적인 기능들을 보여준다.

기본 보안 거버넌스는 다음과 같다.

- **지시** : 기업 전략과 위험 관리 측면에서 보안 관리를 안내하며 이러한 기능은 정보 보안 정책 개발을 포함하고 있음
- **모니터** : 측량 가능한 지표로 보안 관리의 성능을 측정
- **소통** : 이해 관계자들에게 기업 보안 상태를 보고하며 이해 관계자들의 요구 사항을 평가

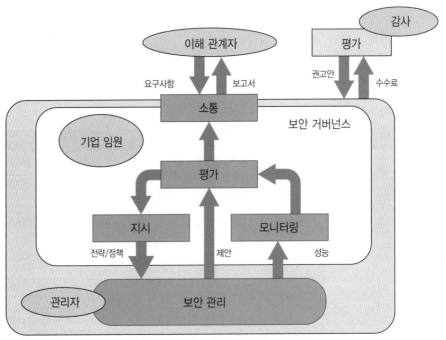

▲ 그림 2.4 보안 거버넌스에 대한 프레임워크

프레임워크는 지시, 모니터, ISMS 평가에 대한 주기를 포함한다. 평가는 모니터링 결과와 수정 및 개선에 대한 보안 관리 제안 사항들을 반영한다. 이러한 주기는 조직이 ISMS를 구축, 구현, 유지, 지속적인 개선하는 ISO 27001 요구 사항 4.4와 부합한다.

평가 기능은 매년 정기적이거나 사고 발생시 발간되는 형태의 보고서들로 이해 관계자들과 소통하는 계기가 된다. 정보 보안 거버넌스 프레임워크[OHKI09]에 보고된

것과 같이 이해 관계자들에게 보고는 두 가지 목적을 갖는다.

- **책임 추적성 :** 보고는 이해 관계자들에게 정보 보안이 효과적으로 관리 되고 있음을 확인 시켜주며 다음과 같은 사항을 포함하고 있어야 한다.
  - 정보 보안 정책
  - 위험 평가
  - 위험 측정 및 대응
  - 관리 시스템
- **기업 가치에 영향 :** 보고는 다음과 같은 내용을 공개 해야 한다.
  - 정보 자산에 대한 목록을 생성하는 것의 비용 및 이익을 계산한다. 정보 보안 위험 평가 프로세스는 정보 자산의 전체 목록을 생성하는 것을 포함한다. 이러한 목록은 정보 자산의 전략 관리를 개선하고 기업 가치를 향상 시킬 수 있는 보안 문제들로부터 자유롭도록 한다.
  - 정보 보안 활동의 결과로 개발된 정보 자산 목록의 가치를 평가한다.
  - 정보 보안 활동의 확장은 브랜드 가치뿐 아니라 고객과 파트너의 신뢰를 향상시킨다.
  - 보호된 정보 자산의 경제적 가치
  - 보안을 구현함으로써 위험으로부터 정보 자산에 대한 손실 예방 금액

다음은 정보 보안 거버넌스 프레임워크[OHKI09]의 정보 보안 보고서의 개요에 대한 예이다. 이러한 보고서 구조는 일본 통상 산업부(Japanese Ministry of Economics, Trade and Industry)의 연구에 토대를 두고 있다. 이는 기업의 정보 보안 거버넌스의 전반적인 모습을 제공한다. 특히 5절에서는 이해 관계자들에게 계획된 바와 같이 정보 보안 활동이 수행되고 있는지 판단 할 수 있도록 상세한 정보를 제공해야 하는 상태 업데이트를 포함하고 있다.

X.1054는 다음의 세부 내용과 같이 정보 보안 상태 보고 구조의 예를 제공한다.

- 소개
  - 범위(전략, 정책, 표준), 경계(지역/조직 단위), 기간(월/분기/반기/년)
- 전반적인 상태
  - 만족/조금 만족/불만족
- 업데이트
  - 정보 보안 전략 달성에 대한 진행 상황
  - 완료/진행/계획중인 요소
  - 정보 보안 관리 시스템 변경
  - ISMS 정책 개정, ISMS 구현을 위한 조직 구조(책임 배정 포함)
  - 인증 진행 상황
  - ISMS (재)인증, 인증된 보안 감사
  - 예산 수립/인사/교육
  - 재정 상태, 직원 수 적정 여부, 정보 보안 자격

- 그 외 보안 활동
- 비즈니스 영속성 관리 참여, 인식 개선 활동, 내부/외부 감사 지원
- 주요 이슈
  - 정보 보안 심사 결과
  - 권고 사항, 경영자 응답, 활동 계획, 목표 일자
  - 주요 내/외부 감사 보고서 관련 진행 상황
  - 권고 사항, 경여자 응답, 활동 계획, 목표 일자
  - 정보 보안 사고
  - 영향도 예상, 활동 계획, 목표 일자
  - 관련 법규 및 규제 준수(또는 불이행)
  - 영향도 예상, 활동 계획, 목표 일자
- 의사 결정(필요시)
  - 추가 자료
  - 비즈니스 시작을 위한 정보 보안 활성화를 위한 것들

이러한 형식은 보안(예, 정보 및 통신 기술 비즈니스) 활동을 강화하여 조직의 평판을 높이려고 하는 조직에는 매우 유용하다. 보안 위험에 대한 조직의 투명한 접근과 정보 공유는 신뢰성을 높이는데 효과적이다. 이러한 활동을 통해 일반적인 인식은 이해관계자들 사이에 공유될 수 있다. 예를 들면, 공용 클라우드 제공자들은 정보 보안 프로그램에 대한 상세한 내용을 공유하며 고객이 사전 협의를 통해 감사 및 취약성 테스트를 수행할 수 있도록 허용한다. 비즈니스 고객을 보유한 다른 서비스 제공 업체 및 조직은 전통적으로 이러한 수준의 투명성을 제공하지는 않았다.

마지막으로 그림 2.4에 있는 평가 기능은 독립적인 제 3의 감사자가 수행하며 기업의 최고 경영자가 의뢰한다.

역할과 책임

보안 거버넌스의 주요 측면은 정보 보안과 관련된 임원들의 역할과 책임을 정의하는 것이다. 일반적으로 이러한 임원들은 C레벨 임원들이라 한다. 임원진은 다음을 포함한 보안 거버넌스 역할을 수행한다.

- **최고 경영자(CEO : Chief Executive Officer)** : 조직의 성공 실패에 대한 책임을 가지며 높은 수준에서 전체적인 운용을 감독함
- **최고 운영 책임자(COO : Chief Operating Officer)** : 일반적으로 CEO에 이은 두 번째 임원으로 CEO 대신 조직의 일상 운용을 감독하고 운용을 관리하는 정책 및 전략 수립

C레벨 : 최고 레벨. 조직에서 고위 임원을 나타낸다. C레벨 직책을 맡은 임원은 회사의 전략, 중요한 결정, 회상의 전략 목표를 수행하기 위한 일상적인 운용을 확인한다.

- **최고 정보 관리 책임자(CIO : Chief Information Officer) :** 기업 목적 및 목표를 지원하기 위한 IT 전략 및 컴퓨터 네트워크, 제 3자 시스템(예, 클라우드)에 대한 책임을 가짐
- **최고 보안 관리 책임자(CSO : Chief Security Officer) 또는 최고 정보 보호 관리 책임자(CISO : Chief Information Security Officer) :** 데이터 및 시스템 보안에 대한 책임을 가지며 일부 대기업에서 CSO는 물리 보안 CISO는 디지털 보안에 대한 책임을 갖는 것으로 세분화되어 있음
- **위험 관리 책임자(CRO : Chief Risk Officer) :** 주요 경쟁사, 규제, 기업의 자본 및 수입에 대한 위협에 대한 책임을 가지며 대부분의 기업에서는 이러한 역할이 존재 하지 않음. 금융사에서 주로 찾아 볼 수 있으며 CRO가 없는 조직의 경우 위험 결정은 CEO나 이사회가 수행함
- **개인 정보 관리 책임자(CPO : Chief Privacy Officer) :** 허가 되지 않은 접근으로부터 고용인 및 고객 정보를 보호하기 위한 정책을 개발하고 구현하는 책임을 가짐

그림 2.5는 대기업에서의 이러한 직책간 보고 관계를 보여준다. 중소기업에서는 한 명의 임원이 몇 가지의 역할을 수행하기도 한다.

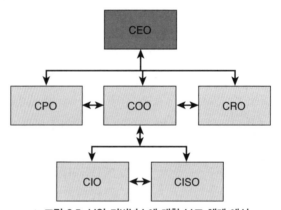

▲ 그림 2.5. 보안 거버넌스에 대한 보고 체계 예시

조직의 보안 관련 책임의 구조화된 모습을 보여주는 것은 두 가지 측면에서 책임을 분담하는데 유용하다. 그림 2.6의 기업 거버넌스 태스크 포스 정보 보안 거버넌스 : 행동 강령[CGTF04]은 역할과 책임 할당사이의 권장된 모습을 보여준다. 유익한 이 보고서에서는 이러한 역할 뿐 아니라 효과적인 보안 거버넌스를 구현하기 위한 권장 사항들을 제공한다.

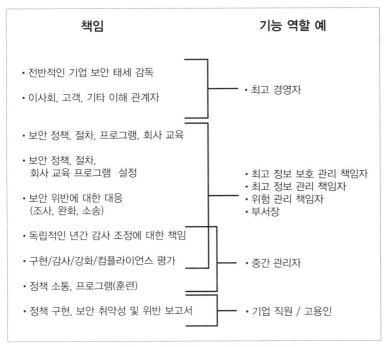

▲ 그림 2.6 보안 거버넌스 역할 및 책임의 예

비즈니스 소프트웨어의 정보 보안 거버넌스 : 실행을 위한 프레임워크[BSA03]에서는 세 가지 범주의 거버넌스 프레임워크를 제안한다.

- **거버넌스/비즈니스 추진 요소 :** 내가 해야 할 일은 무엇인가? 무엇을 해야 하는가?
- **역할과 책임 :** 어떻게 내 목표를 달성할 것인가?
- **지표/감사 :** 어떻게 효과적으로 목표를 달성할 것인가? 무엇을 조정해야 하는가?

▼ 표 2.2 정보 보안 거버넌스 책임

거버넌스/비즈니스 추진 요소	역할 및 책임	지표 및 감사
기업 경영진		
입법, ROI (투자 수익)	• 정책 감독 및 중재 • 사업부 컴플라이언스 감독 • 컴플라이언스 보고 보장 • 책임 추적성 강화 활동 모니터링	재무 보고, 수익 창출 손실, 정책 준수
사업 본부장		
표준, 정책, 예산	• 위험 및 비즈니스에 맞는 정보 보안 제공 • 보안 교육 제공 • 통제 환경 및 활동 개발 • 정책, 절차, 관행의 효율성 보고	정책 위반, 자산 오용, 내부 통제 위반

고위 관리자		
표준, 감사, 결과	• 보안 및 시스템에 대한 보안 • 주기적인 자산 및 관련된 위험 평가 • 적절한 보안 수준 결정 • 허용 수준에서 위험을 줄이기 위한 비용의 효율적 정책 및 절차 개발 • 보안 및 통제 항목 정기적인 테스트	위험 평가 및 영향 분석, 환경 활동 통제, 치료 활동, 정책 및 절차 준수, 보안 통제 테스트 결과
CIO/CISO		
보안 정책, 운영 및 리소스	• 프로그램을 통한 컴플라이언스 개발, 유지, 보장 • 주요 의무 및 교육을 담당하는 보안 담당자 지정 • 보안 프로그램 및 사업부별 요구 사항을 지원하기 위한 필요 정책 개발 • 보안 책임을 가진 상급 관리자 지원 • 보안 인식 교육 실행	보안 인식 효과, 사고 대응 및 영향 분석, 보안 프로그램 효과, 정보 무결성, 정보 처리에 대한 효과

엔터프라이즈 아키텍처와 통합

▼ 표 2.3 엔터프라이즈 아키텍처 참조 모델

참조 모델	요소	목표 및 이점
성능 참조 모델	목표, 측정 영역, 측정 범주	조직 성능 및 거버넌스 향상, 비용
비즈니스 참조 모델	임무 분야, 기능, 서비스	조직 변화, 분석, 설계 리엔지니어링
데이터 참조 모델	도메인, 주제,	데이터 품질/재활용, 정보 공유, 애자일 개발
응용 프로그램 참조 모델	시스템, 컴포넌트, 인터페이스	애플리케이션 포트폴리오 관리, 비용 효과
인프라 참조 모델	플랫폼, 시설, 네트워크	자산 관리 표준, 비용 효과
보안 참조 모델	목적, 위험, 통제	안전한 비지니스 / IT 환경

참조 모델에 대한 상세한 내용은 다음과 같다.

- **성과 업무 참조 모델(PRM : Performance Reference Model)** : 전략 영역과 관련된 엔터프라이즈 아키텍처를 통해 제공된 가치를 설명하는 표준을 정의한다. 이 영역의 PRM의 예는 SWOT(강점, 약점, 기회, 위협) 분석보고서로 프로젝트나 비즈니스 내에서 강점과 약점/한계, 기회, 위협을 보여준다.

- **업무 참조 모델(BRM : Business Reference Model)** : 공통의 임무 및 지원 서비스 영역의 분류를 통해 조직을 기술한다. BRM은 엔터프라이즈 비즈니스 서비스 영역과 관련된 다양한 임무 분야에서 기능과 서비스를 정의하는 지침을 제공한다. 이 영역에서 BRM의 예는 특정 환경 및 특정 목적과 관련된 시스템이나 사용자 사이에 발생 가능한 일련의 상호작용에 대한 유스케이스 및 다이어그램이다.

- **데이터 참조 모델(DRM : Data Reference Model) :** 사일로(Silo)에 존재하는 데이터를 발견하고 데이터의 의미, 접근 방법, 활용방법을 활성화한다. DRM은 데이터 및 정보 영역과 연결되어 있다. 이 영역의 DRM 예로 조직의 파일 및 데이터베이스에 있는 이름, 유형, 값 범위, 원천, 각 데이터 요소에 대한 접근에 대한 인증 정보와 같은 중앙 저장소의 데이터 사전이다.

- **응용 프로그램 참조 모델(ARM : Application Reference Model) :** 서비스 기능 제공을 지원하는 시스템 및 응용 프로그램과 관련된 표준 및 기술로 분류한다. ARM은 문서화 시스템, 구성 요소. 관리 응용 프로그램 포트폴리오 관리 인터페이스에 대한 단일 체계를 개발하기 위한 지침을 제공한다. 이 영역의 ARM 예로 시스템/응용 프로그램 발전 다이어그램이 있다. 문서는 보다 효과적인 패키지 또는 향후 구현으로 발전시키기 위한 현재 시스템이나 응용 프로그램의 진화에 대한 계획을 포함해야 한다.

- **인프라 참조 모델(IRM : Infrastructure Reference Model) :** 음성, 데이터, 비디오, 모바일 서비스 구성 요소 및 기능에 대한 지원 및 제공을 활성화하기 위한 네트워크 또는 클라우드 관련 표준 및 기술을 분류한다. ARM은 플랫폼, 네트워크 구성 요소, 자산 관리 문서화에 대한 단일 체계를 개발하기 위한 지침을 제공한다. 호스트 인프라 영역과 연결된다. IRM 예로 호스팅 서비스의 활용 및 호스팅에 관한 상위 수준 기능 아키텍처, 운영 역할, 책임, 프로세스, 지표, 전략적 계획을 제공하는 호스팅 개념의 운용이다. 그외 인프라 요소에 대한 상세한 문서를 제공한다.

- **보안 참조 모델(SRM : Security Reference Model) :** 조직의 비즈니스 및 성과 목표의 맥락에서 보안 및 개인 정보에 대한 논의를 위한 공통의 언어 및 방법론을 제공한다. SRM은 위험에 맞춰진 보안/개인 정보 보호 정책, 설계, 보안 통제 구현에 대한 지침을 제공한다. SRM 예로 보안 통제 항목의 모니터링 및 분석, 효과성에 대한 보고를 기술하는 지속적인 모니터링 계획이다.

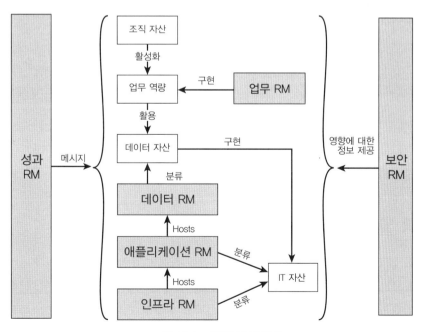

▲ 그림 2.7 RM 컴포넌트간 관계

- **조직 자산 :** 자산에는 투자, 프로그램, 프로세스, 응용 프로그램, 인프라, 개인 등이 포함된다.
- **업무 역량 :** 업무 역량은 조직이 가치를 이끌어 낼 수 있는 활동의 수행을 위한 능력을 나타낸다. 업무 역량은 특정 목적을 위한 조직 내 자산의 집합으로 볼 수 있다.
- **데이터 자산 :** 데이터 자산은 데이터베이스, 파일, 조직에서 가용한 데이터 자원 등을 포함한다.
- **IT 자산 :** IT 자산은 디바이스, 주변 기구, 시스템, 응용 프로그램, IT 자본 투자를 포함한다.

그림 2.8은 보안 참조 모델과 그 외 다른 참조 모델과 상호 관계를 보여준다.

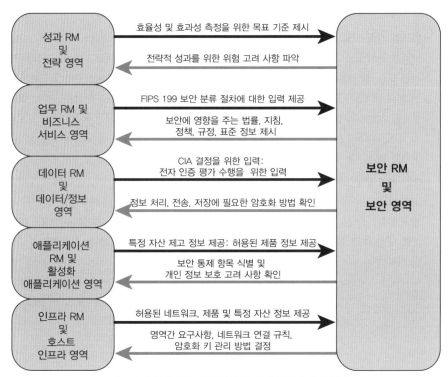

▲ 그림 2.8 보안 참조 모델과 기타 참조 모델간 상호 작용

엔터프라이즈 아키텍처는 기업 및 보안 거버넌스를 활성화하는데 매우 유용하며 거버넌스의 필수 요소로 간주되어야 한다.

정책 및 거버넌스

NIST SP800-53 연방 정보 시스템 및 조직을 위한 보안 및 개인 정보 보호 정책은 정보 보안 정책을 조직이 관리, 보호, 배포하는 방법을 규정하는 지침, 규칙, 관행 등의 집합으로 정의한다. 이는 보안 거버넌스의 필수 구성 요소로 조직의 보안 목표 및 목적을 구체적으로 제공한다. 정책 실행 지침과 함께 있는 정책은 식별된 위험을 줄이기 위해 적절하게 선택된 통제 항목들을 통해 실행된다. 정책 및 지침은 정보 보안 역할, 책임, 보안 통제 항목의 기준, 데이터 및 IT 자산의 모든 사용자에 대한 행동 규칙에 대한 지침을 포함해야 한다.

2.4 보안 거버넌스 접근법

효과적인 보안 거버넌스는 기업의 위험 관리 및 감독과 관련하여 구조화된 접근 방법을 제공하는 프레임워크에 대한 개발 및 문서를 요구한다. 구현 및 거버넌스의 사용은 조직의 이사회가 정보 보안 및 위험 관리에 대한 그들의 분명한 방향을 설정하도록 한다.

보안 거버넌스 프레임워크

보안 거버넌스 프레임워크의 정의, 관제, 유지보수는 다음과 같은 작업을 가능하게 한다.

- 프레임워크의 구현 및 정보 보안 전략 및 보안 평가 프로그램에 대한 모니터링 방법을 개발하는 보안 거버넌스에 대한 책임을 갖는 단일 감독관을 임명한다. 프레임워크는 2.3 절에서 논의된 모든 요소들을 필요로 한다.
- 전체적인 조직의 정책과 목표와 일치하는지, 비즈니스 가치를 향상시키는지, 위험 관리를 적절한 수행을 포함한 보안 거버넌스 프레임워크 목표에 대해 최상위 임원들과 소통하고 의사결정한다
- 2.3절에서 논의된 엔터프라이즈 아키텍처와 보안 아키텍처의 통합을 검증한다.
- 관리 기관이 정보 보안 전략의 운영을 평가하여 조직의 현재 위험 요소에 대한 비즈니스 요구 사항을 충족시킬 수 있도록 하는 프로세스를 포함한다.
- 조직이 현재 운영하는 환경이 조직의 위험성에 적절한지 정기적으로 검토한다.
- 정보 보안 전략, 정책, 아키텍처를 정식으로 승인한다.

보안 방향

관리 체계는 효과적인 보안에 대한 방향을 확인하는 책임이 있다. 전형적으로 관리 체계는 조직에서 수행되는 일에 대한 궁극적인 책임을 갖는다. 예를 들어 상장 회사의 경우 이사회가 다양한 비즈니스 조직에 대한 운영 책임이 있는 최고 관리자를 보

완한다. 정보 보안 포럼(ISF)의 정보 보안(SGP)에 대한 모범 사례 표준에서는 효과적인 정보 보안 방향은 관리 체계의 지지를 받으며 정보 보안 책임을 갖는 개인들에 의해 수립되도록 하는 것을 권장한다. 개인들은 CISO 또는 임원들일 수 있다. 개인의 책임은 조직의 전반적인 접근 방법 구현 및 보안 의식이 조직에 스며들도록 하는 것을 포함한다. 임원, 관리자, 운영자들의 협동 및 협업을 통해 구체화된다.

SGP는 관리 체계에 CISO, CISO에 대한 지원, CISO의 지시를 통해 수행되는 업무들에 대한 평가를 포함되는 것을 권장한다. 관리 체계의 다른 구성원들은 ICO, 핵심 부서의 부서장, 인사 팀장과 같은 비즈니스 지원 조직의 관리자를 포함한다. 관리 체계는 보안 활동의 조정을 돕고 요구된 변화에 대해 CISO가 자원과 권한을 가지고 있는지 확인해야 한다. 또한 관리 체계는 보안 상태 및 계획을 이해 관계자에게 보고해야 한다.

COPBIT 5는 SGP가 제안하는 것보다 정교한 관리 체계 구조를 제공하며 보다 큰 기업에서 가치가 있다. COBIT5는 5가지의 역할/구조로 구분된다.

- **최고 정보 보안 임원(CISO : Chief Information Security Officer) :** CISO는 기업의 정보 보안 프로그램에 대한 전반적인 책임을 갖는다. CISO는 경영진과 정보 보안 프로그램 사이를 중재한다. CISO는 정보 보안 필요성을 강조하기 위해 주요 비즈니스 이해관계자와 협업한다. CISO는 다음과 같은 책임을 갖는다.
  - ISMS 수립 및 유지보수
  - 정보 보안 위험 관리 계획의 정의 및 관리
  - ISMS의 모니터링 및 검토
- **정보 보안 조정(ISS : Information Security Steering) 위원회 :** 정보 보안 모범 사례가 기업 전체에 효과적이고 일관되게 적용되었는지 모니터링과 검토를 통해 확인한다. ISS 위원회는 기업 위험 관리 위원회에 의해 만들어진 전략 의사 결정을 지원하기 위한 기업 전반에 걸친 보안 의사 결정에 대한 책임이 있다.
- **정보 보안 관리자(ISM : Information Security Manager) :** ISM은 응용 프로그램 보안, 인프라 보안, 접근 관리, 위협 및 사고 관리, 위험 관리, 인식 프로그램, 지표, 및 벤더 평가를 포함한 정보 보안과 관련된 노력에 대한 전반적인 책임을 갖는다.
- **기업 위험 관리(ERM : Enterprise Risk Management) 위원회 :** 기업에 대한 접근, 통제, 최적화, 금융, 이해관계자들의 단기 및 장기적인 가치를 높이기 위한 모든 수단으로부터 발생하는 위험 관제에 대한 책임을 갖는다.
- **정보 관리자/사업자 :** 이 분야의 개인은 비즈니스와 정보 보안 기능 사이를 중재한다. 이들은 정보 유형, 특정 응용 프로그램, 기업 내 사업부와 관련된다. 이들은 비즈니스에서 신뢰할 수 있는 조언자 모니터링 에이전트의 역할을 수행한다.

COBIT5는 CISO와 ISM을 구분하며 CISO는 운영 관리 책임을 갖는 ISM의 감독하의 C레벨 직책을 수행한다. 다른 조직은 CISO와 ISM의 역할을 통합하기도 하며 CISO 직책이 없는 경우도 있다.

또한 대부분의 조직은 단일 보안 관리 체계를 갖지만 큰 조직에 대해 COBIT 5는 2개의 위원회로 분리할 것을 권장한다. ISS 위원회는 보안 정책 및 사례들이 효과적으로 구현되고 관제되는지 여부를 확인하는데 중점을 둔다. ERM 위원회는 위험 관리에 중점을 둔다. 제안된 ISS 위원회의 구성은 다음과 같다.

- **CISO** : ISS 위원장 및 ERM 위원회의 중재자 역할 수행
- **ISM** : 설계, 구현, 사례의 모니터링을 전달
- **정보 관리자/사업자** : 특정 프로세스나 응용 프로그램을 담당하며 사용자 커뮤니티에 영향을 줄 수 있는 정보 보안 및 정보 보안 사례에 대한 영향을 줄 수 있는 비즈니스 계획 의사소통에 대한 책임
- **IT 관리자** : IT와 관련된 정보 보안 계획 상태에 보고
- **특별 기능에 대한 대표자** : 상세 또는 필요에 따라 포함하며 내부 감사, 인적 자원, 법률 부서의 대표들로 구성됨

제안된 ERM 위원회의 구성은 다음과 같다.

- **CISO** : 위원회에 특정 정보 위험에 대한 조언을 제공
- **CEO, COO, CFO, 그 외** : 한 명 이상의 고위 관리자 대표
- **보안 관리자/사업자** : 특정 프로세스 또는 비즈니스 응용 프로그램을 담당, 정보 보안 및 사용자 커뮤니티에 영향을 줄 수 있는 정보 보안 실무에 대한 비즈니스 계획에 대한 책임을 가짐
- **감사/컴플라이언스 대표자** : 컴플라이언스 위험에 대한 위원회 자문
- **법률 대표자** : 법적 의견 제공
- **CRO** : 전략, 재무, 운용, 평판, 컴플라이언스 관점의 위험에 대한 조언 제공

수행담당, 총괄책임, 자문담당, 정보통지(RACI 차트)

COBIT은 IT 거버넌스 활동과 관련된 직원들의 모든 책임에 대해 기술했다. COBIT 책임 모델은 모든 34 COBIT 프로세스에 대해 RACI 차트 매트릭스를 첨부하여 구체화했다. RACI는 주요 활동을 고려해 모든 직원들의 책임을 설명한다.

- **책임** : 마감 시간 내 주어진 업무를 수행하고 결과를 전달해야 하는 사람. 예를 들면 소프트웨어 개발 프로젝트에서 개발자들은 이러한 책임이 있음
- **책무** : 프로젝트 업무의 성공적인 완료 확인에 대한 의사 결정 권한을 갖는 사람. 예를 들면 팀장이나 프로젝트 코디네이터가 이러한 책무가 있음

- **자문** : 의사 결정 또는 실행 전에 의사 결정 및 업무 활동에 대한 자문 역할을 갖는 이해 관계자. 사업부장과 같이 활동에 의해 영향을 받을 수 있는 사람 또는 기술 전문가와 같이 자문을 받아야 하는 사람
- **정보 통지** : 의사 결정이나 행동이 발생한 후 이를 인지할 필요가 있는 사람. 업무 결과 및 진행에 있어 영향을 받는 사람

RACI 차트는 다음과 같은 문제들이 발생하지 않도록 도움을 준다.

- 개인과 부서간 불분명한 책임 추적성
- 수행되지 않은 작업 또는 중복
- 지연되거나 완료되지 않은 작업
- 부적절한 의사 소통 및 조정
- 불명확한 승인/의사 결정 절차

표 2.4는 보안 거버넌스에 대한 RACI 차트 일부를 보여준다. 표에서는 각 활동에 대한 책임 추적성 및 해당 활동에 책임이 있는 요소를 표시 하였다.

▼ **표 2.4 조직 구조에 대한 COBIT 5 RACI 차트 일부**

활동	CISO	ISS	ISM	ERM	IC/BO
정보 보안 위험, 요구 행동, 이러한 사항들을 해결하기 위해 필요한 변화를 식별하고 의사 소통	A		R		
환경 및 시설 관리가 정보 보안 요구 사항과 관련 있음을 확인	A		R		
정보 보안 기능(예 : 정보 보안 요원의 정보 교육을 통해, 프로세스, 기술, 응용 프로그램의 문서화, 프로세스의 자동화 및 표준화)의 효과성 및 효율성을 개선할 수 있는 방법 제공	A		R		
비즈니스 전략과 부합하는 정보 보안 전략의 정의 및 전달	R	A			
정보 보안 요구 사항에 대한 연구, 정의, 문서화	R	A			
이해 관계자, 비즈니스 조력자, 기술 구현 관련자들과 정보 보안 요구 사항에 대한 검증	R	A			
정보 보안 정책 및 절차 개발	R	A			
구현 위험 평가 정의, 전략 대응, 정보 위험 관리를 위한 협력	R			A	
변화에 대한 잠재적인 영향 확인	R	A			
정보 보안 및 정보 위험 관리와 관련된 성능 및 컴플라이언스 데이터 수집 및 분석	R		R		
기업 내부 및 관련된 외부에서 정보 보안 기능 프로파일 수립		R			R

- A = 책임 추적성
- R = 책임
- IC/BO = 정보 관리자/ 비즈니스 소유자

2.5 보안 거버넌스 평가

로마에서 전해져 오는 말 중 "누가 경비원을 지키는가?"라는 말이 있다. 조직의 거버넌스와 정보 보안 거버넌스를 책임지는 사람은 거버넌스에서 그들의 노력에 대한 평가를 공개할 필요가 있다. 회사의 이사회에서 이러한 평가를 수행하거나 위임하며 회사에서의 감사 기능은 거버넌스 기능 평가를 포함한 그림 2.7에 나타나 있다.

존스톤(Johnston)과 헤일(Hale)의 기사 "정보 보안 거버넌스를 통한 향상된 보안"에서는 보안 거버넌스를 평가하기 위한 유용한 지표들이 나와 있다[JOHN09](표 2.5 참고)

▼ 표 2.5 정보 보안 거버넌스의 효율성 지표

지표 범주	지표
경영진 지원	• 경영진은 조직이 정보 보안과 관련 있음을 이해한다. • 경영진은 효과적인 정보 보안 거버넌스를 장려한다. • 경영진은 적극적으로 정보 보안 프로그램을 지원한다. • 경영진은 정보 보안 프로그램의 모든 관점을 준수한다. • 임원은 정보 보안에 대한 책임을 이해한다. • 경영진은 정보 보안 책임이 이행되지 않은 것과 관련된 책임을 이해한다.
비즈니스 및 정보 보안 관계	• 보안 투자는 비즈니스 목표를 달성하기 위해 최적화한다. • 비즈니스 프로세스 소유자들은 적극적으로 정보 보안 프로그램을 지지한다. • 비즈니스 프로세스 소유자들은 보안을 성공의 요인으로 인식한다. • 비즈니스 프로세스 소유자들은 보안 대안들에 대한 평가에 참여한다. • 비즈니스 프로세스 소유자들은 보안 문화 개발에 적극 지지한다. • 비즈니스 프로세스 소유자들은 정보 보안에 대한 책임을 수용한다. • 비즈니스 프로세스 소유자들은 정보 보안에 대한 책임을 갖는다
정보 보호	• 조직 내 사용되는 모든 정보는 식별한다. • 정보는 중요도에 따라 분류한다. • 정보는 민감도에 따라 분류한다. • 정보 분류를 강화한다. • 정보 분류는 외부 기관에서 수신된 정보에 적용한다. • 정보 분류는 외부 기관에 제공할 때 적용한다. • 모든 정보에 대한 책임은 할당한다. • 민감한 정보를 다루는 응용 프로그램을 식별한다. • 데이터 보존 표준은 정의하고 강화한다.

지표는 다음과 같이 세 가지로 분류된다.

- **경영진 지원** : 사이버 보안 프로그램 성공에 있어 중요한 구성 요소이다. 최고 경영진이 보안 이슈에 대한 이해를 갖고 보안 강화에 적극적으로 참여한다면 회사 전체에 영향력이 미칠 것이다. 강력한 경영진 보안 인식 및 지원은 보안 장려 문화를 지지 할 것이다.
- **비즈니스 및 정보 보안 관계** : 효과적인 보안 거버넌스 프로그램은 정보 보안 비즈니스 목적 및 목표와 정보 보안간의 강한 관계를 나타낸다. 정보 보안이 기업 계획 프로세스와 통합된

다면 직원들은 자산에 대한 강한 책임감을 느끼게 되고 보안이 장애물이 아니라 성공 요인으로 인식하게 될 것이다.

- **정보 보호** : 이러한 보안 거버넌스의 효율성 지표는 보안 메커니즘의 보급과 강점을 다룬다. 이러한 지표는 정보 보안 문제들에 대한 인식 정도와 공격에 대비하기 위한 전사 차원의 대비 수준을 반영한다.

SGP는 조직이 정보 위험을 적절히 처리했음을 보장하기 위해 정보 위험 관리에 대한 일관되고 체계적인 접근 방식을 채택하도록 권장한다. 핵심 요소는 3 장에서 논의될 ISF 비즈니스 영향 참조 테이블(BIRT :Business Impact Reference Table)과 같은 관리 조직 수준에서 사용된 구조화된 기술이다. BIRT는 주어진 상황에서 조직이 수용 준비가 되어 있는 최대 위험 또는 위해 수준의 문서화와 조직 전체에 정보 위험에 대한 의사 결정을 알리는데 사용된다.

선호도에 따라 보안 전략, 보안 통제 항목들, 보안 평가 측정 방법들이 개발된다.

2.6 보안 거버넌스 모범 사례

ISF SGP는 보안 거버넌스 범주의 모범 사례를 두 개의 영역과 다섯 가지 주제로 분류하며 각 주제에 대한 상세한 검사 목록을 제공한다. 영역 및 주제는 다음과 같다.

- **보안 거버넌스 접근방법** : 이 영역에서는 조직의 관리 체계가 정보 보안 및 위험 관리에 대한 조직의 방향을 명확히 설정하기 위한 정보 보안 거버넌스 프레임워크의 수립, 유지 관리, 관제에 대한 지침을 제공한다.
  - 보안 거버넌스 프레임워크 : 이 주제는 보안 거버넌스 프레임워크 수립과 조직의 정보 보안이 높은 수준의 거버넌스 표준의 지원 여부를 확인할 수 있는 점검표를 제공한다.
  - 보안 방향 : 이 주제는 보안 활동(예 정보 보안 프로그램) 조정 및 권장되는 정보 보안 거버넌스 접근 방식 지원에 대한 하향식 관리 구조 및 메커니즘에 대해 개괄적으로 다룬다.
- **보안 거버넌스 구성 요소** : 이 영역에서는 조직의 전략 목표와 일치하는 정보 보안 전략 생성 및 정보 보안 보증 프로그램 실행에 의한 정보 보안 거버넌스 프레임워크를 지원하기 위한 지침을 제공한다.
  - 정보 보안 전략 : 정보 보안 전략을 개발하기 위한 점검 항목을 제공한다.
  - 이해관계자 가치 전달 : 조직이 정보 보안의 새로운 계획에 의해 전달된 가치와 모든 이해관계자에게 결과를 보고하기 위한 프로세스의 구현 방법에 중점을 둔다.
  - 정보 보안 평가 : 정보 위험이 적절하게 설명되었는지를 확인할 수 있는 활동에 대해 논의한다.

2.7 참고 문헌

- **BSA03** : Business Software Alliance, Information Security Governance : Toward a Framework for Action. 2003. https ://www.entrust.com/wp-content/uploads/2013/05/ITgovtaskforce.pdf

- **CGTF04** : Corporate Governance Task Force, Information Security Governance : A Call to Action. U.S. Department of Homeland Security, 2004.

- **EAPA17** : The EA Pad. Basic Elements of Federal Enterprise Architecture. https ://eapad.dk/gov/us/common-approach/basic-elements-of-federal-enterprise-architecture/

- **HAYD08a** : Haydamack, C., "Strategic Planning Processes for Information Technology," BPTrends, September 2008.

- **HAYD08b** : Haydamack, C., & Johnson, S., Aligning IT with Business Goals Through Strategic Planning. Intel Information Technology White Paper, December 2008.

- **ISAC08** : ISACA, Defining Information Security Management Position Requirements : Guidance for Executives and Managers. 2008. www.isaca.org

- **ITGI06** : IT Governance Institute, Information Security Governance Guidance for Boards of Directors and Executive Management. 2006. http ://www.isaca.org/Knowledge-Center/Research/ResearchDeliverables/Pages/Information-Security-Governance-Guidance-for-Boards-of-Directors-and-Executive-Management-2nd-Edition.aspx

- **JOHN09** : Johnston, A., & Hale, R., "Improved Security Through Information Security Governance." Communications of the ACM, January 2009.

- **JUIZ15** : Juiz, C., & Toomey, M., "To Govern IT, or Not to Govern IT?" Communications of the ACM, February 2015.

- **OHKI09** : Ohki, E., et al., "Information Security Governance Framework." First ACM Workshop on Information Security Governance (WISG), November 2009.

- **OMB13** : Office of Management and Budget, Federal Enterprise Architecture Framework. 2013.

- **PETE12** : Peters, C., & Schuman, B., Achieving Intel's Strategic Goals with IT. Intel Information Technology White Paper, February 2012.

- **SESS07** : Sessions, R., "A Comparison of the Top Four Enterprise- Architecture Methodologies." Microsoft Developer Network, May 2007. http ://www3.cis.gsu.edu/dtruex/courses/CIS8090/2013Articles/A%20Comparison%20of%20the%20Top%20Four%20Enterprise-Architecture%20Methodologies.html

- **SGM17** : Strategic Management Group, Strategic Planning Basics. http ://www. strategymanage.com/strategic-planning-basics/retrieved April 6, 2017.

- **TOG11** : The Open Group, The Open Group Architecture Framework (TOGAF).2011. http ://www.opengroup.org/subjectareas/enterprise/togaf

- **ZIA15** : Zia, T., "Organisations Capability and Aptitude Towards IT Security Governance." 2015 5th International Conference on IT Convergence and Security (ICITCS), August 2015.

chapter **03**

정보 보안 평가

이 장의 학습 목표는 다음과 같다.

- 다양한 유형의 자산에 대한 자산 식별 방법을 이해한다.
- STRIDE 위협 모형을 설명할 수 있다.
- 취약성 식별 방법에 대해 설명할 수 있다.
- 정량적 정성적 위험 평가를 비교할 수 있다.
- 정보 위험의 원인 분석 목적 및 접근방법을 이해한다.
- 위험 분석의 핵심 요소를 제시할 수 있다.
- 위험 관리에 대한 주요 옵션을 설명할 수 있다.
- 위험 평가의 모범 사례를 제시할 수 있다.

위험 평가의 궁극적인 목적은 경영진이 보안에 대한 적절한 예산을 수립하고 예산 내에서 보호 수준의 최적화를 통해 보안 통제를 실현하는 것이다. 이러한 목적은 조직의 보안 침해 또는 보안 침해와 같은 가능성이 있는 잠재적 비용을 추정하여 달성할 수 있다.

위험 평가에 대한 유용성은 분명하며 필수적이지만 과학, 공학, 연구 기관의 보안 개선을 위한 기본적인 사이버 보안 연구[MILL17]에서 명확하게 기술한 바와 같이 처음부터 한계성을 인식하는 것이 좋다. 처음부터 너무 의욕적으로 하다 보면 프로젝트가 방대해지고, 복잡해지며, 검토하는 것이 힘들어질 뿐만 아니라 쉽게 정량화 되지 않는 것들을 간과하는 경향이 있기 때문이다. 만약 위험을 정확하게 계산할 수 있는 방법이 없다면 관리자는 위험의 크기를 잘못 추정하게 되며 비용은 다른 분야에 투자될 것이다. 따라서 경영진은 크지도 작지도 않게 균형 잡힌 위험 평가에 대한 계획 개발을 필요로 한다. 다행히도 정보 보안 포럼(ISF : Information Security Forum)의 정보 보안에 대한 모범 사례 표준(SGP : Standard of Good Practice for Information Security)과 같이 널리 수용되고 있는 모범 사례를 준용하는 것이 주어진 조직에 대해 합리적인 체계적 접근 방법을 개발할 수 있도록 해준다.

3.1 위험 평가 개념

위험 평가는 과학보다는 예술에 가깝다고 할 수 있으며 상당한 관리 판단을 요구하는 복잡한 주제이다. 위험 평가를 이해하기 위한 좋은 방법 중 하나는 ISO 27005 정보 보안 위험 관리 시스템 구현 지침에 정의된 표 3.1에 나열된 용어들을 이해하는 것이다. 거의 동일한 용어들이 두 개의 서로 다른 문서 SP 800-30 위험 평가 실행을 위한 지침 및 X.1055 통신 회사를 위한 위험 관리 및 위험 프로파일 지침에서 사용된다.

▼ 표 3.1 정보 보안 위험관련 용어

용어	ISO 27005 정의
자산	조직에서 가치를 가지는 모든 것으로 보호할 필요가 있는 것
영향	성취된 비즈니스 목표 수준에 대한 부정적인 변화 ISO 27005에서는 영향대신 결과라는 용어를 사용하며 SP800-30에서는 영향대신 영향 수준과 영향치를 사용함
사건	특정 상황의 발생 또는 변화

위협	시스템 또는 조직에 해를 끼칠 수 있는 원치 않는 사고의 잠재적 원인
위협 활동	우연의 사건 또는 고의적인 행동 결과로 인한 취약성을 악용한 위협의 실현
위협 개체	위협 활동이나 사건을 일으키는 시스템 개체
취약성	한 개 이상의 위협에 악용될 수 있는 자산 또는 통제의 약점
보안 사고	보안 위협에 대한 부작용
위험	정보 보안 사건 및 발생 가능성과 관련된 결과 조합
우도(Likelihood)	어떤 일이 발생할 확률, 특히 보안 사고가 발생할 가능성. X.1055는 우도 대신 노출 위험(RoE: Risk of Exposure)이라는 용어를 사용함
위험 수위	결과 및 가능성의 조합으로 표현된 위험의 크기
보안 통제	자산의 기밀성, 무결성, 가용성 또는 자산의 그 외 보안 속성을 보호가 위해 규정된 관리, 운용, 기술 통제 대책
잔여 위험	위험 처리 후 잔존해 있는 위험
위험 식별	위험을 발견, 인식, 기술하는 과정
위험 분석	위험의 본질을 이해하고 위험 수준을 결정하는 과정
위험 기준	위험의 의의 평가에 대한 기준
위험 수시 평가	위험 기준을 통해 위험 및 위험의 크기가 허용 수준인지 결정하기 위한 위험 분석 결과를 비교하는 절차
위험 정기 평가	위험 식별, 위험 분석, 위험 평가의 전반적인 프로세스
위험 처리	위험을 수정하는 프로세스 SP800-30은 위험 처리대신 위험 대응이라는 용어를 사용함
위험 관리	위험과 관련하여 조직을 지휘하고 통제하는 조정 활동

위협과 취약성은 같이 고려해야 한다. 위협은 잠재적인 위협원이 시스템의 보안 절차, 설계, 구현, 내부 통제 항목의 취약점을 고의 또는 의도적으로 악용할 수 있는 잠재성 이다. 취약점에 대한 위협 활동은 보안 위배나 침해를 야기한다. 위험 수준은 조직이 위험 처리의 형태에서 치료 활동에 필요한 비용을 평가하는데 사용할 측정치이다. 그림 3.1은 위험 수준을 결정하는데 있어 일반적이고 보편적으로 허용되는 방법이다.

영향과 우도(Likelihood)라는 두 가지 주요 문제를 동시에 고려해야 한다. 조직은 이와 관련된 다음과 같은 작업을 수행한다.

- **영향** : 영향을 결정할 때 다음 두 가지 요소를 고려해야 한다.
  - 자산 : 자산의 항목화 및 자산에 대한 가치를 포함하는 조직 자산 재산 목록을 작성한다. 여기에는 평판 및 신용과 같은 무형 자산뿐 아니라 데이터베이스, 장비, 사업 계획, 인력과 같은 유형 자산이 포함된다.
  - 위협 : 각 자산에 대해 자산의 가치를 감소 시킬 수 있는 위협을 결정한다.
    그리고 나서 위협 활동이 발생시 각 자산에 대해 업무에 대한 영향을 비용 또는 손실치의 관점으로 결정한다.

- **우도** : 우도를 결정하기 위해서는 세 가지 요소를 고려해야 한다.
  - 위협 : 각 자산에 대해 어떤 위협과 관련되어 있으며 어떤 것을 고려해야 하는지 결정한다.
  - 취약성 : 자산에 대한 각 위협에 대한 취약성 수준을 결정한다. 즉, 자산에 대해 어떻게 위협 활동이 이루어지는지 구체적으로 다룬다.
  - 통제 항목 : 어떤 보안 통제 항목들이 위험을 줄일 수 있는지 결정한다.

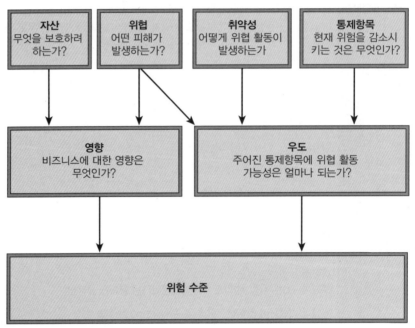

▲ 그림 3.1 정보 보안 위험 결정

그런 다음 위협 활동의 가능성과 적용된 통제 항목들에 근거하여 위협 활동이 미칠 피해를 판단한다.

마지막으로 위협 발생 비용과 위험 발생 가능성의 조합으로 위험 수준을 결정한다.

예를 들면 해커(위협 개체)들은 원격 인증을 무력화 하기 위해 원격 인증 프로토콜(취약성 목표)의 알려진 취약성을 활용할 수 있다. 위협은 비인가 접근이다. 자산은 비인가 접근에 의해 피해를 받을 수 있는 모든 대상이다. 취약성은 위협 활동(예를 들면 웹 인터페이스를 통해)이 어떻게 발생할 수 있었는지 나타낸다. 이러한 보안 취약성에 대한 통제 항목들은 위협 활동 발생 가능성을 감소시킨다.

보안 통제 예상을 결정하는데 있어 영향과 가능성 모두 고려해야 한다. 만약 조직이 영향에만 중점을 둔다면 영향이 큰 위협에 대해 많은 예산을 투자하게 되고 잠재성에 대한 대비는 매우 취약할 것이다. 따라서 중간 정도의 영향을 갖고 빈번하게 발생되는 위협은 비즈니스에 대한 전반적인 손실이 생각보다 더 높은 영향을 주지만 주의를 거의 기울이지 않게 된다. 반대로 잠재성에만 기초한 경우 조직은 보안 예산 배정에 있어 오류를 범하게 된다. 만약 비용 영향이 큰 아주 가끔 발생하는 보안 사건을 무시하여 보안 사건이 발생한다면 조직은 매우 큰 보안 손실에 노출하게 된다.

위협 평가 과제

조직은 위험 수준을 결정하는 매우 많은 과제에 직면하고 있다. 일반적으로 이러한 문제는 두 가지 범주로 추정에 대한 것과 예측에 대한 것이다. 위험 결정에 필요한 첫 번째인 추정과 관련된 네 가지 문제를 살펴보도록 하자.

- **자산 :** 조직이 개별적인 자산에 가치를 두기를 원하며 특정 위협에 의해 가치가 어떻게 줄어드는지 알아야 한다. 이것이 얼마나 어려운 작업인지 다음의 예를 통해 살펴보자. 만약 회사가 고객의 신용 카드 정보에 대한 데이터베이스를 관리할 때 이 데이터베이스의 유출로 발생할 수 있는 영향은 무엇인가? 법률 비용, 민사 처벌, 평판 손실, 고객 손실, 직원의 사기저하가 있을 수 있다. 이러한 비용을 평가하는 것은 엄청난 책무를 떠맡는 것이다.
- **위협 :** 조직이 직면하고 있는 위협을 파악할 때 과거 경험이 있어야 하며 많은 보고서들에서 현재 위협 및 빈도를 찾아볼 수 있다. 그럼에도 불구하고 위협의 모든 범위뿐 아니라 위협이 발생할 가능성을 결정하는 것은 매우 어려운 일이다.
- **취약성 :** 조직은 자신들이 인지하지 못하는 보안 취약점에 직면해 있을 수 있다. 예를 들어 소프트웨어 업체는 패치가 가능한 시점까지 취약점 공개를 미루거나 완전한 패치가 가능한 시점까지 취약성의 일부 패치의 배포를 지연시킨다 (예, ASHO17], [KEIZ17]). 또한 패치로 인해 새로운 취약점이 발생할 수 있다. 또 다른 예로 회사는 데이터센터 외부를 내화 방화벽을 설치할 수 있다. 만약 건설업자들이 사양에 맞지 않아 방호벽을 설치하지 않는다면 회사가 이를 알 수 있는 방법은 없다.
- **통제 항목 :** 통제 항목은 취약성을 줄이기 위해 구현되어야 하며 이로 인해 특정 위험이 발생할 가능성이 줄어 든다. 그러나 소프트웨어, 하드웨어, 인력 교육을 포함하는 통제 항목의 효과를 판단하는 것은 매우 어렵다. 예를 들어 특정 위협 활동이 거의 발생하지 않을지라도 조직은 해당 통제 항목이 원하는 효과를 가져오는지 판단하기는 어렵다. 위협 활동은 시스템을 테스트하기 위한 인위적일 수 있지만 이러한 인위적인 활동을 통해 통제 항목이 실제 얼마나 효과적인지를 판단하는 것은 매우 어렵다.

위험 평가에 있어 나머지 문제는 예측과 관련된 것이다. 이와 관련된 4가지 요소를 고려하면 다음과 같은 문제들에 직면하게 된다.

- **자산 :** 계획 기간이 1년, 3년, 5년이든 조직 자산의 변화는 보안 위협 영향을 예측하기 위한 노력은 복잡하다. 조직의 확장, 소프트웨어 및 하드웨어는 업그레이드되고, 재배치 되며, 다른 요소들이 복잡하게 작용할 수 있다.
- **위협 :** 현재 위협 기능 및 잠재적 악의적인 의도를 최선으로 평가하기는 어렵다. 미래 예측은

더 많은 불확실성에 있다. 완전히 새로운 양상의 공격이 짧은 기간에 나타날 수 있다. 물론 위협에 대한 완전한 지식 없이 영향을 정확히 평가하는 것은 불가능하다.

- **취약성** : 조직 또는 IT 자산의 변화는 예측하지 않은 불확실성을 만들 수 있다. 예를 들면 조직이 상당한 양의 데이터 자산을 클라우드 서비스로 이관할 경우 클라우드 서비스 제공자의 취약성에 대한 사항들은 클라우드 서비스의 높은 수준의 비밀로 인해 조직에 알려지지 않을 수 있다.

- **통제 항목** : 새로운 기술, 소프트웨어 기술, 또는 네트워크 프로토콜 도입은 조직의 방어에 대한 강화의 계기가 될 수 있다. 하지만 새로운 기회에 대한 본성을 예측하고 비용을 줄이는 것은 매우 어렵기 때문에 계획 기간 내 자원 할당은 최적이 아닐 수 있다.

문제를 복잡하게 만드는 것은 위협, 취약성, 통제 항목간의 다대다 관계이다. 주어진 위협은 여러 가지 취약점을 악용할 수 있으며 주어진 취약성은 다수의 위협에 의한 공격을 받을 수 있다. 마찬가지로 단일화된 통제로 여러 가지 취약점을 해결할 수 있고 단일 취약점은 여러 통제 항목의 구현을 통해 이루어 질 수 있다. 이러한 사실은 통제 계획과 완화 방법들에 대한 선택에 있어 예산 계획 수립을 복잡하게 만든다.

위에 언급한 모든 문제들로 인해 오늘날 경영진은 자신의 위치를 확고히 함으로써 위험으로부터 자유롭게 된다는 중국 손자(孫子)의 충고를 따를 수 밖에 없다. 그러나 책임 있는 경영진은 잘 정립된 모범 사례를 기반으로 한 위험 평가에 대한 체계적인 방법론을 따를 것이다.

위험 관리

위험 관리는 위험 관리의 광대한 보안 업무의 일부분이라고 할 수 있다. 미국 국립 표준 기술 연구소(NIST) 사이버 보안 SP 800-37 정보 시스템 및 조직에 대한 보안 관리 프레임워크에서는 위험 관리는 보안 및 개인 정보 통제 선택, 구현, 평가, 시스템 및 통제 권한 부여, 지속적인 모니터링 자산 가치에 대한 체계적이고 조직화된 유연한 프로세스를 포함한다. 시스템 수준에서 위험 관리 프레임워크를 실행하기 위한 보다 나은 조직의 실행 준비에 도움을 주기 위한 기업 수준의 활동을 포함한다.

위험 관리 맥락에 위험 평가를 위해 다음에서는 ITU-T와 ISO에 의해 정의된 두 가지 위험 관리 개념을 요약하였다.

X.1055 위험 관리 절차

위험 관리는 X.1055에 기반한 그림 3.2에서 보인 바와 같이 반복적인 과정이다.

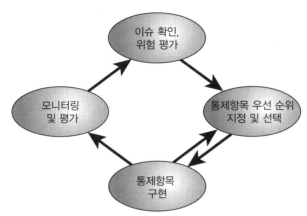

▲ 그림 3.2 위험 관리 수명 주기

다음과 같은 단계가 있다.

1. 자산, 위협, 취약성, 기존 통제 항목에 기반한 위험 평가. 이러한 입력으로부터 영향 및 가능성을 결정한 후 위험 수준을 결정한다.

2. 위험을 줄이기 위해 잠재적인 보안 통제 항목을 식별하고 이러한 보안 통제 항목 사용에 있어 우선 순위를 지정한다.

3. 자원, 역할, 책임을 할당하고 통제 항목을 구현한다.

4. 위험 처리 효과에 대한 모니터링 및 평가

마지막 단계의 결과는 위험 관리 수명 주기의 다음 사이클의 입력으로 사용된다.

ISO 27005 정보 보안 위험 관리

단순한 위험 분석 작업서는 작은 조직에서 적합 할 수 있지만 보다 큰 회사에서 위험 평가에 대한 지침에 대해서는 보다 폭 넓은 프레임워크의 사용을 권장한다. 이러한 프레임워크 중 가장 중요한 것은 ISMS 요구 사항인 ISO 27001 맥락에서 정보 보안 위험 관리를 위한 체계적인 접근 방법을 기술한 ISO 27005이다.

그림 3.3은 ISO 27005에 정의된 위험 관리 절차이다.

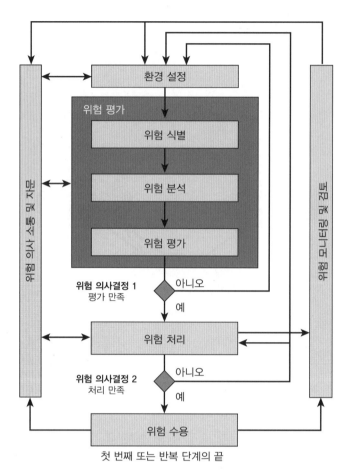

위험 평가
위험 식별
위험 분석
위험 평가

위험 의사결정 1
평가 만족

아니오
예

위험 처리

위험 의사결정 2
처리 만족

아니오
예

위험 수용

첫 번째 또는 반복 단계의 끝

환경 설정

위험 의사 소통 및 자문

위험 모니터링 및 검토

▲ 그림 3.3 ISO 27005 위험 관리 절차

위험 관리 절차는 분리된 많은 활동으로 구성된다.

- **환경 설정** : 관리 기능으로 정보 보안 위험 관리에 대한 필요한 기본 범위를 설정하는데 관여하며 범위와 경계를 정의하며 정보 보안 위험 관리에 대한 조직 구조를 수립한다. 위험 범주는 조직의 목표, 대내외 환경에 기반을 둔다. 표준, 법, 정책, 그 외 요구 사항으로부터 도출할 수 있다. 표 3.2는 ISO 27005에서 제공한 환경 설정 지침들이다.

▼ 표 3.2 ISO 270005 위험 관리 환경 설정

범주	고려사항 또는 기준
위험 관리 목적	• 법적 준수 및 실사 증거 • 비즈니스 연속성 계획 준비 • 사고 대응 계획 준비 • 제품, 서비스, 메커니즘에 대한 정보 보안 요구 사항 기술
위험 평가 기준	• 비즈니스 정보 프로세스의 전략적 가치 • 관련된 정보 자산의 중요성 • 법률 및 규제 요구 사항 및 계약 의무

	• 가용성, 기밀성, 무결성의 운영 및 비즈니스 중요성 • 이해관계자의 기대와 인식 및 선의와 평판에 대한 부정적 결과
영향 기준	• 정보 자산의 분류 수준 • 정보 보안 위반(예, 기밀성, 무결성, 가용성의 손실) • 운용 장애(내부 또는 제 3자) • 영업 및 재정적 가치 손실 • 계획 및 마감 시간의 붕괴 • 평판 손상 • 법률, 규제, 계약 요구 사항의 위반
위험 수용 기준	• 원하는 목표 수준의 위험으로 다중 임계 값을 포함할 수 있지만 고위 관리자가 지정된 상황에서 특정 수준 이상의 위험을 수용하도록 규정 • 예견된 위험에 대한 예상 손실(또는 그 외 영업 손실) 비율로 표현될 수 있음 • 서로 다른 위험 등급에 대해 서로 다른 기준이 적용 될 수 있음(예를 들어 규제나 법규를 준수하지 않는 결과를 가져오는 위험은 수용되지 않을 수 있으며 계약 요구로 지정된 고 위험은 허용될 수 있음) • 향후 추가 처리에 대한 요구 사항을 포함할 수 있음(예를 들어 정의된 기간 동안 허용 수준까지 감축할 수 있는 조치를 승인하거나 책임을 갖는다면 위험을 수용할 수 있음)

- **위험 평가** : ISO 27001에서는 다음과 같은 세 가지 활동 구성된 위험 평가를 정의한다.

  – 위험 식별 : 위험 원천, 사건, 원인, 잠재적 결과를 식별하는 것을 포함. 과거의 데이터, 이론적인 분석, 전문가의 의견, 이해 관계자들의 수요를 포함

  – 위험 분석 : 위험 평가 및 위험 처리에 대한 기준을 제공. 위험 분석은 위험 평가를 포함

  – 위험 평가 : 위험이 수용 또는 허용 가능한지 결정하기 위한 위험 기준과 위험 분석 결과를 비교함으로써 위험 처리에 대한 의사 결정에 도움을 줌

- **위험 처리** : 다음을 포함한다.

  – 위험을 증가시킬 수 있는 활동을 지속하거나 시작하지 않는 것으로 위험 회피

  – 기회를 따라 위험 증거나 수용

  – 위험 근원의 제거

  – 가능성 변화

  – 결과 변화

  – 다른 당사자들과 위험 공유(계약 및 위험 융자 포함)

  – 사전 정보를 통한 선택으로 위험 방지

- **위험 수용** : 조직의 관리자가 잔여 위험을 명시적으로 수용여부 확인

- **위험에 대한 의사 소통 및 자문** : 조직이 정보를 제공, 공유, 획득하고 위험 관리와 관련한 이해 관계자와의 대화 참여에 대한 지속적이고 반복적인 절차를 포함

- **위험 모니터링 및 검토** : 위험 관리 활동을 통해 습득한 모든 위험 정보에 대한 모니터링 및 검토를 포함

이처럼 위험 관리 절차는 반복적인 과정이다. 이 장의 앞 부분에서 언급했듯이 비즈니스 자산평가, 위협 기능 및 빈도, 취약성 규모, 통제 기술 및 기법에 대한 지속적인

변화가 있다. 더욱이 적용된 통제 항목들은 예상 이점을 실현하지 못했을 수도 있다. 따라서 위험에 대한 평가 및 처리는 지속적인 활동이어야 한다.

이후 내용

이후 부분에서는 이 절에서 소개되었던 주제들을 다룰 것이다. 3.2에서 3.5에 이르기까지 그림 3.1에 보인 바와 같이 자산, 위협, 통제 항목, 취약성의 4가지 위험 평가 절차의 입력에 대해 다룰 것이다. 3.6에서는 위험 평가 접근법에 대한 일반적인 주제 대해 설명할 것이다. 3.7에서 3.9에서는 그림 3.1의 하단 부분에 있는 가능성 결정, 평가 영향, 위험 결정에 대해 다룰 것이다. 3.10과 3.11에서는 그림 3.3에서 보인 바와 같이 위험 평가 및 처리에 대한 두 가지 주요 업무대해 다룰 것이다.

3.2 자산 식별

위험 식별은 자산, 위협, 기존 통제 항목, 취약성, 조직과 관련된 영향이며 이것들은 위험 분석의 입력으로 제공된다. 이 절에서는 자산 식별에 대해서 살펴 볼 것이다.

위험 평가의 첫 번째 단계는 문서화이며 조직 자산의 가치를 결정하는 것이다. 자산은 하드웨어, 소프트웨어, 정보, 비즈니스 자산을 포함하여 보호할 가치가 있는 모든 것이다. 많은 자산은 다양한 유형을 가지고 있으며 자산, 각각의 보안 암시, 보안 사고와 관련된 비용 등을 동일한 방식으로 문서화할 수 있는 방법을 개발하는 것이 과제이다. 따라서 자산 가치에 대한 입력은 자산 평가팀이 아닌 소유자 및 고객이 입력하도록 되어 있다.

하드웨어 자산

하드웨어 자산은 서버, 워크스테이션, 랩톱, 모바일 디바이스, 제거 가능한 미디어, 네트워킹, 통신 장비, 주변 기기 등을 포함한다. 주요 문제는 도난 또는 파손에 의한 디바이스의 손실 및 연장된 기간 동안 디바이스 가용성의 부족이다. 그 외 문제로는 고의적인 오작동 또는 기타 원인으로 인한 오동작이 있다. 자산 가치 평가는 하드웨어 교체 비용, 중단 손실, 복구 비용을 고려해야 한다.

소프트웨어 자산

소프트웨어 자산은 응용 프로그램, 운영체제, 기타 시스템 소프트웨어, 가상 머신, 컨테이너 가상 소프트웨어, 소프트웨어 정의 네트워크 및 네트워크 가상화 소프트웨어, 데이터베이스 관리 시스템, 파일 시스템, 클라이언트 서버 소프트웨어를 포함한다. 가용성은 여기서 핵심 고려 사항이며 자산 가치 평가는 중단 소실 및 복구 비용을 고려해야 한다.

정보 자산

정보 자산은 구내 및 원격 클라우드의 데이터베이스 및 파일 시스템에 저장된 정보로 구성된다. 예로 ITU-T X.1055에서는 통신 또는 네트워크 환경에서 정보 자산의 유형을 다음과 같이 나열하고 있다.

- 통신 데이터
- 라우팅 정보
- 가입자 정보
- 블랙리스트 정보
- 등록된 서비스 정보
- 운영 정보
- 문제 정보
- 설정 정보
- 고객 정보
- 결제 정보
- 고객 전화 패턴
- 고객의 지리적 위치
- 트래픽 통계 정보
- 계약 및 협정
- 시스템 문서
- 연구 정보
- 사용자 매뉴얼
- 교육 교재
- 운용 및 지원 절차
- 비즈니스 영속성 계획
- 비상 계획 및 예비 계획
- 감사 추적 및 보관된 정보

자산 가치는 기밀성, 개인정보 보호, 무결성, 신뢰성에 대한 위협의 영향을 고려해야 한다. 정보 자산 평가와 관련된 질문의 예로 NISTIR 7621에서 중소 기업 정보 보안 : 기본 사항에서는 다음과 같은 내용을 제안한다.

- 만약 정보를 공개했을 경우 비즈니스에 대한 영향은 무엇인가?
- 만약 정보가 정확하지 않을 경우 비즈니스에 대한 영향은 무엇인가?
- 만약 고객 또는 내가 정보에 접근하지 못할 경우 비즈니스에 대한 영향은 무엇인가?

가상 머신 : 컴퓨터 내에서 분리된 자원을 통해 실행되는 한 개 또는 한 개 이상의 응용 프로그램이 실행되는 운영 시스템 인스턴스이다. 가상 머신은 한대의 컴퓨터에서 동시에 응용 프로그램 간 간섭 없이 서로 다른 운용 시스템이 실행 가능하다.

컨테이너 가상화 : 응용 프로그램의 운용 환경을 가상화 하는 기술이다. 운영체제 커널로 응용 프로그램이 실행되는 격리된 컨테이너이다.

소프트웨어 정의 네트워킹(SDN : Software Defined Networking) : 대규모 네트워크에 대한 설계, 구축, 운용을 프로그래밍 기반으로 중앙 서버를 통해 라우터나 스위치의 정보 전달 결정을 수행한다. 개별적인 설정과 변화되지 않은 프로토콜에 의존하는 전통적인 네트워킹과 SDN은 차이를 가지고 있다.

네트워크 기능 가상화 : 네트워크 기능 가상화는 가상 머신에 네트워크의 여러 기능을 소프트웨어로 구현한 기술이다.

NISTIR 7621의 기록된 예가 포함되어 있는 표 3.3은 정보를 기록하는 작업 문서 예시이다.

▼ 표 3.3 정보 유형의 식별 및 우선순위

	예 고객 연락처 정보	유형 1	유형 2	…
계시 비용(신뢰성)	중간			
정보 검증 비용(무결성)	높음			
접근 손실 비용(가용성)	높음			
실직 비용	높음			
벌금, 처벌, 고객 공지	중간			
기타 법적 문제	낮음			
평판/홍보 비용	높음			
문제 식별 및 수리 비용	높음			
전체 점수	높음			

비즈니스 자산

비즈니스 자산의 범주에는 다른 범주에 포함되지 않은 인적 자원, 비즈니스 절차, 물리적인 공장과 같은 조직의 자산을 포함한다. 이러한 유형의 범주에는 조직 통제, 노하우, 평판, 조직의 이미지와 같은 무형 자산을 포함한다.

자산 등록

자산을 효과적으로 보호하기 위해서 조직은 자산에 대한 문서화의 체계적인 방법 및 보안 의미를 제시해야 한다. 이는 각 자산에 대한 중요 보안 관련 정보 문서를 자산으로 등록하는 데서 시작된다. 각 자산에 포함될 수 있는 항목의 예들은 다음과 같다.

- **자산명/설명** : 자산을 고유하게 식별할 수 있는 정보이다.
- **자산 유형** : 물리/인프라 자산, 소프트웨어, 정보, 서비스, 인적자원과 같은 자산의 유형을 표시한다.
- **자산 분류** : 위험 관리 목적으로 조직은 자산 분류를 통해 개별 자산보다는 자산의 분류에 따라 위험을 측정할 수 있다. 자산 분류의 예로 데스크톱/워크스테이션, 서버, 지불 카드 산업 장치, 제한/민감한 파일 공유, 제한된 프린터 등이 있다.
- **정보 자산** : 정보 자산은 자산을 통해 처리되고, 전송되고, 저장된 정보의 유형을 구체적으로 정의한다(예, 고객 개인 식별 정보 [PII], PCI 데이터). 이 항목은 모든 자산에 적용되지 않는다.

- **자산 소유자** : 조직은 자산을 소유한 부서/회사 기능 및 자산과 관련된 위험에 대한 책임을 정해야 한다. 이를 때로는 위험 소요자 또는 비즈니스 소유자라고 언급하기도 한다.
- **자산 관리인** : 자산에 대해 유지보수, 모니터링, 관리 책임을 갖는 개인이다. 전통적으로 네트워크 또는 시스템 관리자가 자산 관리인이다.
- **위치** : 자신의 물리적인 위치이다.
- **기능/비즈니스 프로세스** : 자산을 지원하는 비즈니스 프로세스 또는 기능이다(예, 정보 처리 시설).
- **데이터 유형/분류** : 자산에 의해 전송, 처리, 저장되는 정보를 분류하는데 회사의 기존 정보 분류 정책이 사용된다. 이는 위험 평가시 도움이 된다.
- **자산 가치 분류** : 금전적인 가치가 될 수 있지만 일반적으로 낮음, 중간, 높음과 같은 순위이다.
- **재난 복구 우선 순위** : 다수의 자산에 영향을 주는 보안 사고에 있어 복구를 위해 사용되는 자원에 대한 상대적인 우선순위이다. 이는 수치화된 척도(예, 1에서 10까지) 또는 낮음/중간/높음과 같은 척도일 수 있다.
- **노출 수준** : 위협에 노출된 자산의 정도를 나타낸다. 이는 최소한 다른 요소와 어떻게 공유되고 의존되는지에 따라 달라진다.

표 3.4는 ISACA 문서 "보안 위험 관리"[RITC13]의 자산 등록에 대한 유형들에 대한 간략화된 예시이다.

▼ 표 3.4 자산 등록 예

자산 이름/설명	자산 분류	재난 복구 순위	설명	노출 수준
개인	높음	1	직원	중간
클라이언트 PII	높음	1	개인 식별 정보	낮음
웹 서버 제품	중간	1	회사 기본 웹 사이트(민감한 데이터 없음)	높음

3.3 위협 식별

위협 식별은 시스템 자산에 위해를 가할 수 있는 잠재적인 원인을 식별하는 절차이다. 위협 원인은 다음과 같은 세 가지로 분류된다.

- **환경** : 예로 홍수, 지진, 토네이도, 산사태, 폭풍, 전자기 폭풍, 정전을 포함
- **비즈니스 자원** : 예로 장비 고장, 공급망 중단, 직원에 의한 의도하지 않은 피해
- **적대 행위자** : 예로 해커, 해킹 주의자, 내부 위협, 범죄자, 국가 소속 활동원

환경 비즈니스 자원 위협 모두 인식하고 해결되어야 하지만 위협 확인 및 실제 위험 평가 및 위험 관리 노력의 대부분은 적대적인 행위자의 위협에 대처하는 것을 포함한다. 이 것이 이 절의 중점 내용이다.

STRIDE 위협 모델

STRIDE는 마이크로소프트 위협 분류 시스템으로 고의적인 행동으로 인한 공격을 분류하는 유용한 방법이다[HERN06]. 여기에는 다음과 같은 내용이 포함된다.

- **ID 스푸핑** : ID 스푸핑 예는 불법적으로 액세스한 사용자 이름과 같은 다른 사용자의 인증 정보를 사용하는 것이다. 이러한 위협에 대응하기 위한 보안 통제 항목은 인증 영역이다.
- **데이터 변조** : 데이터 변조는 데이터의 악의적인 변조를 수반한다. 이러한 예로 영구 데이터에 대한 무단 변경, 인터넷과 같은 개방형 네트워크를 통해 두 컴퓨터간 데이터 흐름의 변형을 포함한다. 관련 보안 통제 항목은 무결성 영역이다.
- **부인** : 부인 위협은 다른 누군가가 신분을 증명할 수 없을 때 행위에 대한 실행을 부인하는 것과 관련 있다. 운영시 사용자 추적이 불가능한 시스템에서 불법적인 행위를 했을 경우가 이러한 예이다. 관련 보안 통제 항목은 부인 방지로 부인 위협에 대응하기 위한 시스템의 기능을 언급한다. 예를 들어 사용자가 물건을 구매했을 경우 영수증에 항목이 표시되어 있을 것이다. 업체들은 구매자가 물품을 수령했다는 것에 대한 증거로 서명된 영수증을 제시한다.
- **정보 유출** : 정보 노출 위협은 권한이 없는 개인에 정보가 노출되는 것을 의미한다(예를 들면 사용자가 권한이 부여되지 않은 파일을 읽거나 침입자가 두 대의 컴퓨터간 전송되는 데이터를 읽을 수 있는 능력). 관련 보안 통제 항목은 기밀성 영역이다.
- **서비스 거부** : 서비스 거부 공격은 정상적인 사용자들에 대해 서비스를 거부하는 것이다. 예를 들어 웹 서버를 일시적으로 사용할 수 없게 하거나 장애를 유발한다. 관련된 보안 통제 항목은 가용성 영역이다.
- **권한 상승** : 이러한 유형의 위협에서는 권한이 없는 사용자가 접근 권한을 획득하여 전체 시스템을 손상시키거나 파괴시킬 수 있는 충분한 권한을 갖는 것이다. 권한 상승 위협은 공격자가 모든 시스템 방어를 뚫고 침투하여 신뢰할 수 있는 시스템의 일부가 되는 상황을 포함한다. 관련 보안 통제 항목은 인증 영역이다.

위협 유형

위협 유형을 분류하기 위한 많은 노력들이 있었으며 일반적인 용어 정의에서는 상당한 중복이 있다. 큰 범주의 위협은 악의적인 소프트웨어 또는 악성코드로 다음과 같은 다양한 유형의 소프트웨어 위협을 포괄하는 용어이다.

- **악성코드** : 악성 소프트웨어. 여기에서 나열된 위협을 포함하여 다양한 위협을 포괄하는 일

반적인 용어

- **바이러스** : 악성코드로 실행되었을 때 실행 가능한 코드를 통해 자신을 복제하며 성공되었을 경우 감염되었다고 함. 감염된 코드가 실행되면 바이러스 또한 실행됨

- **웜** : 독립적으로 실행되고 온전하게 동작하는 버전을 다른 호스트의 네트워크를 통해 전파되는 컴퓨터 프로그램

- **랜섬웨어** : 피해자에게 속한 자산에 대한 접근을 차단하여 차단 해제하거나 랜섬웨어를 통해 획득된 데이터를 공개하지 않겠다고 하면서 대가를 요구하는 악성코드 유형

- **스팸** : 원치 않는 대량 메시지를 무차별로 전송하는 전자 메시징

- **논리 폭탄** : 침입자에 의해 삽입된 프로그램. 논리 폭탄은 미리 설정된 조건에 이르기까지 휴면 상태로 있다가 특정 조건이 되면 비 인가된 행위를 실행

- **트로이 목마** : 유용한 기능을 가진 컴퓨터 프로그램처럼 보이지만 보안 메커니즘을 침투할 수 있는 악성 코드가 숨겨진 컴퓨터 프로그램. 때로는 합법적인 시스템을 악용하여 트로이 목마 프로그램을 호출하기도 함

- **백도어** : 정상적인 보안 검사를 우회하는 메커니즘으로 무단 접근을 허용할 수 있음

- **모바일 코드** : 이기종 플랫폼에 수정되지 않고 설치되어 동일한 기능을 실행하는 소프트웨어(예 : 스크립트, 매크로, 기타 휴대용 명령어)

- **악용** : 단일 또는 다수의 취약점과 관련된 코드

- **악용 킷** : 컴퓨터를 감염시키기 위해 다른 사람들이 사용할 수 있도록 패키징된 악의적인 소프트웨어. 사람들이 사용하게 되면 일반적으로 악성 코드를 설치한다.

- **다운로더** : 공격 대상 컴퓨터에 다른 항목의 소프트웨어를 설치하는 프로그램. 일반적으로 다운로더는 메일 통해 전송된다.

- **드로퍼** : 무단으로 악성 코드가 감염된 시스템에서 실행되도록 하는 설치 프로그램. 드로퍼(Dropper)는 흔히 디렉터리에 위장되어 있거나 숨겨져 있지만 위장된 경우 유효한 프로그램이나 파일 유형처럼 보인다.

- **오토 루터** : 새로운 컴퓨터를 원격으로 침입하는 악의적인 해킹 도구

- **킷(바이러스 생성기)** : 새로운 바이러스를 자동으로 생성하는 툴

- **스팸 프로그램** : 원하지 않은 대량 메일을 전송하는 프로그램

- **플로더** : DoS를 실행하기 위해 네트워크에 연결된 컴퓨터 시스템에 대용량 트래픽을 발생시키는 프로그램

- **키 로거** : 손상된 시스템의 키 입력을 기록하는 프로그램

- **루트 킷** : 공격자가 컴퓨터 시스템에 침입한 후 루트 접근 권한을 획득하기 위해 사용하는 해킹 툴

- **좀비 또는 봇** : 다른 컴퓨터를 공격하도록 감염된 컴퓨터에서 활성화된 프로그램

- **스파이웨어** : 컴퓨터 센서 정보를 수집한 후 다른 시스템으로 전달하는 소프트웨어

- **애드웨어** : 광고가 소프트웨어에 통합되어 있어 광고 팝업을 생성하거나 브라우저를 상업 사이트로 자동 연결 시키는 소프트웨어

자주 발생하는 사이버 보안 위협 용어는 다음과 같다.

- **원격 접근 공격** : 인터넷 또는 회사 망을 통해 공격
- **서비스 거부(DoS) 공격** : 자원에 대한 허가된 접근을 막거나 실시간 작업을 요하는 작업을 지연시키는 공격
- **분산 서비스 거부(DDoS) 공격** : 많은 호스트를 사용하여 공격을 수행하는 DoS 기술
- **DNS 공격** : 호스트 이름과 IP 주소 간 매핑 정보를 제공하는 DNS의 기능을 수행하지 못하도록 하는 것을 포함한 공격
- **해커 또는 크래커** : 정보 시스템에 대한 접근 제어를 시도하거나 정보 시스템에 대한 접근 권한을 획득한 비인가 사용자. 본질적으로 단순 호기심을 가지고 피해를 주지 않는 개인(해커)과 악의적인 목적으로 보안을 뚫는 개인(크래커)으로 구별되는 경우가 있으며 그 외 경우에 있어 이 둘은 동일한 것으로 간주된다.
- **인젝션 결함** : 안전하지 않은 코딩으로 인해 부적절한 입력 검증을 초래하여 생성되는 취약점으로 공격자가 악의적인 코드를 웹 응용 프로그램을 통해 기본 시스템으로 전달할 수 있다.
- **코드 삽입** : 인젝션 결함을 악용하여 악성 코드를 삽입한다.
- **사회 공학(Social Engineering)** : 공격자가 사람들을 속여 민감한 정보를 노출하거나 악성 파일 다운로드 및 실행과 같은 작업을 수행하도록 하는 공격 행위에 대한 일반적인 용어
- **피싱(Phising)** : 진위 판별이 어렵게 위조된 이메일을 통해 정보를 요청하거나 정보를 획득하기 위해 위장된 사이트로 유도하는 디지털 형식의 사회공학
- **비밀번호 공격** : 유효한 사용자의 사용자 ID/비밀번호를 수집하여 다양한 방법을 통해 접근이 허용되지 않은 장치에 접근하는 방법
- **웹사이트 악용** : 악의적인 코드를 웹 사이트에 삽입하여 서버 자체를 공격하거나 웹 사이트에 접근하는 사용자의 시스템을 공격 시스템으로 활용하는 공격

위에서 모든 것을 나열하지 않았지만 조직이 직면하고 있는 보안 문제의 크기를 짐작할 수 있을 것이다.

정보 출처

환경 위협에 대한 정보는 일반적으로 다양한 정부 및 무역 그룹에서 제공된다. 비즈니스 자원과 관련된 위협은 문서화하기 쉽지 않지만 일반적으로 합리적인 정확성으로 예측가능하다. 과거 사건을 통해 신뢰할 수 있는 정보를 얻거나 다음을 포함하여 다양한 이유로 미래 동향을 예측하는 것은 어려운 일이다.

- 조직은 기업 이미지, 책임 비용, 관리 및 보안 직원의 경우 경력상 피해 등의 이유로 기업 보안 사고 보고를 꺼린다.

- 어떤 공격은 아주 오랜 시간이 흐른 뒤에 발견되거나 영원히 발견되지 않도록 수행 또는 시도 된다.
- 새로운 기술의 발견, 새로운 보안 통제에 적응함에 따라 공격 기술은 계속 진화한다.

따라서 위협에 대한 정보를 지속적으로 제공하는 것은 끊임 없는 전투를 하는 것과 같다. 다음은 위협 정보 출처의 세 가지 주요 범주인 사내 경험, 보안 경고 서비스, 글로벌 위협 조사에 대한 설명이다.

위협에 대한 중요한 정보 원천은 조직이 이미 가지고 있는 자산에 대한 공격과 관련된 경험이다. 조직은 18장 "시스템 모니터링 및 개선"에서 설명한 바와 같이 효과적인 보안 모니터링 및 개선 기능을 통해 이러한 정보를 얻을 수 있다. 그러나 이 정보는 위험 평가보다 15장 "위협 및 사고 관리"에서 설명하는 위협 및 사고 관리에 더 많은 가치가 있다. 즉, 탐지된 공격은 장기적 관점에서 대처 하기보다는 즉각적인 조치를 취해야 한다.

보안 경고 서비스는 조직이 코드를 패치하고 사례를 변경하거나 위협이 실현되지 않도록 대응할 수 있도록 위협 요소를 탐지하는 것과 관련이 있다. 다시 말하자면 이 정보 범주는 위협 및 사고 관리에 더 가치가 있으며 이러한 내용은 15장에서 다룰 것이다.

위협 식별에서 가장 큰 가치는 즉시 활용할 수 있는 글로벌 위협 조사를 제공한다는 것이다. 가장 중요한 글로벌 위협 조사가 이 절에서 논의될 것이다.

버라이즌 데이터 유출 사고 보고서

조직에서 참고할만한 중요한 보고서중 하나는 매년 발간되는 버라이즌(Verizon) 데이터 유출 사고 보고서(DBIR : Data Breach Investigations Report)이다. 많은 신뢰를 받고 있는 이 보고서는 다양한 조직에서 체계적으로 수집된 보안 사고 데이터를 기반으로 하고 있다. 2018 보고서는 53,000건 이상의 보안 사고 데이터와 65개국 67개 조직의 2,200건 이상의 데이터 손상 기록을 기반으로 작성되었다. 보고서에서는 숙박, 엔터테인먼트, 금융, 의료, 제조, 공공, 유틸리티와 같은 20개의 산업 부문별로 분류 하였다. 위협은 3가지 영역에서 세분화되어 있다.

데이터 유출 사고
조사 보고서 :
http ://www.
verizonenterprise.
com/
verizoninsights–lab/
dbir

- **패턴** : DoS, 권한 오용, 자산 분실 및 도난, 판매 시점 관리, 기타 오류, 웹 앱 공격, 크라임웨어, 지불 관리 스키머, 사이버 간첩 활동을 포함한다.
- **행위** : 해킹, 악성코드, 소셜 침해, 오류, 오용, 물리적 위반, 환경 피해 등이 포함된다.
- **자산** : 서버, 미디어, 사용자 장치, 사람, 네트워크, 키오스크/터미널, 내장 장치(예 IoT 장치) 등이 포함된다.

각 영역에서 보안 사고 및 위반 건수는 각 산업 부문별로 보고 된다. DBIR은 보안 사고를 정보 자산의 무결성, 기밀성, 가용성을 손상시키는 보안 이벤트로 정의한다. 이는 위반 사항을 사건으로 정의하여 승인되지 않은 당사자에게 데이터가 노출될 가능성이 아닌 확인된 노출이다. 보고서는 또한 다음 사항들을 포함하여 공격의 주요 측면을 데이터와 함께 제공한다.

- **행위자** : 외부자, 내부 행위자, 정부 관련 기관 소속 행위자, 다수 당사자, 파트너, 조직 범죄 단체로 분류된다.
- **전술** : 해킹, 악성코드, 도난 또는 약한 비밀번호, 사회적 공격, 오류, 권한 남용 및 물리적 조치를 포함한다.
- **기타 일반적인 요소** : 악의적인 전자 메일 첨부 파일, 재정적인 동기로 인한 위반, 스파이 행위 및 제3자가 발견한 악성코드가 포함된다.

공격 유형에 대한 더 상세한 분석은 DBIR에 포함되어 있다. 양질의 풍부한 데이터를 가진 DBIR은 위협 식별 프로세스에 필수적인 도구이다.

호라이즌 보고서

DBIR의 유용한 보완책은 ISF의 호라이즌 년간 보고서이다. DBIR과 두 가지 관점에서 차이가 있다. 첫 번째는 폭넓은 관점에서 세부적인 위협 및 자세한 프로파일에 대한 것보다는 위협 추세에 대해 중점을 둔다는 것이다. 두 번째는 향후 2년 동안 주요 위협 요소들에 대한 계획을 수립하고 실행하는 것이다.

최신 보고서인 위협 호라이즌 2019에서는 기술 발전 결과로 조직이 향후 2년 동안 직면하게 될 것으로 예상 되는 세 가지 주요 주제에서 9가지 주요 위협 요소에 대해 강조하고 있다. 다음은 최신 보고서에서 다루고 있는 핵심 주제 및 문제점들이다.

블록체인 : 거래에 대한 디지털 장부를 생성하고 분산된 컴퓨터 네트워크간 공유할 수 있도록 하는 데이터 구조 블록 체인 기술은 원장에 대한 보안 업데이트 및 접근을 제공하는 프로토콜 및 형식을 포함한다.

- **중단** : 비즈니스 연속성이 계획, 실행, 구현되는 방식에서 지각 변동을 초래하는 연약한 연결에 대한 의존도가 높아져 중단이 발생할 수 있다.
  - 사전 계획된 인터넷 중단
  - IoT에서 램섬웨어 하이재킹
  - 권한 있는 내부자가 그들의 권한을 포기하도록 강요 받음
- **왜곡** : 정보 무결성에 대한 신뢰가 상실됨에 따라 복잡한 사고 관리 절차의 개발과 함께 민감한 정보에 대한 접근과 변경 모니터링은 더욱 중요해지고 있다. 주요 위협 요소는 다음과 같다.
  - 일시의 신뢰를 통해 획득한 자동화된 오류 정보
  - 성능 저하를 유발하는 위조된 정보
  - 신뢰를 파괴하는 전복된 블록 체인

- **악화** : 인공 지능의 보급 증가 및 위험 평가 및 관리에 대한 집중을 강화하는 규정 및 기술의 수정에 의해 통제 항목은 퇴보 할 수 있다. 주요 위협 요소는 다음과 같다.
  - 기업 비밀을 노출하는 감시 법률
  - 내부 위협 모니터링을 방해하는 개인 정보 보호 규정
  - 예기치 않은 결과를 초래하는 시기 상조의 인공 지능 배치

위협 호라이즌 보고서는 각 위협에 대응하기 위한 상세한 권고 사항들이 포함되어 있다. 보고서에서는 많은 권고 사항들이 향후 2년내에 신속하고 쉽게 이행 될 수 있다고 언급하고 있다.

ENISA 위협 보고서

또 다른 유용한 보고서는 유럽 연합 네트워크 및 정보 보안 기구(ENISA : Union Agency for Network and Information Security)의 위협 문서들이다. 그 중 ENISA 위협 분류법(2016)으로 잠재적인 사이버 보안 위협에 대한 세부적인 분석을 제공한다. 고 수준의 위협, 위협 및 위협 세부 사항의 3단계 계층 구조로 구성되어 있으며 수십 개의 개별 위협 범주를 정의한다. 조직이 모든 범위의 위협을 고려하는지 확인하는데 유용한 점검 항목을 제공한다.

네트워크 및 정보 보안 유럽 연합 기관 :
https ://www.enisa.
europa.eu

최신 위협에 대한 유용한 정보는 ENISA 위협 보고서로 최근 보고서는 2018년 1월에 출간되었다[ENIS18]. 표 3.5에 보고서의 결과를 요약하였다. 15개의 위협은 조사된 보안 사고의 양에 따라 순위가 매겨지고 동향 열은 각 위협으로부터 결과의 심각성이 상대적으로 변하는 것을 나타낸다. 각 위협에 대한 보고서는 사이버 공격 단계를 정의하는 특정 위협에 대한 킬 체인을 제공한다.

킬 체인(Kill Chain) : 원하는 결과를 얻기 위해 적을 목표로 끌어들이는 체계적인 프로세스. 사이버 보안과 관련하여 정찰, 무기화, 전달, 악용, 설치, 명령 및 통제, 행동으로 구성된다.

▼ 표 3.5 ENISA에서 보고된 사이버 보안 위협

위협	동향
악성코드	안정
웹 기반 공격	증가
웹 응용 프로그램 공격	증가
피싱	증가
스팸	증가
DoS 공격	증가
램섬웨어	증가
봇넷	증가
내부 위험(악의적인, 우발적인)	안정

물리적 조작/손상/도난/분실	안정
데이터 손상	증가
ID 도난	증가
정보 유실	증가
악용 도구	감소
사이버 스파이	증가

킬 체인의 단계는 다음과 같다[MYER13, ENGE14] :

- **정찰** : 공격자는 공격 대상을 결정한다. 여기서는 대상 선정에 사용할 수 있는 정보와 대상을 공격할 수단을 결정하는 것도 포함한다. 예를 들어 직원의 이름과 연락처 정보가 온라인에 노출된 경우 사회 공학 용도로 활용할 수 있다(예를 들면 사용자가 사용자 이름이나 암호를 공개하도록 하는 경우).
- **무기화** : 공격자는 특정 시스템에 대한 접근 권한을 얻는 수단과 공격을 결합한다. 결과는 악의적인 페이로드로 피해자의 시스템에 접근하지 않고 공격을 수행할 수 있다.
- **전달** : 무기화된 페이로드는 전자 메일, 웹 접근, USB, 그 외 수단을 통해 피해자에게 전달된다.
- **악용** : 제공된 번들은 취약점 악용을 통해 설치 가능하게 된다. 공격자가 악용을 사용하는 경우 한해서 관련이 있다.
- **설치** : 악성 코드가 자산에 설치된다. 이 단계는 악성 코드가 위협의 일부인 경우에만 관련 있다.
- **명령 및 제어** : 조직 시스템이 위협하는 경우 공격자는 악성 코드를 원격으로 조작 할 수 있는 명령 및 제어 채널을 생성한다.
- **행동** : 명령 및 제어가 가능하게 되면 위협을 활성화하여 공격 목표를 달성 할 수 있다. 공격의 목표는 데이터를 얻거나 피해를 입히거나 돈을 요구하는 것이다.

킬 체인은 특정 위협에 대응하기 위해 보안 제어 항목을 선택하는데 유용한다. 하지만 [ENGE1 4]에서 언급 바와 같이 킬 체인은 주로 침입 방지에 중점을 두고 있으며 최종 단계는 침입 탐지 및 복구와 관련 있다. 따라서 킬 체인 분석은 다른 위협 정보와 균형을 맞춰야 한다.

트러스트웨이브 글로벌
보안 보고서 :

https ://www.
trustwave.com/
Resources/Global–
Security–Report–
Archive/

트러스트웨이브 글로벌 보안 보고서

트러스트웨이브 글로벌 보안 보고서는 사이버 위협에 대한 연례 보고서로 잘 알려져 있다. 이 보고서에는 침해 조사, 글로벌 위협 지능, 제품 원격 측정법 및 여러 연구 자료를 비롯한 광범위한 데이터 소스에서 얻은 결과를 기반으로 하고 있다. 트러스트웨이브는 다수의 보안 운용 센터(SOC : Security Operations Center)를 관리 보안 서비스로 운용하며 매일 수십억 건의 보안 및 규정 준수 이벤트를 기록하고 수천만 건의 네트워크 취약성 스캔 데이터를 조사하고 수천 건의 침투 테스트를 수행했다. 트러스트웨어의 인포 그래픽 스타일은 트러스트 글로벌 보안 보고서를 쉽게 이해할 수 있도록 해주며 위협 평가 및 위험 처리[RUBE14]를 지원할 수 있는 특별한 정보를 포함하고 있다. 주요 특징은 다음과 같다.

보안 운용 센터 : 다양한 보안 입력 정보를 추적하고, 위험을 확인하며, 공격의 대상을 판단하고, 공격 영향을 평가하고, 공격에 대한 적절한 대응책을 권장하거나 실행하는 기관이다.

- 신용 카드 데이터와 같이 목표가 되는 데이터 또는 자산 유형별 분류
- 침입과 탐지 사이의 시간 차이
- 취약점 악용으로 인한 장애(예 : 어도비 플래시 플레이어에 대한 제로 데이 공격, 악의적인 광고를 통한 RIG 익스플로잇 키트, 워드프레스를 대상으로 하는 웹 공격)
- 원격 접근, SQL 삽입, 잘못된 구성, 파일 업로드, 피싱/사회 공학, 악의적인 내부자, 코드 삽입 및 약한 비밀번호를 포함한 침입 방법에 대한 분류

이 보고서는 다양한 공격이 수행되는 방법에 대한 자세한 분석을 제공하고 현재 동작중인 기존 악성 코드의 예시를 제공한다. 또한 네트워크, 데이터베이스, 응용 프로그램 보안 영역의 특정 보안 상태를 보여준다. 보고서는 보안 계획 및 관리자에게 구체적인 지침을 제공할 정도로 상세한 설명을 제공한다.

시스코 년간 사이버 보안 보고서

시스코 년간 사이버 보안 보고서는 위협 정보에 대한 또 다른 참고자료이다. 보고서는 대략적으로 킬 체인 개념을 따라 구성되어 있다. 보고서는 현재 공격자 행동 패턴에 대한 자세한 설명을 제공하고 앞으로 발생할 것으로 예상되는 취약점을 강조한다.

포티넷 위협 보고서

포티넷 위협 보고서는 포트 가드 랩(FortiGuard Lab)의 집단 지성을 대표한다. 포티 가드 랩은 프로덕션 환경 내 포티넷의 방대한 네트워크 장치/센서에서 수집된 것이다. 보고서는 분기별 보고된 전 세계의 실제 프로덕션 환경에서 관측되는 수십억 건의 위협 이벤트 및 사고를 포함한다. 세 가지 조치가 보고된다.

포티넷 위협 보고서 :
https ://fortinet.
com/fortiguard/
threatinte lligence/
threatlandscape.html

- **양** : 전반적인 빈도 또는 비율의 척도로 위협 이벤트 총 관측 수 또는 백분율
- **보급율** : 그룹 전체 확산 또는 침투 측정. 위협 이벤트를 한 번 이상 관찰한 보고 조직의 비율이다.
- **강도** : 일일 양 또는 빈도 측정. 조직 당 위협 이벤트의 평균 관측 수이다.

상세한 결과는 집계해서 보고되며 지역 또는 산업별로 분류된다.

3.4 통제 식별

사이버 보안에 대한 통제 항목은 프로세스, 정책, 지침, 실무, 정보 보안 위험을 수정하는 조직 구조 모두를 포함한다. 통제 항목은 기본적으로 행정, 기술, 관리, 법적인 것과 관련이 있다. 통제 식별은 기존 및 계획된 통제 항목들에 대한 식별 과정으로 ISO 27005에 정의되어 있으며 다음과 같은 과정을 따른다.

1. 통제 항목(예, 위험 처리 구현 계획)에 대한 정보를 포함하는 문서를 검토한다. 만약 정보 보안 관리 절차가 문서화가 잘 되어 있다면 모든 기존 및 계획된 통제 항목과 구현 상태는 모두 가용할 것이다.

2. 정보 보안과 관련된 책임을 갖는 사람들을 검사하며 이러한 통제 항목을 사용하는 사람들이 정보 프로세스 또는 정보 시스템에 대한 실제 구현되었는지 검사한다.

3. 물리적 통제 항목들에 대한 실사를 수행하고 통제 항목 목록과 실제 구현된 내용들을 비교하여 통제 항목과 일치 및 효과적인 동작 여부를 검사한다.

4. 감사 결과를 검토한다.

이 절에서는 고려할 수 있는 통제정보들에 대한 개괄적인 내용을 제공한다. 이러한 내용들에 대해 상세히 제공하고 그 외 통제 항목들에 대해서는 적절한 다른 장에서 제공할 것이다. SP 800-53 정보 보안 센터(CIS), ISO 27002, FAIR, NISTIR 761과 같은 보안 통제 항목에 대한 유용한 정보들이 있으며 다음은 그 중 일부이다.

SP 800-53 연방 정보 시스템 및 조직을 위한 권장 보안 통제 항목에서는 위험 처리 계획에서 자문 받아야 하는 통제 항목에 대해 매우 값지고 상세한 내용들을 제공한다. 450 페이지에 달하는 문서에서 처리 계획 개발에 대한 많은 지침을 제공하고 233 페이지에 달하는 보안 통제 항목을 포함하고 있으며 55페이지에 달하는 개인 정보 통제 항목 카탈로그를 포함하고 있다. 보안 통제 카탈로그는 각 통제 항목의 수준에 따라 구조화 되었으며 115개의 낮은 영향 통제 항목, 159개의 중간 영향도의 통제 항목 170개의 높은 영향도의 통제 항목으로 구성돼있다. 통제 항목은 다음 계통에 따라 분류 되었다.

- AC : 접근 통제
- AT : 인식 및 교육
- CP : 긴급 대책
- IR : 사고 대응
- MP : 미디어 보호
- PE : 물리 및 환경 보호
- AU : 감사 및 책임 추적성
- CM : 설정 관리
- IA : 식별 및 인증
- MA : 유지 보수
- PS : 개인 보안
- PM : 프로그램 관리

- **RA** : 위험 평가
- **SC** : 시스템 및 통신 보호
- **SA** : 시스템 및 서비스 획득
- **CA** : 보안 평가 및 권한 부여
- **SI** : 시스템 및 정보 통합

각 통제에 대해 카탈로그는 통제에 대한 설명, 구현에 대한 추가적인 지침, 통제 향상에 대한 설명, 다른 문서에 대한 참고 문헌을 제공한다.

효과적인 사이버 보안에 대한 CIS 중요 보안 통제 항목 또한 중요하며 1장 1.7절 표 1.10에 기술된 CIS 20 통제 항목에는 알려진 광범위한 위협 및 이러한 위협에 대응하는 최신 기술들을 포함하고 있다. 주어진 하위 통제에 대한 성능 측정 방법에 대한 상세한 기술들이 설명되고 세 가지 위험 임계값(낮음, 중간, 높음)이 설명된 CIS 중요 보안 통제에 대한 측정 비교 문서가 있다.

ISO 27002 정보 보안 통제에 대한 실무 규약은 90페이지 문서로 보안 통제 항목들 (1장 표 1.4 참고)과 각 통제의 구현에 대한 지침이 잘 나열되어 있다.

위험 평가 목적으로 위험 평가 절차를 반영하여 통제 항목을 그룹화하는 것은 매우 유용한다. 3.6에서 설명될 FAIR(정보 위험 요소 분석) 위험 분석 문서는 4가지 범주로 그룹화한다.

- **회피 통제 항목** : 다음을 포함하는 통제 항목은 위협에 대한 주기 또는 가능성에 영향을 준다.
  - 방화벽 필터
  - 물리적 장벽
  - 자산의 재배치
  - 위협 개체의 감소(예, 합법적으로 자산에 대한 접근 권한을 가진 개인의 수를 줄임)
- **억제 제어** : 다음을 포함한 통제 항목에서는 피해로 이어질 수 있는 위협 행동에 대한 가능성에 영향을 준다.
  - 정책
  - 로깅 및 모니터링
  - 시행 강화
  - 자산 경화(예, 많은 위협 행위자들은 본직적으로 기회주의적이며 어려운 것으로 인식되는 목표보다는 쉬운 목표에 이끌림)
  - 물리적 장벽(예, 빌딩 외부 등, 철조망 담벽)
- **취약성 통제 항목** : 다음을 포함하는 통제 항목은 위협 행위가 손실로 이어진다(취약성)
  - 인증
  - 접근 권한
  - 패칭
  - 구성 설정

- **책임 통제 항목** : 다음을 포함한 통제 항목들은 위협 행위로부터 손실 양에 대한 영향을 갖는다(손실 규모)
  - 백업 및 복원 프로세스
  - 포렌식 기능
  - 사고 대응 프로세스
  - 개인 정보가 유출된 개인에 대한 신용 모니터링

NISTIR 7621에서는 통제 항목에 대한 다음 점검표를 제공한다.

- **ID**
  - 비즈니스 정보에 접근할 수 있는 ID 및 통제
  - 배경 조사 실시
  - 직원 개별 사용자 계정 요구
  - 정보 보안에 대한 정책 및 절차 생성
- **보호**
  - 데이터 및 정보 접근에 대한 직원 접근 제한
  - 서지 보호 및 무정전 공급 장치 설치
  - 운용 시스템 및 응용 프로그램 패치
  - 모든 비즈니스 네트워크에 소프트웨어 및 하드웨어 방화벽 설치 및 실행
  - 무선 AP 및 네트워크 보호
  - 웹 및 이메일 필터 설정
  - 민감한 비즈니스 정보에 대한 암호화
  - 낡은 컴퓨터 및 미디어의 안전한 폐기
  - 직원 교육
- **검출**
  - 안티바이러스, 안티스파이웨어 및 기타 악성 코드 방지 프로그램 설치 및 업데이트
  - 로그 유지 및 모니터링
- **대응**
  - 재난 및 정보 보호 사고 계획 수립(예, 사고 대응 계획)
- **복구**
  - 주요 비즈니스 데이터/정보에 대한 전체 백업
  - 주요 비즈니스 데이터/정보에 대한 증분 백업
  - 사이버 보험 고려
  - 프로세스/절차/기술 개선

여기에서 설명한 FAIR 및 NISTIR 7621의 통제 항목은 보안 통제 항목들에 대한 효과적인 제품군을 구현하는 척도에 대한 아이디어를 제공할 것이다. 이 책의 2부의 사이버 보안 기능 관리 및 3부의 보안 평가에서 보안 통제에 대해 상세히 논의할 것이다.

3.5 취약성 식별

취약성 식별은 자산에게 피해를 줄 수 있는 위협에 의해 악용될 수 있는 취약성들을 찾는 절차이다. 취약성은 우발적으로 유발되거나 의도적으로 악용될 수 있는 시스템의 보안 절차, 설계, 구현, 내부 통제에 대한 약점 또는 결함이다. 취약성 범주는 다음과 같다.

- **기술 취약성** : 응용 프로그램 소프트웨어, 시스템 소프트웨어, 통신 소프트웨어, 컴퓨팅 장비, 통신 장비, 임베디드 장치를 포함한 소프트웨어 및 하드웨어에 설계 구현, 설정에 결함이 존재한다.
- **사람이 유발하는 취약성** : 핵심 인물에 대한 의존성 인식과 교육의 차이, 부적절한 접근 중단
- **물리 및 환경 취약성** : 물리적 접근 제어 부족, 장비의 부적절한 위치 지정, 부적절한 온도/습도 조절, 부적절하게 조절된 전력
- **운영적 취약성** : 변경 관리에 대한 부족, 부적절한 의무 분리, 소프트웨어 설치에 대한 통제 부족, 미디어 처리 및 스토리지에 대한 통제 부족, 시스템 통신에 대한 제어 부족, 부적절한 접근 통제 및 접근 통제 절차의 취약성, 시스템 활동에 대한 부적절한 기록 및 검토, 암호화 키에 대한 부적절한 제어, 부적절한 보고, 보안 사고의 해결 및 처리, 부적절한 모니터링 및 보안 통제 항목의 효과성 평가
- **비즈니스 영속성 및 컴플라이언스 취약성** : 부적절한 비즈니스 영속성/비상 대책, 정책 및 규제에 대한 컴플라이언스에 대한 부적절한 모니터링 및 평가와 같이 비즈니스 위험 관리에 대한 잘못 배치, 누락, 또는 부적절한 프로세스

여기에서 나열된 많은 항목들에서 취약성 식별은 관리 조치 및 후속 조치에 크게 좌우된다. 인터뷰, 설문 조사, 이전 위험 평가 및 감사 보고서 검토, 검사 목록과 같은 기술은 취약점에 대한 좋은 이미지를 개발하는데 기여한다.

국가 취약성 데이터베이스 및 공통 취약성 채점 시스템

NIST 국가 취약성 데이터베이스(NVD : National Vulnerability Database)는 시스템, 하드웨어 및 소프트웨어에서 알려진 기술 관련 취약점을 포괄적으로 나열한 목록이다. 공통 취약성 평가 시스템(CVSS : Common Vulnerability Scoring System)은 취약성의 특성을 전달하기 위한 개방형 프레임워크를 제공한다. CVSS는 기밀성, 무결성, 가용성에 대한 실패를 야기할 수 있는 응용 프로그램, 시스템, 디바이스, 또는 서비스의 버그, 결함, 약점, 또는 노출로 취약점을 정의한다. CVSS 모델은 반복가능하고 정확한 측정을 보장하면서 사용자가 점수를 수치화 하는데 사용된 기본 취약성 특성을 볼 수 있도록 한다. CVSS는 정확하고 일관된 취약성 악용 및 영향에 대한 점수를 요구하는 산업, 조직, 정부를 위한 공통 측정 시스템을 제공한다.

시스템에 영향을 미치는 광범위한 취약점을 이해하기 위해서는 CVSS를 이해하는 것이 중요하다. 또한 CVSS에서 취약성 평가를 위한 체계적인 구성은 조직의 문제, 정책, 절차, 물리 인프라와 관련된 취약성들에 대한 유사한 체계적인 접근 방법에 대한 지침을 개발하는데 유용하다. 예를 들어 지불 카드 산업 데이터 보안(PCI DSS) 표준은 CVSS의 사용을 권장하고 있다.

그림 3.4는 NVD내 취약성 항목 중 하나의 예시를 제공한다.

현재 설명

Google 크롬 1.0.7 이전 버전, Mozilla 파이어폭스 ActiveTouch 일반 플러그인 컨테이너 106이전 버전, 인터넷 익스플러어 GpcContainer 클래스 ActiveX 컨트롤 플러그인 10031.6.2017.0126 이전 버전, 인터넷 익스플러어 ActiveX 컨트롤 플러그인 매니저 2.1.0.10이전 버전에서 Cisco WebEx 확장에서 문제가 발견되었다. Cisco WebEx 브라우저 확장의 취약성은 인증되지 않은 원격 공격자가 감염된 시스템에서 영향을 줄 수 있는 버전의 브라우저 권한을 통해 임의의 코드를 실행할 수 있다. 이 취약점은 Microsoft 윈도우가 실행되는 시스템에서 Cisco WebEx Meetings 서버 및 Cisco WebEx(미팅 센터, 이벤트 센터, 교육 센터, 지원 센터)의 브라우저 확장에 영향을 준다. 취약점은 확장 프로그램의 응용 프로그램 프로그래밍 인터페이스(API) 응답 분석기내 설계 결함이다. 공격자가 영향 받은 사용자가 공격자가 제어하는 웹 페이지에 방문하거나 영향 받은 브라우저에서 제공하는 링크를 이용하는 경우 이러한 취약점을 악용할 수 있다. 만약 성공하면 공격자는 영향 받는 브라우저의 권한을 통해 임의의 코드를 실행할 수 있다.
소스 : MITRE 최종 수정일 :2017/02/01 <u>분석 설명보기</u>

CVSS 심각도(버전 3.0) CVSS v3 기본 소스 : 8.8 높음 벡터 : CVSS :3.0/AV :N/AC :L/PR :N/UI :R/S :U/C :H/I :H/A :H 영향도 : 5.9 악용 점수 : 2.8	핵심 정보 CVE 사전 항목 : CVE-2017-38923 최초 배포일 : 2017/02/01 최종 수정일 : 20170/04/04 출처 : US-CERT/NIST

CVSS 버전 3 지표 :
공격 벡터(AV) : 네트워크
공격 복잡도(AC) : 낮음
권한 요구(PR) : 없음
사용자 상호작용(UI) : 필수
범위(S) : 변경되지 않음
기밀유지(C) : 높음
무결성(I) : 높음
가용성(A) : 높음

▲ 그림. 3.4 NVD 점수 예시

각각의 NVD 요소는 다음을 포함한다.

- 고유한 공통 보안 취약성 및 노출(CVE) 사전 식별자
- 취약성 기술
- 웹사이트에 대한 링크 취약성과 관련된 정보를 제공하는 기타 참고 문헌
- CVSS 지표

3개의 그룹에 14개의 CVSS 지표가 있다. 표 3.6은 개별 지표와 각 지표에 정의된 수준을 보여준다. 각 경우에 대해 보안 염려 수준은 가장 높음에서 가장 낮음으로 표시하였다. 기본적으로 점수는 다음과 같이 부여하였다. 각 식별된 취약성에 대해 NVD는 취약성의 특징에 따라 기본 그룹 내에서 각 지표에 대한 수준을 제공한다. 예를 들면 공격 벡터 지표는 공격자가 네트워크나 인터넷을 통해 원격으로 실행할 수 있거나 로컬 로그인 또는 물리적 접근을 통해 공격용 장치와 공격 대상이 직접 연결되어 있는 네트워크를 통해 실행할 수 있다. 원격 공격이 가능할수록 공격 소스 또한 증가하기 때문에 취약성은 보다 심각해진다. 이러한 정보는 사용자가 취약성의 특성을 이해할 수 있도록 하기 때문에 매우 중요하다.

▼ 표 3.6 CVSS 지표

기본 지표 그룹		임시 지표 그룹	환경 지표 그룹
악용가능성	영향		
공격벡터 • 네트워크 • 인접 • 로컬 • 물리적 공격 복잡도 • 높음 • 낮음 권한 요구 • 높음 • 낮음 • 없음 사용자 상호작용 • 필수 • 없음	기밀성 영향 1. 높음 2. 낮음 3. 없음 무결성 영향 • 높음 • 낮음 • 없음 가용성 영향 • 높음 • 낮음 • 없음	악용 코드 완성도 • 높음 • 기능성 • 개념 증명 • 증명되지 않음 • 정의되지 않음 개선 수준 • 차선책 • 임시 수정 • 공식 수정 • 정의되지 않음 보고 신뢰성 • 확인됨 • 합리적임 • 알수 없음	기밀성 요구 사항 • 높음 • 중간 • 낮음 • 정의되지 않음 무결성 요구 사항 • 높음 • 중간 • 낮음 • 정의되지 않음 가용성 요구 사항 • 높음 • 중간 • 낮음 • 정의되지 않음
범위 • 변경 없음 • 변경됨			

표 3.6에 보인 바와 같이 지표의 각 수준에 대한 설명이 포함되어 있다. 또한 CVSS는 0.0부터 10.0까지 수치화 되어 있으며 10.0이 가장 심각한 보안 이슈로 사용된다. 기본 지표 그룹에서 지표에 대한 점수는 0.0부터 10.0까지 집계 기반 보안 점수를 산출하는데 CVSS에서 정의된 수식에 입력된다(그림 3.4 참고).

기본 지표 그룹은 시간 경과 사용자 환경에 따라 변화되지 않은 취약점의 본질적인 특징을 나타낸다. 3가지 집합으로 구성된다.

- **악용 가능성** : 이 지표는 취약점이 용이하고 기술적으로 악용될 수 있는 것을 반영한다. 지표는 다음과 같다.

- 공격 벡터 : 언급한 바와 같이 측정 항목은 취약한 구성 요소로부터 공격자가 얼마나 떨어져 있는가이다.
- 공격 복잡도 : 공격 대상 목표가 정해지면 공격자가 취약점을 악용하는데 어려움 수준이다. 공격자가 바로 공격할 수 없고 준비와 시간에 상당한 시간을 사용한다면 복잡도는 높음이다.
- 권한 요구 : 취약점 악용을 위해 요구되는 공격자 접근을 측정한다. 없음(요구되는 권한 없음), 낮음(기존 사용자 권한), 높음(관리자 권한)이 있다.
- 사용자 상호작용 : 공격자가 아닌 다른 사용자가 공격에 참여해야 성공하는지를 나타낸다.
- **영향** : 주요 보안 목적의 기밀성, 무결성, 가용성에 대한 영향 정도를 나타낸다. 점수는 하나 이상의 구성 요소가 영향을 받는다면 최악의 결과를 반영한다. 세 가지 목표 각각에 대해 값은 높은(기밀성, 무결성, 가용성의 전체 손실), 낮음(일부 손실), 없음이 있다.
- **범위** : 지표들은 기반 지표 그룹 내에서 그룹화된다. 하나의 소프트웨어 구성 요소에 존재하는 취약성이 수단이나 권한 이상으로 자원에 영향을 줄 수 있는 능력을 나타낸다. 예를 들어 공격자가 호스트 운용 시스템의 파일을 삭제할 수 있는 가상 머신에 존재하는 취약성이 있다. 이러한 지표의 변경되지 않는 값은 취약성이 동일한 권한에 의해 관리되는 자원에만 영향을 줄 수 있음을 의미한다.

일반적으로 기본 또는 일시적 지표들은 취약성 분석가, 보안 제품 업체, 응용 프로그램 공급 업체들에 의해 지정되며 이는 일반 사용자보다 취약성 특성에 대한 정보가 많기 때문이다. 그러나 환경 지표들은 사용자들에 의해 지정되며 이는 사용자들이 그들의 환경에서 취약성의 잠재적 영향을 가장 잘 평가할 수 있기 때문이다.

일시적 지표는 모든 사용자 환경간에 동일하게 적용되지만 시간 경과에 따라 변화되는 특성을 가지고 있다. 세 가지 지표로 구성되는 각 경우에 대해서 "정의되지 않음"은 점수 계산식에서 해당 지표를 사용하지 않아야 한다.

- **취약점 공격 코드 완성도** : 취약점 공격 기술 및 코드 가용성에 대한 현재 상태를 측정. 사용하기 쉬운 취약점 공격 코드를 공개하는 것은 잠재적인 미숙한 공격자 수를 증가시키고 취약성의 심각성이 증가한다. 수준은 취약성 공격에 사용 가능한 취약점 공격 코드의 수준을 반영한다.
- **치료 수준** : 치료 가능한 수준 측정
- **보고 신뢰도** : 존재하는 취약성 및 알려진 상세 기술에 대한 신뢰성에 대한 수준 측정

환경 지표 그룹은 사용자 IT 환경과 결합된 취약성 특성을 가지고 있다. 분석가들은 IT 자산의 중요성에 따라 CVSS 점수와 측정된 기밀성, 무결성, 가용성 점수를 사용자 편의에 따라 재 정의해서 사용할 수 있다.

3.6 위험 평가 접근방법

이 절에서는 정량적, 정성적 위험 평가의 차이점에 관해 논의할 것이다. 다음으로 위험 평가에 대한 단순한 접근 방법에 대해 살펴볼 예정이다. 마지막으로 이 절에서는 이 장에서 몇 번 언급했던 FAIR에 대한 개괄적인 내용에 대해 살펴볼 예정이다.

정량적 및 정성적 위험 평가

위험 평가의 두 가지 요소 영향 및 가능성은 정량적 또는 정성적으로 취급된다. 영향에 대해서 금전적 비용을 특정할 수 있다면 영향은 비용으로 표현된다. 그렇지 않으면 낮음, 중간, 높음과 같은 정성적 용어들이 사용된다. 보안 사고에 대한 가능성에 대해서도 마찬가지로 정량적 또는 정성적으로 결정될 수 있다. 가능성에 대한 정량적인 것은 단순히 가능성 수치이며 가능성에 대한 정성적인 것은 마찬가지로 낮음, 중간, 높음과 같이 표현될 수 있다.

정량적 위험 평가

모든 요소들이 정량적으로 표현된다면 다음과 같은 식을 사용할 수 있다.

위험 수위 = 부작용 가능성 x 영향 수치

이를 통해 보안 사고에 대한 수치화된 비용을 계산할 수 있다. 이는 잔여 위험이라고 하며 다음과 같이 나타낸다

잔여 위험 = (부작용 가능성/완화 요소) x 영향 수치

이 식에서 완화 요소는 보안 통제 요소들의 구현으로 인한 부작용의 발생 가능성의 감소를 반영한다. 따라서 잔여 위험 수위는 보안 통제 구현된 보안 사고의 기대치와 동일하게 된다.

만약 다양한 요소들이 일정 신뢰 가능한 수준이상으로 수치화가 가능하다면 이식은 보안 통제에 있어 소요되는 비용을 계산하는데 사용될 수 있을 것이다. 그림 3.5는 만약 새로운 보안 통제 항목이 구현된다면 부작용의 잔여 가능성은 감소하게 되며 보안 사고 비용은 감소하게 된다. 하지만 총 보안 비용은 새로운 통제 항목이 추가됨으로써 증가하게 된다. 상위 곡선은 보안 사고에 보안 통제 항목 비용을 합산한

총 보안 비용을 나타낸다. 최적 비용은 총 비용 곡선의 가장 낮은 점이다. 이는 용인할 수 있는 수준의 위험과 이로 인해 얻을 수 있는 이익 대비 불균형한 비용 지출을 더 이상 줄일 수 없음을 나타낸다.

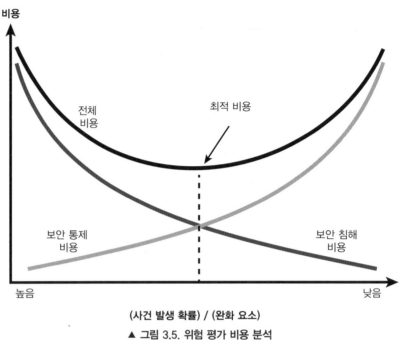

▲ 그림 3.5. 위험 평가 비용 분석

정성적 위험 평가

비용 및 가능성을 정량적인 수치만으로 나타내는 것은 비합리적일 수 있다. 보안 사고는 흔치 않으며 조직에서는 보안 사고를 드러내는 것을 그다지 달가워 하지 않는다. 따라서 보안 사고 정보는 어떤 일화나 설문 조사를 통해 얻게 되며 이를 통해 신뢰할만하고 정확한 확률 수치나 주기를 얻을 수 없다. 동시에 보안 사고로 인한 총 비용이나 손실을 수치화하는 것은 매우 어렵다. 총 비용은 장애 시간, 생산성에 미친 영향, 복구 비용, 그 외 정량화 하기 힘든 요소들과 같은 다양한 요소들을 고려해야 한다.

반면에 합리적인 판단을 사용하여 정성적 위험 평가를 효과적으로 사용할 수 있다. 정성 평가는 절대적인 위험보다는 상대적 위험을 결정한다. 이는 분석을 상당히 단순화하여 위험 수준의 대략적인 추정치를 산출할 수 있도록 한다. 정성적 위험 평가는 일반적으로 가장 중요한 위험을 식별하고 경영진이 합리적인 수준의 보안 지출을 통해 중요한 모든 위험이 완화될 수 있도록 하는 보안 지출을 설정하는데 있어 충분하다.

표 3.7은 정량 및 정성적 위험 평가 비교이다.

▼ 표 3.7 정량 및 정성 위험 평가 비교

	정량적	정성적
이익	• 위험은 재정적인 영향에 의해 우선순위가 결정, 자산은 재정적 가치에 의해 우선순위가 부여됨 • 결과는 보안 투자에 의해 위험 관리를 용이하게 함 • 결과는 관리 용어로 나타낼 수 있음(예. 금전적 가치 및 특정 백분율로 표시되는 확률) • 조직이 내역을 기록하는 동안 정확성은 시간이 지남에 따라 증가함	• 위험 순위의 가시성과 이해를 가능하게 함 • 합의에 도달하는 것을 용이하게 함 • 위협 빈도를 정량화 할 필요가 없음 • 자산의 재무 가치를 결정할 필요 없음 • 보안이나 컴퓨터 전문가가 아닌 사람들을 참여시키는 것이 더 쉬움
결점	• 위험에 할당된 영향 값은 참가자의 주관적인 의견을 기반으로 함 • 신뢰할 만한 결과와 합의에 도달하는 과정은 매우 많은 시간이 소요됨 • 결과는 금전적으로 표시되며 기술에 대해 알지 못하는 사람들은 해석하기가 어려울 수 있음 • 프로세스는 전문 지식이 필요하기 때문에 참여자는 쉽게 전문 지식을 습득할 수 없음	• 중요한 위험 사이에는 불충분한 차별이 있음 • 비용/이익 분석의 기초가 없기 때문에 통제 구현에 대한 투자를 합리화하기 어려움 • 결과는 위험 관리 팀의 역량에 따라 달라짐

표 3.7에서 중요한 점은 위험에 할당된 영향 수치는 참여자의 주관적인 의견에 따라 달라지며 이는 정량적 위험 평가의 한계라고 할 수 있다. 이것은 엄격한 정량적 가치를 통해 영향 비용을 예측하는 것이 현실적이지 않기 때문이다. 관련 관계자 또는 그룹은 미래 사건에 대한 양적 가치가 무엇인지에 대한 주관적인 평가를 수행해야 한다. 이러한 한계를 무시하면 정량적 위험 평가의 정확성에 대한 잘못된 인상을 줄 수 있다. 또한 주관적인 견해가 영향의 정성적 평가를 하는데 사용되지만 후자의 경우 주관적 추정이 과정에 분명하게 내재되어 있다.

조직은 영향의 범주, 위협, 취약성에 대한 명확한 정의가 필요하다. 영향에 대해, FIPS 199, 연방 정보 및 정보 시스템의 보안 분류 표준에서는 조직이 임무를 완수하고, 자산을 보호하고, 법적 책임을 완수하고, 일상적인 기능을 유지하기 위해 조직이 필요로 하는 IT 자산을 위험에 빠뜨릴 수 있는 특정 사건이 발생할 경우 조직에 미칠 수 있는 영향을 기반으로 세 가지 보안 분류를 정의한다. 분류는 다음과 같다.

- **낮음** : 다음을 포함하여 조직 운용, 조직 자산, 개인에 대한 부작용이 제한적일 것으로 예상됨
  - 조직이 주요 기능을 수행 할 수 있는 범위 및 기간이 임무 기능에서 하락을 초래하지만 효율성이 두드러지게 감소함
  - 조직 자산에 대한 경미한 손상 초래
  - 경미한 재정적 손실 초래
  - 개인에게 경미한 해를 초래

- **적정 또는 중간** : 다음을 포함하여 조직 운용, 조직 자산, 개인에 심각한 악 영향을 미칠 것으로 예상
  - 조직이 주요 기능을 수행 할 수 있는 범위 및 기간이 임무 기능에서 하락을 초래하지만 효율성이 현저하게 감소함
  - 조직 자산에 대한 큰 타격을 초래
  - 상당한 재정 손실을 초래
  - 개인의 생명을 잃거나 생명을 위협하는 부상을 포함하지 않는 범위에서 개인에게 심각한 해를 초래
- **높음** : 다음을 포함하여 조직 운용, 조직 자산, 개인에 심각하거나 파국적인 악 영향을 미칠 것으로 예상
  - 조직이 주요 기능을 한 개 또는 그 이상 수행하지 못하는 범위 및 기간에 대한 임무 기능 하락을 초래
  - 조직 자산에 대한 막대한 타격을 초래
  - 막대한 재정 손실을 초래
  - 개인의 생명을 잃거나 생명을 위협하는 부상을 포함하여 개인에게 심각한 해를 초래

FIPS 199 연방 정보 및 정보 시스템의 보안 분류에 대한 표준은 정성적 영향 분석에 대한 많은 예제를 제공한다. 예를 들어 매우 민감한 수사 정보를 관리하는 조직의 법 강화 조직은 기밀성 상실로 인한 잠재적 영향은 높고, 무결성 상실에 대한 영향은 보통이며, 가용성 손실로 인한 잠재적 영향은 보통이라고 판단한다. 정보 유형 SC는 다음과 같이 표현된다.

SC 조사 정보 = {(기밀성, 높음), (무결성, 보통), (가용성, 보통)}

유사하게 확률 범위는 정성적 우도 범위에 포함된다. SP 800-100 정보 보안 핸드북 : 관리자를 위한 지침서에서는 다음 범주를 제안한다.

- **낮음** : ≤0.1
- **보통** : 0.1 ~ 0.5
- **높음** : 0.5 ~ 1.0

다른 범주는 사건들이 발생하는 연간 횟수의 추정치를 기반으로 한다.

- **낮음** : ⟨년간 1회
- **보통** : 년간 1 ~ 11회
- **높음** : ⟩년간 12회

그림 3.6은 위험을 결정하기 위한 지표들의 사용을 보여준다. 특정 위협에 대한 취약성은 기능, 시스템의 위협 및 저항 강도, 또는 특정 위협에 대한 자산의 함수이다.

따라서 특정 위협을 야기하는 부정적 보안 사건의 가능성은 빈도, 가능성, 위협에 대한 취약성의 함수이다. 영향은 자산 분류와 특정 위협에 대한 손실 노출 함수로 결정된다. 예를 들어 자산은 손실의 비즈니스 영향의 관점에서 분류될 수 있다.

개인 식별 번호(PII: Personally Identifiable Information): 개인 ID를 추적하거나 구분하는데 사용되는 주민 번호, 생체 기록 정보, 출생 년월일, 부모의 이름등과 같이 단독 또는 복합적으로 사용하여 개인과 연결 지을 수 있는 정보

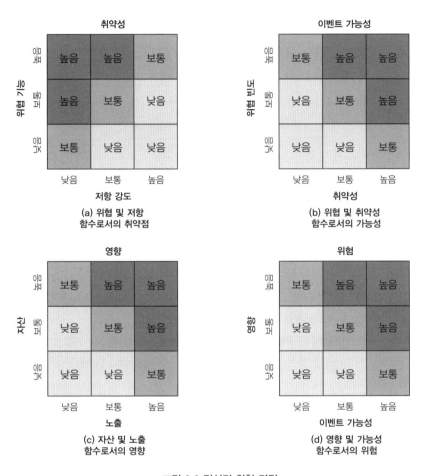

▲ 그림 3.6 정성적 위험 결정

엔터프라이즈 보안 위험 관리 검토[HIRT15]에서 제안한 노출 예시는 다음과 같다.

- **낮은 비즈니스 영향 :** 공개 정보, 추상 정보
- **중간 비즈니스 영향 :** 네트워크 설계, 직원 목록, 구매 주문서 정보
- **높은 비즈니스 영향 :** 재정 데이터, 개인 식별 정보(PII), 주민등록 번호, 의료 기록 정보

엔터프라이즈 보안 위험 관리 검토[HIRT15]에서는 다음과 같은 노출 예시를 제안한다.

- **낮은 자산 노출 :** 경량 또는 무 손실
- **중간 자산 노출 :** 제한되거나 보통의 손실
- **높은 자산 노출 :** 심각 또는 완전한 손실

마지막으로 위험은 영향의 함수와 영향을 야기하는 부작용의 가능성으로 결정된다. 따라서 다양한 요인에 대해 낮음, 보통, 높음으로 추정된 지표들은 위험 평가에 있어 합리적인 수단을 제공한다. 그러나 이렇게 거칠게 평가된 분석들은 주관적인 판단이 동반되어야 한다는 것을 명심하자. 예를 들어 그림 3.6의 (d)는 낮은 가능성, 높은 영향 침해 및 높은 가능성, 낮은 영향 침해 모두 중간 위험으로 평가된다. 부족한 보안 자원에 대해 어떤 우선 순위를 부여해야 하는가? 평균적으로 각 유형의 침해는 동일한 손실을 가져올 것으로 예상된다. 발생 빈도가 희소하다고 할지라도 침해가 발생한 경우 조직에 치명적일 수 있거나 손실이 꾸준히 발생할 수 있다는 이유로 이전 침해를 보다 중요하게 처리해야 하는가? 이는 경영진이 결정할 문제이다.

간단한 위험 분석 작업문서

위험 평가를 위한 간단한 접근 방법은 각 행이 위협/취약성 쌍[GADS06]으로 구성된 위험 분석 워크시트를 사용하는 것이다. 워크시트는 분석 평가 팀에 의해 준비되며 다음과 같은 내용을 포함하고 있다.

- **보안 이슈** : 각 보안 문제나 관심사에 대한 간단한 설명. 위협/취약성 쌍(컴플라이언스 이슈 포함)에 대한 항목을 포함하고 있음
- **가능성** : 이러한 위협 및 취약성 쌍에 대한 예측된 발생 가능성. 예측은 그림 3.6a 및 3.6b의 지표를 사용하여 영향 받은 자산 및 노출에 대한 크기에 대한 팀의 판단을 기반으로 하고 있음.
- **영향** : 위협/취약성 쌍에 대한 예측된 영향. 예측은 그림 3.6c의 매트릭스를 사용하여 영향 받은 자산 및 노출에 대한 크기에 대한 팀의 판단을 기반으로 하고 있음.
- **위험 수준** : 그림 3.6d 매트릭스에 기반한 위험 수준
- **권장된 보안 통제** : 특정 문제를 해결하기 위해 팀에서 권장된 보안 통제 항목
- **통제 우선 순위** : 권장된 통제 항목에 대한 우선순위
- **의견** : 특정 보안 문제의 보안 위험 관리에 대한 의사 결정 프로세스와 관련된 모든 정보

컴플라이언스 문제는 동일한 워크시트에 문서화 될 수 있다. 컴플라이언스 요구 사항은 조직의 보안 정책, 정부 규정, 적용 가능성 표준에 의해 부과되는 요구 사항이 포함된다. 컴플라이언스는 다음과 같이 평가된다.

- 0 = 실행되지 않음
- 1 = 일부 실행됨
- 2 = 실행되었지만 문서화 되지 않음
- 3 = 실행되고 문서 되었음

컴플라이언스 문제에 대해 가능성 및 영향은 관계가 없다. 컴플라이언스와 관련된 문제 점수는 3점 이하로 높은 위험 수준으로 워크시트에 포함된다.

MUSC 정보 보안 지침 : 위험 관리[GADS06]는 다음 내용을 포함하여 위협/취약성 쌍에 대한 많은 예제를 포함하고 있다.

- **보안 문제** : 권한을 가진 직원이 인가되지 않은 방법으로 시스템을 사용한다. **위협** : 내부자에 의해 시스템의 고의적인 오용 **취약점** : 부적절한 교육(직원이 보다 나은 방법을 알지 못함) 또는 부적절한 감사 통제(직원이 자신의 오용이 검출되지 않을 것이라 믿음), 효과적인 훈련 프로세스의 부족(직원이 자신의 오용이 검출되더라도 제제가 없을 것이라 믿음)
- **보안 문제** : 연속적으로 지속되는 시스템 손상은 누구도 심각한 손상이 발견되기 전까지 시스템 활동 기록을 검토하는 사람이 없기 때문에 늦기 전에 발견되지 않는다. **위협** : 의도하지 않은 무단 접근. **취약점** : 근본적인 침입에 기인한 취약성과 관계 없이 시스템 감사 통제의 부적절한 관제 및 평가로 악화된다.

정보 위험 요소 분석

위험 평가에 대한 중요한 기여는 2005년에 처음 도입된 정보 위험 요인 분석(FAIR)이다. 오픈그룹이 표준화한 FAIR은 광범한 영역에서 수용된다. ISO(국제 표준화 조직)과의 관계는 다음과 같이 요약할 수 있다.

- ISO 27001은 정보 보안 관리 시스템(ISMS)을 구축하는 일반적인 절차를 기술함
- 이러한 맥락에서 ISO 27005는 위험 관리 기술 접근방법들에 대한 정의
- FAIR은 위험 분석 방법을 제공

따라서 FAIR은 ISO 27005에 의해 정의된 프레임워크 내에서 특정 지침을 제공한다.

오픈 그룹은 4가지 위험 관련 표준 문서를 출간했다.

- **위험 분석** : 정보 보안 위험에 대한 정의 및 분석에 대한 표준 뿐 아니라 분석 정보를 활용하는 방법을 제공
- **위험 평가 방법에 대한 요구 사항** : 효과적인 위험 평가 방법에 대한 주요 특성을 식별하고 설명을 제공함. 주어진 위험 평가 방법론에 대해 공통 필수 요구 사항을 기준으로 평가할 수 있는 공통된 기준을 제공
- **FAIR − ISO/IEC 27005 쿡북** : ISO 27005 프레임워크에 FAIR 방법론에 대한 적용 방법을 기술
- **오픈 그룹 위험 분석 기술 표준** : 이 문서는 정보 보안 위험 분석에 대한 다양한 관점의 표준을 제공함

사이버 보안 책 관련 자료 사이트 :

https ://app. box.com/v/ ws−cybersecurity

오픈 그룹 : 500개 이상의 조직이 참여하는 국제 컨소시엄으로 IT 표준화를 통해 비즈니스 목표의 성취를 도움

그림 3.7은 ISO 27005의 3가지 위험 평가 업무와 FAIR의 업무 상세 정의 사이의 관계를 보여준다. FAIR은 위험 평가의 모든 관점에서 보다 상세한 지침을 제공한다. 예를 들어 FAIR은 ISO 27005의 분석 절차와 관련된 주요 용어에 대해 명확하고 구체적으로 정의하고 있다.

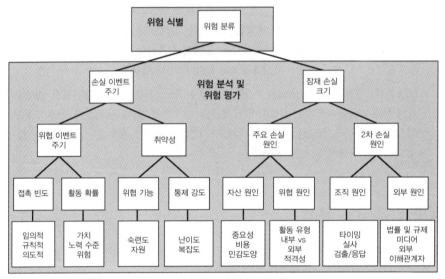

▲ 그림 3.7 FAIR을 통한 위험 평가

FAIR의 주요 정의는 다음과 같다.

- **자산** : 불법적인 접근, 사용, 공개, 변경, 파괴, 도난을 통해 정보 유출이 발생할 수 있는 정보 관련 활동을 지원하는 환경의 모든 데이터, 디바이스, 구성 요소 모든 데이터, 디바이스, 또는 정보 관련 활동을 지원하는 환경의 구성 요소
- **위험** : 미래 손실 가능성이 있는 빈도와 예상되는 규모
- **위협** : 자산 또는 조직에 해를 끼칠 수 있는 가능한 모든 행위 – 예, 자연 재해(날씨, 지리적 사건 등), 악의적인 행위, 에러, 장애
- **취약성** : 자산 위협 행위자의 활동에 불가항력적 확률

FAIR 방법론은 대부분의 경우 주관적인 정성적 분석이 부적절하다는 것을 기반으로 모든 위험이 측정 가능하고 정량화 될 수 있다는 믿음에 기반을 두고 있다. 실제 정량 분석 결과는 몬테 카를로(Monte Carlo) 시뮬레이션을 통해 실행되는 확률분포, 정확한 비교, PERT 계산을 기반으로 하는 보정된 확률론적 추정치를 사용하여 제공된다.

이 장에서는 ISO 27005 및 FAIR 모두를 참고하고 있다.

3.7 우도 평가

이 장의 그림 3.1의 위쪽 행은 이전에서 논의된 위험 식별과 관련 있다. 그림의 나머지 부분은 다음 세 가지 작업으로 구성된 위험 분석과 관련된다.

- 우도 평가
- 영향 평가
- 위험 결정

이 절에서는 우도 평가에 대해 살펴 볼 것이다. 3.8절과 3.9절에서는 영향 평가와 위험 결정에 대해 다룰 것이다.

우도 평가는 확률 이론을 사용하여 계산된 수치를 제공하지 않는다. 오히려 위협 활동의 가능성을 예측한 우도 점수를 개발하는 프로세스이다. 우도 평가는 취약점의 존재 여부, 보안 제어의 효율성을 고려하여 위협의 존재, 끈기, 강도를 고려한다. 이 평가는 식별된 잠재적 위협 활동 각각에 대해 적용된다.

주어진 자산에 대한 위협의 기본적인 우도 평가는 다음 단계와 같다.

- 단계 1. 위협 이벤트가 발생할 우도를 결정한다. 즉, 이 위협이 주어진 자산에 대한 공격으로 발전할 가능성을 판단한다.
- 단계 2. 위협에 대한 자산의 취약성 정도를 결정한다.
- 단계 3. 단계 1 및 2를 토대로 보안 사고가 발생할 가능성을 결정한다.

이 분석은 모든 자산에 대한 모든 위협에 대해 반복되어야 한다.

ISO 27005 및 ISO 문서는 이러한 기능을 수행하는 방법에 대한 제한된 지침을 제공한다. FAIR은 이벤트 우도에 대한 특성화 방법에 대해 자세한 지침을 제공하며 FAIR 문서에서 손실 이벤트 빈도라고 한다. 이 방법은 명확하지만 다소 복잡하며 이 장에서는 개괄적인 내용만 제공한다. 최상위 수준에서 과거 데이터를 기반으로 과거에 손실 사고가 얼마나 자주 발생했는지를 기준으로 손실 사건 빈도를 추정할 수 있다. 정확한 빈도 또는 확률을 도출할 필요 없지만 실제로 가능하지 않다. 한가지 예를 들면 과거 보안 사고는 위험 평가 시 검출되지 않은 채로 남아 있을 수 있다. 또한 과거는 미래의 정확한 예측 인자로 간주 될 수 있다. FAIR 문서의 예는 표 3.8에서와 같이 수준 간 규모의 변화에 따라 다섯 가지 수준(매우 낮음, 낮음, 보통, 높음, 매우 높음)을 사용한다.

수준	손실 크기	사고 주기	위협 기능	저항 강도	2차 손실 확률
매우 높음(VH)	〉1,000배	〉년간 100배	전체 위협과 비교했을 때 상위 2%	평균 위협 상위 2%를 제외한 모든 위협으로부터 보호	90%~100%
높음(H)	100배 ~ 1,000배	년간 10배 ~ 100배사이	전체 위협과 비교했을 때 상위 6%	평균 위협 상위 6%를 제외한 모든 위협으로부터 보호	70% ~ 90%
보통(M)	10배 ~ 100배	년간 1배 ~ 10배 사이	평균 기술 및 자원 (하위 16%와 상위 16% 사이)	평균 위협으로부터 보호	30% ~ 70%
낮음(L)	X배 ~ 10배	년간 0.1배 ~ 1배	전체 위협과 비교했을 때 하위 16%	평균 16% 이하의 위협에 대해 보호	10% ~ 30%
매우 낮음(VL)	〈X	년간 0.1배 이하 (10년 1번 이하)	전체 위협과 비교했을 때 하위 2%	평균 2% 이하의 위협에 대해 보호	0% ~ 10%

• X = 조직에서 정한 금전적 가치

조직의 경영진 또는 보안 분석가가 손실 사고 빈도를 직접 예측할 수 있다고 확신하지 못하면 프로세스는 위협 사고 빈도 및 취약성을 예측하는 두 가지 작업으로 구분된다.

위협 이벤트 주기 평가

위협 이벤트 주기 평가에는 두 가지 관점이 있다. 위협을 가하는 에이전트가 자산에 대한 접촉 주기를 결정하는 것과 한 번 위협을 가한 에이전트가 자산에 대해 위협을 다시 실행할 확률이다.

접촉은 물리 또는 논리적일 수 있다. 예를 들어 물리적인 접근은 직원, 청소 및 유지보수 직원 같은 계약 근로자, 거래처, 고객, 판매원 및 검사원과 같은 외부 행위자들이 가능하다. 논리적인 접근은 네트워크를 통해 발생한다. 접촉은 계획되지 않았거나 무작위로 존재할 수 있고, 청소 담당자와 같이 정기적 일 수 있으며 해커가 접근을 시도할 때와 같이 다분히 고의적일 수 있다. 보안 분석가를 위한 업무는 다섯 가지 수준 또는 빈도를(표 3.8 참조) 사용하여 합리적인 추정치를 제시하는 것이다.

다음 단계의 작업은 접촉한 위협 에이전트가 다시 위협을 실행할 확률을 결정하는 것이다. 물론 이것은 위협의 성격과 위협원이 사용할 수 있는 작업 유형에 따라 달라진다. 그렇지만 일반적으로 분석가가 고려해야 하는 요소는 조치를 수행하는데 있어 위협원에게 인식되는 가치, 조치를 수행하는데 필요한 업무 수준, 활동이 감지될 때 발견 및 처벌 위험이다.

접촉 빈도 및 활동 확률의 추정을 기반으로 분석가는 위협 이벤트 빈도를 합리적으로 추정 할 수 있어야 한다.

취약성 추정

위협 이벤트 주기 평가와 같이 취약성 추정에 있어 두 가지 영역에서 상대적인 값을 할당해야 한다. 취약성의 경우 두 개의 영역은 위협 능력 및 통제 강도이다. FAIR은 특정 위협을 통해 자산에 대한 행위를 하기 위한 위협 커뮤니티의 위협 기능으로 위협 기능을 정의하고 있다. 이는 기본과 관련하여 표현되어야 하며 FAIR에서 사용되는 기술은 전체 위협 인구와 비교하여 특정 위협 강도를 나타내는 5가지 수준의 위협 능력을 정의하는 것이다(표 3.8 참조).

취약성 평가에 있어 다음 두 가지 요소가 필요하다.

- **기술** : 위협 에이전트의 지식과 경험은 위협 활동의 심각성에 중요한 요소들이다. 기술은 사회 공학을 수행하거나 로그온 또는 기타 접근 장벽을 우회하는 등 위협 에이전트가 활동 할 수 있는 방식에 반영된다. 악성코드의 경우 악성코드를 구성하고 전파하는 데 적용되는 기술이 위협의 심각도를 결정한다.
- **자원** : 다른 주요 요소는 시간, 재정적 자원, 위협 에이전트를 치료할 수 있는 자원이다.

취약성의 다른 영역은 통제 강도로 FAIR 문서에서는 저항 강도로 언급되기도 하며 FAIR 실무자들에 의해 난이도라고 하기도 한다. 이 영역은 자산의 손상 방지 기능과 관련이 있다. FAIR의 접근 방법은 표 3.8과 같이 자산이 성공적으로 중단시킬 수 있는 위협 인구의 백분율을 기준으로 저항 강도를 5개의 수준으로 정의하는 것이다. 통제 항목의 목적은 위협 이벤트가 성공할 수 있는 난이도와 복잡성을 증가시키는 것이다. 작업의 난이도가 커질수록 위협 에이전트의 보다 큰 기능이 현재 적용돼 있는 통제 항목을 극복해야 한다.

자산에 대한 주어진 위협에 대해 분석가가 위협 기능과 저항 강도를 추정하고 나면 이러한 두 개의 영역을 결합하여 취약성 측정 값을 산출할 수 있다. 그림 3.8a에 보인 매트릭스를 사용하여 계산할 수 있다. 그림에서 보였듯이 보다 높은 저항 강도는 취약성을 낮추고 위협 기능을 높일수록 취약성은 높아진다. 그림에 보인 취약성 값은 FAIR 모델을 개발하는데 관련된 사람들의 경험을 기반으로 만들어졌다. 예를 들어 낮은 저항 강도를 갖는 자산에 적용된 높은 위협 기능은 매우 높은 취약성으로 평가된다.

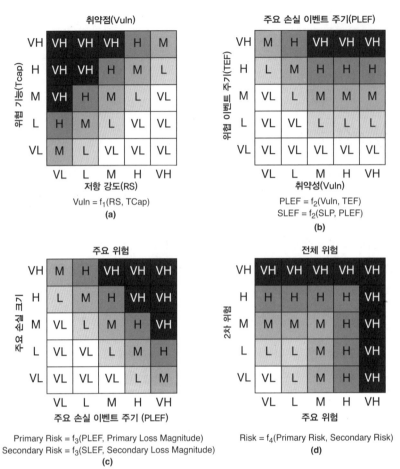

▲ 그림 3.8 FAIR 위험 평가 지표 예

추정된 파라미터와 유도된 파라미터 사이의 관계를 구분 짓는 것은 의미가 있다. 위협 기능과 저항 강도는 분석가에 의해 추정된 값의 파라미터로 분석과 관련이 있다. 두 개의 파라미터가 추정되면 분석가는 매트릭스를 활용하여 요구된 취약성을 평가한다. 매트릭스는 정량적인 함수 f_1으로 다음과 같이 표현된다.

   취약성 = f_1(저항 강도, 취약 기능)

손실 이벤트 주기

손실 가능성은 FAIR 문서에서 손실 이벤트 빈도로 언급되기도 하며 그림 3.8b의 매트릭스를 활용하여 위협 이벤트 빈도와 취약성에 의해 유도된다. 손실 이벤트 빈도는 5x5 행렬로 FIAR 설계자의 판단을 기반으로 한다. 예를 들어 위협 이벤트 빈도가 매우 높고 취약성이 중간에서 매우 높은 범위에 있는 경우 손실 이벤트가 발생할 가능성은 매우 높다. 손실 이벤트 빈도는 위협 이벤트 빈도에 의해 제한된다. 즉, 손실 이벤트 빈도는 취약점의 정도에 관계없이 위협 이벤트 빈도보다 결코 높지 않다.

매트릭스에서 f_2를 다음과 같이 정의한다.

주 손실 이벤트 빈도 = f_2(취약성, 위협 이벤트 빈도)

유도된 양은 이후에 논의되는 2차 손실 이벤트 빈도와 대조하기 위해 주요 손실 이벤트 빈도라고도 한다.

SP 800-30은 FAIR 접근 방법보다 덜 복잡한 손실 이벤트 빈도를 결정하기 위해 접근법을 정의한다. SP 800-30에서 채택된 표 3.9는 이러한 접근법을 요약한 것이다. 표를 통해 정성적 값 또는 준 정량적 값을 참고한 표준을 사용하는 것이 가능하다. 표는 악의적인 혹은 비 악의적인 위협에 모두 사용된다. 악영향을 초래하는 위협 이벤트의 가능성과 결합된 위협 이벤트의 가능성은 그림 3.8b의 입력으로 악영향에 대한 가능성을 결정하기 위해 사용된다.

▼ 표 3.9 가능성 평가 척도

정성적 값	준 정량적 값	위협 이벤트 시작 가능성(적대적)	위협 이벤트 발생 가능성(비 적대적)	악영향을 초래할 위협 이벤트 가능성
매우 높음	96-100	위협 이벤트에 대한 악영향이 분명함	오류, 사고, 자연 활동이 년간 100번 이상으로 확실히 발생함	위협 이벤트가 시작되거나 발생하면 분명하게 악영향을 미칠 수 있음
높음	80-95	위협 이벤트와 악영향이 높은 상관 관계가 있음	오류, 사고, 자연 활동이 년간 10번에서 100번 사이로 발생 가능이 높음	위협 이벤트가 시작되거나 발생하면 악영향을 미칠 가능성이 큼
보통	21-79	위협 이벤트와 악영향과 다소 상관 관계가 있음	오류, 사고, 자연 활동이 년간 1번에서 10번 사이로 다소 발생 가능이 있음 높음	위협 이벤트가 시작되거나 발생하면 악영향을 미칠 수 있음
낮음	5-20	악영향과 위협 이벤트와 상관 관계가 없음	오류, 사고, 자연 활동이 년간 1번 미만이거나 10년 1번 발생할 수 있음	위협 이벤트가 시작되거나 발생하면 악영향을 미칠 가능성 이 작음
매우 낮음	0-4	악영향과 위협 이벤트와 상관 관계가 거의 없음	오류, 사고, 자연 활동이 발생 가능성이 없거나 10년에 1번 미만임	위협 이벤트가 시작되거나 발생하면 악영향을 미칠 가능성 거의 없음

3.8 영향 평가

영향 평가는 성공한 위협 조치의 심각성 또는 불리한 결과를 추정하는 합의 기반 영향 점수 또는 비용 가치를 개발하는 과정이다.

영향 평가의 핵심은 특정 자산에 대한 주어진 위협이 실제 보안 사고로 이어질 경우 자산에 대한 영향(비용 또는 영향의 상대적 크기)을 결정한다는 것이다. 이 분석은 모든 자산에 대한 모든 위협에 대해 반복 수행된다.

ISO 27005와 ISO 문서는 이러한 기능 수행 방법에 대한 제한된 지침을 제공한다. FAIR 문서에서는 이것이 위험 평가에 있어 매우 어려운 부분 중 하나라고 지적하고 있다. FAIR은 영향을 체계적으로 특성화하는 방법에 대한 자세한 지침을 제공한다. 지침이 명확하지만 매우 복잡하므로 이 절에서는 개요만을 제공한다.

손실의 2가지 범주에 기반한 FAIR 영향 분석은 그림 3.7 및 3.10에 나타나 있다.

▼ 표 3.10 FAIR 손실 범주

손실 범주	손실 요인	손실 형태
주요 손실	• 자산 : 자산의 가치/부채 특성과 위험에 처한 자산의 양 포함 • 위협 : 내부 또는 외부 행동 유형 및 위험 능력 포함	• 생산성 : 조직의 주요 가치 제안(예, 수입, 재화, 서비스)을 창출하는 조직의 능력 감소 • 대응 : 손실 이벤트 관리와 관련되어 있음(예 : 내부 또는 외부 근무 시간, 물류 비용) • 대체 : 자산의 본질적 가치. 일반적으로 분실되거나 손상된 자산을 대체하는데 필요한 자본 비용으로 나타남(예 : 시설 건설, 교체용 노트북 구입)
2차 손실 • 2차 손실 이벤트 빈도 • 2차 손실 크기	• 조직 : 시기, 상당한 주의, 대응 유형 및 탐지 기능 포함 • 외부 : 사건으로 인해 조직에 해를 끼칠 수 있는 요소	• 경쟁 우위 : 감소된 경재 우위와 관련된 손실로 조직과 경쟁 업체간 경쟁 차별화를 제공하는 자산과 관련 있음. 예를 들어 영업 비밀과 합병 및 인수 계획이 포함됨 • 벌금/판결 : 조직에 대해 부과되는 법적 또는 규제적 조치 • 명성 : 조직의 가치 제안이 감소되거나 리더십이 서투른 외부 인식과 관련됨

두 가지 범주는 다음과 같다.

- **주요 손실** : 자산에 대한 위협 에이전트의 활동으로 인해 직접 발생한다. 영향을 받은 자산의 소유자는 분석에서 주요 이해관계자로 간주된다. 이 이벤트는 생산성 손실, 대응 비용의 측면에서 주요 이해 관계자에게 영향을 미친다.
- **2차 손실 요인** : 2차 이해 관계자(예 : 고객, 주주, 규제 기관)가 기본 이벤트에 부정적으로 반응하여 발생한다. 2차 이해 관계자의 반응은 조직의 자산(예 : 평판, 법적 수수료 등)에 대한 새로운 위협 에이전트로 작용할 수 있으며 이는 주요 관계자에게 영향을 미친다.

주요 손실 추정하기

특정 자산에 대한 특정 위협에 대해 FAIR 영향(FAIR 문서에서는 손실이라고 함) 평가는 이벤트의 결과로 발생한 주요 손실을 결정하는 것으로 시작된다. 이 평가에는 두 가지 측면이 있다.

- **자산 요인** : 위협에서 자산의 가치
- **위협 요인** : 손실에 기여하는 위협 요소

손실 규모는 자산이 조직에 얼마나 중요한지, 교체 또는 복구 비용, 공개되거나 수정될 수 있는 정보의 민감도와 같이 여러 요소에 따라 달라진다. 3.2절에서 논의된 자산 식별 과정은 평가에 영향을 미친다. 자산과 이러한 위협에 대해 다음 단계는 이러한 자산에 적용할 수 있는 위협 조치를 결정하는 것이다. 가능한 조치는 다음과 같다.

- **접근** : 단순한 무단 접근
- **오용** : 자산의 무단 사용(예 : 신원 도용, 감염된 서버의 음란물 배포 서비스)
- **공개** : 위협 에이전트가 민감한 정보를 불법적으로 공개
- **변경** : 자산에 대한 무단 변경
- **접근 거부** : 비 데이터 자산의 파괴 또는 절도

다른 고려 사항은 위협 에이전트가 외부인지 내부인지 여부이며 위협 이벤트의 동기 및 의도, 위협 에이전트가 손상을 입힐 수 있는 능력을 나타내는데 도움을 준다. 자산과 위협 요소가 이해되면 분석가는 생산성, 대응 및 대체를 포함하는 손실 형태를 결정해야 한다(표 3.10 참조). 분석가는 각각의 잠재적 위협 행동에 대해 각 유형의 손실에 대한 예상 손실 규모를 추정해야 한다. 각 손실에 정확한 화폐 가치를 결정하는 것은 비 현실적이다. 오히려 각 수준에 대한 화폐 범위로 계층 구조를 사용할 수 있다. FAIR 문서의 예에서는 5가지 수준(매우 낮음, 낮음, 보통, 높음, 매우 높음)을 사용하여 순서에 따라 각 수준의 크기는 변경된다(표 3.7). 손실 형태에 따라 손실 크기가 추정되면 모든 손실 형태에 대해 자산과 위협에 대한 최대 손실 크기는 주요 손실 크기로 할당된다.

2차 손실 크기 추정하기

2차 손실 추정은 주요 손실 추정보다 복잡하다. 분석에 있어 두 가지 구성 요소가 있다.

- **2차 손실 크기** : 2차 이해 관계자 반응(예 벌금 및 판결, 시장 점유율 감소)을 처리함에 따라 발생할 것으로 예상되는 손실
- **2차 손실 이벤트 빈도** : 주요 손실 이벤트가 2차 손실을 초래할 것으로 예상되는 시간 비율

2차 손실 이벤트 크기 추정하기

2차 손실 크기 분석은 주요 손실 분석과 유사한 방식으로 진행된다. 분석가는 먼저 위협의 성격을 결정한 다음 손실 형태를 결정하고 가장 큰 잠재적 손실을 초래하는 형태를 결정한다.

- **조직 요인** : 손실 규모를 결정하는 조직의 특성
- **외부 요인** : 이벤트 결과로 조직에 해를 끼치는 두 번째 형태의 피해를 입힌 단체

여러 가지 조직적 요인을 고려해야 한다. 예를 들어 조직 활동과 관련된 보안 이벤트의 시기에 따라 손실 발생 정도가 결정될 수 있다. 주주 총회 바로 전에 보안 이벤트가 발생하면 조직이 문제에 반응하고 해결할 시간이 없을 수 있다. 조직이 ISO 27001 및 ISO 27002를 준수하는 프로그램을 실행하는 것과 같이 실사를 수행할 정도의 책임에 영향을 줄 수 있다. 조직의 탐지 능력과 신속한 대응 능력은 2차 피해를 방지하는데 기여한다.

고려해야 할 외부 요인이 있다. 법과 규정은 보안 사건에 대한 처벌이나 제재를 촉발할 수 있다. 보안 실패에 대한 공개적 노출은 조직의 평판을 손상 시킬 수 있다. 고객 또는 협력사는 조직과 향후 비즈니스가 단절될 수 있다.

분석가가 2차 손실 가능성을 파악하면 다음 단계는 경쟁 우위, 벌금/판단 및 평판을 포함한 손실 형태를 결정하는 것이다(표 3.8 참조). 분석가는 각각의 잠재적 위협 결과에 대해 주요 손실에 대해 수행되는 것과 마찬가지로 각 손실 형태에 대한 예상 손실 규모를 추정해야 한다. 각 손실 형태에 대해 손실 크기가 추정되면 모든 손실 형태에 대한 최대 손실 크기가 자산과 위협에 대한 2차 손실 크기로 할당된다.

2차 손실 이벤트 빈도 추정하기

2차 손실 빈도를 유도하기 위해 분석가들은 2차 이해 관계자가 참여할 확률을 추정할 필요가 있으며 2차 손실 공식을 생성해야 한다. 표 3.7의 마지막 열의 척도가 사용된다. 이러한 추정은 분석가의 판단에 근거한다. 분석을 수행하기 위해 표 3.7b의 매트릭스를 통해 2차 손실 빈도로 변환할 필요가 있다. 공식은 다음과 같다.

2차 손실 이벤트 주기 = f_2(2차 손실 확률, 주요 손실 이벤트 빈도)

주요 손실 이벤트 빈도를 평가하는데 사용된 것과 동일한 행렬 형식이라는 것을 기억하자. 2차 손실은 1차 손실의 결과로 발생할 수 있는 것으로 정의 되기 때문에 2차

손실 빈도는 주요 손실보다 적거나 같아야 하며 이는 f_2 행렬에 반영된다.

비즈니스 영향 참조 테이블

영향 평가를 수행하는데 유용한 도구는 비즈니스 영향 참조 테이블(BIRT : Business Impact Reference Table)이다. BIRT는 위험 평가 프로세스와 관련된 모든 사람들이 위험 요소에 대한 공통된 견해를 가질 수 있도록 ISF가 개발했다. BIRT는 다양한 유형의 영향 및 심각성 수준에 대해 일관되게 정의하고 있다. 일반적으로 영향 유형에는 재정 손실, 평판 및 이미지 손상, 이해 관계자 영향 및 규제/법 위반이 포함된다. 심각도 수준은 1(경미한 영향)에서 5(치명적인 영향)까지 다양하다. 표 3.7의 용어는 필요한 수준에 대한 일반적인 유형을 나타낸다.

표 3.11(A와 B)는 저 배출 교통 연료를 전문으로 하는 정제 및 마케팅 회사의 BIRT의 일부를 보여주는 예이다. 이 회사는 전 세계 14개국에 지사를 두고 있으며 약 5,000명의 직원을 고용하고 있다.

▼ 표 3.11A 비즈니스 영향 참고 테이블(첫 번째)

영향 유형	운용 또는 시스템에서 예상치 못한 변경 영향	고객 또는 클라이언트의 지연된 배송	고객 또는 클라이언트의 손실	핵심 기관 및 협력사에 의한 신뢰성 상실	기업에 대한 이미지 및 평판 손실
측정	운영 지연 또는 중단 확장	지연 확장	고객 손실 %	신뢰성 손실의 범위	부정적인 홍보의 범위
매우 높음	24시간 지연된 서비스	24시간 지연된 배송	〉25%	신뢰성의 완전한 손실	전세계적인 부정적 홍보
높음	12시간 지연된 서비스	12시간 지연된 배송	11% ~ 25%	신뢰성의 심각한 손실	대륙적인 부정적 홍보
보통	4시간 지연된 서비스	4시간 지연된 배송	6% ~ 10%	신뢰성의 주요 손실	국가적인 부정적 홍보
낮음	1시간 지연된 서비스	1시간 지연된 배송	1% ~ 5%	신뢰성의 보통 손실	지역적인 부정적 홍보
매우 낮음	0.5시간 지연된 서비스	0.5시간 지연된 배송	〈1%	신뢰성의 경미한 손실	경미한 부정적 홍보

▼ 표 3.11B 비즈니스 영향 참조 테이블(2번째)

영향 유형	소매 고객의 손실	기업 고객 손실	직원 사기/생산성 감소	상해 또는 사망
측정	고객의 손실	고객의 손실	직원 사기/생산성 저하의 범위	사고 건
매우 높음	〉20%	〉20%	완전한 손실	다수 인명 손실
높음	11% ~ 20%	11% ~ 20%	심각한 손실	인명 손실
보통	6% ~ 10%	6% ~ 10%	상당한 손실	심각한 상해
낮음	1% ~ 5%	1% ~ 5%	보통 손실	보통 상해
매우 낮음	〈1%	〈1%	경미한 손실	경미한 상해

3.9 위험 결정

손실 크기와 손실 이벤트 주기가 계산되면 위험을 추정하는 절차는 직관적이다. 주요 손실 및 2차 손실을 구분하여 수행된 후 두 가지를 결합한다.

주요 위험 결정은 그림 3.8c에 보인 것과 같으며 다음과 같이 표현된다.

주요 위험 = f_3(주요 손실 이벤트 주기, 주요 손실 크기)

개별적인 지표 값은 판단의 문제이며 조직간에 서로 다를 수 있다. 지표 f_3는 상대적으로 보수적인 관점에서 취해진다. 따라서 손실 크기가 높음으로 평가되면 손실 이벤트 주기가 보통일지라도 위험은 매우 높음 값으로 주어진다. 이와 찬가지로 손실 크기가 보통으로 평가될 때 손실 이벤트 주기가 매우 높음으로 평가될지라도 위험은 매우 높음으로 된다.

2차 위험을 결정하기 위한 2차 손실에 대한 f_3 계산 과정은 동일하며 두 가지 위험은 전체 위험을 결정하기 위해 그림 3.8c에서 보인 것과 같이 다음과 같이 결합된다.

전체 위험 = f_4(주요 위험, 2차 위험)

다시 말하자면 개별 지표 값들은 주관적인 판단에 의해 결정된다. 예를 들어 보수적인 관점에서 주요 손실 및 2차 손실은 동일한 수준일지라도 전체 위험은 다음 수준으로 격상될 수 있다. 이러한 경우 두 가지 위험 모두 높음으로 평가되고 전체 위험은 매우 높음으로 평가된다. 다소 보수적이지 않은 전략이 f_4로 표시되었다.

3.10 위험 평가

위험 분석이 실행되면 보안 관리자 및 임원은 특정 위험이 수용가능한지 결정할 수 있게 되고 위험을 완화하기 위한 자원 할당에 대해 우선 순위를 결정할 수 있게 된다. 이러한 절차가 위험 평가로 알려져 있으며 위험 분석과 위험 평가 기준과 비교하는 작업이 포함된다.

ISO 27005 및 FAIR 문서의 위험 평가에 대한 조언은 개발된 기준이 조직 사이에 크게 다르게 되는 것이 일반적이다. ISO는 위험 평가 기준과 위험 수용 기준을 구분한다. 평가 기준은 다양한 비즈니스 자산의 중요성과 다양한 보안 이벤트를 통해 조직에 미칠 수 있는 영향에 중점을 둔다. 목표는 위험 처리에 대한 우선 순위를 지정할 수 있도록 하는 것이다. 위험 수용 기준은 조직이 허용할 수 있는 위험 정도와 관련되어 있으며 위험 처리를 위해 할당 할 수 있는 예산 범위에 대한 지침을 제공한다.

SP 800-100은 3단계 모델을 기반으로 위험을 평가하고 작업 우선 순위를 결정하기 위한 몇 가지 일반적인 지침을 제공한다.

- **높음** : 관찰 또는 발견이 고 위험으로 평가되는 경우 시정 조치가 강하게 요구된다. 기존 시스템을 계속 운용할 수 있지만 시정 가능한 조치 계획을 수립해야 한다.
- **보통** : 관찰이 보통 위험으로 평가되는 경우, 시정 조치가 필요하며 합당한 기간 내에 이러한 조치를 통합 할 수 있는 계획을 개발해야 한다.
- **낮음** : 관측치가 낮음으로 표시되는 경우 시스템의 권한 위임은 시정 조치가 여전히 필요한지 위험 수용 여부를 결정해야 한다.

3.11 위험 처리

위험 평가 절차가 완료되면 관리는 각 위험의 크기에 대한 추정과 함께 자산에 대한 모든 위협 목록을 작성해야 한다. 또한 위험 평가는 우선 순위 입력으로 제공되고 위급 상황 시 어떤 위협을 처리할지 결정해야 한다. 확인된 위험에 대한 응답은 그림 3.9와 같이 위험 처리(위험 응답)로 언급된다.

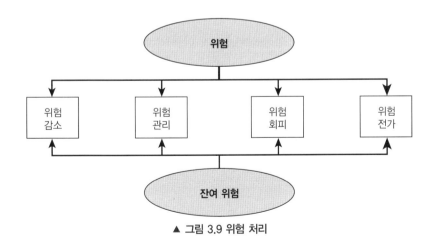

▲ 그림 3.9 위험 처리

ISO 27005에서는 다음과 같은 위험 처리 옵션을 제시하고 있다.

- **위험 감소 또는 완화** : 위험과 관련된 확률 및 부정적 결과를 줄이기 위해 취해진 조치
- **위험 관리** : 위험과 관련된 비용 수용
- **위험 회피** : 위험 상황에 개입하지 않거나 회피하기로 결정
- **위험 전가 또는 공유** : 위험으로부터 손실 부담을 다른 사람과 공유

위험과 위험 처리 사이에는 다대다 관계가 존재한다. 단일 처리는 다수의 위험에 영향을 줄 수 있고 다수의 처리는 단일 위험에 적용할 수 있다. 또한 네 가지 옵션은 상호 배타적 관계에 있지 않는다. 여러 전략이 위험 처리 계획의 일부로 채택 될 수 있다.

위험 처리 계획은 위험을 줄일 수 있지만 제거할 수는 없다. 남은 위험을 잔여 위험이라고 한다. 계획을 기반으로 조직은 위험 평가를 갱신하고 잔여 위험을 수용할지 계획을 갱신할지 결정해야 한다.

위험 감소

보안 통제를 구현하면 위험을 줄일 수 있다. 보안 통제로 인해 다음과 같은 결과가 발생할 수 있다.

- 위협 원인 제거
- 위협 요소가 취약점을 악용 할 수 있는 가능성 수정
- 보안 이벤트 결과 변경

위험 관리

위험 관리를 위험 수용이라고 하기도 하며 위험이 존재함에도 불구하고 활동을 추구하거나 주어진 위협으로부터 자산을 보호하기 위해 기존 통제 항목에 추가하는 것을 자제하는 의식적인 관리 판단이다. 이러한 형태의 처리는 처리되지 않은 위험 크기가 조직의 허용 위험 수준 내에 있으면 허용된다. 특별한 경우 조직은 매력적인 이익이 수반되는 비즈니스가 있을 경우 일반적으로 허용되는 것보다 큰 위험을 수용 할 수 있다. 어떤 경우라도 위험을 모니터링하고 이해 관계자가 수용할 수 있는 대응 계획을 수립해야 한다.

위험 회피

특정 상황에서 위험이 매우 높고 위험 비용이 이익을 초과할 경우 조직은 위험에 노출되지 않도록 선택할 수 있다. 예를 들이 이는 비즈니스 기회를 포기하거나 환경 위

협이나 법적 책임을 회피하기 위해 재배치하거나 특정 하드웨어 또는 소프트웨어 사용을 금지할 수 있다.

위험 전가

위험의 공유 및 전가는 위험 완화 책임 또는 다른 조직에 대해 위험에 대한 전체 또는 일부를 할당함으로써 가능하다. 이것은 보험을 가입하거나 하도급 계약 또는 타 법인과 제휴를 통해 가능하다.

3.12 위험 평가 모범 사례

SGP는 정보 위험 평가를 12개의 주제로 구분하고 각 주제에 대한 상세한 점검 항목을 제공한다. SGP에서 다루는 영역과 주제는 다음과 같다.

- **정보 위험 평가 프레임워크** : 이 영역의 목표는 체계적이고 구조화된 방법을 사용하여 목표 환경(예, 시스템/네트워크를 포함한 주요 비즈니스 환경, 프로세스, 응용 프로그램)에 대해 철저하고 일관된 방법을 통해 정규적인 정보 위험 평가를 수행하는 것이다.
  - 정보 위험 평가 – 관리적 접근법 : 목표 환경을 담당하는 개인이 주요 정보 위험을 식별하고 평가하며 위험을 허용 가능한 범위 내에서 유지하는데 필요한 처리를 결정할 수 있도록 업무를 축약한다.
  - 정보 위험 평가 – 방법론 : 조직을 통해 효과적이고, 수행하기 쉽고, 일관성 있는 정보 위험 평가를 수행하고 주요 정보 위험에 대한 명백한 그림을 제시하기 위해 체계적이고 구조화된 방법을 요약한다. 문서에서는 상세한 지침에 대해 ISO 27005 및 NIST 800-30의 사용을 권장한다.
  - 정보 위험 평가 – 지원 자료 : 위험 평가의 각 단계가 올바르게 수행되고 평가되고 실용적인 결과를 제공하며 위험에 대한 효과적인 결정을 내릴 수 있도록 필요한 지원 자료를 기술한다. 문서는 BIRT와 ISO 27002와 NIST 사이버 보안 프레임워크에 기반한 보안 통제 항목의 개발을 권장한다.
- **정보 위험 평가 절차** : 이 영역의 목표는 범위, 비즈니스 영향 평가, 위협 프로파일링, 취약성 평가, 위험 평가, 위험 처리 등의 중요한 활동을 포함하는 정보 위험 평가 방법론을 적용하는 것이다.
  - 위험 평가 범위 – 서비스, 자산, 영향 등급에 영향을 주는 요소(예 : 경제, 사회, 기술, 법률, 환경)를 포함하여 위험 평가의 범위를 정의하는 요소들에 대해 기술한다.
  - 위험 영향 평가 – 비즈니스에 영향을 줄 수 있는 정보의 기밀성, 신뢰성, 가용성의 손상 정도를 결정하기 위한 점검 항목을 제공한다. 이 주제는 BIRT를 통한 일반적인 지침을 제

공하며 최상의 추측 및 최악의 영향, 재무, 운용 및 기타 영향에 대해 결정한다.

- 위험 영향 평가 – 기밀성 요구 사항 : 일반적인 비즈니스 영향 평가의 점검항목을 반복 수행한다.
- 위험 영향 평가 – 무결성 요구 사항 : 일반적인 비즈니스 영향 평가의 점검항목을 반복수 행 한다.
- 위험 영향 평가 – 가용성 요구 사항 : 일반적인 비즈니스 영향 평가의 점검항목을 반복 수행한다.
- 위협 프로파일링 : 위협 식별, 특징화, 우선순위를 포함한다. 관련된 위협 이벤트 결정 또 한 포함한다. 이 주제의 주안점은 식별된 위협의 가능성과 강도를 특성화하는 것이다.
- 취약성 평가 : 각 위협 이벤트에 대해 자산의 취약 수준을 평가하는데 있어 고려사항을 나열한다.
- 위험 평가 : ISO 7005및 SP 800-30에 기반한 위험 평가 수행에 대한 단계를 논의한다.
- 위험 처리 : 위험 처리 계획의 절차를 논의한다.

3.13 참고 문헌

- **ASHO17** : Ashok, I., "Hackers Spied and Stole from Millions by Exploiting Word Flaw as Microsoft Probed Bug for Months." International Business Times, April 27, 2017.

- **ENGE14** : Engel, G., "Deconstructing the Cyber Kill Chain." DarkReading, November 18, 2014. http ://www.darkreading.com/attacks-breaches/deconstructing-the-cyber-kill-chain/a/d-id/1317542.

- **ENIS18** : European Union Agency for Network and Information Security. ENISA Threat Landscape Report 2017. January 2018 https ://www.enisa.europa.eu/publications/enisa-threat-landscape-report-2017.

- **FIRS15** : First.org, Inc., Common Vulnerability Scoring System v3.0 : Specification Document. 2015.

- **GADS06** : Gadsden, R., MUSC Information Security Guidelines : Risk Management. Medical University of South Carolina, 2006. https ://mainweb-v.musc.edu/security/guidelines/.

- **HERN06** : Hernan, S., Lambert, S., Ostwald, T., & Shostack, A., "Uncover Security Design Flaws Using the STRIDE Approach." MSDN Magazine, November 2006.

- **HIRT15** : Hirt, R., Review of Enterprise Security Risk Management. 2015. https ://www.slideshare.net/randhirt/review-of-enterprise-security-riskmanagement.

- **KEIZ17** : Keizer, G., "Experts Contend Microsoft Canceled Feb. Updates to Patch NSA Exploits." ComputerWorld, April 18, 2017.

chapter 04

보안 관리

이 장의 학습 목표는 다음과 같다.

- 보안 관리 기능을 통해 감독해야 하는 주요 보안 프로그램 영역을 나열하고 설명할 수 있다.
- 보안 계획의 일반적인 목적과 내용을 설명할 수 있다.
- 보안 관련 투자 계획에 대해 설명할 수 있다.
- 보안 정책의 역할 및 내용에 대해 설명할 수 있다.
- 허용되는 사용 정책의 역할 및 일반적인 내용에 대해 설명할 수 있다.
- 보안 관리 모범 사례에 대한 개요를 제시할 수 있다.

정보 보안 포럼(ISF : Information Security Forum) 표준의 정보 보안 모범 사례(SGP : Standard of Good Practice for Information Security)에서는 정보 관리는 몇 가지 주요 요소를 가지는 것으로 기술하고 있다. 조직은 조직 전체의 정보 보안에 대한 권한과 적절한 자원을 통제할 수 있는 보안을 관리하는 최고 정보 보안 책임자(CISO : Chief Information Security Officer)와 같은 상급 관리자가 있어야 한다. CISO 또는 유사한 책임을 갖는 관리자는 보안 관련 프로젝트를 감독하고 조직 전체의 정보 보안을 촉진하며 위험을 관리하고 포괄적이고 수용될 수 있는 보안 정책을 개발해야 한다.

이 장에서는 보안 관리의 다양한 측면에 대해 살펴 볼 것이다.

4.1 보안 관리 기능

일반적으로 보안 관리 기능은 수석 책임자의 지시 하에 정보 보안 프로그램을 수립, 구현, 모니터링한다. 보안 관리는 다양한 수준의 관리를 필요로 한다. 다양한 유형의 전문 지식, 권한, 리소스를 통해 각기 다른 수준의 관리는 전체 보안 프로그램의 향상에 기여한다. 일반적으로 핵심 경영진(본사의 관리자)은 조직 전체를 잘 이해하고 있으며 많은 권한을 갖는다. 반면 최전선(IT 시설 및 응용 프로그램 수준)의 관리자는 보다 구체적인 요구 사항, 기술 및 절차, 시스템과 사용자의 문제를 더 잘 이해하고 있다. 컴퓨터 보안 프로그램 관리 수준은 보다 효과적이기 위해서는 상호 보완적이어야 한다.

2장 보안 거버넌스에서 두 가지 개별 역할을 정의했었다.

- **최고 정보 보안 관리자(CISO : Chief Information Security Officer)** : CISO는 기업 보안 프로그램에 대한 전반적인 책임을 갖는다. CISO는 경영진과 정보 보안 프로그램 사이를 연결한다. 또한 CISO는 정보 보호 요구 사항을 만족시키기 위해 핵심 비즈니스 이해 관계자와 긴밀히 소통하고 관계를 조성해야 한다. CISO는 다음과 같은 책임을 갖는다
  - ISMS 수립 및 유지
  - 정보 보안 위험 처리 계획 수립 및 관리
  - ISMS 모니터링 및 검토
- **정보 보안 관리자(ISM : Information Security Manager)** : ISM은 정보 보안 활동에 대한 관리에 대한 책임을 갖는다. COBIT 5에서 다음과 같은 책임 영역을 나열하고 있다.
  - 응용 정보 보안
  - 인프라 정보 보안
  - 접근 관리

- 위협 및 사고 관리
- 위험 관리
- 인식 프로그램
- 지표
- 공급 업체 평가

COBIT 5는 CISO와 ISM을 구분하며 CISO는 운용 관리 책임을 갖는 ISM을 감독하는 C레벨 직책을 갖는다. 일부 조직은 CISO와 ISM 역할을 결합하기도 하며 이 장에서는 이러한 역할을 CISO라고 할 것이다. NISTIR 7359 정부 경영진을 위한 정보 보안 지침은 정보 보안 관리를 구성하는 작업들에 대한 유용한 정보를 제공한다. 정부 관료를 대상으로 하지만 NISTIR 7359는 모든 조직의 CISO가 갖는 정보 보안 또는 사이버 보안 프로그램의 일반적인 기능 영역의 책임에 대해 논하고 있다. 주요 보안 프로그램의 영역은 다음 내용을 포함하고 있다.

- **보안 계획** : 보안 계획은 2장의 기업 및 IT 전략 계획과 정보 보안 관리 및 운용의 연계로 정의된 전략적 보안 계획을 포함한다. 그러나 보안의 조직, 조정, 구현에 대한 보다 상세한 계획을 포함한다. 부서장, 프로젝트 관리자와 같은 조직 내 주요 주체는 자문을 받아 진행되는 계획 프로세스에 참여해야 한다. 보안 계획의 자세한 내용은 다음 절을 참고하기 바란다.

- **투자 계획** : 투자 계획은 조직 자금의 지출과 통제가 용이 하도록 되어 있다. 기획 절차의 일부 및 CISO의 책임 중 하나는 잠재적인 IT 보안 투자의 우선순위를 정하는 것이다. 투자 계획은 보안 계획과 일부 중복되며 이에 대해서는 다음 절에서 논의할 것이다.

- **인식 및 교육** : 인식 및 교육 프로그램은 조직의 모든 계층에서 자신들이 신뢰한 정보 보안 자원들을 보호하고 적절하게 사용하기 위해 개인들이 정보 보안 책임을 이해하고 있는지 확인 하는 것이다. 5장 인적 관리에서 보다 상세히 다룰 것이다.

- **정보 보안 거버넌스** : CISO는 C레벨 경영자에게 2장에서 논의한 효과적인 보안 거버넌스 개발에 대한 많은 고려사항들에 대해 조언을 제공해야 한다.

- **시스템 개발 수명 주기** : 이는 정보 시스템에 대한 개발, 구현, 철거에 대한 전반적인 절차를 다룬다. 8장 시스템 개발에 이 주제에 대해 다룰 것이다.

- **보안 제품 및 서비스 획득** : 보안 관련 제품 및 서비스를 관리하는 감독자는 관련 비용, 기본 보안 요구 사항, 조직의 임무, 운용, 전략적 기능, 개인, 서비스 제공 업체 배치에 미치는 영향 등을 고려해야 한다. 획득에 대해서는 다음 절에서 논의할 것이다.

- **위험 관리** : 이 주제는 2장 및 3장에서 논의 했다.

- **구성 관리** : CISO는 정보 시스템에 대한 변경이나 환경 변화에 대한 잠재적 보안 영향에 대해 적절히 고려했는지 판단하기 위해 설정 관리를 활용해야 한다.

- **사고 대응** : 보안 사고 감지 후에 발생하는 사고 대응은 사고에 대한 피해를 최소하고 빠른 복구를 위한 방법을 찾는 것이다. CISO는 적절한 사고 대응 시스템이 배치되고 운용되었는지 확인해야 한다. 15장 위협 및 사고 관리에서 이 주제에 대해 살펴볼 것이다.

투자 계획 : IT 투자 전략적 계획, 예산 책정, 조달 및 조직의 임무와 비즈니스 수요를 지원하기 위한 IT 관리를 통합 할 수 있도록 허용하는 의사 결정 절차

구성 관리 : 시스템 하드웨어, 소프트웨어 문서에 대한 변경 통제 프로세스로 시스템 구현 전후에 대해 시스템이 부적절한 변경 작업에 대해 감시되고 있다는 확신을 제공한다.

- **비상 계획** : 정보 시스템 비상 계획은 비상시, 시스템 장애시, 또는 재난시 컴퓨터 운용, 가능한 대안 위치 선정 등을 포함한 비즈니스 운용 유지 보수 및 복원을 설계하기 위한 관리 정책 및 절차를 포함한다. 17장에서 이 주제를 다룰 것이다.
- **성과 측정** : CISO는 전체 조직의 성과 측정을 정의하고 활용해야 한다. 성과 측정은 효과적인 정보 보안 프로그램에 대한 중요한 피드백이다.

정보 관리 보안 기능에 대한 또 다른 유용한 정보원은 ISF SGP이며 다음 기능을 포함하는 것을 권장한다.

- **일관된 조직 전체 보안 사용** : CISO(또는 이에 상응하는 기관)는 개발, 유지보수, 조직의 전반적인 보안 전략 및 정책 문서의 정기적 검토에 대한 책임을 갖는다.
- **지원 기능** : CISO는 다음을 수행한다.
  - 보안 조언에 대한 정보 교환 기관의 역할을 수행하고 필요에 따라 사업 부서 관리자 및 프로젝트 관리자가 활용할 수 있는 전문가를 양성한다.
  - 조직의 보안 인식을 제고한다.
  - 공급업자 및 외부 관계사들이 조직의 보안 표준을 충족 시킬 수 있도록 계약에 대한 표준 용어 및 규약을 만든다.
  - 새로운 비즈니스의 새로운 계획에 대한 보안 영향을 평가한다.
  - 위험 평가 프로세스를 감독한다
  - 암호화 알고리즘 및 보안 프로토콜 사용에 대한 표준을 설정한다.
- **모니터링 기능** : CISO는 새로운 비즈니스 동향, 새로운 기술 개발, 보안 솔루션, 표준, 제도화, 규제를 포함한 동향을 살피고 조직의 보안 전략에 대한 영향을 인지할 수 있는 방법을 개발하고 구현해야 한다.
- **프로젝트 기능** : CISO는 보안 관련된 프로젝트를 감독해야 한다.
- **외부 요구 사항** : CISO는 법, 제도, 계약에 대한 영향을 관리해야 한다.

보안 계획

보안계획 : 공식 문서로 정보 시스템에 대한 보안 요구 사항 및 요구 사항을 만족시키기 위한 보안 통제 항목을 기술한다.

NIST SP 800-18 연방 정보 시스템을 위한 보안 계획 개발에 대한 지침에서는 시스템 보안 계획의 목적을 시스템 보안 요구 사항에 대한 개요 및 이러한 요구 사항을 충족하기 위한 통제 항목이나 계획에 대한 기술로 설명하고 있다. 시스템 보안 계획은 시스템에 접근하는 모든 개인의 책임과 예상되는 행동을 기술한다. 시스템 보안 계획은 기본적으로 시스템에 대해 적절하고 비용 효율적인 보안을 계획하는 구조화된 프로세스 문서이다.

SP 800-18은 조직에서 정보 시스템은 다음 요소를 가진 분리된 계획 문서를 가져야 한다고 권고하고 있다.

- **정보 시스템명/식별자 :** 각 시스템에 부여된 고유 이름 또는 식별자. 고유 식별자 부여는 조직에서 시스템에 대한 정보, 특정 보안 지표의 수집을 용이하게 할 뿐 아니라 시스템 구현 및 성능과 관련된 모든 요구 사항에 대한 추적을 용이하게 한다. 식별자는 시스템의 수명 주기 동안 동일하게 유지되어야 하며 시스템 사용에 대한 감사 로그는 보관되어야 한다.
- **정보 시스템 소유자 :** 자산에 대한 책임을 갖는 사람
- **개별 인증 :** 기관 운용, 기관 자산, 개인에게 허용되는 위험 수준에서 정보 시스템을 운용하는 공식적인 책임을 수행하기 위한 권한을 갖는 고위 경영진 또는 임원
- **보안 책임 할당 :** 정보 시스템 보안에 대한 개별적인 책임
- **보안 분류 :** FIPS 199, 연방 정보 및 정보 시스템의 보안 분류에 대한 표준을 활용하여 기밀성, 무결성, 가용성(필요한 경우 각 시스템 별로)에 대해 허용 가능한 위험 수준(낮음, 보통, 높음)을 분류
- **정보 시스템 운영 상태 :** 운용, 개발 중, 또는 중요 수준과 같은 상태
- **정보 시스템 유형 :** 주요 응용 프로그램 또는 지원 시스템과 같은 유형
- **설명/목적 :** 시스템의 기능 및 목적에 대한 간략한 설명(1~3단락)
- **시스템 환경 :** 주요 하드웨어, 소프트웨어, 통신 장비를 포함한 기술 시스템의 일반적 설명
- **시스템 상호 연결/정보 공유 :** 정보 시스템과 상호 작용하는 기타 시스템/정보 자산
- **관련된 법규/제도/정책 :** 시스템 및 시스템에서 획득, 전송, 처리하는 정보의 신뢰성, 무결성, 가용성에 대한 특정 요구 사항을 수립하는 모든 법률, 제도, 정책
- **기존 보안 통제 항목 :** 각 통제 항목을 기술
- **계획된 통제 항목 :** 각 통제 항목 및 구현 계획을 기술
- **정보 시스템 보안 계획 완성 일자 :** 목표 일자
- **정보 시스템 보안 계획 승인 일자 :** 승인 일자

이러한 문서를 통해 CISO는 조직 전체의 모든 보안 프로젝트를 감독할 수 있다. CISO는 이러한 계획을 개발하고 승인하는 프로세스를 조정해야 한다. 이러한 프로세스에 대한 유익한 설명은 연방 엔터프라이즈 아키텍처 및 개인 정보 보호 프로파일[OMB10]에서 제공되며 그림 4.1에 설명되어 있다.

이 프로세스는 세 가지 단계가 있으며 각 단계는 목표, 목적, 활동 이행, 엔터프라이즈 아키텍처 기관 및 자본 계획 프로세스에서 포함 시키기 위한 산출물을 포함한다.

1. **식별 :** 주요 목표 지원을 위한 보안 및 개인 정보 보호 요구 사항을 식별하는데 필요한 연구 및 문서화 활동을 포괄하여 엔터프라이즈 아키텍처에 통합할 수 있다.
2. **분석 :** 조직 보안 및 개인 정보 보호 요구 사항 분석 및 보안 및 개인 정보 보호를 지원하는 기존 또는 계획된 역량을 포함한다.
3. **선택 :** 이전 단계에서 제안한 솔루션에 대한 엔터프라이즈 평가 및 주요 투자의 선택과 관련 있다.

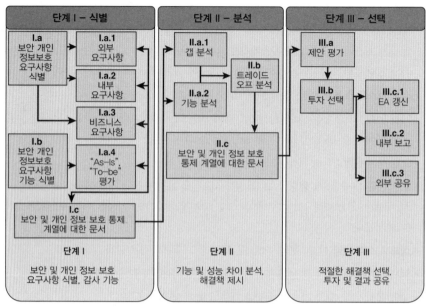

▲ 그림 4.1 보안 계획 프로세스 예

1단계는 다음과 같이 정의된 세 가지 유형의 요구 사항을 나타낸다.

- **외부 요구 사항 :** 법률, 규제, 계약 체결과 같이 조직 외부에서 부과된 보안 요구 사항
- **내부 요구 사항 :** 수용 가능한 위험, 기밀성, 무결성, 가용성, 개인 정보 보호 지침과 같이 보안 정책의 일부로 개발된 보안 요구 사항
- **비즈니스 요구 사항 :** 전체 비즈니스 임무와 관련된 보안 요구 사항 이외의 다른 요구 사항을 나타냄. 재무, 회계, 감사 요구 사항을 예로 들 수 있으며 일반적으로 이러한 요구 사항은 조직에서 비즈니스 책임을 수행할 필요성을 나타냄

투자 계획

IT 보안 투자로부터 이익을 결정하는 것은 IT 보안 계획의 핵심 요소이다. 전통적으로 투자 계획은 IT 조달 전반에 적용되었으며 보안 계획과는 별개의 기능이었다. NIST SP 800-65에서 지적했듯 투자 계획 및 투자 통제 프로세스에 IT 보안을 통합하기 위해 투자 계획 방법론을 보안 계획 프로세스에 통합하는 것이 중요하다. 이를 수행하기 위한 효과적인 방법으로 SP 800-65에서 권장한 그림 4.2의 미국 정부 회계 감사국(GAO : Government Accountability Office)에서 발행한 정보 기술 투자 관리 : 프로세스 성숙도를 평가 및 개선을 위한 프레임워크[GAO04]에서 정의된 선택/통제/평가 프레임워크이다.

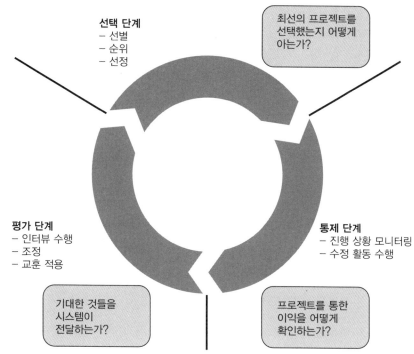

선택 단계
- 선별
- 순위
- 선정

최선의 프로젝트를 선택했는지 어떻게 아는가?

평가 단계
- 인터뷰 수행
- 조정
- 교훈 적용

통제 단계
- 진행 상황 모니터링
- 수정 활동 수행

기대한 것들을 시스템이 전달하는가?

프로젝트를 통한 이익을 어떻게 확인하는가?

▲ **그림 4.2 투자 계획 및 투자 라이프 사이클**

선택/제어/평가 프레임워크는 수행할 프로젝트 또는 투자를 결정하기 위한 3단계로 구성된 순환 프로세스를 정의한다.

1. **선택 :** 프로젝트에 막대한 자금을 투입하기 전 각 프로젝트의 위험과 수익을 확인하고 분석한다. 조직은 임무에서 필요한 요구를 가장 잘 지원하는 IT 프로젝트를 선택한다. 조직은 자금이 프로젝트에 할당 될 때마다 이러한 프로세스를 반복한다.

2. **통제 :** 프로젝트가 개발되고 투자 지출이 계속됨에 따라 기대되는 비용과 위험 수준에서 임무를 계속 충족 시키는지 확인한다. 만약 프로젝트가 기대를 충족시키지 못하거나 문제가 발생하면 결함을 해결하기 위한 조치를 신속히 취해야 한다. 만약 임무에 필요한 사항들이 변경된 경우 조직은 프로젝트 목표를 조정하고 예상되는 프로젝트 결과를 적절히 수정해야 한다.

3. **평가 :** 프로젝트가 완전히 실현된 후 실제 결과와 예상 결과를 비교한다. 실행 이유는 다음과 같다.
   - 프로젝트가 임무 수행에 미치는 영향 평가
   - 프로젝트에 필요한 변경 사항 또는 수정 사항을 확인
   - 학습된 교훈에 따라 투자 관리 프로세스를 수정

이 프로세스를 조직의 모든 보안 관련 투자에 적용한다. 발생 예상되는 비용은 대개 다음의 세 가지 경우로 나뉜다.

- 특정 IT 투자에 IT 보안을 제공하기 위한 직접 비용
- 특정 IT 투자에 부수적 또는 필수적인 구성 요소 및 수량화 가능한 이점을 갖는 제품, 절차, 인력 비용
- 관련된 응용 프로그램에 필요한 일부 또는 모든 보안 통제 항목을 제공하는 네트워크에 대한 할당된 보안 통제 비용

투자 시 하드웨어 및 소프트웨어뿐 아니라 조직 내 절차 또는 프로세스도 고려된다. 예를 들어 위험 평가 자체는 비용이 소요된다. 얼마나 많은 직원이 근무 시간과 어떤 노력을 이러한 프로세스에 들여야 하는가? 여기에는 외부 출처, 내부 보안 사고 검토, 부서장, 관리자, 개별 고용인의 보안 관련 보고서로부터 위협 및 취약성을 수집하기 위한 노력이 포함된다. 평가가 매우 상세하게 진행되면 결과가 조직에서 비용 결정을 내릴 수 있는 한도를 초과할 수 있다. 투자가 적은 경우 자산을 합리적으로 보호하는데 필요한 자원이 부족한 결과를 가져올 수 있다. 마찬가지로 직원들의 인식 노력과 같은 다른 프로세스에서도 비용이 고려되어야 한다.

표 4.1은 3가지 범주에 대한 상세 내용을 보여준다.

▼ 표 4.1 정보 보안 비용

직접 비용	제품, 절차, 개인적 비용	할당된 보안 통제 비용
• 위험 평가 • 보안 계획 및 정책 • 인증 및 수용 • 특정 보안 통제 항목 • 인증 또는 암호화 응용 프로그램 • 교육, 인식, 훈련 • 시스템 검토/평가 • 감독 또는 컴플라이언스 검사 • 보안 보고서 개발 또는 유지 보수 • 비상 계획 및 시험 • 하드웨어 및 소프트웨어에 대한 물리 및 환경적 통제 항목 • 감사 및 모니터링 • 컴퓨터 보안 조사 및 포렌식 • 계약자 시설 및 운용에 대한 검토, 검사, 감사 및 그 외 수행된 평가 • 개인 정보 영향 평가	• 구성 또는 변경 관리 제어 • 인사 보안 • 물리 보안 • 운용 보안 • 개인 정보 보호 교육 • 프로그램/시스템 평가 • 시스템 관리자 기능 • 독립 보안 통제 항목을 필요성을 없애주는 새로운 기능으로 시스템 업그레이드	• 방화벽 • 침입 탐지/방지 시스템 • 포렌식 기능 • 인증 기능 • 추가 가능한 보안 고려 사항

4.2 보안 정책

2장을 상기해보면 정보 보안 정책은 조직을 관리, 보호, 정보 분산을 위한 지침, 규칙, 실무 방법들의 집합이다. 보안 정책을 설명하기 전에 다음 4가지 항목에 대한 이해가 필요하다.

- **정보 보안 전략 계획** : 자산 보안 유지를 위한 장기 목표와 관련된다.
- **보안 계획** : 적절한 보안 통제 항목을 수행하고 전략적 보안 목적을 달성하기 위한 계획과 관련된다
- **보안 정책** : 보안을 적용하는 규칙 및 관행과 관련된다.
- **수용 가능한 정책 활용** : 사용자가 자산을 활용하는 방법과 관련된다.

표 4.2에 보다 상세한 내용이 있다. 이러한 모든 문서는 CISO 또는 그에 상응하는 임원에 의해 승인된다. CISO는 문서 준비를 개인 또는 팀과 작업할 수 있다. 이 절에서 이러한 사항들을 구분 하고 보안 정책에 대해 살펴볼 것이다.

▼ 표 4.2 보안 관련 문서

문서 유형	설명	대상
정보 보안 전략 계획	정보 보안 조직의 장기 목표에 대한 의사 소통을 위해 사용되는 문서, 목표를 달성하기 위한 활동, 그 외 계획 실행 중 개발된 모든 중요한 요소	C레벨 임원
보안 계획	정보 시스템에 대한 보안 요구 사항에 대한 개요를 제공하고 및 요구 사항을 만족하기 위해 실행 또는 계획된 보안 통제 항목에 대해 설명을 제공하는 공식 문서	C레벨 임원, 보안 관리자, 그 외 관리자
보안 정책	조직에서 자산을 관리하고 보호하는 방법과 중요한 정보를 배포하는 규칙에 대한 규정, 규칙, 관행의 모음. 여기에는 개인에 따르는 책임 및 정보 보안 원칙이 포함됨	모든 직원 특히 자산에 대한 책임을 갖는 직원
사용 가능한 정책	조직 내에서 정보, 시스템, 서비스의 승인된 사용에 대한 모든 사용자에 대해 사용 범위를 정의하는 정책	모든 직원

정보 보안 정책의 목적은 조직의 모든 직원, 특히 하나 이상의 자산에 대한 책임이 있는 직원이 사용중인 보안 원칙과 보안 관련 개별 책임을 이해하도록 하는 것이다. 명확하지 않은 정보 보안 정책은 보안 정책의 목적을 상실 시킬 수 있으며 상당한 손실을 초래할 수 있다. 정보 보안 정책은 조직에서 조직 전체 정보 보안의 관리 방향 및 지원을 제공하기 위한 수단이다. 보안 정책 문서는 계약자, 외부 파트너, 공급 업체 및 방문자와 같이 조직에서 역할을 담당하는 직원 및 직원에게 기대되는 사항을 정의한다.

보안 정책 분류

조직은 한 개의 보안 정책 문서를 선택할 수 있다. 대기업에서 적용하기 위해서는 상당한 분량의 문서가 필요할 것이다. 단일 문서가 아닌 정책 문서의 집대성을 선호할 수 있지만 이는 직원 또는 관리자가 필요한 경우 관련된 문서만을 보도록 만든다. 조직에서 채택 할 수 있는 보안 정책들은 다음과 같다[INFO14].

- **접근 제어 정책** : 정보에 대한 접근 방법
- **비상 계획 정책** : 24/7 데이터 가용성 제공 방법
- **데이터 분류 정책** : 데이터 분류 방법
- **통제 정책 변경** : 디렉터리 또는 파일 서버를 변경하는 방법
- **무선 통신 정책** : 무선 통신 장비들에서 필요한 설정 방법
- **사고 대응 정책** : 사고 보고 및 조사 방법
- **접근 정책 중단** : 휴직 중에 자산에 대한 직원 접근을 처리하는 방법
- **백업 정책** : 데이터 백업 방법
- **바이러스 정책** : 바이러스 감염에 따른 처리 방법
- **유지 정책** : 데이터 저장 방법
- **물리적 접근 정책** : 물리적 영역에 대한 접근 권한 획득 방법
- **보안 인식 정책** : 보안 인식을 수행하는 방법
- **감사 추적 정책** : 감사 추적을 분석하는 방법
- **방화벽 정책** : 방화벽 이름 지정, 구성 방법
- **네트워크 보안 정책** : 네트워크 시스템 보호 방법
- **암호화 정책** : 데이터 암호화 방법, 활용된 데이터 암호화 등
- **BYOD 정책** : 직원이 사무실 또는 외부에서 조직 자산에 접근할 수 있는 직원 디바이스
- **클라우드 컴퓨팅 정책** : 클라우드 컴퓨팅 자원 및 서비스 활용에 있어 보안 측면

궁극적으로 CISO와 보안 관리자가 이러한 정책을 개발할 책임을 갖는다. 일반적으로 보안 분석가나 분석 팀은 정책 문서를 공식화 하는 작업을 맡고 상위 관리 기관이 승인한다.

보안 정책 문서 내용

단일 문서 또는 다수의 문서에 상관없이 보안 정책 문서는 다음 내용을 포함하고 있어야 한다.

- **개요 :** 정책이 어떤 문제를 해결하기 위한 것인지에 대한 배경 정보
- **목적 :** 문서를 만든 이유
- **범위 :** 정책이 다루는 영역
- **대상 :** 정책이 적용되는 대상
- **정책 :** 정책에 대한 완전하면서도 간결한 설명
- **정책 위반 :** 정책 위반으로 인한 결과
- **정의 :** 문서에 사용된 기술 용어
- **버전 :** 문서에 대한 변경 사항을 추적할 수 있는 버전 정보

SANS 정보 보안 정책 템플릿 :

https://www. sans.org/ securityresources/ policies/

정책 문서 개발을 위한 훌륭한 지침은 SANS에서 제공하는 정책 문서 템플릿이다. 문서들은 자유롭게 활용 가능하며 사용 가능한 전체 집합은 표 4.3에 나열되어 있다.

▼ 표 4.3 SANS에서 제공한 보안 정책 템플릿

일반	네트워크 보안	서버 보안	응용 프로그램 보안
허용되는 암호	획득 평가	데이터베이스 자격 증명	웹 응용 프로그램 보안
허용되는 사용	블루투스 기준 요구 사항	기술 장비 폐기	
책상 정리	원격 접근	정보 로깅 표준	
데이터 침해 응답	원격 접근 툴	랩 보안	
재해 복구 계획	라우터 및 스위치 보안	서버 보안	
전자 서명 수용	무선 통신	소프트웨어 설치	
이메일	무선 통신 표준	워크스테이션 보안	
윤리학			
보편적인 응답 계획			
비밀번호 생성 지침			
비밀번호 보호			
보안 응답 계획			
최종 사용자 암호 키 보호			

예를 들어 다음은 SANS 정책 템플릿 중 하나를 보여준다.

SANS 라우터 및 스위치 보안 정책

1. 목적

본 문서는 〈회사 이름〉으로 상용 네트워크에 연결되거나 사용된 모든 라우터와 스위치의 요구된 최소한의 보안 설정에 대해 기술한다.

2. 범위

CISCO의 모든 임직원, 계약자, 컨설턴트, 임시 또는 그 외 직원 및 자회사는 이 정책을 준수해야 한다. CISCO 상용 네트워크에 연결된 모든 라우터 및 스위치들은 영향을 받는다.

3. 정책

모든 라우터는 다음 설정 표준을 준수해야 한다.

1. 라우터에 로컬 사용자 계정이 구성되지 않아야 한다. 라우터 및 스위치는 모든 사용자에 대해 TACACS+ 인증을 사용해야 한다.

2. 라우터 또는 스위치의 활성화된 패스워드는 암호화되어 보관되어야 한다. 라우터나 스위치에서 활성화된 암호는 현재 서비스되고 있는 라우터/스위치 패스워드와 동일하게 설정 되어야 한다.

3. 다음 서비스 또는 기능을 비활성화해야 한다. IP 브로드캐스트, RFC1918에 설명된 것과 같이 라우터/스위치에서 인입되는 소스가 유효 하지 않은 주소, TCP small 서비스, 모든 소스 라우팅 및 스위치, 라우터에서 실행되는 모든 웹 서비스, 인터넷과 연결된 인터페이스의 CISCO 검색 프로토콜, 텔넷, FTP, HTTP 서비스, 자동 구성

4. 업무 관련성이 없는 한 CISCO 검색 프로토'콜 및 기타 검색 프로토콜, 동적 트렁킹(Trunking), TCP 쉘은 비활성화 해야 한다.

5. 기업 표준으로 NTP 서비스를 구성한다.

6. 모든 라우팅 업데이트는 보안 라우팅 업데이트를 사용하여 수행되어야 한다.

7. 기업 표준화된 SNMP 커뮤니티 문자열을 사용해야 한다. Public 또는 Private와 같은 기본 문자열은 제거해야 한다. SNMP는 디바이스와 관리 시스템의 조합에서 허용되는 가장 안전한 프로토콜 버전을 사용하도록 구성되어야 한다.

8. 접근 제어 목록은 장치 자체에서 종료될 수 있는 트래픽의 소스와 유형을 제한하는데 사용해야 한다.

9. 비즈니스 요구가 발생할 때 디바이스를 전송하기 위한 접근 제어 목록을 추가해야 한다.

10. 라우터는 지정 기업 담당자와 함께 기업 엔터프라이즈 관리 시스템에 포함되어야 한다.

11. 각 라우터는 원격 또는 로컬의 모든 로그인 형태에 대해 다음과 같은 사항을 제시해야 한다. "네트워크 장치에 대한 무단 접근이 금지됩니다. 이 장치에 접근하거나 설정하려면 명시적인 권한이 있어야 합니다. 이 장치에서 수행된 모든 활동이 기록될 수 있으며 이러한 정책을 위반 시 불이익이 있을 수 있으며 법 집행 기관에 보고 될 수 있습니다. 이 장치에는 개인 정보 보호에 대한 권리가 없습니다. 이 시스템의 사용은 모니터링에 대한 동의를 내포하고 있습니다."

12. 전체 통신 경로를 보호하는 보안 터널이 없으며 모든 네트워크에서 텔넷을 통해 라우터를 관리할 수 없다. SSH 버전 2가 권장되는 프로토콜이다.

13. 동적 라우팅 프로토콜은 인접 라우터로 전송된 라우팅 업데이트에서 인증을 사용해야 한다. 지원되는 경우 인증 문자열에 대한 암호 해싱을 활성화 해야 한다.

14. 기업 라우터 구성 표준은 민감한 라우팅 및 스위칭 장치의 범위를 정의하고 민감한 장치에 다음과 같은 추가 서비스 또는 구성을 요구한다.

장치 로깅. RFC 1918 주소와 같은 유효하지 않은 주소를 가진 패킷 또는 네트워크 스푸핑 패킷은 차단되어야 한다. 추가 보안 제어로 라우터 콘솔 및 모뎀 접근을 제한해야 한다.

4. 정책 컴플라이언스

4.1 컴플라이언스 측정

Infosec 팀은 정기적인 워크스루(Walkthrough), 비디오 모니터링, 비즈니스 도구 보고서, 내부 및 외부 감사, 정책 소유자에 대한 피드백과 같은 다양한 방법을 통해 정책 준수 여부를 확인한다.

4.2 예외

정책 예외는 Infosec 팀의 승인을 받아야 한다.

4.3 비 컴플라이언스

이 정책을 위반한 직원은 해고 조치를 포함해 징계 조치의 대상이 될 수 있다.

보안 정책 관리 지침

SGP는 다음과 같이 분류할 수 있는 보안 정책 문서의 생성, 컨텐츠 활용에 관한 매우 유용한 지침을 제공한다.

- **책임 :** 다음 사항을 확인한다.
  - 정책 문서 비준 담당자(예, 이사회)
  - 정책을 준수해야 하는 모든 개인과 관련된 책임
  - 특정 자산 보호를 위한 개별적인 책임
  - 모든 개인은 관련 정책 이해, 수용, 컴플라이언스 준수 및 정책위반시 징계조치가 있을 것이라는 점을 이해해야 함
- **원칙 :** 다음 사항을 지정한다.
  - 가치/중요성에 따라 모든 관련 자산을 식별하고 분류
  - CIA(기밀성, 무결성, 가용성) 및 기타 보안 요구 사항과 관련하여 보호되는 모든 자산

– 모든 법률, 규제, 표준
- **활동** : 다음 사항을 지정한다.
  – 모든 개인이 보안 정책과 책임을 인식하도록 함
  – 모든 자산은 주기적으로 그리고 주요 변경 전에 위험 평가를 수행함
  – 모든 위반 사항은 체계적으로 보고함
  – 감사는 주기적으로 필요에 따라 수행함
  – 정책 문서는 정기적으로 그리고 필요에 따라 검토함
- **허용되는 활용** : 정책은 다음을 포함한다.
  – 다양한 자산을 존중하면서 요구되는 행위, 허용되는 행위, 금지되는 행위에 대한 문서화
  – 허용 가능한 사용 정책 수립, 승인, 모니터링에 대한 책임

정책 모니터링

CISO는 보안 정책 구현을 모니터링 할 책임을 갖는 개인 또는 그룹을 지정해야 한다. 책임 있는 주체는 주기적으로 정책을 검토하고 조직의 환경, 자산 또는 업무 절차의 변경을 반영하는데 필요한 모든 수정을 실행해야 한다. 위반 보고 메커니즘은 직원들의 보고를 격려하는데 필요하다.

4.3 허가된 사용에 대한 정책

SANS AUP 템플릿 :
https://www.
sans.org/
securityresources/
policies/general#
acceptableuse-
policy

허가된 사용에 대한 정책(AUP : Acceptable Use Policy)은 한 개 이상의 조직 자산에 접근할 수 있는 모든 직원들을 대상으로 하는 보안 정책 유형이다. 수용 가능한 활동과 수용되지 않는 활동을 정의한다. 정책은 명확하고 간결해야 하며 각 직원이 정책을 읽고 이해한 후 준수 여부에 대한 동의를 하고 서명해야 한다. MessageLab 백서인 허가된 사용에 대한 정책 – AUP를 개발하기 위한 이유, 내용, 방법에 대해 다음과 같은 절차를 제시한다.

1. **문제 영역을 파악하기 위해 위험 평가를 실시** : 위험 평가 프로세스의 일환으로 AUP에 들어가야 할 요소를 확인한다.
2. **정책 생성** : 정책은 책임 비용을 포함하여 확인된 특정 위험에 맞게 조정된다. 예를 들어 고객 데이터가 노출 될 경우 조직은 이에 대한 책임을 갖게 된다. 정책이 명확한 상태에서 직원의 AUP 위반 행위로 고객 데이터 보호가 실패되면 조직의 책임이 완화 될 수 있다.

3. **AUP 배포** : AUP가 필요한 이유에 대해 직원 교육을 포함한다.

4. **컴플라이언스 모니터링** : AUP 준수를 모니터링하고 보고하는 절차가 필요하다

5. **정책 강화** : AUP는 위반시 일관되고 공정하게 시행되어야 한다.

AUP용 템플릿의 예는 SAN에서 제공한다. 4.1에서 보인 보안 정책 템플릿과 유사한 구조를 가진다. 이 문서의 핵심은 다음과 같은 영역을 다루는 정책 부분이다.

- **일반적인 사용 및 소유권**
  - 직원은 독점 정보가 보호되는지 확인 해야 한다.
  - 중요한 정보에 대한 접근은 의무를 수행하기 위해 승인되거나 필요한 경우 허용한다.
  - 직원은 개인적인 사용의 합리성에 대해 올바른 판단을 해야 한다.

- **보안 및 독점 정보**
  - 모바일 기기는 회사의 BYOD 정책을 준수해야 한다.
  - 시스템 및 사용자 수준의 암호는 회사의 비밀번호 정책을 준수해야 한다.
  - 전자 메일의 첨부 파일을 열 때 직원은 각별한 주의를 기울여야 한다.

- **시스템 및 네트워크 활동에 대해 수용되지 않는 사용**
  - 저작권이 있는 자료의 무단 복사
  - 승인된 접근 권한이 있더라도 회사 업무 수행 이외의 목적으로 데이터, 서버, 계정에 접근하는 것을 금지한다.
  - 계정 비밀번호를 다른 사람에게 공개하거나 다른 사람의 계정을 사용하는 행위
  - 정상적인 직무의 일부가 아닌 보증에 관한 진술서 작성
  - 호스트, 네트워크, 네트워크 사용자 인증 또는 보안 차단
  - 회사 직원 정보 또는 목록을 외부에 제공

- **이메일 및 통신 활동에 대한 수용되지 않는 사용**
  - 모든 형태의 희롱
  - 모든 형태의 스팸
  - 전자 메일 헤더 정보의 무단 사용 또는 위조

- **블로깅 및 소셜 미디어에 대한 수용되지 않는 사용**
  - 전문적이고 책임을 동반하며 회사 정책을 위반하지 않고 회사 이익에 해가 되지 않으며 직원의 직무 수행에 방해되지 않는 한 블로깅은 허용한다.
  - 이미지 및 명성 또는 회사의 좋은 의도를 손상 시키거나 손상 시킬 수 있는 블로깅은 금지된다.
  - 직원의 개인적인 진술, 의견, 신념을 회사에 귀속 시킬 수 없다.

4.4 보안 관리 모범 사례

SGP는 보안 관리 모범 사례를 두 영역과 다섯 가지 주제로 분류하고 각 주제에 대한 상세한 점검 항목을 제공한다. 분야와 주제는 다음과 같다.

- **보안 정책 관리** : 정보 보안 관련 프로젝트를 운용하기 충분한 권한과 자원이 할당된 상급 관리자(예, CISO)가 주도하는 전문 정보 보안 기능에 대해 논의된다. 조직 전체 정보 보안 증진, 관련 법률, 규정 및 계약을 관리한다.
  - 정보 보안 정책 : 정보 보안에 대한 관리 주체의 방향 및 책임을 문서화하고 관련된 모든 사람이 인지할 수 있도록 한다.
  - 허가된 사용에 대한 정책 : 개인이 소프트웨어, 컴퓨터, 네트워크 연결을 포함한 정보 및 시스템 사용 방법에 대한 조직의 규칙을 정의하는 AUP 수립을 위한 권장되는 조치를 제시한다.
- **정보 보안 관리** : 포괄적이고 승인된 정보 보안 정책(지원 정책, 표준 및 절차 포함)을 개발하고 조직의 정보 및 시스템에 접근할 수 있는 모든 개인에게 정보를 전달하기 위한 지침을 제공한다.
  - 정보 보안 기능 : 정보 보안에 대한 모범 사례가 조직 전체에 효과적이고 일관되게 적용할 수 있도록 한다.
  - 정보 보안 프로젝트 : 모든 정보 보안 프로젝트가 공통적인 프로젝트 관리 방법을 적용하고 보안 요구 사항을 충족하며 조직의 비즈니스 목표에 부합하기 위한 권장 조치를 열거한다.
  - 법 및 제도 컴플라이언스 : 관련 법률 및 규정의 정보 보안 의미를 파악하고 해석하기 위해 수립해야 하는 프로세스에 대해 설명한다.

4.5 참고 문헌

- **INFO14 :** INFOSEC Institute, Information Security Policies. April 16, 2014. http ://re-sources.infosecinstitute.com/information—security—policies/
- **GAO04 :** Government Accountability Office. Information Technology Investment Man-agement : A Framework for Assessing and Improving Process Maturity. GAO—04—394G, March 2004.
- **NAYL09 :** Naylor, J., Acceptable Use Policies—Why, What, and How. MessageLabs White Paper, 2009. http ://esafety.ccceducation.org/upload/file/Policy/AUP%20 Legal%20advice.pdf
- **OMB10 :** Office of Management and Budget, NIST, and Federal Chief Information Of-ficers Council, Federal Enterprise Architecture Security and Privacy Profile. 2010.

part

02

사이버 보안 기능 관리하기

5장에서는 적절한 보안 절차를 따른 심사, 신청 과정뿐 아니라 모든 직원의 교육과 훈련 진행에 있어 조직의 보안 정책에 부합하는 방법과 관련된 문제들에 대해 살펴본다.

6장은 정보를 분류하고 개인 정보 확인을 위한 정책들을 다룬다.

7장은 장비 관리 및 모바일 장치 관리를 포함한 물리 자산과 관련된 문제를 다룬다.

8장은 시스템 개발 관리 및 시스템 개발 수명 주기를 포함한 비즈니스 응용 프로그램에 대한 개발 활동에 중점을 둔다.

9장은 비즈니스 응용 프로그램(웹 기반 응용 프로그램에 대한 특별한 통제 항목 포함)으로 입력, 처리, 출력되는 정보에 대해 정보 기밀성과 무결성을 보장하기 위한 보안 통제 통합 방법에 대해 다룬다.

10장은 응용 프로그램, 디바이스, 시스템, 네트워크에 대한 접근 통제에 대해 중점을 두고 있으며 접근 관리 및 고객 접근 문제 등을 포함한다.

11장은 조직 내 모든 IT 시스템에 대해 설정과 유지보수와 관련된 가용성 및 보안 이슈를 다룬다.

12장은 이메일과 메시지와 관련된 네트워크 관리 및 보안 측정에 대해 논의한다.

13장은 외부 공급자 관리와 클라우드 컴퓨팅 서비스에 대해 다룬다.

14장은 기술 보안 인프라 및 암호화를 포함하고 있다.

15장은 위협에 대한 대응 계획 수립을 다루며 사이버 보안 탄력성 및 보안 관리를 포함하고 있다.

16장은 조직 내 문서화 및 개별 로컬 환경 관리에 대해 다루며 물리 및 환경적 보안에 관한 내용을 포함한다.

17장은 업무 연속성과 관련된 주요한 주제들을 다룬다.

chapter 05

인적 관리

이 장의 학습 목표는 다음과 같다.

- 고용 주기의 세 단계에서 주요 보안 고려 사항을 설명할 수 있다.
- 사이버 보안 학습 4단계를 설명할 수 있다.
- 인적 관리 모범 사례에 대해 제시할 수 있다.

정보 보안 포럼(ISF : Information Security Forum)의 정보 보안에 대한 모범 사례 표준(SGP : Standard of Good Practice for Information Security)은 인적 관리에 대한 용어를 직원과 그 외 조직의 정보 및 시스템에 접근 할 수 있는 모든 사람의 행동과 관련된 보안의 모든 관점에서 언급하고 있다. 많은 보안 전문가들이 지적했듯, 우수한 기술의 보안 솔루션일지라도 직원들이 그들의 책임을 이해하지 못하고 이러한 책임을 수행하기 위한 훈련이나 동기를 부여하지 못한다면 실패할 것이다.

일반적인 관점에서 이 주제에서 대해 살펴보면 2개 영역으로 구분할 수 있다. 첫 번째는 채용 중에 있는 상태에서 조직에 대한 개별 직원들에 대한 관리와 고용 종료된 후 관리이다. SGP에서는 이러한 영역을 인적 자원 보안이라고 한다. 다른 영역은 직원에 대해 일반적인 보안 인식뿐 아니라 IT 자산의 사용관련 용어와 관련된 보안 교육을 실시하는 것이다. SGP에서는 이러한 영역을 보안 인식/교육이라고 한다. 이러한 주제는 이 장의 첫 두절에서 설명되고 이어 모범 사례에 대해 살펴 볼 것이다.

5.1 인적 자원 관리

보안 실행은 정보 보안 요구 사항이 각 개인의 유도, 직원의 지속적인 관리 및 고용 종료와 관련된 보안 관련 작업을 지정하여 고용주기의 각 단계에 포함되도록 요구한다. 인적 자원 보안은 직원과 관련된 모든 보안 요소들을 포함한다.

- 신입 직원 채용
- 직원 교육
- 직원 행위 모니터링
- 직원 입사 및 퇴사 처리

정보 및 IT 자산에 접근 가능한 사용자 권한을 가진 개별 직원 관리는 특히 중요하다.

사이버 보안은 독점적인 기술적 도전이 아니라는 것을 이해하는 것은 임원들에게 매우 중요하지만 사실 모든 직원들에게도 마찬가지이다. 사이버 보안 협회가 사이버 보안 인력 핸드북[COCS14]에서 언급한 바와 같이 사이버 보안은 각 직원의 행동이 모든 사람의 건강과 안전에 영향을 주는 건강 및 안전에 대한 고려 사항과 유사하다. 사이버 보안의 경우 한 직원의 행동이 전체 조직의 보안을 침해할 수 있다. 사회 공학(예. 악의적인 링크가 있는 전자 메일), 취약한 자격 증명 관리(예. 비밀번호가 약하거나 보호되지 않은 비밀번호), 안전하지 않거나 잘못 설정된 장치 및 응용 프로그램(예. 검증되지 않은 웹사이트로부터 응용 프로그램 설치나 오염된 드라이브에 연결된)등을 포함한 취약점을 기술적으로 해결 할 수 없다.

따라서 모든 직원은 인식 교육을 통해 기본적인 보안 실무를 학습해야 한다. 다행히도 이러한 노력과 관련된 작업들은 크게 번거롭지 않다. 모든 직원이 유익하고 건강한 사이버 활동을 보장하기 위한 몇 가지 기본 작업을 필요로 한다.

직원에 의해 야기된 보안 문제는 비 악의적인 경우와 악의적인 경우의 두 가지로 구분된다. 몇몇 사람들은 적절한 절차를 따르지 않거나, 보안 사항들을 잊어버리거나, 자신이 하는 일을 이해하지 못함으로써 무의식적으로 보안 사건에 연루되게 된다. 조직에 효과적인 인식 및 교육 프로그램이 없는 경우 직원이 보안 측면에서 적절한 절차를 인지하지 못하기 때문에 문제가 발생할 수 있다. 이러한 행동은 의식적으로 해를 입히려는 동기를 포함하지 않는다. 부적절한 행동에 대한 의식적인 결정이 없는 경우 우발적이거나 부주의 하다고 할 수 있을 것이다. 후자의 경우 어떤 사람이 생산성을 높이기 위해 빠른 방법을 선택하거나 보안 사고를 침해하지 않는다고 스스로 생각하여 번거로운 것들을 생략할 것이다.

다른 분류의 사람들은 의도적으로 보안 사고를 일으키거나 조력하기 위해 통제 및 절차를 위반한다. 이러한 사람들에 의해 야기된 보안 문제는 외부인에 의해 야기된 보안 문제보다 심각하다. 특권을 가진 직원은 통제를 알고 있으며 어떤 것이 가치 있는 정보인지 알기 때문이다.

고용 절차에 있어 보안

ISO 27002 정보 보안 통제에 대한 실무 규약에서 직원 또는 계약자가 그들의 책임을 이해하고 그들이 고려한 역할에 적합한지를 판단하는 고용 절차에 있어 다음과 같은 목표를 제시하였다. 이 장에서 직원들에 대해 중점적으로 다루고 있지만 계약자나 제 3의 사용자들에게도 똑같은 사항들을 고려해야 한다.

배경 조사 및 선발

보안 관점에서 채용은 중요한 문제의 관리를 제시한다. 카베이(Kabay)와 로버트손(Robertson)[KABA14]의 컴퓨터 보안 핸드북에서 많은 사람들이 근거 없는 주장으로 이력서를 부풀린다는 증거가 늘고 있다고 한다. 이전 직원에 대한 무대응은 이러한 문제를 악화시킨다고 할 수 있다. 고용주는 무능하고 비 윤리적인 직원에 대한 좋지 않은 평가를 내려서 그로인해 소송에 휘말릴까봐 정확한 평가를 주저하는 경우가 있다. 반면에 새로운 직무에서 문제를 일으키는 직원에 대한 유리한 평가는 새로운 고용주로부터 소송을 당할 수 있다. 결과적으로 많은 수의 고용주들은 이전 직원의 성과에 대해 긍정적 또는 부정적인 논의를 금지하는 기업 정책을 가지고 있다. 고용주는 제공 정보를 고용기간과 직무로 제한 할 수도 있다.

이러한 제한 상황에도 불구하고 고용인은 배경 조사가 아니면 선발에 더욱 많은 노력을 기울여야 한다. 물론 이러한 검사는 예비 직원이 주어진 업무를 수행 할 능력이 있고 보안 위험이 없다는 것을 보장하기 위해 수행되어야 한다. 또한 고용주는 일부 관할권이 적용되는 "부주의한 채용"이라는 개념을 인식할 필요가 있다. 본질적으로 직원을 채용하는 동안 제3자(개인 또는 회사)에게 해를 끼치는 경우 고용주는 부주의한 채용에 대한 책임을 질 수 있다. 지원자를 검사하는 일반적인 지침은 다음 사항들을 포함한다.

- 지원자에게 고용과 교육 경험에 대한 가능한 한 많은 정보를 질문한다. 세부 사항이 많을수록 지원자는 일관되게 거짓말하기가 어려워진다.
- 지원자의 세부 사항에 대한 사실 여부를 합리적으로 조사한다.
- 숙련된 직원이 지원자에 대한 면접을 진행하고 불일치 사항에 대해 논의할 수 있도록 한다.

민감한 직책인 경우 집중적인 조사가 필요하다. 정보 기술 보안 핸드북[SADO03]에는 다음과 같은 예가 나와 있다.

- 전문 기관에 배경 조사를 의뢰한다.
- 개인에 대한 범죄 기록을 확인한다.
- 지원자의 신용 기록에 개인 채무가 크고 지불 할 능력이 있는지 확인한다. 만약 이러한 사실을 알게 되면 지원자와 논의한다. 채무가 있는 사람들은 채용 제안을 거절하지 않는다. 그런 사람들은 결코 채무를 변제할 수 없을 것이다. 또한 재정 위기에 처한 직원은 부적절한 행동을 할 가능성이 매우 높다.
- 법적인 문제가 없는 경우 거짓말 탐지기 검사를 수행하는 것을 고려해보자. 거짓말 탐지 검사는 항상 정확한 것은 아니지만 부족한 부분을 채우는데 도움을 줄 수 있다.
- 지원자에게 자신의 직책에 대한 채권을 요구한다

대부분의 경우 직원들에게 이러한 절차를 적용하는 것은 과하다고 할 수 있다. 하지만 고용주는 유지 보수 및 청소 인력을 포함한 신뢰 또는 특권이 부여된 직원으로 채용될 지원자들은 추가로 점검해야 한다. 또한 고용이 시작된 후에 관리자는 시스템의 오용이나 조작을 통해 혜택이 증가될 수 있는 직원의 개인적 상황 변화에 주의를 기울여야 한다.

고용 계약

계약상의 의무 일환으로 직원은 고용 계약 조건에 동의하고 서명해야 하며 계약서에는 자신과 조직의 정보 보안 책임을 명시해야 한다. 계약에는 기밀 유지 및 비공개 조항이 포함되어야 하며 구체적으로 분류하지 않는 한 조직의 정보 자산이 기밀임을 명시하고 직원이 기밀을 유지하도록 해야 한다. 기밀 유지 계약은 조직이 정보를 소유하고 있으며, 엄격한 기밀 유지를 기대하며, 정당한 비즈니스 요구를 제외한 정보 공유를 금지한다는 사실을 모든 당사자에게 통보한다. 또한 계약은 조직의 보안 정책을 참조하고 직원이 정책을 검토하고 준수한다는 사실을 명시해야 한다.

직무 설명

연방 금융 기관 검사 위원회[FFIE02]는 직무 설명에 보안 책임을 가중하도록 고안되었다고 제안한다. 경영진은 모든 직원들에게 자신의 직무 내용에서 일반적인 보안 역할과 책임을 전달 할 수 있다. 경영진은 모든 직원, 임원, 계약자들이 보안 및 수용 가능한 사용 정책을 준수하고 정보를 포함한 기관의 자산을 보호하기를 기대한다. 보안 요원은 보호할 시스템과 프로세스, 해당 프로세스와 연관된 제어 프로세스를 설명 할 수 있어야 한다. 경영자는 계약자와 컨설턴트가 보안 책임을 이해 할 수 있도록 비슷한 조치를 취할 수 있다.

디렉터리 서버 : 사용자 ID 및 권한 부여 데이터를 디렉터리 형식으로 관리

허용 목록 : 조직 또는 정보 시스템에서 사용이 시작되거나 승인된 것으로 알려진 호스트 또는 응용 프로그램

응용 프로그램 허용 목록 : 시스템의 허용 목록에 포함되어 있는 경우에 한해 소프트웨어 실행을 허가 하고 그 외 소프트웨어들은 실행을 차단

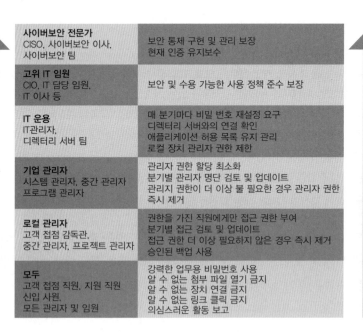

사이버보안 전문가 CISO, 사이버보안 이사, 사이버보안 팀	보안 통제 구현 및 관리 보장 현재 인증 유지보수
고위 IT 임원 CIO, IT 담당 임원, IT 이사 등	보안 및 수용 가능한 사용 정책 준수 보장
IT 운용 IT관리자, 디렉터리 서버 팀	매 분기마다 비밀 번호 재설정 요구 디렉터리 서버와의 연결 확인 애플리케이션 허용 목록 유지 관리 로컬 장치 관리자 권한 제한
기업 관리자 시스템 관리자, 중간 관리자 프로그램 관리자	관리자 권한 할당 최소화 분기별 관리자 명단 검토 및 업데이트 관리자 권한이 더 이상 불 필요한 경우 관리자 권한 즉시 제거
로컬 관리자 고객 접점 감독관, 중간 관리자, 프로젝트 관리자	권한을 가진 직원에게만 접근 권한 부여 분기별 접근 검토 및 업데이트 접근 권한 더 이상 필요하지 않은 경우 즉시 제거 승인된 백업 사용
모두 고객 접점 직원, 지원 직원 신입 사원, 모든 관리자 및 임원	강력한 업무용 비밀번호 사용 알 수 없는 첨부 파일 열기 금지 알 수 없는 장치 연결 금지 알 수 없는 링크 클릭 금지 의심스러운 활동 보고

좌측 화살표 레이블: 관리적 책임 및 전문성 향상
우측 화살표 레이블: 부가적인 업무 계층

▲ 그림 5.1 직무 설명의 보안 관련된 업무

특정 직무 설명에는 부가된 보안 책임을 명확히 하는 것은 각 작업 유형과 결합된 사이버 보안 업무를 구체화하는 것이다. 사이버 보안 인력 핸드북[COCS14]을 기반으로 한 그림 5.1에서는 기업 내에서 모든 사람이 수행해야 하는 작업을 나열하고 데이터 및 시스템에 대한 책임이 증가한 사람들에게 할당 된 추가 작업들도 나열되어 있다.

고용 중

ISO 27002는 직원 및 계약자가 정보 보안 책임을 인식하고 이행하도록 보장하기 위해 현재 직원과 관련하여 다음과 같이 보안 목적을 제시하고 있다. 특히 직원과 계약자는 다음을 이행해야 한다.

- 정보 보안 위협 및 우려 사항을 인식한다.
- 정보 보안과 관련한 의무와 법적 책임을 인식한다.
- 정상적인 업무 과정에서 조직 보안 정책을 지원할 수 있는 장비가 갖추어져 있어야 한다.

고용 중 인력 보안의 두 가지 필수 요소는 (1) 포괄적인 보안 정책 및 허용되는 사용 문서와 (2) 모든 직원에 대한 지속적인 인식 및 교육 프로그램이다. 이에 대해서는 4장 보안 관리 및 5.2절에서 다루고 있다.

보안 정책을 공정하고 일관된 방식으로 시행하는 것 이외에도 인사 보안에 대해 준수해야 하는 다음과 같은 원칙들이 있다.

- **권한 최소화** : 각자에게 자신의 직무를 수행하는데 필요한 최소한의 권한을 부여한다. 제한된 접근은 논리적(계정, 네트워크, 프로그램에 대한 접근) 및 물리적(컴퓨터, 백업 테이프 및 주변 장치에 대한 접근) 모두를 포함한다. 모든 사용자가 모든 시스템에 대해 계정을 가지고 모든 것을 물리적으로 접근할 수 있는 경우 이러한 사용자는 위협 그 자체라고 할 수 있다.

- **직무 분리** : 부적절한 사용을 확인하는 사람들이 부적절한 사용을 저지를 수 없도록 신중하게 직무를 분리한다. 예를 들어 한 개인이 중복되는 보안 접근 및 감사 책임을 가져서는 안 된다. 이 경우 개인은 보안 정책을 위반하고 위반 사항을 밝힐 수 있는 추적 감사를 은폐할 수 있다.

- **주요 직원에 대한 제한된 신뢰** : 일부 직원은 위험을 야기하는 조직 운용의 핵심이다. 따라서 조직은 예기치 못한 질병이나 퇴사에 대비한 정책과 계획을 수립해야 한다. 시스템과 마찬가지로 직원 직무에 대해 이중화를 수립해야 한다. 유일한 지식이나 기술을 가진 직원은 없어야 한다. 17장에서 "비즈니스 연속성"에서 이 주제에 대해 자세히 설명할 것이다.

- **이중 운용자 정책** : 어떤 경우에 두 사람이 필요한 특정 업무를 정의할 수 있다. 비슷한 정책은 두 사람이 서로의 작업을 승인하도록 하여 두 사람을 통제한다.

- **필수 휴가** : 필수 휴가 정책은 사기 또는 횡령과 같은 악의적인 활동에 종사하는 직원을 색출하는데 도움이 된다. 예를 들어 업종에 따라 업무 진행을 위해 최소 연속 근무일내 연간 휴가가 정해져 있다.

고용 종료

ISO 27002에는 조직의 고용 변화나 종료 프로세스의 일부로 조직의 이익을 보호하기 위한 고용 종료와 관련된 보안 목표는 다음과 같은 사항들이 있다.

고용 종료 프로세스는 복잡하며 조직의 본질, 조직에서 직원들의 상태, 퇴직 사유 등에 따라 달라진다. 보안 관점에서 다음과 같은 활동이 중요하다.

- 응용 프로그램과 시스템에 대한 허가된 접근 권한에서 이름을 제거한다.
- 악의적인 관리자 권한을 가진 계정 생성 여부를 확인한다.
- 개인 접근 코드를 제거한다.
- 필요하다면 잠금 조합을 변경하고 시스템 접근 카드를 다시 프로그래밍하며 물리적인 잠금 장치를 교체한다.
- 직원 ID, 디스크, 문서, 장비(직원에게 제공했던 문서화된 모든 자산)을 포함한 모든 자산을 복구한다.
- 메모나 이메일을 통해 관련 부서에 통지하여 직원의 상태 변화에 대해 인지시킨다.
- 필요하다면 퇴직 직원을 건물 밖까지 안내한다.

5.2 보안 인식 및 교육

정보 보안 프로그램의 중요한 요소는 보안 인식 및 교육 프로그램이다. IT 지원 직원, IT 보안 직원, 관리자뿐 아니라 IT 사용자 및 그 외 직원들을 포함한 모든 직원에게 정보 보안을 전파하는 수단이다. 보안 인식에 대한 높은 수준을 갖추고 역할에 대한 보안 교육을 받은 종업원은 어떤 다른 보안 대책이나 통제보다 중요하다.

국가 표준 연구원(NIST)의 SP 800-16 연방 정보 기술/사이버 보안 교육을 위한 역할 기반 모델과 SP 800-50 정보 기술 보안 인식 및 교육 프로그램 구축 문서는 이러한 영역에서 매우 가치 있는 문서로 이 절에서는 두 가지 문서를 인용하였다. SP 800-50은 상위의 전략적 수준에서 작동하며 정보 보안 인식 및 교육 프로그램을 구축하고 유지 보수하는 방법에 대해 논의한다. SP 800-16은 보다 상세한 수준에서 설명하며 지속적인 인식-훈련-교육, 역할 기반 훈련, 고려해야 될 교육 내용에 대

해 설명한다. 두 가지 문서 모두 4단계로 구성된 조직을 통해 역할의 다양한 측면에
서 사이버 보안 학습을 정의하고 설명한다(그림 5.2).

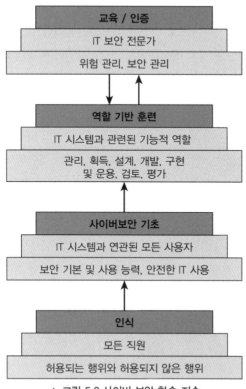

▲ 그림 5.2 사이버 보안 학습 지속

4단계는 다음과 같다.

- **인식** : 보안을 증진하고 설명하며 책임을 수립하고 직원들에게 보안 뉴스를 공지하는 모든
  활동. 보안 인식에 대한 참여는 모든 직원들에게 요구된다.
- **사이버 보안 본질** : IT 자원 활용에 있어 안전한 실무를 개발하기 위한 의도. 이러한 수준은
  IT 시스템과 관련 있는 계약 직원을 포함한 직원들에게 필요하다. 이것은 주요 보안 용어나
  개념에 대한 지속적으로 특화되거나 역할 기반 교육에 대한 보편적인 기준을 제시하는 토대
  를 제공한다.
- **역할 기반 훈련** : 특정 개인 역할에 대한 지식과 기술과 정보 시스템에 대한 책임을 제공한
  다. 훈련은 능력 개발을 지원하고 보안 역할 수행 방법에 대한 개인적 이해와 학습을 돕는다.
- **교육 및 인증** : 모든 보안 기술과 다양한 기능적 특수성을 일반적인 지식 체계에 통합하고
  여러 전문 분야의 개념, 이슈, 원리 학습을 추가한다.

보안 인식

모든 직원은 보안 책임을 가지고 있기 때문에 적절한 인식 훈련을 해야 한다. 인식은 개인의 주의력을 특정 문제에 집중 시키는 것이다. 인식은 보안 메시지를 사용자에게 다양한 형식으로 지속적으로 주입하는 프로그램이다. 보안 인식 프로그램은 IT 자원에 대한 접근 권한을 가진 직원이 아닌 모든 직원에게 도달해야 한다. 물리적 보안, 내방객을 맞이하는 절차, 소셜 미디어 규칙, 사회 공학적 위협과 같은 주제는 모든 직원과 고민해야 하는 주제이다.

조직의 최종 목표는 조직의 모든 수준까지 도달 할 수 있고 효과적인 보안 문화를 성공적으로 증진할 수 있는 보안 인식 프로그램을 만드는 것이다. 이를 위해서는 인식 프로그램을 진행해야 하며 다양한 범주의 사람들의 행위에 주목하고 관측하며 평가해야 한다.

보안 인식 프로그램의 구체적인 목표는 다음을 포함해야 한다.

보안 인식 : 직원이 정보 보안의 중요성, 조직에서 요구하는 보안 수준 및 개별 보안 책임을 이해하는 정도

보안 문화 : 직원이 개별 보안 책임 및 조직에서 요구하는 보안 수준에 따라 예상되는 보안 행위를 나타내는 범위

과실 행위 : 피해를 야기할 동기가 없는 행동이지만 부적절한 행위에 대한 의식적 결정을 포함(예 : 시간 절약, 생산성 향상, 원격 작업 활성화를 위해 인가되지 않은 서비스나 장치 사용)

- 담당자를 지정하고 정보 보안과 관련된 인식, 훈련, 교육 활동을 추진한다. 그 중 일부는 이미 진행되고 있겠지만 조정되고 보다 효과적일 필요가 있을 것이다.
- 안전한 정보 자원에 요구되는 주요 권장 지침이나 사례를 전파한다.
- 정보 보안 위험 및 통제 항목에 대해 필요로 하는 사람들에게 일반적이고 구체적인 정보를 제공한다.
- 정보 보안과 관련된 개별적인 책임에 대해 인식 시킨다.
- 개인이 권장 지침이나 실무를 적용할 수 있도록 동기를 부여한다.
- 위험 고려사항(예, 직무 기능, 자산 접근 수준, 접근 권한 등과 같이 다른 그룹과 개인에게 위험 할당)을 기반으로 추진 한다.
- 직원들에게 악의적, 부주의적, 우발적인 행위와 같이 부적절한 행위와 부주의하거나 우연적인 행동을 회피하는 방법과 악의적인 행위를 인식하는 방법을 주지시킨다.
- 정보 보안에 대한 폭넓은 이해와 보안에 대한 확고한 의지로 강력한 보안 문화를 형성한다.
- 기존 정보 보안 통제의 지속성과 효율성을 증진시키고 잠재적으로 비용 효율적인 통제 채택을 촉진하도록 한다.
- 정보 보안 침해 횟수와 범위를 최소화하여 직접적 비용(예, 바이러스에 의한 데이터 손상) 및 간접적 비용(예, 침해 조사 및 침해 해소 비용)을 절감한다.

유럽 연합 네트워크 및 정보 보안(ENISA : European Union Agency for Network and Information Security)의 정보 보안 인식 프로그램 개발에 대한 3가지 주요 프로세스는 그림 5.3과 같다.

계획, 접근, 설계	실행 및 관리	평가 및 조정
초기 프로그램 팀 수립	프로그램 팀 확인	평가 실행
변화 관리 접근법 채택	작업 계획 검토	데이터 수집
목표 및 목적 정의	프로그램 시작 및 구현	의사소통 피드백 포함
대상 그룹 정의	의사소통 전달	프로그램 목표 검토
프로그램에 필요한 개인 및 자료 식별	학습 교훈 문서화	교훈 실행
잠재적 해결책 평가		프로그램 조정
해결책 및 절차 선택		프로그램 재 실행
적절한 관리 지원 및 자금 확보		
작업 계획 준비		
프로그램 및 작업 점검표 개발		
효과적 의사소통 계획		
프로그램의 성공 측정 지표 정의		
평가 기준 수립		
교훈 문서화		

▲ 그림 5.3 보안 인식 프로세스

우발적 행위 : 피해를 주려는 동기를 포함하지 않는 행동 또는 부적절한 행위에 대한 의식적 결정(예 : 무단 수신자에게 중요한 정보를 이메일로 보내거나 전자 메일의 악성 첨부파일을 열거나 공개적으로 사용되는 서버에 개인 정보를 게시하는 행위)

악의적 행위 : 피해를 주려는 동기 및 부적절한 행위에 대한 의식적인 결정의 조합이 관련된 행위(예 : 경쟁 업체에 취업 전 업무 파일 복사, 민감한 정보 유출, 개인의 이익을 위한 정보 오용)

변경 관리 : 전체적인 위험과 영향을 줄이면서 승인된 변경 항목들만이 적용되도록 보장하는 비즈니스 프로세스. 변경 관리는 주요 실행자 및 이해 관계자의 참여를 통해 조직 변화에 대한 저항을 최소화 하도록 설계된다.

3가지 주요 프로세스는 다음과 같다.

- **계획, 평가, 설계 :** 보안 인식 프로그램은 조직의 사명을 고려하여 설계되어야 한다. 조직의 비즈니스 요구 사항을 지원하고 조직의 문화 및 IT 아키텍처와 관련을 가져야 한다. 가장 성공적인 성공적인 프로그램은 사용자가 주제 및 문제와 관련 있다고 인지하는 프로그램이다. 프로그램의 설계 단계에서 인식 요구 사항은 식별되어야 하며 효과적인 인식 계획을 수립하고 조직 구매 계획을 수립하고 확보 하며 우선 순위를 수립해야 한다.

- **실행 및 관리** : 정보 보안 인식 프로그램 구현을 위한 필요한 활동을 포함한다. 새로운 계획은 다음과 같은 경우 실행되고 관리된다.
  - 필요성 평가가 수행됨
  - 전략이 개발 완료됨
  - 완성된 전략 인식 프로그램 실현 계획
  - 자료 개발이 완료됨
- **평가 및 조정** : 공식적인 평가 및 피드백은 모든 보안 인식 프로그램의 핵심 구성 요소이다. 피드백 메커니즘은 프로그램을 위해 처음 수립된 목표를 해결하도록 설계되어야 한다. 기본 요구 사항이 견고하다면 피드백 전략을 설계하고 구현하도록 하자.

인식 프로그램 소통 자료

인식 교육 프로그램의 핵심에는 보안 인식을 전달하는데 사용되는 소통 자료와 방법이 있다. 인식 프로그램 설계 옵션은 다음 두 가지가 있다.

- 내부 자료 사용
- 외부 자료 사용

설계가 잘된 프로그램은 두 가지 모두 사용한다. 효과적으로 사용되는 내부 자료는 다음과 같다.

- **브로셔, 전단지, 사실 자료** : 이러한 짧은 문서는 암호 선택 및 사용 방법과 같은 핵심 사항을 강조하는데 사용된다.
- **보안 핸드북** : 보안 정책 문서는 핸드북 대상 중 하나이다. 모든 직원이 필요로 하는 모든 영역의 보안 주제를 다루는 인식에 맞춘 문서를 생성할 수 있다.
- **정기 이메일 또는 뉴스레터** : 이러한 통신 채널은 조직 보안 정책 또는 사회 공학적 위협과 같은 외부 위협의 변화를 강조하는데 사용된다. 또한 이러한 채널을 통해 특정 주제에 대한 알림을 전송할 수 있다.
- **원거리 학습** : 조직은 온라인에서 활용할 수 있는 과정을 설정할 수 있다.
- **워크샵 및 교육 세션** : 한 시간 또는 하루 종일과 같이 특정 시간대 특정 직원에 한해 필수 출석으로 설정할 수 있다.
- **공식 수업** : 수업은 워크샵과 비슷하게 진행될 수 있지만 현장 및 며칠 지속되는 교육을 제공할 수 있다.
- **비디오** : 온라인을 통해 제공되는 비디오는 한 개 이상의 주제를 깊게 다룰 수 있으며 자신의 자유 시간 또는 근무 시간의 허용된 시간에 개인이 학습할 수 있다.
- **웹 사이트** : 변경 사항을 반영하고 여러 사용자를 대상으로 컨텐츠를 표시하고 다른 정보를 링크하기 위해 변경할 수 있는 보안 웹 사이트를 설정할 수 있다.

메시지 및 이메일과 같이 짧은 의사 소통 수단은 개인의 역할 및 접근 수준에 맞도록 다음과 같은 주제를 다룬다.

- 다른 방식으로 취급해야 하는 주요 정보와 민감한 정보의 차이점 강조
- 현재 및 예상 위협의 세부 정보에 대한 업데이트 제공
- 예상되는 보안 관련 활동 강화
- 개인 보안 책임 강화
- 핵심 보안 정책 주안점 재 강조
- 전자 메일, 블로그, 문자 메시지와 같은 전자 통신 관련 특정 문제 강조
- 정보 시스템과 관련된 특정 보안 문제 강조

외부 정보 및 자료는 다음과 같다.

- 업계에서 운용하는 뉴스 그룹, 교육 기관 또는 조직 IT 보안 사무실에서 발급한 전자 메일 권고
- 전문 기관 및 공급 업체 제공 자료
- 온라인 IT 보안 일일 뉴스 웹 사이트 자료
- 정기 간행물
- 학회, 세미나, 교육 과정 자료

NIST 인식, 훈련, 교육
(ATE) 사이트 :
http ://csrc.nist.gov/
groups/SMA/ate/
index.html

NIST 컴퓨터 보안 사업부 웹사이트의 인식, 훈련, 교육, 전문 개발 페이지는 정부, 산업, 학술 사이트에 대한 많은 링크를 포함하고 있다.

인식 프로그램 평가

다른 보안 분야와 마찬가지로 인식 프로그램이 목표를 충족시키는지 확인하기 위해서는 평가가 필요하다. ENISA는 표 5.1과 같이 인식 프로그램 평가[ENIS07]에 유용한 지표를 제시하고 있다.

▼ 표 5.1 인식 프로그램 성공 측정 지표

지표	고려사항
인적 행위로 인한 보안 사고의 수	• 행위 경향과 일탈을 신속하게 보여준다. • 근본 원인을 이해하고 비즈니스 비용을 예측하는데 도움을 준다. • 보안 사고가 의미 있는 결과를 도출하기에 충분하지 않을 수 있다. • 다른 요소들이 사고에 영향을 줄 수 있다.
감사 결과	• 제 3자가 행위에 대해 보증을 제공할 수 있는 독립적이며 지식을 가지고 있는 사람에 의해 수행된다. • 검토되지 않은 중요한 인식 영역이 될 수 있다.

직원 설문 결과	• 특정 훈련 전후 사용되었다면 조직 활동의 효과를 측정하는데 활용될 수 있다. • 충분히 큰 경우 직원 행동에 통계적 결론을 제공할 수 있다. • 주요 의미 확인을 목표로 한다. • 직원이 진실된 행동이 아닌 예상된 답변으로 반응할 수 있으므로 신중하게 작성해야 한다.
직원들의 올바른 절차 수행 여부	• 훈련 후에 실제 행동을 측정하고 변경 사항에 대해 강조하는 방법은 매우 좋은 방법이다. • 고용 및 데이터 보호법 위반 가능성이 있으므로 신중하게 계획하고 실시해야 한다. • 결과가 의미 있도록 하기 위해 충분한 표본이 필요하다.
훈련을 완료한 직원의 수	• 어떤 강의실 및 컴퓨터 기반 교육 조합을 사용할지 결정해야 한다. • 어떤 훈련을 필수적으로 할지 고려해야 한다. • 다른 분야나 지역에 맞춰야 할 수 있다. • 정기적으로 잠재적 비용이 발생하는 업데이트가 필요할 수 있다.

사이버 보안 필수 프로그램

사이버 보안 필수 프로그램은 두 가지 목적을 지닌다. 필수 프로그램의 주요 기능은 회사에서 제공하는 모바일 장치를 비롯하여 IT 시스템 및 응용 프로그램의 사용자를 대상으로 하고 직원들을 대상으로 직원들이 소유한 장치(BYOD : Bring Your Own Device)에 대한 정책을 수립하고 건전한 보안 관행을 수립해야 한다. 두 번째로 주요 보안 용어 및 개념에 대한 보편적인 기준선을 제공하여 이후 전문적 또는 역할 기반 교육의 토대를 제공한다.

BOYD(Bring your own device) : 직원, 비즈니스 파트너, 그 외 사람들 기업 응용 프로그램, 데이터 접근을 위해 사용하는 개인적으로 선택되고 구입한 클라이언트 장치이다. 일반적으로 BYOD 정책은 스마트폰과 태블릿을 포괄하고 있으며 랩톱 컴퓨터에서도 활용될 수 있으며 보조금이 포함될 수 있다.

NIST SP 800-16은 전자 정보 시스템을 보호하는데 필요한 핵심 지식에 대한 개인의 친숙성 및 적용 능력을 나타내는 프로그램으로 사이버 보안 필수 프로그램을 정의한다. 컴퓨터 기술 또는 컴퓨터에서 산출되는 제품을 사용하는 모든 개인은 직무와 상관없이 이러한 필수 사항을 인지하고 적용할 수 있어야 한다. 이러한 수준의 교육은 특정 조직의 IT 환경, 보안 정책, 위험에 맞게 조정되어야 한다.

핵심 주제는 다음과 같다.

- 사이버 보안의 기술적 토대와 분류, 용어, 문제점
- 공통 정보 및 컴퓨터 시스템 보안 취약점
- 일반적인 사이버 공격 메커니즘, 그 결과 및 사용 동기
- 다양한 유형의 암호화 알고리즘
- 침입, 침입자 유형, 기술, 동기
- 방화벽 및 기타 침입 방지 수단
- 가상 컴퓨팅 환경이 갖는 고유한 취약점

- 사회 공학과 사이버 보안에 미치는 영향
- 기본적인 보안 설계 원칙과 취약성을 제한하는 역할

역할 기반 훈련

역할 기반 훈련은 IT 시스템 및 응용 프로그램과 관련하여 사용자 역할보다는 기능적 역할을 담당하는 개인을 대상으로 한다. 훈련과 인식의 가장 중요한 차이점은 훈련에서는 기술을 가르치므로 사람이 특정 기능을 수행할 수 있는 반면 인식은 문제에 대해 개인의 주의에 기반을 두고 있다는 것이다.

교육의 본질은 조직 내 개인의 역할에 달려 있다. SP 800-16에서는 네 가지 주요 역할을 차별화하여 교육 권고 사항들을 만든다.

- **관리** : 개인 직무는 컴퓨터 시스템, 네트워크 또는 응용 프로그램의 수명 주기를 감독하거나 직원 교육에 대한 책임과 같은 프로그램 또는 보안 프로그램의 기술적인 측면의 감독을 포함하고 있다.
- **설계** : 개인 직무는 프로그램 범위 지정 또는 절차, 프로세스 및 아키텍처 개발 또는 컴퓨터 시스템, 네트워크, 응용 프로그램 설계를 포함한다.
- **구현** : 개인의 능력은 프로그램, 프로세스, 정책을 적절히 배치하는 일 또는 컴퓨터 시스템, 네트워크, 응용 프로그램 운용 및 유지보수를 포함한다.
- **평가** : 개인 기능은 위 활동에 대한 효과를 평가하는 것이 포함된다.

SP 800-50은 시스템 관리자에 대해 통제 관리, 운용 통제, 기술적 통제에 대한 자세한 설명이 있는 IT 보안 교육 과정 훈련 예시를 제공한다. 관리 통제는 정책, IT 보안 프로그램 관리, 위험 관리, 보안 수명 주기를 다룬다. 운용 통제는 개인 및 사용자 문제, 비상 계획, 사고 처리, 인식 및 교육, 컴퓨터 지원 및 운용, 물리적 환경적 보안 문제를 다룬다. 기술적 통제는 식별 및 인증, 논리적 접근 제어, 감사 추적 및 암호화를 포함한다.

교육 및 인증

교육 및 인증 프로그램은 IT와 관련한 책임은 있지만 보안 문제를 포함하고 있는 IT 관련 종사자와는 달리 특별한 보안 책임을 갖는 사람들을 대상으로 한다.

보안 교육은 일반적으로 대부분의 조직 인식 및 교육 프로그램의 범위를 벗어 난다. 이는 직원의 경력 개발 프로그램에 보다 적합하다고 할 수 있다. 흔히 이러한 유형의 교육은 대학, 대학 과정, 전문 교육 프로그램과 같은 외부에서 제공된다.

다음은 이러한 프로그램의 예제들이다.

- **글로벌 정보 보증 인증(GIAC : Global Information Assurance Certification) 보안 기초 (GSEC)** : 보안 업무와 관련하여 IT 시스템의 실무 기술을 원하는 IT 전문가를 위해 만들어졌다. 인증에 적합한 후보자는 정보 보안의 간단한 용어 및 개념 이상의 지식을 가지고 있어야 한다.
- **국제 정보 시스템 보안 인증 컨소시엄(ISC² : International Information System Security Certification Consoritum) 공인 정보 시스템 보안 전문가(CISSP : Certified Information Systems Security Professional)** : 이 인증의 대상자는 비즈니스 환경에서 보안을 보장하기 위한 정보 시스템 아키텍처, 설계, 관리, 제어를 정의하는 법을 알고 있는 정보 보안 전문가들이다.
- **ISC² 시스템 보안 인증 실무(SSCP : System Security Certified Practioner)** : 검증된 기술 능력과 실용적인 보안 지식을 갖춘 IT 실무 운용 부서 직원을 위해 만들어졌다. SCCP는 기밀성, 무결성, 가용성을 보장하는 정보 보안 정책 및 절차에 따라 IT 인프라를 구현, 모니터링, 관리할 수 있는 실무 능력을 검증한다.
- **정보 시스템 감사 통제 협회(ISACA : Information Systems Audit and Control Association) 인증, 공인 정보 보안 관리자(CISM : Certified Information Security Manager)** : 조직의 보안에 대한 성향이 강하고 정보 보안 프로그램과 광범위한 비즈니스 목표 및 목적간의 관계를 형성할 수 있는 능력을 입증하고자 하는 사람들에게 적합하다. 이 인증은 정보 보안 지식과 정보 보안 프로그램의 개발 및 관리를 검증한다.
- **SANS 컴퓨터 보안 교육 및 인증** : SANS에서는 조직 조직원 관리자에게 가장 위험한 위협으로부터 시스템과 네트워크를 보호하는데 필요한 실무적인 단계를 위해 고안된 집중적인 훈련과정을 제공한다.

5.3 인적 관리 모범 사례

SGP는 인적 관리 영역의 모범 사례를 두 개 영역 및 6가지 주제로 분류하고 각 주제에 대한 상세한 점검 목록을 제공한다. 영역과 주제는 다음과 같다.

- **인적 자원 보안** : 이 분야의 목적은 고용 수명 주기의 각 단계에서 정보 보안을 포함시키는 것으로 정보의 소유권을 할당하고 직원들로부터 보안에 대한 이해 및 승인 확인을 획득하는 것을 포함한다.
  - 고용 수명 주기 : 고용 주기의 세 가지 주요 단계인 입사, 활발히 업무 수행중인 직원, 퇴사에 대해 요구되는 점검 목록을 제시한다.
  - 소유권 및 책임 : 정보 및 시스템에 대한 개별적인 책임을 성취하거나 이를 실행하거나 사용하는 사람들에게 건전한 관리 구조를 제공하고 보호하는 소유자들에게 기득권을 제공한다.

- 원격 작업 : 원격 환경(예, 조직 내부가 아닌 다른 곳)에서 작업하는 개인이 허가를 획득해야 한다는 원칙을 상세히 한다. 컴퓨터와 같은 장치들을 보호하고 분실, 도난, 사이버 공격에 대해 처리한다. 보안 인식 자료에 의해 뒷받침되어야 한다. 고 위험 국가나 지역으로 여행할 때 추가적인 통제를 받아야 한다.
- **보안 인식/교육 :** 이 영역의 목적은 조직의 정보 및 시스템에 접근할 수 있는 모든 개인에게 예상되는 보안 행위를 촉진하고 포괄적이고 지속적인 보안 프로그램을 유지할 수 있도록 하는 것이다.
  - 보안 인식 프로그램 : 조직의 정보 및 시스템에 접근할 수 있는 모든 개인에게 예상되는 보안 행위를 촉진하고 포함시키기 위해 보안 인식 프로그램과 같이 수반되어야 하는 활동에 대해 간략히 설명한다.
  - 보안 인식 메시지 : 개인 접근 및 접근 수준에 맞게 메시지를 통해 해결할 수 있는 주제에 대해 논의한다.
  - 보안 교육/훈련 : 교육 및 훈련 프로그램의 주요 구성 요소들을 나열한다.

5.4 참고 문헌

- **COCS14 :** Council on CyberSecurity, Cybersecurity Workforce Handbook : A Practical Guide to Managing Your Workforce. 2014. http ://pellcenter.org/tag/council-on-cybersecurity/.
- **ENIS07 :** European Union Agency for Network and Information Security(ENISA), Information Security Awareness Initiatives : Current Practice and the Measurement of Success. July 2008. https ://www.enisa.europa.eu.
- **ENIS08 :** European Union Agency for Network and Information Security(ENISA), The New Users' Guide : How to Raise Information Security Awareness. July 2008. https ://www.enisa.europa.eu/publications/archive/copy_of_new-users-guide.
- **FFIE02 :** Federal Financial Institutions Examination Council, Information Security. December 2002.
- **KABA14 :** Kabay, M., & Robertson, B., "Employment Practices and Policies." In Bosworth, S., Kabay, M., & Whyne, E. (Eds.), Computer Security Handbook. Hoboken : NJ : Wiley, 2014.
- **SADO03 :** Sadowsky, G., et al., Information Technology Security Handbook.Washington, DC : The World Bank, 2003. http ://www.infodev.org/articles/information-technology-security-handbook.

chapter 06

정보 관리

이 장의 학습 목표는 다음과 같다.

- 정보 분류 단계에 대해 설명할 수 있다.

- 정보 라벨링 요구 사항을 이해한다.

- 개인정보 위협에 대한 개괄적인 설명을 할 수 있다.

- 개인 정보 보호법에 대한 개괄적인 설명을 할 수 있다.

- 문서 관리와 기록물 관리에 대한 차이를 설명할 수 있다.

- 민감한 물리적 정보와 관련된 고려사항 등을 제시한다.

- 정보 관리 모범 사례를 제시한다.

정보 보호 포럼(ISF)의 정보 보안 표준 모범 사례(SGP)에 따르면 정보 관리 영역은 이 장에서 다루는 4가지 주제를 포함한다.

- **정보 분류 및 처리 :** 조직의 정보 자산 분류 및 보호하기 위한 방법을 다룬다.
- **개인 정보 :** 개인 식별 정보(PII)의 개인 정보와 관련된 위협, 통제 및 정책과 관련된다.
- **문서 및 기록 관리 :** 조직이 관리하는 문서, 기록의 보호 및 처리와 관련된다.
- **민감한 물리적 정보 :** 물리적 형태의 정보 자산 보안과 관련된 특정 문제를 다룬다.

6.1 정보 분류 및 처리

정보 보호를 위한 보안 통제 및 정책을 개발하는 데 필요한 예비 단계는 조직의 모든 정보 자산이 정보의 중요성과 보안 침해의 영향에 따라 분류 되어야 한다는 것이다. 또한 조직은 주어진 유형의 정보와 분류 사이의 연결이 정보 수명 주기 동안 유지될 수 있는 명확한 절차가 필요하며 이러한 절차는 정보가 처리되는 방법을 규정하고 있어야 한다. ISO 27001 및 ISMS 요구 사항 문서에서는 모든 요구 사항을 다음의 요구 사항과 함께 일반 정보 보안 범주로 분류 하고 있다.

- **정보 분류 :** 분류 체계는 허가되지 않은 노출 또는 수정에 대해 법적인 요구 사항, 가치, 중요성 대한 민감도를 고려해야 한다.
- **정보 라벨링 :** 조직은 정보 분류 체계에 따라 정보 표시를 위한 적절한 절차를 개발하고 구현해야 한다.
- **자산 처리 :** 자산 처리 절차는 정보 분류 체계에 따라 개발되고 구현되어야 한다.

이 절에서는 이러한 세 가지 활동에 대해 살펴볼 것이다.

정보 분류

정보 분류 및 처리를 위험 관리 맥락에서 보는 것은 매우 유용하다. 미국 국가 표준 기술 연구원 SP 800-37 연방 정보 시스템을 위한 위험 관리 프레임워크 적용 지침에서는 위험 관리를 6단계로 구성된 위험 관리 프로세스로 정의하고 있다(그림 6.1 참고).

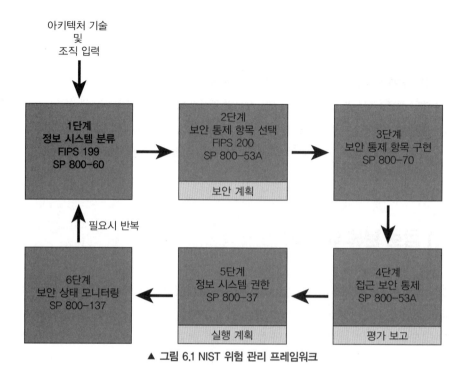

▲ 그림 6.1 NIST 위험 관리 프레임워크

1. **분류 :** 조직은 정보를 시스템에 의해 전송, 처리, 저장하기 위해 식별해야 하며 영향 분석을 통해 정보 분류를 적용 가능한 수준으로 정의한다. 또한 PII의 취급과 보호를 고려해야 한다. 분류 단계의 목적은 조직 시스템의 기밀성, 무결성 및 가용성 및 시스템에 의한 정보 처리, 저장, 전송을 포함한 조직 자산의 손상 또는 손실과 관련하여 조직에 대한 악영향 또는 결과를 결정함으로써 후속 위험 관리 프로세스 및 작업을 안내하는 역할을 한다.

2. **선택 :** 조직은 시스템에 대한 기본 보안 통제의 초기 상태를 선택하고 조직의 위험 평가 및 현재 조건을 기반으로 필요에 따른 보안 통제 기준을 조정하고 보완해야 한다.

3. **구현 :** 조직은 보안 통제를 구현하고 시스템과 운영환경에서 통제가 어떻게 활용되고 있는지 문서화 해야 한다.

4. **접근 :** 조직은 적절한 평가 절차를 통해 보안 통제를 평가해야 한다. 또한 통제가 정확하게 구현되고 의도한대로 동작하며 시스템에 대한 보안 요구 사항을 충족시키는지 살펴야 한다.

5. **권한 부여 :** 경영진은 보안 통제 평가 결과에 따라 시스템 운영 및 운영 지속 여부에 대해 결정하고 승인해야 한다. 이 결정은 시스템 운영으로 인한 조직 운영 및 자산에 대한 위험 결정과 이러한 위험이 수용 가능하다는 사실에 기반한다.

6. **모니터 :** 조직은 시스템이 작동하는 환경 및 환경 변화가 발생할 때마다 보안 통제가 지속적으로 효과가 있음을 보장하기 위해 보안 통제를 지속적으로 모니터링 해야 한다. 여기에는 통제 효율성 평가, 시스템 또는 운영 환경 변경 사항의 문서화, 관련 변경 사항에 대한 보안 영향 분석 수행, 지정된 조직 관계자의 시스템의 보안 상태 보고가 포함된다.

분류 단계에서 아키텍처를 고려해야 하며 고려 사항은 다음 사항들을 포함 해야 한다.

- **정보 보안 아키텍처** : 2장 "보안 거버넌스"를 상기하면 기업의 임무와 전략 계획과 일치하는 기업의 보안 프로세스, 정보 보안 시스템, 개인, 하위 조직에 대한 구조 및 행위의 기술로 정의된다.
- **임무 및 비즈니스 프로세스** : 이것은 조직이 하는 일, 인식 된 사명 또는 임무가 무엇인지, 그리고 사명을 수행하는 데 어떤 비즈니스 프로세스가 관련되어 있는지를 나타낸다.
- **정보 시스템 경계** : 권한 경계라고도 하는 이러한 경계는 조직 정보 시스템(조직이 직접 관리, 통제, 또는 책임 범위 내에서 보호하기로 동의 한 내용)에 대한 보호 범위를 설정하고 인력, 프로세스, 조직의 임무와 비즈니스 프로세스를 지원하는 시스템의 일부인 정보 기술 등이 포함된다.

분류 단계의 그 외 주요 입력 유형은 조직 입력과 다음을 포함하여 구성된다.

- 법률, 지침, 정책 지침
- 전략 목표 및 목적
- 우선 순위 및 자원 가용성
- 공급 망 고려 사항

본론으로 들어가기 전에 정보 분류에 필수적인 개념을 살펴보도록 하자.

- **정보 유형** : 조직 또는 일부 사례의 경우 특별법, 지침, 정책, 또는 규제를 통해 정의된 특별 유형 정보(예, 개인정보, 의료, 독점, 금융, 조사, 민감한 계약자 정보, 보안 관리)
- **보안 목표** : 성취 되어야할 보안 특성으로 무결성, 기밀성, 가용성으로 구성된다.
- **영향** : 비즈니스 목표 성취 수준에 따른 역 변화로 영향 수준 또는 영향 값이라고 한다. 전형적으로 3가지 수준(낮음, 중간, 높음) 또는 5가지 수준(매우 낮음, 낮음, 중간, 높음, 매우 높음)이 사용된다.
- **정보 분류** : 정보에 대한 가치를 반영하는 클래스로 정보 그룹화 및 분류에 따른 보호 수준이 요구되며 보안 범주라고도 한다.

분류는 정보를 다루는 사람들에게 정보를 어떻게 처리하고 보호할 수 있는가에 대한 정보를 제공한다. 유사한 보호를 요구하는 정보를 그룹으로 생성하고 각 그룹에서 모든 정보에 적용할 수 있는 정보 보안 절차를 지정하는 것은 정보 보호를 용이하게 한다. 예를 들어 접근 통제 정책은 분명하게 정의된 역할 내에서 제한된 권한을 가진 사람에게 특정 그룹의 정보에 대한 접근은 제한되도록 지시할 수 있다. 이러한 접근 방법은 사례별 위험 평가 및 통제의 맞춤 설계에 대한 요구를 줄여준다.

분류 방법은 표준 기관들마다 다양하다. ISO 27001에서 정보는 법적인 요구 사항, 가치, 중요성, 무단 공개 또는 수정에 대한 민감도 등에 따라 분류된다. ISO 27002 정보 보안 통제 항목 실무 규정에서 조직에 대한 민감성 및 중요성에 따라 분류는 자산의 가치를 표시해야 한다는 추가 지침을 제공한다(예, 기밀성, 무결성, 가용성).

FIPS 199 연방 정보 및 정보 시스템 정보 분류 표준에서는 보안 범주를 표현하는 다음의 일반화된 형식으로 된 보안 범주보다 정확한 정의를 제공한다.

SC 정보 유형 ={(기밀성, 영향), (무결성, 영향), (가용성, 영향)}

따라서 FIPS 199에서 정보 유형의 범주는 세 가지 값으로 구성된다. 조직은 보다 기술적인 용어들을 사용할 수 있으며 정보의 중요성과 민감성을 구분 할 수 있다.

NIST SP 800-60 보안 분류에 대한 정보 및 정보 시스템의 매핑 유형 지침에서는 보안 분류 프로세스를 4 단계로 정의하고 하고 있으며 그림 6.2와 같다. 다음 절에서 4 단계에 대해 상세히 서명할 것이다.

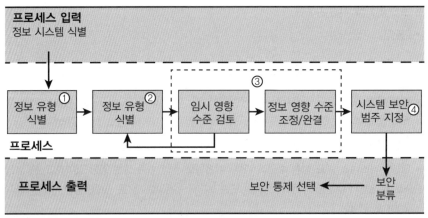

▲ 그림 6.2 보안 분류 절차

정보 유형 식별

SP 800-60에 따른 보안 분류 프로세스의 첫 번째 단계는 분류할 정보 유형을 식별하는 것이다. 이 단계의 결과는 정보 유형의 분류 또는 카탈로그이다. 상세 수준 또는 세밀성은 보안 거버넌스와 관련된 사람들이 결정해야 한다. 결정에 있어 조직의 크기, 활동 범위, 감지된 전반적인 위험 수준과 같은 요소들을 고려해야 한다. 식별 과정은 다음 사항들을 포함하여 모든 형태의 정보를 취급해야 한다.

- 저장, 전송, 처리 가능한 데이터로 구성된 전자식 데이터
- 전자 메일 및 문자 메시지와 같은 전자 통신
- 전화, Skype, 원격 화상 회의와 같은 음성 통신

- 비디오 프레젠테이션, 감시 카메라, 녹음과 같은 멀티미디어 정보
- 종이 서류와 같은 물리적 정보

SP 800-60에서는 개별 정보 유형이 정의된 3개의 일반적인 조직 영역을 제안한다.

- **임무 기반 정보 :** 이 영역에서 조직의 임무와 관련된 정보 유형이 포함된다. 예를 들어 의료 분야의 조직은 의료 서비스가 제공하는 서비스, 수수료 일정, 보험 약정, 고객에게 재정적 지원을 제공하는 정책 정보를 가지고 있다. 기술 회사는 연구 및 개발 계획, 목표, 외부 컨설팅 계획, 신기술에 대한 장기 계획에 대한 정보를 보유한다.
- **서비스 전송 지원 기능 :** 조직 운용을 지원하고 조직에서 제공하는 특정 서비스 또는 제품과 관련된 정보 유형이다. 예를 들어 위험 관리 및 완화, 비상 계획이 포함된 정보 유형, 운용 지속성, 서비스 복구가 있다.
- **백오피스 지원 기능 :** 지원 활동으로 조직을 효과적으로 운용 가능하다. SP 800-60에서는 다섯 가지 주요 정보 유형 그룹을 제안한다.
  - 행정 관리
  - 재무 관리
  - 인적 자원 관리
  - 정보 관리
  - 기술 경영

예를 들어 정보 및 기술 관리 그룹에서 SP 800-60은 시스템 및 네트워크 모니터링을 다음과 같이 제안된 분류로 열거하였다.

{(기밀성, 보통), (무결성, 보통), (가용성, 낮음)}

조직에서 사용하는 분류 체계가 무엇이든 다양한 분류 수준에 대한 명확한 정의가 있어야 정보 유형 분류에 관하여 모든 사람들이 동일하게 작업 할 수 있다. 이러한 맥락에서 유용한 도구는 다양한 유형의 영향 및 심각도 수준에 대해 일관된 정보를 제공하는 비즈니스 영향 참고 표(BIRT, 3장 "정보 위험 평가" 그림 3.11 참고)이다.

영향 수준 선택 및 검토

SP 800-60에 따른 보안 분류 프로세스의 두 번째 단계는 식별된 정보 유형에 보안 영향 수준을 할당하는 것이다. 그림 3.4의 워크 시트와 그림 3.5는 이러한 프로세스의 문서화의 예시이다. 예를 들어 정보 및 기술 관리 그룹 SP 800-60은 시스템 및 네트워크 모니터링을 다음과 같은 분류로 권장한다.

{(기밀성, 보통), (무결성, 보통), (가용성, 낮음)}

SP 800-60에 따른 보안 분류 프로세스의 세 번째 단계는 잠정적인 영향 수준을 검토하여 다양한 관리자와 정보 소유자가 프로세스에 기여할 수 있도록 하는 것이다.

보안 분류 할당

SP 800-60에 따른 보안 분류 프로세스의 마지막 단계는 각 정보 유형에 따른 보안 분류이다. SP 800-60에서 제안된 방법이 사용되면 정보 유형의 전반적인 분류는 평가된 영향과 일치하며 기밀성, 무결성, 가용성 영향 중에서 가장 높다. 그렇지 않은 경우 영향도 정보를 분류에 매핑해야 한다.

주요 고려 사항은 각 분류 수준의 이름을 지정해야 한다는 것이다. 이름은 분류 체계와 관련하여 합당해야 한다. 정보 유형을 분류하고 정보 유형을 적절하게 명명하면 정보를 다루는 사람들에게 해당 정보를 다루고 보호하는 방법에 대해 간략한 정보가 제공된다.

정보 라벨링

라벨링은 정보 유형의 각 인스턴스와 관련 있어야 분류가 명확하고 모호하지 않게 한다. 라벨 정보와 분리되지 않도록 하고 라벨 내용이 무단으로 변경되지 않도록 하는 방법이 필요하다. 편의와 효율성을 위해 기밀 정보가 아닌 경우 라벨을 생략할 수 있다.

무선 주파수 식별 (RFID) : 전자 태그를 사용하여 항목을 원격 시스템으로 식별하고 추적할 수 있도록 하는 데이터 수집 기술. 태그는 안테나에 부착된 RFID 칩으로 구성된다.

물리적 정보 유형의 경우 물리적 라벨을 추가해야 한다. 이것은 매체에 국한되지 않으며 읽을 수 있는 라벨 또는 바코드일 수 있다. 일부 경우에 있어 무선 주파수 식별 태그(RFID)가 정보 매체에 부착 될 수 있다. 전자 형식으로 저장된 정보에 대해서 전자 기술을 사용하는 것을 포함하여 워터마킹, 머리글과 바닥글 라벨링, 메터 데이터에 라벨 포함, 파일 명명 규칙등과 같은 여러 가지 기술을 활용할 수 있다. 디지털 서명은 전자 통신에 사용 될 수 있다.

정보 처리

정보 처리는 분류에 따른 처리, 저장, 통신, 그 외 정보 취급과 관련된 작업을 의미한다. 이와 관련하여 ISO 27002는 다음과 같은 사항들이 있다.

- 각 수준의 보호 요구 사항에 맞는 접근 제한 분류
- 자산 수령자에 대한 공식 기록 유지
- 원본 정보의 보호와 일관된 수준으로 정보의 임시 또는 영구 복사본 보호
- 제조업체 사양에 따른 IT 자산 저장
- 인가된 수령인의 주의에 따른 모든 미디어 사본에 대한 명확한 표시

자동화가 가능한 분류 도구를 사용하여 분류 수준에 따라 정보를 처리한다. 다음은 이를 위한 특별한 방법들이다.

- 쉽고 정확하며 지속적으로 정보 라벨을 기입한다.
- 분류 세부 정보를 정보에 추가(예, 메타 데이터, XML 속성, 이와 유사한 기술 사용)
- 정보 보호 요구 사항을 효과적으로 전달

조직은 문서 관리 시스템(DMS : Document Management System) 또는 기록 관리 시스템(RMS : Records Management System)과 같은 다양한 정보 관리 도구를 활용할 수 있다. 이에 대해서는 6.3에서 살펴볼 것이다.

자동화 도구는 암호화, 디지털 서명 모듈, 데이터 유출 방지(DLP : Data Loss Prevention)와 같은 다른 보안 도구와 통합을 용이하게 할 수 있어야 한다.

6.2 개인 정보

ISO 7498-2 개방형 시스템 상호연결 기본 참조 모델 – 2부 : 보안 아키텍처에서는 개인 정보 보호를 개인의 정보의 수집과 저장 및 정보 공개의 대상을 개인이 통제 및 영향을 줄 수 있는 권리로 정의하고 있다. 미국 사이버 보안 및 공공 정책[CLAR14]의 넥서스 보고서에 따르면 정보라는 관점에서 개인 정보 보호라는 용어는 개인 정보와 관련 없는 타인에 대한 정보를 이용할 수 없음을 의미한다.

개인 정보에 대한 관심은 개인에 관한 정보의 수집, 통제, 보호, 사용과 관련된다. 사이버 보안 측면에서 PII 개인 정보 보호에 대한 우려가 있다(비디오 감시와 반대로). PII로 간주 될 수 있는 정보의 예는 다음과 같다.

- 이름(예 : 성명, 별칭, 해외의 경우 결혼 전 이름)
- 주민등록 번호, 여권번호, 운전 면허 번호, 납세자 식별 번호, 환자 식별 번호, 금융 계좌, 신용 카드 번호와 같이 개인을 식별할 수 있는 정보

데이터 유출 방지(DLP)

: 파일, 전자 메일, 패킷, 응용 프로그램, 데이터 저장소와 같은 객체 내 포함된 정보 컨텐츠를 저장중(저장소 내), 사용중(작업중), 전송중(네트워크를 통해)등의 상태를 분류하는데 사용되는 기술. DLP 도구는 로그, 보고, 분류, 재배치, 태그 지정, 암호화 또는 기업 데이터 권한 관리 보호 적용과 같은 정책을 동적으로 적용할 수 있다.

- 주소 또는 이메일 주소
- IP 주소, MAC(Media Access Control) 주소, 잘 정의된 그룹에 영구적으로 부여된 고유 식별 자와 같은 자산 정보
- 전화 번호(모바일, 사업 및 개인 번호)
- 얼굴, 특징 등이 나타난 사진과 같은 개인 특징을 구별할 수 있는 정보, X레이, 지문, 생체 이 미지, 기타 망막 스캔, 음성 서명, 얼굴 형상과 같은 데이터
- 차량 등록 번호, 소유권 번호 등과 같이 개인 소유 재산을 식별하는 정보
- 위의 정보 중 하나에 연결되거나 연결 가능한 개인 정보(예, 생년월일, 출생지, 인종, 종교, 체 중, 활동, 지리적 지표, 고용 정보, 의료 정보, 교육 정보, 재정 정보)

개인 정보와 정보 보안 두 가지 개념은 밀접하게 연관되어 있다. 정보 시스템에 수집 되고 저장된 개인 정보의 규모와 상호 연관성은 법제도 강화, 국가 안보, 경제적 보 상에 의해 크게 증가했다. 경제적 보상이 가장 주요한 요인일 것이다. 글로벌 정보 경제에서 가장 경제적으로 가치 있는 전자 자산은 수집된 개인 정보이다[JUDY14]. 하지만 정부 기관, 기업, 심지어 인터넷 사용자까지 개인 정보와 개인의 삶과 활동에 관한 상세한 사생활 정보에 접근 할 수 있는 환경에 이르게 되었다.

보안과 개인 정보가 관련이 있지만 동일하다고 할 수 없다. 사이버 보안 또는 정보 보안은 개인 정보를 보호한다. 예를 들어 침입자가 개인 정보(예 개인 이메일, 사진, 재 정 또는 의료 기록, 통화 기록)를 찾으려고 시도하겠지만 사이버 보안에 의해 이러한 시 도는 차단 될 것이다. 또한 보안 측정은 PII의 무결성을 보호하고 PII의 가용성을 지 원한다. 그러나 사이버 보안 및 공공 정책의 사이버 보안 보고서에서 측정은 사이버 보안을 강화하지만 개인 정보를 침해할 수 있다고 지적하고 있다. 예를 들어 일부 악 성코드가 특정 목적을 달성하기 전에 인터넷 트래픽을 차단하기 위한 조치를 적용하 게 되면 악성 코드가 포함된 트래픽을 확인하기 위해 모든 유입되는 네트워크 트래 픽 내용을 검사해야 한다. 공격 대상자가 아닌 다른 사용자에 의한 트래픽 검사는 대 부분의 트래픽에 악성코드가 없기 때문에 개인 정보 침해로 간주 될 수 있다. 대부분 의 경우 이러한 방식의 트래픽 검사는 위법 행위이다.

NISTIR 8062 연방 시스템의 개인 정보 보호 공학 및 위험 관리 소개의 그림 6.3은 개인 정보 보호 영역과 보안 영역 간의 관계를 보여준다. 인가되지 않은 활동으로 야 기된 개인 정보 문제는 개인 정보의 인가된 처리에서도 개인 정보 문제를 일으킬 수 있다. 개인 정보와 보안 사이의 경계와 중첩된 영역을 인식하는 것은 보안 위험 모델 과 개인 정보 문제를 해결하기 위해 적용된 보안 중점 지침을 결정하는데 있어 중요 하며 개인 정보에 대한 공학적 접근을 달성하기 위해 채워야 될 간격을 파악할 수 있 다. 예를 들어 기존 정보 보안 지침은 PII의 사용, 투명성, 수집되는 PII 또는 권한이

있는 직원의 활동에 의한 PII의 사용 변경의 부적할 동의에 대한 문제에 대해 언급하지 않았다. 이러한 구분을 감안할 때 기관들이 단독으로 개인 정보를 효과적으로 관리할 수 없다는 것을 분명히 인식 해야한다.

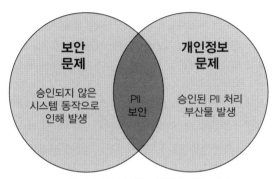

▲ 그림 6.3 정보 보안과 개인 정보간 관계

개인 정보 위협

개인 정보 보호 요구 사항을 이해하려면 먼저 위협을 식별해야 한다. 가장 포괄적인 자료 중 하나는 소로브(Solove)에서 개발된 개인 정보 분류[SOLO06]이다. 개인 정보에 영향을 미치는 다양한 종류의 활동을 기술하였다. 정보 수집, 정보 처리, 정보 전파, 침입(그림 6.4 참고)의 4가지 유해 활동으로 구성된다. 각 그룹은 다시 유해 활동 하위그룹으로 구성된다.

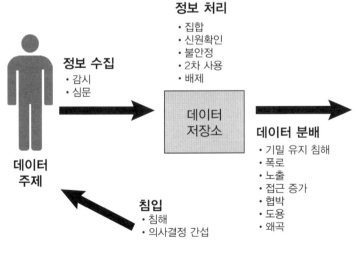

▲ 그림 6.4 잠재적 개인 정보 위협

정보 수집이 유해하지 않지만 일부 개인 정보에 위협이 될 수 있다. 두 가지 유형의 위협 활동이 발생할 수 있다.

- **감시** : 개인의 활동을 보고, 듣거나 녹취하는 활동이다. 특히 감시 대상이 이를 인지하지 못하는 경우 문제가 될 수 있으며 사생활 침해의 위험이 있다.
- **심문** : 심문은 개인 정보를 누설하도록 압력을 가하는 활동이다. 예를 들어 특정 양식 또는 온라인 등록 절차가 진행되는 동안 개인은 자신이 제공하지 않아도 되는 정보를 누설하도록 강요 받거나 압력을 받을 수 있다.

정보 처리는 수집된 데이터의 사용, 저장, 데이터 조작을 의미한다. 개인 정보 이슈는 수집된 데이터 처리 방법과 개인 정보가 포함된 개인들에 대해 처리된 결과가 연결될 때와 관련된다. 이러한 분야에서 개인 정보 위협의 잠재적 원인은 다음을 포함한다.

- **집계** : 개인에 관한 다양한 데이터가 집계되는 데이터베이스에 접근할 수 있는 사람은 개별적으로 보호되고 별도로 저장된 데이터에서 알 수 있는 개인 정보 보다 훨씬 많은 정보를 습득할 수 있다.
- **식별** : 충분한 자료가 있으면 다양한 출처의 데이터를 집계하고 이러한 데이터를 사용하여 식별되지 않은 사람들을 식별할 수 있다.
- **불안정성** : 불안정성은 PII의 부적절한 보호 및 처리를 의미한다. 신원 도용은 불안정성으로 초래되는 결과중 하나이다. 또 다른 잠재적 결과는 사람의 기록을 허위로 기록함으로써 그 사람에 관한 거짓 정보를 전파하는 것이다.
- **2차 사용** : 2차 사용을 목적으로 얻은 사람에 관한 정보는 동의 없이 사용하거나 다른 목적으로 사용하는 것이 가능하다.
- **배제** : 이는 개인에게 기록에 대한 통지와 정보를 제공하지 않는 것이다.

정보 전파 영역은 개인 정보의 계시 또는 계시 위협을 포함한다. 이러한 영역에서 개인 정보의 잠재적 위협은 다음과 같다.

- **공개** : 공개는 개인에 대한 진정한 정보 공개를 의미한다. 잠재적 위험은 명성이나 지위에 특정 형태로 손상을 입히는 것이다. 예를 들어 웹 사이트 페이지에서 공개 문제에 중점을 둔 개인 정보 취급 방침이 있는 페이지로 이동할 수 있도록 하단에 개인 정보 링크를 제공할 수 있다. 일반적인 정책에서는 수집되는 정보, 사용 목적, 정보 공개, 쿠키, 웹 비콘 및 기타 추적 기술, 사용자 선택이 포함된다. 정책에 대한 예시 링크가 제공된다.
- **기밀 유지 침해** : 소로브(Solove)의 개인 정보 분류[SOLO06]는 기밀 유지의 공개와 위반을 구분하며, 후자는 관계에 대한 신뢰의 위반을 포함하는 공개로 정의한다. 따라서 공개 자체가 해롭지 않더라도 공개 출처는 개인이 특정 신뢰를 기대하는 본질이다. 의료 정보를 제 3자에게 무단 공개하는 경우가 일례이다.

- **노출** : 노출은 누드 사진이나 외과 수술 영상과 같은 사람에 대한 물리적 감성적 속성에 대한 노출을 포함한다.
- **향상된 접근성** : 접근성이 향상됨에 따라 이미 공개적으로 사용 가능한 정보에 보다 쉽게 접근 할 수 있다. 접근성이 증가해도 새로운 위험은 발생하지 않지만 가능성이 높아져 위험이 증가한다.
- **협박** : 협박은 고객 위협을 포함한다. 랜섬웨어는 사이버 보안 측면에서 협박의 예이다.
- **도용** : 도용은 특정 목적을 위해 다른 사람의 신분 또는 인격을 사용하는 것을 포함한다. 피해자의 희생을 요구하지 않는 것은 아니며 피해자가 허락하지 않은 광고와 같이 특정 목적을 위해 피해자의 이미지 또는 특성을 사용한다.
- **왜곡** : 왜곡이란 다른 사람들에 의해 인지되고 판단되는 방식을 조작하는 것이다. 희생자가 사실과 다르게 일반에 노출되는 것을 포함한다. 왜곡은 개인과 관련된 기록을 수정함으로써 달성할 수 있다.

개인 정보 위협의 네 번째 영역은 침입이며 개인에게 직접적으로 영향을 미친다. 이 영역에서 개인 정보 위협의 잠재적인 원천은 다음과 같다.

- **침입** : 일반적으로 침입은 개인의 삶이나 개인 공간으로 침입하는 것을 포함한다. 사이버 보안과 관련하여 침입은 네트워크 또는 컴퓨터 시스템에 침투하여 접근 권한을 얻는 것과 관련 있다. 침입은 다양한 보안 위협의 일부지만 개인 정보 위협을 유발 할 수도 있다. 예를 들면 개인용 컴퓨터에 대한 침입 또는 침입 위협은 컴퓨터 사용자의 활동이나 정서를 혼란 시킬 수 있다.
- **결정적 간섭** : 이는 폭넓은 법률적 개념이다. 특정 유형의 공개를 회피하는 개인의 관심과 관련된다. 정부 이익을 등록하거나 노출 위험이 있는 정보를 생성하는 것과 같은 행위는 억제된다.

이상의 잠재적 위협 목록은 포괄적이며 조직의 일련된 개인 정보 제어가 모든 위협을 해결할 수 있을 것이라고 보지 않는다. 그러나 개인 정보 통제 우선 순위를 결정할 때 이러한 목록은 유용하다.

개인 정보 원칙 및 정책

다수의 국제 기구 및 국가 정부가 개인의 사생활을 보호하기 위한 표준, 법률, 규정을 도입했다. 다음 절에서는 한 개의 표준 및 두 개 지역에 대한 예를 살펴볼 것이다.

ISO 29100

ISO 29100 개인 정보 프레임워크에서는 국제 표준의 기반의 되는 11가지 개인 정보

체이스뱅크 온라인 개인 정보 정책 :

https ://www. chase.com/digital/ resources/privacy- security/privacy/ onlineprivacy-policy

구글 개인 정보 정책 :

https ://www. google.com/intl/ en_us/policies/ privacy/?fg=1

원칙을 제시한다.

- **동의 및 선택 :** PII 주체(PII와 관련된 사람)가 개인 식별 정보(PII) 사용에 대한 동의를 할 수 있고 정보의 유지 및 제공 여부를 선택할 수 있다.
- **목적 정당성 및 기준 :** PII 주체에게 명확한 기준과 사용될 수 있는 PII 목적을 정의한다.
- **수집 제한 :** 법률 범위 내에서 특정 목적에 부합하여 필요한 경우로 PII 수집을 제한한다.
- **데이터 최소화 :** PII 처리를 최소화 한다.
- **사용, 보유, 공개 제한 :** PII의 사용, 보유, 공개(전송 포함)를 구체적이고 합법적인 목적을 충족시키는 경우로 제한한다.
- **정확성 및 품질 :** PII를 정확하고 신뢰할 수 있는 검증된 출처에서 획득하며 정보 무결성을 주기적으로 확인한다.
- **개방성, 투명성, 통지 :** PII 처리와 관련하여 PII 통제 정책, 절차, 실행에 대한 명확하고 쉽게 접근 가능한 정보를 PII 주체에 제공한다.
- **개인 참여 및 접근 :** PII 주체에게 PII 접근, 이의 제기, 수정 또는 제거할 수 있는 권한을 부여한다.
- **책임 :** PII 보호를 위한 구체적이고 실무적인 측정 방법을 적용한다.
- **정보 보안 :** PII 무결성, 기밀성, 가용성을 확인하기 위해 운용, 기술, 전략적 수준에서 적절한 통제를 가진 권한으로 PII를 보호하며 비인가 접근, 파괴, 사용, 수중, 노출, 손실과 같은 위험으로부터 보호한다.
- **개인 정보 보호 준수 :** 내부 감사자나 신뢰할 수 있는 제 3자 감사원을 통해 주기적으로 감사를 실시하여 처리 절차가 데이터 보호 및 개인 정보 보호 요구 사항을 충족하는지 확인하고 입증한다.

이 원칙에는 정보 보안 제반 사항들이 포함되지만 그 보다 훨씬 광범위하다.

유럽 연합 GDPR

가장 포괄적인 발안 중 하나는 유럽 연합의 일반 데이터 보호 규정(GDPR: General Data Protection Regulation)으로 2016년 유럽 의회에서 승인되었으며 시행일은 2018년 5월이다. 유럽 전역에 걸쳐 개인 정보 보호법을 일치시키고 모든 EU 시민들의 개인 정보를 보호하고 권한을 부여하며 지역의 공공 및 민간 조직이 개인 정보에 접근하는 방식을 재구성하도록 설계되었다.

표 6.1에는 GDPR의 핵심 원칙들을 요약하였다.

원칙	설명
공정한, 법률적, 투명한 처리	개인 정보를 공정하고 합법적으로 처리 해야 한다는 요구 사항은 광범위하다. 예를 들어 데이터 주체에게 자신의 개인 데이터가 사용될 대상을 알리는 의무가 포함된다.
목적 제한	한 가지 목적으로 수집된 개인 데이터는 수집된 목적 외에 새로운 목적으로 사용할 수 없다. 적절한 법률 및 규정에 따라 보관, 과학적, 역사적, 통계적 목적으로 개인 데이터를 추가 처리 할 수 있다.
데이터 최소화	제한된 경우를 제외하고 조직은 처리 목적을 달성하기 위해 실제로 처리해야 하는 개인 데이터만을 처리해야 한다.
정확성	개인 데이터는 정확해야 하며 필요한 경우 최신 정보여야 한다. 부정확한 개인 정보는 지체 없이 삭제되거나 수정될 수 있도록 모든 합당한 조치를 취해야 한다.
데이터 보유 기간	개인 데이터는 수집 대상 또는 추가 처리 대상에 필요 이상의 데이터를 식별 할 수 있는 형태로 보관되어야 한다. 데이터 주체는 개인 데이터를 지울 수 있는 권리가 있으며 경우에 따라 최대 보유 기간보다 빠를 수 있다.
데이터 보안	우발적이거나 불법적인 파기 또는 우발적 손실, 변경, 무단 공개, 접근으로부터 개인 정보를 보호하기 위해 기술 및 조직적인 차원에서 조치를 취해야 한다
책임	통제자는 처리 활동이 데이터 보호 원칙을 준수하는지 확인해야 한다.

키나스트(Kinast)의 필수적인 10가지 주요 사항[KINA16]은 유럽에서 사업할 경우 알아야 되는 GDPR에 관련 간략한 정보를 제공하고 있다.

- GDPR은 EU 시민의 개인 데이터를 처리하는 전 세계 모든 기업에 적용된다. EU 시민과 관련된 정보를 다루는 회사는 GDPR의 요구 사항을 준수해야 하며 이는 최초의 글로벌 데이터 보호와 관련된 법일 것이다. 이를 계기로 전 세계 기업에서 개인 정보를 더욱 중요하게 생각할 것이다.

- GDPR은 이전 EU 규정과 비교하여 개인 데이터 정의를 확장하고 있다. 결과적으로 과거 데이터 보호법의 영향을 받지 않은 IT 부분은 새로운 규정의 준수 여부를 확인하기 위해 기업 차원의 관심이 필요하다. GDPR 정의는 개인 정보가 확인되거나 식별 가능한 자연인과 관련된 정보를 의미한다. 자연인은 이름, 주민 번호, 위치 정보, 온라인 식별자, 자연인의 신체적, 생리학적, 유전적, 정신적, 경제적, 문화적, 사회 정체성과 같은 식별자를 통해 직간접적으로 식별될 수 있는 사람이다.

- GDPR은 개인 정보 사용에 대한 동의를 얻기 위한 규정을 강화하였다. 개인 정보 사용에 대한 유효한 동의를 증명하는 것은 GDPR에서 제시하는 가장 큰 이슈 중 하나일 것이다. GDPR에서 데이터 주체의 동의는 진술이나, 모호하지 않은 의사 표시 또는 행동에 대한 확실한 의사 표시를 나타내며 데이터 처리와 관련된 자신의 의사 표시를 강화한다.

- GDPR은 대규모 데이터 또는 특정 범주에 대한 처리가 필요한 데이터를 정기적 또는 체계적으로 모니터링 해야 할 때 공인 기관이 개인 정보 처리를 위해 데이터 보호 책임자뿐 아니라 다른 단체를 지명할 것을 요구한다.

- GDPR은 데이터 보호 영향 평가를 의무화 하고 있다. 데이터 통제자들은 데이터 주체에 대한 위험을 최소화하기 위해 개인 정보 유출 위험이 높은 것들에 대해 평가를 수행해야 한다. 이는 조직에서 개인 정보가 포함된 프로젝트를 구현하기 전에 개인 정보 위험 평가를 수행

하고 데이터 보호 책임자(DPO : Data Protection Officer)와 협력하여 프로젝트가 진행됨에 따라 규정 준수 여부를 확인해야 한다.

- GDPR은 조직이 데이터 침해 발견 후 72시간 이내에 데이터 유출 권한을 지역 데이터 보호 기관에 통보하도록 요구하고 있다. 즉, 조직은 데이터 유출을 감지하고 대응할 수 있는 기술 및 프로세스를 확보하고 있어야 한다.

- GDPR에는 잊혀질 권리가 있다. 데이터 삭제라고도 하는 잊혀질 권리는 데이터 주체가 데이터 통제자가 개인 정보를 삭제하고 추가적인 전파를 방지하고 제 3자에 의한 데이터 처리를 중단할 수 있다. 조건에는 데이터가 더 이상 원래의 처리 목적과 관련이 없고 데이터 주체의 철회 동의가 있어야 한다. 이는 조직이 그들이 수집한 데이터의 용도를 변경하기 전에 새로운 동의를 얻어야 한다는 것을 의미한다. 또한 조직은 데이터 주체의 요청에 대한 응답으로 데이터를 삭제할 수 있는 프로세스와 기술을 보유하고 있다는 것을 보장해야 한다.

- GDPR은 개인정보가 시스템 및 프로세스에 포함되도록 요구한다. 설계상 개인 정보는 추가가 아닌 시스템의 설계 시작 단계부터 보호 받아야 한다.

GDPR은 사이버 보안의 개인정보 통합에 있어 중요한 기준점이다. 이러한 규정에 영향 받지 않는 조직조차도 규정을 숙지하고 개인 정보 통제 설계 시 고려해야 한다.

미국 개인 정보 보호 법률 및 규정

미국 내에서 개인 정보 보호를 다루는 단일 법이나 규정은 존재하지 않는다. 연방 개인 정보 보호법은 개인 정보에 대한 다양한 측면을 다루지만 대부분 정부 기관 및 부서뿐아니라 사설 기관에 위임하고 있다. 다음 내용을 포함하고 있다.

- 1974년 개인 보호 법 : 개인의 개인 식별 정보를 수집, 사용, 양도, 공개와 관련한 연방 기관이 준수 해야 하는 법 지정

- 2003년 공정하고 정확한 신용 거래법(FACTA) : 특정 종류의 소비자 금융 거리(주로 신용 거래)에 종사하는 단체가 신원 도용을 인식하고 이와 관련된 사건에 대응하기 위한 조치와 관련된 법

- 1996년 건강 보험 이식 및 책임관련 법(HIPAA) : 건강 기록의 보안 및 개인 정보를 보호하기 위해 대상 단체(일반적으로 의료 및 건강 보험 제공자)가 필요함

- 1974년 가족 교육 권리 및 사생활 보호법(FERPA) : 학생 교육 기록의 개인 정보를 보장함으로써 학생과 그 가족을 보호 하도록 고안

- 1999년 그램-리치-브릴리(Gramm-Leach-Bliley)법(GLBA) : 소비자의 금융 데이터를 보호하기 위해 금융 기관의 개인 정보 보호 및 정보 보호를 법제화

- 인간 주체를 보호 하기 위한 연방 정부 정책 : 인간과 관련된 연구에서 기본 윤리적 원칙(개인 정보 보호 및 기밀 유지 포함)을 개략적으로 설명하며 1991년에 발행되고 15개의 연방 부처 및 기관에 의해 별도 규정으로 성문화됨

- 아동 온라인 개인 정보 보호법(COPPA) : 13세 미만 아동의 온라인 개인 정보 수집 관리

- 전자 통신 개인 정보 보호 법 : 전송 단계에서 유선 및 전자 통신 허가를 받지 않고 유무선 감청 금지 및 저장된 유무선 통신 자료의 접근 금지

개인 정보 보호 정책

지금까지 이 절에서는 개인 정보 보호에 대한 잠재적 위협과 정부의 개인 정보 보호에 대한 접근 방식을 살펴 보았다. 개인 정보 보호 위협에 대응하고 정부 법률 및 규정을 준수하기 위해 조직은 개인 정보 보호 요구 사항을 포함하고 법적 요구 사항에 부합하는 개인 정보 통제를 필요로 한다. NIST SP 800-53 연방 정보 시스템 및 조직에 권장되는 보안 통제에서는 보호 정책에 대한 포괄적인 내용을 제공한다. 총 8가지의 계열 24개의 보호 정책으로 구성되어 있다.

- **권한 및 목적** : 개인 정보 보호에 영향을 미치는 특정 PII 수집 또는 활동을 허가하는 법적 근거를 확인하고 PII가 수집되는 목적을 명시하도록 한다. 이러한 통제는 정책 선언으로 구체화된다.

- **책임성, 감사, 위험 관리** : 조직에서 적용되는 정보 보호 요구 사항을 준수하고 전반적인 개인 정보 위험을 최소화하려고 노력한다는 것을 입증하기 위한 통제, 모니터링, 위험 관리, 평가로 구성된다. 여기에는 다음과 같은 통제 항목들이 포함된다.

  - 거버넌스 및 개인 정보 보호 프로그램 : 주요 개인 정보 보호 정책 지정, 국가 개인 정보 보호 법률 모니터링, 조직 전체 개인 정보 보호 프로그램을 위한 충분한 자원 할당, 전략적 개인 정보 보호 계획 개발, 개인 보호 정책 개발이 포함된다.

  - 개인 정보 침해 및 위험 관리 : 위험 관리 프로세스 구현 및 개인 정보 영향 평가 수행을 포함한다.

  - 계약자 및 서비스 제공 업체의 개인 보호 요구 사항 : 계약에 있어 개인 정보 보호 책임을 포함한다.

  - 개인 정보 모니터링 및 감사 : 개인 정보 통제 및 내부 개인 정보 정책을 모니터링하고 감사하며 효과적으로 구현할 수 있도록 지원한다.

  - 개인 정보 인식 및 교육 : 모든 직원들에게 인식 프로그램을 실시하고 관련자를 대상으로 개인 정보 책임에 대한 교육을 실시한다.

  - 개인 정보 보고 : 규제 기관에 대한 모든 개인 정보 보호 보고서를 발행한다.

  - 개인 정보 보호 강화 시스템 설계 및 개발 : 자동 개인 정보 통제에 의한 정보 시스템을 설계한다.

  - 공시에 의한 회계 처리 : 정확한 공시를 통해 관련 있는 사람들이 이를 이용할 수 있도록 한다.

- **데이터 품질 및 무결성** : 조직에서 수집하고 유지 관리하는 모든 PII가 사용 목적에 맞고 완성되도록 한다. 이러한 통제는 수집 또는 생성된 PII의 품질을 최대로 보장하고 무결성을 보장하는 프로세스에 대한 문서화를 포함한다.

- **데이터 최소화 및 유지** : 다음과 같은 항목을 포함한다.
  - 개인 식별 정보 최소화 : 관련성이 있고 필요한 최소한의 개인 정보의 식별 절차를 수립해야 한다.
  - 데이터 보존 및 폐기 : 필요한 경우 PII를 유지하고 안전한 삭제 및 파쇄 방법을 제공해야 한다.
  - 실험, 교육, 연구에 활용되는 PII 최소화 : 실험, 교육, 연구에서 개인 식별 정보 사용을 최소화 하기 위한 정책 및 절차를 개발하고 구현한다.
- 개인 참여와 배상

인식 및 훈련과 관련하여 NIST SP 800-122 개인 신상 정보 기밀 보호 지침에서 다음과 같은 주제를 다루고 있다.

- PII 정의
- 적용 가능한 개인 정보 보호 법률, 규정, 정책
- 데이터 수집, 저장, PII 사용에 대한 제한
- PII 사용 및 보호에 대한 역할 및 책임
- PII의 적절한 처분
- PII의 오용에 대한 제재
- PII와 관련된 보안 또는 개인 정보 침해 사고 인지
- PII 보유 일정
- PII 관련 사건 및 보고 응답에 대한 역할 및 책임

조직이 실현해야 하는 개인 정보 보호 정책 범위는 PII에 대한 조직의 개입 정도에 따라 달라진다.

6.3 문서 및 기록 관리

특정 정보 분류는 문서와 기록으로 구성된다. 여기에는 표준화 되고 보편적으로 받아들여지는 정의가 없지만 보안 맥락에서 적절한 정의는 다음과 같다

- **문서** : 사람들의 이해를 위해 구조화 되고 다양한 기호로 표현되며 단위로 저장되고 추리되는 특정 주제와 관련된 일련의 정보. 문서는 수정 될 수 있음
- **기록** : 약관, 지술, 요구 또는 공인 기록을 제공하는 문서의 하위 클래스. 일반적으로 한 번 생성된 기록은 수정되지 않음

다음의 추가 용어 정의는 이 절을 이해하는데 도움이 될 것이다.

- **문서 관리** : 조직 내 문서 수집 및 관리. 원래 컴퓨터로 스캔 후 문서 관리만 의미했지만 문서 이미지화, 워크 플로우, 텍스트 검색, 멀티미디어를 포괄하는 의미로 확장되었다.
- **문서 관리 시스템** : 전자 출판을 위한 문서관리 소프트웨어. 일반적으로 다양한 문서 형식을 지원하며 네트워크에서 광범위한 접근 제어 및 검색 기능을 제공한다. 문서 관리 시스템은 여러 버전의 문서를 지원할 수 있으며 다른 저자들이 작성한 텍스트들을 결합할 수 있다. 종종 적절한 사용자에게 문서를 전달하는 워크 플로우가 포함된다.
- **기록 관리** : 조직 내 민감하거나 중요한 문서 및 전자 기록의 생성, 보존, 예정된 폐기. 컴퓨터 생성 보고서는 기록 관리 영역에 속하지만 기존 데이터 처리 파일은 그렇지 않다.
- **기록 관리 시스템** : 기록 관리 도구를 제공하고 이를 도와주는 소프트웨어

표 6.2는 CMS 와이어 기사 "6가지 방식의 문서 관리 및 기록 관리 차이점"[ROE10]을 기반으로 한 문서 및 기록 관리의 주요 차이점이다.

▼ **표 6.2 문서와 기록 관리 차이점**

기능	문서 관리	기록 관리
목적	공유 목적을 가진 사용자가 문서에 접근, 관리를 용이하게 함. 이러한 사용자는 해당 문서에 대해 공동 작업 수행이 가능함	식별, 저장, 유지 관리, 조직의 법정, 규제, 재정, 운용활동과 관련된 조직의 활동을 설명하는데 사용되는 데이터를 관리
저장소	버전 추적 및 기록을 통해 접근하고 수정할 수 있는 기능이 포함됨	원본 형식 및 내용으로 기록을 보존하기 위한 것
자동화된 프로세스	수집, 저장, 문서 수명 주기 제어, 접근 제어가 포함될 수 있음	컨텐츠와 컨텍스트 및 구조를 보존하면서 일관된 방식으로 기록을 관리. 원본 형식의 기록 감사 지원
보안	접근 제어를 통해 문서를 접근한 사용자, 접근 시간, 변경 사항을 추적할 수 있음	인증 및 데이터 무결성을 포함하여 보다 엄격한 보안을 제공
처분	문서 관리 시스템에서 문서를 폐기하는 것은 문서의 수명 주기가 완료되어 더 이상 비즈니스 프로세스에서 필요하지 않을 때 발생함. 처분에는 문서 파쇄 또는 기록으로 전환됨. 문서를 기록 상태로 전환하는 결정은 회사의 필요성 및 법적 요구 사항에 따라 달라짐	기록 처분은 일반적으로 엄격한 절차에 따른 법 규제에 따라 진행되며 포함된 정보는 공개 되지 않음

문서 관리

문서 관리는 조직 운용에 대한 문서의 중요성 때문에 핵심 기능이다. 표 6.3 MIS 분기별 기사 "전자 문서 관리 : 정보 시스템 관리를 위한 도전과 기회" [SPRA95]에서는 조직 내에서 문서의 역할과 목적을 나열하였다.

문서 관리 및 문서 관리 시스템의 초점은 문서 작성 및 사용의 용이성이지만 보안은 필수적이다. 핵심 요소는 작성, 분류, 저장, 검색, 수정, 삭제를 포함한 문서 수명 주

기 관리이다. 보안 목적으로 문서 수명 주기의 각 단계에서 목표에 부합하도록 구현되어야 한다.

▼ 표 6.3 문서의 역할

역할	예시
계약 및 협정서 기록 또는 문서화	고용 계약, 유지 보수 계약, 컨설팅 계약, 구매 계약, 임대, 담보, 대출 등
정책, 표준, 절차 기록	절차 지침, 표준 사양, 지침서, 기업 정책을 설명하는 집행 메모 및 서신 등
특정 시점의 현실을 표현 하기 위한 문서(보고서 및 계획)	상태 보고서, 문제 분석, 운용 보고서, 직원 권장 사항, 예산 전략 계획 등
이미지 또는 인상	연례 보고서, 마케팅 브로셔, TV, 라디오 광고 등
제품으로 수익 창출	발행인이 판매하는 서적, 고객에게 판매할 컨설팅 회사의 보고서, 유선 서비스의 뉴스 항목, 서지 서비스의 참고서 등
제품 가치를 추가하여 수익 기여	자동차, 장비, 소프트웨어 사용 설명서, 보증서, 카탈로그, 추가 구입을 위한 할인 쿠폰 등
의사 소통을 위한 사람과 그룹 간의 상호 작용	메모, 편지, 프레젠테이션, 이메일, 메시지, 회의록 등
조직 프로세스를 위한 수단으로 행동	주문, 인보이스, 승인서, 대부분의 비즈니스 양식 등
개념과 아이디어의 포착과 표현을 위한 규율 제공	개념과 아이디어를 담고 있는 거의 모든 종류 문서

문서 관리에서 중요한 보안 정책 고려 사항은 문서 보존이다. 보존을 위한 법 및 규제 요구 사항과 관련하여 유형별로 문서를 분류한다. 문서에 대한 제 3자 접근 프로세스를 정하며 각 문서 분류의 보존 기간을 지정한다. 모든 문서를 더 이상 수정할 수 없게 된 후 무기한 보관할 기록으로 재 분류한다.

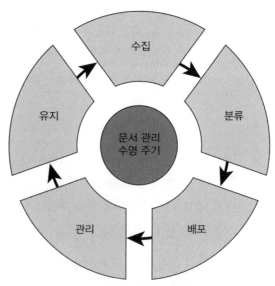

▲ 그림 6.5 문서 관리 수명 주기

그림 6.5는 일반적인 문서 관리 수명 주기를 보여준다.

다음 단계로 구성된다.

- **수집** : 다양한 출처의 문서를 수집하여 문서 관리 시스템에 배치한다.
- **분류** : 비즈니스 컨텍스트를 제공하고 메타 데이터를 할당할 수 있도록 문서를 분류한다.
- **배포** : 문서를 수명 주기 동안 계속 유지하고 검토 및 승인할 추가 정보를 수집한다.
- **관리** : 다양한 인터페이스 및 응용 프로그램을 통해 사용자에게 문서를 제공하여 가능한 한 원활하게 전달할 수 있도록 한다.
- **유지** : 보관 또는 폐기 전 분류에 정의 된 기간 동안 문서를 보관한다.

다른 영역과 마찬가지로 조직은 문서와 관련하여 허용 가능한 사용 정책 및 인식 프로그램을 개발해야 한다.

기록 관리

기록 관리는 문서 관리보다 강한 보안 조치가 필요한 중요한 비즈니스 기능이다. 중요한 비즈니스 가치를 지니거나 관련 법률 또는 규정 범위 내에 있는 문서를 기록으로 취급해야 한다. 기록 관리를 위한 일반적인 프로세스는 그림 6.6과 같다.

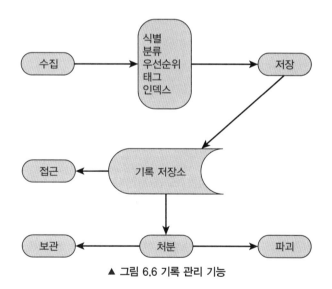

▲ 그림 6.6 기록 관리 기능

기록 확보를 위한 중요한 지침은 다음과 같다.

- 어떤 문서가 기록으로 분류되어야 하는가를 정의하는 명확하고 상세한 정책을 수립한다.
- 물리적 또는 전자적 기록 여부에 상관 없이 문서의 단일 인스턴스만 저장한다.

- 합리적으로 엄격한 접근 제한을 정의한다.

- 조직의 기록 보관 정책을 준수하도록 각 기록을 모니터링 한다.

- 보전 기간이 만료되었을 때 기록을 안전하게 파기하거나 보관한다.

고등 교육 정보 보호 협의회(HEISC)가 개발한 정보 보안 지침에는 기록 관리 프로그램[HEIS14]을 개발할 때 다음과 같은 고려사항을 제시한다.

- 프로그램을 지원하기 위한 최고 관리자/임원들을 포함하는 전략 계획 그룹을 수립한다.

- 조직의 목표와 관련 있는 프로그램의 목적과 관련된 지침을 작성하고 전달한다.

- 내부 직원 또는 외부 컨설턴트의 지속적인 관리 및 사용을 포함하여 프로그램의 모든 측면을 감독하는 기록 관리자를 식별한다.

- 목적, 책임, 목표 등을 확인 하는 정책 기술서를 작성한다.

- 프로그램의 일상 업무를 감독할 직원 배치 및 조직 구조를 결정한다

- 파일 시스템에서 비 기록물에 대한 예비 파일 삭제를 수행한다.

- 기록 목록을 작성한다.

- 회원 유지 기간을 수립하고 실행한다.

- 조직의 중요한 기록을 보호한다.

- 정의된 정책과 절차로 기록 관리 매뉴얼을 개발한다.

- 파일 표준을 구현한다.

- 저렴한 비용으로 비활성 레코드를 관리하는 프로세스를 식별한다.

- 약식 관리 및 보고서 관리 프로그램을 구현한다.

- 적절한 곳에 기록 관리를 자동화 한다.

- 기록 관리를 최우선 순위로 한다.

기록 관리의 주요 측면은 보존 및 폐기 정책이다. 기록의 수명 주기는 3단계로 구분된다.

- **활성** : 현재 조직의 기능 및 요구 사항 보고를 지원하는데 사용된다. 일반적으로 활성 기록은 정규 비즈니스 과정에서 자주 언급되는 기록이다.

- **반활성** : 현재 활동을 수행하는데 더 이상 필요하지 않지만 조직 관리, 회계, 법률 또는 과거 요구 사항을 충족시키기 위해 계속 보유해야 하는 기록이다. 이러한 기록은 접근하기 어려운 저장소에 저장할 수 있다.

- **비활성** : 생성된 관리 기능이나 운용 기능을 더 이상 수행할 필요가 없으며 더 이상 검색되거나 접근 되지 않는 기록이다. 이러한 기록은 보존하거나 폐기할 수 있다.

6.4 민감한 물리 정보

물리적 형태로 유지되는 민감한 정보(즉, 민감한 물리적 정보)는 부패, 손실, 무단 공개로부터 보호되어야 한다. 민감한 물리 정보의 예로는 개인 정보, 재무 예측, 사업 계획, 제품 디자인과 같은 문서 출력물, 수표, 채권 등이 있다.

COBIT 5는 민감한 물리 정보를 보호하기 위한 요구 사항을 다음과 같이 서술하고 있다. 문서, 미디어, 시설, 물리적 경계, 대중 교통을 포함하여 디지털 형식이 아닌 형태로 존재하는 데이터 및 정보에 대해 적절하고 구체적인 정보 보안 조치를 제공해야 한다. COBIT 5는 지원 기술을 다음과 같이 제시하고 있다.

- 폐쇄 회로 TV(CCTV)
- 시건 장치
- 경보
- 접근 통제
- 금고
- 정보 보고서
- 첫 번째 응답 인터페이스
- 시설 관리 솔루션
- 화재 보호 시스템
- 시간 잠금
- 물리적 접근 솔루션

수명 주기 전반에 걸쳐 물리적 정보를 보호하는 것과 관련된 주요 쟁점은 다음과 같다.

- **식별 및 문서화 :** 물리 정보의 각 항목은 적절하게 식별되고 그 존재가 문서화되어야 한다.
- **분류 :** 모든 실제 문서 또는 다른 유형의 매체(예 DVD)는 다른 모든 조직 자산에 사용된 것과 동일한 보안 기준을 사용하여 분류 해야 한다.
- **레이블 :** 적절한 보안 분류 레이블을 문서 자체에 첨부하거나 문서에 포함 시켜야 한다.
- **저장소 :** 안전한 저장소가 필요하며 이는 안전한 지역의 시설이나 접근을 제한하거나 통제할 수 있는 것을 의미한다.
- **안전한 운송 :** 택배나 운송 서비스와 같이 제 3자에 의해 민감함 정보가 전송되는 경우 안전하게 처리 할 수 있도록 정책과 절차가 마련되어야 한다. 문서를 가지고 있는 직원은 보안 유지에 필요한 지침과 기술 수단을 제공받아야 한다.
- **폐기 :** 유지 및 폐기 정책이 필요하며 물리적 정보를 파괴할 수 있는 안전한 방법을 이용해야 한다.

6.5 정보 관리 모범 사례

SGP는 정보 관리 범주에서 모범 사례를 두 가지 영역과 4개의 주제로 구분하며 각 주제에 대해 상세한 점검표를 제공한다. 영역 및 주제는 다음과 같다.

- **정보 분류 및 개인 정보**
  - 정보 분류 및 처리 : 이 주제의 목적은 전자, 물리, 언어로 된 다양한 형태의 정보에 대해 일관된 분류 방법을 제공하는 정보 분류 방법을 개발하는 것이다. 이러한 방법은 변조, 손실, 무단 공개로부터 정보를 보호 하기 위해 정보 처리 지침에 의해 지원되어야 한다.
  - 정보 프라이버시 : 이 항목에서는 개인 식별 정보 처리를 위한 정책 및 보안 제어 구현의 필요성에 대해 다룬다. SGP는 별도의 개인 정보 보호 정책 문서와 허용되는 문서 사용을 권장한다. 탐지, 대응, 통지를 포함한 위반 사항을 처리하기 위한 방법을 요구한다.

- **정보 보호**
  - 문서관리 : 이 항목에서는 작성, 분류, 저장, 검색, 수정, 삭제의 수명 주기를 통해 문서 관리 방법을 지정한다. 직원 의무, 백업 및 저장, 문서 보존 정책, 향상된 기록 보호 기능 등의 주제를 다룬다.
  - 민감한 물리 정보 : 정보 보안 및 규정 요구 사항에 따라 중요한 물리 정보를 보호하고 민감한 물리 정보의 무결성을 보존하며 무단 공개로부터 정보를 보호하는 것이 목표이다. SGP는 식별 및 라벨링, 민감한 물리적 정보 저장, 민감한 물리 정보의 무단 공개로부터 보호, 민감한 물리 정보의 안전한 운송, 민감한 물리 정보를 다루고 처분하는 것에 대한 점검 항목을 제공한다

6.6 참고 문헌

- **CLAR14 :** Clark, D., Berson, T., & Lin, H. (Eds.), At the Nexus of Cybersecurity and Public Policy : Some Basic Concepts and Issues. National Research Council, 2014.

- **HEIS14 :** Higher Education Information Security Council, "Records Retention and Disposition Toolkit." Information Security Guide, 2014. https ://spaces.internet2.edu/display/2014infosecurityguide/Records+Retention+and+ Disposition+Toolkit.

- **JUDY14 :** Judy, H., et al., "Privacy in Cyberspace." In Bosworth, S., Kabay, M., & Whyne, E. (Eds.), Computer Security Handbook. Hoboken, NJ : Wiley, 2014.

- **KINA16 :** Kinast, K., 10 Key Facts Businesses Need to Note About the GDPR. European Identity & Cloud Conference, 2016.

- **ROE10 :** Roe, D., "6 Ways Document Management and Records Management Differ." CMS Wire, January 25, 2010.

- **SOLO06 :** Solove, D., A Taxonomy of Privacy. GWU Law School Public Law Research Paper No. 129, 2006. http ://scholarship.law.gwu.edu/faculty_publications/921/.

- **SPRA95 :** Sprague, R., "Electronic Document Management : Challenges and Opportunities for Information Systems Managers." MIS Quarterly, March 1995.

chapter 07

물리적 자산

이 장의 학습 목표는 다음과 같다.

- 하드웨어 수명 주기 관리 프로세스에 대해 설명할 수 있다.

- 사무 기기와 관련된 위협 및 취약성을 열거하고 설명할 수 있다.

- 사무 기기와 관련된 보안 통제를 논할 수 있다.

- IT 시스템과 산업 통제 시스템간 운용 및 보안 차이를 이해한다.

- 기업에서 사용되는 모바일 디바이스 생태계에서 주요 요소를 정의할 수 있다.

- 효과적인 모바일 디바이스 보안 전략을 설명할 수 있다.

- 물리 자산 관리 모범 사례에 대한 개요를 제시할 수 있다.

정보 보안에 대한 정보 보안 포럼 표준에서는 물리 자산을 시스템, 네트워크 장비, 사무 기기(네트워크 프린터 및 다기능 장치), 모바일 디바이스, 전문 장비(예, 산업 제어 시스템), 모든 정보 통신 기술(ICT : Information and Communications Technology) 하드웨어를 언급하는데 사용한다. 이 책에서 다루는 SGP의 물리 자산 관리 범주는 4가지 주제를 포함하고 있다.

- **하드웨어 수명 주기 관리** : 제품 선택, 검수, 배치, 평가를 포함한 기업 정보 시스템을 지원하기 위한 하드웨어의 전체 수명 주기 관리를 다룬다.
- **사무 기기** : 프린터, 스캐너, 팩스, 다기능 장치와 같은 주변 기기를 다룬다.
- **산업 통제 시스템** : 물리적 활동 모니터링 및 통제와 관련된 시스템의 보안 문제를 다룬다.
- **모바일 컴퓨팅** : 기업 정보 시스템에서 모바일 기기의 사용과 관련된 보안 문제를 다룬다.

7.1 하드웨어 수명 주기 관리

이 절 이후 이어지는 두 절에서는 시스템 및 네트워크 장비, 사무 기기(예, 네트워크 프린터, 다기능 장치), 전문 기기(예, 산업 통제 시스템) 전체 수명주기에서 물리 자산 보호 관련된 주제와 획득(예, 구입 또는 임대), 유지 보수, 폐기와 관련된 정보 보안 요구 사항을 설명한다. 일반적인 하드웨어의 수명 주기 관리 이슈를 먼저 살펴보고 사무 기기 및 산업 통제 시스템과 관련된 상세한 주제를 살펴볼 것이다.

이 책에서는 SGP에서 사용된 하드웨어의 정의를 사용할 것이다.

> *하드웨어는 기업 정보 또는 설치된 소프트웨어 및 지원하기 위한 운영체제를 포함한 시스템(예, 서버, 네트워크 디바이스, 모바일 디바이스, 프린터, 생산, 운송, 전력 회사에서 사용하는 전문 장비)을 지원하기 위한 물리적 자산으로 정의 된다.*

하드웨어 수명주기 관리는 하드웨어 자산 관리(HAM : Hardware Asset Management) 라고도 하며 IT 자산 관리 하드웨어 부분을 다루는 IT 자산 관리의 일부이다. HAM 은 컴퓨터, 컴퓨터 네트워크, 시스템의 물리적 구성 요소를 관리하는 것을 수반하며 하드웨어 취득에서부터 최종 폐기까지 유지 관리를 통해 지속된다.

기업에서 IT관련 하드웨어 자산을 관리하는 두 가지 방법이 있다. 첫 번째는 설치, 구성, 사용자 설명서의 지침에 따라 전체적으로 접근하지 않고 사례별로 접근하는데 이는 임시 방편이다. 다른 하나는 지정된 하드웨어 자산 관리자 하에서 조직된 하드웨어 수명 주기 관리 정책이다. 조직에서 다음을 포함하여 상세한 하드웨어 수명 주기 관리 정책을 채택하는데 여러 가지 이유가 있다.

- 투자를 최대한 활용하려면 하드웨어를 최대한 오래 보유하는 것이 바람직하지만 생산성 저하, 가동 중단 시간 증가, 사용자 불만족 등의 불필요한 비용을 피하는 것이 중요하다. 비용 수명 주기 관리에 대한 체계적인 접근 방식은 특정 장비를 교체할 시기에 대한 지침을 제공할 수 있다.
- HAM을 통해 제공하는 추가 훈련 및 가시성이 없는 조직은 자산 손실, 창고의 재고 파악 실패, 불완전한 정보로 업그레이드가 실패를 허용하는 의사 소통 차이로 인해 종종 좌절감을 느낀다.
- 하드웨어 수명 주기는 공급 업체마다 크게 다르다. 따라서 조직은 구성 관리 데이터베이스(CMDB : Configuration Management Database)에 하드웨어 정보를 중앙 집중화해야 한다.
- 다양한 유형의 하드웨어와 관련된 다양한 위협 요소가 있다. 조직은 적절한 도구를 사용하여 하드웨어를 추적하고 관리함으로써 위험을 줄일 수 있다.
- 소프트웨어 컴플라이언스 관리 및 보고를 위해 해당 하드웨어에 설치된 응용 프로그램과 하드웨어를 매핑해야 한다. 예를 들어 6개월이 넘게 로그인하지 않은 여러 대의 데스크톱이 있고 해당 시스템에 소프트웨어가 설치되어 있는 경우 적절한 정책을 수립하여 설치된 소프트웨어를 제거하고 복구할 수 있어야 하며 해당 소프트웨어를 다른 곳에서 사용할 수 있거나 사용 철회를 할 수 있어야 한다.
- 하드웨어 수명 주기 관리로 조직은 재고 추적 및 분류와 같은 많은 자동화된 툴을 업무에 사용할 수 있다.

구성 관리 데이터베이스 (CMDB) : 모든 장치, 소프트웨어, 연결, 사용중인 사용자관련 설정 정보를 가지고 있는 저장소이다. 일반적으로 CMDB는 설정 내역 정보를 포함하고 있다.

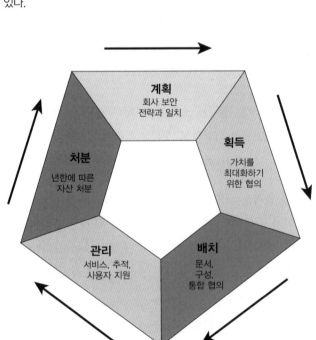

▲ 그림 7.1 하드웨어 자산 수명 주기

그림 7.1은 하드웨어 수명주기 관리 단계를 나타낸다. 첫 번째 단계는 하드웨어 자산 관리를 위한 단계이다.

계획 수립

계획 수립의 결과물은 여러분들이 이미 익숙한 요소들을 포함하고 있다.

- **전략 계획** : 책임 있는 개인 지정 및 HAM 예산을 포함한다.
- **보안 계획** : HAM의 보안 통제와 관련되어 있으며 전략적 보안 목표를 달성하기 위해 계획된다.
- **보안 정책** : 보안 문제가 하드웨어 수명 주기에 어떻게 통합 되는지 자세히 설명한다.
- **허가된 사용에 대한 정책** : 사용자가 하드웨어 자산을 사용하는 방법과 관련된다. 보안 문제 외에 조직의 개인 정보 보호 정책에 달리 명시 되어 있지 않는 한 사용자는 개인 자산이 아닌 자산이 조직에 속한다는 사실을 알고 있어야 한다.

계획 프로세스를 통해 조직의 HAM 활동에 대한 임무, 전체 전략, 목표, 측정, 우선 순위 정의가 이루어져야 한다. 계획에는 하드웨어 선택 지침, 보안 취약성을 식별하고 제어하는 방법 및 분류 체계가 포함되어야 한다.

International
Association
of Information
Technology Asset
Managers :
http ://iaitam.org

계획 프로세스를 돕기 위해 국제 정보 기술 자산 관리 협회는 하드웨어 획득, 추적, 평가, 처분에 대한 조언과 지침을 제공한다. 또한 하드웨어 수명 주기 관리를 외부 위탁 서비스로 제공하는 회사도 있다.

취득

인수 관리자, 이해 관리자, 수신자, 기술 인력 및 재무 관리자를 비롯하여 여러 개인 및 그룹이 하드웨어 취득 프로세스에 참여 한다. 국제 정보 기술 자산 관리 협회는 취득 프로세스 및 시스템에 다음을 포함해야 한다고 명시하고 있다.

- **요청 및 승인** : 표준 적용, 재배치 및 구매 시작(해당 되는 경우)
- **공급 업체 관계** : 기존 계약 및 새로운 기획 포함
- **인수** : 공식 선택 프로세스, 계약 협상 및 계약 실행
- **영수증** : 개인/위치/부서로 올바른 구성 및 정확한 전달을 위한 지불 및 증명

취득 절차는 다음을 포함하여 특정 목적에 부합하도록 설계한다.

- 한정된 비용으로 최대 가치를 획득
- 시스템 및 응용 프로그램 업그레이드 전략 계획

- 데이터 손실 및 침해 위험을 줄임
- 데이터를 보호하고 재활용 목표를 충족시키는 비용 효율적 방식으로 자산 처분

배치

배치란 설치 전에 수행한 예비 단계와 하드웨어를 설치하여 사용할 준비가 된 상태를 말한다. 각 항목은 보안 영향(예, 매우 낮음에서 매우 높음)을 기준으로 분류해야 한다. 배치 프로세스에는 새 하드웨어에서 실행되는 모든 소프트웨어가 공급 업체의 기본 암호 변경 및 보안 구성 설정 적용과 같은 보안 강화에 영향을 받는지 확인 해야 한다.

바코드 또는 RFID 태그와 같은 자동 자산 식별은 종종 요구된다. 재고 관리, 수명 주기 관리, 폐기 관리를 지원한다. 각 하드웨어 항목은 CMDB 일부로 주 등록부 또는 데이터베이스에 포함된다. 등록부는 완성되어야 하며 보호되어야 한다.

관리

장비가 배치되고 나면 몇 가지 방법을 통해 유지보수 및 관리가 필요하다. 예방 정비는 수행해야 할 작업 목록에서 우선순위가 높다. 제조업체는 특정 시간에 자산을 서비스하도록 권장할 수 있지만 일부 유형의 장비 및 환경에 따라 자산이 실제로 사용되는 방식에 따라 예정보다 빠르거나 느린 일정으로 서비스될 수 있다. 예를 들어 공장의 센서 장비는 열악한 환경 조건에 노출될 수 있으므로 예방 정비를 자주해야 한다.

대기업의 경우 하드웨어 자산 추적이 핵심 과제이다. 규모가 큰 조직에는 대개 IT 부서를 전담하는 부서가 있다. RFID와 같은 자산 위치 확인 기술을 통해 기업은 필수 정보 시스템 구성 요소와 같은 중요한 자산을 승인된 위치에 유지할 수 있다. 이러한 기능은 조직이 침해, 위반, 기타 완화 조치가 필요한 시스템 구성 요소의 위치 및 개인을 신속하게 식별 할 수 있도록 도와준다. NIST SR 800-53 연방 정보 시스템 및 조직을 위한 보안 통제 항목 통제 계열 CM-1에서는 IT 하드웨어 구성 관리 분야에 대한 세부 지침을 제공한다.

획득 절차는 정책을 통해 지원되고 지속 측정이 지원되는 지속적인 관리가 필요하다. 측정은 데이터 및 이를 해석할 수 있는 능력을 요구한다. 측정에 대한 예로 고객 만족, 공급 업체의 계약 준수, 사용, 전략적 영향을 포함한다.

하드웨어는 정기적으로 서비스/유지보수되어야 한다. 가장 간단한 방법은 공급 업체/제조 업체의 권장에 따라 유지 관리를 예약 하는 것이다. 특히 대규모 조직의 경우 유지 관리 프로그램을 최적화 하는 것이 비용 효율적일 수 있다. 예를 들어, IBM은 제품 프로세스, 자산에 대해 수집된 정보를 사용하여 유지 보수 일정, 생산 프로세스, 제품 품질을 최적화하는 PMQ(Predictive Maintenance and Quality)라는 솔루션을 제공한다[IBM14]. 이 통합 솔루션은 다음과 같은 다양한 이점을 기업에 제공한다.

- 모니터링 된 자산에 대한 유지 관리를 수행하기 위해 최적 시간 예측
- 제품 품질에 영향을 줄 수 있는 프로세스 결함 발견
- 자산 실패의 근본 원인 식별

처분

IT 하드웨어 수명 주기의 중요한 부분은 파기, 재활용, 또는 재배포가 될 수 있는 처분이다. 재배포에서 절감되는 비용의 예는 다음과 같다.

- 임대 종료 전에 임대 된 하드웨어 자산을 계속 사용
- 새 하드웨어 구매 취소
- 일반적으로 재배포가 새 자산을 주문하고 수신하는 배포보다 신속함

하드웨어를 폐기하려면 하드웨어에 저장된 모든 정보를 안전하게 제거하는 것이 중요하다. 처분 유형에 관계 없이 수명 주기 관리에는 다양한 장비의 처분 결정을 내려야 할 날자를 계획해야 한다. 표 7.1은 다양한 하드웨어의 기대 수명에 대한 일반적인 값들이다.

▼ **표 7.1 일반적인 하드웨어의 수명 기간**

하드웨어	기간
핸드폰	2년
랩탑 PC	3년
데스크탑 PC	4년
서버	5년
네트워크 장비	5년
모니터	8년

7.2 사무 기기

SGP에서는 사무 기기를 다음과 같이 정의하고 있다.

사무 기기 : 프린터, 사진 복사기, 팩시밀리, 스캐너, 다기능 장치(MFD : Multifunction Device)를 포함한다. 사무기기 정의에는 서버 구성 요소(예, 운영 체제, 하드디스크, 네트워크 인터페이스 카드)가 포함되며 웹, 메일, FTP와 같은 서비스를 실행한다. 민감한 정보는 사무 기기에 저장되거나 처리되지만 서버와 동 일한 위협을 받으면서 보호는 제대로 이루어 지지 않는다.

다기능 장치(MFD : Multifunction Device)는 일반적으로 인쇄, 스캔, 팩스 등의 두 가 지 이상의 기능이 결합된 생산 장치로 네트워크 연결 문서 생성 장치로 정의된다.

대부분 사무 기기에는 처리 기능과 보관 기능이 포함되어 있으며 사무실 환경에 따 라 사무기기에 네트워크가 연결된다. 대부분의 사무기기는 보호 해야 될 자산인 동 시에 위협의 대상이 된다. 이러한 사무기기는 종종 위험 관리 목표를 달성하는데 필 요한 보안 통제가 제공되지 않는다.

위협 및 취약성

사무 기기에는 잠재적 위협 요소가 많이 있다. 다음 절에는 SANS 연구소 문서 "감 사 및 보안 다기능 장치"[SCOT07] 및 NISTIR 8023 복제 장치의 위험 관리에 기반 한 다양한 위협들을 살펴 볼 것이다.

네트워크 서비스

MFD는 종종 여러 가지 서비스가 활성화되어 있으며 대부분 주어진 환경에서 이러 한 기능을 필요하지 않으므로 활성화 하지 않아야 한다. 네트워크 서비스는 다음과 같은 두 가지 범주가 있다.

- **관리 프로토콜** : 네트워크를 통해 구성되고 관리될 수 있는 프로토콜에는 HTTP(Hypertext Transfer Protocol), SSL기반 HTTP 또는 보안 HTTP(HTTP/HTTPS)(웹 인터페이스), 텔넷(텍 스트 기반 인터페이스), 단순 네트워크 관리 프로토콜(SNMP : Simple Network Management Protocol, 모니터링 및 구성 프로토콜) 등이 있다. 이러한 프로토콜을 통해 공격자가 구성 정 보에 접근하고 수정하며 정보를 수집할 수 있다.
- **서비스 프로토콜** : 이러한 프로토콜을 통해 사용자는 데이터를 송수신 할 수 있다. 프린터,

팩스, 복사기, MFD에서 HP JetDirect, 라인 프린터 데몬, 인터넷 인쇄 프린팅 프로토콜, 파일 전송 프로토콜(FTP), 메일 전송 프로토콜(SMTP) 등의 프로토콜은 일반적으로 데이터를 명확하게 전송하며 제한된 보안 기능을 가지고 있다. 승인되지 않은 원격 인쇄 및 일반 텍스트 전송이 위협에 포함된다. 또한 FTP는 TCP 9100서비스를 허용 하는데 이 포트는 대부분의 인쇄 작업에 사용되며 제어 프로토콜이 사용하기도 한다. 위협에는 승인되지 않은 원격 인쇄 및 스풀 파일 수집이 포함된다. 또한 MFD는 FTP 바운스(bounce) 공격에 취약할 수 있다. 공격자는 사용자가 하나의 FTP 서버를 요청할 수 있는 프록시 기능을 사용한다. 대부분의 FTP 서버는 이 기능을 허용하지 않지만 여러 FTP 서버에서 이 기능을 사용할 수 없다. 방화벽 보호를 우회하는데 사용할 수 없다. SMTP는 SMTP를 FAT로 전달해주는 서비스 및 아웃바운드 SMTP를 지원하여 스캔한 문서를 소유자에게 전송하는데 사용할 수 있다. SMTP 전송은 암호화 되지 않아 취약점을 가지게 된다. 또한 인바운드 SMTP 서버가 스팸을 허용하는 SMTP 릴레이로 사용 될 수 있다.

정보 노출

앞에서 설명한 취약점은 사용자 데이터 구성 정보를 노출할 수 있다. 또한 SANS 연구소[SCOT07]는 MFD 웹 기반 관리 데이터베이스 또는 SMTP 정보에 대한 읽기 접근이 소셜 엔지니어가 조직 및 비즈니스 관행에 대한 중요한 정보를 수집하는데 필요로 하는 모든 행위라고 할 수 있다. 다음과 같은 잠재적인 취약점이 있다.

- **인쇄, 팩스, 복사/스캔 로그** : 인쇄 로그는 문서 이름, 네트워크 사용자 이름, 웹 사이트 사용자가 출력한 URL의 민감한 문서가 노출된다. 팩스 번호는 조직이 누구와 거래하는지 나타내며 전화 번호, 신용카드 번호는 재 다이얼을 통해 보일 수 있다. 복사/스캔 로그는 이메일 주소 수신자, FTP 파일 업로드에 대한 로그인 정보를 노출할 수 있다.
- **주소록** : 일부 MFD를 사용하면 사용자가 주소록을 배포 또는 작성할 수 있다. 이로 인해 FTP 사이트의 내부 및 외부 전자 메일 주소, 팩스 번호, 전화 번호, 신용 카드 번호, 서버 주소 및 사용자 이름이 노출될 수 있다.
- **메일함** : MFD에는 스캔, 팩스, 템플릿을 저장하는데 사용되는 사서함이 포함될 수 있다. 암호로 보호되어 있지 않은 사서함은 침입자에게 민감한 정보가 포함된 팩스, 스캔 문서를 노출할 수 있다.

서비스 거부 공격

MFD는 여러 가지 DoS(Denial-of-Service) 공격에 취약할 수 있다. 크렌쇼(Crenshaw)[CREN17]의 "네트워크 프린터 해킹" 글에 따르면 여러가지 가짜 인쇄 작업을 보내 용지를 소모하게 하여 프린트 장치를 사용할 수 없도록 설정을 수정하고 작업을 중지 또는 삭제하며 동일한 라우터에 프린터와 같은 IP를 설정하여 정상적인 라우팅을 방해한다.

서비스 거부 공격(DoS)
: 리소스에 대한 권한 있는 접근을 방해하거나 중요 시간에 서비스 지연을 유발시키는 공격이다.

NISTIR 8023은 대부분의 장치가 제대로 구성되지 않은 경우 송신자와 상관없이, 권한 확인 또는 인증 작업 없이 제출된 작업을 수행한다. 이를 악용할 경우 잉크, 용지, 토너, 기타 자원을 낭비시킬 수 있고 정상적인 사용자들에 대해 서비스 거부가 발생할 수 있다.

물리 보안

다음 위협 뿐아니라 다양한 위협으로부터 시스템을 보호하려면 적절한 물리 보안이 필요하다.

- 콘솔 인터페이스를 통해 전역 설정을 수정한다. 이는 악의적으로 발생할 수 있지만, 사용자, IT 부서 직원, 공급업체 직원이 장치의 문제를 해결하기 위해 의도하지 않게 발생할 수 있다. 누군가 문제를 해결하기 위해 장치를 초기 설정 값으로 되돌린 후 최소한의 구성만 입력하여 등록한 보안 강화 설정을 지울 수 있다.
- 승인되지 않은 팩스 전송
- 자신에게 속하지 않는 출력물이나 팩스 획득
- 인쇄 스풀 파일 및 기타 정보를 포함할 수 있는 하드 디스크를 물리적으로 제거

마지막 항목은 장치 폐기시 해야 할 일들과 관련이 있다. 이에 대해서는 뒤에서 다시 살펴볼 것이다.

운영체제 보안

NISTIR 8023에서 언급된 일반적인 취약점 영역은 MFD의 운영체제이다. 많은 사무 기기는 상용 임베디드 운영체제를 가지고 있으며 동일한 운영체제를 사용하고 있는 다른 장치들과 동일한 위협과 취약점을 가지고 있다. 제조 업체에서는 운영체제 공급 업체에서 더 이상 업데이트를 제공하지 않는 운영체제 버전을 제품에 포함시키거나 패치 또는 업데이트 설치 기능을 사용할 수 없도록 해야 한다. 버퍼 오버 플로우, 임의 코드 실행, 웹 서버 또는 웹 사이트를 통한 원격 관리 기능을 사용하여 장치를 제어하는 것은 패치 되지 않은 운영체제 및 펌웨어가 있는 원격 장치의 취약성을 악용한 예이다.

보안 통제

MFD를 보호하기 위해 조직에서 취할 수 있는 유용한 점검 목록은 SANS 연구소의 "감사 및 보안 다기능 장치"[SCOT07]로 표 7.2와 같다.

범주	활동
네트워크 프로토콜 및 서비스	• TCP/IP 이외 사용되지 않는 네트워크 프로토콜 비활성화 • 사용하지 않는 네트워크 서비스 비활성화(인쇄/팩스/스캔 및 관리) • MFD에 정적 IP 주소 할당 • 이러한 기능을 필요로 하는 호스트의 최소한으로 MFD 서비스에 대한 접근 제한(인쇄/팩스/스캔 및 관리) • 암호화된 통신 프로토콜을 사용(예, HTTPS)하며 보안되지 않은 프로토콜은 비활성화
관리	• 강력한 관리자 암호 설정 • 기본 SNMP 커뮤니티 문자열을 강력한 암호로 변경 • 지원되는 경우 SNMP 암호화 사용 • MFD에서 로깅이 활성화 되어있는지 확인 • 로그가 정기적으로 관측되는지 확인 • 현재 비밀 번호 정책을 사용하여 주소록, 메일 함, 로그에 대한 접근 제한
보안 업데이트	• 보안 게시판 및 패치에 대한 CVE 및 공급 업체 모니터링 • 현재 통제 프로세스를 사용하여 적시에 펌웨어 업그레이드
물리 보안	• 데이터의 민감도와 일치하는 보안 통제 영역에 장치 배치 • 콘솔에서 관리자 암호를 설정 • 사용자가 콘솔에서 스캔, 팩스, 복사 시 인증하도록 요구 • MFD가 탈착식 하드 드라이브를 가진 경우 장치에 잠겨 있는지 확인 • 가능한 경우 인쇄 스풀 파일을 암호화하거나 안전하게 지우는 방법을 구현 • 보안 정책에 따라 폐기되거나 제조 업체 또는 임대 회사에 반송된 MFD 드라이브와 관련하여 수행할 작업을 지정(예, 유지, 안전하게 삭제, 파쇄)

CIS[CIS09]는 두 가지 구성을 사용하여 벤치 마크 권장 사항을 정의한 포괄적인 목록을 제공한다.

- **레벨 1** : 실용적이고 신중한 의도로 명확한 보안 이점을 제공하고 기술의 유용성을 방지 못하도록 하는 것
- **레벨 2** : 보다 높은 수준의 방어력을 제공하기 위한 의도로 기술의 효용이나 성능을 부정적으로 금지

측정 방법의 선택은 특정 사무실 자산에 대한 조직의 위험 평가에 따라 달라진다. CIS는 다음 영역에서 총 39개의 레벨 1 벤치마크와 2개의 레벨 2 벤치마크에 대해 기술하고 있다.

- **물리 장치 관리** : 3개 영역에 대해 다룬다.
  - 물리적 연결 : 1394 및 직렬 연결 비활성화, 승인된 사용자에 대한 물리적 접근 제한, PIN 또는 그 외 접근 코드 요구, 전원 손실 후 구성 상태 확인 조치를 포함한다.
  - 하드 드라이브 및 메모리 : 데이터 암호화 설정, 물리적 잠금 장치 사용, 검색 기록 삭제, 폐기 전 하드 드라이브 삭제 등의 조치를 포함한다.
  - 펌웨어 : 현재 버전의 펌웨어가 사용되는지 확인 절차를 포함한다.

- **원격 장치 관리 :** 3개의 영역에 대해 다룬다.
  - TCP/IP 설정 : 정적 IP 주소 사용, 다양한 포트 및 프로토콜 비활성화, 권한이 부여된 서브 넷 및 포트 외 네트워크 접근 제한 등이 포함된다.
  - 무선 접근 설정 : 사용되지 않는 블루투스 및 Wi-Fi 인터페이스는 비활성화한다.
  - 안전한 관리 프로토콜 사용 : FTP와 같은 안전하지 않은 접근은 비 활성화하고 안전한 SNMPv3을 사용한다.
- **작업 접근 및 처리 :** 기밀 작업 검색에 PIN를 요구하고 승인된 스풀러와 사용자의 작업만 수락한다.
- **응용 프로그램 개발 플랫폼 :** 2개의 영역에 대해 다루고 있다.
  - 응용 프로그램 서명 : 모든 응용 프로그램에 대해 유효하고 신뢰할 수 있는 디지털 서명을 요구하고 신뢰할 수 있는 기관에서 응용 프로그램 서명을 요구하는 조치를 포함한다.
  - 패키지 관리 : 사용되지 않는 소프트웨어 패키지를 모두 제거하거나 비활성화한다.
- **사용자 관리 :** MFD는 일반적으로 기본 사용자 계정으로 사전 구성된다. 조직은 기본 사용자 이름과 암호를 변경해야 한다.
- **로깅 및 모니터링 :** 사무 기기에는 일반적으로 프린터 스풀러 접근, 인쇄 작업, 팩스 인쇄, 이메일, 파일 공유와 같은 로그 활동 기능을 포함하고 있다. 조직은 모든 로깅 활동을 활성화해야 한다.
- **그 외 :** CIS는 두 개의 추가 보안 구성을 처리한다. 자체 서명된 인증서를 신뢰할 수 있는 인증서로 대체하고 원격 파일 공유에서 파일 검색을 제한한다.

각 벤치마크에서 CIS는 벤치마크에 대한 설명과 그 구현에 대한 이론적 근거를 제공한다.

장비 폐기

SGP에서는 사무 기기를 폐기, 판매, 외부 반출 시(예, 임대 회사) 사무 기기에 저장된 민감한 정보는 안전하게 폐기 하는 것(예, 삭제 소프트웨어를 사용하거나 하드디스크 드라이브를 물리적으로 파괴하는 방법)을 권장한다. 이는 사무 기기에 대한 조직의 보안 프로그램의 일부로 간과되어서는 안 되는 중요한 보안 영역이다.

이 분야의 좋은 지침은 NIST SP 800-88 미디어 기밀 처리 지침이다. 이 문서에서는 미디어 기밀 처리를 특정 수준의 복구 노력에 대해서 복구가 불가능한 미디어 상태로 만드는 과정으로 정의한다.

자체 암호화 드라이브(SED : Self-Encrypting Drive) : 모든 데이터를 자동으로 자기 미디어에 암호하고 복호화 하는 드라이브 컨트롤러 칩이 내장된 하드 드라이브이다. 모든 SED는 공장에서 출시될 때 암호화하고 다른 하드 드라이브와 마찬가지로 암호화가 사용자에게 인식되지 않도록 완전히 투명하도록 제공된다. 데이터를 보호하려면 사용자는 디스크에서 데이터를 읽거나 디스크에서 데이터를 쓸 때 암호를 제공해야 한다.

암호 삭제 : 매체에서 데이터를 암호화 한 다음 키를 파괴하여 복구를 불가능하게 하는 과정

기밀 처리와 관련된 3가지 안전 조치는 다음과 같다.

- **삭제** : 간단한 비 침습적 데이터 복구 기법에 대해 논리적인 기법을 적용하여 사용자 접근 가능 스토리지 위치의 모든 데이터를 기밀 처리한다. 일반적으로 스토리지 장치에 새로운 데이터를 쓰거나 디바이스의 공장 초기와 같은 데이터 읽기 쓰기 명령을 통해 적용된다.
- **퍼지(Purge)** : 최신 기술을 사용하여 대상 데이터 복구를 불가능하게 만드는 물리적이나 논리적 기법을 사용한다. 다중 덮어 쓰기를 수행하여 자체 암호화 드라이브(SED)의 경우 암호화 삭제 기능을 활용할 수 있다. 드라이브가 모든 사용자 주소의 데이터를 자동으로 암호화하면 암호화 키를 다중 덮어쓰기를 통해 삭제할 수 있다.
- **파쇄** : 최첨단 기술을 사용하여 대상 데이터 복구를 불가능하게 만들고 결과적으로 데이터 저장을 위한 미디어를 다시 사용할 수 없게 된다. 일반적으로 매체는 외주 처리된 금속 파괴 또는 인가된 소각 설비에서 분쇄되거나 소각된다.

사무 기기의 위험 평가를 기반으로 조직은 기기의 데이터 보안 범주를 확인 한 다음 그림 7.2의 흐름과 같이 장치와 관련된 메모리를 처분하는 방법을 결정할 수 있다.

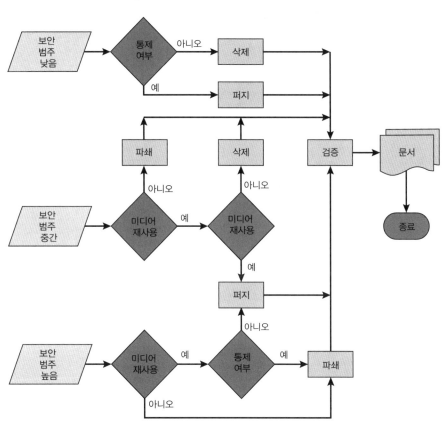

▲ **그림 7.2 기밀 처리 및 처분 의사 결정 흐름도**

7.3 산업 제어 시스템

산업 제어 시스템(ICS : Industrial Control System)은 제조, 제품 취급, 생산 및 유통과 같은 산업 프로세스를 제어하는데 사용된다. 산업 제어 시스템에는 지리적으로 분산된 자산을 관리하는 관리 제어 및 데이터 수집(SCADA : Supervisory Control and Data Acquistion) 시스템뿐 아니라 분산 제어 시스템 및 프로그래밍이 가능한 로직 컨트롤러를 사용한 소형 제어 시스템을 포함한다. ICS는 산업 목표(예, 제조, 물질 운송 또는 에너지)를 달성하기 위해 함께 동작하는 제어 요소(예 : 전기, 기계, 유압, 공기압)의 조합으로 구성된다.

그림 7.3은 SP 800-82의 산업 제어 시스템 보안 지침에 기반하여 산업 제어 시스템의 핵심 요소와 서로간 상호 작용을 나타낸다.

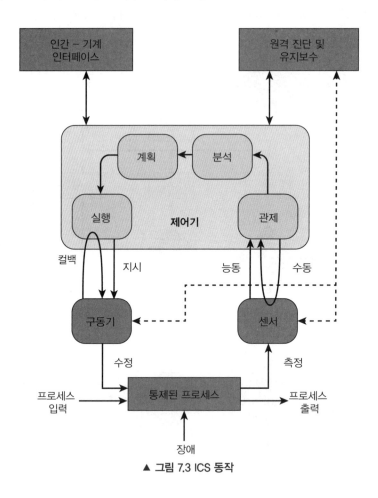

▲ 그림 7.3 ICS 동작

ICS 요소는 다음과 같다.

- **센서** : 센서는 물리적, 화학적, 생물학적 실체의 일부 매개 변수를 측정하고 관찰된 특성에 비례하는 전자 신호를 전압 레벨 또는 디지털 신호 형태로 전달한다. 두 경우 모두 센서 출력은 일반적으로 마이크로 컨트롤러 또는 다른 관리 요소로 입력된다.
- **구동기** : 구동기는 제어기로부터 전자 신호를 수신하고 그 환경과 반응하도록 물리, 화학, 생물학적 엔티티의 매개 변수에 영향을 준다.
- **제어기** : 제어기는 신호를 해석하고 제어 알고리즘 및 목표 설정 점을 기반으로 해당 조작 변수를 생성하여 구동기에 전송한다. 제어기는 지능이 매우 제한적일 수 있으며 방향을 결정하기 위해 인간-기계 인터페이스에 의존할 수 있다. 그러나 일반적인 제어기는 센서 입력을 기반으로 구동기에 지정된 지시를 자동으로 조정한다.
- **인간 – 기계 인터페이스** : 운영자와 엔지니어는 인터페이스를 사용하여 설정 점을 구성 및 모니터링하고, 알고리즘을 제어하며, 제어기에서 설정된 변수를 조정한다. 또한 인터페이스는 프로세스 상태 정보 및 내역 정보를 표시한다.
- **원격 진단 및 유지보수** : 진단 및 유지 보수 유틸리티는 비정상적인 동작 또는 고장을 방지, 식별, 복구하는데 사용된다.

IT 시스템과 산업 제어 시스템 차이

산업 제어 시스템과 IT 시스템은 여러 가지 측면에서 다르다. ICS는 물리적 요소를 제어하고 IT 시스템은 데이터를 관리한다는 점이 명확한 차이점이라고 할 수 있다. 두 가지 모두 보안 위협을 처리해야 하지만 위험의 특성이 다르다. SP 800–82에 기반한 표 7.3은 IT 시스템과 ICS간 주요 차이점을 보여준다.

▼ 표 7.3 IT 시스템과 ICS간 주요 차이점

범주	IT 시스템	ICS
성능 요구 사항	• 비 실시간 작동 • 일관성 있는 응답 • 높은 처리량 • 높은 지연과 지터 허용 • 인간 및 기타 비상 사태에 대한 대응은 일반적으로 중요하지 않음 • 보안에 필요한 정도까지 제한된 접근 제어 구현	• 실시간 작동 • 응답은 시간이 중요함 • 적당한 처리량을 허용 • 높은 지연 지터(Jitter)는 허용되지 않음 • 인간 및 기타 비상 상호 작용에 대한 대응이 중요함 • ICS에 대한 접근은 엄격하게 통제되어야 하지만 인간-기계 상호 작용을 방해하지 않아야 함
가용성 요구 사항	• 재 부팅 같은 응답 허용 • 가용성 부족은 시스템의 운용 요구 사항에 따라 종종 용인	• 프로세스 가용성 요구 사항으로 인해 재 부팅과 같은 응답이 허용되지 않을 수 있음 • 가용성 요구 사항으로 인해 중복 시스템이 필요 할 수 있음 • 정전은 사전에 계획되거나 사전 계획이 되어야 함 • 고 가용성에는 철저한 사전 배치 테스트가 필요함

위험 관리 요구 사항	• 관리 데이터 • 데이터 기밀성 및 무결성이 가장 중요 • 결함 감내성(Fault tolerance)은 덜 중요하며 일시적인 가동 중지는 주요 위험 요소가 아님 • 주요 위험 영향은 비즈니스 운용의 지연임	• 물리계를 제어 • 인간의 안전이 가장 중요하며 다음으로 프로세스를 보호함 • 결함 감내성은 필수이며 일시적인 가동 중지도 용인되지 않을 수 있음 • 주요 위험 영향은 규제 준수 불이행, 환경 영향, 수명, 장비, 생산 손실임
시스템 운용	• 시스템은 일반적인 운영체제에서 사용하도록 설계 되었음 • 자동 배포 도구를 사용하면 간단하게 업그레이드 가능	• 시스템은 보안 기능이 내장되지 않은 독점적 운영체제가 포함되어 있음 • 전문적인 제어 알고리즘 및 하드웨어나 소프트웨어가 수정된 경우가 있어 소프트웨어 공급 업체가 소프트웨어를 변경
자원 제한	• 시스템은 보안 솔루션과 같은 타사 응용 프로그램의 추가를 지원할 수 있는 충분한 자원으로 지정됨	• 시스템은 특정 산업을 지원하도록 설계되었으며 보안 기능 추가를 지원할 수 있는 충분한 메모리 및 컴퓨팅 자원을 갖지 않을 수 있음
통신	• 표준 통신 프로토콜이 사용됨 • 주로 유선 네트워크가 사용되며 일부는 로컬화 되어 있음 • 무선 기능 • 일반적인 IT 네트워크 사례가 활용됨	• 많은 사설 및 표준 통신 프로토콜이 사용됨 • 전용 유무선(라디오 및 위성)을 포함하여 여러 가지 유형의 통신 매체가 사용됨 • 네트워크는 복잡하며 때로는 전문 엔지니어의 지식을 필요로 함
변경 관리	• 소프트웨어 변경 사항은 적절한 보안 정책 및 절차가 있는 경우 적기에 적용 • 절차는 일반적으로 자동화 되어 있음	• 소프트웨어 변경은 제어 시스템의 무결성을 유지하기 위해 시스템 전반에 걸쳐 점진적으로 철저히 시험 후 배치되어야 함. • ICS 중단은 일/주 단위로 미리 계획되어야 함 • ICS는 더 이상 지원되지 않는 운영체제를 사용할 수 있음
관리 지원	• 다양한 지원 스타일이 가능	• 서비스 지원은 대개 단일 업체로 되어 있음
컴포넌트 수명	• 수명은 3~5년 정도임	• 수명은 대략 10년에서 15년 정도임
컴포넌트 위치	• 대개 로컬에 위치하고 있어 접근하기 용이함	• 격리되어 있거나 원격지에 있을 수 있으며 접근을 위해서 많은 물리적 자원이 요구 될 수 있음

ICS 보안

ICS와 IT 시스템간 운용 및 환경에 차이가 있는 것과 마찬가지로 보안 위험과 대응책에도 차이가 있다. ICS는 분산된 장치를 포함하기 때문에 안전하지 않은 위치에 있을 수 있다. 많은 경우에 있어 제한된 처리 성능과 제한된 인터페이스 기능을 가진 마이크로 컨트롤러가 포함된 임베디드 장치이다. 국토 안보부(DHS : Department Homeland Security)의 권장 사례 심층 방어 전략 [DHS16]을 통한 산업 제어 시스템 사이버 보안 개선을 근거로 한 표 7.4에서는 ICS와 IT 시스템에 대한 보안 기능을 비교하였다.

보안 영역	IT 시스템	ICS
안티바이러스 및 모바일 코드	• 매우 흔함 • 쉬운 배포 및 업데이트 • 자산 기반 또는 엔터프라이즈 기반 사용자 정의가 가능한 사용자 제어	• 메모리 요구 사항 • 애프터 마켓 솔루션을 통해 레거시 시스템을 보호할 수 있는 능력 • 주요 파일을 격리하는 프로그램을 배제하기 위한 제외 폴더
패치 관리	• 쉽게 정의 • 기업 전체 • 원격 및 자동화	• 성공적인 패치를 위해 오랜 시간이 소요 • 특정 OEM 설치 • 자산 소유자가 수용 가능한 위험을 정의
기술 지원 수명	• 2~3년 • 다수 공급 업체 • 유비쿼터스 업그레이드	• 10~20년 • 일반적으로 오랜 시간 동안 동일한 업체 • 제품 수명 종료 시점의 새로운 보안 문제
시험 및 감사 방법	• 최신 방법 • 평가 방법을 다루기 위한 탄력적이고 견고한 시스템	• 시스템에 대한 시험 조정 • 최신 방법이 부적절할 수 있음 • 시험 중 고장 가능성이 있는 장비
변경 관리	• 정기 및 계획 • 최소 기간	• 전략적 계획 • 생산에 미치는 영향으로 인한 중요한 과정
자산 분류	• 매년 수행 • 결과는 지출을 동반함	• 의무가 있는 경우에만 수행 • 중요 자산에 대한 정확한 재고 자산 • 자산 가치와 적절한 대책간의 연결 해제
사고 대응 및 포렌식	• 쉬운 개발 및 배포 • 일부 규정 요구 사항 • 기술에 포함되어 있음	• 시스템 재개 활동에 집중 • 미숙한 포렌식 절차 • 좋은 IT 시스템/ISC관계가 필요
물리 및 환경적 보안	• 열악한 환경(사무 시스템)에서 우수한 환경(중요한 IT 운용 시스템)까지	• 대개 중요 영역에서 우수함 • 성숙도는 중요성/문화에 따라 다름
안전한 시스템 개발	• 개발 프로세스의 통합 부분	• 역사적으로 개발 프로세스의 필수 불가결한 부분이 아님 • 성숙 되지만 IT보다 느린 공급업체 • 보안 기능을 추가하기 어려운 핵심/주력 ICS 솔루션
보안 컴플라이언스	• 부문별 확실한 규제 감독	• 부문별 특정 규제 지침

패치 취약점

자주 인용되는 브루스 슈나이어 전문가의 2014년 기사에서 사물 인터넷 장치 및 ISC를 포함한 임베디드 시스템은 취약점으로 많으며 패치를 적용하는 적절한 방법이 없기 때문에 위기 상황에 처해 있다고 업근했다.

칩 제조 업체는 펌웨어 및 소프트웨어를 통해 가능한 신속하고 저렴하게 제품을 만드는 것에 많은 인센티브를 주고 있다. 장치 제조 업체는 가격과 기능을 기반으로 칩을 선택하고 소프트웨어와 펌웨어에 아주 작은 부분만 작업할 뿐 그외 작업은 거의 하지 않는다고 할 수 있다. 그들은 장치 자체의 기능만 관심이 있을 뿐이다. 최종 사용자는 시스템을 패치 할 방법이 없거나 패치 시기 및 방법에 관한 정보는 거의 없다. 그 결과 인터넷에 연결되어있는 수 억개의 사물 인터넷 장치가 공격 받기 쉽게 되어 있다. 이로 인해 문제가 발생한 센서에 공격자가 잘못된 데이터를 삽입할 수 있다. 공격자가 기계 장치 및 기타 장치의 작동에 영향을 미칠 수 있으며 결국 이는 구동기의 잠재적 위험 요소가 된다.

ICS에 대한 전형적인 보안 위협

앞서 언급했듯이 ICS에는 여러 가지 위험 요소가 있다. SP 800-82에 따르면 ICS가 직면하게 될 수 있는 위협 요소는 다음과 같다.

- ICS 운용 방해를 통해 ICS 네트워크를 통한 정보 흐름이 차단되거나 지연
- 장비에 손상을 주거나 비활성하고 중지할 수 있는 지시, 명령, 경보 임계 값, 무단 변경으로 환경적 영향 또는 사람의 생명을 위태롭게 함
- 시스템 운영자에게 부정확한 정보를 보내 변경을 위장하거나 운영자가 부적절한 조치를 취하게 하여 다양한 부정적인 영향을 초래
- 부정적인 영향을 줄 수 있는 ICS 소프트웨어 또는 구성 설정 수정 또는 ICS 소프트웨어 악성 코드 감염
- 비용이 소요 되거나 장비 대체 위험에 빠질 수 있는 장비 보호 시스템 운영 방해
- 생명 안전을 위험 할 수 있는 안전 시스템 운영 방해

주요 보안 조치

ICS 보호를 위해 국토 안보부는 다음과 같은 권고안을 제시했다[DHS15].

- **응용 프로그램 허용 목록 구현** : 컴퓨터 시스템에 존재하고 활성화 되어 시스템에서 다른 모든 소프트웨어의 실행을 방지할 수 있는 승인된 소프트웨어 응용 프로그램의 색인/목록을 지정하는 사례이다. 허용 목록의 목표는 잠재적으로 유해한 응용 프로그램과 악성 코드로부터 컴퓨터와 네트워크를 보호하는 것이다.
- **구성 관리 및 패치 관리 보장** : ICS 장치의 주요 취약점은 소프트웨어 및 하드웨어 결함으로 공격 대상이 될 수 있다. 구성 관리는 시스템의 하드웨어, 소프트웨어, 문서에 대한 수정을 제어하는 프로세스로 수정 적용 전·후 부적절한 수정으로부터 보호된다는 것을 보증한다. 패치 관리는 운영체제 및 응용 프로그램 소프트웨어 코드 수정에 대한 체계적인 알림, 확인, 배포, 설치, 확인한다. 패치 관리 작업에는 사용 가능한 패치에 대한 최신 정보를 유지 관리하고 특정 시스템에 적합한 패치를 결정하며 패치가 정상적으로 설치되었는지 확인하고 설치 후 시스템을 테스트하며 필요한 구성과 같은 모든 절차를 문서화 한다.
- **공격면 축소** : 공격 대상을 축소하기 위한 방법으로 신뢰할 수 없는 네트워크 특히 인터넷에서 ICS 네트워크를 격리하는 것, 사용하지 않는 모든 포트를 비활성화 하는 것, 사용되지 않는 모든 서비스를 종료하는 것, 정의된 비즈니스 요구 사항이나 제어가 되는 경우에 한해서

공격면(Attack Surface) : 시스템에 도달 가능하고 악용 가능한 취약성

다중 요인 인증 (MFA: Multifactor Authentication) : 두 개 이상의 요소를 사용하여 인증을 수행한다. 요인에는 알고 있는 것(예 : 암호/PIN), 가지고 있는 것(예 : 암호화 식별 장치, 토큰), 또는 사용자가 가지고 있는 것(예 : 생체 인식)이 포함된다. MFA는 두 가지 또는 세 가지 요소를 포함할 수 있다.

최소 권한 : 각 시스템 요소가 작업을 수행하는데 필요한 최소 시스템 자원 및 권한을 부여 받도록 접근 제어를 구현한다는 원칙이다. 이러한 원칙을 통해 사고, 오류, 사기, 무단 행위로 야기 될 수 있는 피해를 제한한다.

외부 네트워크에 실시간 연결을 허용하는 것 등이 있다.

- **방어 가능한 환경 조성** : 목표는 네트워크 침해로 인한 피해를 제한하는 것이다. 일반적인 방법으로는 네트워크를 논리적인 네트워크로 분할하여 호스트간 통신 경로를 제한 하는 것이 있다. 이렇게 함으로써 공격자가 접근 대상을 확장하는 것을 막을 수 있으며 정상적인 시스템은 피해를 입지 않게 된다. 제한된 시스템은 다른 영역의 시스템에 연결되거나 시스템을 오염시키는데 사용할 수 없게 되어 피해를 제한하게 된다.

- **인증 관리** : 공격자는 합법적인 자격 증명, 특히 권한이 높은 계정과 관련된 권한 획득에 점점 집중하고 있다. 이러한 자격 증명을 손상 시키면 공격자가 합법적인 사용자로 가장하여 취약성을 악용하거나 악성코드를 실행하는 것보다 적은 증거를 남기게 된다. 권장되는 대응책으로는 다중 요소 인증(MFA) 요구 및 최소 권한 원칙 시행이 있다.

- **안전한 원격 접근 구현** : 일부 적들은 통제 시스템에 대한 원격 접근, 모호한 접근 벡터 발견, 시스템 운용자가 의도적으로 만든 숨겨진 백도어를 찾는데 탁월하다. 시스템 관리자는 가능한 한 이러한 접근 경로를 제거하고 제어 및 시간에 대한 제한을 두어야 한다.

- **모니터링 및 응답** : 최신 위협에 대한 네트워크를 방어하기 위해서는 적대적인 침입에 대한 능동적인 모니터링과 준비된 대응의 신속한 실행이 필요하다. 모니터링 기능에는 접근 로그 분석 및 모든 예외 사항 확인이 포함되어야 한다. 대응 계획에는 모든 인터넷 연결 끊기, 악성코드에 대한 적절한 검색 실행, 영향을 받는 사용자 계정 비활성화, 의심스러운 시스템 격리, 100% 암호 재설정 등이 있다. 복원 시 시스템을 가장 양호한 상태로 유지하도록 복원하는 골든 레코드를 포함하는지 확인하는 것이 중요하다.

ICS 보안 자원

ICS에 대한 보안 계획 수립 시 가장 좋은 자료는 산업 통제 시스템 사이버 비상 대응 팀(ICS-CERT) 웹 사이트로 미국 국토 안보부에서 관리하고 있다. 사이트에는 방대한 양의 사실 자료 및 백서가 있으며 자주 업데이트된다. 사이트에서 이용할 수 있는 여러 간행물들이 매우 유용하다.

- **권장 사례** : 심층 방어 전략을 통한 산업 통제 시스템 사이버 보안 개선[DHS16] : ICS 공격 방법, 심층 방어 전략 및 보안 및 ICS에 대한 구체적인 권장 사항에 대해 기술

- **산업 제어 시스템의 사이버 보안 평가[DHS10]** : ICS에 대한 보안 정책 및 제어를 평가하는 방법을 자세히 기술

- **SP 800-82 산업 제어 시스템 보안 지침** : ICS관리, 보안 프로그램 개발 및 배치, 권장되는 ICS 보안 아키텍처, ICS 위험 관리, ICS에 대한 SP 800-53 보안 통제를 적용하기 위한 지침과 같은 개괄적인 설명을 제공

- **제어 시스템 보안 카탈로그** : 표준 개발자를 위한 권장 사항[DHS11] : 19개 범주에서 권장되는 250가지 보안통제에 대한 상세한 설명 제공

골든 레코드 : 조직에서 신뢰할 수 있는 중앙 집중식 데이터베이스 또는 동기화된 분산 데이터베이스에 있는 데이터 레코드 집합이다. 골든 레코드는 조직 정보 시스템의 모든 자료를 포함한다. 골든 레코드는 데이터 무결성 보장, 백업, 아카이브 기반으로 사용할 수 있다. 다른 말로 진실의 단일 버전(Single version of the truth)이라고 하기도 한다.

산업 통제 시스템 사이버 응급 대비 팀 (Industrial Control Systems Cyber Emergency Response Team) : https ://ics-cert.us-cert.gov

7.4 모바일 기기 보안

이 절에서는 조직에서 모바일 장치를 사용하거나 원격에서 조직 자산에 접근하는 것과 관련된 보안 문제에 대해 살펴볼 것이다. SP 800-53은 모바일 장치를 "정보 저장 기능이 있는 휴대용 컴퓨팅 및 통신 장치(예 : 노트북/랩톱 컴퓨터, 개인용 디지털 보조 장치, 휴대 전화, 디지털 카메라 및 오디오 녹음 장치)로 정의한다."

스마트 폰이 널리 보급되기 전에는 컴퓨터 및 네트워크 보안에 대한 패러다임이 지배적이었으며 기업 IT는 엄격하게 통제되었다. 사용자 장치는 대개 윈도우 PC로 제한되어 있었다. 비즈니스 응용 프로그램은 IT 기술로 통제되었으며 데이터 센터 또는 로컬에 있는 서버에서 실행되었다. 네트워크 보안은 신뢰할 수 있는 내부 네트워크와 신뢰할 수 없는 인터넷과 명확하게 구분하여 수행되었다. 오늘날 이러한 환경에 엄청난 변화가 있었다. 조직 네트워크는 다음 내용들을 수행해야 한다.

- **새로운 장치 증가** : 조직에서 직원의 모바일 장치 사용이 많이 증가하고 있다. 대부분의 경우 직원은 일상적인 작업 수행을 위해 여러 가지 단말을 사용할 수 있다.
- **클라우드 기반 응용 프로그램** : 응용 프로그램은 더 이상 기업 데이터 센터의 물리 서버에서만 실행되지 않는다. 오늘날 응용 프로그램은 어디에서나 실행될 수 있다. 또한 최종 사용자는 이제 다양한 클라우드 기반 응용 프로그램과 IT 서비스를 개인 및 전문적인 용도로 활용할 수 있다. 페이스북은 직원의 개인 프로파일이나 기업 홍보 캠페인의 구성 요소로 활용될 수 있다. 직원들은 스카이프를 통해 해외 친구들과 대화하고 비즈니스 화상 회의를 한다. 드롭박스 및 클라우드 스토리지와 같은 서비스를 통해 이동성 및 사용자 생산성을 위해 회사 및 개인 장치간에 문서를 배포할 수 있다.
- **탈 경계** : 새로운 장치의 확산, 응용 프로그램 이동성 및 클라우드 기반의 소비자 및 기업 서비스와 같이 정적 네트워크 경계는 모두 사라졌다. 이제는 장치, 응용 프로그램, 사용자, 데이터를 중심으로 다양한 논리적인 네트워크 경계가 있다고 할 수 있다. 또한 이러한 경계선은 사용자 역할, 장치 유형, 서버 가상화 이동성, 네트워크 위치, 시간과 같은 다양한 환경 조건에 대응해야 하므로 매우 동적이다.
- **외부 비즈니스 요구 사항** : 기업은 여러 위치에서 다양한 장치를 사용하여 방문객, 타사 계약자, 비즈니스 파트너에게 네트워크 접속이 가능하도록 해야 한다.

모든 변화의 핵심 요소는 모바일 컴퓨팅 장치이다. 모바일 장치는 전체 네트워크 인프라의 일부로 조직에 필요한 필수 요소가 되었다. 스마트 폰, 태블릿, 메모리 스틱과 같은 모바일 장치는 개인의 편의성을 높이고 직장에서 생산성을 높일 수 있는 잠재력을 가지고 있다. 모바일 장치의 광범위한 사용 및 고유 특성으로 인해 이러한 장치의 보안은 매우 복잡하고 까다로운 문제이다. 본질적으로 조직에서 모바일 장치에 내장된 보안 기능과 모바일 장치의 사용을 규제하는 네트워크 구성 요소를 추가하여 기존 보안 제어 기능과 결합한 형태로 보안 정책을 구현해야 한다. 안드로이드, 블랙베리 OS(RIM), 애플 iOS, 윈도우 모바일, 심비안과 같은 모바일 컴퓨팅용으로 최적화 되거나 설계된 운영체제를 실행하는 휴대용 기술로 모바일 인터넷 장치를 정의할 수 있다. 이러한 정의에는 마이크로소프트사의 윈도우 데스크톱, 서버 운영체제, MacOS, 리눅스와 같은 일반 또는 범용 운영체제 기술은 제외된다

모바일 장치 기술

모바일 장치에 엔터프라이즈 보안을 제공하는 것은 이러한 장치 기술과 장치가 동작하는 생태계로 인해 매우 복잡하다. 먼저 모바일 장치와 관련된 기술을 살펴보도록 하자. NISTIR 8023 복제 장치의 위험 관리에서 모바일 장치 기술 스택 4개 계층을 정의하고 있다(그림 7.4).

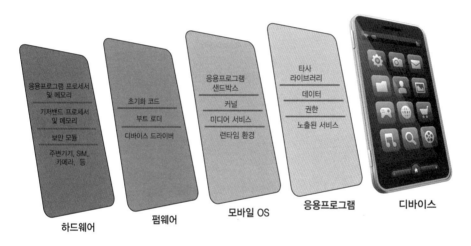

▲ 그림 7.4 모바일 디바이스 기술 스택

- **하드웨어** : 기술 스택의 기본 계층은 하드웨어이다. 가장 많이 사용되는 응용 프로그램 프로세서로 ARM 프로세서 제품군이 포함된다. 일반적으로 베이스밴드 프로세서라고 하는 셀룰러 네트워크 전용 프로세서를 실행하는 별도의 프로세서도 있다. 하드웨어 암호화 모듈 및 기타 보안 모듈이 있을 수 있다. 하드웨어 계층에는 카메라, SIM 카드와 같은 장치에 통합된 주변 장치도 포함된다. 하드웨어의 취약점은 바로 공격 경로가 될 수 있다. 이러한 구성 요소의 소프트웨어가 칩 자체에 내장되어 있기 때문에 이러한 취약점을 수정하기는 어려울 수 있다.
- **펌웨어** : 펌웨어는 모바일 운영체제 부팅(즉, 부트 로더)을 위해 필요하며 사용자가 장치를 사용하기 전에 추가적인 장치의 초기화 코드, 주변 장치에 사용되는 장치 드라이버 및 모바일 운영체제의 일부를 점검한다. 초기화 코드가 수정되거나 변경되면 장치가 정상적으로 동작하지 않거나 공격자가 운영체제 코드를 변조하고 악성 코드가 있는 대체 버전을 로드 할 수 있다.

- **모바일 운영체제** : 가장 일반적인 모바일 운영체제는 안드로이드와 iOS이다. 운영체제는 시스템 응용 프로그램 및 응용 프로그램의 각 데이터 간의 예기치 않은 상호작용을 방지하기 위해 타사 응용 프로그램을 격리시키는 샌드박스 기능이 있다. 운영체제 계층에는 응용 프로그램용 런타임 환경과 멀티미디어용 공용 서비스도 포함한다. 다른 운영체제와 마찬가지로 모바일 장치 운영체제에서도 취약점이 발견된다. 하지만 패치 개발과 소프트웨어의 업데이트는 운영체제 제공 업체의 통제를 벗어난다. 많은 경우 운영체제 제공자의 복잡한 패치 관리 수명주기 때문에 운영체제 취약성이 수정되지 않은 상태로 오래 동안 방치되게 된다 [DHS17].
- **응용 프로그램** : 응용 프로그램 계층은 타사 응용 프로그램, 모바일 장치 공급 업체에서 제공하는 다양한 응용 프로그램과 서비스 및 사용 권한을 정의하는 기능을 포함한다.

모바일 생태계

모바일 기기에서 응용 프로그램의 실행은 네트워크를 통해 통신하는 것과 다양한 사람들이 소유한 많은 시스템과 상호 작용을 포함한다. 이러한 생태계는 효과적인 보안 달성을 어렵게 한다.

NISTIR 8144에 기반한 그림 7.5에서는 모바일 기기 응용 프로그램 기능에서 생태계를 구성하는 주요 요소를 보여준다.

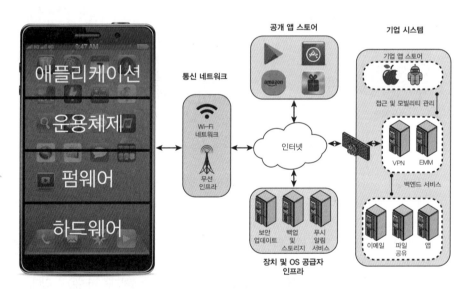

▲ 그림 7.5 모바일 생태계

- **셀룰러 및 Wi-Fi 인프라** : 최신 모바일 기기는 일반적으로 셀룰러 및 Wi-Fi 네트워크를 통해 인터넷에 접속하고 전화를 수신한다. 셀룰러 네트워크 코어는 인증 서버에 의존하고 있으며 고객 인증 정보를 저장하고 있다.

- **공개 앱 스토어** : 공공 앱 스토어는 모바일 운영체제 공급 업체가 운용 및 개발하는 디지털 배포 서비스인 기본 앱 스토어가 포함된다. 안드로이드의 공식 앱 스토어는 구글 플레이이며 iOS의 경우 앱 스토라고 부른다. 이러한 온라인 스토어는 악성코드를 탐지하고 차단하며 앱이 모바일 장치에서 원하지 않는 동작을 일으키지 않도록 하는데 상당한 노력을 기울인다. 많은 앱 스토어가 있으며 타사 스토어의 앱은 악성코드가 존재하지 않는다는 것을 보장하지 않을 수 있다.

- **사설 앱 스토어** : 많은 기업들이 안드로이드, iOS 또는 둘 모두를 위한 특정 유틸리티 응용 프로그램 배포를 위해 기업 자체 앱 스토어를 운용하기도 한다.

- **기기 및 OS 공급자 인프라** : 모바일 기기 및 운영체제 공급 업체는 운영체제 및 응용 프로그램에 대한 업데이트 및 패치를 제공하기 위한 서버를 호스팅하기도 한다. 사용자 데이터 저장 및 분실 기기의 데이터 삭제와 같은 다른 클라우드 기반 서비스가 제공 될 수 있다.

- **엔터프라이즈 모빌리티 관리 시스템** : 엔터프라이즈 모빌리티 관리(EMM : Enterprise Mobility Management)는 모바일 장치 및 관련 구성 요소(예 : 무선 네트워크) 관리와 관련된 모든 것을 가리키는 일반적인 용어이다. EMM은 단순한 정보 보안보다 훨씬 광범위하다. 모바일 응용 프로그램 관리, 재고 관리, 비용 관리가 포함된다. EMM 시스템은 보안 기술로 직접 분류되지는 않지만 기업의 장치 풀에 정책을 배포하고 장치 상태를 모니터링 하는데 도움을 줄 수 있다.

- **엔터프라이즈 모빌리티 서비스** : 이러한 백엔드 서비스는 전자 메일, 파일 공유, 기타 응용 프로그램을 포함하여 권한이 부여된 사용자 모바일 장치에서 접근 할 수 있다.

취약성

모바일 장치는 조직의 시설과 조직의 네트워크에서만 사용되는 데스크톱 및 랩톱과 같은 다른 클라이언트 장치용으로 구현된 것 외에 추가적인 특수한 보호 수단을 필요로 한다. SP 800-124 기업에서 모바일 장치 관리 및 보안 지침은 다음 절에서 살펴볼 모바일 장치에 대한 7가지 주요 보안 문제를 나열하고 있다.

물리적 보안 통제

모바일 장치는 일반적으로 사용자를 완전히 통제하며 오프 프레미스(Off-Premises)를 포함하여 조직의 제어를 벗어난 다양한 위치에서 사용 및 보관된다. 장치가 사내에 남아 있어야 하는 경우에도 사용자는 조직에서 장치를 안전한 위치와 안전하지 않은 위치 사이에서 이동할 수 없다. 따라서 도난 및 변조는 현실적인 위협이다. 모바일 장치의 보안 정책은 모든 모바일 장치가 도난 당하거나 적어도 악의적인 사람이 접근 할 수 있다는 가정을 기반으로 해야 한다. 악의적인 사람이 장치 장치에서 중요한 데이터를 복구하려고 시도하거나 장치를 사용하여 조직의 자원에 접근하는 두 가지 위협이 있다.

신뢰되지 않은 모바일 장치 사용

회사에서 제공 하거나 회사에서 통제되는 모바일 장치 외에도 모든 직원에게는 개인용 스마트 폰 또는 태블릿이 있다. 조직에서는 이러한 장치를 신뢰하지 않아야 한다. 즉, 이러한 장치는 암호화를 사용하지 않을 수 있으며 사용자 또는 타사 보안, 운영 체제 사용 등에 대한 제약을 우회할 수 있다.

신뢰되지 않은 네트워크 사용

모바일 장치가 사내에서 사용되는 경우 조직 자체 무선 네트워크를 통해 조직 자원에 연결 할 수 있다. 그러나 사외에서 사용한다면 사용자는 일반적으로 Wi-Fi 또는 인터넷에 대한 셀룰러 망을 통해 조직의 자원에 접근할 것이다.

따라서 사외에서 유입되는 트래픽은 잠재적으로 도청 또는 중간자 공격에 취약하다. 따라서 보안 정책은 모바일 장치와 조직간의 네트워크가 신뢰할 수 없다는 가정에 기반해야 한다.

알려지지 않은 단체에서 만든 응용 프로그램 사용

모바일 장치에서 타사 응용 프로그램을 쉽게 찾고 설치할 수 있다. 이로 인해 악의적인 소프트웨어를 설치할 위험성이 있으며 조직에서는 이러한 위협 요소를 처리하기 위한 여러 가지 옵션이 있으며 이 장의 후반부에서 설명할 예정이다.

다른 시스템과 상호 작용

스마트폰 및 태블릿의 일반적인 기능은 데이터, 앱, 연락처, 사진 등을 다른 컴퓨팅 장치 및 클라우드 기반 스토리와 자동으로 동기화 하는 기능이다. 조직에서 동기화와 관련된 모든 장치를 제어하지 않는 한 조직의 데이터가 보안되지 않은 위치에 저장될 위험성이 있으며 악성 프로그램 유입의 위험도 있다.

신뢰되지 않은 컨텐츠

모바일 장치는 다른 컴퓨팅 장치가 접하지 않는 컨텐츠에 접근하여 사용할 수 있다. QR(Quick Response) 코드는 2차원 바코드이다. QR 코드는 휴대 장치 카메라로 수집하여 모바일 장치에서 사용하도록 설계되었다. QR 코드는 URL로 변환되고 악의적인 QR 코드는 모바일 장치를 악성 웹 사이트로 유도 할 수 있다.

위치 서비스 사용

GPS 기능을 사용하여 장치의 물리적인 위치에 대한 정보를 유지할 수 있다. 이 기능은 프레즌스 서비스(Presence Service) 일부로 조직에 유용할 수 있지만 보안 위험이 있다. 침입자는 위치 정보를 활용하여 장치 및 사용자의 위치를 파악할 수 있으며 이는 공격자에게 유용한 정보가 될 수 있다.

모바일 장치 보안 전략

최근 DHS는 모바일 장치 보안 연구[DNS17]에서 보안 위협과 방어를 모바일 생태계의 5가지 주요 구성 요소와 이와 관련된 5가지 공격 면 즉, 모바일 장치 기술 스택, 모바일 응용 프로그램, 모바일 네트워크 프로토콜 및 서비스, 장치 및 엔터프라이즈 모바일 인프라(표 7.5 참조)를 보고하였다. 이는 모바일 장치에 대한 보안 전략을 구성하는 유용한 방법이다. 다음 절에서는 다섯 가지 기본 구성 요소에 대해 자세히 살펴볼 것이다.

▼ 표 7.5 일반적인 모바일 장치 위협

모바일 생태계 요소	위협
모바일 장치 기술 스택	• 보안 업데이트 지연 • 소프트웨어 및 펌웨어에 대한 제로 데이 취약점 악용 공격 • 부트로더 취약점 공격 • 탈옥(Jailbreaking)/루팅(Rooting) • 사이드로딩(Sideloading) • 공급망 손상 • 신뢰할 수 있는 실행 환경(안드로이드) 또는 시큐어 엔클레이브(Secure Enclave)(iOS) • 클라우드 자격 증명 시스템 손상
모바일 응용 프로그램	• 악성코드(백도어, 랜섬웨어, 권한상승을 포함) • 타사 제공 라이브러리 취약성 • 취약한 앱의 취약점 • 안전하지 않은 앱 개발 사례 • 공개 모바일 앱 스토어 취약점 악용 공격
모바일 네트워크	• 악성 셀룰러 기지국 및 Wi-Fi 엑세스 포인트 • 통신 데이터에 대한 중간자 공격/음성 도청 • 데이터/음성 조작 • 장치 및 ID 추적 • DoS/재밍(Jamming)
장치 물리 시스템	• 모바일 장치 분실 도는 도난 • 물리적 조작 • 악의적인 충전소

루팅 : 제한된 동작 모드를 제거하는 행위. 예를 들면 루팅을 통해 디지털 권한 제한이 걸려 있는 컨텐츠를 모든 컴퓨터에서 사용할 수 있게 하거나 향상된 타사 운영 체제 또는 응용 프로그램을 모바일 장치에서 사용할 수 있게 된다. 루팅은 안드로이드 기기에서 사용되는 반면 탈옥(Jailbreaking)은 애플 기기에서 동일한 의미로 사용된다.

사이드 로딩(Side loading) : 링크 또는 웹 사이트를 통해 공식 앱 스토어를 거치지 않고 앱을 기기에 다운로드 하는 행위. 기업에서 자체 제작한 앱을 배포하기 위해 종종 사이드 로딩을 사용하는 반면 악의적인 사용자들 또한 악성 코드를 배포하기 위해 사이드로딩(암시장에서 구입한 기업 인증서를 통해)을 사용한다.

모바일 기업	• 손상된 EMM/MDM 시스템 또는 관리자 자격 증명 • 손상된 엔터프라이즈 모바일 앱 스토어 또는 개발자 자격 증명 • 앱 심사 우회

모바일 장치 기술 스택

많은 조직이 직원을 위해 모바일 장치를 공급하고 이러한 장치를 기업 보안 정책에 부합하도록 사전 계획을 수립한다. 그러나 많은 조직에서 직원의 개인 모바일 장치가 회사 자원에 접근 할 수 있도록 BYOD(Bring Your Own Device) 정책을 채택하는 편이 편리하다고 생각한다. IT 관리자는 네트워크 접근을 허용하기 전에 각 장치들을 검사할 수 있어야 한다. IT 부서는 운영체제 및 응용 프로그램에 대한 구성 지침을 수립해야 한다. 예를 들어 루팅 또는 탈옥된 장치는 네트워크에 허용되지 않으며 모바일 장치는 로컬 저장소에 회사 연락처를 저장 할 수 없도록 하는 것이다. 장치가 소유자가 조직 또는 직원 여부에 관계 없이 다음과 같은 조치를 포함한 통제 조치를 구성해야 한다.

- 자동 잠금을 사용하면 일정 기간 동안 장치를 사용하지 않으면 장치가 잠기고 사용자는 장치를 다시 활성화 하기 위해 PIN이나 암호를 입력해야 한다.
- 암호 또는 PIN 보호를 활성화 한다. PIN 또는 암호는 장치 잠금을 해제하는데 필요하며 장치의 전자 메일 및 기타 데이터가 암호화되어 PIN 또는 암호로 검색되도록 구성할 수 있다.
- 사용자 이름이나 암호를 기억하는 자동 완성 기능을 사용하지 않는다
- 원격 초기화를 활성화한다.
- 전송 계층 보안/TLS(Secure Sockets Layer) 보호가 실행되어 있는지 확인한다.
- 운영체제 및 응용 프로그램을 포함한 소프트웨어가 최신 버전인지 확인한다.
- 백신 소프트웨어를 설치한다.
- 사용자가 중요한 데이터를 모바일 장치에 저장하지 못하도록 하거나 중요한 데이터를 암호화 하도록 권장한다.
- 분실 또는 도난시 IT 직원이 장치에 원격으로 접근하여 모든 데이터를 삭제하고 비활성화 할 수 있는지 점검한다.
- 타사 응용 프로그램의 설치를 금지하거나, 승인되지 않은 모든 응용 프로그램의 설치를 금하는 허용 목록을 작성하거나, 조직의 데이터와 응용 프로그램을 모바일 장치의 다른 모든 데이터 및 응용 프로그램과 격리 시킬 수 있는 안전한 샌드박스를 구현한다. 승인된 목록에 있는 응용 프로그램에는 디지털 서명과 승인된 기관의 공개 키 인증서가 첨부되어야 한다.
- 동기화 할 수 있는 장치와 클라우드 기반 저장소 사용에 대한 제한을 수립하고 적용한다.
- 신뢰할 수 없는 컨텐츠의 위협을 처리하려면 회사 모바일 장치에서 카메라를 사용하지 않도록 설정하고 신뢰할 수 없는 컨텐츠에 내재된 위험에 대해 직원들에게 교육한다.

- 위치 서비스의 악의적인 사용 위협에 대응하려면 모든 모바일 장치에서 이러한 서비스가 사용되지 않도록 설정한다.

모바일 응용 프로그램

두 개의 주요 앱 스토어인 애플 앱 스토어와 구글 플레이에서 수백만 개의 앱을 사용할 수 있으며 다른 공개 앱 스토에서 수백만 개의 앱을 추가로 획득할 수 있다. 앱의 신뢰성과 보안은 크게 다를 수 있으며 두 개의 주요 스토어를 제외한 다른 앱 스토어의 앱은 심사 프로세스가 불투명하거나 불충분할 수 있다.

앱의 출처와 상관없이 기업은 자체 보안 평가를 수행하여 조직의 보안 요구 사항을 준수하는지 점검해야 한다. 요구 사항에는 앱에서 사용하는 데이터를 안전하게 보호하는 방법, 앱의 배포 환경 앱에 허용되는 위험 수준을 지정해야 한다.

그림 7.6은 NIST SP 800−163 모바일 응용 프로그램의 보안 검사에서 설명된 앱 심사, 평가 및 승인 거절 프로세스를 보여준다. 공개 또는 엔터프라이즈 스토어에서 앱을 구입하거나 사내 또는 타사 개발자가 앱을 제출하면 심사 절차가 시작된다. 관리자는 조직의 모바일 장치를 배포, 유지, 안전하게 하며 배포된 장치 및 설치된 응용 프로그램이 조직의 보안 요구 사항을 준수하는지 확인한다. 관리자는 자동 시스템 또는 사람의 분석을 통해 악성 코드 검색, 취약성 식별, 위험 평가 등 앱의 보안 특성을 평가하는 앱 테스트 시스템에 앱을 제출한다. 보안 보고서 및 위험 평가 결과는 감사자나 감사원에게 전달된다.

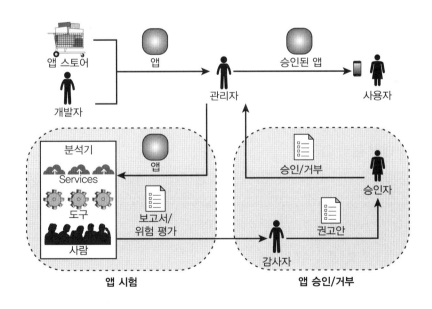

▲ 그림 7.6 앱 심사 절차

감사인의 역할은 하나 이상의 분석기에서 보고서 및 위험 평가를 검사하여 앱이 조직의 보안 요구 사항을 충족시키는지 확인하는 것이다. 또한 감사인은 분석기가 확인할 수 없는 조직별 보안 요구 사항의 위반 여부를 판단하기 위해 추가 기준을 평가한다. 감사인은 모바일 장치에 배포할 앱을 승인하거나 거부할 권한이 있는 조직의 담당자에게 권장 사항을 제시한다. 승인자가 앱을 승인하면 관리자는 조직의 휴대 기기에 앱을 배포할 수 있다.

NIST는 앱 테스트 및 승인/거부 활동에 대한 자동 관리를 지원하는 AppVet 도구를 개발했다.

모바일 네트워크 프로토콜 및 서비스

트래픽 보안은 암호화 및 인증을 위한 일반적인 방법들을 기반으로 한다. 모든 트래픽은 SSL 또는 IP 보안(IPSec)과 같은 안전한 수단을 통해 암호화되고 전송되어야 한다. 가상 사설망은 모바일 장치와 조직의 네트워크 사이 모든 트래픽이 VPN을 통해 전송되도록 구성될 수 있다.

가상 사설 네트워크 (VPN): 공개된 물리적 시스템 자원으로 구성된 사용 제한된 논리적(즉, 인공적이거나 시뮬레이션된)인 컴퓨터 네트워크(예: 인터넷), 암호화(호스트 또는 게이트웨이에 위치) 및 인증을 사용하는 네트워크이다. 가상 네트워크의 종단점은 보다 큰 네트워크를 통해 터널링된다.

강력한 인증 프로토콜을 사용하여 장치로부터 조직의 자원까지 접근을 제한해야 한다. 모바일 장치에는 장치가 하나만 있다고 가정하기 때문에 장치 고유의 식별자를 하나씩 가지는 경우가 많다. 바람직한 방법은 장치를 인증하고 장치의 사용자를 인증하는 2계층 인증 방법을 갖추는 것이다.

조직은 승인되지 않은 접근으로부터 네트워크를 보호하기 위한 보안 메커니즘을 가지고 있어야 한다. 보안 전략에는 모바일 장치의 트래픽과 관련된 방화벽 정책도 포함될 수 있다. 방화벽 정책은 모든 모바일 장치의 데이터 및 응용 프로그램의 접근 범위를 제한할 수 있다. 이와 마찬가지로 침입 탐지 및 침입 방지 시스템은 모바일 장치 트래픽에 보다 엄격한 규칙으로 설정될 수 있다.

장치에 대한 물리 접근

작고 휴대성이 뛰어난 모바일 장치는 물리적 위협에 대한 민감도를 증가시킨다. DHS의 모바일 장치 보안 연구[DHS17]은 장치에 대한 물리적 접근을 획득함으로써 발생하는 일반적인 위협을 다음과 같이 열거하고 있다.

- 도청이 쉬운 블루투스 헤드셋 대체
- ID 사기 또는 서비스 도난과 같은 불법 행위를 조장하는 SIM 카드 교체
- 도난 당한 장치에 대한 무차별 공격

- 암호화 개인 키를 얻기 위한 사이드 채널 공격
- 사용자가 인지하지 못한 USB, 감염된 컴퓨터 또는 충전소를 통한 악성 앱 설치

DHS에서는 다음과 같은 방어를 권장하고 있다[DHS17].

- 장치가 기업에서 관리되므로 조직이 보안 정책을 시행하고, 장치 상태를 모니터링하고, 분실 또는 도난 당한 장치를 원격으로 추적 또는 삭제할 수 있다.
- 장치의 화면 잠금이 활성화되어 있는지 확인한다. 잠금은 강력한 암호로 설정해야 한다.

기업 모바일 인프라

엔터프라이즈 접근 권한이 있는 모바일 장치에 대한 공격은 다른 엔터프라이즈 시스템으로 확산될 수 있다. 그림 7.5에서 볼 수 있듯 이러한 엔터프라이즈 위협은 크게 두 가지 영역, 즉 엔터프라이즈 앱 스토어와 관련된 공격과 EMM 시스템에 대한 공격이다.

기업용 앱 스토어 시설이 완벽히 안전하지 않은 경우 악의를 가진자가 심사 절차를 거치지 않고 악성코드가 있는 앱을 배포할 수 있다. 이러한 악성코드는 모바일 장치를 대상으로 하거나 악성코드를 기업의 다른 플랫폼에 전파하는데 사용될 수 있다.

EMM 시스템에 대한 공격은 치명적일 수 있다. EMM 시스템은 높은 권한을 가지고 있기 때문에 침입자는 EMM에 대한 제어를 토해 모바일 장치 및 모바일 엔터프라이즈에 대한 공격을 시작할 수 있다. 공격자는 EMM 인프라 또는 소프트웨어의 관리 자격 증명을 도용하거나 취약성을 악용하여 관리 콘솔에 무단을 접근하고 모바일 장치에 대한 공격을 시작할 수 있다. 이러한 공격에 대한 방어에는 보안 감사, 위협 정보, 강력한 인증, 안전한 네트워크 연결이 포함될 수 있다.

모바일 장치 보안 자원

미국 기관들을 위한 문서들은 매우 유용한 자료이다. 특히 유용한 자료들은 다음과 같다.

- **모바일 장치 보안 연구[DHS17]** : 6개 영역으로 구성되었으며 각 영역에서 최고 위협뿐 아니라 완화 및 방어에 대한 상세한 설명을 제공한다.
- **NIST IR 8144 모바일 장치 및 인프라에 대한 위협 평가** : 모바일 장치 및 엔터프라이즈와 관련된 위협에 대해 상세한 설명을 제공한다.
- **SP 800-124 기업에서 모바일 장치 관리 및 보안 지침** : 중앙 관리 기술의 선택, 구현, 활용에 대한 권장 사항을 제공하고 모바일 장치 사용으로 인해 파생되는 보안 문제에 대한 상세한 설명과 모바일 장치를 모바일 장치 수명 동안 안전하게 활용하기 위한 권장 사항을 제공한다.

> **사이드 채널 공격** : 물리적 암호 시스템에서 정보 유출로 인한 공격. 사이드 채널 공격에서 악용 될 수 있는 특성에는 타이밍, 전력 소비, 전자기 및 음향 방출을 포함한다.

> **화면 잠금** : 컴퓨터 및 모바일 장치의 보안 기능으로 장치에 대한 무단 접근을 방지한다. 화면 잠금 장치를 사용하려면 사용자가 PIN 코드를 입력하거나 지문을 제시하는 등 특정 작업을 수행해야 장치에 접근할 수 있다.

- **SP 800-163 모바일 응용 프로그램의 보안 검사 :** 앱 검사 및 앱 승인/거부 활동에 대해 상세한 설명을 제공한다.
- **SP 800-164 모바일 장치의 하드웨어 기반 보안 지침 :** 모바일 장치를 안전하게 활성화 하는데 필요한 기본 보안 요소 및 기능을 정의하는데 중점을 두고 있다.
- **SP 1800-4 모바일 장치 보안 :** 클라우드 및 하이브리드 빌드 : 참조 아키텍처를 포함하며 상업적으로 이용 가능한 표준 기반 사이버 보안 기술의 구현 방법에 대한 설명을 제공한다. 모바일 장치를 통한 침입 위험을 줄이는 기술 활용에 대한 도움을 제공한다.

7.5 정보 관리 모범 사례

SGP는 실제 자산 관리 모범 사례를 두 개 영역과 여덟 가지 주제로 분류하고 각 주제에 대한 상세한 점검 목록을 제공한다. 분야와 주제는 다음과 같다.

- **장비 관리 :** 목적은 시스템 및 네트워크 장비, 사무 장비(예, 네트워크 프린터, MFD), 전문 장비(예 산업 제어 시스템)를 포함하여 자산의 수명주기 동안 보호하고, 장비 구입(예 : 구매 또는 임대), 유지 보수 및 처분에 대한 정보 보안 요구 사항을 설명하는데 있다.
  - 하드웨어 수명 주기 관리 : SGP는 하드웨어가 필요한 기능을 제공할 뿐 아니라 장비의 수명 주기 동안 보안 정책을 준수하고 위험을 관리할 수 있도록 절차를 자세히 설명한다. SGP 점검 목록은 하드웨어 선택, 잠재적인 보안 약점 식별, 하드웨어 자산 등록 유지, 수명 주기 동안 하드웨어 추적 및 하드웨어 폐기를 위한 지침을 제공한다.
  - 사무 기기 : 사무 기기에는 추가적인 보안 관련 조치가 필요하다. SGP는 물리적 보호, 접근 제어, 모니터링 사용 및 암호화 전송을 포함한 다양한 문제를 다룬다.
  - 산업 제어 시스템 : 신체 활동을 감시하거나 통제하는 정보 시스템은 해당 환경에서 작동하도록 조정된 보안 장치로 식별, 분류, 보호되어야 한다.
- **모바일 컴퓨팅 :** 모바일 장치(랩톱, 테블릿, 스마트 폰) 및 정보를 보호하고 무단 공개, 분실, 도난으로부터 보호하는데 목적이 있다.
  - 모바일 장치 구성 : SGP는 표준, 기술, 구성, 보안 관리 방법을 사용하기 위한 절차를 상세히 설명한다.
  - 엔터프라이즈 모빌리티 관리 : SGP는 손실, 위협, 사이버 공격으로부터 보호하기 위해 EMM에 대한 기능 점검 목록을 제공한다.
  - 모바일 장치 연결 : 보안 연결을 보장하는 기술에는 장치와 엔터프라이즈 네트워크 간 인증 및 VPN 구성을 사용한다.
  - 직원 보유 장치 : SGP는 비즈니스 정보를 보호하기 위해 직원 및 기술 보안 통제자들이 약관에 동의하도록 하고 있다.
  - 휴대 저장 장치 : SGP는 승인, 제한된 접근, 데이터 보호 영역에서 휴대용 저장 장치에 대한 정책을 기술하고 있다.

7.6 참고 문헌

- **CIS09 :** Center for Internet Security, Security Benchmark for Multi-Function Devices. April 2009: https ://www.cisecurity.org.

- **CREN17 :** Crenshaw, A., "Hacking Network Printers." http ://www.irongeek.com/ i.php?page=security/networkprinterhacking.

- **DHS10 :** U.S. Department of Homeland Security and the U.K. Centre for the Protection of National Infrastructure, Cyber Security Assessments of Industrial Control Systems. November 2010.

- **DHS11 :** U.S. Department of Homeland Security, Catalog of Control Systems Security Recommendations for Standards Developers. Industrial Control Systems Cyber Emergency Response Team (ICS-CERT) Report, April 2011.

- **DHS15 :** U.S. Department of Homeland Security, Seven Steps to Effectively Defend Industrial Control Systems. Industrial Control Systems Cyber Emergency Response Team (ICS-CERT) Report, December 2015.

- **DHS16 :** U.S. Department of Homeland Security, Recommended Practice : Improving Industrial Control System Cybersecurity with Defense-in-Depth Strategies. Industrial Control Systems Cyber Emergency Response Team (ICS-CERT) Report, September 2016.

- **DHS17 :** U.S. Department of Homeland Security, Study on Mobile Device Security. DHS Report, April 2017.

- **GARR10 :** Garretson, C., "Pulling the Plug on Old Hardware : Life-Cycle Management Explained." ComputerWorld, April 22, 2010.

- **IAIT12 :** The International Association of Information Technology Asset Managers, What Is IT Asset Management? White paper, 2012.

- **IBM14 :** IBM, IBM Predictive Maintenance and Quality (Version 2.0). IBM Redbooks Solution Guide, 2014.

- **SCHN14 :** Schneier, B., "The Internet of Things Is Wildly Insecure—And Often Unpatchable." Wired, January 6, 2014.

- **SCOT07 :** Scott, C., "Auditing and Securing Multifunction Devices." SANS Institute, January 25, 2007.

시스템 개발

이 장의 학습 목표는 다음과 같다.

- 미국 국가 표준 기술 연구소(NIST)의 시스템 개발 수명 주기 모델을 설명할 수 있다.
- DevOps에 대한 개요를 제시할 수 있다.
- NIST SDLC 모델의 각 단계에 대한 통합되어야 하는 보안 조치에 대해 기술할 수 있다.
- 시스템 개발 관리에 대한 개념 및 기능을 이해한다.
- 시스템 개발 모범 사례에 대한 개요를 제시할 수 있다.

8.1 시스템 개발 수명 주기

시스템 개발 수명 주기(SDLC : System Development Life Cycle)는 정보 시스템의 개발, 구현, 회수에 대한 개괄적인 프로세스이다. 다양한 SDLC 모델이 관련된 프로세스를 안내하기 위해 개발되었으며 몇몇 방법은 특정 유형의 프로젝트에 잘 동작한다. 다음 절에서는 몇 가지 대안 모델에 대해 살펴볼 것이다.

NIST SDLC 모델

그림 8.1은 NIST SP 800-64 시스템 개발 수명 주기에서 보안 고려사항에 정의된 SDLC 모델이다. 그림에서 모델이 순환되는 것으로 그려졌지만 폭포수 개발 방법론에서 사용되는 방법과 같이 순차적인 선형 모델로 보는 것이 보다 정확할 것이다. 다음 절에서는 이 모델의 단계들을 살펴볼 것이다.

폭포수 개발 : 개발이 잘 정의된 단계의 일련의 과정을 통해 이동하는 소프트웨어 또는 시스템 배치 방법이다. 대형 프로젝트에서 각 단계가 완료되면 반대 방향으로 가는 것이 가능하지 않기 때문에 폭포의 위로 올라가는 것은 매우 어렵다. 이러한 전통적인 시스템 공학은 보증 및 검증 기능으로 이끄는 요구 사항 지향 프로세스를 따른다.

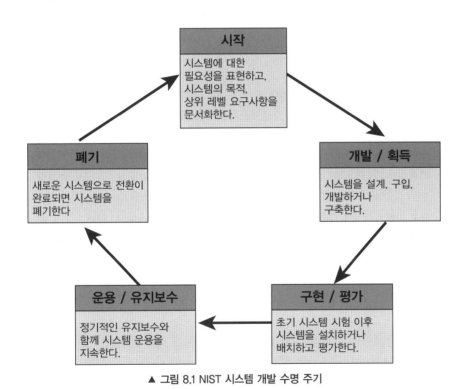

▲ 그림 8.1 NIST 시스템 개발 수명 주기

시작 단계

시작 단계에서 책임이 있는 개인이나 그룹은 시스템의 목적을 문서화하고 요구 사항을 정의해야 한다. 개시 단계에서 조직은 특정 시스템에 대한 필요성을 수립하고 목적을 문서화한다. 처리되고, 전송되고, 저장되어야 하는 정보는 일반적으로 이러한 정보를 필요로 하는 사람에 의해 평가된다. 또한 프로젝트가 독립적인 정보 시스템이 될지 아니면 이미 정의된 시스템의 구성 요소가 될지 결정해야 한다.

시작 단계의 상세한 내용은 다음과 같다.

- **전략** : 시스템 공개가 주 전략과 의도와 완전히 부합하는지 확인한다. 시스템 또는 자산 소유자는 고 수준의 전략 및 로드맵을 만들기 위해 이해관계자와 같이 일을 하며 특정 시스템 배포에 대한 세부사항들에 대한 개요를 작성한다.
- **연구** : 요구 사항을 만족하는 기회와 솔루션 선택 항목을 결정한다.
- **실현가능성** : 개괄적인 전략이 관리면에서 수용 가능하다면 다음 단계는 시스템의 실현 가능성을 보는 것이다. 주요 고려사항은 다음을 포함한다.
  - 경제적 타당성 : 비용/이익 분석을 통해 시스템의 잠재적 이익이 비용을 초과하는지 판단한다.
  - 운용 가능성 : 제안된 시스템이 사용자 환경에서 정의된 것과 같이 시스템 요구 사항을 만족하는지 판단한다.
  - 조직적 타당성 : 제안된 시스템이 조직의 전략 목표와 일치하는지 판단한다.
  - 기술적 타당성 : 활용 가능한 기술 및 자원이 제안된 시스템을 구현하기 위해 적당한지 결정한다.
  - 사회적 실행 가능성 : 제안된 시스템이 원하지 않은 사회적 영향을 만드는지 결정한다.
- **계획** : 시스템 배포에 있어 실제로 포함될 내용(예 : 새로운 기능 및 수정사항)을 상세히 설명하고, 초기 프로젝트 계획을 수립하고, 예산 추정치 개선과 같은 활동을 수행한다.
- **요구 사항** : 설계 및 구현 활동에 있어 어떤 것들이 계산되어야 하는지 상세 요구 사항을 개발한다. 요구 사항이 상세할수록 의도된 시스템 배포와 배포에 대한 사용자 기대에 설계가 보다 부합할 가능성이 높아진다

개발/획득 단계

개발/획득 단계에서 시스템은 설계되고, 구입되며, 프로그램 되고, 개발되거나, 건설된다. 이 단계의 상세한 내용은 다음을 포함한다.

- **설계** : 세부 설계는 요구 사항에 부합하기 위해 수행된다. 기능 및 비 기능적 요구 사항과 관련된 운용 솔루션을 설계하는 것 이외 설계 프로세스에는 모든 다운 스트림 단계 및 환경에서 수행되는 모든 작업의 품질을 검증하는데 사용될 유닛, 모듈, 통합, 사용자 승인, 생산자 사인 오프 테스트가 포함된다.
- **조달 또는 코딩** : 시스템 배포의 세부 설계는 다운 스트림 단계 및 환경에서 배치/배포, 품질

보증 사인오프에서 사용될 중앙화 되고 반복 가능한 빌드를 통해 구현되고 최적화 된다.

- **중앙화된 빌드 :** 빌드팀은 다운스트림 단계 및 환경에서 배포/배치에서 사용될 완전히 중앙화되고 반복가능하며 빌드 자동화를 구축한다.
- **통합 테스트 :** 모든 데이터 및 기술 연결은 SDLC 및 모든 업스트림 시스템 종속성(즉, 테스트중인 시스템에 데이터를 제공하는 시스템) 및 모든 다운스트림 시스템 대상(즉 테스트 중인 시스템은 데이터를 제공한다)을 통해 이동하는 특정 시스템에 대해 테스트된다. 목표는 최종 운용 환경에서 상호 작용할 필요가 있는 시스템간 적절한 모든 데이터 연결 및 데이터 교환을 확인하는 것이다.
- **문서화 :** 일반적으로 시스템에 대해 두 가지 형태의 문서가 준비된다.
  - 사용자 문서 : 사용자 문서는 사용자 관점에서 시스템을 사용하는 방법 또는 운용하는 방법과 같은 시스템에 대한 완전한 설명이 제공된다.
  - 시스템 문서 : 시스템 문서는 시스템 설계, 프로그램, 코딩, 시스템 흐름, 데이터 사전, 프로세스 설명 등이 제공된다. 이 문서는 시스템 이해를 도우며 새로운 사용자 요구를 수용하기 위한 기존 시스템의 수정 할 수 있도록 한다.
- **사용자 승인 테스트 :** 최종 프로덕션 환경에서 사용자가 실행 할 수 있는 시스템 기능을 대상으로 한다. 이 테스트를 통해 최종 사용자가 수행하거나 보는 것이 적절한 품질 기대치를 충족 시키는지 확인한다.

구현/평가

시스템 개발 단계가 끝나면 구현단계가 시작된다. 구현이란 이론이 실용화 되는 프로젝트 단계이다. 이 단계의 상세한 내용은 다음과 같다.

- **하드웨어 및 소프트웨어 설치 :** 시스템을 실행하는데 필요한 하드웨어 및 관련 소프트웨어를 완전하게 운용할 수 있어야 한다.
- **변환 :** 기존 시스템이 데이터를 신규 시스템의 신규 형식으로 변경해야 한다. 이 과정에서 시스템의 모든 프로그램이 사용자의 컴퓨터에 로드된다.
- **사용자 교육 :** 사용자 교육의 주요 주제에는 패키지 실행 방법, 데이터 입력 방법, 데이터 처리 방법, 보고서 생성 방법이 포함될 수 있다.
- **전환 :** 신규 시스템이 기존 IT 시스템 또는 수동 시스템을 대체하는 경우 조직은 기존 시스템에서 새 시스템으로 작업을 전환해야 한다. 여기에는 세 가지 방법이 가능하다.
  - 직접 전환 : 이전 시스템이 신규 시스템으로 완전히 대체된다. 이는 위험한 접근이며 포괄적인 시스템 테스트 및 교육이 필요하다.
  - 병렬 실행 : 두 시스템이 특정 기간 동안 동시에 실행되며 동일한 데이터가 두 시스템에서 모두 처리된다. 이 방법은 위험은 적지만 비용이 많이 든다.
  - 파일럿 실행 : 신규 시스템은 전체 시스템 또는 전체 시스템의 일부 기간의 데이터로 실행된다. 결과는 이전 시스템과 비교된다. 이 방법은 병렬 실행 방식보다 비용이 적게 들고 덜 위험하다. 이 방법은 신뢰를 구축하고 운용에 영향을 주지 않고 오류 추적을 가능하게 한다.

운용/유지보수

이 단계는 유지 관리, 노후 된 하드웨어 또는 소프트웨어 교체, 정기적인 소프트웨어 업데이트가 포함된다. 이 단계에는 요구 사항이 충족되고 개선의 필요 여부를 확인하기 위한 모니터링 및 평가가 포함된다. 이는 추가 교육, 운용, 절차, 업그레이드 권장을 의미할 수 있다.

처분

시스템 수명 주기의 폐기 단계는 시스템 정보, 하드웨어 및 소프트웨어 보존(해당 하는 경우) 및 폐기하는 프로세스를 의미한다. 데이터 자산 처분에 대해서는 6장 "정보 관리"에서 설명하였으며 물리적 자산 처분에 대해서는 7장 "물리적 자산"에서 살펴보았다.

SGP의 SDLC 모델

정보 보안 포럼(ISF)의 정보 보안 실무 표준(SGP)는 SDLC를 10단계로 정의하고 있다(그림 8.2 참조).

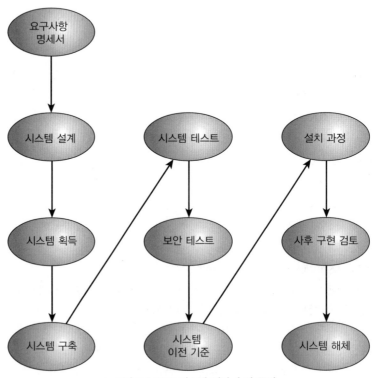

▲ 그림 8.2 SGP 시스템 개발 수명 주기

1. **요구 사항 명세서** : 설계는 성능 영역(예 : 처리속도, 응답속도), 용량(예 : 사용자 수, 트랜 잭션 볼륨 및 크기), 연속성(예 : 주요 구성 요소를 복구하는데 소요되는 최대 시간), 확장성 (예 : 향후 개발 또는 변경 사항 지원을 위한 영역), 연결(예 :기존 시스템, 네트워크 또는 외 부 리소스에 대한 인터페이스), 호환성(예 : 특정 기술 환경 또는 구성 요소)등의 요구 사항 을 포함한다.

2. **시스템 설계** : 설계에 필요한 하드웨어 및 소프트웨어 사양이 포함되어야 한다. 또한 설계 단계에는 개발중인 시스템의 정보 수명 주기 분석이 포함되어야 한다.

3. **소프트웨어 획득** : 이 단계의 목적은 견고하고 신뢰할 수 있는 소프트웨어를 구입(임대 또 는 구매)하는 것이다. 소프트웨어는 승인된 공급 업체로부터 구입해야 하며 적절한 지원 및 유지 보수 계약을 포함해야 한다.

4. **시스템 구축** : 시스템 구축 활동(프로그램 코딩 및 소프트웨어 패키지 맞춤화 포함)은 산업 모범 사례를 통해 수행되어야 하며, 적절한 기술/도구가 제공된 개인이 수행하고, 승인되지 않은 수정이나 변경을 식별해야 한다.

5. **시스템 테스트** : 개발중인 시스템(애플리케이션 소프트웨어 패키지, 시스템 소프트웨어, 하 드웨어, 통신, 서비스를 포함)은 시스템을 실제 환경으로 이전 하기 전에 실제 운용 환경과 동일한 전용 테스트 영역에서 테스트되어야 한다.

6. **보안 테스트** : 개발중인 시스템은 다양한 공격 유형(취약성 평가, 침투 테스트, 접근 제어 테스트를 포함)을 통해 보안 테스트를 수행해야 한다.

7. **시스템 이전 조건** : 시스템이 실제 환경으로 이전되기 위해서는 엄격한 기준(보안 요구 사 항 포함)을 충족해야 한다.

8. **설치 프로세스** : 신규 시스템은 문서화된 설치 프로세스에 따라 실제 환경에 설치 되어야 한다.

9. **사후 구현 검토** : 일단 운용중인 시스템은 의도한바 대로 동작하는지 사전 검토되어야 한다.

10. **시스템 처분** : 시스템 처분은 조직의 정책에 따라 수행되어야 한다.

SGP 모델은 NIST 모델과 다소 강조하는 분야가 다르고 정교하지만 기본 개념은 동 일하다.

DevOps

불과 몇 년 만에 DevOps는 소프트웨어 개발 및 배포의 승인된 방법이라는 전문 용 어로 변모했다. 크고 작은 기업에서 DevOps가 무엇인지 조직에 미치는 영향이 무엇 인지 파악하려고 하고 있다. IT 임원 및 CIO 뿐 아니라 비즈니스 관리자에 이르기까 지 주목을 받고 있으며 DevOps가 비즈니스를 보다 효과적으로 가능하게 하고 보다 높은 질의 제품을 제공하고, 민첩하고 혁신적이라고 인식하고 있다. IBM과 마이크 로소프트를 포함한 주요 소프트웨어 기업은 DevOps 제품을 빠르게 확장하고 있다.

DevOps에서 중점을 두고 있는 부분은 응용 프로그램 소프트웨어의 개발과 지원 소

DevOps : 응용 프로 그램 개발자 간의 긴 밀한 통합을 나타내는 개발 및 운용의 축약 IT 부서에서 테스트하 고 배포함. DevOps는 소프트웨어 엔지니어 링, 품질 보증, 운용의 교차점이라고 할 수 있다.

프트웨어였다. DevOps의 기본적인 철학은 제품이나 시스템을 만드는 모든 참석자가 사업 부서 관리자를 포함하여 처음부터 협업하는 것이다.

DevOps의 접근 방법을 이해하기 위해 응용 프로그램의 개발 및 배포 단계를 살펴보자. 더미 시리즈 응용 프로그램의 출시 및 배포에 기술되어 있듯 대부분의 응용 프로그램 제공업자 및 자체 응용 프로그램 개발자들은 다음과 같은 비슷한 수명 주기를 따른다[MINI14].

1. **개발** : 테스트 환경에서 개발자는 코드를 구축하고 배포하며 개발팀은 기본적인 수준에서 응용 프로그램을 테스트한다. 응용 프로그램은 다음 단계로 넘어가기 전에 특정 조건에 부합해야 한다.

2. **시스템 통합 테스트** : 응용 프로그램은 기존 응용 프로그램과 시스템에서 동작하는지 테스트 된다. 응용 프로그램은 다음 단계로 넘어가기 전에 특정 조건에 부합해야 한다.

3. **사용자 승인 테스트** : 응용 프로그램은 최종 사용자들에게 요구된 기능이 제공되는지 테스트된다. 이러한 환경은 일반적으로 실제 환경과 유사하다. 응용 프로그램은 다음 단계로 넘어가기 전에 요구 사항을 만족해야 한다.

4. **제품화** : 응용 프로그램을 사용자들이 사용 가능하도록 한다. 피드백은 응용 프로그램의 가용성 및 기능 모니터링에 의해 수집된다. 모든 수정 또는 패치는 개발환경에서 이러한 주기를 반복한다.

전통적인 정보 시스템 개발 프로젝트는 작업 단계를 중간에 전달하지 않은 고객 피드백을 얻지 않고 이러한 단계를 순차적으로 진행한다. 이러한 프로세스를 폭포수 개발 모델이라고 한다. 이전 장에서 언급 했듯 대규모 프로젝트에서 각 단계가 종료되면 쉽게 이전 단계로 돌아갈 수 없다. 2000년 초반에 애자일 소프트웨어 개발에 호의적이었다. 애자일(Agile)은 팀워크, 고객 참여, 무엇보다도 가장 중요한 실제 사용자 환경에서 테스트된 전체 시스템 중 일부를 생성하는 작업을 강조한다. 예를 들어 24개의 기능이 있는 응용 프로그램을 프로토타이핑 한 다음 5개 또는 6개의 기능만 추가하여 더 많은 기능을 추가할 수 있다. 애자일 개발은 개발 단계에서 발생하는 요구 사항 변화에 대한 처리하는데 있어 보다 효과적이라는 것이 입증되었다.

애자일 개발은 협업을 지원하는데 사용할 수 있는 도구 형태로 일정량의 자동화 기능을 통해 반복되는 순환 방식으로 빈번한 배포가 특징이다. DevOps는 이러한 철학을 훨씬 앞서 간다. 신속한 배포, 프로세스 포함된 피드백 루프, DevOps 프로세스를 자동화하는 포괄적인 도구 및 문서화된 모범 사례로 특성화 지을 수 있다.

DevOps 더미(Dummy)[SHAR15]에 기반한 그림 8.3은 DevOps 프로세스에 대한 개괄적인 내용을 제공한다.

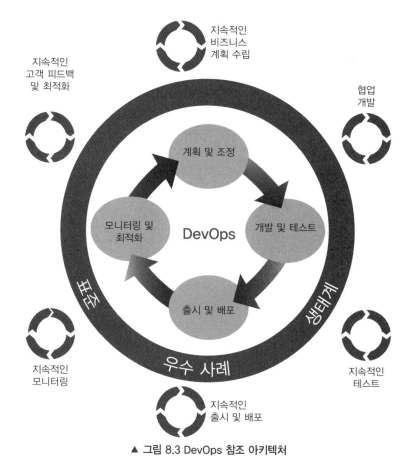

지속적인
비즈니스
계획 수립

지속적인
고객 피드백
및 최적화

협업
개발

계획 및 조정

모니터링 및
최적화

DevOps

개발 및 테스트

표준

생태계

출시 및 배포

우수 사례

지속적인
모니터링

지속적인
출시 및 배포

지속적인
테스트

▲ 그림 8.3 DevOps 참조 아키텍처

DevOps는 4개의 주요 활동의 반복적인 주기로 표현된다.

- **계획 및 조정 :** 이 활동은 사업부 계획 프로세스에 중점을 둔다. 계획 프로세스는 개발 프로세스의 결과에 대한 비즈니스 요구와 관련된다. 이러한 활동은 전체 계획 중 작고 제한된 부분부터 시작하여 필요한 소프트웨어를 개발하는데 필요한 결과와 자원을 식별 할 수 있다. 이 계획에는 소프트웨어를 평가하고, 지속적으로 적용하고 조정하며, 고객의 요구와 관련하며, 개발 계획 및 측정 계획을 지속적으로 업데이트하기 위한 조치를 개발하는 것을 포함한다. 또한 측정 기능을 올바른 자동화 도구를 사용하고 공동 작업을 진행 할 수 있도록 DevOps 프로세스에 적용할 수 있다.

- **개발 및 테스트 :** 이 활동은 협업 개발, 새로운 코드의 지속적인 통합, 지속적인 테스트에 중점을 둔다. 능률적인 개발 및 테스트 팀의 기능에 중점을 둔다. 유용한 도구는 측정된 결과를 추적하기 위해 자동화되고 고립된 실제 환경의 가상화된 테스트 베드이다.

- **출시 및 배포 :** 이 작업은 테스트 및 제품 환경으로 배치를 자동화하는 지속적인 배포 파이프라인을 제공한다. 출시는 자동화를 통한 협업 환경에서 중앙 집중식으로 관리된다. 배포 및 미들웨어 구성은 자동화된 후 개별 개발자, 팀, 테스트 및 배포 관리자에게 지속적으로 구축, 프로비저닝, 배포, 테스트, 승격할 수 있는 기능을 제공하는 셀프 서비스 모델로 발전한다. 인프라 및 미들웨어 프로비저닝은 응용 프로그램 배포와 유사하게 자동화된 자체 서비스

기능으로 발전한다. 운용 엔지니어는 수동으로 변경하는 것을 중단해야 한다. 대신 자동화 최적화에 중점을 두어야 한다.

- **모니터링 및 최적화** : 이 활동은 지속적인 모니터링, 고객 피드백, 출시 후 응용 프로그램의 성능 모니터링을 위한 최적화 방법을 포함한다. 비즈니스 응용 프로그램의 사용자 경험을 최적화하기 위해 고객 경험을 모니터링한다. 비즈니스 가치 달성여부를 반영하는 고객 핵심 성과 지표에 대한 최적화는 지속적인 개선 프로그램의 일부이다.

그림 8.4는 마이크로소프트의 백서인 엔터프라이즈 DevOps[MICR15]의 수치를 기반으로 DevOps에 대한 유용한 정보를 제공한다. DevOps는 수명주기 동안 응용 프로그램을 관리하는 프로세스의 효율성과 효과를 개선하기 위한 것이다. 애자일 소프트웨어 개발 도입에 따라 기업은 비즈니스 가치, 개발 및 품질 보증, 운용 기능을 선순환으로 통합하여 지속적인 가치 제공에 보다 민첩하게 대처할 수 있는 응용 프로그램 수명 주기 관리(ALM : Application Lifecycle Management) 사례를 개발했다.

응용 프로그램 수명 주기 관리 : 응용 프로그램의 시작부터 종료까지 관리 및 제어한다. ALM은 요구 사항 관리, 시스템 설계, 소프트웨어 개발, 구성 관리를 포용하며 프로젝트 개발 및 제어를 위한 통합 도구를 의미한다.

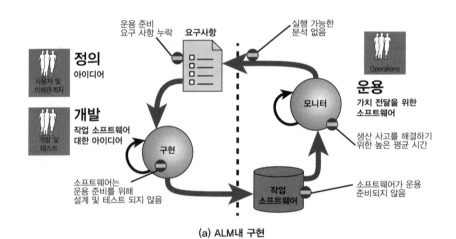

(a) ALM내 구현

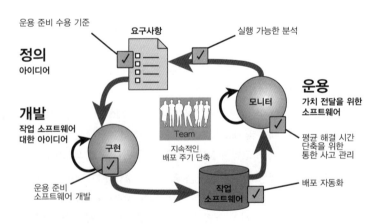

(b) DevOps 워크 플로우

▲ 그림 8.4 최신 응용 프로그램 수명 주기 관리

그림 8.4 (a)에 보인 바와 같이 ALM 사례는 최종 제품을 효과적으로 배포하기 위해 많은 장애물들과 마주친다. 이러한 장애는 개발 및 운용 기능 사이에 존재하는 분리에서 비롯된다. 여기에 설명된 핵심 주제는 기능 요구 사항을 수용하기 위한 운용 요구 사항이 우선 순위에서 제외되는 위험이다. DevOps는 그림 8.4 (b)와 같이 이러한 장애물에 대한 해결 계획이다.

기본적으로 DevOps는 협업과 자동화라는 두 가지 핵심 사항에 기반을 두고 있다. 협업은 관리 정책에서 시작하여 소프트웨어 개발 및 배포 프로세스의 여러 행위자와 함께 작업하도록 권장하고 요구한다. 자동화는 해당 협업을 지원하는 도구로 구성되며 그림 8.3 및 8.4에 나와 있는 순환 프로세스를 최대한 자동화하도록 설계되어 있다.

많은 회사가 현재 DevOps 자동화 도구를 제공한다. 예를 들면 많은 도구들이 마이크로소프트사의 비주얼 스튜디오와 호환된다. 비주얼 스튜디오는 사용자가 마이크로소프트의 플랫폼 및 클라우드에서 응용 프로그램을 만드는데 도움이 되는 일련의 개발자 도구 및 서비스이다. 추가 기능 중 하나는 적절한 관리자에게 경고 메시지를 전송하고 소프트웨어를 실행하기 위한 프로덕션 서버를 준비하는 것과 같이 개발에서 생산으로 소프트웨어 프로그램을 이동하는데 필요한 많은 잡무를 자동화하는 출시 관리 소프트웨어이다. 마이크로소프트가 비주얼 스튜디오, 클라우드 배포 프로젝트에 도입한 또 다른 DevOps형 기능을 통해 조직인 배포 시간을 단축하기 위해 새로운 응용 프로그램의 구성 설정을 수집하고 재 사용할 수 있다. 구성 설정 또는 블루프린트는 가상 컴퓨터(VM)에서 수집한 다음 마이크로소프트 애저(Azure) 클라우드에서 응용 프로그램을 유지하며 배포할 수 있다. 또한 마이크로소프트의 응용 프로그램 인사이트 소프트웨어는 개발자가 올바르게 작동하는지 확인하고 사람들이 소프트웨어를 사용하는 방법을 볼 수 있도록 응용 프로그램을 계측하는 방법을 제공한다. 이를 통해 개발자는 버그를 정확히 찾아 낼 수 있을 뿐만 아니라 좋지 않은 재설계로 활용성이 급격하게 감소하는 원인에 대한 통찰력을 얻을 수 있다.

8.2 SDLC에 보안 통합

기업 보안 고려 사항은 개발된 시스템이 악의적인 공격을 견딜 수 있는지 확인 하기 위한 보안 중심의 활동과 결과물이 SDLC의 모든 단계에 포함되도록 지시한다. 어떤 SDLC 방법론이 사용되든 기업은 SDLC 방법론이 포괄적인 보안 구성 요소에 적합하고 보안 정책 및 절차가 각 단계에 대해 잘 정의되어 있는지 확인해야 한다.

이 절에서는 NIST SDLC 모델을 사용하여 SDLC에 보안을 통합하기 위한 고려사항들을 논의한다(그림 8.1 참조). 이 보안 전략이 DevOps를 비롯하여 근소하게나마 다른 SDLC 방법에도 어떻게 적용될 수 있는지 분명하게 해야 한다.

SP 800-64 새로운 단락에서는 보안을 SDLC에 통합시 이점을 다음과 같이 나열하고 있다.

- 보안 취약성 및 잘못된 구성의 조기 식별 및 완화로 인해 보안 제어 구현 및 취약성 완화 비용 절감
- 필수적인 보안 통제로 인해 발생되는 잠재적인 엔지니어링 문제 인식
- 공유 보안 서비스의 식별 및 개발 비용 및 일정 절감을 위한 보안 전략 및 도구의 재활용과 동시에 검증된 방법과 기술을 통해 보안 상태 개선
- 적시에 포괄적인 위험 관리 적용을 통해 정보에 입각한 의사 결정 촉진
- 개발 중 중요한 보안 결정에 대한 문서화, 모든 단계에서 보안을 완전히 고려한 관리 보장
- 채택 촉진을 위한 조직과 고객의 신뢰 뿐 아니라 시스템 개발에 대한 지속적인 투자에 대한 확신
- 다양한 시스템 수준에서 개별적인 고려를 통해 달성하기 어려운 시스템 상호 운용성 및 통합 향상

SP 800-64는 각 단계에서 적용되는 보안 고려 사항을 정의할 때 다음 요소들을 활용한다.

- **주요 보안 활동** : 각 단계에서 다수의 보안이 설계 단계에 효과적으로 통합되도록 보장하기 위한 여러 가지 보안 관련 활동이 필요하다.
- **예상 결과** : 보안을 SDLC에 통하는 성공 열쇠는 각 활동에 대한 구체적인 결과물을 정의하는 것이다.
- **동기화** : 작업 간 피드백 루프는 SDLC가 적절하고 일관된 의사소통을 허용하고 작업 및 산출물의 수정을 허용하는 유연한 접근 방식으로 구현 될 수 있도록 보장한다.
- **제어 게이트** : 시스템을 평가할 때 관리자가 프로젝트를 그대로 유지할지, 방향을 변경하지, 중단할지를 결정할 때 제어 게이트는 각 단계가 끝날 때 의사 결정 지점이다.

시작 단계

그림 8.5는 시작 단계를 구성하는 5가지 주요 핵심 보안 관련 활동 간의 관계를 보여준다. 시작단계에서 보안은 위험 식별 및 평가에 중점을 둔다.

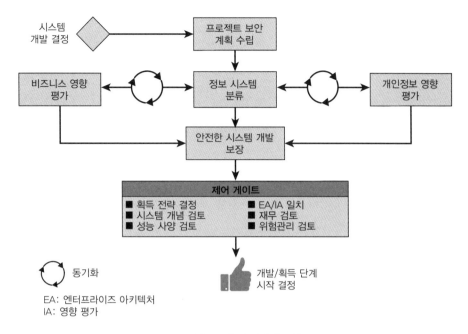

▲ 그림 8.5 초기 단계의 보안

프로젝트 보안 계획

프로젝트 보안 계획 수립의 시작에서 SDLC는 식별을 통해 주요 보안 역할이 활성화될 것이다. 또한 시스템 소유자는 시스템 개발 중에 적용되는 표준 및 규정을 확인하고 보안 이정표를 위한 전반적인 계획을 수립한다. 모든 주요 이해관계자가 보안에 대한 영향, 고려사항, 요구 사항을 포함하여 일반적인 이해를 갖도록 하는 것도 중요하다. 이러한 계획 활동을 통해 개발자는 프로젝트에 보안 기능을 설계할 수 있다.

이러한 활동의 기대되는 결과는 합의된 계획 결정에 대한 기록을 제공하는 보조 문서이다. 또 다른 주요 결과물은 SDLC와 관련된 초기 보안 활동 및 의사 결정이다.

> **시스템 소유자 :** 정보 시스템의 개발, 조달, 통합, 수정, 운용, 유지보수, 최종 처분에 대한 책임이 있는 사람 또는 조직

정보 시스템 분류 및 영향 평가

정보 시스템 분류는 SP 800-37 연방 정보 시스템 위험 관리 프레임워크 적용 지침(그림 6.1 참조)에 정의된 NIST 위험 관리 프레임워크 1단계에 해당한다. 시스템에 의한 전송, 처리, 저장될 정보 식별, 영향 분석을 기반으로 적용 가능한 정보 분류 수준을 정의하는 것이 목표이다. 이러한 분류 과정은 처음에는 비즈니스 및 개인 정보 영향 평가에 달려 있으며 평가 중 하나라도 업데이트되면 재 검토 되어야 한다.

이 단계의 결과물은 정보 분류법 또는 정보 유형의 카탈로그이다. 세부 수준 또는 세분적인 것들은 보안 관리와 관련된 사람들이 결정해야 한다. 의사 결정은 조직의 규모, 활동 범위, 인지된 전반적인 위험 수준과 같은 요인들을 기반으로 수행된다.

이러한 활동의 예상 결과로는 정보 시스템 보안 분류에 대한 이론적 근거와 필요한 보안 통제를 적용하기 위한 노력 수준이 추정되어 보안 요구 사항의 명세와 함께 포함된다.

비즈니스 영향 평가를 수행하면 분류 작업과 일치하게 된다. 비즈니스 방향에 대한 시스템 영향 평가는 특정 시스템 구성 요소와 제공된 중요한 비즈니스 서비스와 연관된다. 정보는 시스템 구성 요소의 중단으로 인한 비즈니스 및 업무 결과를 특성화하는데 활용된다. 이러한 활동의 결과물에는 설계중인 시스템에서 지원되거나 영향을 받는 비즈니스 라인에 대한 설명과 가동 중지 시간 및 데이터 손실에 대한 허용 수준을 포함한다.

개인 정보 영향 평가는 분류 작업과도 동기화 된다. 이 평가는 개인 식별 정보에 중점을 두고 있으며 기본적으로 2단계 활동이다. 첫 번째로 시스템 소유자는 디자인중인 시스템이 PII를 처리, 저장, 생성 여부와 범위를 결정해야 한다. 다음으로 시스템 소유자는 개인 정보 취급 사고 및 보고 요구 사항을 다루는 프로세스를 포함하여 적절한 안전 장치 및 보안 통제를 식별하기 위해 노력해야 한다. 이러한 활동의 결과물은 PII가 시스템에서 수집, 저장, 작성하는 위치와 정도에 대한 세부 사항을 제공하는 개인 정보 영향 평가이다.

정보 시스템을 분류하고 비즈니스 및 개인 정보 보호 영향을 평가하는 프로세스의 핵심 결과물은 시스템에 대한 전체 요구 사항에 통합되어야 하는 보안 요구 사항이다. ISO 27002 정보 보안 통제 실무 지침에 따르면 보안 요구 사항이 다음 사항을 고려해야 한다고 명시하고 있다.

- 사용자 인증 요구 사항을 도출하기 위한 사용자 신원에 대한 신뢰 수준
- 비즈니스 사용자뿐 아니라 권한을 가진 사용자 또는 기술 사용자를 위한 프로비저닝 및 권한 부여 프로세스에 접근
- 사용자 및 운용자의 직무 및 책임에 대한 지식
- 자산과 관련된 가용성, 신뢰성, 무결성에 대해 요구되는 보호 필요성
- 트랜잭션 로그 기록 및 모니터링은 물론 부인 방지 요구 사항과 같은 비즈니스 프로세스에서 파생된 요구 사항
- 인터페이스와 같은 보안 통제에 의해 필수적인 요구 사항

안전한 시스템 개발 보장

시스템 소유자와 개발팀은 SDLC의 보안 기대치를 문서화하는 일련의 원칙과 계획을 수립하기 위해 협력해야 한다. 이러한 고려 사항은 다음과 같다.

- **안전한 운영 개념** : 대상 환경에서 보안 개발 및 구현을 위한 전반적인 개념과 지침을 정의해야 한다. 팀은 개발 환경이 중단 될 경우 소스 코드 작업 제품을 보존 할 소스 코드 저장소의 특성을 정의해야 한다.
- **표준 및 프로세스** : 조직의 기대에 부합함을 보장하기 위한 표준과 모범 사례에 따라 문서화해야 한다.
- **보안 교육** : 핵심 개발자가 현재의 위협 및 제품의 잠재적인 악용에 대해 이해할 뿐 아니라 안전한 설계 및 코딩 기술을 교육할 수 있도록 추가 보안 교육에 대한 제공 여부를 결정해야 한다.
- **품질 관리** : 정보 시스템에서 최소한의 결함과 올바른 실행을 보장하기 위해 계획, 보증, 통제를 포함하는 품질 관리 규약을 정의해야 한다.
- **안전한 환경** : 워크스테이션, 서버, 네트워크 장치, 코드 저장소를 비롯한 개발환경이 조직의 보안 요구 사항을 충족하는지 확인 해야 한다.
- **안전한 코드 실행 및 저장소** : 체크인/체크아웃 기능을 갖춘 분산 코드 관리를 지원하는 시스템에 중점으로 코드 저장소에 특별한 주의를 기울여야 한다. 역할 기반 접근은 코드 저장소에 접근하기 위해 적용되어야 하며 안전한 개발 프로세스의 일부로 로그는 정기적으로 검토되어야 한다. 가능한 경우 보안 인증을 통과한 완성된 소프트웨어 구성 요소들은 향후 소프트웨어 개발 및 시스템 통합을 위해 재사용 가능한 구성 요소로 관리되어야 한다.

이러한 활동의 산출물로 개발 단계 보안 교육 및 품질 보증 계획이 있다.

제어 게이트

시작 단계는 다음의 제어 게이트를 포함한다.

- **획득 전략 결정** : SDLC의 나머지 부분을 통해 사용된다.
- **시스템 개념 검토** : 개념이 실행 가능하고 완전하며 성취가능하고 조직의 목표 및 예산 제약과 부합하는지 확인한다.
- **성능 사양 검토** : 초기 설계가 모든 보안 요구 사항을 충족하는 확인한다.
- **엔터프라이즈 아키텍처(EA)/정보 아키텍처(IA) 일치** : 엔터프라이즈 아키텍처(2장 보안 거버넌스 참조)가 시스템 개발을 위해 생성된 비즈니스 영향 및 개인 정보 보호 영향 요구 사항에 적합한지 확인한다.
- **재무 검토** : 시스템이 자본 계획 고려 사항들과 부합하는지 결정하기 위해 비용 관리와 위험 관리 사이 적절한 균형을 유지한다.
- **위험 관리 검토** : 검토가 SP 800-73에 정의된 NIST 위험 관리 프레임워크(그림 6.1 및 6.2

소스 코드 저장소 : 소스 코드 데이터베이스로 많은 개발자가 참여한 프로젝트에서 많은 프로젝트에서 활용하기 위해 소스코드를 저장할 수 있다. 저장소는 조직이나 일반인들에게 제한적인 사설 저장소가 있다. 공개 저장소는 소스 코드 열람이 가능하거나 다수 조직의 개발자에게는 제한 될 수 있다. 저장소는 개발자가 체계적인 방식으로 코드 패치를 제출하는데 도움이 된다. 이러한 아카이브는 버전 제어, 버그 추적, 출시 관리, 메일링 리스트, 위키 기반 문서를 지원한다.

참조) 또는 이와 유사한 방법론을 준수하여 시스템 개발을 위한 위험이 적절히 관리되도록 한다.

개발/획득 단계

그림 8.6은 개발/획득 단계를 구성하는 6개의 주요 보안 관련 활동간의 관계를 나타낸다. 이 단계의 주요 보안 활동은 위험 평가를 수행하고 결과를 통해 기본 보안 제어를 보완하는 것이다. 또한 조직은 보안 요구 사항을 분석하고 기능 및 보안 테스트를 수행하며 시스템 인증 및 인증을 위한 초기 문서를 준비하고 보안 아키텍처를 설계해야 한다.

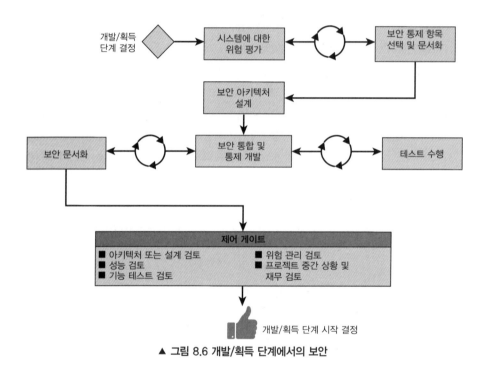

▲ 그림 8.6 개발/획득 단계에서의 보안

위험 평가 및 통제 항목 선택

위험 평가를 통해 조직은 정보 시스템의 운용과 정보 처리, 저장, 전송으로 인해 운용, 자산 및 개인에 대한 위험을 판단할 수 있다.

위험 평가 활동은 시스템 설계에 대한 현재 지식과 초기 단계의 영향 평가 정보를 검토한다. 결과는 초기 단계에서 확인된 기본 보안 제어를 보완하는데 사용된다. 예상되는 결과는 시스템의 잠재적 위험, 설계의 취약점, 프로젝트 제약 조건 및 비즈니스, IT 구성 요소에 알려진 모든 위협을 정확히 반영한 성숙된 시스템 설계 기반의 위험 평가를 세분화하는 것이다.

보안 통제 항목을 선택하고 문서화 하는 것은 SP 800-37에 정의된 NIST 위험 관리 프레임워크의 2단계에 해당하며(6장의 그림 6.1 및 6.2 참조) 위험 평가 활동과 일치해야 한다. 일반적으로 위험 평가의 정교화에 따라 기본 통제 집합을 선택하고 항목을 추가하여 조정한다. 세분화는 기본 통제에서 비롯된 모든 이차적 위험과 그것이 위험 평가에 미치는 영향을 고려한다. 결과물은 시스템 보안 계획이다. 4장 보안 관리에서 보안 계획은 정보 시스템에 대한 보안 요구 사항에 대한 개요를 제공하고 이러한 요구 사항을 충족시키기 위해 마련된 보안 제어를 기술하는 공식 문서임을 상기하자. 계획의 핵심 구성 요소는 시스템의 각기 다른 요소에 대해 허용 가능한 수준의 위험을 제공하는 보안 분류와 각 보안 제어 및 구현 계획에 대한 설명이다.

보안 아키텍처 설계

보안 아키텍처 설계 작업은 보안 기능과 통제를 시스템 설계에 통합하여 상세한 설계를 생성한다. 예상 되는 결과는 다음과 같다.

- 시스템 보안 내에서 구현되고 공유되는 위치에 대한 세부 사항을 제공 하는 보안 통합 구성도
- 공유 서비스 목록 및 그에 따른 공유 위험 목록
- 시스템에서 사용되는 공통 제어 식별

보안 통제 및 기능 개발, 테스트, 문서화

개발, 테스트, 문서화 단계의 마지막 부분에서 보안 통제가 구현되어 시스템의 일부가 된다. 이는 SP 800-37에 정의된 NIST 위험 관리 프레임워크의 3단계에 해당한다(6장의 그림 6.1 및 6.2 참조). 구현의 일부로 조직은 구현 및 통합 단계를 시작하기 전 기술 및 보안 기능/기능 개발 테스트를 수행하여 의도한대로 동작하는지 확인해야 한다. 이 시점에서 기능 테스트, 침투 테스트, 사용자 테스트의 결과로 보안 통제 기능을 변경할 수 있다. 개발이 진행되면 보안 계획을 업데이트 하고 다음을 포함하는 문서를 작성해야 한다.

- 구성 관리 계획
- 지속적인 모니터링 계획
- 보안 인식, 교육 및 교육 계획
- 사건 대응 계획

기능 테스트 : 정보 시스템의 알려진 보안 메커니즘은 동작 조건 하에서 시험되어 주어진 기능이 요구 사항에 따라 동작하는지를 판단하는 보안 테스트

침투 테스트 : 평가자가 실제 공격을 모방하여 응용 프로그램, 시스템, 또는 네트워크 보안 기능을 우회하는 방법을 식별하기 위한 보안 테스트·

사용자 테스트 : 소프트웨어 또는 시스템이 의도된 대상에 의해 "실제 환경"에서 테스트되는 시스템 개발로 최종 사용자 테스트라고 하기도 함

제어 게이트

개발/획득 단계에는 다음 제어 게이트가 포함된다.

- **아키텍처/디자인 검토 :** 보안 아키텍처 및 디자인은 다른 시스템 및 전체 엔터프라이즈 아키텍처와 통합을 평가한다.
- **성능 검토 :** 시스템이 소유자의 문서화된 기대치를 충족 시키는지 평가하고 시스템이 부적절한 사용으로 인해 시스템이 예측 가능한 방식으로 동작하는지 검토한다.
- **기능 테스트 검토 :** 기능 요구 사항이 충분히 상세화 되고 배포 된 후 테스트 할 수 있도록 검토한다.
- **위험 관리 검토 :** 시스템 또는 보안 통제 항목이 수정된 후 현재까지의 위험 관리 결정을 검토한다.
- **중간 프로젝트 상태 및 재무 검토 :** 계획된 수준 노력에서 변화가 있었는지를 판단하고 비용 및 이익에 미치는 영향 평가를 검토한다.

구현/평가 단계

그림 8.7은 구현/평가 단계를 구성하는 네 가지 주요 보안 관련 활동을 나타낸다. 이 단계에서 조직은 시스템 보안 기능을 구성하고 활성화하며, 이러한 기능을 테스트하고, 시스템을 설치 또는 구현하며, 시스템을 운용하기 위한 공식 인증을 받는다.

C&A 세부 계획 수립

기업 내 개인은 시스템 운용 위험과 구현, 배치, 운용 비용이 수용 가능한지 결정해야 한다. 이러한 개인을 권한을 가진 담당자라고 한다. 이러한 활동을 하는 담당자는 개발 팀과 협력하여 인증에 필요한 형식과 인증 및 인가에 필요한 사항에 대한 제출 절차를 논의한다. 이러한 활동의 예상 결과는 합의된 작업 계획이다.

환경 또는 시스템과 보안 통합

통합 활동은 운용을 위해 시스템을 배치하는 시점에 발생한다. 보안 통제 설정이 사용 가능한 시점에서 다른 보안 기능을 통합해야 한다. 이 활동의 결과물은 완성된 시스템 문서에 통합된 운용 보안 제어의 검증된 목록이다.

인증 및 인가(C&A : Certification and Accrediation) : 어떤 통제 항목이 정확하게 구현되었는지, 의도한 대로 동작하는지, 시스템에 대한 보안요구 사항을 충족시키면서 필요한 결과를 산출하는지 판단하기 위한 정보 시스템에서 관리, 운용, 기술 보안 통제에 대한 포괄적인 평가. 인가는 정보 보안 통제 구현에 기반하여 기관이 정보 시스템에 대한 운용 및 기관 운용, 기관 자산, 개인에 대한 위험을 명시적으로 수용하기 위해 주어진 공식적인 관리 결정이다.

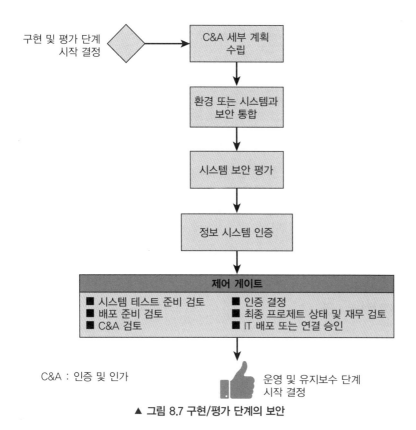

구현 및 평가 단계
시작 결정

C&A 세부 계획
수립

환경 또는 시스템과
보안 통합

시스템 보안 평가

정보 시스템 인증

제어 게이트

■ 시스템 테스트 준비 검토　　■ 인증 결정
■ 배포 준비 검토　　　　　　■ 최종 프로젝트 상태 및 재무 검토
■ C&A 검토　　　　　　　　■ IT 배포 또는 연결 승인

C&A : 인증 및 인가

운영 및 유지보수 단계
시작 결정

▲ **그림 8.7 구현/평가 단계의 보안**

시스템 보안 평가

보안 평가 프로세스의 목적은 시스템이 기능 및 보안 요구 사항을 준수하고 허용 가능한 수준의 잔여 보안 위험 범위 내에서 동작 여부를 확인 하는 것이다. 이는 SP 800-37에 정의된 NIST 위험 관리 프레임워크 4단계에 해당한다(6장의 그림 6.1 및 6.2 참조). 시스템 보안은 시스템 설계 및 구현의 일부인 모든 보안 제어에 대해 평가되어야 한다. NIST SP 800-53A 연방 정보 시스템 및 조직의 보안 및 개인 정보 제어 기능 평가는 SP 800-53에 정의된 각 보안 통제 항목에 대한 평가 지침을 제공한다. 예를 들어 표 8.1은 SP 800-53의 CP-3(비상 훈련)의 보안 통제 정의를 보여준다.

▼ **표 8.1 SP-800-53의 보안 통제 CP-3**

CP-3 비상 훈련	
통제 : 조직은 시스템 사용자에게 할당된 역할과 책임에 따라 일관성 있는 교육을 제공한다.	
CP-3(a)	비상 사태의 역할 또는 책임을 가질 때 [과제 : 조직에서 정한 시한]
CP-3(b)	정보 시스템 변경 시 필요할 때

CP-3(c)	그 이후[과제 : 조직에서 정한 빈도]

보충 지침

조직이 제공하는 비상 사태 훈련은 해당 내용과 세부 수준이 교육에 포함되도록 직원의 역할과 책임에 연결된다. 예를 들어 일반 사용자는 언제 어디서 근무해야 하는지 정상적인 업무가 영향을 받는다면 어디로 보고해야 하는지 인지하면 된다. 시스템 관리자는 대체 처리 및 저장 사이트에 대한 시스템 설정 방법에 대한 추가적인 교육이 필요할 수 있다. 관리자/고위 임원은 임무 필수 기능을 수행하는 방법과 비상 관련 활동에 대한 조정을 위해 다른 정부 기관과 의사소통 하는 방법에 대한 구체적인 교육을 받을 수 있다. 비상시 역할/책임에 대한 훈련은 비상 사고 계획의 구체적인 연속성 요구 사항을 반영한다.

관련 통제 : AT-2, AT-3, AT-4, CP-2, CP-4, CP-8, IR-2, IR-4, IR-9.

통제 강화

(1) 비상 훈련 | 시뮬레이션된 이벤트

위기 상황에서 직원이 효과적인 대응을 할 수 있도록 시뮬레이션 된 이벤트를 비상 훈련에 포함시킨다.

(2) 비상 훈련 | 자동화된 교육 환경

보다 철저하고 현실적인 예비 훈련 환경을 제공하는 자동화된 메커니즘을 채택한다.

참고

NIST 특별 문서 800-50

표 8.2는 SP 800-53A에 정의된 CP-3의 평가 템플릿을 보여준다.

▼ **표 8.2 SP-800-53의 보안 통제 CP-3**

CP-3 비상 훈련		

평가 목표 :

조직이 할당된 역할과 권한에 따라 정보 시스템 사용자에게 비상 훈련을 제공하는지 판단한다.

CP-3(a)	CP-3(a)[1]	비상시 역할 또는 조직이 정의한 기간 내(S)
	3(a)[2]	정보 시스템 사용자에게 비상시 역할이나 책임을 전제로 비상 훈련이 실시되는 기간을 정의(S)
CP-3(b)		정보 시스템 수정 시 필요할 때(O)
CP-3(c)	CP-3(c)[1] CP-3(c)[2]	그 이후[과제 : 조직에서 정한 빈도]

잠재적인 평가 방법 및 목표

검토 : [SELECT FROM : 비상 계획 정책, 비상 훈련 절차, 비상 계획, 비상 훈련 교육 과정, 비상 훈련 자료, 보안 계획, 비상 훈련 기록, 기타 관련 서류 또는 기록]

인터뷰 : [SELECT FROM : 계획을 가진 조지 조직원 대상 : 비상 계획, 시행 계획, 정보 보안 책임을 갖는 조직원 대상 : 책임 훈련]

시험 : [SELECT FROM : 비상 훈련을 위한 조직 프로세스]

의견 및 권고

CP-3(b)는 평가자가 조직이 정보 시스템 사용자들에게 시스템에 중요한 변경이 있었을 때 그들의 역할과 책임에 대한 비상 훈련을 제공하고 있다는 증거를 찾을 수 없기 때문에 만족스럽지 않은 것으로 표시되었다.

주의 : 평가자가 수행한 평가 절차에 포함된 각 결정은 다음 결과 중 하나이다: 만족(S) 또는 만족한 것 외(O)

이러한 활동의 예상 결과물은 보안 평가 패키지, 보안 평가 보고서, 행동 계획 및 계획표(POA&M : Security Assessment Report, the Plan of Action and Milestones), 업데이트된 시스템 보안 계획이 있다. POA&M은 수행해야 될 작업을 식별하는 문서이다. 여기에는 계획을 달성하는데 필요한 자원, 작업을 완료하는데 필요한 모든 일정, 예정된 완료 일자가 상세히 설명되어 있다. POA&M의 목적은 프로그램 및 시스템에서 식별되는 보안 취약점에 대한 시정 조치의 진행 상황 확인, 평가, 우선 순위 지정, 모니터링하는데 도움을 주기 위한 것이다.

인증 정보 시스템

인증(보안 인증이라고 알려져 있음)은 고위 관계자에 의해 승인된 것으로 합의된 수준의 보장 및 조직 자산 또는 운용에 대한 식별된 잔여 위험(임무, 기능, 이미지, 평판 포함)에 대한 보안 통제의 검증된 효과성을 기반으로 하고 있다. 관계자에게 권한을 부여하는 것은 정보 시스템뿐 아니라 시스템을 운용함으로써 조직 전체에 미치는 위험에 대한 위험 결정을 내릴 필요가 있다. 이 활동의 예상되는 결과물은 문서화된 보안 권한 결정이다.

제어 게이트

구현/평가 단계에는 다음과 같은 제어 게이트가 포함된다.

- **시스템 테스트 준비 검토** : 시스템 수용 테스트 지원 준비가 되었는지를 판단하기 위한 검토. 테스트 계획, 테스트 케이스, 테스트 스크립트, 요구 사항 추적 매트릭스에 대한 권장 변경 사항이 포함될 수 있다.
- **배포 준비 검토** : 시스템을 엔터프라이즈 아키텍처에 통합 할 준비가 되었는지 확인한다.
- **인증 및 인가** : 시스템이 인증 및 인가 준비가 되었는지 판단하기 위한 검토
- **허가 결정** : 정보 시스템의 운용을 허용하고 기관 자산 또는 운영에 대한 잔여 위험을 명시적으로 수락하는 결정
- **최종 프로젝트 현황 및 재무 검토** : 프로젝트 및 재정적 영향에 대한 최종 검토
- **IT 배포 또는 연결 승인** : 시스템 배포 및 다른 엔터프라이즈 아키텍처와의 연결에 대한 승인. 배포 또는 연결 검토는 운용 준비 검토(ORR : Operational Readiness Review)라고도 하며 주로 세 가지 목적으로 사용된다. 첫 번째로 ORR은 프로덕션 환경에서 시스템을 성공적으로 배포, 유지 관리하는데 필요한 모든 프로세스가 확인되었는지 검사하기 위한 체크포인트를 제공한다. 두 번째로 ORR은 식별된 프로세스가 완료되었는지 확인한다. ORR의 최종 목적은 시스템이 지속적인 운용 및 유지 관리 지원을 프로덕션 환경에서 출시될 준비가 되었음을 "Go/ No-Go"를 통해 동의하는 것이다.

운용 및 유지 보수 단계

그림 8.8은 운용 및 유지 관리 단계를 구성하는 세 가지 주요 보안 관련 활동 간의 관계를 보여준다. 이 단계에서는 시스템과 제품이 제 위치에 있으며, 시스템에 대한 수정이 개발되고 테스트 되며, 하드웨어 및 소프트웨어가 추가되거나 교체된다. 이 단계에서 조직은 시스템의 성능을 지속적으로 모니터링해야 하며 사전 설정된 사용자 및 보안 요구 사항과 일관성이 있는지 확인하고 필요한 시스템의 수정사항이 통합되었는지 확인해야 한다.

운용 준비 검토

시스템이 운용 환경으로 전환되면 계획되지 않은 수정이 필요할 수 있다. 그렇다면 ORR을 재검토하여 시스템이 동작 준비 상태인지 확인해야 한다. 특히 시스템 소유자는 시스템 변경 사항에 대한 보안 의미를 평가해야 한다. 필요하다면 이러한 것들을 문서화하고 보안 통제 제품군에 대한 업데이트를 수행해야 한다.

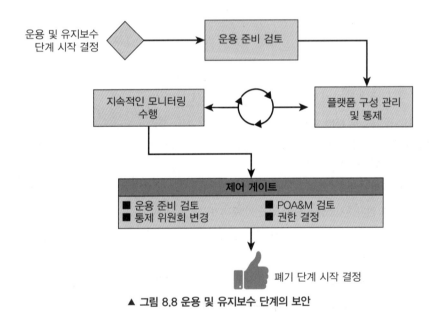

▲ 그림 8.8 운용 및 유지보수 단계의 보안

구성 관리 및 제어 보장

4장에서 설명한 것과 같이 구성 관리는 시스템의 하드웨어, 소프트웨어, 문서에 대한 수정을 제어하는 프로세스로 시스템 구현 전, 수행 후, 적용 후에 부적절한 사항이 도입되지 않도록 시스템을 보호한다. 결과물로는 변경이 동반되는 모든 의사 결정이다. 변경은 변경 관리를 통해 체계적으로 수행되어야 한다. 큰 조직에서 변경 결정은 일반적으로 변경 통제 위원회(CCB : Change Control Board)에서 책임을 갖는다.

구성 관리(CM) 및 제어의 경우 시스템의 보안 계획에서 제안되거나 실제 변경된 사항을 문서화하는 것이 중요하다. 정보 시스템은 하드웨어, 소프트웨어 펌웨어, 시스템이 상주하는 환경에서 지속적인 업그레이드와 변경을 통해 계속 진화한다. 정보 시스템 변경 사항을 문서화하고 이러한 변경이 시스템 보안에 미칠 수 있는 잠재적인 영향을 평가하기 위해 지속적인 모니터링이 필수 요소이며 시스템 보안 인증의 붕괴를 회피하는 핵심 사항이다.

이 활동의 예상되는 결과물은 CCB 결정 및 문서화된 시스템 변경 사항에 대한 보안 평가 문서를 포함한다.

변경 제어 : 제품 또는 시스템에 대한 모든 변경 사항을 관리하는 체계적인 접근 방법. 불필요한 변경을 하지 않고 모든 변경 사항을 문서화하고, 서비스를 불필요하게 중단시키지 않으며, 자원을 효율적으로 사용하도록 보장한다.

변경 제어 위원회 : 시스템에 대한 제안된 변경 사항의 구현 여부를 결정하는 위원회

지속적인 모니터링 실시

구성 관리 및 제어의 통합은 시스템의 지속적인 모니터링이다. 지속적인 모니터링의 궁극적인 목적은 시스템이 동작하는 환경은 물론 시스템에서 발생하는 피할 수 없는 변화를 고려하여 정보 시스템의 보안 제어가 지속적으로 효과를 발휘하는지 여부를 결정하는 것이다. 보안 통제 효율성의 모니터링은 보안 검토, 자체 평가, 구성 관리, 안티바이러스 관리, 패치 관리, 보안 테스트 및 평가, 감사 등의 다양한 방법을 통해 성취될 수 있다. 자동화를 통해 노력 수준을 줄이고 반복성을 보장할 수 있다. 결과로는 모니터링 활동 및 모든 결과이다.

제어 게이트

운용 및 유지 관리 단계에는 다음 제어 게이트가 포함된다.

- **운용 준비 검토 :** 이전에 수행된 운용 준비 검토가 재검토되어 잠재 위험에 대한 검토가 수행되었는지 확인한다.
- **변경 통제 위원회 :** CCB는 제안된 변경 사항을 검토한다.
- **POA&M 검토 :** POA&M을 재검토하여 모든 조치 항목이 해소되었는지 확인한다.
- **권한 결정 :** 변경에 대한 응답으로 권한 결정을 검토해야 한다.

폐기 단계

그림 8.9는 폐기 단계를 구성하는 다섯 가지 주요 보안 관련 활동과의 관계를 보여준다. 폐기 단계는 시스템 정보, 하드웨어, 소프트웨어를 보존(해당하는 경우)하고 폐기

하는 프로세스이다. 이 단계에서 정보, 하드웨어, 소프트웨어는 다른 시스템으로 이동, 보관, 폐기, 파쇄된다. 부적절하게 수행된 경우 폐기 단계로 인해 중요한 데이터가 무단으로 노출될 수 있다. 7장에서 상세히 논의된 폐기는 다음과 같은 주요 활동을 포함한다.

- **처분/전환 계획 :** 이 계획은 모든 이해 관계자가 시스템 및 정보에 대한 향후 계획을 인지하고 있음을 확인한다. 처분을 위한 모든 계획된 단계는 문서화 되어야 한다.
- **정보 보호 보장 :** 기록되거나 다른 방법을 통해 보존해야 하는 정보는 향후 적절한 하드웨어에서 접근할 수 있어야 한다. 정보가 암호화되어 있으면 적절한 키 관리 기능이 호출되어야 한다.
- **미디어 기밀 처리 :** SP 800-88 미디어, 미디어 기밀 처리 관리 지침, 철저한 기밀 처리를 보장하기 위한 관련 표준 문서를 준수해야 한다.
- **하드웨어 및 소프트웨어 폐기 :** 하드웨어 및 소프트웨어는 해당 법률 또는 규정에 따라 판매되거나, 폐기되거나, 파쇄 될 수 있다.
- **시스템 종료 :** 현재 정보 시스템이 공식적으로 종료 및 해체된다.

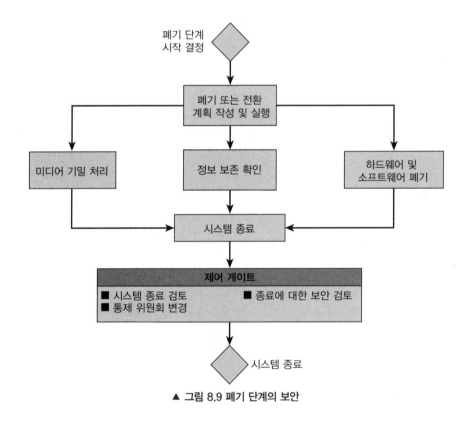

▲ 그림 8.9 폐기 단계의 보안

폐기 단계에서는 다음 제어 게이트가 포함된다.

- **시스템 종료 검토** : 검토는 인증 및 인증 담당자, 구성 관리 시스템 소유자, 정보 시스템 보안 담당자, 프로그램 관리자에 대한 최종 종결 통지를 포함하여 시스템 폐쇄를 확인해야 한다.
- **변경 통제 위원회** : CCB에 정식으로 통보해야 한다.
- **종료에 대한 보안 검토** : 보안 문서를 적절한 장소에 보관해야 한다.

8.3 시스템 개발 관리

시스템 개발 관리는 SDLC의 계획, 제공, 운용, 지원, 평가가 포함된다. 따라서 시스템 개발 관리는 SDLC의 모든 단계를 통해 시스템 개발을 전반적으로 고수준으로 감독한다.

국제 정보 기술 기구[IFIT09]는 다음과 같이 시스템 개발 관리 기능을 제시한다.

- 시스템 개발에 대한 수요 파악 및 요구
- 시스템 개발 전략 수립 및 설정
- 시스템 개발 또는 시스템 개발을 위한 연구 수행
- 시스템 개발 납품 계획
- 시스템 개발 요구 사항 확인
- 시스템 개발 정의 및 설계
- 시스템 개발 구축 또는 구성
- 시스템 개발 품질 관리
- 시스템 개발 제공(확인된 수요 또는 요구 충족)
- 시스템 개발 운용 및 지원

다음 절에서는 시스템 개발 관리의 시스템 개발 방법론, 시스템 개발 환경, 품질 보증의 3가지 측면에 대해 살펴 볼 것이다.

시스템 개발 방법론

효과적인 시스템 개발 관리를 위한 기본은 모든 시스템 개발 프로젝트에 사용되는 SDLC 방법론을 채택하는 것이다. 8.1 절에서 논의한 세 가지 방법 또는 유사한 SDLC 방법 중 하나가 이러한 목적을 수행할 수 있다. SDLC의 단계와 결과물을 문서화하고 역할과 책임을 할당하는 것은 중요하다. 국제 정보 기술 기구[IFIT09]에서는 선정된 SDLC를 관리하기 위한 원칙 또는 모범 사례를 다음과 같이 제시하고 있다.

- **소유권** : 주요 개인, 위원회, 부서에 시스템 개발 관리 책임을 할당한다.
- **인벤토리** : 요구 사항, 산출물, 제어 게이트 상태를 포함하여 시스템 개발 관리와 관련된 모든 항목의 중앙 데이터베이스를 유지 관리한다.
- **용어** : 시스템의 다양한 관점에 대한 표준 용어를 사용한다.
- **데이터 중앙 집중화** : 시스템 개발과 관련된 이해 관계자가 필요하거나 유용한 정보는 중앙 저장소에 저장한다.
- **지표** : 시스템 개발 진행 상황을 평가하기 위해 정의, 추적, 분석할 수 있는 합의된 성능 지표가 있어야 한다.
- **투명성** : 이해 관계자는 모든 시스템 개발 관리 데이터를 최소한 다른 모든 이해 관계자에게 투명하고 종종 기업 전체에 대해 투명하게 해야 한다. 예외는 개인 사용자 데이터를 보호해야 하는 경우이다. 많은 이해 관계자들은 내부 운용 데이터를 개인 또는 전용으로 취급하는 실수를 범한다. 이로 인해 데이터 사일로(Silo)를 생성하고 조직을 이러한 데이터 사일로로 이끌게 된다.
- **표준 및 모범 사례** : 가능한 한 최대한 확장 하기 위해 시스템 개발은 산업 표준 및 모범 사례를 기반으로 하며 이를 준수해야 한다.

환경 : 하드웨어 또는 소프트웨어의 특별한 구성. 프로그래밍 환경에는 컴파일러 및 관련 개발도구가 포함된다. 환경이라는 용어는 네트워크 환경, 데이터베이스 환경, 트랜잭션 처리 구성, 배치 환경, 대화식 환경 등과 같은 구성유형을 표시하는데 사용되기도 한다.

시스템 개발 환경

시스템이 한 작업 위치에서 다른 위치로 세워지고, 검증되고, 승격됨으로써 SDLC의 여러 단계를 거쳐 진화한다. 이러한 IT 업계는 이러한 위치를 환경이라고 하며 이러한 위치는 물리적일 필요는 없지만 필요한 경우 물리적으로 분리 할 수 있다.

시스템 개발 환경 유형

국제 정보 기술 재단[IFIT09]는 시스템 개발과 관련된 독특한 유형의 환경으로 다음을 열거하고 있다.

- **연구** : 이 환경은 개념 증명, 연구, 실험 형태로 구현되는 기술 및 솔루션의 실행 가능성을 조사하기 위해 격리된 샌드 박스 형태로 사용된다.
- **개발자 작업 공간** : 이 환경은 소프트웨어 개발자 또는 엔지니어와 같이 단일 또는 개별 자원에 의해 수행되는 사설 또는 로컬 구현과 관련된 활동을 수용하며 다른 사람과 간섭없이 자유롭게 작업할 수 있는 격리된 작업 영역을 제공한다.
- **중앙 집중식 빌드** : 이 환경은 중앙 집중식 또는 결합된 빌드와 관련된 활동을 수용한다. 이러한 환경에서 개개의 개발자 제품들은 하나로 통합된 빌드를 생성하기 위해 함께 제공된다.

- **통합 테스트** : 격리된 환경은 제품, 시스템, 소프트웨어 출시 사이의 통합(즉 데이터 통신 연결, 채널, 및 교환) 테스트를 위해 활용되며 다른 제품, 시스템, 또는 소프트웨어 인스턴스가 다운스트림 환경에서 운용되는 동안 통신하도록 되어 있다.
- **사용자 수용 테스트** : 이 환경은 출시를 위한 특징 및 기능에 대한 최종 승인 및 사인오프를 얻기 위한 목적으로 사용자와 시스템간 상호 작용을 가능하게 한다.
- **프로덕션** : 이 환경은 비즈니스 용도로 제품, 시스템 또는 소프트웨어 출시 버전이 동작하는 최종 목표 환경이다. 이 환경에서 실패는 최종 사용자가 사용하는 제품, 시스템, 소프트웨어의 중요성에 따라 비즈니스에 악영향을 미치거나 심지어 종료 시킬 수 있으므로 이 환경이 가장 중요하다.

작은 프로젝트나 시스템에서 6가지 환경을 다 가질 필요는 없다.

시스템 개발 환경을 위한 보안 고려 사항

시스템 개발은 환경 자체의 보안과 환경 외부에 존재하는 기업 보안이라는 두 가지 주요 보안 요구 사항을 제시한다.

환경 보안과 관련한 보안 목적은 두 가지이다. 첫째, 시스템 소유자는 환경 외부의 어떤 것도 기능을 발휘하지 못하게 하는 방식으로 환경을 오염시키거나 손상 시키지 않는 것을 확인 해야 한다. 이는 본질적으로 공격자가 시스템 개발 프로세스를 방해 함으로써 새로운 시스템 개발을 저지할 수 있다는 점에서 서비스 거부 문제이다. 둘째 시스템 소유자는 개발 중 추후 운용 환경에서 악의적으로 사용될 수 있는 악성 프로그램, 기타 기능, 특성이 유입되지 않도록 확인해야 한다.

기업의 보안과 관련하여 시스템 소유자는 특정 환경 내부의 어떤 것도 분명한 지식과 승인 없이 다른 환경에서 동작하는 자원이나 시스템을 공유하지 않도록 해야 한다. 이러한 환경 보안 측면은 다음과 같은 주요 보안 영역을 요구한다[IFIT09].

- **환경 접근 보안** : 이러한 유형의 보안은 외부 영향 및 손상을 최소화하기 위해 특정 환경에서 접근 할 수 있는 자원, 시스템 및 역할을 결정하는데 중점을 둔다.
- **환경 역할 및 책임 보안** : 이러한 유형의 보안은 적절하게 자격이 부여된 역할만이 환경에서 제어되고 허가된 작업을 수행 할 수 있도록 보장하는데 중점을 둔다.
- **환경 데이터 및 정보 보안** : 이러한 유형의 보안은 데이터 및 정보가 적절하게 필요에 따라 공유되는 의도로 기밀 유지 수준으로 모든 것을 보호하고 유지 관리하는데 중점을 둔다.

SGP는 앞서 나열된 환경 보안 유형을 제공하는데 있어 도움이 되는 몇 가지 모범 사례로 다음을 제시한다.

- 다양한 환경은 물리적 또는 안전한 가상 머신과 가상 컨테이너 기술을 통해 서로 격리되어야 한다.

- 응용 프로그램 소스 코드는 보호되어야 한다. 여기에는 악성 코드로부터 보호 및 소프트웨어에 대한 침입자 공격이 포함된다.
- 정보 및 응용 프로그램 소스 코드는 무단 접근 또는 수정으로부터 보호되어야 한다.
- 공식화된 문서 변경 관리 정책을 수행해야 한다.

품질 보증

품질 보증은 요구 사항이나 표준 준수 여부를 평가한다. 제품 및 서비스를 개발할 때 품질 보증은 개발중인 제품 또는 서비스가 특정 요구 사항을 충족하는지 확인하기 위한 체계적인 프로세스이다. 많은 회사들이 품질 보증을 위해 별도 부서를 두고 있다. 품질 보증 시스템은 고객의 신뢰와 회사의 신뢰도를 높이고 업무 프로세스와 효율성을 개선하며 회사가 다른 다른 업체들과 더 잘 경쟁할 수 있게 한다. 품질 보증 시스템은 최종 제품이 출시 되기 전에 결함을 찾아내는데 중점을 둔다.

SDLC에서 품질 보증을 담당하는 사람이나 그룹은 정보 보안에 대한 실무 지식과 프로그램의 품질을 향상시키는데 활용법을 알고 있어야 한다(예 : 컴퓨터 기반 정보의 무결성 보장, 서비스 가용성, 고객 정보 기밀 유지).

시스템 개발을 위한 중요한 보안 관련 품질 보증 작업에는 다음 사항이 포함된다.

- 일반적으로 비즈니스 요구 사항, 이점, 기술, 기술적 성능, 원가 계산 및 시간 규모와 관련된 위험을 포함하는 개발 위험(즉 개발 프로젝트 실행과 관련된 위험)을 평가한다.
- 보안 요구 사항이 명확하게 정의되었는지 확인한다.
- 정보 위험 평가 프로세스 중에 합의된 보안 제어(예 : 정책, 방법, 절차, 장치, 프로그램 기밀성, 무결성 또는 가용성을 보호하기 위함 프로그램 된 메커니즘)가 개발되어 올바르게 동작하는지 확인한다.
- 개발중인 시스템이 방법론에 따라 개발, 테스트, 구현 되는지 책임을 가진 담당자가 확인한다.

8.4 시스템 개발 모범 사례

SGP에서는 시스템 개발 범주의 모범 사례를 두 개의 영역 및 다수의 주제로 분류하고 있으며 각 주제에 대해 상세한 점검 항목을 제공하고 있다. 영역 및 주제는 다음과 같다.

chapter 09

비즈니스 응용
프로그램 관리

이 장의 학습 목표는 다음과 같다.

- 응용 프로그램의 세 가지 주요 구성 요소를 설명할 수 있다.

- 비즈니스 응용 프로그램에 보안을 통합하는 방법을 설명할 수 있다.

- 웹 응용 프로그램의 특정 보안 기술을 이해한다.

- IT 전문 개발자가 개발한 응용 프로그램과 비교하여 일반 사용자들이 개발한 응용 프로그램과 비교하여 다른 문제점들을 이해한다.

- 일반 사용자가 개발한 응용 프로그램의 보안 관리를 위한 프레임워크를 설명할 수 있다.

- 비즈니스 응용 프로그램의 관리 모범 사례를 제시할 수 있다.

비즈니스 응용 프로그램 관리 및 보안은 복잡한 영역이다. 응용 프로그램은 목적을 가지고 있으며 계약자들에 의해 개발된 응용 프로그램, 애플리케이션 공급자, 운영 체제 공급자들, 공개 소스 응용 프로그램 소프트웨어를 포함한다. 응용 프로그램은 워크스테이션, PC, 모바일 장치, 웹 기반 등 다양한 플랫폼에서 동작한다. 또한 다양한 데이터 파일 및 데이터베이스를 접근하거나 생성한다.

이 장에서는 응용 프로그램 관리 개념을 살펴보는 것으로 시작할 것이다. 다음 두 절에서는 IT 업체에서 개발된 응용 프로그램과 사용자에 의해 개발된 응용 프로그램에 대해 전혀 다른 보안 문제에 대해 설명할 것이다.

9.1 응용 프로그램 관리 개념

응용 프로그램 관리(AM : Application Management)는 사용자 지정 응용 프로그램, 패키지 소프트웨어 응용 프로그램, 네트워크 제공 응용 프로그램 유지, 향상, 관리 하기 위한 다양한 응용 프로그램 서비스, 프로세스, 방법을 제공한다. 여기에는 엔터프라이즈에서 사용되는 서버 기반, 클라우드 기반, PC 기반 및 웹 기반 응용 프로그램이 포함된다. AM은 다양한 목표를 가진 비즈니스 및 IT 세그먼트를 통합하면서 조직에 최적의 응용 프로그램 성능 벤치 마크를 제공하기 위한 전사적 IT 통제 방식이다. AM의 주요 이해 관계자는 다음과 같다.

- **응용 프로그램 소유자** : 이 그룹은 비즈니스 생산성, 수익, 통제 측면에서 AM을 보는 핵심 비즈니스 임원으로 구성된다.
- **응용 프로그램 개발자/관리자** : 이 그룹은 응용 프로그램 개발, 배포, 유지 관리를 담당하는 핵심 IT 담당자로 구성된다.
- **응용 프로그램 사용자** : 이 그룹의 경우 AM은 보안, 개인 정보 보호, 버전 관리, 응용 프로그램 프로세스 및 모듈의 전반적인 제어에 따라 측정된다.

AM 프로세스에는 응용 프로그램 수명 주기 관리(ALM : Application Lifecycle Management), 응용 프로그램 포트 관리(APFM : Application Port Management), 응용 프로그램 성능 관리(APM : Application Performance Management)가 포함된다.

응용 프로그램 수명 주기 관리

응용 프로그램 수명 주기 관리(ALM)는 정보 기술 및 소프트웨어 개발 조직이 전체

응용 프로그램 관리 (AM : Application Management) : 수명 주기 동안 응용 프로그램의 동작, 유지 관리, 버전 관리, 업그레이드를 관리하는 프로세스이다. AM은 배포된 응용 프로그램이 기업 및 백엔드 IT 인프라 전반에 걸쳐 최적으로 동작, 성능, 효율성을 얻기 위한 필수적인 모범 사례, 기술, 절차가 포함되어 있다.

응용 프로그램 수명 주기 관리 : 응용 프로그램을 시작부터 종료까지 관리 및 제어한다. 요구 사항 관리, 시스템 설계, 소프트웨어 개발 및 구성 관리를 포함하여 프로젝트 개발 및 제어를 위한 통합 도구를 의미한다.

수명 주기 동안 소프트웨어를 작성, 배포 및 운용하는 프로세스이다[GOUL15]. 따라서 이는 시스템 개발 수명 주기(SDLC) 관리의 한 형태이며 8장 "시스템 개발"의 고려 사항이 이에 적용된다. 이 절에서는 간단히 개요를 살펴볼 것이다.

그림 9.1은 기업이 채택할 수 있는 일반적인 ALM 프로세스를 보여 주며 다음 단계로 구성된다.

총 소유 비용(TCO) : 수명 주기 동안 제품을 배치할 때 재정적 영향을 계량하고자 하는 제품 또는 시스템에 대한 포괄적인 분석. IT의 경우 TCO에는 하드웨어 및 소프트웨어 수집, 관리 및 지원, 통신, 최종 사용자 비용, 가동중지 시간, 교육 및 기타 생산성 손실의 기회 비용 등이 포함된다.

- **요구 사항 수집** : IT 부서는 비즈니스 부서와 협력하여 응용 프로그램의 변경 또는 새로운 기능에 대한 요구 사항을 파악한다.
- **설계** : 응용 프로그램 개발팀은 요구 사항을 기반으로 소프퉤어 구조에 대한 예비 설계를 시작한다. 새로운 소프트웨어는 IT 인프라에 대한 자원에 대한 요구 사항을 가지고 있기 때문에 IT 분석가는 이 단계에서 참여한다. IT 분석가들은 IT 인프라 자원이 이미 존재하거나 자원 요구 사항의 충족을 위해 새로이 획득해야 하는 자원이 있는지 확인해야 한다. 이 분석에는 일반적으로 시뮬레이션 도구와 용량 산정 소프트웨어가 사용된다. 이 시점에서 개발 및 지속적인 지원 비용을 파악하기 위해 총 소유 비용(TCO : Total Cost of Ownership)에 대한 연구가 수행된다.

비즈니스 관리자와 고위급 경영진은 TCO 충당을 승인 하거나 IT 분석가 및 기획자와 협의하여 프로젝트 비용을 전반적인 사업 단위 계획에 맞게 조정해야 한다.

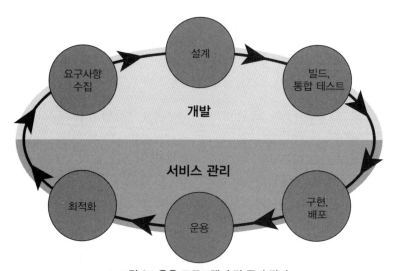

▲ 그림 9.1 응용 프로그램 수명 주기 관리

- **빌드, 통합, 테스트** : 응용 프로그램 개발 팀은 모든 구성 요소 및 데이터 흐름을 개발하고 테스트한다. 팀은 개별 모듈과 전체 시스템을 테스트하여 결함을 찾아낸다. 테스트에는 성능 모니터링 소프트웨어 및 사용자 인터페이스 테스트 등을 포함한다. 최종 품질 테스트가 완료되면 구현 및 배포로 단계로 이동하기 위해 관리자가 서명해야 한다.
- **구현 및 배포** : 최종 승인을 받아 응용 프로그램 팀은 구현을 마치고 프로덕션 라이브러리에

모듈을 로드 한다. 이 팀은 새로운 응용 프로그램이 효과적이고 효율적으로 사용 되도록 사용자 교육 및 문서를 제공한다.

- **운용** : 응용 프로그램의 운용 단계에서는 IT 담당자는 다음 영역에서 응용 프로그램을 모니터링한다.
  - 규제 요구 사항의 변화에 대응
  - 응용 프로그램에서 발견된 결함 수정
  - 서비스 수준 모니터링(서비스 수준 이탈시 문제 해결)
  - 응용 프로그램 성능 측정 및 보고
- **최적화** : 일정 수준의 운용 경험이 있으면 IT 분석가는 응용 프로그램 사용을 모니터링하고 평가하여 최적화 여지가 있는지 확인한다. 최적화 분야는 성능, 용량 활용도, 사용자 만족도 및 생산성이다.

응용 프로그램 및 운영체제 공급 업체 및 오픈 소스 응용 프로그램에서 제공하는 것과 같이 사내에서 개발되지 않은 응용 프로그램의 경우 ALM은 위에서 나열된 마지막 세 단계에 중점을 둔다.

응용 프로그램 포트폴리오 관리

IT 관리는 일상의 문제를 해결하기 위해 끊임 없는 싸움에 비유된다. 응용 프로그램 포트폴리오 관리(APFM : Application Portfolio Management)는 일상을 넘어 조직의 IT 인프라를 평가하여 개선 해야 할 시기와 장소를 결정한다. APFM은 평가와 권고를 위한 구조화되고 반복 가능한 프로세스를 따라야 한다. APFM의 개념은 조직이 이러한 관행을 자동화하는데 도움이 되는 비즈니스 및 엔터프라이즈 소프트웨어에 통합되어 있다.

APFM은 다양한 고려 사항을 포함하고 있다. 조직 내 다양한 플랫폼에서 실행되거나 클라우드 또는 웹 상의 조직 계정을 통해 사용 가능한 전체 응용 프로그램들은 응용 프로그램 포트폴리오로 구성된다. 다양한 사업부와 부서는 자체적으로 응용 프로그램을 개발하거나 취득 할 권한을 가질 수 있다. 이는 중복, 보안 위험, 엔터프라이즈 전략 목표와 응용 프로그램의 통합이 완전하지 않을 수 있다. APFM은 응용 프로그램을 제거, 업그레이드, 교체 또는 통합 시기에 대해 더 나은 판단을 내리기 위해 전체 응용 프로그램 포트폴리오를 전반적으로 살펴 보는 것에 중점을 두고 있다.

응용 프로그램 포트폴리오 개념은 맥파란(McFarlan)의 글 "정보의 군도(Archipelago) 작성 과정"[MCFA83]에서 기업의 IT 중요성을 입증한 전략 매트릭스를 사용하여 처음으로 설명하였다. 그림 9.2는 이러한 매트릭스를 사용하여 응용 프로그램을 평가하기 위한 일반적인 전략을 보여 준다.

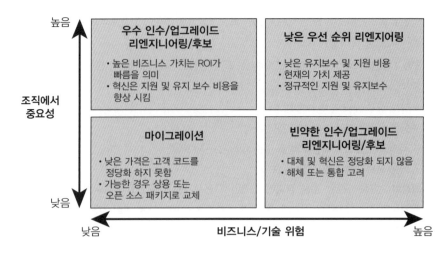

매트릭스는 응용 프로그램 포트폴리오를 관리하는데 있어 2차원적으로 설명하고 표 9.1에 핵심 특징을 정의하였다.

▼ 표 9.1 응용 프로그램 포트폴리오 관리 매트릭스 차원

엔터프라이즈에 대한 응용 프로그램 가치	
고 가치 응용 프로그램의 일반적 특성	저 가치 응용 프로그램의 일반적 특성
• 현재 서비스 제공 요구, 비즈니스 프로세스 리엔지니어링, 정보 접근 충족 • 새로운 서비스에 대한 기대 요구 충족 • 개인 정보 보호 및 데이터 기밀성 보호	• 비 효율적이고 덜 효과적인 서비스 제공 프로세스 생성 • 새로운 서비스 구현, 확장 이점, 비즈니스 프로세스 효율성 제약 • 개별 개인 정보 및 데이터 기밀을 위험하게 함

엔터프라이즈에 대한 응용 프로그램 비용/위험	
고 비용/고 위험 응용 프로그램의 일반적 특성	저비용/저 위험 응용 프로그램의 일반적 특성
• 고비용의 운용 또는 유지 비용 • 주요 구성 요소에 대한 벤더 지원을 제공하지 않거나 줄임 • 직원 지원의 가용성 부족 또는 감소 • 새로운 비즈니스 요구 사항에 대한 향상을 허용하지 않음 • 비효율적인 IT 자원 활용 • 부적절한 데이터 접근 및 품질 제공 • 취약한 보안 • 복구 가능성을 어렵게 하거나 신뢰 할 수 없도록 함	• 운용 및 유지 비용 면에서 효과적임 • 주요 구성 요소에 대한 적절한 공급 업체 지원 제공 • 직원 지원의 적절한 가용성 제공 • 새로운 비즈니스 요구 사항에 대한 향상 허용 • 효율적인 IT 자원 활용 • 적절한 데이터 접근 및 품질 제공 • 적절한 보안 보호 기능 제공 • 인위적 또는 자연 재해에 강함

리 엔 지 니 어 링 (Reengineering) : 정보 기술을 사용하여 성능을 개선하고 비용을 절감한다. 리엔지니어링의 주요 전제는 조직 목표를 검토하고 단순히 기존 작업과 기능을 자동화하는 것이 아니라 업무와 비즈니스 프로세스를 처음부터 다시 설계하는 것이다.

4개 사분 면에 기존 또는 고려한 응용 프로그램을 분류하는 것은 포트폴리오 관리에 유용한다. 우선 순위 지정이 가능하고 실행 시간을 설정가능하다.

표 9.2는 미국 회계 감사원의 주요 인수 결과를 개선하기 위한 포트폴리오 관리 접근
법에서 권장하는 응용 프로그램 관리[GAO12]에 대한 몇 가지 모범 사례들이다.

▼ 표 9.2 주요 포트폴리오 관리 사례

결과물	모범 사례
명확한 리더십 정의 및 권한 부여	• 제품 투자 결정 및 감독 책임은 명확하게 구분되고 결과에 대한 책임을 져야 한다. • 포트폴리오 관리자는 자원 투자에 대한 최선의 결정을 내릴 수 있는 권한을 부여 받아야 한다. • 포트폴리오 관리자는 핵심 기능 영역의 견본들로 구성된 교차 기능 팀에 의해 지원 받아야 한다.
표준 평가 기준 수립 및 포트폴리오에 대한 포괄적인 지식 입증	• 투명성과 평가 기준을 보장하고 대안들에 대한 포트폴리오 비교 가능성에 대해 포괄적인 지식을 입증하기 위해서는 특정 기준을 활용해야 한다. • 대안 제품의 비용, 편익, 위험을 평가하기 위해 올바른 프로세스를 활용하여 투자 결정 및 우선 순위가 정해져야 한다.
요구 사항, 인수, 및 예산 프로세스를 통합하여 투자 우선 순위 부여	• 요구 사항, 인수, 예산 프로세스는 안정성과 책임성을 증진시키기 위해 연결되어야 한다. • 조직은 통합된 접근 방식을 통해 필요성에 대한 우선 순위를 매기고 자원을 분배해야 하기 때문에 투자 수익을 극대화하고 최적화 할 수 있는 것보다 많은 제품을 추구할 필요는 없다. • 포트폴리오를 통한 자원 배분은 전략적 목표/목적과 일치해야 하며 투자 검토 정책은 장기적인 계획을 수립해야 한다.
포트폴리오의 균형을 맞추기 위해 진행/비 진행 결정	• 프로그램 요구 사항은 매년 수정 권장 사항을 제시하기 위해 검토되어야 한다. • 잠정적으로 신제품이 확인되면 포트폴리오의 가치 순으로 포트폴리오를 재 조정해야 한다. • 프로젝트가 수립된 임계치를 위반한 경우 제품이 여전히 관련성이 있고 적절한지 판단하기 위한 포트폴리오 맥락에서 재 평가되어야 한다. • 기관은 투자 이행 검토 후 투자 프로세스를 세분화 하고 전략적 성과를 도출하기 위해 수집된 정보와 타 조직으로부터 학습한 정보를 활용해야 한다.

응용 프로그램 성능 관리

응용 프로그램 성능 관리(APM : Application Performance Management)는 응용 프로
그램이 의도한 목적을 얼마나 잘 수행하고 있는지, 예상대로 수행되는 지와 관련된
다. 가트너(Gartner) 보고서 응용 프로그램 성능 모니터링 매직 쿼드런트[KOWA12]
는 효과적인 APM 전략을 구성하는 5단계를 정의한다(그림 9.3 참조).

응용 프로그램 성능 관리(APM : Application Performance Management) : 소프트웨어 응용 프로그램의 가용성과 효율성을 관리하고 추적하는 것을 목표로 하는 시스템 시스템 관리 실무. APM은 IT 지표를 비즈니스 용어로 변환하는 것을 포함한다. 워크플로우 및 배포된 IT 도구를 검토하여 응용 프로그램의 성능 문제를 분석, 식별, 보고하여 비즈니스 및 최종 사용자의 기대치를 충족하는지를 확인한다.

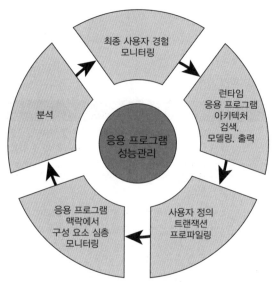

▲ 그림 9.3 응용 프로그램 성능 관리 단계

1. **최종 사용자 경험 모니터링 :** 첫 번째 단계는 종단 간 성능이 사용자에게 미치는 영향에 대한 데이터를 수집하고 문제를 식별하는 것으로 이 단계가 가장 중요하다. 사용되는 내부 지표를 통해 응용 프로그램이 좋은 성능을 제공하고 있음을 나타내는 것은 중요하지 않다. 응용 프로그램이 느리거나 사용자에게 응답하지 않는 경우 성능 문제가 있다.

2. **런타임 응용 프로그램 아키텍처 검색, 모델링, 출력 :** 두 번째 단계는 응용 프로그램 실행과 관련된 소프트웨어 및 하드웨어 구성 요소와 통신 경로를 연구하여 잠재적 문제 범위를 설정한다. 이 단계는 응용 프로그램의 성능에 기여하는 특정 구성 요소를 발견하도록 설계되었다. 여기에는 하드웨어 및 소프트웨어 구성 요소 모두 포함될 수 있다. 예를 들어 데이터베이스 서버는 프로세스, 메모리, 디스크, 쿼리 실행 시간 등과 같은 구성 요소로 나눌 수 있다.

3. **사용자 정의 트랜잭션 프로파일링 :** 세 번째 단계는 사용자 정의 트랜잭션이 두 번째 단계에서 정의된 경로를 통해 이동하면서 문제의 원인을 식별하는 것이다. 여기서 트랜잭션의 치리 시간을 응용 프로그램의 어느 부분에서 처리하느냐에 따라 전체 트랜잭션 시간이 중요 하지 않을 수 있다. 가장 많은 시간을 소요하는 응용 프로그램을 확인하는 것이 목적이다. 최종 사용자 응답 시간이 주어진 임계 값을 초과하면 이것은 최적화 작업을 집중해야 하는 위치를 나타내게 된다.

4. **응용 프로그램 맥락에서 구성 요소 심층 모니터링 :** 네 번째 단계는 두 번째 단계에서 발견된 구성 요소가 소비한 자원과 발생된 이벤트에 대한 심층 모니터링이다.

5. **분석 :** 마지막 단계는 행동 학습 엔진과 같은 기술을 포함한 분석을 통해 처음 네 단계에서 생성된 데이터를 정리하고 의미 있고 실용적인 패턴을 찾고 문제의 근본 원인 및 궁극적으로 최종 사용자에게 발생할 수 있는 문제를 예측한다.

9.2 기업 비즈니스 응용 프로그램 보안

응용 프로그램 보안은 다른 장에서 다루는 많은 주제들과 중복되지만 별도의 보안 문제로 다루어야 한다. 웹 응용 프로그램 보안 목표는 다음을 식별하는 것이다.

- 조직의 중요 자산
- 데이터에 접근 할 수 있는 정품 사용자
- 각 사용자에게 제공되는 접근 수준
- 응용 프로그램에 존재할 수 있는 다양한 취약점
- 데이터 노출에 대한 데이터 위험 상태 및 위험 분석
- 적절한 개선 조치

다음 절에서는 엔터프라이즈에서 호스팅하거나 엔터프라이즈에서 사용하는 응용 프로그램과 관련된 응용 프로그램의 주요 관점을 살펴볼 것이다.

비즈니스 응용 프로그램 등록

응용 프로그램 포트폴리오 관리의 일환으로 보안 관련 측면을 비롯한 응용 프로그램과 관련된 세부 정보가 모든 응용 프로그램에 대해 인벤토리, 등록부가 있어야 한다. 표 9.3은 등록부에 포함되어야 하는 정보들이다.

▼ 표 9.3 비즈니스 응용 프로그램 등록에 포함되어야 하는 정보

범주	정보	
유형	• 자체 개발, 상용(COTS : Commercial Off-the-Shelf) 소프트웨어, 클라우드 기반 소프트웨어, 모바일 기반 소프트웨어, 최종 사용자 개발 소프트웨어	
운용	• 비즈니스 목적 • 응용 프로그램에서 지원하는 비즈니스 프로세스 • 조직의 상대적 중요성(예 : 아주 중요, 중요, 중요하지 않음) • 소유자	
사용자	• 사용자 유형 및 수 • 연결 유형 및 볼륨	
접근 보안	• 사용자 인증 방법 • 네트워크 보안 장벽(예 : 방화벽, IPSec)	
접근된 데이터 유형	• 개인 식별 정보 • 강력한 가용성 요구	• 민감한 정보 • 강력한 무결성 요구
기술	• 응용 프로그램 버전 • 공급 업체 및 라이선스 요구 사항 • 기술 지원 담당자	

응용 프로그램 보안 : 외부 위협으로부터 응용 프로그램을 보호하기 위한 소프트웨어, 하드웨어, 절차적인 솔루션. 여기에는 다양한 위협 요소를 방지하기 위해 응용 프로그램 소프트웨어에 기능을 추가하는 것도 포함한다. 또한 방화벽, 바이러스 백신 소프트웨어, 접근 제어 방법과 같은 응용 프로그램 외부의 보안 기능도 포함한다.

상용 기성(COTS) 소프트웨어 : 제품의 수명 주기 동안 특별한 수정이나 유지 보수가 필요 없이 상업적으로 구입, 임대, 라이선스 또는 일반적으로 대중에게 판매되는 소프트웨어

비즈니스 응용 프로그램 보호

다른 비즈니스 자산과 마찬가지로 비즈니스 응용 프로그램에 보안 아키텍처 원칙을 적용해야 한다. 내부에서 개발된 응용 프로그램과 외부에서 개발된 응용 프로그램을 고려해야 하며 둘 사이에는 다소 차이가 있다.

내부 응용 프로그램 보안

조직 내에서 개발된 모든 응용 프로그램의 경우 SDLC의 모든 단계에 보안을 통합하는 것이 필수적이다. 이 작업은 8.2절에서 자세히 설명되어 있다. 응용 프로그램 자체 개발 또는 인수와 상관없이 다음 항목들을 포함한 다양한 조치가 시행되어야 한다.

- 보안 요구 사항 문서
- 응용 프로그램 보안 제품 및 서비스를 평가하는 표준화된 절차 개발
- 정부 및 산업 표준 및 규제를 통한 컴플라이언스 강화
- 각 응용 프로그램에 대해 허용 가능한 보안 수준을 정의하는 정책 공식화
- 사전 배포 응용 프로그램 테스트 및 유효성 검증 정책 수립
- 배포 후 응용 프로그램 모니터링 정책 수립
- 응용 프로그램 코드 검토 문서화 정책 수립
- 일상적인 패치/유지 보수 관리 주기 적용

위에서 나열된 조치는 내부 응용 프로그램 보안과 관련된다. 여기에서 관심 사항은 응용 프로그램 자체에서 제공하는 응용 프로그램 수준의 보안 통제의 개발 및 유효성 검사이다. 여기에는 암호화, 키 관리, 공개 키 인증서 처리, 응용 프로그램에 내장된 접근 제어 방법과 같은 조치가 포함된다.

외부 응용 프로그램 보안

응용 프로그램 보안 측면에서 내부 보안은 중요하지만 호스트 운영체제 또는 가상 운영체제, 하드웨어 플랫폼, 네트워크 연결을 비롯한 외부 환경도 중요하다. 이 책의 다른 장에서는 전체 엔터프라이즈 환경에서 제공하는 보안 제어에 대해 다음을 포함하여 설명하고 있다.

- 운영체제 수준에서 접근 제어 조치를 사용하여 무단 접근 방지
- 최소한의 권한, 기간 분리, 방화벽 및 응용 프로그램 내부 동작 방식 공개 방지 조치를 통해 데이터 기밀성 강화
- 가상 플랫폼 보안 강화

- 응용 프로그램의 데이터베이스 및 파일 접근에 적절한 보안 제어 권한이 있는지 확인
- 전송 계층 보안(TLS : Transport Layer Security) 또는 인터넷 프로토콜 보안(IPSec)을 활용하여 네트워크 트래픽 암호화

브라우저 기반 응용 프로그램 보호

기업에서 내부 사용자와 외부 사용자 모두를 위해 온라인 응용 프로그램으로 전환함에 따라 웹 응용 프로그램 보안이 점점 더 중요해지고 있다. 다음 절에서는 웹 응용 프로그램의 보안 고려 사항에 대해 살펴볼 것이다.

웹 응용 프로그램 보안 위험

웹 응용 프로그램은 본질적으로 다양한 위협으로부터 위험에 처해있다. 응용 프로그램은 일반적으로 하이퍼 텍스트 전송 프로토콜 보안(HTTPS : Hypertext Transfer Protocol Secure)을 사용하여 인터넷이나 다른 네트워크를 통해 사용할 수 있는 서버에서 호스팅된다. 어떤 응용 프로그램이라도 내부 약점, 서버 운영체제와 관련된 약점, 연결 기반 약점을 가질 수 있다. 가장 심각한 위험에 대한 유용한 지침은 개발 형 웹 응용 프로그램 보안 프로젝트(OWASP : Open Web Application Security Project)d에서 유지 관리하는 위험 중 상위 10개이다. 표 9.4 2017년 다양한 조직으로부터 입력된 자료로 구성된 목록이다[OWAS17].

개방형 웹 애플리케이션 보안 프로젝트(OWASP : Open Web Application Security Project) : https :// www.owasp.org

▼ 표 9.4 OWASP에서 관리하는 상위 10개의 위험

위험	설명
주입	구조화 된 쿼리 언어(SQL), 운영체제 및 LDAP(Lightweight Directory Access Protocol) 주입과 같은 주입 취약점은 신뢰할 수 없는 데이터가 명령 또는 쿼리 일부로 명령어 해석기로 전송될 때 발생한다. 악의적인 데이터는 명령어 해석기가 의도하지 않은 명령을 실행하거나 적절한 권한이 없는 데이터에 접근 할 수 있도록 속일 수 있다.
취약한 인증	인증 및 세션 관리와 관련된 응용 프로그램 기능이 잘못 구현되어 공격자 암호, 키, 세션 토큰을 손상시키거나 다른 사용자의 신원을 가장하기 위해 구현 결함을 악용한다.
민감한 데이터 노출	많은 웹 응용 프로그램 및 응용 프로그램 인터페이스(API)는 민감한 데이터를 적절하게 보호하지 못한다. 공격자는 취약하게 보호된 데이터를 도용하거나 수정할 수 있다. 민감한 데이터는 암호화와 같은 추가적인 보호를 받을 가치가 있으며 브라우저에서 교환될 때는 특별한 예방 조치가 취해져야 한다.
XML 외부 요소	이 유형의 공격은 확장성 마크업 언어(XML :Extensible Markup Language) 입력을 분석한다. 외부 엔티티에 대한 참조를 포함한 XML 입력이 취약하게 구성된 XML구분 분석기에 의해 처리될 때 발생한다. 이 공격은 기밀 데이터 유실, 서비스 거부, 서버 측 요청 위조, 구분 분석기 있는 시스템의 포트 스캐닝, 기타 시스템에 영향을 줄 수 있다.
취약한 접근 통제	보안 구성 오류는 수동 또는 임시 구성, 안정하지 않은 기본 구성, S3 버킷 개방, 잘못 구성된 HTTP 헤더, 민감한 정보가 포함된 오류 메시지, 시스템 패치 또는 업그레이드 실패, 프레임워크, 종속성, 구성 요소의 적시성으로 인해 발생되는 데이터에서 가장 흔한 문제이다.

크로스 사이트 스크립팅(XSS : Cross-Site Scripting)	XSS 결함은 적절한 유효성 검사 또는 이스케이프 없는 새로운 웹 페이지가 신뢰되지 않은 데이터에 포함되어 있거나 자바 스크립트를 생성할 수 있는 브라우저 API를 사용하여 사용자가 제공한 데이터로 응용 프로그램이 기존 웹 페이지를 업데이트할 때 발생한다. XSS를 사용하면 공격자가 새로운 세션을 도용하거나, 웹 사이트를 손상 시키거나, 악의적인 사이트로 사용자 요청을 리디렉션할 수 있는 스크립트를 피해자의 웹 브라우저에서 실행할 수 있다.
안전하지 않은 비 직렬화	응용 프로그램이 원격 코드 실행으로 이어질 수 있는 악의적 직렬화 객체를 수신할 때 불 안정한 비 직렬화 결함이 발생한다. 비 직렬화된 객체가 원격 코드 실행을 초래하지 않더라도 직렬화된 객체를 재생, 변조, 삭제하여 사용자를 속이거나 주입 공격을 수행하고 권한을 상승 시킬 수 있다.
알려진 취약점을 가진 컴포넌트 사용	라이브러리, 프레임워크, 기타 소프트웨어 모듈과 같은 구성 요소는 응용 프로그램과 동일한 권한으로 실행된다. 취약한 구성 요소가 악용되면 이러한 공격으로 심각한 데이터 손실이나 서버 탈취가 용이해 질 수 있다. 알려진 취약점이 있는 컴포넌트를 사용하는 응용 프로그램 및 API는 응용 프로그램 방어를 약화시키고 다양한 공격과 영향이 가능 해지도록 한다.
불충분한 로깅 및 모니터링	불충분한 로깅 및 모니터링은 사고에 대해 비효율적으로 대응하게되며 이는 공격자가 시스템에 대한 지속적인 공격과 확장 할 수 있도록 하며 데이터 변조, 추출, 파괴가 가능하다. 대부분의 침해 조사에 따르면 침해를 탐지하는데 소요되는 시간이 200일을 넘었으며 이러한 침해는 일반적으로 내부 프로세스 또는 모니터링이 아닌 외부 관계자에 의해 탐지되었다.

웹 방화벽

웹 응용 프로그램 위협에 대응하는 가장 중요한 도구는 웹 방화벽(WAF : Web Application Firewall)이다. 웹 방화벽은 웹 응용 프로그램의 데이터 패킷을 모니터링, 필터링, 차단하는 역할을 한다. 네트워크 어플라이언스, 서버 플러그인, 클라우드 서비스로 실행되는 WAF는 개별 패킷을 검사하고 규칙을 기반으로 7계층 웹 응용 프로그램의 로직을 분석하고 잠재적으로 유해한 트래픽을 필터링한다. 방화벽은 12장 "네트워크와 통신"에서 상세히 설명할 것이다.

WAF는 응용 프로그램과 사용자간 논리적으로 배치되어 응용 프로그램과 모든 트래픽이 WAF를 통과하게 된다. 그림 9.4는 이러한 논리적인 구성을 도식화 하였다.

WAF 호스팅 선택사항으로는 다음을 포함한 다수가 있다.

- **네트워크 기반** : 네트워크 기반 방화벽인 엔터프라이즈 네트워크의 엣지(Edge)에 있는 라우터와 통합된 하드웨어 방화벽으로 웹 기반 응용 프로그램 서버를 포함하여 네트워크 장치와 주고 받는 모든 트래픽에 대한 필터 역할을 한다. 여러 서버에 다양한 웹 응용 프로그램이 있을 수 있으며 이러한 방법은 유지 관리가 복잡할 수 있다. 또한 내부 트래픽을 포착하기 위해 네트워크 기반 방화벽을 배치할 수 있다.
- **로컬 하드웨어** : 로컬 하드웨어 방화벽은 응용 프로그램 서버와 동일한 네트워크에 배치된다. 이 유형의 방화벽은 로컬 서버에 특정한 트래픽을 필터링 하기 때문에 네트워크 기반 방화벽보다 훨씬 간단하다.
- **로컬 소프트웨어** : 로컬 소프트웨어 방화벽은 서버 호스트 운영체제 또는 가상 시스템 운영체제에 구축된다. 이 방법은 로컬 하드웨어 방화벽만큼 효과적일 수 있으며 구성 및 수정이 더 용이하다.

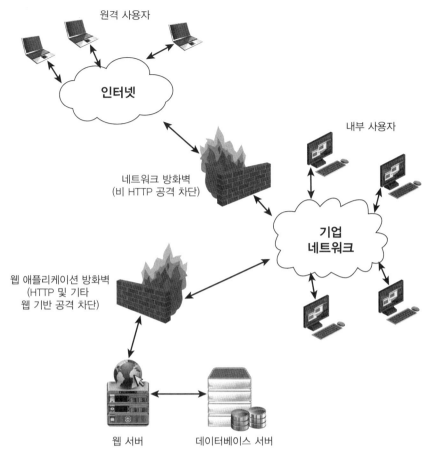

원격 사용자

인터넷

내부 사용자

네트워크 방화벽
(비 HTTP 공격 차단)

기업
네트워크

웹 애플리케이션 방화벽
(HTTP 및 기타
웹 기반 공격 차단)

웹 서버   데이터베이스 서버

▲ 그림 9.4 웹 애플리케이션 방화벽을 위한 환경

ModSecurity : http
://modsecurity.org

리 버 스   프 록 시
(Reverse Proxy) : 인
터넷으로부터 요청을
받아들이는 서버로 서
버나 응용 프로그램에
요청을 전송한다. 포워
드 프록시와 달리 클
라이언트는 리버스 프
록시와 통신하고 있음
을 인식하지 못할 수
있다. 리버스 프록시
는 요청 자원의 원본
서버처럼 요청을 수식
한다.

WAF의 예로 오픈 소스 소프트웨어 WAF인 ModSecurity가 있다. ModSecurity는
크로스 플랫폼(아파치, IIS, Nginx)을 지원하며 웹 응용 프로그램 HTTP(S) 트래픽을
관측할 수 있게 하고 모니터링, 로깅, 접근 제어를 구현하기 위한 언어 및 API를 제
공한다. ModSecurity의 주요 기능은 다음과 같다.

- **실시간 응용 프로그램 보안 모니터링 및 접근 제어 :** 양방향의 모든 HTTP 트래픽은
  ModSecurity를 거쳐 검사되고 필터링된다. ModSecurity에는 지속적인 저장 메커니즘이 있
  어 이벤트 상관 관계 분석을 시간 경과에 따라 추적할 수 있다.
- **가상 패치 :** 응용 프로그램을 직접 변경하지 않고 웹 응용 프로그램 패치를 적용 가능한 기
  능이다. 가상 패치는 모든 통신 프로토콜을 사용하는 응용 프로그램에 적용할 수 있지만 트
  래픽이 중간에 위치한 장치에 의해 이해될 수 있기 때문에 HTTP에 특히 유용하다.
- **전체 HTTP 트래픽 로깅 :** 웹 서버는 보안 목적으로 거의 로깅하지 않았다. ModSecurity는
  포렌식에 필수적인 원시 트랜잭션 데이터를 포함하여 이벤트를 기록하는 기능을 제공한다.
  또한 시스템 관리자는 어떤 트랜잭션이 로깅되고 트랜잭션의 어떤 부분이 로깅되고 삭제되
  었는지 선택할 수 있다.

- **웹 응용 프로그램 강화** : 시스템 관리자가 허용할 수 있는 HTTP 기능(예 : 요청 방법, 요청 헤더, 컨텐츠 유형)을 축소함으로써 공격 면을 축소하는 방법이다.

ModSecurity는 웹 응용 프로그램과 동일한 서버에 임베디드 소프트웨어 패키지로 배포할 수 있다. 또한 중앙에 위치한 여러 웹 서버를 보호 할 수 있도록 분리된 서버에 배치할 수도 있다. 이 방식은 리버스 프록시(Reverse Proxy) 서버의 한 유형이다. 방화벽 기능에 대한 완벽한 격리 및 전용 자원을 제공한다.

웹 브라우저 기반 응용 프로그램 보호 조치

WAF 사용 이외에도 다음과 같은 몇 가지 구체적인 보안 조치가 고려되어야 한다. 파일을 서버의 다른 프로그램과 분리하고 파일에 대한 접을 제한함으로써 설정 파일 및 응용 프로그램과 관련된 기타 정보에 대한 기밀성 및 무결성 보호 기능을 제공한다. 웹 사이트 컨텐츠는 유사한 기밀성 및 무결성 보호 기능을 갖추어야 한다.

컨텐츠가 부적절하지 않고 정확하도록 정기적인 컨텐츠 검토 형식으로 감독해야 한다.

웹 응용 프로그램 보안 정책

유럽 연합 네트워크 및 정보 보안 기구(ENISA : European Union Agency for Network and Information Security)의 ENISA 위협 상황 보고서 2016 [ENIS17] 및 버라이즌 (Verizon) 2018 데이터 침해 조사 보고서[VERI18]를 비롯한 여러 글로벌 위협 보고서에 따르면 웹 응용 프로그램 취약성이 악성코드 다음으로 많은 비중을 차지하는것으로 나타났다.

베라코드(Veracode)의 소프트웨어 보안 상태 2017[VERA17]은 웹 응용 프로그램을 보호하기 위한 보안 조치가 일상적으로 실패한 것으로 밝혀 졌으며 절반 이상의 웹 응용 프로그램이 잘못된 구성에 의해 영향을 받고 웹 응용 프로그램의 25%가 적어도 한 개 이상의 높은 심각도를 갖는 서버에서 실행된다고 한다. 따라서 조직이 웹 응용 프로그램 보안 정책을 수립하고 시행하는 것은 중요하다. SAN 연구소에서 제공하는 템플릿은 좋은 모델이다.

다음 글은 템플릿의 주요 발췌 내용이다.

웹 애플리케이션 보안 정책

정책

4.1 웹 응용 프로그램은 다음 기준에 따라 보안 평가를 수행한다.

a) 신규 또는 주요 응용 프로그램 출시 – 변경 통제 문서 승인/실제 환경으로 배포하기 전 전체 평가를 받아야 한다.

b) 타사 또는 웹 응용 프로그램 인수 – 정책 요구 사항에 부합된 전체 평가를 받아야 한다.

c) 포인트 출시 – 응용 프로그램 기능/아키텍처의 변경 위험을 기반으로 적절한 평가 수준이 적용된다.

d) 패치 출시 – 응용 프로그램 기능/아키텍처 변경될 위험에 따라 적절한 평가 수준이 적용된다.

e) 긴급 출시 – 긴급 출시는 적절한 평가가 수행될 수 있을 때까지 보안 평가를 중단하고 예상된 위험을 수행하는 것이다. 긴급 출시는 최고 정보 관리 책임자 또는 이 권한을 위임 받은 관리자가 지정한다.

4.2 평가 중 발견된 모든 보안 문제는 다음과 같은 위험 수준에 따라 완화되어야 한다. 위험 수준은 OWASP 위험 평가 방법론을 기반으로 한다. 재조정 유효성 테스트는 중간 위험 수준의 발견된 모든 문제에 대해 수정 및 완화 전략을 검증하는데 필요하다.

a) 높음 – 고 위험 문제는 즉각 해결하거나 배포 전에 노출을 제한하기 위해 다른 완화 전략을 적용해야 한다. 고 위험 문제가 있는 응용 프로그램은 오프라인으로 전환되거나 실 환경으로 배포가 거부 될 수 있다.

b) 중간 – 중간 위험 문제는 완화하기 위한 요구 사항과 일정을 결정하기 위해 검토되어야 한다. 중간 문제가 있는 응용 프로그램은 문제의 수가 많고 다수의 문제로 인해 위험이 수용할 수 없는 수준으로 증가하는 경우 실제 환경으로 배포가 거부 될 수 있다. 다른 완화 전략이 노출을 제한하지 않는다면 패치/포인트 출시에서 문제를 수정해야 한다.

c) 낮음 – 필요한 사항을 확인한 후 문제를 수정하고 이에 따라 일정을 수립한다.

4.3 다음 보안 평가 수준은 InfoSec 조직 또는 보안 평가를 수행해야 하는 지정된 조직에서 수립해야 한다.

a) 전체 – 전체 평가는 OWASP 테스트 지침을 기반으로 자동 및 수동 도구를 통해 알려진 모든 웹 응용 프로그램 취약점에 대한 테스트로 구성된다. 전체 평가에서는 발견된 취약성을 확인하기 위해 수동 침투 테스트 기술을 통해 발견된 모든 위험 요소를 확인한다.

b) 속행 – 속행 평가는 OWASP 상위 10개의 웹 응용 프로그램 보안 위험에 대한 응용 프로그램 자동 검사로 구성된다.

c) 목표 – 취약성 수정 변경 사항 또는 새로운 응용 프로그램 기능을 확인하기 위해 대상 평가가 수행된다.

9.3 최종 사용자 개발 응용 프로그램

많은 기업에서 일부 비즈니스 프로세스는 IT 조직이 지원하는 공식 시스템 외부에 있는 EUDA(End User-Developed Application)로 불리는 사용자 개발 응용 프로그램에 의해 지원된다. 이러한 응용 프로그램은 일반적으로 비즈니스 기능에 기술적으로 숙련된 사용자가 개발한다. 보고서 또는 측정 항목 계산을 담당하는 부서 내 그룹에서 작성하는 경우도 있다. 이러한 응용 프로그램은 공식 시스템에 포함된 기능을 보고하고 기능을 보강하거나 대체 할 수 있다 일반적으로 이러한 응용 프로그램은 프로그래밍 언어로 직접 프로그래밍 되지 않지만 마이크로소프트 엑셀과 같은 일반적인 도구를 사용하여 스프레드시트 프로그램과 마이크로소프트 엑세스와 같은 데이터베이스 관리 시스템을 만들어 데이터베이스 기능을 생성한다. 이러한 프로그램은 공유 드라이브, 작업 그룹 폴더, 내부 웹 사이트에서 호스팅되거나 이메일로 전송될 수 있다. 이러한 응용 프로그램 중 일부는 사업부에서 업무상 중요한 것으로 간주되어 발전할 수 있다.

최종 사용자 프로그래머에 의한 활동의 예는 다음과 같다.

- 회계용 스프레드시트 사용
- 매트랩(Matlab)을 활용한 분석
- 웹 페이지 만들기
- 워드에서 매크로 기록
- 업무 자동화
- 비즈니스 소프트웨어 작성(SAP 프로그래밍)
- 과학 연구 및 계산
- 교육용 소프트웨어 제작
- 이메일 필터 작성

EUDA 이점

EUDA는 다음과 같은 이점이 있다.

- **편리성과 사용 편의성 :** EUDA는 비 IT 관련자들도 다음과 같은 방법으로 쉽고 빠르게 개발할 수 있다. 비즈니스 사용자들은 IT 부서에서 그들이 요청한 서비스를 처리하는데 많은 시간이 소요되는데 대해 난감해한다. 때문에 마이크로소프트 엑셀과 같은 응용 프로그램을 사용하여 그들이 보고하고자 하는 것들을 직접 개발한다. EUDA는 비즈니스 및 사용자들이 마켓 및 비즈니스 상황 변화, 산업 변화, 진화하는 규제에 대응하기 위해 신속하게 배포할 수 있다.

- **강력한 도구 및 기술을 인식하는 최종 사용자** : 최종 사용자 도구는 회사 데이터 원본에 연결할 수 있는 기능을 포함하여 다양한 기능을 제공한다. 결과적으로 기술에 익숙한 사용자는 데스크톱에서 강력한 데이터 처리를 수행할 수 있다. 이렇게 함으로써 비즈니스 시스템의 기능적 결함을 막을 수 있다.

- **정보 수요** : 전통적으로 관리자는 모든 관리 정보 및 보고 요구 사항을 충족시키지 못하는 IT 시스템의 표준 보고서에 제약을 받는 경우가 많다. 시스템의 유연성 부족과 데이터의 다양한 관점에서 다양한 요구 증가로 인해 조직 내 사용자 컴퓨팅 환경은 향상된다

EUDA의 위험

사용자 개발 및 상용자 통제 응용 프로그램은 전통적인 애플리케이션과 같이 동일한 개발, 모니터링, 엄격성을 통제 받지 않는다. 또한 EUDA가 기업 전반에 걸쳐 정확히 어떻게 퍼져있는지 가시성이 부족한 경우가 많다. 이는 EUDA와 관련된 다음을 포함한 제약점과 위험을 초래한다.

- **오류** : 오류는 데이터 입력, 수식, 응용 프로그램 논리 또는 다른 응용 프로그램이나 데이터 원본에 대한 링크에서 발생할 수 있다. 완전한 SDLC 규칙이 없으면 이러한 오류가 발생하게 된다. 이로 인해 의사 결정이 잘못되거나 재무 보고가 잘못될 수 있다.

- **결함이 있는 버전 및 변경 통제** : EUDA는 전통적인 IT 개발 응용 프로그램보다 통제가 어렵다. 변경 제어 정책이 있음에도 불구하고 이를 강화하기는 어렵다.

- **조악한 문서** : 올바르게 문서화 되지 않은 파일은 EUDA 소유권이 변경된 경우 잘못 사용될 수 있으며 일반적인 경우에도 부적절하게 사용될 수 있다. 다시 말하지만 의도 하지 않았거나 발견되지 않은 오류가 발생할 수 있다.

- **보안 부족** : 계속 유지되어야 하지만 데이터의 일부를 변경할 수 있는 위험을 가진 안전하지 않은 파일은 사용자들 사이에서 교환될 수 있다. 주요 응용 프로그램에 대해 이러한 위험을 효과적으로 관리하는 것은 중요하며 많은 경우 상세한 수준에서 변경에 대한 모니터링과 통제가 요구된다.

- **규제 및 컴플라이언스 위반** : 기업이 책임을 갖는 보안 및 개인 정보 보호에 대한 규정이 있다.

- **알려지지 않음 위험** : EUDA 사용에서 가장 큰 문제는 잠재적인 위험 크기를 가늠할 수 없다는 것이다. EUDA의 사용이 너무 광범위하여 EUDA가 얼마나 많은지, 중요한 비즈니스 응용 프로그램에서 얼마나 사용되며, 어떻게 연결되는지, 다른 IT 응용 프로그램을 데이터를 보내거나 추출할 수 있는지를 평가하는 것은 매우 어려운 일이다. 이러한 위험을 계량화 하기 위해서는 EUDA 사용에 대한 전체 목록을 작성하는 것과 모든 업무상 중요한 스프레드 시트에 대한 상세한 위험 평가가 필요하다.

- **기회 비용** : 부족한 자원(비용 또는 고용 시간)은 이러한 응용 프로그램 개발에 낭비될 수 있다.

EUDA 보안 프레임워크

EUDA 사용과 관련된 많은 위험을 처리하기 위해 기업은 EUDA 관리 절차를 공식화하고 조직 정책을 명확히 하는 포괄적인 보안 프레임워크가 필요하다. 4가지 요소로 구성된 프레임워크 중 하나는 위르겐스(Juergens)의 글 "최종 사용자 컴퓨팅 : 문제 해결"[JUER13]에 설명되어 있으며 그림 9.5와 같다.

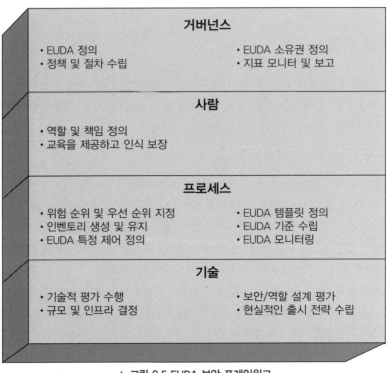

▲ 그림 9.5 EUDA 보안 프레임워크

거버넌스

첫 번째 고려 사항은 거버넌스이다. 고위 임원은 EUDA의 구성 요소를 정의해야 한다. IT 개발 및 지원 응용 프로그램과 EUDA를 구분하고 관리 통제하에 어떤 EUDA를 둘 것인지 지정해야 한다.

다음으로 EUDA 통제를 위한 일관된 틀 제공을 위한 EUDA 관련 정책 문서가 필요하다. 정책에서 기준, 재고 표준, 위험 순위, 통제 요구 사항이 정의되었는지 확인한다. EUDA 프로그램의 모든 단계와 관련된 식별, 추적, 보고 지표 항목들을 정의한다.

개인이 어떤 EUDA를 개발했는가와 관계없이 조직은 정책이 강화되도록 소유자 책임을 부여해야 한다. 이는 엔터프라이즈 프로젝트 관리 사무소를 통하거나 각 사업 부서 내 소유자 지정, 또는 조합/변형에 의해 수행되어야 한다.

사람

EUDA의 적절한 관리 및 통제는 EUDA 관리 프로그램의 핵심 이해 관계자들을 확인하도록 요구한다. 주요 이해 관계자가 확인되면 다음 단계는 역할과 책임을 수립하는 것이다. 이해 관계자 역할에는 프로그램 후원자, 중앙 프로그램 그룹, 운용위원회, 사업부 대표, EUDA 사용자 및 내부 감사인이 포함된다.

조직은 각 이해관계자 그룹을 대상으로 교육 프로그램을 개발해야 한다. 교육의 예로 EUDA 정책 실행, EUDA 위험 및 통제 절차, 최종 사용자 및 관리자를 대상으로 한 도구관련 교육이 있다.

프로세스

EUDA와 관련된 경영진의 최대 관심사는 주어진 모든 응용 프로그램의 잠재적 위험이다. 3장 "정보 보안 평가"에서 설명한 위험 평가 개념을 적용해야 한다. 위험 평가를 위한 일부 프레임워크가 필요하며 3.2절의 시작 부분에서 설명한 위험 분석 워크시트만큼 간단해야 한다. 각 EUDA에 대해 EUDA 소유자는 공식적인 결정을 내리기 위해 위험 모델을 적용할 수 있다.

IT 개발 응용 프로그램과 마찬가지로 응용 프로그램 포트폴리오 관리의 일환으로 보안을 포함하여 응용 프로그램과 관련된 세부 정보와 함께 관리 통제하에 있는 모든 EUDA의 인벤토리 또는 등록부가 있어야 한다. 표 9.3은 EUDA에 적용 될 수 있다.

각 EUDA에 대해 EUDA 소유자는 위험 및 영향 평가에 따라 다음 내용을 포함하여 적절한 통제를 수행해야 한다.

- **버전 관리** : EUDA의 최신 승인 버전이 조직 전체에 사용되도록 해야 한다.
- **변경 관리** : EUDA에 대한 변경 사항이 적절하게 추적 및 검토 되도록 해야 한다.
- **데이터 무결성 제어** : 데이터 무결성이 보장 되도록 해야 한다.
- **접근 제어** : 허가된 사용자만 EUDA에 접근할 수 있는 방법(예 : 보기, 변경, 삭제)을 보장해야 한다.
- **가용성 제어** : 재해, 우발적인 삭제와 같은 경우 EUDA는 사용 가능해야 한다.

EUDA의 모니터링과 통제를 돕기 위해 경영자는 EUDA 유형별로 한 개의 템플릿을 정의해야 한다. 이 템플릿은 조직 전체의 일관성을 증진시키는 EUDA의 생성 및 문서화에 대한 안내서이다.

EUDA가 생성되면 소유자는 EUDA의 구조, 공식, 계산, 입력, 출력에 대한 검증을 포함하는 기준을 수립해야 한다. EUDA의 통제 항목 및 기준이 확립되면 소유자는 통제 효과를 모니터링하고 사용자 그룹이 정의된 통제 항목들을 계속 준수하도록 하기 위한 주기적인 테스트에 대한 책임을 갖는다.

기술

기술 분야에서 EUDA의 개발을 지원하기 위해 어떤 종류의 도구와 원동력이 존재하고 어떤 것들을 획득해야 하는지 평가를 수행해야 한다. 특정 EUDA 관리 소프트웨어 도구를 배포하거나 다양한 기능을 사용할 수 있는 기본 기능(예 : 마이크로소프트 쉐어 포인트)을 사용할 수 있다.

다음으로, 조직은 규모 및 인프라 요구 측면에서 새로운 EUDA의 영향 평가를 수행해야 한다. 예를 들어 네트워크 파일 공유가 안전한 EUDA를 위해 활용된다면 현재 서버 수는 추가적인 부하를 수용할 수 있는 예상된 용량을 가지고 있는가? 다른 고려 사항이 여기에 영향을 줄 수 있다. 예를 들어 EDUA를 관리하기 위해 하나의 엔터프라이즈 서버가 사용되는가? 아니면 각 지역에 별도의 서버가 있어야 하는가?

조직은 접근 제어를 시행하는 기술 솔루션을 개발해야 한다. 접근 제어는 사용자가 주어진 EUDA를 사용할 수 있는 첫 번째 인스턴스를 포함한다. 보다 상세한 수준에서 상세한 보안 역할 설계는 서로 다른 역할에 대해 서로 다른 수준의 접근 제어를 정의할 수 있다.

마지막으로 EUDA를 관리 프레임워크로 이동시키고 새로이 승인된 EUDA에 대한 공개하는 일정을 수립해야 한다.

9.4 비즈니스 응용 프로그램 관리 모범 사례

정보 보안 포럼(ISF)의 정보 보안 실무 표준(SGP)은 비즈니스 응용 프로그램 관리 범주의 모범 사례를 두 영역과 여덟 가지 주제로 분류하고 각 주제에 대한 자세한 점검목록을 제공한다. 영역과 주제는 다음과 같다.

- **기업 비즈니스 응용 프로그램** : 이 영역의 목적은 보안 제어가 비즈니스 응용 프로그램(웹 브라우저 기반 응용 프로그램의 특수 제어 포함)에 통합 되어 이러한 응용 프로그램에서 입력, 처리, 출력 될 때 정보의 기밀성과 무결성을 보호하는 것이다.
  - 비즈니스 응용 프로그램 등록 : 이 항목에서 모든 비즈니스 응용 프로그램의 인벤토리 또는 등록부에서 유지 관리해야 하는 보안 관련 정보를 비롯한 정보를 요약한다.
  - 비즈니스 응용 프로그램 보호 : 기본 보안 원칙을 요약하고 이를 비즈니스 응용 프로그램에 적용한다.
  - 브라우저 기반 응용 프로그램 보호 : 웹 브라우저를 통해 사용 가능한 엔터프라이즈 응용 프로그램을 보호하기 위해 취해야 할 조치들을 설명한다.
  - 정보 검증 : 기밀성 및 무결성을 보호하기 위한 기본 보안 원칙을 요약하고 비즈니스 응용 프로그램에서 입력, 처리, 출력할 때 원칙을 적용한다.
- **최종 사용자 개발 응용 프로그램(EUDA)** : 이 영역의 목적은 승인된 개발 방법론에 따라 스프레드 시트와 같은 중요한 EUDA를 개발하는 것이며 입력 유효성 검사, 접근 제어 구현, 강력한 기능에 대한 사용자 접근 제한, 인벤토리에서 기록을 다룬다.
  - EUDA 인벤토리 : EUDA 인벤토리에 포함되어야 하는 정보 유형을 나열한다.
  - 스프레드시트 보호 : 사용해야 할 접근 제어 유형과 제공해야 하는 사용자 교육에 대해 설명한다.
  - 데이터베이스 보호 : 사용해야 할 접근 제어 유형과 제공해야 하는 사용자 교육에 대해 설명한다.
  - EUDA 개발 : EUDA 개발 통제 및 관리에 대한 고려 사항을 나열한다.

9.5 참고 문헌

- **ENIS18 :** European Union Agency for Network and Information Security. ENISA Threat Landscape Report 2017. January 2018. https ://www.enisa.europa.eu/publications/ enisa—threat—landscape—report—2017.

- **GAO12 :** U.S. Government Accountability Office, Portfolio Management Approach Needed to Improve Major Acquisition Outcomes. GAO—12—918, September 2012.

- **GOUL15 :** Gould, L., "Introducing Application Lifecycle Management." Automotive Design and Production Magazine, November 2015.

- **JUER13 :** Juergens, M., Donohue, T., & Smith, C., "End—User Computing : Solving the Problem." CompAct, April 2013. https ://www.soa.org/Newsand—Publications/ Newsletters/Compact/2013/april/End—User—Computing—Solving—the—Problem.aspx.

- **KOWA12 :** Kowall, J., & Cappelli, W., Magic Quadrant for Application Performance Monitoring. Gartner Report, 2013. https ://www.gartner.com/doc/2125315/magic— quadrant—application—performance—monitoring.

- **MCFA83 :** McFarlan, F., "The Information Archipelago—Plotting a Course." Harvard Business Review, January 1983.

- **OWAS17 :** The OWASP Foundation. OWASP Top 10 2017 : The Ten Most Critical Web Application Security Risks. 2017 https ://www.owasp.org/images/7/72/OWASP_ Top_10—2017_%28en%29.pdf.pdf.

- **VERA17 :** Veracode, State of Software Security 2017. 2017 https ://info.veracode. com/report—state—of—software—security.html.

- **VERI18 :** Verizon, 2017 Data Breach Investigations Report. 2018, https ://www. verizonenterprise.com/verizon—insights—lab/dbir/.

chapter 10

시스템 접근

이 장의 학습 목표는 다음과 같다.

- 일반적으로 사용되는 사용자 신원 인증 방법 세 가지를 제시하고 설명할 수 있다.

- 사용자 인증에서 해시된 비밀번호가 사용되는 메커니즘을 이해한다.

- 비밀번호 기반 사용자 인증에 대한 개괄적인 설명이 가능하다.

- 하드웨어 토큰 기반 사용자 인증에 대한 개괄적인 설명을 할 수 있다.

- 생체 인식기반 사용자 인증에 대한 간략한 설명을 할 수 있다.

- 사용자 인증의 주요 보안 문제를 제시할 수 있다.

- 시스템 접근과 관련된 모범 사례를 제시할 수 있다.

10.1 시스템 접근 개념

이 장에서는 권한 부여를 포함하여 시스템 접근 개념을 설명할 것이다. 사용자 인증과 이와 관련된 다양한 관점에서 보안 문제를 집중적으로 살펴볼 것이다. 시스템 접근은 다음과 같은 주요 세 가지 기능으로 구성된다.

- **인증 :** 정보 시스템 자원에 대한 접근을 허용하기 위한 전제 조건으로 사용자, 프로세스 및 장치에 대한 신원 확인 수행. 이러한 기능을 메시지 인증 또는 데이터 인증과 구별하기 위해 사용자 인증이라고 한다.
- **권한 부여 :** 시스템 접근 측면에서 권한 부여는 사용자, 프로그램, 프로세스가 시스템 자원에 접근 할 수 있는 접근 권한 또는 그 외 권한을 부여하는 것이다. 권한 부여는 개인 또는 프로그램이 성공적으로 인증된 후 수행 할 수 있는 작업을 정의한다.
- **접근 제어 :** 정보 접근 및 활용, 관련된 정보 처리 서비스에 대한 특정 요청을 허용하거나 거부하는 프로세스. 접근 제어는 비즈니스 및 보안 요구 사항에 따라 자산에 대한 접근을 승인하거나 제한한다.

위의 세 가지 기능은 그림 10.1에 나타나있다.

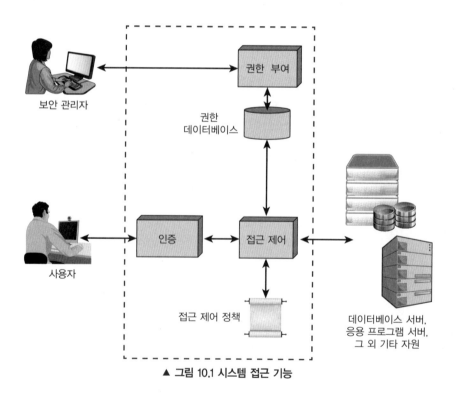

▲ 그림 10.1 시스템 접근 기능

그림 10.1의 점선으로 표시된 모든 요소를 접근 제어라고 한다. 그림에 나열된 모든 기능이 관련되어 있음을 분명하게 하기 위해 정보 보안 포럼(ISF)의 정보 보안 모범

사례(SGP)에서는 시스템 접근을 권한 부여, 인증, 접근 제어가 함께 동작하는 서비스로 정의한다.

시스템 접근은 권한 없는 사용자에 대한 접근을 거부하고 합법적인 사용자들이 승인된 자원을 사용하여 작업을 수행할 수 있도록 작업을 제한하는 활동과 밀접한 관련이 있다. 접근 제어 기능은 사용자 또는 사용자 대신 실행되는 프로그램에 의해 시스템 객체에 대한 접근을 제한한다. 인증 기능은 사용자 신원을 확립한다. 권한 부여 기능은 각 사용자에 대한 접근 권한을 정의하는 데이터베이스를 관리한다. 접근 제어 기능은 특정 데이터 항목 및 그 외 자원에 대한 허용 가능한 활동을 매핑 하기 위해 권한 데이터베이스 및 사용자 접근 통제 정책을 참조한다.

이 절의 나머지 부분에서는 권한 부여에 대해 설명할 것이다. 인증은 10.2~10.7에 걸쳐 다룰 예정이며 접근 제어는 14장 "기술 보안 관리"에서 다뤄질 것이다.

권한 부여

지정된 보안 관리자는 권한 데이터베이스 생성 및 유지 보수에 대한 책임을 갖는다. 관리자는 조직의 보안 정책과 개별 직원의 역할 및 책임에 근거하여 권한을 설정한다. 사용자 권한 부여 프로세스는 다음 사항들을 포함해야 한다.

- 사용자 ID와 같이 고유한 식별자를 사용하여 유일하게 정의된 개인을 접근 권한과 연관 시킨다.
- 정보 시스템 및 서비스에 접근하기 위해 사용자 ID에 부여된 접근 권한에 대한 중앙 기록을 유지 관리해야 한다.
- 정보 시스템 또는 서비스 활용을 위해 정보 시스템 또는 서비스 소유자에게 권한을 획득한다. 접근 권한에 대한 분리 승인이 적절할 수 있다.
- 작업을 수행하는데 있어 필요한 최소의 접근 권한을 부여하기 위해 최소 권한 원칙을 적용한다.
- 정보 보안 수준 및 정보 분류에 기반한 자원에 대한 개별 접근 권한을 할당한다.
- 접근할 파일과 데이터베이스와 같은 네트워크 및 네트워크 연결 서비스를 지정한다.
- 권한이 부여된 접근 권한의 만료 기간을 정의한다.
- 식별자들이 다시 사용되지 않도록 해야 한다. 이는 사용자 ID가 할당된 개인의 역할을 변경하거나 조직을 그만둘 때 해당 사용자 ID와 관련된 권한을 삭제하는 것을 의미한다.

데이터베이스를 보호하는데 사용되는 일반적으로 보안을 유지하는 방법은 보호 하는 것 외에 정기적으로 권한 데이터베이스를 검토하여 접근 권한이 적절하게 유지되고 불필요한 권한이 존재하는지 확인한다.

10.2 사용자 인증

사용자 인증은 가장 복잡하고 까다로운 보안 기능 중 하나이다. 위협, 위험, 대응책과 관련된 다양한 인증 방법이 있다. 이 절에서는 이러한 방법들에 대해 간략히 살펴볼 것이다. 다음 3개의 절에서 세 가지 일반 인증 요소인 비밀번호, 하드웨어 토큰, 생체 인식에 대해 상세히 살펴볼 것이다. 10.6절에서는 위험 평가를 중점적으로 살펴 볼 것이다.

컴퓨터 보안 관점에서 사용자 인증은 기본적인 구성 요소이며 기본 방어선이라고 할 수 있다. 사용자 인증은 다양한 접근 제어 및 사용자 책임성에 기반을 두고 있다. 사용자 인증은 다음 두 가지 기능으로 구성된다.

- **식별 단계** : 이 단계는 보안 시스템에 식별자를 제시하는 절차를 포함한다. 인증된 ID가 접근 제어 서비스와 같은 다른 보안 서비스의 기반이 되기 때문에 ID를 신중하게 선정한다.
- **검증 단계** : 이 단계는 개체와 식별자간의 연결 여부를 확인하는 인증 정보를 제시하거나 생성하는 절차를 포함한다.

예를 들면 사용자 앨리스 토클라스(Alice Toklas)가 사용자 ID로 ABTOKLAS를 사용한다고 가정해보자. 이 정보는 앨리스가 사용하고자 하는 서버 또는 컴퓨터 시스템에 저장해야 하며 시스템 관리자 및 다른 사용자에게 알려야 한다. 사용자 ID와 연관된 인증 정보는 다른 사람에게 알려져서는 안 되는 비밀번호이다. 아마도 앨리스의 비밀번호를 획득하거나 추측할 수 없다면 앨리스의 사용자 ID와 암호를 조합하여 관리자가 앨리스의 접근 권한을 설정하고 활동을 감시할 수 있다. 앨리스 ID는 은밀한 정보가 아니기 때문에 시스템 사용자는 전자 메일을 보낼 수 있지만 비밀번호를 가지고 있지 않기 때문에 누구도 앨리스로 위장할 수는 없다.

본질적으로 식별은 사용자가 신원 증명을 시스템에 제공하는 수단이며 인증은 신원 증명의 유효성을 입증하는 수단이다.

전자 사용자 인증을 위한 모델

NIST SP 800-63 디지털 신원 지침은 그림 10.2와 같이 여러 개체 및 절차가 포함된 사용자 인증을 위한 일반 모델을 정의한다.

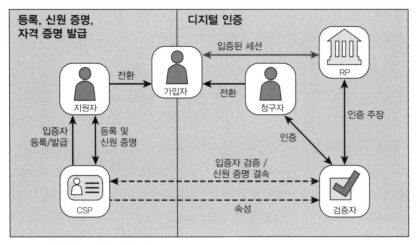

등록, 신원 증명, 자격 증명 발급 / 디지털 인증

입증된 세션

RP

전환 — 가입자 — 전환 — 청구자

지원자

입증자 등록/발급 / 등록 및 신원 증명

인증 주장

인증

CSP

입증자 검증 / 신원 증명 결속

속성

검증자

CSP = 자격 정보 서비스 제공자
RP = 신뢰 당사자

▲ 그림 10.2 NIST 800-63 디지털 신원 모델

이 모델을 이해하는데 중요한 세 가지 개념은 다음과 같다.

- **디지털 신원 :** 디지털 신원은 온라인 트랜잭션에 존재하는 유일한 표식이다. 표식은 주어진 서비스에서 주체를 유일하게 기술하는 속성 또는 속성들의 집합으로 구성되지만 모든 환경에서 동일할 필요는 없다.

- **신분 증명 :** 이 과정은 피 시험자가 명시된 진술에 대한 내용이 자신임을 입증하는 과정이다. 이러한 절차에는 사람에 대한 정보를 수집, 평가, 확인 과정이 포함된다.

- **디지털 인증 :** 이 절차는 디지털 ID를 요구하는데 사용 되는 하나 이상의 입증자 검증 결정을 포함한다. 인증은 디지털 서비스에 접근하고자 하는 주체가 인증에 사용된 기술의 통제 하에 있다는 것을 입증한다. 성공적인 인증은 현재 서비스에 접근하는 주체가 이전에 동일한 서비스에 접근한 주체와 동일하다는 가정을 기반으로 하고 있다.

6개의 엔티티는 그림 10.2에 정의되어 있다.

- **자격 정보 서비스 공급자(CSP : Credential Service Provider) :** 입증자를 발행하거나 등록하는 신뢰할 수 있는 엔티티. 이를 위해 CSP는 각 가입자에 대해 디지털 인증을 설정하고 전자 인증을 가입자에게 발행한다. CSP는 독립적인 제 3자이거나 자체 용도로 자격 증명을 발급할 수 있다.

- **검증자 :** 인증 프로토콜을 사용하여 청구자의 소유 및 한 개 또는 두 개의 입증자 통제를 통해 청구자의 신원을 확인하는 엔티티. 이를 위해 검증자는 가입자의 신원 및 상태를 확인 하기 위해 입증자와 연결된 자격 증명들의 유효성을 검사 할 수 있다.

- **신뢰 당사자(RP : Relying Party) :** 가입자의 입증자 및 자격 증명 또는 입증자의 신원 입증에 의존하는 엔티티. 대개 트랜잭션을 처리하거나 정보 또는 시스템에 대한 접근 권한을 부여한다.

- **신청자 :** 등록 및 신분을 증명하는 과정을 경험하는 주체

- **청구자** : 하나 이상의 인증 프로토콜을 사용하여 신원을 확인해야 하는 주체
- **가입자** : CSP에서 자격 증명 또는 입증자를 받은 사람

그림 10.2의 왼쪽 부분은 지원자가 특정 서비스 및 자원에 접근하기 위한 목적으로 시스템에 등록되는 과정을 보여 준다. 첫 번째로 신청자는 디지털 신원과 관련된 속성의 소유권을 CSP에게 제시한다. CSP에 의해 성공적으로 증명된 후 신청자는 가입자가 된다. 다음으로 전체 인증 시스템의 세부 사항에 따라 CSP는 일종의 전자 자격 증명을 가입자에게 발급한다. 자격증명은 가입자가 소유한 한 개 이상의 입증자로 연결되는 데이터 구조이며 인증 트랜잭션에서 검증자에게 제시될 때 검증된다. 입증자는 가입자를 식별하기 위한 암호화 키나 암호화된 비밀번호이다. 입증자는 CSP에 의해 발행되거나 가입자가 직접 생성하거나 또는 제 3자가 제공한다. 입증자 및 자격 증명은 인증 시 사용될 수 있다. 신원 증명의 세부 사항은 14장에서 논의될 것이다.

사용자가 가입자로 등록되면 인증 프로세스는 가입자와 인증을 수행하는 하나 이상의 시스템 사이에서 발생한다(그림 10.2 오른쪽 부분 참조). 인증할 대상을 청구자라고 하고, 그 신원을 확인하는 당사자를 검증자라고 한다. 청구자가 인증 프로토콜을 통해 검증자에 대한 인증자의 소유 및 제어를 성공적으로 입증하면 검증자는 대응하는 인증 정보에 명명된 가입자임을 입증한다. 검증자는 RP에 가입자의 신원에 대해 증명한다. 증명은 등록자의 이름, 등록 시 할당된 식별자 또는 등록 프로세스에서 확인된 다른 가입자 속성과 같은 가입자에 대한 신원 정보를 포함한다. RP는 검증자에 의해 제공된 인증 정보를 사용하여 접근 제어 또는 권한을 결정한다. 접근 제어에 대해서는 14장에서 자세히 다룰 예정이다.

특정 경우에 있어 검증자는 CSP와 상호 작용하여 가입자의 신원 및 입증자를 연결하고 선택적으로 청구자 속성을 획득한다. 그와 달리 검증자 인증 활동(디지털 인증서의 이용과 같이)을 완료하기 위해 CSP와 실시간으로 통신할 필요가 없다. 따라서 그림 10.2의 검증자와 CSP 사이의 점선은 두 엔티티 간 논리적 링크를 나타낸다.

구현된 인증 시스템은 단순화된 모델과 다르며 일반적으로 단순화된 모델보다 복잡하지만 이 모델은 보안 인증 시스템에 필요한 주요 역할과 기능을 보여 준다.

인증 수단

사용자의 신원을 인증하는 인증 요소라고 하는 세 가지 일반적인 방법이 단독 또는 조합으로 사용된다.

인증 요소 : 사용자가 가지고 있는 것(예 : 스마트 카드 또는 동글(dongle)), 사용자가 알고 있는 것(예 : 암호, 암호문 또는 PIN), 또는 사용자가 수행하는 작업(예 : 지문 또는 다른 형태의 생체 인식)

- **지식 요소(개인이 알고 있는 것) :** 사용자는 비밀번호에 대한 정보를 제공해야 한다. 단일 계층 인증 프로세스에서 일상적으로 사용 되는 지식 요소는 비밀번호, 비밀번호 구문, 개인 식별 번호(PIN), 비밀 질문에 대한 대답 형식으로 제공될 수 있다.

- **점유 요소(개인이 소유하고 있는 것) :** 인가된 사용자는 클라이언트 컴퓨터 또는 포탈에 접속하기 위해 물리적 개체를 제시해야 한다. 이러한 유형의 인증자를 이전에는 토큰이라고 했지만 근래에는 이러한 용어를 사용하지 않는다. 하드웨어 토큰이 바람직한 대안일 것이다. 점유 요소는 두 가지 유형을 나눈다.

  - 연결된 하드웨어 토큰 : 신원을 인증하기 위해 논리적(예 : 무선을 통해) 또는 물리적으로 컴퓨터에 연결되는 항목. 스마트 카드, 무선 태그, USB 토큰과 같은 항목은 소유 요소로 사용되는 공통된 연결 토큰이다.

  - 연결되지 않은 하드웨어 토큰 : 클라이언트 컴퓨터에 직접 연결하지 않는 대신 개인의 입력을 요구하는 항목. 일반적으로 연결되지 않은 하드웨어 토큰 장치는 내장된 화면을 사용하여 인증 데이터를 표시한 다음 사용자가 이를 로그인 화면에 입력하여 로그인 한다.

- **내재된 요소(개인이 소유하고 있거나 하는 행동) :** 이것은 생체 인식이라고 하는 특성으로 개인에게 고유하거나 거의 유일하다. 여기에는 지문, 망막, 얼굴과 같은 정적 생체 인식 기술이 포함된다. 음성, 필체, 타이핑 리듬과 같은 동적 생체 인식 기능을 제공한다.

비밀번호, 하드웨어 토큰과 같이 인증에 사용되는 특별한 항목들을 입증자라고 한다. 제대로 구현되어 사용되는 이러한 모든 방법은 안전한 사용자 인증을 제공한다. 그러나 각 방법들은 표 10.1에 보인 바와 같이 문제를 가지고 있다. 악의를 가진 사람들은 비밀번호를 추측하거나 훔칠 수 있다. 마찬가지로 카드를 위조하거나 훔칠 수도 있다. 사용자는 비밀번호를 잊어버리거나 카드를 분실할 수 있다. 사용자는 암호 또는 카드를 동료와 공유할 수 있다. 또한 시스템에 대한 암호 및 카드 정보를 관리하고 시스템에서 이러한 정보를 보호하는데 상당한 관리 부담이 있다. 생체 입증자는 긍정 오류 및 부정 오류, 사용자 수용성, 센서 자체의 보안, 편의성 등과 관련된 다양한 문제가 있다.

입증자 : 사용자, 프로세스, 디바이스의 신원을 확인하는데 사용되는 수단(예 : 비밀 번호, 하드웨어 토큰). 인증 요소는 특별한 입장의 사용에 기반하고 있다.

▼ 표 10.1 입증자 요소

요소	예제	속성
지식	• 사용자 ID • 비밀번호 • PIN	• 공유될 수 있음 • 많은 비밀번호들이 예측 가능 • 잊어버릴 수 있음
소유	• 스마트 카드 • 전자 배지 • 전자 키	• 공유될 수 있음 • 복제될 수 있음 • 분실이나 도난 당할 수 있음
상속	• 지문 • 얼굴 • 홍채 • 음성	• 공유될 수 없음 • 거짓 긍정 및 거짓 부정 가능 • 위조하기 어려움

10.3절부터 10.5절까지는 비밀번호, 하드웨어 토큰, 생체 인식 접근 방법에 대해 살펴볼 것이다.

다중 요소 인증

다중 요소 인증은 앞의 목록에서 하나 이상의 인증 수단을 사용하는 것을 의미한다 (그림 10.3 참조). 인증 시스템의 강도는 주로 시스템에 통합된 요소 수에 따라 결정된다. 일반적으로 두 가지 요소가 필요한 시스템은 개별 요소가 강력하다고 가정할 때 단일 요소를 사용한 시스템보다 강력하다. 3개 요소 시스템은 일반적으로 2개 요소 시스템보다 강력하다.

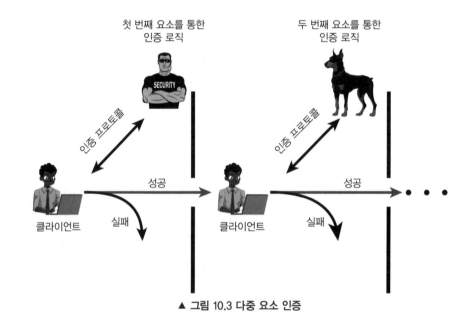

▲ 그림 10.3 다중 요소 인증

10.3 비밀번호 기반 인증

독자들도 잘 알겠지만 침입자로부터 시스템을 지키기 위해서 가장 널리 활용되고 있는 것이 비밀번호이다. 가상적으로 다수의 사용자가 있는 시스템, 네트워크 기반 서버, 웹 기반 전자상거래 사이트, 그 외 유사한 서비스들은 사용자 이름 또는 ID 뿐만 아니라 비밀번호를 요구한다. 시스템은 사용자 ID에 대해 이전에 시스템 비밀번호 파일에 저장된 비밀번호와 입력된 비밀번호를 비교한다. 비밀번호는 시스템에 개별

로그인하는 ID에 대한 인증 역할을 수행한다. 비밀번호는 다음과 같은 보안을 제공한다.

- ID는 사용자의 시스템에 대한 접근 권한이 존재하는지 판단한다. 몇몇 시스템에서는 사전에 시스템에 등록된 ID를 가진 사용자만 접근을 허용한다.
- ID를 통해 사용자의 권한을 판단한다. 극소수의 사용자들만이 운영체제에 의해 특별하게 보호되는 파일과 기능에 대한 읽기 수행이 가능한 감독자 또는 "슈퍼유저" 권한을 갖는다. 일부 시스템에는 게스트 또는 익명 계정이 있고 이러한 계정을 가진 사용자들은 다른 사용자들보다 제한된 권한을 갖는다.
- ID는 임의 접근 제어에 사용된다. 예를 들면 다른 사용자의 ID를 나열하면 사용자가 소유한 파일을 읽을 수 있는 권한이 부여된다.

비밀번호 취약성

일반적으로 사용자 비밀번호 기반 인증을 수행하는 서버는 사용자 ID에 의해 색인된 비밀번호 파일을 지속적으로 관리 유지 해야 한다. 로그인이나 접근 요청을 수행할 때 사용자는 ID와 비밀번호를 제시해야 한다. 서버는 ID에 대한 비밀번호를 비밀번호 파일에서 검색하여 일치 여부를 판단한다. 사용자의 비밀번호를 저장하지 않는 보안 방법은 비밀번호의 단방향 해쉬를 저장하는 것이다.

공격 전략 및 대책은 다음과 같다.

- **오프라인 사전 공격** : 강력한 접근 제어는 시스템 비밀번호 파일을 보호하는 것이다. 하지만 공격하기로 마음먹은 해커들은 이러한 과정을 우회하여 비밀번호 파일을 획득한다. 시스템 비밀번호 파일을 획득한 공격자는 비밀번호 해쉬를 일반적으로 사용되는 해쉬 값과 비교한다. 동일한 값이 발견되면 공격자는 ID/비밀번호를 통해 시스템에 대해 접근하게 된다. 공격에 대한 대책에는 비밀번호 파일에 대한 무단 접근을 방지하는 제어 기능, 비밀번호를 식별하는 침입 탐지 방법 및 암호 파일이 손상된 경우 신속한 암호 재발급이 있다.
- **특정 계정 공격** : 이 유형의 공격에서는 공격자가 특정 계정을 대상으로 올바른 비밀번호가 발견 될 때까지 비밀번호를 추측하여 반복 제출한다. 표준 보안 대책에서 여러 번의 로그인 시도 실패 후 계정에 대한 접근을 막도록 하는 계정 잠금을 사용한다. 일반적으로 5번의 로그인 시도가 허용된다.
- **흔히 사용되는 비밀번호 공격** : 앞서 언급한 공격의 변형은 많이 사용되는 비밀번호를 통해 다양한 사용자 ID에 대해 접근을 시도하는 것이다. 사용자들은 일반적으로 쉽게 기억할 수 있는 비밀번호를 선택한다. 불행하게도 이러한 성향은 비밀번호를 쉽게 추측할 수 있도록 한다. 보안 대책에는 사용자가 공통 비밀번호를 선택하지 못하도록 하는 정책과 제출 패턴에 대한 인증 요청 및 클라이언트 쿠키의 IP 주소를 검사하는 정책이 포함된다.
- **단일 사용자에 대한 비밀번호 추측** : 공격자는 계정 소유자 및 시스템 비밀번호 정책에 대한

지식을 얻으려고 시도하고 이러한 지식들을 통해 사용자의 비밀번호를 추측할 수 있다. 보안 대책으로는 비밀번호를 추측하기 어렵게 만드는 비밀번호 정책 수립 및 수행이 포함된다. 이러한 정책은 비밀 유지, 비밀번호의 최소 길이, 문자 집합, 잘 알려진 사용자 식별자 사용 금지, 비밀번호 변경 주기 설정 등이 있다.

- **워크스테이션 하이재킹** : 이 유형의 공격에서는 공격자는 로그인 한 워크스테이션이 물리적으로 무인 상태가 될 때까지 기다린다. 표준 보안 대책은 일정 기간 사용하지 않으면 자동으로 워크스테이션을 로그아웃 하도록 설정하는 것이다. 침입 탐지 기법은 사용자의 행동 변화를 탐지하는데 사용한다.

- **사용자 실수 악용** : 시스템이 비밀번호를 할당하면 사용자는 기억하기 어렵기 때문에 이를 적어놓으려고 한다. 이러한 상황은 공격자들이 비밀번호를 읽을 수 있는 가능성을 만든다. 예를 들어, 동료가 파일을 공유할 수 있도록 고의적으로 비밀번호를 공유할 수 있다. 또한 공격자는 사용자 또는 계정 관리자를 속여 비밀번호를 공개하는 사회 공학적 기법을 통해 암호를 성공적으로 획득하는 경우도 많이 있다. 많은 컴퓨터 시스템에는 시스템 관리자를 위해 사전 구성된 비밀번호가 제공된다. 사전 구성된 비밀번호가 변경되지 않으면 쉽게 추측할 수 있다. 보안 대책으로는 교육, 침입 탐지 및 간단한 비밀번호를 다른 인증 기법들과 같이 사용 등이 있다.

- **비밀번호의 반복 사용의 악용** : 공격자는 다른 네트워크 장치가 주어진 사용자에 대해 동일하거나 유사한 비밀번호를 공유하면 훨씬 더 효과적이거나 큰 피해를 줄 수 있다. 보안 대응 책으로는 특정 네트워크 장치에서 동일하거나 유사한 비밀번호를 사용하지 못하도록 하는 정책이 포함된다.

- **전자 모니터링** : 네트워크에 접속된 원격 시스템에 로그인하기 위해 통신하는 경우 비밀번호는 도청에 취약하게 된다. 단순 비밀번호 암호화는 공격자가 관찰 할 수 있고 이를 활용할 수 있기 때문에 이러한 문제가 해결되지 않는다.

비밀번호는 많은 보안 취약점에도 불구하고 가장 일반적으로 사용되는 사용자 인증 기술로 남아 있으며 가까운 미래에도 변경될 가능성은 거의 없을 것이라고 생각한다 [HERL12]. 비밀번호가 지속적으로 사용되는 이유들은 다음과 같다.

- 지문 스캐너, 스마트 카드 판독기와 같은 클라이언트 측 하드웨어를 사용하는 기술은 클라이언트 및 서버 시스템에서 하드웨어를 사용하기 위해 적절한 사용자 인증 소프트웨어를 구현한다. 한쪽이 널리 받아질 때까지 다른 한쪽에서는 구현하는 것을 주저하게 되고 누가 먼저 움직일 것인지 교착상태가 된다.

- 스마트 카드와 같은 물리적 토큰은 비용이 고가이거나 이동하기가 불편하다. 특히 여러 개의 토큰이 필요한 경우 더욱 그렇다.

- 이 장에서 설명하는 비밀번호를 활용하지 않는 기법 중 하는 다수의 서비스에 대해 한 번 인증하는 방법은 위험이 단일 지점에 집중되게 된다.

- 사용자가 암호를 알고 입력하는 부담을 덜어주는 자동화된 비밀번호 관리자는 여러 클라이언트 플랫폼에서 로밍 및 동기화에 대한 지원이 미약하며 유용성에 대한 연구가 아직까지 충분하지 않다.

해쉬된 비밀 번호 사용

널리 사용되는 비밀번호 보안 기술은 비밀번호 해시 값과 솔트(Salt) 값을 사용하는 것이다. 이러한 체계는 사실상 모든 유닉스 변형 시스템뿐만 아니라 다른 여러 운영 체제에서도 사용된다. 이 기술은 그림 10.4a에 도식화 되어 있다. 시스템에 새로운 비밀번호를 로드하기 위해서는 사용자는 비밀번호를 선택하거나 할당해야 한다. 시스템에서는 고정 길이 솔트 값과 비밀번호를 결합한다. 과거의 구현 방법 중에서 이러한 값은 사용자에게 비밀번호를 할당한 시간과 관련이 있었다. 새로운 구현 방법에서는 의사 난수 또는 난수를 사용한다. 비밀번호와 솔트는 해시 알고리즘의 입력으로 사용되는 고정 길이 해시 코드를 생성한다. 해쉬 알고리즘은 공격을 저지하기 위해 실행 속도가 느려지도록 설계된다. 해쉬된 비밀번호는 솔트의 일반 텍스트 사본과 함께 해당 사용자 ID의 비밀번호 파일에 저장된다. 해쉬된 암호 방법은 다양한 암호 해동 공격에 대해 안전하다[WAGN00].

사용자가 유닉스 시스템에 로그인할 때 그림 10.4b와 같이 사용자는 ID와 비밀번호를 제공한다. 운영체제는 비밀번호 파일에 대한 색인을 위해 ID를 사용하며 평문으로 된 솔트와 해쉬된 비밀번호를 검색한다. 솔트 및 사용자가 제공한 비밀번호는 해쉬 알고리즘의 입력으로 사용된다. 저장된 값 중 일치하는 결과가 있으면 비밀번호는 허용된다.

솔트는 세 가지 용도로 사용된다.

- 중복된 비밀번호가 비밀번호 파일에 표시되지 않도록 한다. 두 명의 사용자가 동일한 비밀번호를 선택하더라도 비밀번호에 대한 다른 솔트 값이 지정된다. 따라서 두 사용자의 해쉬된 비밀번호는 다르게 된다.
- 오프라인 사전 공격을 어렵게 한다. 길이가 b비트인 솔트의 경우 가능한 암호 수가 2b만큼 증가된 사전 공격에서 비밀번호를 추측하는 것이 어려워진다.
- 두 개 이상의 시스템에서 비밀번호가 있는 사람이 모두 동일한 비밀번호를 사용했는지 알아내는 것은 거의 불가능하다.

두 번째 사항을 확인하려면 오프라인 사전 공격이 동작하는 방식을 이해해야 한다. 공격자는 비밀번호 파일의 복사본을 획득 한다. 솔트가 사용되지 않는다고 가정해보자. 공격자의 목표는 하나의 비밀번호를 유추하는 것이다. 이를 위해 공격자는 해싱 기능에 많은 수의 비밀번호를 제출하게 된다. 제출된 값 중 어떤 값이 해쉬 중 한 개 값과 일치하게 되면 공격자가 파일에 있는 비밀번호를 찾게 된다. 그러나 유닉스 시스템에서는 공격자는 각 예측에 대해 한 번씩 해쉬 함수에 비밀번호를 제출해야 한다. 유닉스 시스템에서는 확인해야 할 비밀번호의 수가 크게 증가하게 된다.

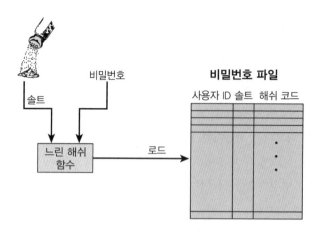

(a) 새로운 비밀번호 로딩

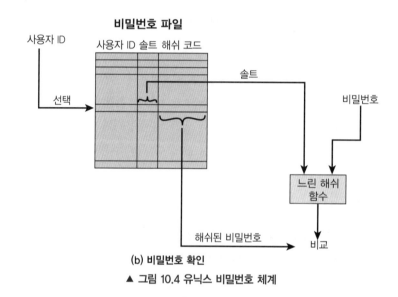

(b) 비밀번호 확인

▲ 그림 10.4 유닉스 비밀번호 체계

유닉스 비밀번호 체계에는 두 가지 위협 요소가 있다. 먼저 사용자는 게스트 계정을 사용하거나 다른 방법으로 컴퓨터에 접근할 수 있으며 해당 컴퓨터에서 암호 크래커 라는 암호 추측 프로그램을 실행할 수 있다. 공격자는 자원을 거의 소비하지 않고 수천 개의 유추한 비밀번호를 확인할 수 있다. 또한 공격자가 비밀번호 파일의 복사본을 얻을 수 있다면 여가 시간에 다른 컴퓨터에서 크래커 프로그램을 실행할 수 있다. 따라서 공격자는 합리적인 기간에 유추한 수백만 개의 비밀번호를 확인할 수 있다.

사용자 선택 비밀번호의 크래킹

비밀번호 크래킹은 컴퓨터 시스템에 저장되거나 네트워크를 통해 전송되는 비밀번호를 복구하는 프로세스이다. 이 절에서는 오랜 기간 동안 사용되었고 여전히 효과적인 비밀번호 크래킹보다 현대적이고 정교한 방법에 대해 살펴볼 것이다.

전통적인 방법

전통적인 비밀번호 크래킹(패스워드 크래킹) 방법은 가능한 많은 비밀번호 사전을 만들고 이를 시스템에 제시 하는 것이다. 즉 사용 가능한 각 솔트 값을 사용하여 각 비밀번호를 해쉬 한 다음 저장된 해쉬 값과 비교해야 한다. 일치하는 항목이 없으면 크래킹 프로그램은 해당 비밀번호 사전에 있는 모든 단어의 변형을 시도한다. 이러한 변형에는 철자 순서를 변경, 숫자 및 특수 문자를 추가, 동일한 문자 반복과 같은 방법이 있다.

다른 방법은 잠재적인 해쉬 값을 사전 계산(precomputation)하면 시간과 공간을 효과적으로 활용 할 수 있다. 이 접근 방법에서는 공격자가 가능한 한 많은 비밀번호 사전을 만든다. 각 비밀번호에 대해 공격자는 가능한 솔트 값과 관련된 해시 값을 생성한다. 결과물은 해쉬 값에 대한 거대한 레인보우 테이블(Rainbow Table)이다. 예를 들면 외슬린(Oechslin)의 글 "빠른 암호화 시간과 메모리 절충"에 따르면 1.4GB의 데이터를 사용하면 모든 윈도우 암호 해시 중 99.9%가 13.8초 만에 깨질 수 있고 한다 [OECH03]. 이 방법은 충분히 큰 솔트 값과 충분히 큰 해시 길이를 사용하면 해결된다. 유닉스의 오픈 소스 버전인 FreeBSD와 OpenBSD는 모두 이 방법을 사용하므로 당분간 공격으로부터 안전할 것이라고 생각한다.

큰 솔트와 해시 길이의 사용에 대해 대응하기 위해 비밀번호 크래커는 사람들이 쉽게 추측할 수 있는 비밀번호를 선택한다는 사실을 악용한다. 특히, 사용자는 자신의 비밀번호를 선택할 수 있다면 짧은 비밀번호를 선택하는 경향이 있다. 보노(Bonneau)의 "추측의 과학 : 7천만건의 익명화된 비밀번호 자료 분석"[BONN12]에서는 지난 몇 년 동안 4천 만건이 넘는 해킹된 비밀번호와 약 7천만 개의 야후 사용자의 익명화된 비밀번호 분석에 대한 여러 연구 결과를 요약하고 있다. 사용자들의 비밀번호는 6~7자 및 영문/숫자가 아닌 문자를 사용하는 경향이 있다는 것을 발견했다.

보노(Bonneau)가 7천만개의 비밀번호를 분석한 결과, 비밀번호는 온라인, 트롤링 공격(Trawling Attack)에 대해 10비트 미만의 보안을 제공하고 최적의 오프라인 사전 공격에 대해서는 약 20비트의 보안만 제공한다고 예측했다[BONN12]. 일반적으로 계정 당 10개의 비밀번호를 추측하는 공격자는 임의의 10비트 문자열을 공격하는 것과 마찬가지로 속도가 제한된 영역에서 계정의 약 1%를 손상 시킨다고 한다. 무제한의 무차별 대입 공격을 수행하고 사용 가능한 모든 계정의 절반을 무력화하려는 최적화된 공격자에 대해 비밀번호는 대략 20비트 무작위 문자열과 같다. 따라서 오프라인 검색을 사용하면 상당한 양의 반복 해싱이 사용되어 많은 수의 계정을 해킹할 수 있다.

비밀번호 길이는 문제의 일부에 지나지 않는다. 많은 사람들이 자신의 비밀번호를 선택 할 수 있게 되면 자신의 이름, 거리 이름, 일반적인 사전 단어와 같이 추측할 수 있는 비밀번호를 선택할 것이다. 이렇게 되면 암호 크래킹 작업은 간단해 진다. 크래커는 가능성이 있는 비밀번호 목록을 만들고 비밀번호 파일과 대조하면 된다. 많은 사람들이 추측할 수 있는 비밀번호를 사용한다면 이러한 전략은 거의 모든 시스템에 대해 성공할 것이다.

무차별 대입과 사전 기술을 결합한 공격이 보편화 되었다. 이중 주목할 만한것은 오픈 소스 존 더 리퍼(John the Ripper)이다[OPEN15]

현대적 접근 방법

불행히도 지난 25년동안 비밀번호 크래킹 시도는 줄지 않았다. 사용하는 비밀번호를 보다 복잡하게 선택하고 있으며 조직은 사용자가 더 강력한 비밀번호를 선택하도록 권장하고 있다. 이러한 개념은 복잡한 비밀번호 정책으로 알려져 있으며 이 절의 후반부에서 설명할 것이다. 그러나 비밀번호 크래킹 기술 또한 향상되었다. 개선 사항은 크게 두 가지라고 할 수 있다. 첫 번째로는 비밀번호 해독에 사용할 수 있는 컴퓨터 처리 용량이 크게 증가했다는 것이다. 그래픽 프로세스를 통해 기존 CPU만 사용하는 비슷한 가격대 PC와 비교해서 수천 배 빠르게 비밀번호를 크래킹 할 수 있게 되었다. 예를 들어 단일 AMD Radeon HD7970 GPU를 장착한 PC에서 스크램블되는 알고리즘에 따라 다르겠지만 초당 평균 8.2×10^9 비밀번호 조합을 계산할 수 있게 되었다[GOOD12]. 불과 10년전만 해도 고가의 슈퍼 컴퓨터를 사용할 때만 가능했던 속도이다.

간단한 사전 및 무차별 공격보다 효율적이고 효과적인 기술을 개발하기 위해 연구원과 해커가 비밀번호 구조를 연구했다. 이를 위해 분석가들은 현재 보유하고 있는 실제 비밀번호 대규모 풀을 필요로 했다. 첫 번째 돌파구는 2009년 말 온라인 게임 서비스 RockYou.com에 대한 SQL 주입 공격으로 회원이 자신의 계정에 로그인 할 때 사용한 3,200만개의 일반 텍스트로 된 비밀번호 노출된 사건이다[TIMM10]. 그 후로 수 많은 누출된 암호 파일이 분석에 사용 가능하게 되었다. 위어(Weir)와 그의 동료들의 보고서[WEIR09] "확률적 문맥 자유 문법을 활용한 비밀번호 해독"은 누출된 암호의 대규모 데이터를 학습 데이터로 사용하여 비밀번호 크래킹에 대한 문맥 자유 문법을 개발했다. 이 접근 방법에서 추측은 훈련 데이터에서 문자 클래스 구조의 빈도를 기반으로 하고 숫자 및 기호 문자열의 빈도에 따라 확률이 정렬된다. 또한 이 방법은 비밀번호 크래킹에서도 효과적이라는 것이 입증되었다[KELL12, ZHAN10].

마주렉(Mazurek)은 "전체 대학에서의 비밀번호 추측성 측정"[MAZU13]은 복잡한 비밀번호 정책을 가진 연구 대학의 2만 5천명이 넘는 학생들이 사용한 비밀번호를 분석한 보고서이다. 분석가들은 "확률적 문맥 자유 문법을 활용한 비밀번호 해독"에서 소개된 비밀번호 크래킹 방법을 사용한다. RockYou 파일을 포함하여 누출된 암호 파일 모음으로 구성된 데이터베이스를 사용했다. 이 기술을 사용하면 1010건의 추측 만으로 10%이상의 비밀번호가 복구되었다. 1,013건의 추측된 후 약 40%의 비밀번호가 복구되었다.

비밀번호 파일 접근 통제

비밀번호 공격을 무력화 시키는 방법 중 한 가지는 공격자가 비밀번호 파일에 접근하지 못하도록 접근 거부하는 것이다. 만약 해쉬된 비밀번호의 일부 파일에 권한이 부여된 사용자가 접근 가능하다면 공격자는 권한 있는 사용자의 비밀번호를 사전에 알고 있지 않다면 파일을 읽을 수 없을 것이다. 일반적으로 해쉬된 비밀번호는 사용자 ID와 분리된 쉐도우 비밀번호 파일로 알려진 파일에 저장된다. 쉐도우 파일에 대해 허가되지 않은 접근에 특히 주의를 기울이면 된다. 비밀번호 파일 보호가 어느 정도 효과가 있지만 다음과 같은 취약성이 있다.

- 대부분의 유닉스 시스템을 포함하여 많은 시스템들이 예상치 못한 침입에 취약하다. 해커가 접근 통제 시스템을 우회하기 위해 운영체제 소프트웨어 취약점을 악용할 수 있다면 비밀번호 파일을 획득할 수 있다. 또는 해커가 파일 시스템이나 데이터베이스 관리 시스템에서 파일에 접근 할 수 있는 약점을 발견할 수 있다.
- 우연한 사고로 인해 비밀번호 파일을 읽을 수 있게 되어 모든 계정을 손상 시킬 수 있다.
- 일부 사용자는 보호된 다른 도메인의 다른 시스템에 계정을 가질 수 있으며 동일한 비밀번호를 사용할 수 있다. 따라서 한 컴퓨터의 비밀번호를 획득할 수 있다면 다른 위치의 컴퓨터 또한 손상될 수 있다.
- 물리적 보안의 부족 또는 약점은 해커에게 기회를 제공할 수 있다. 때로 응급 복구 디스크 또는 보관용 디스크에 비밀번호 파일에 대한 백업이 존재한다. 이 백업에 공격자가 접근하게 되면 비밀번호 파일을 읽을 수 있게 된다. 또한 사용자는 리눅스와 같이 다른 운영체제를 실행하는 디스크로 부팅한 후 해당 운영체제에서 파일을 접근할 수 있다.

- 시스템 비밀번호 파일을 수집하는 대신 사용자 ID와 암호를 수집하는 또 다른 방법은 네트워크 트래픽을 스니핑하는 것이다.

따라서 비밀번호 보호 정책은 추측하기 어려운 비밀번호를 사용자가 선택하도록 하는 기술로 접근 제어를 보완해야 한다.

비밀번호 선택

비밀번호에 대한 제한을 두지 않으면 많은 사용자들이 너무 짧거나 너무 쉽게 추측할 수 있는 비밀번호를 선택한다. 극단적인 경우 사용자가 무작위로 선택된 8개의 인쇄 가능한 문자로 구성된 암호를 할당 받으면 암호 해독은 사실상 불가능하다. 그러나 대부분의 사용자가 이러한 암호를 기억하는 것은 거의 불가능하다. 비밀번호를 합리적으로 기억할 만한 문자열로 제한한다 하더라도 여전히 비밀번호를 크래킹 하기에는 너무 확률이 크다고 할 수 있다. 따라서 추측할 수 있는 암호를 배제하고 사용자가 기억하기 쉬운 암호를 선택할 수 있도록 하는 것이 이 절의 목표이다.

사용자 비밀번호 선택

많은 경우 사용자가 직접 사용할 암호를 선택하는 것이 적절하다고 할 수 있다. 이 경우 CSP 또는 유사 단체에서 수용가능한 비밀번호에 대한 지침을 제공한다. 이 중 가장 주목할 만한 것은 구성 규칙이다. 사용자가 적어도 한 개의 숫자, 대문자, 기호와 같은 문자 유형을 사용하여 암호를 생성 해야 한다. 그러나 위어(Weir)와 그 동료들의 "대규모 누출된 비밀번호 공격으로 인한 비밀번호 생성 정책 테스트 지표" 연구에서 이러한 규칙의 이점이 초기에 생각했던 만큼 중요하지 않았으며 사용성과 기억에 대한 부정적인 영향은 심각하다고 한다. 따라서 사용자는 쉽게 기억할 수 있는 비밀번호를 생성하되 사전 및 무차별 추측 공격에 대해 쉽게 크래킹 되지 않는 비밀번호를 사용해야 한다.

다른 지침은 암호 길이와 관련 있다. 켈리(Kelly)와 그의 동료의 연구 "끊임 없는 추측 반복 : 비밀번호 크래킹 알고리즘 시뮬레이션에 의한 강도 측정"[KELL12] 연구와 콜만두리(Komanduri)의 "비밀번호 및 인간 : 비밀번호 구성 정책의 효과 측정"[KOMA11]에 따르면 암호 길이는 무차별 공격과 사전 공격 모두에 대해 주된 결정 요인이라고 한다. 따라서 사용자들은 어떤 의미를 가진 원하는 만큼의 길이로 비밀번호를 만들 것을 권장한다. 예를 들어 X30UnMx$#와 같이 비밀번호를 제한 하는 것이 아닌 "turtle box super liquor"와 같이 공백이 있고 쉽게 기억할 수 있는 단어를 선택할 수 있게 한다면 보안과 유용성이 함께 제공될 것이다.

NIST는 이와 유사한 연구 보고서를 기반으로 2017년판 SP 800-63용 사용자 선택 비밀번호에 대한 지침을 크게 수정했다. SP 800-63은 비밀번호의 길이를 최소 8자 이상에서 최대 64자까지 허용한다.

비밀번호 선택 규제

암기하고 있는 비밀을 설정하고 변경하라는 요청을 처리할 때 CSP(또는 검증자)는 강력한 비밀번호 선택을 보장할 수 있는 조치를 취해야 한다. SP 800-63B 디지털 신원 지침 - 인증 및 수명 주기 관리에서는 다음과 요구 사항을 제안한다.

- CSP는 비밀번호가 강도 레이블(예 : 약함, 적정함, 강함) 또는 수량 척도 형태로 입력될 때 또는 직후에 피드백을 제공해야 한다. 다른 암호 강도 측정 방법에는 클라이언트의 경험적 방법, 서버 측 마코프(Markov) 모델 또는 신경망을 사용하는 방법이 있다[HABI17].
- CSP가 유지 관리하는 블랙리스트에 있는 모든 비밀번호 사용을 제한한다. SP 800-63B는 블랙리스트에 다음 내용이 포함되어야 한다고 권고하고 있다.
  - 이전 침입에서 누출된 비밀번호. 좋은 소스는 비밀번호 1천만개가 누출된 버네트 [BURN15]의 자료이다.
  - 사전 단어
  - 반복 또는 순차 문자(예 : aaaaaa, 1234abcd)
  - 서비스 이름, 사용자 이름 및 그 파생어와 같은 단어
- 블랙리스트에 있는 비밀번호를 거부 한 후에 CSP 거부된 암호의 일부 수정도 거부해야 한다.
- 검증자는 암기된 비밀번호를 선택할 때 가입자에게 특정 유형의 정보(예 : 첫 번째 애완 동물의 이름은 무엇인가?)를 사용하도록 요청해서는 안 된다.
- 검증자는 가입자가 인증되지 않은 청구자에게 접근할 수 있는 힌트를 저장할 수 없도록 해야 한다.

블랙리스트 : 이전에 악성 활동과 관련이 있고 조직 또는 정보 시스템에서 사용이 승인되지 않은 호스트, 응용 프로그램 또는 비밀번호와 같은 개별 엔티티 목록이다.

누출된 1천만 개 비밀번호 목록 : https :// xato.net/today-i-am-releasing-ten-million-passwords-b6278bbe7495

시스템에서 선택된 비밀번호

시스템에서 선택된 비밀번호는 등록 시 CSP 또는 검증자에 의해 제공된다. 후자는 PIN에서 일반적으로 볼 수 있다. 관련 지침은 다음과 같다.

- 비밀번호 또는 PIN은 길이가 6자 이상이어야 하며 전체가 숫자일 수 있다.
- 비밀번호는 SP 800-90A 결정성 임의 비트 생성기를 사용한 난수 생성에 대한 권장 사항에 열거된 승인된 비트 생성기를 사용하여 생성해야 한다.

비밀번호 생성 알고리즘이 알려져 있다면 생성된 비밀번호는 발음이 가능하고 추측하기는 어렵지만 기억하기는 쉬워야 한다.

- **시스템 개발 관리 :** 목적은 모든 유형의 비즈니스 응용 프로그램(관련 시스템 및 네트워크를 포함)에 적용 가능한 구조화된 시스템 개발 방법론을 수립하는 것이며 특화되고 배타적인 개발 환경에 의해 지지되고 품질 보증 프로세스를 포함하는 것이다.

  - 시스템 개발 방법론 : 이 주제의 목적은 시스템(개발중인 시스템을 포함해서)이 비즈니스 및 정보 보안 요구 사항에 부합하는지 확인 하는 것이다. 이 주제는 목적과 부합되는 정책 및 절차에 대한 점검 항목을 포함한다.

  - 시스템 개발 환경 : 실제 환경으로부터 개발 및 테스트 환경을 분리하는 방법 및 요구 사항에 대해 논의한다.

  - 품질 보증 : 품질 보증에 필요한 요소와 절차를 열거한다.

- **시스템 개발 수명 주기 :** 수명 주기의 각 단계에서 정보 보안과 협력하는 산업 모범 사례를 정의한다. 각 단계의 10개의 단계에 대해 SGP는 시스템이 보안 요구 사항과 부합하는 확인하기 고려사항 및 활동에 대한 점검 항목을 제공한다.

8.5 참고 문헌

- **IFIT09 :** The International Foundation for Information Technology, System Development Management. 2009 https ://www.if4it.com/SYNTHESIZED/DISCIPLINES/ System_Development_Management_Home_Page.html.

- **MICR15 :** Microsoft, Enterprise DevOps. Microsoft white paper, 2015.

- **MINI14 :** Minick, E., Rezabek, J., & Ring, C., Application Release and Deployment for Dummies. Hoboken, NJ : Wiley, 2014.

- **SHAR15 :** Sharma, S., & Coyne, B., DevOps for Dummies. Hoboken, NJ : Wiley, 2015.

10.4 소유 기반 인증

사용자 인증 목적으로 사용자가 소유하고 객체를 소프트웨어 유형의 토큰과 구분 짓기 위해 하드웨어 토큰이라고 하기도 한다. 이 절에서는 일반적으로 많이 활용되는 은행 카드와 비슷한 크기와 외형을 가진 하드웨어 토큰에 대해서 살펴볼 것이다(표 10.2 참조). 그런 다음 일회성 암호 생성에 사용되는 다른 유형의 하드웨어 토큰에 대해서도 살펴볼 것이다.

▼ 표 10.2 카드의 종류

카드 유형	기능 정의	예시
양각된 카드	앞면에 양각된 문자	전형적인 신용 카드
마그네틱 카드	뒷면에 마그네틱 바가 있고 앞면에 이름이 양각되어 있음	은행카드
메모리	메모리 내장	선불 폰 카드
스마트 – 접촉식 – 비 접촉식	전자 메모리 및 프로세스 내장 – 표면을 통해 전자식 접촉 – 전파 안테나 내장	생체 ID 카드

메모리 카드

메모리 카드는 데이터를 저장하지만 처리하지는 않는다. 가장 일반적으로 사용되는 카드는 뒷면에 마그네틱 바가 있는 은행 카드이다. 마그네틱 바는 단순한 보안 코드만 저장한다. 이 코드를 저렴한 카드 판독기로 읽는다. 내부 전자 메모리가 내장된 메모리 카드도 있다.

메모리 카드는 호텔과 같은 곳에서 물리적인 접근에 단독으로 사용된다. 인증을 위해 사용자는 메모리기 카드와 특정 형태의 비밀번호나 PIN을 제공해야 한다. 일반적인 응용 프로그램은 현금 인출기(ATM)이다. 메모리 카드를 PIN 또는 비밀번호와 결합했을 때 비밀번호만 단독으로 사용하는 것보다 훨씬 나은 보안을 제공한다. 공격자는 카드를 물리적으로 소유하거나(또는 카드를 복제할 수 있어야 함) PIN을 알고 있어야 한다. 잠재적인 단점은 다음과 같다.

- **특수 판독기 요구 사항 :** 하드웨어 토큰 사용 비용이 증가하고 판독기의 하드웨어 및 소프트웨어의 보안을 유지해야 하는 상황이 발생하게 된다.

- **하드웨어 토큰 분실 :** 하드웨어 토큰 분실은 소유자의 시스템 접근을 일시적으로 중단시킨다. 이 경우 분실 토큰에 대한 관리 비용이 존재한다. 또한 토큰을 다시 찾게 되거나, 도난

또는 위조하게 되면 공격자는 인증되지 않은 접근 권한을 얻기 위해 PIN만 확보하면 된다.

- **사용자 불만** : 사용자가 메모리 카드로 ATM 접근이 가능할지라도 컴퓨터 접근은 불편할 수 있다.

스마트 카드

광범위한 디바이스들이 스마트 토큰으로 분류된다. 상호 배타적이지 않은 네 가지 관점에서 다음과 같이 분류한다.

- **물리적 특징** : 스마트 토큰에는 내장형 마이크로 프로세스가 포함된다. 은행 카드처럼 디스플레이가 있는 스마트 토큰을 스마트 카드라고 한다. 다른 스마트 토큰은 계산기, 키 또는 소형 휴대용 기기처럼 보인다.
- **사용자 인터페이스** : 수동 인터페이스에는 사람/토큰 상호 작용을 위한 키 패드 및 디스플레이가 포함된다.
- **전자 인터페이스** : 스마트 카드 또는 다른 토큰은 호환되는 리더기와 통신하기 위해 전자 인터페이스를 필요로 한다. 카드에는 다음 유형의 인터페이스 중 하나 또는 모두가 있을 수 있다.
  - 접촉 : 접촉식 스마트 카드는 카드 표면의 전기가 통하는 접촉면에 직접 연결되기 위해 스마트 카드 리더기에 삽입되어야 한다. 명령어, 데이터, 카드 상태 전송이 물리적인 접촉면을 통해 이루어진다.
  - 비 접촉 : 비 접촉 카드는 리더기에 근접시키면 된다. 리더기와 카드 모드 안테나를 가지고 있으며 라디오 전파를 통해 통신이 이루어진다. 대부분의 비 접촉식 카드는 전파를 통해 내부 칩의 전원을 생성한다. 배터리가 없는 카드의 사용 반경은 0.5에서 3인치 사이이며 건물 출입구 빠른 카드 인터페이스를 요구하는 지불에서 사용된다.
- **인증 프로토콜** : 스마트 토큰은 사용자 인증 수단으로 활용된다. 스마트 토큰을 통한 인증 프로토콜은 다음과 같이 세 가지로 분류된다.
  - 정적 : 적정 프로토콜을 통해 토큰에 대해 사용자 자신을 인증한 후 토큰은 사용자를 컴퓨터에 인증한다. 후자를 위한 이러한 프로토콜은 메모리 토큰의 동작과 방법과 유사하다.
  - 동적 비밀번호 생성기 : 이 경우 토큰은 일정 주기(매분)로 고유한 비밀번호를 생성한다.. 이 비밀번호는 사용자에 의해 수동으로 또는 토큰을 통해 컴퓨터 시스템에 입력된다. 컴퓨터 시스템을 초기 및 동기화하여 컴퓨터가 토큰에 대한 현재 비밀번호를 알 수 있도록 해야 한다.
  - 문제 응답식 : 이 경우 컴퓨터 시스템은 임의의 숫자나 문자열을 생성한다. 스마트 토큰은 문제를 기반으로 응답을 생성한다. 예를 들어 공개 키 암호화가 사용된다면 토큰은 개인 키로 문제의 문자열을 암호화한다.

사용자 인증의 경우, 스마트 토큰의 가장 중요한 범주는 신용 카드 모양을 가지며 전자 인터페이스를 가지며 기술된 모든 프로토콜을 사용할 수 있는 스마트 토큰이다. 이 절의 나머지 부분에서는 스마트 카드에 대해 설명할 것이다.

스마트 카드는 프로세서, 메모리 및 I/O 포트를 포함하여 전체 마이크로 프로세서가 내장되어 있다. 일부 버전은 암호 처리 작업을 위한 특수 프로세스를 회로에 통합하여 메시지 인코딩 및 디코딩 작업을 가속화하거나 전송된 정보의 유효성을 확인하기 위해 디지털 서명을 생성한다. 일부 카드의 경우 I/O 포트는 노출된 전기 접점을 통해 호환되는 리더기에서 직접 접근할 수 있다. 다른 형태의 카드는 판독기와 무선 통신을 위해 내장형 안테나에 의존한다.

일반적인 스마트 카드에는 3가지 유형의 메모리카드가 있다. 읽기 전용 메모리(ROM : Read Only Memory)는 카드 번호 및 카드 소유자의 이름과 같이 카드 수명 동안 변경되지 않는 데이터를 저장한다. 전기를 통해 데이터가 삭제 가능한 프로그래머블 ROM(EEPROM : Erasable Programmable ROM)은 카드에서 실행될 수 있는 프로토콜과 같은 응용 프로그램 데이터 및 프로그램을 보유한다. 또한 시간에 따라 변동하는 데이터를 가진다. 예를 들어 전화카드에서 EEPROM은 통화 시간을 유지한다. RAM(Random Access Memory)은 응용 프로그램이 실행될 때 생성되는 임시 데이터를 보유한다.

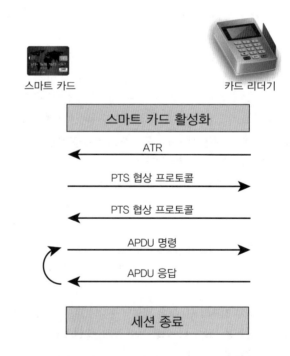

APDU: 응용프로그램 데이터 유닛
ADR: 리셋 응답
PTS: 프로토콜 유형 선택
▲ 그림 10.5 스마트 카드/리더기 정보 교환

그림 10.5는 스마트 카드와 판독기 또는 컴퓨터 시스템간의 일반적인 상호 작용을 보여준다. 카드가 리더기에 삽입될 때마다 리더기에 의해 초기화 되어 타이머 값과 같은 매개 변수를 초기화 한다. 초기화 기능이 수행 된 후 카드는 ATR(Answer To Reset) 메시지로 응답한다. 이 메시지는 카드가 사용할 수 있는 매개 변수와 프로토콜 및 수행할 수 있는 기능을 정의한다. 단말기는 프로토콜 유형 선택(PTS : Protocol Type Selection) 명령을 통해 사용된 프로토콜 및 다른 매개 변수를 변경할 수 있다. 카드 PTS 응답은 사용할 프로토콜과 매개 변수를 확인한다. 이제 터미널과 카드는 프로토콜을 실행하여 원하는 응용 프로그램을 수행한다.

전자 ID 카드

시간이 지나면서 더 중요하게 여겨지는 응용 프로그램중 하나는 시민들을 대상으로 신분증으로 사용되는 스마트 카드이다. 국가 전자 신분증(eID) 카드는 정부 또는 상업 서비스를 이용할 때 면허증과 같은 다른 정부의 eID 및 유사카드와 동일한 목적으로 사용된다. 또한 eID 카드는 신분을 증명할 수 있는 수단을 제공하며 다양한 응용 프로그램에서 사용된다. 실제로 eID 카드는 정부에 의해 유효하고 확실한 것으로 인증된 스마트 카드이다. 가장 최신 및 진보된 eID 배포는 독일의 eID 카드 새로운 신분 증명서(Neuer Personalausweis)[POLL12]이다. 카드에는 다음과 같은 사람이 읽을 수 있는 데이터가 인쇄되어 있다.

- **개인 정보** : 이름, 생년 월일, 주소로 여권 및 운전 면허증과 동일한 정보 유형
- **문서 번호** : 영문자 및 숫자로 된 9자의 고유 ID
- **카드 접근 번호(CAN : Card Access Number)** : 비밀번호 사용되는 카드 표면에 인쇄된 10진수로된 6자리 난수
- **기계 판독 영역(MRZ : Machine-Readable Zone)** : 비밀번호 사용할 수 있는 카드 뒷면에 인쇄된 사람 및 기계가 판독할 수 있는 3줄 텍스트

eID 기능

eID 카드에는 표 10.3과 같이 자체 보호된 데이터 집합과 같은 전자 기능이 있다.

기능	목적	PACE 비밀번호	데이터	활용
ePass (필수)	인가된 오프라인 검사 시스템이 데이터를 읽음	카드 접근 번호 또는 기계 판독 영역	안면 이미지, 두 개의 손가락 지문(선택), 기계 판독 영역 데이터	정부 접근을 위해 오프라인 생체 ID 인증 예약
eID (활성화 선택)	온라인 응용 프로그램은 승인된 대로 데이터 또는 접근 기능을 판독함	ePIN	가족 및 이름, 예명 및 박사 학위, 출생일 및 장소, 주소 및 커뮤니티 ID 만료일	식별, 연령 인증, 커뮤니티 ID 검증, 제한된 식별(가명), 해지 질의
	오프라인 검사 시스템은 데이터를 읽고 주소 및 커뮤니티 ID를 업데이트 함	카드 접근 번호 또는 기계 판독 영역		
eSign (인증 선택)	인증 기관이 서명 인증서를 온라인에 설치	eID PIN	서명 키, X.509 인증	전자 서명 생성
	시민들은 eSign PIN으로 전자 서명을 함	카드 접근 번호		

세 가지 전자적 기능은 다음과 같다.

- **ePass** : 이 기능은 정부에서 사용하기 위해 예약되어 있으며 카드 소유자의 신원을 디지털로 형식으로 표시한다. 이는 전자 여권과 유사하여 전자 여권으로 사용될 수 있다. 다른 정부 서비스에서도 ePass를 사용한다. ePass 기능은 카드에 구현되어야 한다.

- **eID** : 이 기능은 다양한 정부 및 상업 응용 프로그램에서 범용적으로 사용된다. eID 기능은 승인된 서비스가 카드 소유자 권한으로 접근하는 신원 레코드를 저장한다. 시민들은 이 기능의 활성화 여부를 선택할 수 있다.

- **eSign** : 이 선택적 기능은 개인 키를 확인하는 인증서를 저장한다. 디지털 서명을 생성하는데 사용한다. 신뢰할 만한 부문의 센터에서 인증서를 발급한다.

ePass 기능은 오프라인 기능이다. 즉 네트워크를 통해 사용되지 않지만 카드 소지자가 여권 통제 확인 지역을 통과하는 등 특정 서비스에 대해 카드를 제시하는 상황에 사용된다. eID 기능은 온라인 및 오프라인 서비스에 모두 사용된다. 오프라인 사용의 예는 검사 시스템이다. 검사 시스템은 경찰 또는 국경 통제관이 법 집행을 점검하는데 사용되는 터미널이다. 검사 시스템은 안면 화상 및 지문과 같이 카드에 저장된 생체 정보뿐만 아니라 카드 소지자의 식별 정보를 판독한다. 생체 인식 정보는 카드를 소지한 개인이 실제 카드 소지자인지 확인하는데 사용된다.

사용자 인증은 eID 기능의 온라인 사용의 좋은 예이다. 그림 10.6은 웹 기반 시나리오를 보여준다. 먼저 eID 사용자는 웹 사이트를 방문하여 인증이 필요한 서비스를 요청한다. 웹 사이트는 인증 요청을 eID 서버로 전달하는 리디렉션 메시지를 다시 전송한다. eID 서버는 사용자가 eID 카드의 PIN을 입력하도록 요청한다. 사용자가

PIN을 정확하게 입력하면 암호화된 형식으로 eID 카드와 터미널 판독기간의 데이터가 교환된다. 그럼 다음 서버는 eID 카드의 마이크로 프로세서와 인증 프로토콜 교환을 수행한다. 사용자가 인증되면 결과가 사용자 시스템에 다시 전송되어 웹 서버 응용 프로그램의 리디렉션 된다.

앞의 시나리오는 사용자 시스템에 적절한 소프트웨어 및 하드웨어가 필요하다. 주 사용자 시스템의 소프트웨어에는 PIN 요청 및 수락과 메시지 리디렉션 기능이 포함되어 있다. 필요한 하드웨어는 eID 카드 리더이다. 카드 판독기는 외부 접촉 또는 비 접촉식 판독기이거나 사용자 시스템 내부의 비 접촉식 판독기이다.

암호로 인증된 연결 설정

PACE(Password Authenticated Connection Establishment)는 명시적 접근 제어 없이 eID 카드의 비 접촉 무선 주파수(RF : Radio Frequency) 칩을 읽을 수 없도록 한다. 온라인 응용 프로그램의 경우 사용자가 6자리 PIN을 입력하면 카드에 접근할 수 있다. PIN은 카드 소유자에게만 알려야 한다. 오프라인 응용 프로그램의 경우 카드 뒷면에 인쇄된 MRZ 또는 앞면에 인쇄된 6자리 CAN을 사용한다.

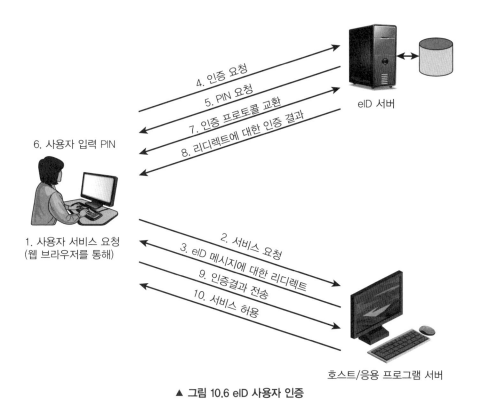

▲ 그림 10.6 eID 사용자 인증

일회용 비밀번호 장치

널리 보급된 인증에 사용되는 장치는 일회성 비밀번호를 생성해주는 회중 시계와 같은 장치이다. 일회용 암호(OTP : One-Time Password) 사용을 통해 보안이 향상되며 다른 인증 방법과 함께 사용된다면 암호를 추측하고 다시 사용할 위험이 사라지게 된다. OTP는 일회성 암호의 자동 생성을 지원한다. 이 장치에서 일회성 암호를 생성하기 위해 시드로 사용되는 암호가 내장되어 있으며 두 번째 인증 요소를 통해 정품 인증을 하지 않아도 된다. 인증은 일회용 비밀번호를 제공함으로써 장치의 소유 및 제어를 증명함으로써 수행된다.

OTP의 가장 널리 사용되는 버전에서 사용자는 일정한 간격(일반적으로 1분)으로 새로운 난수를 표시하는 물리적 카드나 다른 하드웨어 토큰이 제공된다. 인증을 위해 사용자는 현재 표시된 난수와 사용자가 기억해야 하는 PIN을 모두 입력한다. 따라서 이는 이중 인증이라 할 수 있다.

흔히 사용되는 이중 인증 요소인 OTP 장치는 RSA SecurID 제품이다. 이 장치는 내장 시계와 출고 시 시드라고 하는 인코딩된 임의 키를 사용한다. 각 장치마다 다른 시드는 하드웨어 토큰을 구입할 때 해당 RSA SecurID 서버(이전의 ACE/서버)에 로드된다. 시드는 하나의 숫자에 대한 정보가 일련의 다음 번호를 추측하기 쉽지 않은 숫자를 생성하는 난수 생성기를 시작한다. 실시간 시계와 관련 시드 레코드가 있는 유효한 카드의 데이터베이스가 있는 서버는 해당 시점에 토큰이 표시될 것으로 예상되는 숫자를 계산하고 이를 사용자가 입력한 내용과 대조하여 사용자를 인증한다.

RSA SecurID 체계는 두 가지 추가 시도 응답 모드를 지원한다.

- **다음 토큰 모드** : 토큰 코드의 추가 확인이 필요한 인증 프로세스에서 적용된다. 사용자는 다음 토큰 코드를 입력해야 한다. 즉, 입증자에 표시된 번호를 기다린 후 새로운 번호를 입력해야 한다. 다음 토큰 모드는 세 가지 일반적인 이유로 발생한다.
    - 토큰을 처음 사용시 재 동기화가 필요할 때
    - 사용자가 잘못된 암호를 너무 많이 입력했을 때
    - AM 서버에 제공된 토큰이 자동 수신 범위(일반적으로 이전 토큰 코드, 예상된 토큰 코드, 다음 토큰 코드)를 벗어 났을 때
- **새로운 PIN 모드** : 인증 절차에서 PIN의 추가 확인이 필요한 경우 적용된다. 이 경우 사용자는 새 PIN을 사용해야 한다. RSA ACE/서버의 구성에 따라 사용자에게 새 PIN을 선택하고 입력하라는 메시지가 표시되거나 서버가 사용자에게 새 PIN을 제공한다. 새로운 PIN 모드는 사용자의 토큰이 두 요소 인증에 필요한 PIN과 아직 연결되어 있지 않기 때문에 발생한다. 모든 새로운 토큰이 이 모드에 있으며 새로운 토큰을 대체한다.

소유 기반 인증 위협

하드웨어 토큰은 다음과 같은 위협에 대해 취약하다.

- **절도 :** 공격자가 토큰 장치를 훔칠 수 있다. PIN과 같은 두 번째 요소가 필요한 경우 공격자는 PIN을 획득하거나 추측하기 위해 몇 가지 방법을 사용해야 한다. 두 번째 인증 요소가 생체 인식인 경우 공격자는 생체 인식 특성을 위조하는 몇 가지 방법을 마련해야 한다.
- **복제 :** 공격자가 장치에 접근하여 복제한다. 두 번째 인증 요소가 필요하면 공격자가 작업하는 것이 만만하지 않을 것이다.
- **도청/재생 :** 인증자 암호 또는 인증자 출력은 가입자가 인증하는 동안 공격자에게 노출된다. 수집된 정보는 추후 사용할 수 있다. OTP 사용과 같이 시간에 민감한 경우 이러한 공격은 좌절되게 된다.
- **재연 :** 공격자가 토큰 장치와 서버 사이에서 끼어들 수 있다면 중간자 공격을 수행할 수 있으며 공격자는 서버에 대한 클라이언트 역할과 클라이언트에 대한 서버 역할을 수행한다.
- **서비스 거부 :** 공격자가 서버에 대해 인증 실패를 반복하면 서버가 합법적으로 클라이언트에 대해 서비스를 거부할 수 있다.
- **호스트 공격 :** 공격자가 응용 프로그램에 인증되도록 서버에 대해 충분한 제어권을 확보할 수 있다.

소유 기반 인증에 대한 보안 통제

다음을 포함하여 하드웨어 토큰 보안을 강화하기 위한 많은 보안 통제 방법이 있다.

- PIN 또는 생체 인식을 통해 활성화해야 하는 다중 요소 하드웨어 토큰을 사용한다.
- 하나의 인증자에 대한 정보가 후속 인증자와 관련되어 추측 할 수 없도록 개별적인 입증자를 사용하여 하드웨어 토큰을 사용한다. SecureID의 난수 생성기가 그 예이다.
- 반복적인 인증이 실패한 후 하드웨어가 잠기는 토큰을 사용한다.
- 사용자 교육 및 인식 프로그램에 도난 방지 기능을 포함시킨다.
- 개인이 토큰 장치를 보호하기 위해 특정 보안 장치를 사용해야 한다.
- 초기 토큰 장치 배포의 일부로 입증자를 수신하는 개인을 식별한다.
- 입증자가 의도한 바대로 적합한 메커니즘 강도를 지니고 있는지 확인한다.
- 초기 입증자 배포, 손실 또는 손상된 입증자 취소를 위한 관리 절차를 수립하고 구현한다.
- 토큰 장치에 대한 최대 수명 제한 및 재사용 조건을 설정한다.

10.5 생체 인증

생체 인증 시스템은 개인의 고유한 물리적 특성을 기반으로 개인의 인증을 수행한다. 여기에는 정적 특성(예 : 지문, 손의 기하학적 모양, 얼굴 특성, 망막 및 홍채 패턴)과 동적 특성(예 : 음성, 서명)이 모두 포함된다. 본질적으로 생체 인식은 패턴 인식을 기반으로 한다. 암호 및 하드웨어 토큰과 비교할 때 생체 인증은 기술적이고 복잡한 비용이 많이 소요된다. 많은 특정 응용 분야에서 사용되지만 생체 인식 기술은 아직 컴퓨터 시스템에 대한 사용자 인증을 위한 표준 도구로 성숙되지 못하고 있다. 따라서 SP 800-63은 생체 인식 인증만 사용하는 것을 지원하지 않는다.

생체 특징의 기준

생체 인식 시스템을 설계할 때 생체 인식 기능의 특성과 생체 인식 시스템의 요구 사항의 두 가지 기준을 고려해야 한다. 생체 인식 기능과 관련하여 이러한 기능은 다음과 같은 속성을 가져야 한다.

- **보편성** : 인구의 100%에 적용 가능한 특성으로 가지고 있어야 한다. 예를 들면 지문은 거의 모든 사람들을 식별 할 수 있으며 예외는 거의 없다.
- **차별성** : 두 사람이 동일한 특성을 가지고 있지 않아야 한다. 일란성 쌍둥이는 얼굴 특징 및 DNS와 같은 동일한 패턴을 갖지만 지문 및 홍채 패턴과 같은 다른 특징을 가지고 있다.
- **영구성** : 특성은 시간에 따라 변하지 않아야 한다. 안면 특징 및 서명을 특성으로 한 경우 정보의 주기적인 등록이 필요할 수 있다.
- **수집 가능성** : 생체 인식 기능을 얻고 측정하는 것은 쉽고, 비 침해적이며, 신뢰할 수 있고, 견고해야 하며, 응용 프로그램의 비용이 합리적이어야 한다.

생체 인식 시스템은 다음 시스템 기준을 충족해야 한다.

- **성능** : 시스템은 필요한 수준의 정확도를 충족시키고, 필요한 환경 범위에서 적절하게 수행하며, 비용 효율적이야 한다.
- **우회** : 시스템 우회에 대한 필수 임계치를 충족시켜야 한다. 이는 대응책을 사용할 수 있거나 지문 위조, 얼굴인식에서 사진을 사용하는 것이 용이한 무인 환경에서 특히 중요하다.
- **수용성** : 시스템은 일반적으로 사용자가 수용할 수 있어야 한다. 사용자에게 불쾌감을 주거나, 위협적이거나, 위생 문제를 제기하는 접촉이 필요하며, 기본적으로 비 직관적인 시스템은 일반인이 수용하지 않을 가능성이 높다.

생체 인식 응용 프로그램에서 사용되는 물리적 특성

여러 가지 유형의 물리적 특성이 사용 중이거나 사용자 인증을 위해 연구 중이다. 가장 보편적인 것은 다음과 같다.

- **안면 특성** : 안면 특성은 사람과 사람 식별에 있어 가장 일반적인 수단이다. 따라서 컴퓨터로 식별하는 것은 자연스러운 일이다. 가장 일반적인 방법은 눈, 눈썹, 코, 입술, 턱 모양과 같은 주요 얼굴 특징의 상대적 위치와 모양을 기반으로 특성을 정의하는 것이다. 또 다른 방법은 적외선 카메라를 사용하여 사람의 얼굴에 있는 기본 혈관 시스템과 관련된 안면 열 화상 이미지를 생성하는 것이다.

- **지문** : 지문은 수세기 동안 식별 수단으로 사용되어 왔으며 이 과정에서 법 집행 목적으로 체계화되고 자동화되었다. 지문은 손끝 피부의 요철이 있는 패턴이다. 지문은 전체 인구에 걸쳐 고유한 것으로 여겨진다. 실제로 자동화된 지문 인식 및 매칭 시스템은 전체 지문 패턴을 수치로 대신하여 지문에서 여러 가지 기능을 추출한다. 최근에는 인식 기술의 발전으로 자동화 지문 시스템의 정확도가 99%를 넘어 섰다[NSTC11].

- **손 형상** : 손 형상은 시스템은 손가락의 모양과 길이 및 너비를 포함하여 손 모양을 식별한다.

- **망막 패턴** : 망막 표면 아래 정맥이 가진 패턴은 독특하여 식별에 적합하다. 망막 생체 측정 시스템은 적외선 또는 저 강도 빔을 눈에 투사함으로써 망막 패턴의 디지털 이미지를 획득한다.

- **홍채** : 또 다른 독특한 신체적 특징은 홍채구조이다. 최근 몇 년 동안 이 분야에서 수집 장치와 인식 알고리즘에서 많은 연구가 진행되고 발전했다. 최신 카메라는 수집 실패율과 처리 시간이 훨씬 적으며, 일부는 멀리 떨어져 있고 움직이는 홍채 이미지를 수집할 수 있는 기능이 있다. 최근 연구[GRAH12]에서 눈의 나이에 따라 홍채 패턴이 변하기 때문에 오랜 기간이 경과한 후에 홍채 패턴을 다시 기록할 필요가 있다고 한다.

- **서명** : 각 개인은 독특한 필체 스타일을 가지고 있으며 일상적으로 서명이 사용된다. 그러나 한 사람의 여러 개의 서명 샘플은 완전히 동일하지 않다. 이는 이는 실제 서명과 컴퓨터에 저장된 데이터의 비교 작업을 복잡하게 만든다.

- **음성** : 개인의 독특한 서명 스타일은 서명한 사람의 고유한 물리적 속성뿐만 아니라 발달한 습관을 반영하는 반면 음성 패턴은 화자의 물리적 및 해부학적 특성과 더욱 밀접하게 관련되어 있다. 그렇다 할지라도 동일한 화자의 음성 샘플이 시간이 지남에 따라 달라지므로 생체 인식 작업은 복잡해진다.

그림 10.7은 이러한 생체 측정 값의 상대적 비용과 정확성을 대략적으로 보여준다. 정확성의 개념은 스마트 카드 또는 비밀번호를 사용하는 사용자 인증 체계에는 적용되지 않는다. 예를 들어 사용자가 비밀번호를 입력하면 해당 사용자에게 예상되는 비밀번호는 정확하게 일치 여부를 나타낸다. 생체 지표의 경우 시스템은 제시된 생체 특성과 저장된 특성이 얼마나 근접하게 일치하는지 판단해야 한다. 생체 인식 시

스템이 작동하는 방식에 대한 기본적인 지식이 필요하다.

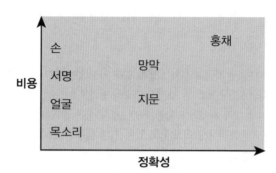

▲ 그림 10.7 사용자 인증 체계에서 다양한 생체 특성의 비용 대 정확성

생체 인증 시스템 운용

그림 10.8은 생체 인식 시스템의 동작 방식을 보여준다. 인증된 사용자의 데이터베이스에 포함될 각 개인의 정보가 먼저 시스템에 등록되어야 한다. 이는 사용자가 비밀번호를 지정하는 것과 유사하다. 생체 인식 시스템의 경우 사용자는 이름과 시스템에 비밀번호 또는 PIN을 입력한다. 동시에 시스템은 사용자의 생체 인식 특성(예 : 오른쪽 검지 손가락 지문)을 감지한다. 이 시스템은 입력을 디지털화 한 다음 이 고유한 생체 인식 특성을 나타내는 숫자 또는 숫자 집합으로 저장된 일련의 기능을 추출한다. 숫자 집합을 사용자의 템플릿이라고 한다. 이제 사용자는 시스템에 등록되고 이름(ID), PIN 또는 비밀번호, 생체 인식 값은 계속 유지되게 된다.

응용 프로그램에 따라 생체 인식 시스템의 사용자 인증에는 확인 또는 식별이 포함된다. 확인 비밀번호 또는 PIN과 결합된 메모리 카드 또는 스마트 카드를 사용하여 시스템에 로그인하는 것과 유사하다.

생체 인식을 위해 사용자는 PIN을 입력하고 생체 인식 센서를 사용한다. 시스템은 해당 특징을 추출하고 이를 해당 사용자의 저장된 템플릿 목록과 비교한다. 일치하는 항목이 있으면 시스템은 사용자를 인증한다.

식별 시스템의 경우 개인은 생체 인식 센서를 사용하지만 추가 정보는 제공하지 않는다. 그런 다음 제시된 템플릿과 저장된 템플릿 집합을 비교한다. 일치하는 항목이 있으면 사용자를 식별하며 그렇지 않으면 사용자는 거부된다.

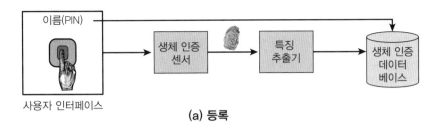

(a) 등록

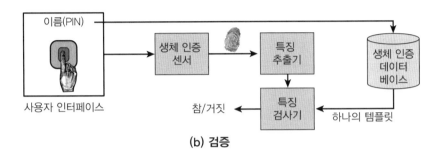

(b) 검증

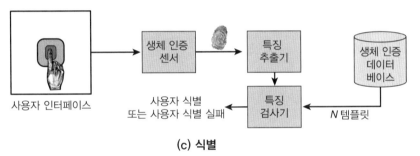

(c) 식별

▲ 그림 10.8 일반적인 생체 인식 체계

인식 정확도

모든 생체 인식 체계에서 개인의 일부 신체적 특징은 디지털 정보로 매칭된다. 개인 별로 하나의 디지털 표현이나 템플릿이 컴퓨터에 저장된다. 사용자가 인증되면 시스 템은 저장된 템플릿과 제시된 템플릿을 비교한다. 물리적 특성의 복잡성을 감안할 때 두 가지 템플릿이 정확하게 일치하는 것은 아니다. 오히려 시스템은 알고리즘을 사용하여 입력과 저장된 템플릿 유사성을 정량화하는 일치 점수(일반적으로 단일 숫자) 를 생성한다. 자세히 논의하기 전에 몇 가지 용어 정의를 살펴보자. 오인식율(FMR : False Match Rate)은 서로 다른 출처의 생체 인식 시료가 동일한 출처로 오인된 것으 로 잘못 판단하는 것이다. 불일치율(FNMR : False Nonmatch Rate)은 동일한 출처의 샘플을 다른 출처의 데이터로 잘못 평가하는 빈도이다.

그림 10.9는 시스템에서 제기된 딜레마를 보여준다. 단일 사용자가 시스템에서 여러 번 테스트되는 경우 점수는 계속 변화될 것이며, 확률 밀도 함수는 일반적으로 그림과 같이 종 모양의 곡선을 형성한다. 지문의 경우 센서 노이즈, 손가락이 붓거나 건조하여 지문 인식 오류, 손가락 배치 등으로 인해 결과가 달라질 수 있다. 평균적으로 모든 다른 사람들은 훨씬 낮은 일치 점수를 갖고 종형 확률 밀도 함수는 변경된다. 문제는 주어진 참고 템플릿과 비교하여 두 명의 개인, 실제 인증하는 사람과 속이려는 사람이 생성한 일치 점수의 범위가 겹칠 수 있다는 것이다. 그림 10.9에서 제시된 값이 s ≥ t이면 일치라고 판단되고 s 〈 t의 불일치라고 판단되는 임계 값이 선택된다. 오른쪽 음영 부분은 거짓 일치가 가능한 값의 범위를 나타낸다. 거짓 일치는 허용되어서는 안 되는 사용자 승인을 초래하고, 잘못된 일치는 정상 사용자에 대한 승인거부를 발생 시킨다. 음영 부분의 영역은 각각 가짜 일치 또는 일치하지 않을 확률을 나타낸다. 임계 값을 왼쪽 또는 오른쪽으로 이동하면 확률이 변경 될 수 있지만 FMR이 감소하면 FNMR이 증가하고 그 반대 경우도 마찬가지이다.

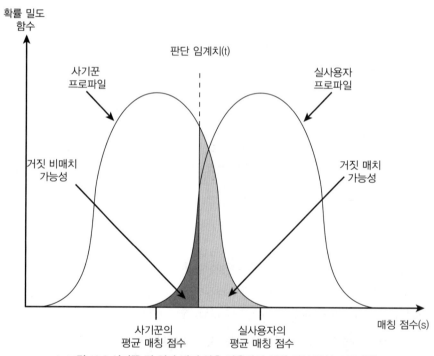

▲ 그림 10.9 사기꾼 및 허가 받지 않은 사용자의 생체 인식 특성 프로파일

주어진 생체 인식 체계의 경우 FMR대 FNMR을 표시하여 동작 특성 곡선을 얻는다. 그림 10.10은 서로 다른 두 시스템에 대한 이상적인 곡선을 보여준다. 임계 값을 곡선의 아래쪽과 왼쪽으로 이동시키면 사용자 인식은 더 잘 수행된다. 곡선의 점은 생

체 인식 테스트의 특정 임계 값에 해당한다. 곡선을 따라 임계 값을 보다 위쪽과 왼쪽으로 변경하면 보안이 강화되지만 편의성이 저하된다. 곤란한 점은 정상적인 사용자가 계속 접근 거부되고 추가 단계를 수행하게 된다는 것이다. 인식율이 동일한 지점에 해당하는 임계 값을 선택하는 방법은 임시 방편일 것이다. 고도의 보안을 요구하는 응용 프로그램은 매우 낮은 FMR을 요구할 수 있기 때문에 곡선의 왼쪽에서 더 먼 지점을 선택해야 한다. 포렌식 응용 프로그램의 경우 가능한 후보자를 찾아야 하기 때문에 낮은 FNMR 값을 요구한다.

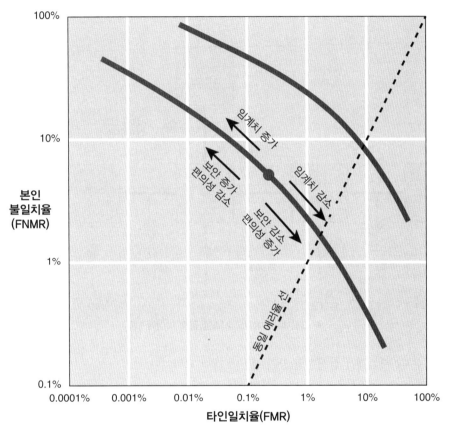

▲ 그림 10.10 이상적인 생체 측정을 운용하기 위한 특성 곡선(로그-로그 스케일)

생체 인증 위협

그림 10.8 (b)의 그림과 같이 전형적인 생체 인증 과정은 다음과 같은 과정을 따른다.

1. 생체 패턴 제시
2. 센서를 해 데이터 수집

3. 특징을 추출하기 위해 수집된 데이터 신호 처리

4. 스토리지에 저장된 수집된 데이터 비교를 통해 생체 특정 비교

5. 인증 판단 수행

공격면 : 시스템의 도 달 가능하고 악용 가 능한 취약성

라타(Ratha)와 그의 동료의 글 "생체 인식 기반 인증 시스템에서 보안 강화 및 개인 정보 강화" 및 NST의 인증 강도 측정에 기반한 그림 10.11은 공격자들이 잠재적으로 인증 결정을 방해하기 위해 인증 흐름을 방해할 수 있는 11개 공격 면을 보여준다. 11 개 요소는 모두 단일 장치(예 : 모바일 장치)에 포함되거나 여러 물리적 시스템에 분산 되어 있을 수 있다.

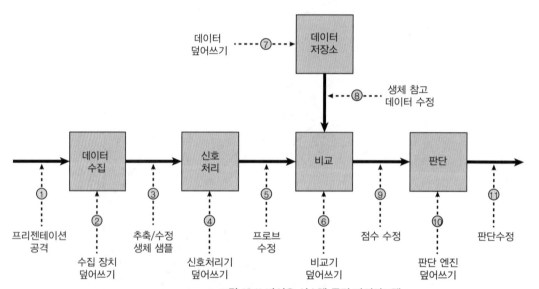

▲ 그림 10.11 바이오 시스템 공격 다이어그램

다음은 각 지점에서 잠재적인 공격 본질에 대한 요약이다.

① 공격자는 센서에 위조된 바이오 정보를 제시할 수 있다.

② 공격자는 데이터 수집 장치에서 하드웨어/소프트웨어를 변형할 수 있다.

③ 공격자가 이전에 저장된 디지털화된 생체 정보를 다시 제출하는 재생 공격이 가능하다.

④ 공격자는 신호 처리 장치의 하드웨어/소프트웨어를 변형할 수 있다. 예를 들어 트로이 목마 를 사용하여 특징 추출기를 공격해서 공격자에 의해 미리 선택한 특징을 생성할 수 있다.

⑤ 신호 처리기와 비교기가 물리적으로 분리되어 있는 경우 공격자가 통신 경로에 개입하여 추출된 기능을 다른 거짓 기능으로 대체할 수 있다.

⑥ 비교 알고리즘은 센서로부터의 입력 정보를 저장된 생체 인식 샘플과 비교한다. 비교기의 성능은 생체 인식 패턴일 얼마나 독특한지(즉 양식 본연의 특징과 고유한 개별 패턴의 수) 및 양식을 분석하는 공급 업체의 알고리즘 접근 방식에 달려 있다. 공격자는 알고리즘을 수 정하거나 방해할 수 있다.

⑦ 모든 공격자는 저장된 정보를 추출하거나 수정할 수 있다.

⑧ 공격자는 저장된 템플릿과 매칭 프로그램 사이의 채널을 공격할 수 있다. 이 경우 저장된 템플릿은 통신 채널을 통해 매칭 프로그램으로 전송된다. 이 채널을 통해 이동하는 데이터를 가로챌 수 있고 수정할 수 있다.

⑨ 비교 알고리즘의 결과는 2개의 생체 인식 샘플 : 사용자가 제시한 샘플과 템플릿 데이터베이스의 샘플. 비교 알고리즘과 의사 결정 엔진이 물리적으로 분리되어 있다면 일치 점수가 의사 결정 엔진에 전송되면 해당 채널은 모든 데이터 수정 가능성을 방지해야 해야 한다.

⑩ 공격자는 의사 결정 엔진에서 하드웨어/소프트웨어를 수정할 수 있다.

⑪ 공격자는 의사 결정 엔진에서 결정된 사항들을 가로채고 이를 변경할 수 있다.

이 취약점 중 많은 부분은 다른 인증 시스템에서 흔히 볼 수 있으며 이 책 전체에서 논의된 사이버 보안 통제는 다른 정보와 동일한 방식을 통해 생체 인식 시스템의 위험을 완화할 수 있다. 핵심 사이버 보안 통제가 제공하는 보호 범위를 벗어나는 2가지 주목할 만한 취약점은 다음과 같다.

- **프레젠테이션 공격 :** 핵심적인 사이버 보안 통제가 적용되지 않는 주요 취약성 소스를 프레젠테이션 공격이라고 한다. 이러한 유형의 공격은 생체 인식 기능을 모방하여 충분한 충실도를 얻으므로 유효한 시스템에 의한 검증으로 인식된다. 이 공격은 생체 인식 스푸핑으로 알려진 공격이다. 생체 인식 프레젠테이션을 모니터링할 운용자가 없는 통제되지 않은 환경에서는 위험이 더 커진다.

- **비교기 덮어 쓰기 :** 비교기의 동작을 수정하기 위해 악성코드를 사용하는 것 외에 공격자는 특정 비교 알고리즘을 활용할 수 있다. 알고리즘에서 발견된 결함은 생체 인식 스푸핑을 쉽게 만든다.

생체 인증을 위함 보안 통제 항목

생체 인식 인증을 위해 가장 중요한 보안 제어는 생체인식 성능 및 위조지문 공격 탐지기술(PAD : Presentation Attack Detection)이다. 이 절에서는 PAD에 대해 살펴본 다음 생체 인식 인증에 대한 일반 지침을 제공할 것이다.

프레젠테이션 공격 탐지

PAD는 생체 센서에서 스푸핑 시도에 직접적으로 대처하는 두 가지 유형의 방법인 인공물 탐지 및 생체 감지를 필요로 한다. 인공물 감지는 "센서의 인공 지능 샘플이 인공인가?"라는 질문에 대답을 준다. 예를 들어 음성 탐지기의 경우 센서로부터 입력된 데이터는 살아있는 사람으로부터의 목소리인가? 아니면 기계에 의해 합성된 것인가? 생체 감지 기능은 살아 있는 사람의 센서에서 수집된 샘플은 수집해야 하는가?라는 질문에 대한 답을 준다. 예를 들면 사용자의 손가락 지문은 사용자로부터 제시된 것인가? 아니면 인쇄된 지문인가?

PAD 오류율은 경험적 테스트를 통해 결정되어야 한다. PAD 테스트의 목표는 공격 잠재력 수준을 나타내는 일련의 자료를 테스트하고 해당 자료에 대해 발견된 최대 오류 비율을 결정하는 것이다. 공격 잠재력 레벨은 공격을 증가 시키기 위한 노력 수준을 나타낸다. 주어진 생체 인식 시스템의 경우 보안 담당자는 보안 통제를 개발하는 것이 어떤 잠재적인 수준인지 결정해야 한다. NIST 생체인증 입증자 – 공격 가능성과 권장된 보안에 대한 논의를 위한 의견 토론 초안을 참고하기 바란다.

NIST 지침

NIST SP 800-63B는 다음과 같은 이유로 인증을 위한 생체 인식의 제한된 사용을 지원한다.

- 생체 인식 비교는 확률론적이지만 다른 인증 요소는 결정적이다. 따라서 FMR은 생체 인식이 단독으로 사용될 때 가입자에 대한 신뢰를 제공하지 않는다.
- FMR은 생체 인증 스푸핑을 고려하지 않는다
- 생체 인식 템플릿 보호 체계는 다른 인증 요소(예 : PKI 인증서 및 암호)와 유사한 생체 인증 정보를 폐기하는 방법을 제공한다. 그러나 이러한 솔루션의 가용선은 제한적이며 이러한 방법을 테스트하기 위한 표준이 개발 중에 있다.
- 생체 인식 특성은 은밀한 것들로 구성되지 않는다. 온라인 또는 사전 지식 없이 카메라 폰으로 찍힌 사진, 누군가가 물건을 만진 후 남아 있는 지문, 고해상도 이미지(예 : 홍채 패턴) 등으로 획득할 수 있다. PAD 기술이 이러한 유형의 공격 위험을 완화하고 PAD가 조직의 보안 요구 사항에 따라 동작 하려면 센서 또는 생체 인식에 대한 추가 신뢰가 필요하다.

SP 800-63B는 다음과 같은 생체 인증 사용에 대한 지침을 포함하고 있다.

- 생체 인식은 하드웨어 토큰 인증자를 포함하는 다중 요인 체계의 일부로만 사용되어야 한다.
- 최소의 노력을 가진 사기꾼에 대한 생체 인식 시스템의 FMR은 1/1,000 이하여야 한다. 최소의 노력을 가진 사기꾼은 개인이 자신의 생체 인식 특성을 제출하는 것처럼 자신의 생체 인식 특성을 제출하지만 다른 사용자의 템플릿과 비교될 때 발생한다.
- 생체 인식 시스템은 PAD를 구현해야 하며 성공률이 90% 이상이어야 한다.

10.6 사용자 인증 위험 평가

3장 정보 위험 평가에 기술된 바와 같이 위험 평가는 위험 식별, 위험 분석, 위험 평가에 대한 전반적인 프로세스이다. 이 절에서는 사용자 인증과 관련된 위험 평가에 대해 살펴 볼 것이다.

인증자 보증 수준

NIST SP 800-63은 인증 보증 수준(AAL : Authentication Assurance Level)의 개념을 통해 인증 시스템의 위험을 특성화하는 유용한 방법을 제공한다. AAL이 높으면 공격자가 인증 프로세스를 깨뜨리기 위해 보다 많은 노력을 들여야 한다. NIST 800-63B에서는 인증 요소 관점에서 정의된 AAL에 해당하는 보안 제어 유형을 지정한다. 관리자는 보안 통제에 사용되는 다양한 수준의 자원에 대한 위험 수준을 평가하고 다양한 상황에서 인증에 대한 조직의 위험 요구 사항을 충족시키는데 필요한 통제 항목을 결정할 수 있다. AAL의 가장 낮은 수준에서 가장 높은 수준까지 다음과 같다.

- **AAL1** : 청구자가 가입자의 계정에 결속된 인증자를 제어하고 있음을 보증한다. AAL1은 다양한 인증 기술을 사용하여 단일 요소 또는 다중 요소 인증을 요구한다. 성공적인 인증은 청구자가 안전한 인증 프로토콜을 통해 인증의 소유 및 제어하고 있음을 증명해야 한다.
- **AAL2** : 청구자가 가입자의 계정에 결속된 인증자를 제어하고 있다는 것을 보다 높은 신뢰성으로 보증한다. 보안 인증 프로토콜을 통해 두 가지 별개의 인증 요소를 소유하고 제어할 수 있어야 한다. 승인된 암호 기술은 AAL2 및 AAL3에서 요구된다.
- **AAL3** : AAL3는 청구자가 가입자의 계정에 결속되어 있는 인증자를 제어하고 있다는 것을 매우 높은 신뢰성을 통해 보증한다. AAL3에서 인증은 암호 프로토콜을 통한 키 소유 증명을 기반으로 한다. AAL3 인증은 하드웨어 기반 암호화 인증자와 검증자의 거짓 신원 공격에 대한 방어가 가능한 인증자를 사용해야 한다. 단일 장비를 사용하여 두 가지 요구 사항을 만족시킬 수 있다. AAL3에서 인증을 받으려면 청구자가 안전한 인증 프로토콜을 통해 두 가지 별개 인증 요소를 소유하고 제어해야 함을 입증해야 한다. 승인된 암호화 기술이 요구된다.

AAL 선택

사용자 인증에 적합한 AAL을 결정하려면 책임자가 FIPS 199 연방 정보 및 정보 시스템의 보안 보류 표준(낮음, 보통, 높음)에 정의된 세 가지 위험 수준을 사용하여 조직에 미치는 영향을 추정해야 한다. SP 800-63은 6가지 범주의 피해를 정의하고 영향 수준을 다음과 같이 정의하고 있다.

- **지위 및 평판에 대한 불편, 고난, 피해의 잠재적 영향**
  - 낮음 : 제한된, 짧은 기간의 불편함, 곤란 또는 당황함
  - 보통 : 당사자의 지위나 평성에 대한 최악의 심각한 단기 또는 장기간의 불편함, 고통, 손상
  - 높음 : 심각함, 장기간의 불편함, 고통 또는 타인의 명성이나 평판에 대한 손상. 이는 보통 심각한 영향을 미치거나 많은 개인들에게 잠재적 영향을 미치게 되는 상황을 위해 예비 된다.

- **재정적 손실의 잠재적 영향**
  - 낮음 : 당사자에게 심각하지 않거나 사소한 재정적 손실
  - 보통 : 당사자에게 중대한 재정적 손실 또는 기관 재정에 대한 심각한 피해
  - 높음 : 모든 당사자에 대한 심각하거나 치명적인 재정적 피해 또는 기관 재정에 대한 심 각하거나 치명적인 피해

- **기관 프로그램이나 공공 이익에 대한 피해의 잠재적 영향**
  - 낮음 : 조직 운용 또는 자산, 또는 공공 이익에 대해 악영향을 미친다. 제한된 부작용 의 예는 조직이 자신 또는 공공 이익에 대해 현저하게 감소된 유효성 또는 작은 손상 을 줄 수 있는 주요 기능 수행할 수 있는 확장 및 기간에 대한 임무 기능 역량 저하 이다.
  - 보통 : 조직 운용 또는 자산, 또는 공공 이익에 심각한 악영향을 미친다. 제한된 부작 용의 예는 조직이 자신 또는 공공 이익에 대해 심각하게 감소된 유효성 또는 작은 손 상을 줄 수 있는 주요 기능 수행할 수 있는 확장 및 기간에 대한 임무 기능 역량 저하 이다.
  - 높음 : 조직의 운용 또는 자산, 또는 공공 이익에 대해 심각한 또는 치명적인 악영향을 미 친다. 제한된 부작용의 예는 조직이 자신 또는 공공 이익에 대해 치명적으로 감소된 유효 성 또는 작은 손상을 줄 수 있는 주요 기능 수행할 수 있는 확장 및 기간에 대한 임무 기 능 역량 저하이다

- **민감한 정보 무단 배포에 대한 잠재적 영향**
  - 낮음 : 제한된 개인 정보 유출. FIPS 199에 정의된 것과 같이 미국 정부가 민감하거나 상 업적으로 민감한 정보를 권한 없는 당사자들에게 제공하는 것은 기밀성을 상실에 대한 영향이 적다.
  - 보통 : 개인 정보 유출로 FIPS 199에 정의된 바와 같이 미국 정부가 민감하거나 상업적으 로 민감한 정보를 권한 없는 당사자들에게 제공하는 것은 기밀성 상실에 대한 영향이 중 간 정도이다.

- 높음 : 개인 정보 유출로 FIPS 199에 정의된 바와 같이 미국 정부가 민감하거나 상업적으로 민감한 정보를 권한 없는 당사자들에게 제공하는 것은 기밀성 상실에 대한 영향이 높다.

- **개인 안전에 대한 잠재적 영향**
  - 낮음 : 경미한 부상으로 치료를 필요로 하지 않는다.
  - 보통 : 가벼운 부상 위험 또는 중증 부상 위험이 있다.
  - 높음 : 심각한 부상 또는 사망 위험이 있다.

- **민사 또는 형사법상 위반의 잠재적 영향**
  - 낮음 : 일반적으로 법 집행으로 연결되지 않는 민사 또는 형사법 위반의 위험이 있다.
  - 보통 : 법 집행 대상이 될 수 있는 민사 또는 형사법상 위반의 위험이 있다.
  - 높음 : 중요한 법 집행 프로그램 대상 민사 또는 형사법 위반의 위험이 있다.

SP 800-63에서 채택된 표 10.4는 적용을 위한 각 피해 범주와 그에 해당하는 AAL의 최소 권장 사항을 보여 준다. 단순한 일대일 대응 관계를 갖지 않는 것에 주의하자. 예를 들면 개인 안전 위험이 적은 경우 AAL1보다는 AAL2를 사용하는 것이 좋다.

▼ **표 10.4 추정된 영향 수준에 의한 보증 수준**

영향 범주	영향 수준(FIPS 199)		
	낮음	보통	높음
지위 및 평판에 대한 불편, 고난, 피해의 잠재적 영향	AAL1	AAL2	AAL3
재정적 손실의 잠재적 영향	AAL1	AAL2	AAL3
기관 프로그램이나 공공 이익에 대한 피해의 잠재적 영향	AAL2	AAL2	AAL3
민감한 정보 무단 배포에 대한 잠재적 영향	AAL2	AAL2	AAL3
개인 안전에 대한 잠재적 영향	AAL2	AAL3	AAL3
민사 또는 형사법 위반의 잠재적 영향	AAL2	AAL2	AAL3

본질적으로 배정된 등급은 6가지 범주의 피해 중 최고 수준을 갖는 범주의 동일한 수준으로 결정된다. AAL1 수준의 경우 개인 정보 보호와 관련하여 추가 고려가 필요하다. 개인 정보에 접근할 수 있으려면 최소한 AAL2를 사용해야 한다. SL 800-63의 그림 10.12는 결정 프로세스를 보여 준다.

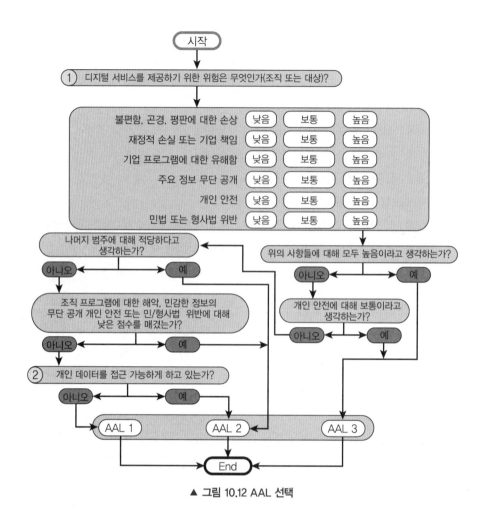

▲ 그림 10.12 AAL 선택

인증 방법 선택

SP 800-63B에서 단독 또는 조합하여 인증 방법을 구성하는데 사용할 수 있는 9가지 인증 유형을 정의한다.

- **기억된 자격 증명**: 비밀번호 또는 PIN
- **조회를 통한 자격 증명**: 청구자와 CSP간 공유되는 자격 정보를 저장하는 물리적 또는 전자 기록이다. 청구자는 인증자를 사용하여 검증자의 질문 요청에 응답하는데 필요한 적절한 암호를 찾는다. 이는 일회용 패드와 개념이 유사하다.
- **외부 채널 장치**: 고유한 주소를 통해 접근 가능하며 보조 채널이라고 하는 별도의 통신 채널을 통해 검증자와 안전하게 통신할 수 있는 물리적 장치이다. 장치는 청구자가 소유하고 제어하며 전자 인증을 위해 기본 채널과 별도로 2차 채널을 통한 통신을 지원한다.
- **단일 요소 OTP 장치**: 인증을 위한 유일한 요소로 일회용 암호가 사용된다. 10.4 절에 설명되어 있다.

일회용 패드: 키 길이가 메시지 길이와 같고 키의 각 요소가 메시지의 각 요소를 암호화/복호화하는네 사용되는 암호화 체계. 키는 무작위로 선택되어 단일 메시지에 대해 한 번만 사용된다. 키가 안전하다면 이 방법을 깨뜨리는 것은 불가능하다.

- **다중 요소 OTP 장치 :** 단일 요소 OTP 장치와 유사하지만 일회용 비밀번호를 얻기 위해 기억된 자격 증명이나 생체 정보를 사용해야 한다.
- **단일 요소 암호화 소프트웨어 :** 디스크 또는 다른 소프트 미디어에 저장된 암호화 키. 인증은 키에 대한 소유 및 제어를 증명함으로써 수행된다. 인증자 출력은 특정 암호화 프로토콜에 크게 의존하지만 일반적으로 공개 키 암호화를 사용하는 서명된 메시지 유형이다.
- **단일 요소 암호 장치 :** 보호된 암호 키를 사용하여 암호화 작업을 수행하고 사용자 엔드포인트에 직접 연결을 통해 인증자 출력을 제공하는 하드웨어 장치. 이 장치는 내장된 대칭 또는 비대칭 암호화 키를 사용하며 인증의 두 번째 요소를 통해 활성화할 필요가 없다. 인증은 인증 프로토콜을 통해 장치를 소유하고 있음을 입증하여 수행된다.
- **다중 인자 암호화 소프트웨어 :** 단일 요소 암호화 소프트웨어와 유사하지만 활성화할 수 있는 두 번째 인증 요소가 필요한 소프트웨어
- **다중 요소 암호화 장치 :** 단일 요소 암호화 장치와 유사하지만 활성화 할 두 번째 인증 요소가 필요한 장치

인증 수준이 결정되면 인증 방법 선택은 위의 인증자 유형 중 하나 또는 조합으로 구성된다. AAL1의 경우 9가지 유형 중 하나를 단독으로 사용할 수 있으므로 보안 수준이 높을 때보다 보안 수준이 낮다. AAL2의 경우 두 가지 주요 옵션이 있다. 첫 번째는 인증의 두 가지 요소를 결합한 하드웨어 또는 소프트웨어를 사용하는 것이다. 두 번째는 암호를 단일 요소 인증자 유형과 결합하는 것이다. AAL3의 경우 높은 신뢰성을 얻기 위해서 검증 프로토콜 엔티티의 거짓 신원에 대한 보안을 유지하는 인증 프로토콜과 함께 암호화 프로토콜을 통한 키 소유에 대한 증명을 포함해야 한다.

표 10.5는 3가지 보증 수준에 대한 옵션의 요약이다. 표 상단에 AAL1의 옵션과 AAL2의 두 가지 옵션이 나와 있다. 표 아래 부분은 AAL3에 대한 6가지 옵션을 보여 준다. 열의 단일 체크 표시는 해당 유형이 필수임을 나타낸다. 열의 여러 체크 표시는 정확히 유형 중 하나가 필요함을 나타낸다 AAL2의 경우 암기된 자격 유형에는 반드시 체크 표시가 표시된 유형 중 하나가 추가되어야 한다. AAL3의 옵션 2에서 6까지는 표시된 인증자(A)가 모두 필요하다.

▼ **표 10.5 인증자 유형에 따른 AAL**

(a) AAL1 및 AAL2 옵션

인증자 유형	AAL1	AAL2 (다중 요소 인증자 사용)	AAL2 (2개 단일 요인 인증자 사용)
기억된 자격 증명	✓		R
조회를 통한 자격 증명	✓		✓
외부 채널 장치	✓		✓

단일 요소 OTP 장치	✓		✓
다중 요소 OTP 장치	✓	✓	
단일 요소 암호화 소프트웨어	✓		✓
단일 요소 암호 장치	✓		✓
다중 인자 암호화 소프트웨어	✓	✓	
다중 요소 암호화 장치	✓	✓	

(b) AAL3 옵션

인증자 유형	AAL3 옵션1	AAL3 옵션2	AAL3 옵션3	AAL3 옵션4	AAL3 옵션5	AAL3 옵션6
기억된 자격 증명		A				A
조회를 통한 자격 증명						
외부 채널 장치						
단일 요소 OTP 장치					A	A
다중 요소 OTP 장치			A	A		
단일 요소 암호화 소프트웨어				A		A
단일 요소 암호 장치		A	A			
다중 인자 암호화 소프트웨어					A	
다중 요소 암호화 장치	✓					

- ✓ = 한 개의 인증자 선택
- R = 필수(표시된 인증자 추가)
- A = 열에서 표시된 인증자 모두

10.7 접근 제어

이 장에서는 접근 제의 주요 관점에 대해 살펴볼 것이다. 다음과 같은 용어에 대한 정의를 알아두면 유용할 것이다.

- **접근** : 정보를 처리를 위해 시스템 자원 사용 목적, 시스템이 포함하고 있는 정보에 대한 지식을 획득 목적, 시스템 구성 요소와 기능을 제어하기 위한 목적으로 시스템과 통신 또는 상호작용하기 위한 기능 및 수단.
- **접근 제어** : 정보 획득 및 수집을 위한 특정 요청 및 특정 물리적 시설에 출입하기 위한 정보 처리 서비스와 관련된 허용 또는 거부 프로세스.

- **접근 제어 메커니즘** : 정보 시스템에 대해 무단 접근 탐지 및 요청을 거부하며 인증된 접근에 대해 접근 허용하는 보안 보호 장치(즉, 하드웨어 및 소프트웨어 기능, 물리적 제어, 운영 절차, 관리 절차 및 이들의 다양한 조합)
- **접근 제어 서비스** : 시스템의 보안 정책에 의해 허가되지 않은 방식으로 시스템 자원 사용에 대해 시스템 엔티티를 보호하는 보안 서비스

주체, 객체, 접근 권한

접근 제어의 기본 요소는 주체, 객체, 접근 권한이다. 주체는 객체에 접근할 수 있는 엔티티이다. 일반적으로 주체의 개념은 프로세스의 개념과 동일하다. 모든 사용자 또는 응용 프로그램은 실제 해당 사용자 또는 응용 프로그램을 나타내는 프로세스를 통해 개체에 대한 접근 권한을 획득한다. 주체는 일반적으로 자신이 시작한 작업에 대해 책임을 지며, 감사 추적은 주체에 의해 수행된 보안 관련 작업과 주체의 연관성을 기록하는데 사용될 수 있다. 기본적인 접근 제어 시스템은 일반적으로 각 클래스에 대해 서로 다른 접근 권한을 가진 세 가지 주체 클래스를 정의한다.

- **소유자(Owner)** : 파일과 같은 자원의 생성자가 될 수 있다. 시스템 자원의 경우 소유권은 시스템 관리자에게 속할 수 있다. 프로젝트 자원의 경우 프로젝트 관리자 또는 리더에게 소유권을 할당 할 수 있다.
- **그룹(Group)** : 소유자에게 지정된 권한 외에도 그룹의 구성원이 이러한 접근 권한을 행사하기에 충분하도록 명명된 그룹 사용자에게 접근 권한을 부여할 수 있다. 대부분 체계에서 사용자는 여러 그룹에 속할 수 있다.
- **월드(World)** : 시스템에 접근할 수 있지만 자원의 소유자 및 그룹에 포함되지 않은 사용자에게 가장 적은 접근 권한이 부여된다.

객체는 접근 제어가 되는 자원이다. 일반적으로 객체란 정보를 포함하거나 수신하는 데 사용되는 엔티티이다. 예로 레코드, 블록, 페이지, 세그먼트, 파일, 파일의 일부, 디렉터리, 디렉터리 트리, 편지함, 메시지, 프로그램이 포함된다. 일부 접근 제어 시스템은 비트, 바이트, 단어, 프로세스, 통신 포트, 클럭 속도, 네트워크 노드를 포함한다. 접근 제어 시스템에 의해 보호되는 객체 수와 유형은 접근 제어가 동작하는 환경과 보안과 복잡성, 처리 부담, 및 사용 용이성 사이 절충점에 따라 달라진다. 접근 권한은 주체가 객체에 접근 할 수 있는 방법을 설명한다. 접근 권한에는 다음이 포함된다.

- **읽기** : 사용자는 시스템 자원 정보(예 : 파일, 파일의 선택된 레코드, 레코드 내 선택된 필드 또는 일부 조합)를 볼 수 있다. 읽기 접근에는 복사 또는 인쇄 기능이 포함된다.
- **쓰기** : 사용자가 시스템 자원(예 : 파일, 레코드, 프로그램)의 데이터를 추가, 수정, 삭제한다. 쓰기 접근에는 읽기 접근 권한이 포함된다.

- **실행 :** 사용자가 지정한 프로그램을 실행한다.
- **삭제 :** 파일이나 레코드 같은 특정 시스템 자원을 삭제한다.
- **생성 :** 사용자가 새 파일, 레코드 또는 필드를 생성한다.
- **검색 :** 사용자가 디렉터리의 파일을 나열하거나 디렉터리를 검색한다.

접근 제어 정책

접근 제어 정책은 어떤 유형의 접근이 허용되는지, 어떤 상황에서 누구에 의해 허용되는지 나타낸다. 접근 제어 정책은 일반적으로 다음과 같이 분류할 수 있다.

- **임의적 접근 제어(DAC : Discretionary Access Control) :** 요청자의 신원과 요청자가 수행할 수 있는(또는 허용되지 않은) 접근 규칙(권한 부여)을 기반으로 한 접근 제어. 통제는 특정 접근 권한이 있는 대상이 다른 대상에게 해당 권한을(간접적으로) 전달할 수 있다는 의미에서 임의적이라고 할 수 있다.
- **강제적 접근 제어(MAC : Mandatory Access Control) :** 보안등급(시스템 엔티티가 특정 자원에 접근할 자격이 있음을 나타냄)과 보안 레이블(민감하거나 중요한 시스템 자원이 어느 정도 중요한지 나타냄)을 비교하여 접근 제어를 수행한다. 이 정책은 자원에 접근할 수 있는 허가를 가진 객체가 자신의 의지에 의해 다른 객체가 그 자원에 접근하는 것을 가능하게 할 수 없기 때문에 강제적으로 요구된다.
- **역할 기반 접근 제어(RBAC : Role-based Access Control) :** 사용자 역할(즉, 주어진 역할의 명시적 또는 암시적 가정을 기반으로 사용자가 받는 접근 권한 모음)을 기반으로 한 접근 제어이다. 역할 권한은 역할 계층을 통해 상속될 수 있으며 일반적으로 조직 내에서 정의된 기능을 수행하는데 필요한 권한을 반영한다. 주어진 역할은 한 개인 또는 여러 개인에게 적용될 수 있다.
- **속성 기반 접근 제어(ABAC : Attribute-based Access Control) :** 주체, 객체, 대상, 초기화 프로그램, 자원 또는 환경과 관련된 소속에 기반한 접근 제어로 접근 제어 규칙은 접근이 발생하는 속성의 조합을 정의한다.

DAC는 접근 제어를 구현하는 전통적인 방법이다. MAC는 군사 정보 보안을 위한 요구 사항에서 진화한 개념이다. RBAC 및 ABAC 모두 점점 대중화되고 있다.

네 가지 정책은 상호 배타적인 것이 아니다. 접근 제어 메커니즘은 서로 다른 클래스의 시스템 자원을 다루기 위해 이러한 정책 중 두 가지 또는 세 가지를 모두 사용할 수 있다.

임의적 접근 제어

운영체제나 데이터베이스 관리 시스템에서 수행되는 DAC에 대한 일반적인 접근 방법은 접근 행렬을 사용하는 것이다. 행렬의 한 차원은 자원에 대한 데이터 접근을 시도할 수 있는 식별된 주체로 구성된다. 일반적으로 이 목록은 개별 사용자 또는 사용자 그룹으로 구성되지만 사용자 대신 또는 터미널, 네트워크 장비, 호스트, 응용 프로그램에 대한 접근 제어를 수행할 수 있다. 다른 차원은 접근 제어를 할 수 있는 객체를 나열한다. 가장 세부적인 수준에서 객체는 개별 데이터 필드가 될 수 있다. 레코드, 파일, 전체 데이터베이스와 같이 집계된 그룹화는 객체가 될 수 있다. 행렬의 각 항목은 특정 객체에 대한 특정 주체의 접근 권한을 나타낸다.

그림 10.13(a)는 접근 행렬의 간단한 예이다. 여기에 표시된 것과 같이 사용자 A는 파일 1과 3을 소유하고 해당 파일에 대한 읽기 및 쓰기 접근 권한을 가진다. 사용자 B에게는 파일 1에 대한 읽기 접근 권한이 있다.

실제로 접근 행렬은 일반적으로 산포되어 있으며 두 가지 방법 중 하나로 분해되어 구현된다. 그림 10.13(b)와 같이 행렬은 열 단위로 분해되어 접근 제어 목록(ACL : Access Control List)을 생성한다. 각 객체에 대해 ACL은 사용자 및 그들의 접근 권한을 나열한다. ACL은 기본 또는 공개 항목을 포함할 수 있다. 이를 통해 명시적으로 특수 권한이 없는 사용자는 기본 권한 집합만 소유할 수 있다. 기본 권한 집합은 항상 최소 권한 또는 읽기 전용 권한 중 적용될 수 있는 규칙을 따라야 한다. 목록의 요소에는 개별 사용자는 물론 사용자 그룹이 포함된다.

주체가 특정 자원에 대해 갖는 접근 권한을 결정할 때 ACL은 각 ACL이 주어진 자원에 대한 정보를 제공하기 때문에 편리하다. 그러나 이러한 데이터 구조는 특정 사용자가 사용할 수 있는 접근 권한을 결정하는데 있어 편리한 것은 아니다.

행 단위로 분해하면 기능 티켓이 생성된다(그림 10.13c). 권한 티켓은 특정 사용자에 대해 권한 부여된 객체 및 작업을 지정한다. 각 사용자는 다수의 티켓을 보유하고 있으며 대출하거나 다른 사람들에게 제공될 수 있다. 티켓은 시스템 주위로 분산될 수 있기 때문에 ACL보다 더 큰 보안 문제를 발생 시킬 수 있다. 티켓의 무결성은 보호되고 보장되어야 한다(일반적으로 운영체제에 의해). 특히 티켓은 위조가 불가능해야 한다. 이를 수행하는 한 가지 방법은 운영체제가 사용자를 대신하여 모든 티켓을 보유하도록 하는 것이다. 이 티켓은 사용자가 접근할 수 없는 메모리 영역에 보관해야 한다. 다른 대안은 기능에 위조 할 수 없는 토큰을 포함시키는 것이다. 이것은 임의의 큰 암호 또는 암호 메시지 인증 코드일 수 있다. 이 값은 접근 요청이 발생할 때마다 관련 자원에 의해 검증된다. 이 기능 티켓은 컨텐츠의 보안을 보장할 수 없는 분산 환경에서 사용하기 적합하다.

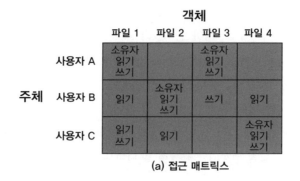

(a) 접근 매트릭스

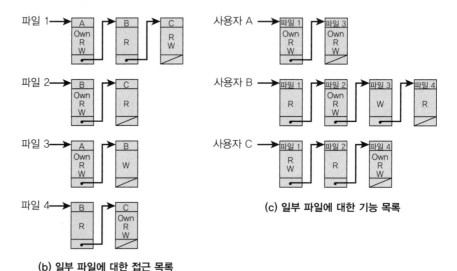

(b) 일부 파일에 대한 접근 목록

(c) 일부 파일에 대한 기능 목록

▲ 그림 10.13 접근 제어 구조 예

기능 티켓의 편리함과 불편함은 ACL 기능과 반대이다. 특정 사용자의 접근 권한 집합을 쉽게 결정할 수 있지만 특정 자원에 대한 특정 접근 권한을 가진 사용자 목록을 결정하는 것은 더욱 어렵다.

역할 기반 접근 제어

RBAC는 사용자의 신원보다는 시스템에서 가정하는 역할을 기반으로 한다. 일반적으로 RBAC 모델은 조직 내에서 직무 역할로 정의된다. RBAC 시스템은 개별 사용자 대신 역할에 대한 접근 권한을 할당한다. 사용자는 책임에 따라 정적 또는 동적으로 다른 역할에 할당된다.

역할에 대한 사용자의 관계는 자원 또는 시스템 객체에 대한 역할 관계와 마찬가지로 다대다 관계이다. 사용자 집합은 일부 환경에서 자주 변경되며 하나 이상의 역할에 사용자를 할당할 수 있으며 동적일 수 있다. 대부분의 환경에서 시스템의 역할 집합은 비교적 정적이며 가끔 추가되거나 삭제된다. 각 역할에는 하나 이상의 자원에 대한 특정 접근 권한이 있다. 특정 역할과 연관된 자원 세트 및 특정 접근 권한도 드물게 변경될 수 있다.

	R_1	R_2	$\cdots$	R_n
U_1	✖			
U_2	✖			
U_3		✖		✖
U_4				✖
U_5				✖
U_6				✖
$\vdots$				
U_m	✖			

객체

역할	R_1	R_2	R_n	F_1	F_1	P_1	P_2	D_1	D_2
R_1	통제	소유자	소유자 통제	읽기*	읽기 소유자	자각	자각	찾기	소유자
R_2		통제		쓰기*	실행			소유자	찾기*
$\vdots$									
R_n		통제			쓰기	중지			

▲ 그림 10.14 RBAC 접근 제어 매트릭스 표현

그림 10.14와 같이 접근 행렬을 통해 RBAC 시스템의 핵심 요소를 간단히 표시할 수 있다. 상위 행렬은 개별 사용자 역할과 관련된다. 각 행렬의 항목은 공백이거나 표시되어 있으며 표시된 경우 사용자가 이 역할에 할당되어 있음을 나타낸다. 한 명의 사

용자에게 여러 역할(한 행에 두 개 이상의 표시가 있음)이 지정 될 수 있고 여러 사용자가 단일 역할(열의 두 개 이상 표시)에 할당 될 수 있다. 하위 행렬은 DAC 행렬과 동일한 구조를 가지며 역할이 주어진다. 일반적으로 역할은 적지만 많은 객체나 자원이 있다. 이 행렬에서 항목은 역할이 갖는 특정 접근 권한이다. 역할을 객체로 취급하여 역할 계층 구조를 정의할 수 있다.

RBAC는 최소 권한 원칙을 효과적으로 구현할 수 있다. 각 역할에는 해당 역할에 필요한 최소한의 접근 권한 집합이 있어야 한다. 사용자는 해당 역할에 필요한 것만 수행할 수 있는 역할에 할당된다. 동일한 역할에 할당된 여러 사용자는 동일한 최소 접근 권한 집합을 사용한다.

속성 기반 접근 제어

ABAC 모델은 자원과 주체의 속성에 대해 권한 부여를 정의한다. 예를 들어 각 자원이 자원을 생성한 주체를 식별하는 속성을 갖는다고 가정하자. 단일 접근 규칙은 모든 자원의 작성자에 대한 소유권을 지정한다. ABAC 방식의 강점은 유연성과 표현력이다. 속성은 주체, 객체, 환경 조건 및 권한에 의해 사전 정의되고 미리 할당 요청된 작업의 특정 관점을 정의하는 특성이다. 속성에는 속성에 의해 표시되는 정보, 이름, 값(예 Class=HospitalRecordsAccess, Name=PatientInformationAccess, Value=MFBusinessHoursOnly)을 포함한다.

다음은 ABAC 모델의 세 가지 유형 속성이다.

- **주체 속성** : 주체는 객체간 정보가 흐르게 하거나 시스템 상태를 변경 시키는 활성 엔티티 (예 : 사용자, 응용 프로그램, 프로세스 또는 장치)이다. 각 주체에는 주체의 신원과 특성을 정의하는 연관된 속성이 있다. 이러한 속성에는 대상의 식별자, 이름, 조직, 직책 등이 포함된다. 주체의 역할은 속성으로 간주된다.

- **객체 속성** : 자원이라고 불리는 객체는 정보 시스템 관련 엔티티(예 : 디바이스, 파일, 레코드, 테이블, 프로세스, 프로그램, 네트워크, 도메인) 정보를 포함하거나 수신한다. 주체와 마찬가지로 객체에는 접근 제어 결정을 내리기 위해 활용할 수 있는 특성이 있다. 예를 들어 마이크로소프트 워드 문서에는 제목, 주제, 날짜 및 작성자와 같은 속성이 있다. 객체 속성은 종종 객체의 메타 데이터에서 추출된다. 특히 다양한 웹 서비스 메타 데이터 속성은 소유권, 서비스 분류법 또는 서비스 품질(QoS) 속성과 같은 접근 제어 목적과 관련이 있다.

- **환경 속성** : 환경 속성은 지금까지 대부분의 접근 제어에서 무시되어 왔다. 정보 접근이 이루어지는 운용, 기술 및 상황 별 환경 또는 맥락을 설명한다. 예를 들어 현재 날자 및 시간, 현재 바이러스/해커 활동 및 네트워크 보안 수준(예 : 인터넷 대 인트라넷)과 같은 속성은 특정 주제 또는 자원과 관련 없지만 접근 권한 정책을 적용하는데 있어 관련될 수 있다.

ABAC는 요청과 관련된 엔티티(주체 및 객체), 작업 및 환경의 특성에 대한 규칙을 평가하여 객체에 대한 접근 제어를 수행하기 때문에 구분할 수 있는 논리적 접근 제어 모델이다. ABAC는 주체의 속성, 객체의 속성, 주어진 환경에서 주체/객체 속성 조합으로 허용 가능한 연상을 정의하는 공식적인 관계 또는 접근 통제 규칙의 평가에 의존한다. 모든 ABAC 솔루션에는 속성을 평가하고 해당 속성간 규칙 또는 관계를 시행하는 기본 핵심 기능이 포함되어 있다. ABAC 시스템은 DAC, RBAC, MAC 개념을 적용할 수 있다. ABAC는 접근 제어 결정에 더 많은 수의 개별 입력을 허용하는 세분화된 접근 제어를 가능하게 하여 더 많은 규칙, 정책, 제한 집합을 반영하기 위해 이러한 변수의 가능한 조합을 제공한다. 따라서 ABAC는 모든 접근 제어 규칙을 충족시키기 위해 무제한의 속성을 결합할 수 있다. 또한 ABAC 시스템은 ABAC의 유연성을 최대한 활용하는 고급 표현 정책 모델을 통해 기본 접근 제어 목록에서 다양한 요구 사항을 충족하도록 구현 할 수 있다.

그림 10.15는 ABAC 시스템의 필수 구성 요소의 논리적 구조이다.

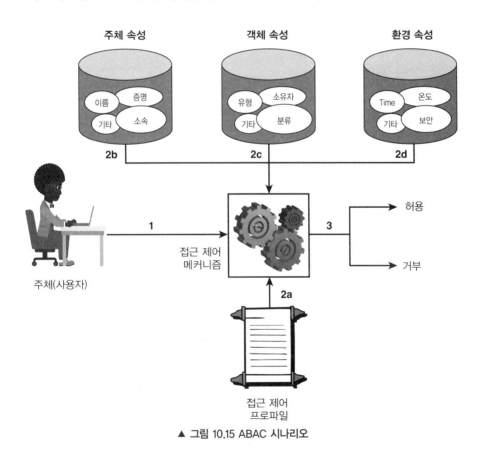

▲ 그림 10.15 ABAC 시나리오

주체에 의한 객체 접근은 다음과 같은 단계로 진행된다.

1. 주체가 객체에 대한 접근을 요청한다. 요청은 접근 제어 메커니즘을 통해 전달된다.
2. 접근 제어 메커니즘은 사전 구성된 접근 제어 정책에 의해 정의된 규칙 집합(2a)을 따라 제어된다. 이러한 규칙에 따른 접근 제어 메커니즘 권한(2b), 객체(2c), 현재 환경 조건(2d)의 속성을 평가하여 권한을 결정한다.
3. 접근 제어 메커니즘은 접근 권한이 부여된 경우 객체에 대한 접근 권한을 부여하고 권한이 부여되지 않은 경우 접근을 거부한다.

논리적 구조에서 볼 때 접근 제어 결정에 사용되는 네 가지 독립적인 정보 원천이 있다. 시스템 설계자는 주체, 객체, 환경 조건과 관련하여 접근 제어에 중요한 속성을 결정한다. 그럼 다음 시스템 설계자 또는 기타 권한은 주체, 객체, 환경 조건의 원하는 속성 조합에 대한 규칙 형태의 접근 제어 정책을 정의한다. 이 접근 방법은 매우 강력하면서도 유연하다. 그러나 설계 및 구현 복잡성과 성능 영향 측면에서 비용은 다른 접근 방법의 비용을 초과할 수 있다. 절충점을 시스템 관리 위원회가 결정해야 될 것이다.

속성 메타 데이터

속성과 속성 값을 특성화하는 방법을 표준화하는 것은 매우 유용할 것이다. 표준화를 통해 얻는 이점은 다음과 같다.

- 속성과 그 값들이 어떻게 획득되고, 결정되고, 검증되었는지 이해를 할 수 있다.
- 보호된 시스템 또는 데이터 도메인에 대한 외부 주체의 적절한 권한 결정에 대해 확고한 확신을 가질 수 있다.
- 보다 세분화된 접근 제어 정책 개발이 가능하다.
- 보다 효과적인 권한 결정이 가능하다.
- 14장에서 설명할 연합 ID와 같이 여러 조직에서 속성 사용을 촉진한다.

NISTIR 8112 속성 메타 데이터는 표준화된 방법을 제공한다. 이 문서는 속성 메타 데이터와 속성 값 메타 데이터 모두에 대한 메타 데이터 정의를 포함한다. 속성 메타 데이터는 특정 속성 값이 아닌 자체에 대한 것이다. 예를 들어 메타 데이터는 속성이 전송되는 형식을 나타낼 수 있다(예 : 높이는 항상 인치로 기록). 이러한 체계는 속성 공유 계약(신뢰 시간)을 체결할 때 선택할 수 있는 메타 데이터 세트와 그 포함 근거를 제시한다.

메타 데이터 항목은 다음과 같다.

- **설명** : 속성에 대한 유용한 설명
- **허용되는 값** : 속성에 지정 가능한 값 정의
- **형식** : 속성이 표현되는 정의된 형식
- **검증 빈도** : 속성 공급자가 속성을 다시 확인하는 빈도

속성 값 메타 데이터는 속성의 지정될 값에 초점을 맞춘 요소로 구성된다. 위에서 언급한 것과 같은 동일한 맥락에서 예를 들면 속성 값은 실제 높이다. 높이에 가능한 속성 값 메타 데이터는 높이를 측정한 조직의 이름이 될 수 있다. NISTIR 8112 체계는 속성 값 메타 데이터 집합, 해당 메타 데이터 필드에 제안된 값, 그것들의 포함에 대한 이론적 근거를 제공한다. 메타 데이터는 다음과 같은 범주로 분류된다.

- **출처** : 속성 값의 출처를 가능하는 정보와 관련되거나 소유한 메타 데이터
- **정확도** : 속성 값이 정확하고 특정 주체에 속하는지를 판단하는 것과 관련되거나 소유한 메타 데이터
- **시간 흐름** : 주어진 속성 값의 "시선도"를 결정하거나 관련 있는 메타 데이터
- **개인정보 보호** : 주어진 속성 값이 개인 정보와 관련되거나 소유한 메타 데이터
- **분류** : 주어진 속성 값의 보안 분류와 관련되거나 소유한 메타 데이터

표 10.6에서는 개별 메타 데이터 항목에 대한 상세한 설명을 제공한다.

▼ **표 10.6 속성 값 메타데이터**

메타데이터 요소		설명	권장 값
출처	기원	초기 속성 값을 발행하거나 생성하는 엔티티의 이름	• 기원 이름 • 없음
	공급자	속성을 제공하는 엔티티의 법적 이름	• 제공자의 이름 • 없음
	내력	값의 신뢰할 수 있는 출처에 대한 속성 값의 관계에 대한 설명	• 권위 있는 • 출처 • 자기 주장 • 파생
정확성	검정기	특성 값을 검증한 엔티티	• 기원 • 제공자 • 검증되지 않음
	검증 방법	속성 값이 참인 것으로 확인되고 특정 개인에 속한 방법	• 문서 검증 • 기록 검증 • 기록과 함께 문서 검증 • 소유 증명 • 확인되지 않음

시간 흐름	최종 업데이트	속성이 마지막으로 업데이트된 날짜와 시간	제한 없음
	만료 일자	속성 값이 더 이상 유효하지 않은 것으로 간주되는 날짜	제한 없음
	최신 검증	속성 값이 사실로 확인되고 특정 개인에게 속한 날짜와 시간	제한 없음
개인 정보 보호	개인 동의	사용자가 속성 값 제공에 대한 명시적 동의 여부를 수집	• 예 • 아니오 • 알 수 없음
	동의 일자	속성 값 공개에 대한 명시적인 동의가 수집된 날짜	제한 없음
	허용되는 사용	속성을 수신하는 엔티티에 대해 허용된 사용자	• 권한 있음 • 2차 사용 • 추가 공개 제한
	저장 시간	속성 값이 저장 될 수 있는 시간의 길이	제한 없음
	데이터 삭제 일자	특정 속성이 기록에서 삭제되어야 하는 날짜	제한 없음
분류	분류	속성의 보안 분류 수준	기업에서 지정
	이형성	속성 값이 공개될 수 있는 사용자에 대한 제한 사항	기업에서 지정

ABAC 관련 정보

NIST는 ABAC에 상당한 관심을 기울여 왔다. 다음 문서들은 ABAC를 구현하고자 하는 기업에 유용할 것이다.

- **SP 800-162 ABAC에 대한 정의 및 고려 사항** : ABAC에 대한 유익한 소개와 ABAC를 사용하여 조직 내부와 조직 사이 정보 공유를 향상 시키면서 해당 정보를 제어 할 수 있는 지침

- **SP 800-178 데이터 서비스 응용 프로그램에 대한 ABAC 표준 비고** : 확장 가능한 접근 제어 마크업 언어(XACML : Extensible Access Control Markup Language)과 차세대 접근 제어(NGAC : Next Generation Access Control) 두 가지 ABAC 표준에 대해 설명한다. 문서는 다섯 가지 기준으로 비교를 수행한다. 문서의 목표는 ABAC 사용자와 공급 업체가 향후 데이터 서비스 정책 집행 요구 사항을 해결할 때 정보에 근거한 결정을 내릴 수 있도록 하는 것이다.

- **SP 1800-3 속성 기반 접근 제어** : ABAC 적용에 관심이 있는 기업을 지원하기 위한 이 발행물은 고급 접근 제어 시스템 개발과 관련된 예시들을 다루고 있다. ABAC 솔루션은 네트워크 자원에 대한 접근을 보다 안전하고 효율적으로 관리하며 기존 접근 제어 관리보다 세밀하게 관리한다. 개별 속성을 기반으로 각 사용자에 대해 동일한 정보 시스템에 대한 적절한 사용 권한과 제한 사항 허용하고 큰 관리 부담 없이 단일 플랫폼에서 여러 시스템에 대한 사용 권한을 허용한다. 이 접근 방법은 기존 인프라에서 기업의 현재 제품과 함께 포함된 상

업적 사용이 가능한 제품을 활용한다. 예제 솔루션은 실 세계에서 표준 기반의 사이버 보안 기술을 구현하는 방법을 보여주는 "how-to" 지침으로 구성되어 있다. 이는 접근 결정 맥락을 통해 위험을 완화하기 위한 조직 연구 및 개념 증명 비용을 절약한다.

- **NISTIR 8112 속성 메타 데이터 :** 주체의 속성에 대한 정보를 전달하기 위한 속성 메타 데이터 및 속성 값 메타 데이터에 대한 구조를 설명한다.

접근 제어 지표

기업이 사용하는 접근 제어 체계와 상관없이 접근 제어 시스템과 관련된 복잡성은 상당하며 조직은 이에 대한 효율성을 평가해야 한다. NISTIR 7874 접근 제어 시스템 평가 지표에 대한 지침에는 접근 제어 평가에 사용 되는 지표들을 4가지 범주로 나누고 있다.

- 관리 : 일반적으로 접근 제어 시스템의 관리 비용, 효율성, 성능에 영향을 주는 속성
- 강화 : 접근 제어 시스템이 내장된 접근 제어 모델과 규칙을 강화하기 위해 사용하는 메커니즘 또는 알고리즘 속성. 이러한 속성은 접근 제어 판단의 효율성에 영향을 준다.
- 성능 : 접근 제어 시스템 프로세스 실행 이외에 성능에 영향을 주는 속성
- 지원 : 필수는 아니지만 접근 제어 시스템의 유용성과 이식성을 높이는 속성

▼ 표 10. 7 접근 제어 시스템 평가 지표

관리 속성	강화 속성
・감사 ・권한/기능 검색 ・용이한 권한 할당 ・접근 제어 규칙 지정을 위한 구문 및 의미 지원 ・정책 관리 ・관리 기능 위임 ・기존 시스템으로의 구성 유연성 ・제어의 수평 범위(플랫폼 및 응용 프로그램 전반) ・제어의 수직 범위(응용 프로그램, DBMS, OS)	・정책 조합, 구성 및 제약 ・우회로 ・최소 권한 원칙 지원 ・의무 분리(SoD) ・안전(제한 및 제약) ・충돌 해결 또는 예방 ・운용/상황 인식 ・제어 세분화 ・프레젠테이션(정책/모델) 속성 ・접근 정책 구현 및 진화에 적용 가능
지원 속성	**성능 속성**
・정책 가져오기 및 내보내기 ・OS 호환성 ・정책 소스 관리 ・사용자 인터페이스 및 API ・검증 및 준수 기능 지원	・응답 시간 ・정책 저장소 및 검색 ・정책 배포 ・인증 기능과 통합

각 지표에 대해 NISTIR 7874는 평가에 사용 되는 여러 가지 질문을 제시한다. 예를 들어 감사 지표에는 다음과 같은 질문이 포함된다.

- 접근 제어 시스템이 시스템 오류를 기록하는가? 오류의 원천에 대한 로그는 접근 제어 시스템이 권한 부여 결정에 실패 했을 때 기록된다.
- 접근 제어 시스템 로그가 접근 요청을 거부 했는가? 정책 위반 시도에 대한 로그는 접근 제어 정책과 관련하여 거부된 사용자 요청을 기록한다.
- 접근 제어 시스템 로그에 접근 요청이 부여되어 있는가? 접근 추적을 위한 로그는 주체의 허용된 기능을 기록한다. 객체의 이름은 수정될 수 있고, 복제되며, 제거 가능하기 때문에 특권 기록만을 통해 접근의 전파 및 유지에 대한 추적이 어렵거나 불가능하다.
- 접근 제어 시스템이 조직에서 요구하는 추가 로그 기능을 제공하는가? 로그 데이터 관리를 위한 감사 정보 제공 기능(예 : 감사 로그의 최대 크기 설정)에 대해 사용자 정의가 가능하다.

속성 선택을 고려할 때 모든 접근 제어 메커니즘과 관련된 절충 및 제한이 있으므로 특정 비즈니스 기능 및 요구 사항에 접합한 최적의 접근 제어 지표를 결정하는 것은 조직의 책임이다. 적절한 지표 선택은 관리 비용을 고려할 뿐 아니라 사용된 메커니즘의 유연성도 관련된다.

10.8 고객 접근

고객 접근이란 개인(예 : 구매자가 웹 사이트에 상품을 주문한 경우, 온라인 뱅킹 사용자 또는 회사를 대신하여 접근 권한을 얻은 조직의 대표자)이 비즈니스 응용 프로그램에 접근하는 것을 말한다. 고객 접근은 직원을 위한 시스템 접근과 관련된 문제 외에도 추가 고려 사항과 보안 문제를 제시한다. 예를 들어 일반적인 규칙으로 고객은 일반직원들에게 제공되는 보안 정책의 사용 및 시행에 대한 보안 인식 교육이나 훈련을 받지 못한다.

이 절에서는 이러한 고려 사항을 고객 접근 약정, 고객 계약, 고객 연결 및 고객 데이터 보호 4가지 주제로 구성되어 있다.

고객 접근 약정

많은 보안 통제 항목들은 직원들이 비즈니스 응용 프로그램 접근을 위해 구현되었으며 고객에게도 동일하다. 그러나 관리자는 각 개별 사례가 조직의 비즈니스 응용 프로그램에 대한 고객 접근의 모든 측면에서 보안 요구 사항을 충족시키는지 확인하기 위해 통제 항목들의 적용 여부를 판단해야 한다. 특정 응용 프로그램 및 정보 자원에 대한 접근을 고객에게 제공하기 전에 위험 평가를 수행하고 필요한 통제 항목을 식별해야 한다. 조직 내 개인 또는 그룹은 각 고객 접근 약정을 승인하는 책임이 주어진다. 또한 각 고객은 고객에 대한 접근 권한을 가지고 있는 응용 프로그램 소유자에 의해 유일하게 식별되고 승인되어야 한다.

적절하다면 고객 접근과 관련된 위협 및 접근이 손상된 접근에서 발생 가능한 결과에 대한 인식 훈련 및 관련 교육을 제공한다. 조직 내 다양한 이해 관계자와 협의하여 고객 만족 과 편의 제공 및 보안 요구 사항 충족 사이의 절충안을 고려해야 한다.

고객 계약

5장에서 인적 관리에서 기술된 바와 같이 고객은 직원과 관련된 법적 의무 및 계약 상의 의무를 자동으로 가지고 있지 않기 때문에 조직과 고객 사이에 보안 약정과 관련된 기본적인 합의가 필수적이다. 계약의 주요 특징은 다음과 같다.

- 정보 보안 전문가에 의한 평가
- 임원의 동의
- 정기적 검토(예 : 매년)
- 적절한 비즈니스 기능(예 : 조달 또는 법무 부서)

고객 연결

현장에서 제공되거나 보다 일반적으로 인터넷 또는 사설 네트워크를 통한 원격 접근이든 고객 접근은 이 장의 앞에서 다른 것과 같은 기술적 통제 항목 유형과 동일하게 적용해야 한다. 첫 번째로 10.1절에 정의된 프로세스로 각 고객에서 권한을 부여하며 여기에는 조직 내 응용 프로그램, 정보, 기타 자원에 대한 접근 권한을 정의하는 것을 포함한다. 그런 다음 응용 프로그램 또는 기타 자원에 대한 사용자 접근과 마찬가지로 인증 보증 수준을 결정하고 적절한 인증 절차를 선택한다.

고객 데이터 보호

조직이 고객 접근과 관련된 데이터 보안 침해로부터 자신을 보호하기 위한 조치를 구현해야 하는 것과 마찬가지로 조직은 고객 계정 기록에 나타나는 일반적인 정보와 같이 고객에 관한 데이터를 위한 합법적 윤리적으로 보호하는 것이 요구된다. 고객 계정 기록은 고객에 대한 가장 기본적인 정보 단위이다. 이름, 주문 데이터, 청구 정보, 상호 작용 정보, 신용 정보와 같은 표준 데이터를 포함하여 고객에 관한 중요한 데이터를 포함한다. 오늘날 회사는 소셜 미디어, 포럼이나 블로그 게시물 데이터 및 트위터, 링크드 인, 페이스북과 같은 소셜 미디어 플랫폼의 프로필 정보와 같은 새로운 형식의 데이터로 고객 기록 정보를 보완 할 수 있다. 고객에 대한 정보를 수집하고 유지 관리하는데 집중적이고 더 광범위한 접근 방식이 사용 여부에 관계 없이 정보를 보호하기 위한 계획이 필요하다. 여기에는 기밀성, 무결성, 가용성, 개인 정보 보호를 위한 보안 통제가 포함된다.

10.9 시스템 접근 모범 사례

SGP는 시스템 접근 범주에 대해 2개 영역과 10개의 주제로 분류하고 각 주제에 대한 자세한 점검 항목을 제공한다. 영역과 주제는 다음과 같다.

- **접근 관리 :** 이 영역의 목적은 비즈니스 응용 프로그램, 모바일 장치, 시스템 및 네트워크에 대한 접근을 특정 비즈니스 목적으로 권한이 부여된 개인에게만 제한하고 접근 권한을 부여 받도록 요구하는 것이다. 역할, 권한 제어 메커니즘(예 : 암호, 토큰 또는 생체 인식)을 통해 인증되며 승인된 접근 수준이 제공되기 전에 엄격한 로그인 절차가 적용되어야 한다.
  - 접근 제어 : 접근 제어 방법에 대한 고려 사항, 개인 역할 또는 신원에 기반한 제한 사항, 제어 유형을 포함하여 접근 제어 정책에 포함 되어야 할 요소를 제시한다.
  - 사용자 권한 부여 : 개인이 자원에 접근할 수 있는 권한을 부여하기 위해 공식 프로세스가 적용되고 문서화되는 것을 나타낸다.
  - 접근 제어 메커니즘 : 위험 평가 수행, 접근 제어 요구 사항 결정, 접근 제어 메커니즘 평가 및 선택에 대한 필요성을 기술한다.
  - 접근 제어 메커니즘 – 비밀번호 : 비밀번호 생성, 사용 및 관리에 대한 정책을 설명한다.
  - 접근 제어 메커니즘 – 토큰 : 토큰 사용에 대한 정책을 설명한다.
  - 접근 제어 메커니즘 – 생체 인식 : 생체 인식 사용 정책을 설명한다.
  - 사인온 프로세스 : 사인온 프로세스에 대한 정책을 정의한다.
- **고객 접근 :** 이 영역의 목적은 정보 보안 요구 사항을 확인하고 합의되고 승인된 계약에 의해 지원되는 보안 조치를 구현하기 위해 정보 위험 평가를 수행하고 고객 접근 제어를 제공하는 비즈니스 응용 프로그램을 보호하는 것이다.
  - 고객 접근 약정 : 이 항목에서는 개인(예 : 구매 자가 웹 사이트에 상품을 주문한 경우, 온라인 뱅킹 사용자 또는 회사를 대신하여 접근 권한을 얻은 조직의 대표자)이 비즈니스 응용 프로그램에 접근하는 방법을 중점적으로 설명한다.
  - 고객 계약 : 고객이 조직의 정보, 비즈니스 응용 프로그램 및 시스템을 보호하고 조직의 보안 의무가 충족되도록 합법적 계약으로 결속되어 있음을 보장하기 위해 고객 계약의

권장 내용에 대한 세부 정보를 제공한다.

- 고객 연결 : 조직 또는 고객과 관련된 민감하거나 중요한 정보를 보호하기 위한 정책 및
절차에 대해 설명한다.

10.10 참고 문헌

- **BONN12** : Bonneau, J., "The Science of Guessing : Analyzing an Anonymized Corpus of 70 Million Passwords." IEEE Symposium on Security and Privacy, 2012.

- **BURN15** : Burnett, M. "Today I Am Releasing Ten Million Passwords." February 9, 2015. https ://xato.net/today-i-am-releasing-ten-million-passwordsb6278bbe7495

- **GRAH12** : Graham-Rowe, D., "Ageing Eyes Hinder Biometric Scans." Nature, May 2, 2012.

- **GOOD12** : Goodin, D., "Why Passwords Have Never Been Weaker—and Crackers Have Never Been Stronger." Ars Technica, August 20, 2012.

- **HABI17** : Habib, H., et al., "Password Creation in the Presence of Blacklists." 2017 Workshop on Usable Security, 2017.

- **HERL12** : Herley, C., & Oorschot, P., "A Research Agenda Acknowledging the Persistence of Passwords." IEEE Security&Privacy, January/February 2012.

- **KELL12** : Kelley, P., et al., "Guess Again (and Again and Again) : Measuring Password Strength by Simulating Password-Cracking Algorithms." IEEE Symposium on Security and Privacy, 2012

- **KOMA11** : Komanduri, S., "Of Passwords and People : Measuring the Effect of Password-Composition Policies." CHI Conference on Human Factors in Computing Systems, 2011.

- **MAZU13** : Mazurek, M., et al., "Measuring Password Guessability for an Entire University." Proceedings of the 2013 ACM SIGSAC Conference on Computer & Communications Security, November 2013.

- **NIST15** : NIST, Measuring Strength of Authentication. December 16, 2015. https ://www.nist.gov/sites/default/files/nstic-strength-authenticationdiscussion-draft.pdf

- **NIST17** : NIST, Strength of Function for Authenticators—Biometrics (SOFA-B) : Discussion Draft Open for Comments. November 14, 2017. https ://pages.nist.gov/SOFA/SOFA.html

- **NSTC11** : National Science and Technology Council, The National Biometrics

Challenge. September 2011.

- **OECH03** : Oechslin, P., "Making a Faster Cryptanalytic Time—Memory Trade—Off." Proceedings, Crypto 03, 2003.

- **OPEN15** : Openwall.com, John the Ripper Password Cracker. http ://www.openwall. com/john/doc/

- **POLL12** : Poller, A., et al., "Electronic Identity Cards for User Authentication—Promise and Practice." IEEE Security & Privacy, January/February 2012.

- **RATH01** : Ratha, N., Connell, J., & Bolle, R., "Enhancing Security and Privacy in Biometrics—Based Authentication Systems." IBM Systems Journal, Vol 30, No 3, 2001.

- **TIMM10** : Timmer, J., "32 Million Passwords Show Most Users Careless About Security." Ars Technica, January 21, 2010.

- **WAGN00** : Wagner, D., & Goldberg, I., "Proofs of Security for the UNIX Password Hashing Algorithm." Proceedings, ASIACRYPT '00, 2000.

- **WEIR09** : Weir, M., et al., "Password Cracking Using Probabilistic Context—Free Grammars." IEEE Symposium on Security and Privacy, 2009.

- **WEIR10** : Weir, M., et al., "Testing Metrics for Password Creation Policies by Attacking Large Sets of Revealed Passwords." Proceedings of the 17th ACM Conference on Computer and Communications Security, 2010.

- **ZHAN10** : Zhang, Y., Monrose, F., & Reiter, M., "The Security of Modern Password Expiration : An Algorithmic Framework and Empirical Analysis." ACM Conference on Computer and Communications Security, 2010.

chapter 11

시스템 관리

이 장의 학습 목표는 다음과 같다.

- 서버 보안에서 주요 위협을 간략히 설명할 수 있다.

- Type 1 하이퍼바어저, Type 2 하이퍼바이저, 컨테이너를 구분할 수 있다.

- 망 부착 저장 장치(NAS)와 스토리지 전용 네트워크(SAN)를 구분한다.

- 네트워크 저장 시스템에 대한 보안 고려 사항들을 설명할 수 있다.

- 서비스 수준 규약의 활용을 이해한다.

- 성능 및 용량 관리에 대한 주요 개념을 이해한다.

- 백업 정책에 대한 개요를 제시한다.

- 변경 관리와 관련된 개념을 이해한다.

- 시스템 관리 모범 사례를 제시할 수 있다.

일반적으로 정보 기술 영역에 적용된 시스템 관리는 전사적 IT 시스템 관리이며 조직의 CIO에 의해 통제된다. 정보 보안 포럼(ISF)의 정보 보안 모범 사례(SGP) 표준에서는 시스템 관리에 대한 원칙을 시스템 구성과 시스템 유지 관리의 두 가지 영역으로 구분한다(그림 11참조). 각 영역은 네 가지 주제로 다시 세분화된다. 첫 번째인 컴퓨터 및 네트워크 설치는 12장 "네트워크와 통신"에서 다룰 예정이며 나머지 주제들은 이 장에서 설명할 것이다.

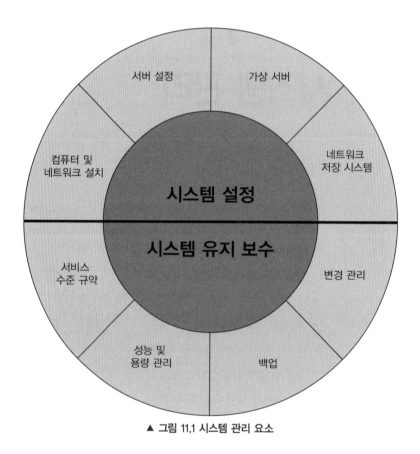

▲ 그림 11.1 시스템 관리 요소

보안과 관련된 시스템 구성의 목표는 현재 직면하고 보호된 워크로드에 대체할 수 있는 구성 정책을 개발하고 강화하는 것이며 오작동, 사이버 공격, 무단 공개 및 손실 등으로부터 시스템 및 시스템이 처리하고 저장하는 정보를 보호하는 것이다. 11.1절부터 11.3절까지 이러한 내용에 대해 살펴볼 것이다.

시스템 유지 보수의 목적은 필수 정보 및 소프트웨어 백업을 수행하고 강력한 변경 관리 프로세스를 적용하며 서비스 수준 협약에 따라 성능을 모니터링하여 시스템 보안 관리에 대한 지침을 제공하는 것이다.

11.1 서버 설정

서버는 모든 기업 IT 시설의 핵심이다. 서버는 공유 애플리케이션, 공유 데이터, 기타 공유 자원들을 호스팅한다. 서버는 내부 및 외부 사용자에게 다양한 서비스를 제공하며 조직에서 중요한 정보를 저장하거나 처리한다. 가장 일반적인 서버 유형은 응용 프로그램, 웹, 전자 메일, 데이터베이스, 인프라 관리 및 파일 서버이다. 이 절에서는 일반적인 서버 보안 문제에 대해 다룰 것이다.

서버에 대한 위협

서버 설정은 서버 보안에 대한 위협 범위를 고려하거나 존재할 수 있는 가능성을 고려해야한다. NIST SP 800-123 일반 서버 보안 지침에서는 서버에 대해 다음과 같은 일반적 보안 위협을 나열하고 있다.

- 악의적인 엔티티들은 서버내 또는 운영체제, 하이퍼바이저, 컨테이너를 통해 서버 접근 권한을 획득하기 위해 소프트웨어 버그를 악용할 수 있다.
- 서비스 거부 공격(DoS : Denial-of-Service)은 서버 또는 서버에 연결된 네트워크 인프라에 수행되어 정상적인 사용자들의 서비스 사용을 거부 또는 방해한다.
- 서버의 민감한 정보는 무단 접근한 사용자가 읽거나 수정할 수 있다.
- 서버와 클라이언트간 암호화되지 않거나 약하게 암호화된 중요한 정보는 가로챌 수 있다. 약한 암호화 사례는 오래된 레거시 시스템에 여전히 존재하는 단일 단계(Sing-stage) DES(Data Encryption Standard)이다.
- 악의적인 개체는 서버 공격에 성공하여 조직 네트워크의 다른 자원에 무단으로 접근할 수 있다.
- 악의적인 개체가 서버를 손상시킨 후 다른 개체를 공격할 수 있다. 이러한 공격은 직접(예, 외부 서버에 대한 손상된 호스트) 또는 간접적으로(예, 서버에 접근하는 사용자 클라이언트의 취약점을 악용하려는 손상된 서버에 악의적인 컨텐츠 배치) 실행될 수 있다. 많은 조직에서 이러한 공격은 내부에서 발생한다.

서버 보안 요구 사항

다음 지침은 SANS 연구소 정책 문서 템플릿을 기반으로 하고 있다. 템플릿에서는 일반적인 요구 사항 뿐만 아니라 특정 설정 요구 사항을 정의하고 있다. 기업은 서버 보안에 다음과 같은 일반적인 요구 사항을 적용해야 한다.

- 조직에 배포된 모든 내부 서버는 가상 서버를 포함하여 시스템/서버 관리를 담당하는 운영 그룹이 소유한다.

- 비즈니스 요구 사항에 따라 CISO(Chief Information Security Officer)가 승인한 각 운영 그룹에서 승인된 서버 구성 안내서를 설정하고 유지 관리한다.
- 운용 그룹은 설정 컴플라이언스를 모니터링하고 해당 환경에 맞는 예외 정책을 구현해야 한다. 각 운용 그룹은 CISO의 검토 및 승인을 포함하여 구성 안내서를 변경하기 위한 프로세스를 설정해야 한다. 다음 항목이 충족 되어야한다.
  - 서버는 회사 엔터프라이즈 관리 시스템 내에 등록해야 한다. 최소한 다음 정보를 포함해야 한다.
    - 서버 연락처 및 위치, 백업 연락처
    - 하드웨어 및 운영체제/버전
    - 주요 기능 및 응용 프로그램
  - 기업 엔터프라이즈 관리 시스템의 정보는 최신 상태로 유지되어야 한다.
  - 프로덕션 서버의 구성 변경은 적절한 변경 관리 절차를 따라야한다.

상세 구성 요구 사항은 다음을 포함된다.

- 운영체제 구성은 승인된 보안 지침을 준수해야 한다.
- 사용되지 않는 서비스 및 응용 프로그램은 가능한 경우 비활성화한다.
- 가능한 경우 웹 응용 프로그램 방화벽과 같은 접근 제어 방법을 통해 서비스에 대한 접근 기록 및 보호한다.
- 최신 보안 패치는 가능한 신속히 시스템에 설치해야 한다. 응용 프로그램이 비즈니스 요구 사항을 방해하는 경우 예외이다.
- 시스템 간 신뢰 관계는 보안 위험이 존재하므로 사용을 피해야 한다. 다른 의사 소통 방법이 충분하다면 즉시 사용을 중지해야 한다.
- 기능을 수행하기 위한 최소 접근 요구 사항 표준 원칙을 활용한다. 권한 없는 계정으로도 충분하다면 root를 사용하지 않는다.
- 기술적으로 보안 채널 연결이 사용 가능한 경우 보안 채널(예, SSH 또는 IPsec)을 통해 권한 있는 접근을 수행한다.
- 서버는 물리적으로 접근 제어 환경에 있어야 한다.
- 서버는 통제되지 않는 큐비클(칸막이로된 작은방)에서 운영을 금지한다.

또한 다음 모니터링 요구 사항을 고려한다.

- 중요하거나 민감한 시스템의 모든 보안 관련 이벤트는 기록하고 감사 내역은 다음과 같이 저장한다.
  - 모든 보안 관련 로그를 최소 일주일 동안 온라인 상태로 유지한다.
  - 최소 1개월 동안 매일 증분 테이프 백업을 보관한다.
  - 최소한 한달 동안 매주 전체 테이프 백업 로그를 보관한다.
  - 최소 2년 동안 월간 전체 백업을 유지한다.

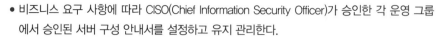

SANS 연구소 정보 보안 정책 템플릿 :
https ://www.
sans.org/
securityresources/
policies/

신뢰 관계 : 한 도메인의 사용자가 다른 도메인의 도메인 통제의 의해 인증될 수 있는 서로 다른 두 도메인 또는 권한 영역 간의 관계

- 보안 관련 이벤트를 로그를 검토하는 보안 관리자에게 보고한다. 또한 사고를 IT 관리 부서에 보고한다. 필요에 따라 시정 조치를 취한다. 보안 관련 이벤트는 다음 사항들을 포함하지만 이에 국한되지 않는다.
  - 포트 스캔 공격
  - 권한 있는 계정에 대한 무단 접근 증거
  - 호스트의 특정 응용 프로그램과 관련 없는 예외 발생

11.2 가상 서버

가상화는 일부 소프트웨어서 사용하는 컴퓨팅 자원을 추상화하여 가상 머신(VM - Virtul Machine)이라는 시뮬레이션 된 환경에서 실행되는 기술이다. 가상화의 장점으로는 일반적으로 단일 운영체제 인스턴스를 사용하는 것보다 물리적 시스템 자원을 효율적으로 사용할 수 있다는 것이다. 이는 가상화된 서버 시스템을 제공할 때 보다 분명하게 나타난다. 또한 가상화는 하나의 물리적 시스템에서 여러 개의 개별 운영체제 및 관련 응용 프로그램을 지원한다. 이는 클라이언트 시스템에서 보다 일반적으로 나타난다.

가상화 대안

하이퍼바이저는 하드웨어와 VM 사이에 존재하며 리소스 브로커 역할을 하는 소프트웨어이다. 다수의 VM이 단일 물리적 서버 호스트에 안전하게 공존하고 해당 호스트 자원을 공유할 수 있도록 해준다. 가상화 소프트웨어는 모든 물리적 자원(예, 프로세스, 메모리, 네트워크 및 저장 장치 등)의 추상화를 제공하므로 VM이라는 여러 컴퓨팅 스택을 단일 물리 호스트에서 실행할 수 있다.

각 VM에는 게스트 운영체제라고 하는 운영체제가 포함되어 있다. 이 운영체제는 호스트 운영체제와 동일하거나 상이한 운영체제일 수 있다. 예를 들어 게스트 윈도우 운영체제는 리눅스 호스트 운영체제의 VM에서 실행될 수 있다. 게스트 운영체제는 일련의 표준 라이브러리 기능과 기타 이진 파일 및 응용 프로그램을 지원한다. 응용 프로그램과 사용자의 관점에서 이 스택은 하드웨어와 운영체제가 있는 실제 시스템에 나타나기 때문에 가상 머신이라는 용어가 적합하다. 즉 가상화되는 하드웨어이다.

하이퍼바이저는 다음과 같은 기능을 수행한다.

- **VM 실행 관리** : VM 예약, 다른 VM과 VM간 격리를 보장하기 위한 가상 메모리 관리 및 다양한 프로세서 상태간 컨텍스트 전환이 포함된다. 또한 리소스 사용 충돌과 타이머 및 인터럽트 메커니즘의 에뮬레이션을 방지하기 위해 VM 격리가 포함된다.

- **디바이스 에뮬레이션 및 접근 통제** : 하이퍼바이저는 서로 다른 VM에서 물리적인 디바이스에 접근하기 위한 네트워크, 스토리지 네이티브 드라이버를 에뮬레이션한다.

- **게스트 VM에 대한 하이퍼바이저에 의한 권한 있는 작업 실행** : 호스트 하드웨어에 의해 직접 실행되는 대신 게스트 운영체제에 의해 호출된 특정 작업은 권한 특성으로 인해 하이퍼바이저가 대신 실행할 수 있다.

- **VM 관리(또는 VM 수명 주기 관리)** : 하이퍼바이저는 게스트 VM을 구성하고 VM 상태(예, 시작, 일시 중지, 중지)를 제어한다.

- **하이퍼바이저 플랫폼 및 하이퍼바이저 소프트웨어 관리** : 하이퍼바이저 소프트웨어 및 하이퍼바이저 호스트와 사용자 상호 작용을 위한 매개 변수 설정이 포함된다.

Type 1 및 Type 2 하이퍼바이저

두 가지 하이퍼바이저 유형이 있으며 하이퍼바이저와 호스트 사이 운영제체 존재 여부에 따라 구분된다. Type 1 하이퍼바이저(그림 11.2a 참고)는 물리 서버에 소프트웨어 계층을 직접 로딩하며 네이티브 가상화라고도 한다. Type 1 하이퍼바이저는 호스트의 물리 자원을 직접 통제한다. 설치되고 설정된 후 서버는 게스트로써 가상머신을 지원한다. 가용성과 밸런싱을 향상시키기 위해 가상화 호스트가 함께 클러스트로 구성된 성숙된 환경에서는 하이퍼바이저를 새 호스트에 배치할 수 있다. 그런 다음 새 호스트가 기존 클러스터에 연결되면 서비스 중단 없이 VM을 새 호스트로 이동할 수 있다.

Type 1 하이퍼바이저 예로는 VMware ESXi, Microsoft Hyper-V, Citrix Xen-Server가 있다.

Tyep2 하이퍼바이저는 호스트 운영체제의 자원 및 기능을 활용하며 운영제체에서 소프트웨어 모듈을 실행한다(그림 11.2b 참고). 이러한 형태를 호스트형 가상화 또는 중첩된 가상화라고 한다. Type 2 하이퍼바이저는 운영체제를 통해 하이퍼바이저를 대신하여 모든 하드웨어 상호작용을 처리한다.

(a) Type 1 하이퍼바이저
(네이티브 가상화)

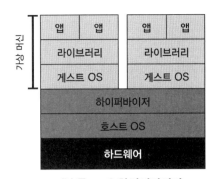

(b) Type 2 하이퍼바이저
(호스트형 가상화)

(c) 컨테이너(애플리케이션 가상화)
▲ 그림 11.2 하이퍼바이저 및 컨테이너 비교

두 가지 유형의 하이퍼바이저의 주요 차이점은 다음과 같다.

- 일반적으로 Type 1 하이퍼바이저가 Type 2 하이퍼바이저보다 성능이 우수하다. Type 1 하이퍼바이저는 운영체제의 자원 경쟁을 하지 않기 때문에 호스트에서 사용할 수 있는 자원이 더 많기 때문에 Type 1 하이퍼바이저를 사용하는 가상화 서버에서 보다 많은 가상 머신이 호스팅된다.

- Type 1 하이퍼바이저는 Type 2 하이퍼바이저보다 안전하다. Type 1 하이퍼바이저의 가상화 머신은 해당 게스트 외부에서 처리되는 자원 요청을 수행하며 다른 VM 또는 이를 지원하는 하이퍼바이저에는 영향을 주지 않는다. 이는 모든 Type 2 하이퍼바이저의 VM에 해당되는 것은 아니며 악의적인 게스트가 잠재적으로 그 이상 영향을 줄 수 있다.

- Type 2 하이퍼바이저를 통해 사용자는 서버를 사용자는 서버를 특정 목적으로 전용하지 않고 가상화를 활용할 수 있다. 여러 환경에서 실행되는 상황을 고민해야하는 개발자는 PC 운영체제가 제공하는 개인 작업 공간을 활용하는 것 뿐만 아니라 리눅스 또는 윈도우 데스크탑에 응용 프로그램으로 설치된 Type 2 하이퍼바이저를 모두 사용할 수 있다. 생성 하거나 사용하고 있는 가상 머신을 하나의 하이퍼바이저 환경에서 다른 하이퍼바이저 환경으로 마이그레이션하거나 복사할 수 있으므로 배치 시간이 단축되고 배치 대상의 정확성이 향상되어 제품 출시 시간이 단축될 수 있다.

일반적으로 서버에서 볼 수 있는 네이티브 가상화 시스템은 하드웨어의 실행 효율성을 향상시키는데 사용된다. 호스팅 방식보다 추가 계층이 적기 때문에 더 안전한다. 호스트형 가상화 시스템은 호스트 운영체제의 다른 응용 프로그램처럼 동일하게 실행되는 클라이언트에서 보다 일반적이며 대체 운영체제에 대한 응용 프로그램을 지원하는데 사용된다.

가상화된 시스템에서 프로세서, 메모리, 디스크, 네트워크 및 기타 연결된 장치를 포함하여 사용 가능한 하드웨어 자원은 다양한 게스트 운영체제간 적절히 공유되어야 한다. 프로세서와 메모리는 일반적으로 이러한 운영체제에서 분할되며 필요에 따라 예약된다. 디스크 스토리지는 분할되어 각 게스트는 일부 디스크 자원을 독점적으로 사용할 수 있다. 또는 각 게스트에 대해 가상 디스크가 생성될 수 있으며 게스트에서는 실제 디스크로 표시되지만 기본 파일 시스템에서는 단일 디스크 이미지 파일로 표시된다. 광 디스크 또는 USB 장치와 같은 연결된 장치는 일반적으로 한 번에 단일 게스트 운영체제에 할당된다. 네트워크 접근을 제공하기 위해 몇 가지 방법이 존재한다. 게스트 운영체제는 시스템의 고유한 네트워크 인터페이스 카드에 직접 접근할 수 있다. 하이퍼바이저는 공유 인터페이스에 대한 접근을 중재하거나 하이퍼바이저는 각 게스트에 대해 가상 네트워크 인터페이스 카드를 구현하여 필요에 따라 게스트간 트래픽을 라우팅할 수 있다. 이 마지막 접근 방식은 게스트 사이의 트래픽을 외부 네트워크 링크를 통해 릴레이 할 필요가 없기 때문에 매우 일반적이며 가장 효율적이다. 이 트래픽은 네트워크에 연결된 시험 패킷에 대한 모니터링 대상이 되지 않다. 따라서 모니터링이 필요한 경우 호스트 기반 관측이 요구된다.

Type 2 하이퍼바이저의 예로 VMware Workstation, Oracle VM Virtual Box, Microsfot Window Virtual PC가 있다.

컨테이너

비교적 최근 기술인 컨테이너 가상화 또는 애플리케이션 가상화로 알려진 가상화 방식은 주목할만 하다(그림 11.2c). 이 방식에서 가상화 컨테이너라고 하는 소프트웨어는 호스트 운영체제 커널 위에서 실행되며 응용 프로그램을 위한 격리된 실행 환경을 제공한다. 하이퍼바이저 기반 VM과 달리 컨테이너는 물리적 서버를 에뮬레이션하지 않는다. 대신 호스트의 모든 컨테이너화된 응용 프로그램은 공통 운영체제 커널을 공유한다. 따라서 각 응용 프로그램마다 별도 운영체제를 실행하기 위한 자원이 필요하지 않아 그만큼 자원 사용이 크게 줄어든다.

컨테이너 환경에서는 컨테이너를 지원하는데 작은 컨테이너 엔진만 필요로 한다. 컨테이너 엔진은 각 컨테이너에 대해 운영체제 전용 자원을 요청하여 각 컨테이너를 격리된 인스턴스로 설정한다. 그리고 나서 각 컨테이너 앱은 호스트 운영체제의 자원을 직접 활용한다. VM 가상화는 하드웨어와 운영체제의 경계에서 동작한다. VM과 하이퍼바이저 간의 협소한 인터페이스로 강력한 성능 격리 및 보안을 보장할 수 있다. 운영체제와 응용 프로그램 사이에 있는 컨테이너를 사용하면 오버헤드가 줄지만 잠재적으로 더 큰 보안 취약점이 발생할 수 있다.

컨테이너 기술은 리눅스 컨테이너(LXC : Linux Containers) 형태로 리눅스에 내장되어 있다. 그 외 컨테이너들로 Docker, FreeBSD Jails, AIX Worload Partions, Solaris Container가 있다. 컨테이너화된 응용 프로그램을 배포, 유지 관리, 확장하기 위한 메커니즘을 제공하는 컨테이너 관리 시스템도 있다. Kubernetes와 Docker Enterprise 에디션이 대표적인 컨테이너 관리 시스템이다.

가상화 보안 이슈

반 클리프(Van Cleeff)와 그의 동료가 작성한 "가상화 보안 영향 : 연구"[CLEE09], SP 800-125 전 가상화 기술에 대한 보안 지침 및 SP 800-125A 하이퍼바이저 배포를 위한 보안 권장 사항에는 가상화된 시스템 사용으로 인한 다음 내용을 포함한 여러가지 보안 문제들이 상세히 설명되어 있다.

- **게스트 운영체제 분리** : 게스트 운영체제 내에서 실행되는 프로그램은 할당된 자원에만 접근하고 사용할 수 있어야 하며 게스트 운영체제 또는 하이퍼바이저 프로그램 또는 데이터와 상호 작용할 수 있어야한다.
- **하이퍼바이저에 의한 게스트 운영체제 모니터링** : 하이퍼바이저는 각 게스트 운영체제의 프로그램 및 데이터에 대한 접근 권한을 가지고 있으며 하위버전 및 비정상적인 사용으로부터 안전해야 한다.
- **가상화된 환경 보안** : 공격자가 접근하거나 수정할 수 있는 이미지 및 스냅 샷 관리 환경에 대한 보안 유지가 중요하다.

이러한 보안 문제는 운영체제 및 응용 프로그램 보안과 관련하여 이미 논의된 문제들에 대한 확장이라고 할 수 있다. 특정 운영체제 및 응용 프로그램 구성이 특정 상황에서 하드웨어에서 직접 실행할 때 가장 취약하다. 또한 해당 시스템이 실제로 손상된 경우 해당 하드웨어에서 직접적인 실행 또는 가상화된 환경에서 게스트에서 실행 여부와 관계없이 다른 주변 시스템을 공격할 수 있다. 가상화된 환경을 통해 일반적인 시스템이 실행되는 경우보다 하이퍼바이저가 모든 게스트 운영체제 활동을 투명하게 모니터링하여 게스트간 네트워크를 보다 격리함으로써 보안을 향상 시킬 수 있다. 그러나 가상화된 환경과 하이퍼바이저가 존재하는 경우 공격자가 이를 악용할 수 있는 취약점이 있을 수 있으며 이로 인해 보안이 취약해 질 수 있다. 이러한 취약점으로 인해 게스트에서 실행중인 프로그램이 하이퍼바이저 및 기타 게스트 운영체제 리소스에 은밀하게 접근할 수 있다. VM 탈출이라고 하는 문제가 발생할 수 있다. 가상화된 시스템은 종종 게스트 운영체제의 실행을 일시 중단하여 스냅 샷 이미지를 저장한 다음 이를 다른 시스템에서도 실행하기 위해 제공된다. 공격자가 이미지를 접근하거나 수정하여 이미지에 포함된 데이터 및 프로그램이 보안을 손상시킬 수 있다.

앞에서 언급한 바와 같이 가상화를 사용하면 보안이 우려되는 계층이 추가될 수 있다. 가상화된 시스템 보안은 보안 프로세스를 확장하여 이러한 추가 계층을 보호하고 강화하는 것을 의미한다. 각 게스트 운영체제 및 응용 프로그램을 보호하는 것 외에 조직은 가상화된 환경과 하이퍼바이저를 보호해야 한다.

가상 시스템 보호

가상화 시스템의 적절한 보안에 대한 지침을 제공하는 SP 800-025에서는 가상화를 사용하는 조직이 다음 사항들을 수행해야 한다고 명시하고 있다.

- 가상화된 시스템 보안 계획
- 하이퍼바이저, 게스트 운영체제, 가상화 인프라를 포함한 전체 가상화 솔루션의 모든 요소를 보호하며 보안 유지
- 하이퍼바이저가 올바르게 보호되어 있는지 확인
- 가상화 솔루션에 대한 관리자 접근 제한 및 보호

하이퍼바이저 보안

운영체제 보안과 유사한 프로세스를 통해 하이퍼바이저를 보호한다. 즉, 결함이 없는 미디어를 통해 격리된 환경에 설치하고 취약점을 최소화하기 위해 최신 업데이트를 수행한다. 그런 다음 조직은 자동으로 업데이트되도록 하고 사용하지 않는 서비스를 비활성화 또는 제거하며, 사용하지 않는 하드웨어를 분리하고, 게스트 운영체제와 함께 적절한 검사 기능을 수항하고, 하이퍼바이저에 대한 손상 징후를 모니터링 한다.

사용자는 게스트 운영체제 활동에 접근하고 모니터링할 수 있기 때문에 하이퍼바이저에 대한 접근 권한을 승인된 관리자들로 제한한다. 하이퍼바이저는 로컬 및 원격 관리를 모두 지원할 수 있다. 원격 관리를 사용할 때 적합한 인증 및 암호화 메커니

즘을 사용하여 적절하게 구성해야 한다. 사용중인 네트워크 방화벽 및 침입 탐지 시스템(IDS –Intrusion Detection System) 기능을 설계할 때 보호되는 원격 관리 접근도 고려해야 한다. 이상적으로 이러한 관리 트래픽은 분리되어야 하며 조직 외부에서 접근되는 경우 매우 제한적이어야 한다.

가상화된 인프라 보안

가상화된 시스템은 디스크 스토리지 및 네트워크 인터페이스와 같은 하드웨어 리소스에 대한 접근을 관리한다. 이러한 접근은 자원을 사용하는 적절한 게스트 운영체제에만 제한되어야한다.

앞서 언급했듯이 네트워크 인터페이스 구성 및 내부 가상 네트워크를 사용한 시스템 간 모든 트래픽을 모니터링하려는 조직에 문제를 초래할 수 있다. 이것은 필요에 따라 설계되고 처리되어야 한다. VM 이미지 및 스냅 샷에 대한 접근은 또다른 잠재적 공격 지점이 될 수 있기 때문에 신중하게 통제되어야한다.

호스트형 가상화 보안

일반적으로 클라이언트 시스템에서 사용되는 호스트형 가상화 시스템은 추가적으로 몇가지 보안 사항을 고려해야한다. 하이퍼바이저 및 게스트 운영체제 하위 호스트 운영체제와 다른 호스트 응용 프로그램이 존재하기 때문에 보호해야 될 계층이 많다. 또한 이러한 시스템 사용자는 종종 하이퍼바이저와 모든 VM 이미지 및 스냅 샷을 구성할 수 있는 전체 접근 권한을 갖는다. 이 경우 가상화를 사용하면 시스템과 데이터를 시스템 사용자로부터 격리하기보다는 추가 기능을 제공하고 여러 운영체제 및 응용 프로그램을 지원할 수 있다.

사용자의 접근 및 수정으로부터 안전하게 보호되는 호스트 시스템 및 가상화 솔루션을 설계할 수 있다. 이러한 접근 방식은 중앙 관리 및 업데이트를 지원하기 위해 기업 네트워크 및 데이터에 대한 접근을 제공하는 보안이 우수한 게스트 운영체제 이미지 사용을 지원할 수 있다. 하지만 적절하게 보안되고 관리되지 않는다면 호스트 운영체제의 손상으로 인한 보안 문제는 존재한다.

11.3 네트워크 스토리지 시스템

조직은 파일, 데이터베이스, 그 외 데이터를 위해 로컬 및 네트워크의 두 가지 광범위한 범주의 컴퓨터 스토리지를 사용한다. 일반적으로 직접 연결 저장 장치(DAS : Direct Access Storage)라고 하는 로컬 스토리지는 케이블을 통해 서버나 PC에 직접적으로 연결된 전용 디지털 스토리지 장치이다. 대부분의 사용자 컴퓨터와 대부분의 서버에는 DAS가 존재한다. DAS는 데이터를 다른 서버와 쉽게 공유할 수 없다.

네트워크 저장 장치는 네트워크를 통해 가용한 저장 장치를 기술하는 용어이다. 이러한 종류의 저장 장치는 고속의 근거리 네트워크(LAN)를 통해 데이터 복사가 이루어지며 파일, 데이터베이스, 그 외 데이터를 표준 네트워크 프로토콜 및 툴을 통해 접근하기 용이한 주중에 백업하기 위해 만들어졌다. 네트워크 저장 장치는 다음과 같은 토폴로지가 있다.

- **스토리지 전용 네트워크(SAN : Storage Area Network) :** SAN은 테이프 라이브러리, 광 쥬크박스(Jukebox), 디스크 어레이와 같은 다양한 유형의 저장 장치들에 접근할 수 있는 전용 네트워크이다. 네트워크에서 서버 및 다른 장치들에 대해 SAN 스토리지 디바이스는 로컬 디바이스와 같이 동작한다. 디스크 블록 기술에 기반한 SAN은 아마도 대규모 데이터 센터에 가장 널리 보급된 스토리지 형태이며 데이터베이스 집약적인 애플리케이션에 있어 필수 요소이다. 이러한 응용 프로그램은 데이터 센터내에서 공유 가능한 스토리지, 큰 대역폭, 랙 간 거리 유지를 요구한다.

- **네트워크 연결 스토리지(NAS : Network Attached Storage) :** NAS 시스템은 여러 이기종 컴퓨터와 공유되는 하나 이상의 하드 드라이브가 포함된 네트워크 저장 장치이다. 네트워크에서 파일을 저장하고 제공하는 전문화된 역할을 담당한다. NAS 디스크 드라이브는 중복 스토리지 컨테이너 또는 RAID(Redundant Array of Independent Disk)를 포함하여 내장 데이터 보호 메커니즘을 지원한다. NAS를 사용하면 파일 제공 책임을 네트워크의 다른 서버와 분리할 수 있으며 일반적으로 기존 파일 서버보다 빠른 데이터 접근을 제공한다.

그림 11.3은 클라우드 서비스 제공 업체(CSP : Cloud Service Provider)에 연결된 클라우드 서비스 고객(CSC : Cloud Service Customer)의 예로 SAN과 NAS의 차이점을 보여준다.

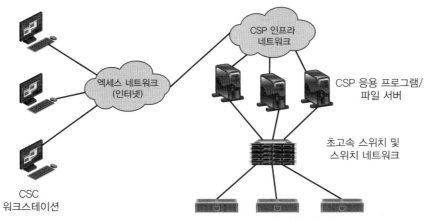

(a) 스토리지 전용 네트워크 구성(SAN)

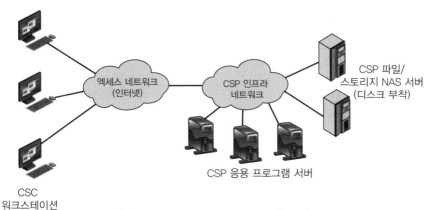

(b) 네트워크 전용 스토리지 구성(NAS)

▲ 그림 11.3 클라우드 인프라내 SAN과 NAS

SGP는 다음과 같은 보안 조치를 권장한다.

- 네트워크 스토리지 시스템의 설계 및 구성을 위한 시스템 개발 및 구성 보안 정책을 준수한다.
- SAN 및 NAS에 표준 보안 방법(예 : 구성, 악성코드 방지, 변경 관리, 패치 관리)이 적용되는 확인한다.
- IT 시설이 네트워크 스토리 관리 콘솔 및 관리 인터페이스를 보호하는지 확인한다.
- 네트워크 저장소 시스템에 암호화 정보를 저장한다.
- NAS 및 SAN과 관련된 추가 보안 조치를 허용한다.

NAS 및 SAN에 특정한 보안 협정들은 서버 설정, 가상화 사용 여부, 네트워크 설정에 따라 달라진다.

11.4 서비스 수준 협약

관리형 서비스 공급자 (MSP) : 고객의 IT 인프라 또는 최종 사용자 시스템을 일반적으로 가입 모델에 따라 원격으로 관리하는 회사이다.

서비스 수준 협약(SLA : Service Level Agreement)은 서비스 공급자와 내부 또는 외부 고객간 계약으로 공급자가 제공하는 서비스를 문서화하고 공급자가 충족해야 하는 성능 표준을 정의한다. SLA는 네트워크 서비스 제공 업체에서 시작되었지만 이제는 다양한 IT 분야에서 널리 사용되고 있다. SLA를 설정하는 회사에서는 IT 서비스 공급자, 관리형 서비스 공급자(MSP : Managed Service Provider) 및 클라우드 컴퓨팅 서비스 공급자가 있다. 기업 IT 조직, 특히 IT 서비스 관리(ITSM : IT Service Management)를 수용한 조직은 사내 고객(기업내 다른 부서 사용자)과 SLA를 체결한다. IT 부서는 SLA를 작성하여 서비스를 측정하고 합리화하며 아웃소싱 공급 업체의 서비스와 비교할 수 있다.

IT 서비스 관리(ITSM) : 조직에서 사용되는 방식을 설계, 제공, 관리, 개선하기 위한 전략적 접근 방식을 설명하는 일반적 용어이다. 모든 ITSM 프레임워크의 목표는 조직이 비즈니스 목표를 달성할 수 있도록 올바른 프로세스, 인력, 기술을 갖추는 것이다.

다양한 SLA가 다양한 컨텍스트에서 사용되며 각각의 고유한 지표와 서비스 규정을 가지고 있다. 다음 절에서는 세 가지 중요한 SLA 유형을 살펴볼 것이다.

네트워크 사업자

네트워크 SLA는 제공할 서비스의 특정 측면을 정의하는 네트워크 공급자와 고객 간의 계약이다. 정의는 공식적이며 일반적으로 충족해야 하는 정략적인 임계값을 정의한다. SLA에는 일반적으로 다음 정보가 포함된다.

- **제공될 서비스의 특성에 대한 설명** : 기본 서비스는 IP 기반 네트워크 연결 및 추가적인 인터넷 접근이다. 이 서비스에는 웹 호스팅, 도메인 서버 유지 보수 및 운영 및 유지 보수 작업을 포함할 수 있다.
- **서비스 예상 성능 수준** : SLA는 지연, 신뢰성, 가용성과 같은 여러 가지 자료를 수치화된 임계값으로 정의한다.
- **서비스 수준 모니터링 및 보고 프로세스** : SLA는 성능 수준을 측정하고 보고하는 방법을 기술한다.

그림 11.4는 SLA에 적합한 일반적인 구성을 보여준다. 이 경우 네트워크 서비스 제공자는 IP 기반 네트워크를 유지 관리한다. 고객은 다양한 사이트에 많은 사설 네트워크를 가질 수 있다. 고객 네트워크는 접근 포인트에서 액세스 라우터를 통해 사업자에 연결된다. SLA는 사업자 네트워크에서 액세스 라우터 사이의 트래픽에 대한 서비스 및 성능 수준을 나타낸다. 또한 공급자 네트워크는 인터넷에 연결되므로 기업에 인터넷 접근을 제공한다.

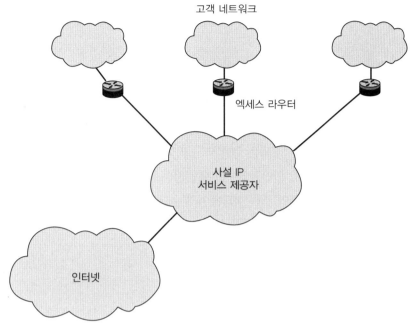

고객 네트워크

엑세스 라우터

사설 IP
서비스 제공자

인터넷

▲ **그림 11.4 SLA에 대한 전형적인 프레임워크**

예를 들어 코젠트 통신[COGE16]에서 백본 네트워크를 위해 제공한 표준 SLA에는 다음 항목이 포함된다.

- 가용성 : 100%
- 대기시간(지연) : 다른 지역의 백본 허브간 코젠트 네트워크를 통해 전송되는 패킷의 월간 평균 네트워크 대기 시간은 다음과 같다.
  - 북미내 : 45밀리 초 이하
  - 유럽내 : 35밀리 초 이하
  - 뉴욕에서 런던사이(대서양 횡단) : 85밀리 초 이하
  - 로스엔젤레스에서 도쿄사이(태평양 횡단) : 125밀리 초 이하

  네트워크 대기 시간(또는 왕복 시간)은 IP 패킷이 코젠트 네트워크에서 지정한 지역 내 백본 허브간 왕복하는데 걸린 평균 시간으로 정의된다. 코젠드는 표본 백본 허브 간 왕복 시간을 지속적인 감시를 통해 코젠트 네트워크 내에서 총 지연 시간을 감시한다.
- 네트워크 패킷 전송(신뢰성) : 월 평균 패킷 소실은 0.1% 이하(또는 99.9% 패킷 전송 성공)이다. 패킷 손실은 코젠트 네트워크의 백본 허브 사이 유실된 패킷의 백분율로 정의된다.

전체 네트워크 서비스에 대해 SLA를 정의할 수 있다. 또한 SLA는 가상 사설망(VPN : Virtual Private Network) 또는 차별화된 서비스와 같은 통신 사업자의 네트워크에서 사용할 수 있는 종단간 서비스에 대해 정의된다.

컴퓨터 보안 사고 대응 팀

컴퓨터 보안 사고 대응팀(CSIRT : Computer Security Incident Reponse Team)은 보안 위반에 대한 보고서를 받아 분석하며 보낸 사람에게 응답하는 조직이다. 내부 CSIRT는 정부, 기업, 대학 또는 연구 조직들로 구성된다. 외부 CSIRT는 지속적 또는 필요에 따라 유료 서비스를 제공한다.

컴퓨터 보안 사고는 실제 의심되는 위반 또는 의도적으로 취약점이나 위반을 야기하는 행위를 포함할 수 있다. 일반적인 사고에는 네트워크에 바이러스 또는 웜이 유입되고, DoS 공격, 소프트웨어 또는 하드웨어의 무단 변경 및 개인 또는 기관의 신원 도용이 포함된다. 컴퓨터 또는 네트워크 취약점을 테스트하기 위한 목적으로 가해자가 의도적으로 고용되지 않는 한 일반적으로 해킹은 보안 사고로 간주된다. 이 경우 해커는 예방 역할로 CSIRT의 일부이다.

- **사후 대응 서비스(사고 대응) :** CSIRT의 주요 업무
- **사후관리 :** 미래에 사고가 발생하지 않도록 조치
- **보안 품질 관리 서비스 :** 사고가 아닌 CSIRT 구성원들이 IT 또는 다른 조직 부서에서 보안 시스템 강화를 돕는 서비스

대응 시간은 효과적인 CSIRT를 조직, 유지 관리, 배치할 때 고려해야 할 중요한 사항이다. 빠르고 정확하게 목표를 정한 효과적인 대응은 특정 사고로 인한 금전적, 하드웨어 및 소프트웨어에 대한 피해를 최소화한다. 또 다른 중요 고려사항은 침해사고와 관련 있는 사람이 효과적으로 기소될 수 있도록 고립시키고, 사건의 가해자를 추적하는 능력과 관련이 있다. 세 번째 고려 사항은 시간이 지남에 따라 발생하는 사고를 최소화하기 위해 소프트웨어 및 인프라를 강화하는 것이다.

표 11.1 카네기 멜론 대학의 CSIRT 핸드북[CMU03]은 서비스 기술 속성에 대한 대표적인 목록을 제공한다.

▼ **표 11.1 CSIRT 서비스 기술 속성**

속성	설명
목표	서비스 목적과 성격
정의	서비스 범위 및 깊이에 대한 설명
기능 설명	서비스 내 개별 기능에 대한 설명
가용성	서비스를 이용할 수 있는 조건 : 대상, 시기 및 방법

품질 보증	서비스에 적용 가능한 품질 보증 매개 변수. 기대치 설정과 제한을 모두 포함
상호작용 및 정보 공개	후원단체, 다른 팀, 미디어와 같이 서비스에 영향을 받는 단체와 CSIRT간 상호작용. 단체에서 서비스 접근 및 정보 공개에 대한 전략 정의와 같은 정보 요구 사항 설정
다른 서비스들과 인터페이스	서비스와 상호 작용하는 다른 CSIRT 서비스 간 정보 흐름 교환 지점의 정의 및 사양
우선순위	다른 CSIRT 서비스와 비교된 서비스 및 서비스 기능의 상대적 우선 순위

클라우드 서비스 사업자

CSP에 대한 SLA에는 데이터 기밀성, 무결성 보장 및 클라우드 서비스 및 데이터에 대한 가용성 보장 등이 포함된다. 로이(Roy)의 "클라우드 보안 : 서비스 지향 조직관점에서"[ROY015]에서는 클라우드 공급자 SLA에 대한 고려사항이 다음과 같이 열거되어 있다.

- 클라우드 스토리지는 데이터가 저장되는 지역의 법률을 준수해야 한다. 이는 데이터 기밀성 문제를 복잡하게 만든다. 예를 들어, CSP는 CSP 서버에서 클라이언트 데이터를 공유하도록 강제하지 않는 국가 클라우드 서버를 호스팅할 수 있는데 이는 국가에 대한 위협이라고 할 수 있다. 일부 국가에서 이러한 법률이 존재하게 되면 데이터 기밀성을 유지할 수 없게 된다.
- 클라우드 스토리지 SLA에는 강력한 검색 가능성 검증(PoR : Proof of Retrievability) 보증이 포함되어야 한다. 예를 들어 클라우드 스토리지 제공 업체는 강력한 메타 데이터 보호(즉, 최신 데이터 유지)는 물론 데이터 손실(가용성) 또는 손상(무결성)에 대한 보호 기능을 제공해야 한다.
- 서비스 사용 불가(예, VM 충돌) 또는 데이터 사용 불가(데이터 검색 불가)는 보안 및 비보안 문제로 인해 발생한다. 예를 들어 Amazon EC2는 다운 타임의 원인에 관계없이 IaaS(Infrastructure as a Service) 고객에게 월간 가동 시간의 99.95% 서비스 가용성을 제공한다.
- 클라우드 네트워크 및 프런트 엔드 클라이언트 응용 프로그램은 가장(Masquerading) 공격으로부터 보호되어야 한다.
- 고객이 보안 제어를 감사할 수 있도록 SLA에 규정이 있어야한다.

공용 클라우드와 사설 클라우드 SLA간에 세부적인 차이점이 있을 수 있지만 기본적으로 조직은 두 경우 모두 동일한 수준의 서비스가 필요하다.

11.5 성능 및 용량 관리

성능 및 용량 관리를 통해 IT 용량이 비즈니스의 현재 및 미래의 요구와 일치하고 비즈니스에서 정의한 처리량 및 런타임 요구 사항이 충족된다. 중요한 성공 요소는 다음과 같다.

- IT 자원에 대한 현재 요구 사항 이해 및 향후 요구 사항에 대한 예측
- 비즈니스 요구 사항에 맞도록 적절한 IT 용량 계획 수립 및 구현하고 응용 프로그램 수명주기 동안 다른 프로세스와 비용 효율적인 상호 작용을 시연 가능

IT 자원의 성능과 용량을 관리하기 위해 IT 자원의 현재 성능과 용량을 정기적으로 검토해야 한다. 이 프로세스에는 워크로드, 스토리지, 비상 사태 요구 사항을 기반으로 향후 요구를 예측하는 과정이 포함된다. 이 프로세스는 비즈니스 요구 사항을 지원하는 정보 자원이 지속적으로 사용 가능하다는 것을 보증한다.

대부분의 조직은 이미 일부 용량 관련 정보를 수집하고 문제를 해결하고 변경을 계획하며 새로운 용량 및 성능 기능을 구현하기 위해 지속적으로 노력하고 있다. 그러나 조직은 일상적으로 추세 분석 및 가정 분석을 수행하지 않는다. 가정 분석은 네트워크 변경의 영향을 결정하는 프로세스이다. 트렌딩(Trending)은 네트워크 용량 및 성능 문제 기준을 수립하고 향후 업그레이드 요구 사항의 이해를 위해 네트워크 추세를 검토하는 프로세스이다. 용량 및 성능 관리에는 사용자가 문제 해결을 요청하기 전에 문제를 식별하여 해결하는 예외 관리와 네트워크 관리자가 개별 서비스 성능 문제를 계획, 관리, 식별하는 서비스 품질(QoS : Quality of Service) 관리도 포함되어야 한다.

11.6 백업

백업은 필요한 경우 복구를 용이하게 하기위해 파일 및 프로그램의 사본을 작성하는 프로세스이다. 정보 처리 시설내에서 처리 및 저장되는 정보의 무결성과 가용성을 보장하는 것이 목표이다. 효과적인 백업을 보장하기 위한 유용한 정책들은 다음과 같다.

- 컴퓨터 운영체제 및 응용 프로그램을 완전히 복구할 수 있도록 모든 레코드 및 소프트웨어의 백업을 유지한다. 이는 이미지 사본, 증분 백업, 차등 백업, 트랜잭션 로그 또는 다른 기술들을 조합하여 수행된다.

- 백업 빈도는 데이터 변동성에 의해 결정된다. 백업 사본의 보존 기간은 데이터의 중요도에 따라 결정된다. 최소한 백업 사본은 30일 동안 보관해야 한다.
- 최소한 3가지 버전의 서버 데이터가 유지 관리되어야 한다.
- 최소한 완전 복구 가능한 모든 데이터 버전은 안전한 오프 사이트(Off site) 위치에 저장되어야 한다. 오프 사이트 위치는 별도 건물 또는 승인된 오프 사이트 스토리지 공급 업체와 안전한 공간에 있을 수 있다.
- 데이터는 오류 발생시 생성보다는 복원이 더 효율적인 경우에만 백업해야 된다.
- 조직은 워크스테이션, 랩톱, 기타 휴대용 장치에서 접근한 모든 데이터를 네트워크 파일 서버 드라이브에 저장하여 백업할 수 있도록 해야 한다. 워크스테이션, 랩톱, 또는 기타 휴대용 장치에 있는 데이터를 네트워크 파일 서버 드라이브에 직접 백업해야 한다. 또는 워크스테이션, 랩톱, 또는 기타 휴대용 장치에 있는 데이터는 승인된 타사 공급 업체를 사용하여 백업할 수 있다. 보호된 기업 데이터를 구성하지 않는 편의성 데이터 및 기타 정보에는 이러한 요구 사항이 없다.
- 백업 설명서에는 복구 기간 동안 필수 작업을 수행하는데 필요한 모든 중요 데이터, 프로그램, 설명서 및 지원 항목이 포함되어 있다. 복원 프로세스에 대한 문서에는 단일 시스템 또는 애플리케이션 장애 복구 절차뿐 아니라 전체 데이터 센터 재해 시나리오가 포함되어야 한다.
- 새로운 기술, 비즈니스 변경 및 응용 프로그램을 대체 플랫폼으로 마이그레이션하기 위해 백업 및 복구 설명서를 정기적으로 검토하고 업데이트해야 한다.
- 복구 절차는 매년 테스트해야 한다.

NIST SP 800-34 연방 정보 시스템의 비상 계획 안내서는 필요한 경우 저장 및 복구할 정보의 위험 평가를 고려한 백업 및 복구 전략을 권장한다. 표 11.2는 FIPS 199 연방 정보 및 정보 시스템의 보안 분류 표준, 보안 범주(낮음, 보통 및 높음)을 기반으로 하는 전략을 요약하여 보여준다.

▼ 표 11.2 백업 및 복구 지침

FIPS 199 가용성 영향 수준	정보 시스템 목표 우선 순위 및 복구	백업/복구 전략
낮음	낮은 우선 순위 : 조직에 미치는 영향, 손상 또는 중단이 거의 없음	백업 : 테이프 백업 전략 : 재배치 또는 콜드 사이트
적정	중요 또는 보통 우선 순위 : 중단될 경우 조직 및 기타 네트워크 또는 시스템에 보통 문제를 일으키는 시스템	백업 : 광학 백업, WAN/VLAN 복제 전략 : 콜드
높음	미션 크리티컬 또는 높은 우선 순위 : 이러한 시스템의 손상 또는 중단은 조직, 미션 및 기타 네트워크 및 시스템에 가장 큰 영향을 미침	백업 : 미러링된 시스템 및 디스크 복제

다음과 같은 백업을 위한 세 가지 유형의 사이트가 있다.

- **콜드 사이트(Cold Site) :** 컴퓨터 시설에 필요한 전기 및 물리적 구성 요소가 있지만 컴퓨터

장비가 없는 시설. 사용자가 기본 컴퓨팅 위치에서 다른 사이트로 이동해야 하는 경우 사이트는 필요한 교체 컴퓨터 장비를 설치할 준비가 되어 있음

- **웜 사이트(Warm Site) :** 중대한 장애 발생시 재배치된 작업을 지원하기 위해 정보 시스템 및 통신 장비가 일부 배치된 작업을 지원할 수 있는 공간
- **핫 사이트(Hot Site) :** 정보 시스템 중단 시 사용할 하드웨어 및 소프트웨어가 장착된 완전히 운영 가능한 오프 사이트 데이터 처리 시설

대체 사이트 선택은 비용 효율적이어야 하며 조직 정보 시스템의 가용성 요구 사항과 일치해야 한다. 따라서 시스템이 100%의 가용성이 필요한 경우 미러 사이트 또는 핫 사이트가 올바른 선택이다. 그러나 몇일 동안의 시스템 다운 타임을 허용한다면 콜드 사이트가 더 유용할 것이다.

11.7 변경 관리

COBIT 5는 변경 관리를 원칙으로 정의하여 시스템 소프트웨어(운영체제 및 지원 응용 프로그램), 응용 프로그램 소프트웨어 및 구성 파일을 순서대로 제어된 방식으로 생산에 도입한다. ISO 27002 정보 보안 통제를 위한 실행 규범은 변경 관리를 구현할 때 다음 고려 사항들을 제안한다.

- 중요한 변경 식별 및 기록
- 변경 계획 및 테스트
- 정보 보안 영향을 포함한 잠재적 영향 평가
- 제안된 변경에 대한 공식 승인 절차
- 정보 보안 요구 사항 충족 여부 확인
- 모든 관련자에게 변경 사항을 전달
- 실패한 변경 및 예기치 않은 이벤트를 중단하고 복구하기 위한 절차 및 책임을 포함한 복구 절차
- 재난을 해결하는데 필요한 변경 사항을 신속하고 통제된 구현을 할 수 있는 비상 변경 프로세스 제공

변경 관리는 IT 및 제조를 포함하여 다양한 규모와 다양한 산업의 조직과 팀에 중요하다. 표준화된 방법, 프로세스 및 절차를 모든 변경에 적용하고 효율적이고 신속한 변경 처리를 촉진하며, 변경 필요성과 그로 인해 발생할 수 있는 잠재적인 영향 사이에 적절한 균형을 유지한다.

다음 지침은 변경 관리 전략을 개발하는데 유용하다.

- **소통** : 대응이 예상되는 경우 변경에 대한 적절한 사전 통지가 되도록 한다. 의견이나 우려 사항이 있는 경우 누구나 응답할 수 있는 명확한 지침을 제공한다.

- **유지 관리 기간** : 유지 관리 기간은 소프트웨어 패치 또는 하드웨어 구성 요소 업그레이드와 같은 유지 관리가 수행되는 기간이다. 서비스 중단이 발생하기 전에 사용자에게 알려야 한다.

- **변경 위원회** : 위원회는 변경 요청을 검토하고 변경 여부를 결정한다. 또한 위원회는 변경을 수용하기 위해 제안된 계획에 대한 특정 변경을 수용하도록 지정할 수 있다.

- **중요한 변경** : 중요한 이벤트에 대응하기 위해 예정되지 않은 변경이 필요할 수 있다. 일부 단계를 무시해야 할 수도 있지만 가능한 변경 결과에 대한 최대한 많은 고려가 필요하다. 변경에 대한 충분한 승인을 얻는 것도 여전히 중요하다. 충분한 승인의 구성 요소는 다양하며 부서 또는 사업부에서 정의해야 한다.

- **변경 계획** : 계획 프로세스는 다음 사항들에 대한 결정한다.

  - 변경을 담당하는 사람

  - 변경이 어떤 영향을 미칠 것인가?

  - 다음 요소에 따른 변경 발생 시기

    - 변경에 따른 작업 방해 가능성이 가장 적은 시기는 언제인가?

    - 지원 가능한 직원이 있는가?

    - 표준 유지 관리 기간내에서 변경할 수 있는가?

    - 제안된 변경 사항을 검토하고 테스트할 충분한 시간이 있는가?

  - 변경이 중요한 이유

  - 변경 방법

  - 변경으로 인해 추가 보안 문제가 발생하거나 시스템 위험이 증가하는지 여부

  - 변경에 실패한 경우 철회 절차

  - 지원 직원과 최종 사용자 모두에게 필요한 추가 교육 및 문서

  - 변경 요청 문서 : 변경 요청 양식을 사용하여 변경에 대한 정보를 제공해야 한다. 자세한 양식은 기밀로 분류된 데이터에 영향을 미치는 변경, 법률에 의해 보호가 필요한 경우, 자산 위험이 높은 경우, 물리적 또는 가상 자원에 대한 접근을 제공하는 정보에 적합해야 한다. 표 11.3은 변경 요청 양식의 구성 요소들이다.

▼ **표 11.3 변경 요청 양식 구조**

항목	설명
변경 요청자	요청자 이름과 이메일 주소를 입력. 요청이 외부에서 온 경우 사용자 이름과 외부 출처를 입력
변경 날자	요청 일자/시간 입력
변경 설명	변경 요구 및 변경 사유에 대한 요약

변경 우선순위	변경 요청을 긴급, 높음, 보통 또는 낮음으로 분류. 변경이 시간/날짜에 의존하는 경우 이곳에 지정. 변경 관리위원회는 다른 활동에 따라 우선 순위/스케쥴을 수정할 수 있음
영향 평가	변경으로 인해 영향받을 수 있는 비즈니스 및 기술 기능에 대한 요약. 알려진 위험과 우려 사항을 표기
배포전 테스트 계획	배포 전에 변경 사항 테스트 방법 설명. 변경 사항 테스트는 실패 및 예기치 않은 상황 발생을 크게 줄일 수 있음
취소 계획	실패할 경우 변경 사항을 취소하는 방법 또는 자원을 이전 상태로 복원할 수 있는 방법 기술
배포 후 테스트 계획	성공 여부를 판별하기 위한 변경 사항 테스트 방법 기술
승인 변경	요청의 수락 여부를 지정. 변경 관리위원회가 결정. 적절한 경우 결정에 대한 설명이 포함되어야 함
변경 할당	변경 실행 담당자 지정

- **변경 사항 테스트** : 테스트 환경이 활용 가능한 경우 구현 전 변경 사항을 테스트한다.
- **변경 실행** : 실행 프로세스는 다음을 포함한다.
  - 지원 담당자가 변경 프로세스를 지원할 수 있도록 준비하고 대기한다.
  - 변경 실행중 시스템 가용성에 영향을 미치는 경우 영향을 받는 개인에게 예상되는 현상을 인지시킨다. 또한 변경으로 어려움을 겪을 경우 누구에게 연락해야 되는지 인지하고 있어야 한다.
  - 변경의 성공 여부와 시스템의 안정성을 확인한다.
  - 영향을 받은 개인에게 변경이 완료되었음을 알린다.
  - 변경의 영향을 받는 사용자에게 설명서와 지침을 제공하다.
  - 변경이 변경 로그에 기록되었음을 문서화한다.
- **변경 기록 유지** : 변경 요청 문서를 보완할 수 있도록 모든 변경 사항에 대한 로그 또는 기타 기록을 유지한다.

11.8 시스템 관리 모범 사례

SGP는 시스템 관리 범주의 모범 사례를 2개 영역과 8개의 주제로 분류하고 각 주제에 대한 자세한 점검 항목을 제공한다. 영역과 주제는 다음과 같다.

- **시스템 설정** : 목표는 현재 및 보호된 워크로드에 대처하고 시스템 및 시스템이 처리하고 저장하는 정보를 오작동, 사이버 공격, 무단 공개, 손실로부터 보호할 수 있는 일관된 시스템 구성 정책을 개발하고 시행하는 것이다.

- 컴퓨터 및 네트워크 설치 : 컴퓨터 및 네트워크 설치가 용량/성능 요구 사항 및 보안 요구 사항을 충족 시키도록 하는 기본 원칙 및 사례를 설명한다. 싱글 싸인온(SSO : Single sign-on), 방화벽, 트래픽 격리, 용량 관리를 포함한다.
- 서버 설정 : 서버 구성에서는 고려해야 할 보안 관련 문제를 해결한다.
- 가상 서버 : 가상 서버 사용과 관련된 보안 문제를 해결한다.
- 네트워크 스토리지 시스템 : 다양한 유형의 네트워크 스토리지와 관련된 보안 문제에 대한 점검 목록을 제공한다.
- **유지보수** : 목적은 필수 정보 및 소프트웨어 백업을 수행하고 엄격한 변경 관리 프로세스를 적용하며 합의된 서비스 수준 협약에 따라 성능을 모니터링하여 시스템 보안 관리 지침을 제공하는 것이다.
  - 서비스 수준 협약(SLA) : 정보 보안을 포함한 모든 컴퓨터 또는 네트워크 서비스 제공업체의 비즈니스 요구 사항을 정의하고 충족하는지 확인한다.
  - 성능 및 용량 관리 : 시스템 및 네트워크의 적절한 성능, 용량, 가용성을 보장하기 위한 지침을 제공한다.
  - 백업 : 백업 요구 사항을 요약하고 효과적이고 안전한 백업을 위한 권장 조치 사항들을 제시한다.
  - 변경 관리 : 변경 사항이 올바르게 적용되고 비즈니스 응용 프로그램, 컴퓨터 시스템 또는 네트워크 보안이 손상되지 않도록 하는 지침을 제공한다.

11.9 참고 문헌

- **CLEE09** : van Cleeff, A., Pieters, W., and Wieringa, R., "Security Implications of Virtualization : A Literature Study." International Conference on Computational Science and Engineering, IEEE, 2009.
- **CMU03** : Carnegie Mellon University, Handbook for Computer Security Incident Response Teams (CSIRTs). CMU Handbook CMU/SEI-2004-HB-002, 2003.
- **COGE16** : Cogent Communications, Inc., Network Services Service Level Agreement Global. September 2016. http ://www.cogentco.com/files/docs/network/performance/global_sla.pdf
- **ROY15** : Roy, A., et al., "Secure the Cloud : From the Perspective of a ServiceOriented Organization." ACM Computing Surveys, February 2015.

chapter 12

네트워크와 통신

이 장의 학습 목표는 다음과 같다.

- 네트워크 관리 시스템이 가져야 할 핵심 기능 리스트 및 정의할 수 있다.

- 네트워크 관리 시스템 개요와 각 핵심 컴포넌트를 설명할 수 있다.

- 컴퓨터/네트워크 보안 전략에서 방화벽의 역할을 이해한다.

- 방화벽의 주요 기능을 설명할 수 있다.

- 다양한 관점에서 알아본 네트워크 관리 보안 고려사항들을 이해한다.

- 다양한 관점에서 알아본 전자통신 보안 고려사항들을 이해한다.

- 네트워크 및 통신 모범사례를 제시할 수 있다.

이번 장에서는 네트워크 및 전자 통신이라는 두 가지 큰 항목과 이에 관련된 보안 및 보안관리 방안에 대해 살펴보고자 한다. 먼저 네트워크 관리 개념을 살펴보고, 이어서 방화벽과 가상 사설망(VPN)에 대해 알아볼 예정이다. 이들의 배경 지식을 살펴본 뒤에는 네트워크를 관리할 때 검토해야 할 보안 사안들에 대해 살펴볼 것이다. 마지막으로 메일, 메신저, 인터넷 전화 및 화상회의/컨퍼런싱 등 회사내에서 이뤄지는 전자 통신들에 대해서 살펴볼 예정이다.

12.1 네트워크 관리 개념

이번 절에서는 네트워크 관리가 무엇인지 전반적으로 살펴보고자 한다. 먼저 네트워크 관리 시 필요한 요건들을 살펴봄으로써 이 섹션이 다루는 범위를 짐작할 수 있을 것이다.

첫 번째 요건은 관리 네트워크의 현 상태와 구조를 아는 것이다.

두 번째로 네트워크를 효율적으로 관리하려면 수많은 데이터를 수집하고, 각종 제어 툴을 가지고 있으면서, 더불어 네트워크 하드웨어 및 소프트웨어와 직접 통합될 수 있는 네트워크 관리 시스템(NMS : network management system)이 있어야 한다. 따라서 네트워크 관리 시스템의 일반적인 아키텍처를 살펴볼 예정이다.

네트워크 관리 기능들

아래 테이블 12.1은 국제표준화기구(ISO : International Organization for Standardization)의 ISO 7498-4, 개방형 시스템 상호접속 – 기본참조모델 – 파트4 : 관리 프레임워크(Open Systems Interconnection—Basic Reference Model—Part 4 : Management Framework)에서 제안하는 네트워크 관리의 주요 기능들이다. 국제전기통신연합(ITU-T : International Telecommunication Union Telecommunication Standardization Sector)의 M.3400, 전자통신 관리기능들(Telecommunications Management Functions)에서는 이보다 상세하게 네트워크 관리 기능들을 설명하고 있다. 다음 표의 범주는 앞으로 우리가 살펴볼 요건들을 체계화하는데 도움을 줄 것이다.

▼ 표 12.1 ISO 관리 기능 영역들

범주	설명
장애 관리	개방시스템 상호접속(Open Systems Interconnection(OSI)) 환경에서 비정상 동작의 감지, 격리 및 교정할 수 있는 설비
계정(accounting) 관리	관리 대상(장비 또는 네트워크)의 현 사용 요금과 누적 금액을 알려주는 설비
설정 관리	통신서비스 생존성 보장을 목적으로 운영되는 관리 대상의 제어, 식별, 데이터 수집 및 데이터 제공을 수행하는 설비
성능 관리	통신 활동의 효율성 및 관리 대상의 동작상태를 평가하는데 필요한 시설
보안 관리	OSI 네트워크를 올바르게 관리하고, 관리 대상을 보호하기 위해 필수적으로 필요한 보안 설비

장애 관리

복잡한 네트워크를 적절히 운영하려면 전체 시스템 뿐 아니라, 주요 컴포넌트들도 정상 동작하는지 확인해야 한다. 만일 장애가 발생한다면, 최대한 빨리 아래 순서대로 조치하는 것이 중요하다.

- 장애가 발생한 곳이 어디인지 정확히 파악한다.
- 정상 네트워크가 영향을 받지 않도록 장애 구간을 고립시킨다.
- 장애가 발생한 장비(들) 없이도 서비스 영향이 최소화될 수 있도록 설정을 변경하거나 망을 변경한다.
- 장애 이전 상태로 돌아갈 수 있도록 장애 컴포넌트를 교체하거나 복구한다.

장애 관리를 할 때 가장 중요한 것은 장애(fault)와 에러(error)를 구분하는 것이다. 장애는 장치나 시스템이 설계된 대로 동작하지 않아서 수리를 위한 관심(또는 조치)이 필요한 상황이다. 일반적으로 비정상 동작 혹은 대량 에러를 통해 감지된다. 예를 들어, 통신회선이 물리적으로 끊어지면 신호가 통과하지 못한다. 이러한 경우는 장애로 구분된다. 만일 케이블이 꼬여 있다면 왜곡(distortion)으로 인해 지속적으로 높은 비트 에러율이 발생할 수 있다. 이러한 종류의 에러(통신회선의 단일비트 에러)는 가끔 발생할 수도 있으며, 설령 에러가 발생된다 하더라도 각종 프로토콜의 에러 보완 기술을 통해 복구될 수도 있다. 일반적으로 이와 같은 경우는 장애로 인식되지 않는다.

사용자들은 빠르고 안정적인 문제 해결을 기대한다. 대부분 최종 사용자(end user)는 가끔씩 발생하는 장애는 받아들이는 편이다. 허나 장애가 자주 발생하면, 곧바로 알림을 받고 싶어하며, 즉시 이슈가 해결되기를 원한다. 이 정도 수준으로 장애 해결을 하려면 매우 빠르고 정확하게 장애를 감지하고 진단할 수 있는 관리 기능들이 필요하다. 또한 장애 대비용 여분 컴포넌트 및 우회 경로를 준비해두면 장애의 충격과 시간을 최소화할 수 있다. 조직은 이러한 장애 관리 능력이 충분한지 꾸준히 재검토하여 안정성을 높여야 한다.

사용자는 예정된 것이든 아니든 서비스가 제대로 안될 때 지속적으로 상황을 전파 받고 싶어한다. 사용자는 덤프, 로그, 알람 및 통계 분석을 통해 네트워크가 제대로 복구되기를 기대한다. 따라서 서비스가 정상화된 뒤에도 장애 관리 서비스를 통해 완벽히 장애가 해소된 것인지, 혹시 또 다른 이슈가 없는지 확실히 확인하여야 한다. 이를 문제 추적 및 제어라고 한다.

위에 열거된 요건들을 충족하기 위해 장애 관리는 다음 기능을 내포해야 한다.

- 에러 로그 조사 및 분석
- 에러 감지, 알림 및 조치
- 장애 추적 및 확인
- 일련의 진단 테스트 수행
- 장애 정상화

다른 네트워크 관리 영역처럼, 장애 관리는 네트워크 성능에 최소 영향을 미쳐야 한다.

계정(Accounting) 관리

많은 회사 네트워크에서, 각 개별 부서나 코스트 센터(cost center)* 혹은 프로젝트 그룹 단위별로 네트워크 서비스 사용량에 따라 요금을 부과한다. 이는 실제 현금 과금 보다는 내부 회계 절차인 경우가 많지만, 그럼에도 불구하고 사용자들에게 중요하다. 만일 내부 재원 과금이 전혀 없더라도, 네트워크 관리자는 아래와 같은 사유로 사용자나 사용자 등급별 네트워크 리소스 사용을 추적할 수 있어야 한다.

- 개인 혹은 몇몇의 권한밖의 행위가 다른 유저의 네트워크에 영향을 줄 수 있어서
- 네트워크를 원활하게 사용하지 못하는 경우, 네트워크 관리자가 개입할 수 있도록
- 사용자 활동이 충분히 분석되면, 향후 네트워크 관리자가 네트워크 설계하는데 큰 도움이 됨

네트워크 관리자는 다양한 노드에서 어떤 계정 정보를 수집할지 정해야 한다. 또한 저장한 정보를 얼마나 자주 상위 관리 시스템으로 보낼지, 어떤 알고리즘을 사용해서 과금 할지 결정해야 한다.

---

* **역주** : 회계 용어로써, 비용에 책임을 지는 가장 작은 활동 단위

이러한 계정 정보 접속 및 조작을 제한하려면, 계정 시스템은 유저 계정별로 접속 및 수정 권한을 검증할 수 있는 기능을 제공해야 한다.

위에 열거된 요건들을 충족하기 위해 계정 관리는 다음 기능을 내포해야 한다.

- 발생된 비용과 사용 리소스 정보 제공
- 각 사용자별 리소스 사용 한계치를 설정하고, 요금표(tariff schedules) 제공
- 여러 리소스를 사용했다면, 개별 요금을 통합할 수 있는 기능

설정 관리

근래의 데이터 통신 네트워크는 다양한 컴포넌트와 논리적 서브시스템(예를 들어, OS 의 장치 드라이버)들로 구성되기에 여러 애플리케이션들을 설정해야 한다. 어떤 장비는 라우터이면서 엔드 시스템 노드(end system node)* 둘 이상의 역할을 수행해야 할 때도 있다. 장치를 어떻게 사용할지 정해지면, 구성 관리자는 해당 장치에 맞는 소프트웨어와 세부 속성(예를 들어, TCP 재전송 타이머)들의 값을 정한다.

설정 관리는 네트워크 컴포넌트를 초기화하고, 일부 또는 전체의 무장애중단 (graceful shutdown)을 수행하는 역할을 담당한다. 또한 컴포넌트의 유지보수, 추가, 업데이트, 상태체크 및 컴포넌트간 관계를 관리하는 역할도 수행한다.

네트워크에서 장비를 끄고 켜는 작업도 설정 관리 역할 중 하나인데 대부분의 설정 작업은 원격에서 진행되는 것이 바람직하다. 네트워크 관리자는 각 개별 컴포넌트들을 구분하고 이들을 어떻게 네트워크로 연결할지 알아야 한다. 일정 주기로 비슷하거나, 동일한 세부 속성 설정을 해야 하는 경우 관리자들은 초기 설정 값을 미리 바꿔 두고, 만들어 둔 속성값들을 장비에 올릴 방법이 필요하다. 그리고 네트워크 관리자는 사용자의 요청이 있을 경우 망을 변경할 수 있어야 한다. 주로 성능이 부족하거나, 업그레이드, 장애 복구, 보안 점검 때문에 요청되는 경우가 많다.

사용자는 네트워크 리소스 및 컴포넌트 상태에 대해 알고 싶어하거나, 알 필요가 있다. 따라서 어떤 설정 변경이 이뤄지면, 네트워크/시스템 관리자가 사용자들에게 이러한 변경사항을 통지해야 한다. 네트워크/시스템 관리자는 단발성 혹은 주기적으로 현 네트워크 설정에 관한 리포트를 생성해야 한다. 사용자들은 설정 변경이 이뤄지기 전에 해당 설정 변경으로 인해 리소스나 상태가 어떻게 변하는지 문의하는 경우가 많다.

---

* **역주** : 서버와 직접 연결된 라우터 같은 경우

네트워크 관리자는 허가된 사용자(운영자)들만 네트워크 운영(예, 소프트웨어 배포 및 업데이트)을 관리하고 제어하기를 원한다.

앞에 열거된 요건들을 충족하기 위해 설정 관리는 다음 기능을 내포해야 한다.

- 시스템 작동을 제어하는 매개변수(parameters) 설정
- 관리 대상의 개별 혹은 그룹에 이름(별명) 설정
- 관리 대상을 초기화 및 끄는 기능
- 필요시 언제든지 시스템의 현 상태 정보 수집
- 장비 상태의 중대한 변경 발생시 알람 발송
- 시스템 설정 변경

성능 관리

근래 데이터 통신 네트워크는 다양하고 많은 컴포넌트들로 구성되며, 이들은 서로 통신하며 데이터와 리소스를 공유한다. 어떤 애플리케이션들은 특정 허용치 안에서 통신이 보장되어야 하는 경우도 있다. 컴퓨터 네트워크의 성능 관리에는 모니터링 및 제어 기능, 두 가지 큰 범주가 있다. 모니터링은 네트워크상의 활동을 추적하는 기능이다. 그리고 제어 기능은 네트워크 성능을 향상시킬 수 있도록 조정하는 기능을 말한다. 다음은 네트워크 관리자가 관심 둬야 할 성능 이슈들이다.

- 현재 사용되는 용량은?
- 트래픽이 과다 사용되는 구간이 있는가?
- 처리량이 한계치에 도달했는가?
- 병목현상이 있는가?
- 응답 시간이 증가하는가?

위와 같은 이슈에 대응하기 위해 네트워크 관리자는 성능 모니터링 대상 장비의 초기 리소스 이용률에 초점을 맞춰야 한다. 여기에는 네트워크 리소스별로 무엇을 모니터링 할 지, 또 그 임계치를 정하는 일 등이 포함된다. 예를 들어, 얼마나 많은 TCP 재전송이 일어나야 성능 문제로 간주될 수 있겠는가?

네트워크 운영 수준을 결정할 때 성능 관리는 다양한 리소스들을 모니터링해야 한다. 이 정보를 수집, 분석하고 그 결과 분석을 다시 피드백으로 활용함으로써, 네트워크 관리자는 더욱 더 정확하게 현재 상태와 성능 저하를 판단하게 된다.

어떤 애플리케이션을 사용하기 전에 사용자가 미리 네트워크의 평균/최악의 응답 시간 및 신뢰성 등을 알고 싶어 할 수 있다. 이러한 요청에 잘 대응하려면 충분히 많은

성능 정보를 보유하고 있어야 한다. 사용자는 네트워크가 이런식으로 잘 관리되어 지속적으로 좋은 응답 시간을 제공받길 기대한다.

이처럼 네트워크 관리자가 대형 네트워크의 계획, 유지 및 관리하기 위해서는 성능 통계 자료가 필요하다. 이 성능 통계 자료는 문제를 일으키기 전에 잠재적인 병목 현상을 파악하고, 네트워크 관리자가 적절한 조치를 취할 수 있도록 해준다. 예를 들어 어디선가 트래픽이 급증해서 병목현상이 발생한다면, 트래픽 양을 조정하거나 라우팅 테이블을 조정해서 트래픽을 분배하는 조치 등을 취할 수 있게 된다. 또한 장기간에 걸쳐 만들어진 성능 지표는, 회선 증설 여부와 같은 앞으로의 용량 설계 결정시 큰 도움을 준다.

위에 열거된 요건들을 충족하기 위해 성능 관리는 다음 기능을 내포해야 한다.

- 통계 정보 수집
- 시스템 상태기록 검사 및 보관
- 평시 및 인위적인 환경에서 시스템 성능 확인
- 성능 관리를 위한 시스템 운영모드 변경

보안 관리

보안 관리는 암호키의 생성, 배포 및 저장에 관한 것이다. 패스워드, 각종 승인 또는 접근 제어 정보는 반드시 관리 및 배포되어야 한다. 또한 보안 관리는 장비에서 가져온 네트워크 관리정보 및 네트워크 접속 정보를 모니터링 하고 제어한다. 로그는 중요한 보안 도구이므로, 감사기록 및 보안로그의 수집, 저장, 검사 뿐 아니라 로깅의 활성화/비활성에도 보안 관리가 깊이 관여한다.

보안 관리는 네트워크 리소스 및 사용자 정보를 보호하는 기능을 제공한다. 네트워크 보안 설비는 허가된 유저만 이용할 수 있어야 한다.

사용자는 적절한 보안 정책이 효과적으로 시행되고 있는 지와, 또 보안 기능 자체가 안전하게 관리되는지 알고 싶어한다.

아래 기능들을 통해 보안 정책이 제대로 적용되도록 하는 것이 보안 관리의 목적이다.

- 보안 서비스 및 메커니즘의 생성, 삭제 및 제어
- 보안 관련 정보의 배포
- 보안 관련 이벤트 리포팅

네트워크 관리 시스템(NMS)

대형 네트워크는 사람의 노력만으로 관리될 수 없다. 그처럼 복잡한 시스템에서는 자동화된 네트워크 관리 툴이 필수적으로 필요하다. 헌데 네트워크가 여러 벤더 장비들로 구성되어 있다면, 관리 툴을 선택하기 어려워진다. 더욱이 최근 클라이언트/서버 컴퓨팅의 중요성이 높아지면서 네트워크 서비스의 분산화를 가속하고 있으며, 이로 인해 통합 네트워크 관리가 더욱 더 어려워지고 있다. 이처럼 복잡한 시스템에서는 주요 네트워크 자산들이 관리 인력으로부터 먼 곳에 흩어져 있기 마련이다.

네트워크 관리 시스템의 컴포넌트

네트워크 관리 시스템은 아래 기조를 따르는, 네트워크 모니터링 및 제어 툴들의 모음이다.

- 다양한 명령을 내릴 수 있을 만큼 강력하지만 누구나 쓰기 편한 운영자 통합 인터페이스(UI) 제공
- 사용자 장비의 기존 하드웨어와 소프트웨어를 최대한 활용하여 최소한의 별도 부가 장비 설치

네트워크 관리 시스템은 기존 네트워크 컴포넌트에 추가적으로 투입되는 하드웨어와 소프트웨어 모음이다. 네트워크 관리용 소프트웨어는 호스트 컴퓨터와 통신 장비 프로세서(예를 들어, 프론트엔드 프로세서(front-end processor)*, 터미널 컨트롤러, 스위치, 라우터)에 있다. 네트워크 관리 시스템은 전체 네트워크를 하나의 통합된 뷰로 보여주며 각 포인트별 IP 주소, 라벨링, 특수 속성 및 각 시스템간 이어진 링크를 보여주도록 설계된다. 네트워크 상에 구동중인 요소들은 주기적으로 상태 정보를 네트워크 관리 센터로 제공한다. 여기에서 요소라는 용어는 네트워크에 연결된 네트워크 장비와 엔드 시스템들을 말한다.

아래 그림 12.1은 네트워크 관리 시스템의 주요 컴포넌트들을 보여준다. 그림에서 각 네트워크 노드는 NME(네트워크 관리 엔터티, network management entity)라고 표시된 네트워크 관리용 소프트웨어를 보유하고 있다.

---

* **역주** : 본 처리 전에 미리 데이터를 가공해서 작업 시간을 줄이는 프로세서로 보통 메인 프레임과 같은 대형 컴퓨팅 시스템에서 사용된다.

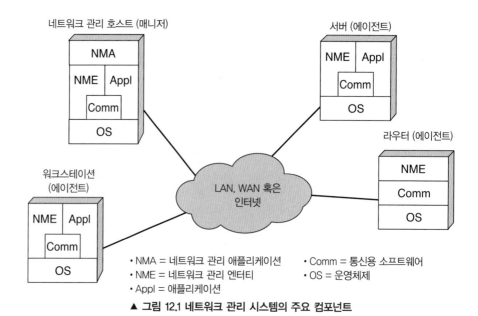

▲ 그림 12.1 네트워크 관리 시스템의 주요 컴포넌트

- NMA = 네트워크 관리 애플리케이션
- NME = 네트워크 관리 엔터티
- Appl = 애플리케이션
- Comm = 통신용 소프트웨어
- OS = 운영체제

NME는 다음과 같은 작업을 수행한다.

- 통신 및 네트워크 관련 활동의 통계 수집
- 통계 정보를 로컬에 저장
- 아래 명령들을 포함하여, 네트워크 관리 센터에서 내린 각종 명령들에 응답
  - 수집된 통계 자료를 네트워크 관리 센터로 전송
  - 파라미터 변경(예를 들어, TCP에서 사용되는 타이머)
  - 상태 정보 제공(예를 들어, 살아있는 링크 정보나 각종 파라미터 값)
  - 테스트를 위해 인위적인 트래픽 생성
- 중대한 변화가 있을 경우, NCC(네트워크 관리 센터)로 메시지 전송

네트워크에서 최소 한 호스트는 네트워크 관리 호스트 또는 매니저로 지정되어야 한다. 네트워크 관리 호스트에는 NME 외에도 NMA(network management application, 네트워크 관리 애플리케이션)라는 소프트웨어가 포함되어 있다. 이 NMA는 허가된 유저가 네트워크를 관리할 수 있도록 운영자용 인터페이스를 제공한다. 또한 NMA는 사용자의 명령에 따라 정보를 표시하고, 네트워크를 통해 NME로 명령을 보내기도 한다. 이 통신은 대부분의 분산형 애플리케이션들처럼, 애플리케이션 레벨의 네트워크 관리 프로토콜을 통해 전파된다. 네트워크 관리 시스템 내의 다른 모든 노드들은 네트워크 관리 목적으로 NME를 가지고 있으며, 이들을 에이전트라고 한다. 에이전트에는 유저 애플리케이션을 지원하는 엔드 시스템 뿐만 아니라 프론트엔드 프로세서, 클러스터 컨트롤러*, 브리지 및 라우터와 같은 통신을 제공하는 노드들도 포함되어

---

* **역주** : 여러 입출력 장치나 컴퓨터 등을 하나의 클러스터로 묶은 네트워크에서 다른 기기들을 제어하는데 사용하는 컴퓨터

있다.

위 그림 12.1과 같이, 네트워크 관리 호스트(매니저)는 다른 시스템의 NME와 통신하고, 이들을 제어한다. 네트워크 관리 기능의 고가용성(high availability)을 위해선 둘 이상의 네트워크 관리 호스트가 있어야 한다. 평상시에는 관리 호스트 하나만 동작하고 나머지는 유휴 상태이거나 통계정보를 수집한다. 메인 네트워크 관리 호스트에 장애가 발생하면, 그때 백업 시스템이 사용된다.

분산형 네트워크 관리 시스템

전통적인 중앙 집중형 네트워크 관리 체계에서는, 호스트 하나가 관리 스테이션 역할을 한다. 백업 역할로 하나 이상의 예비용 관리 스테이션이 있을 수도 있다. 나머지 장비들은 관리 스테이션으로부터 모니터링이나 제어가 가능하도록 에이전트 소프트웨어와 로컬 데이터베이스를 가지고 있다. 네트워크 사이즈가 커지고 트래픽이 많아지면, 이와 같은 중앙 집중형 시스템은 정상 동작 하기 힘들 수 있다. 각 에이전트로부터 올라오는 모든 리포트가 중앙으로 모여야 하기 때문에 트래픽이 많아지고, 관리 스테이션에 부담이 될 수 있다. 이런 환경에서는 분산형 시스템을 사용하는 것이 권장된다(그림 12.2참조).

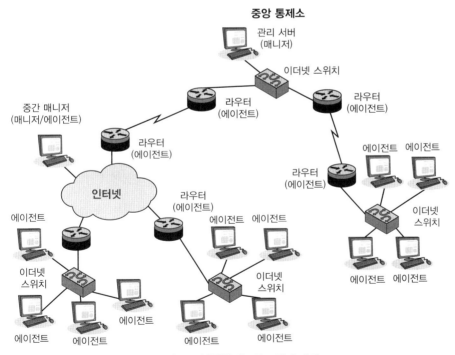

▲ 그림 12.2 분산형 네트워크 관리 예시

네트워크 관리 아키텍처

시스코는 아래 그림 12.3과 같이, ITU M.3400을 기반으로 계층형 네트워크 관리 아키텍처[CISC07]을 개발했다.

요소 관리 계층(Element Management Layer)에서는 네트워크 장비 및 통신 회선을 모니터링하고 제어하기 위한 인터페이스를 제공한다. 이 계층은 직접 데이터를 수집(polling)하거나, 네트워크 장비들의 자발적인 알림을 통해 이벤트나 장애를 감지한다. 관리기능 모듈은 다양한 벤더들의 요소들이 하나의 네트워크 관리 시스템에서 통합될 수 있도록 정보를 가공하여 제공한다.*

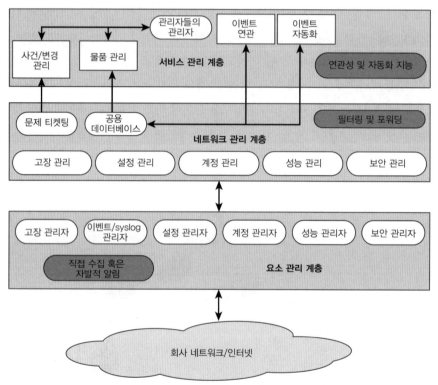

▲ 그림 12.3 네트워크 관리 시스템의 논리적 아키텍처

네트워크 관리 계층(NML: network management layer)은 특정 요소의 세부사항에 의존하지 않는 추상화를 제공한다. 이 계층은 다양한 요소(다른 애플리케이션일 수도 있음)로부터 정보를 제공받고, 그 들간 연관성을 추적하여 발생한 실제 이벤트가 무엇인지 밝혀낸다. 이를 근본 원인 분석이라고도 한다. 예를 들어, 수 백 건에 달하는 장비가 죽었다는 알람이 아니라, 영역 – 경계 라우터가 죽었다는 근본적인 사건에 초

---

* **역주** : 여기서 말한 통합은 Telecommunications Management Network(TMN) (M.3000) model의 내용이다. 이 모델의 역할을 하는 실제 프로토콜로 CIMP가 구현된 바 있으나, 대부분의 IP장비들은 CIMP 대신 SNMP만 지원하는 편이다.

점을 맞춘다. 즉, 요소 관리 계층에서 올라오는 정보들을 추상화하는 것이다. 이처럼, 이 계층은 전체 다섯 관리 기능들 및 티켓팅 시설의 공용 데이터베이스를 필터링하여, 통합 뷰를 제공하는 역할을 수행한다.

서비스 관리 계층(service management layer)은 데이터베이스 및 사건관리 시스템들과 통신하며, 필터링 된 이벤트에 지능과 자동화를 더하는 역할을 한다. 이로써, 운영자가 전통적인 네트워크 관리 환경의 요소 관리(개별 알람 관리)보다 좀 더 발전된 형태의 네트워크 관리(네트워크 이벤트 관리)를 할 수 있도록 해준다. 그리하여 궁극적으로는 서비스 관리(발생된 문제를 관리)가 가능하도록 해준다.

12.2 방화벽

방화벽은 침입탐지시스템 같은 호스트기반 보안 서비스를 보완하는 중대한 역할을 한다. 방화벽은 일반적으로 사내(premises) 네트워크와 인터넷 사이에 구축되어 통제된 링크를 구성하고, 보안 장벽 또는 보안경계선으로써 역할을 수행한다. 보안경계선의 목적은 인터넷에서 들어오는 공격을 막고, 보안과 감사가 가능한 단일 관문을 제공하는 것이다. 또한 망분리를 위해 방화벽을 사내 내부 네트워크 구간에 설치할 수도 있다.

방화벽은 내부 시스템을 외부/다른 네트워크로부터 분리해주는 추가적인 방어 계층을 제공한다. 이는 "심층방어"라는 군사교리를 IT 보안에 접목한 것이다.

방화벽 특성들

아래는 "네트워크 방화벽들[BELL94]"에서 발췌한 방화벽 설계 목표이다.

- 내부에서 외부로 가는 트래픽과 역방향 트래픽은 모두 반드시 방화벽을 통과해야 한다. 방화벽을 우회해서 내부 네트워크 접속을 못하도록 물리적인 경로들을 차단함으로써, 모든 트래픽이 방화벽을 통과하도록 할 수 있다. 여러 구성이 가능한데, 책의 후반부에서 다룰 예정이다.
- 로컬 보안 정책에 정의되어 있어, 허용된 트래픽만 통과될 수 있다. 다양한 형태의 방화벽과 보안 정책이 사용될 수 있다. 이 또한 책의 후반부에서 다룰 예정이다.
- 방화벽 자체는 보안 침투에 영향을 받지 않아야 한다. 이는 보안이 강화된 운영체계를 사용해야 한다는 것을 의미한다. 이와 별개로, 방화벽은 신뢰할 수 있는 컴퓨터를 통해 관리해야 한다. 이러한 컴퓨터는 정부(government) 애플리케이션들이 요구하는 경우가 많다.

일반적으로 방화벽은 접근 제어 및 보안 정책 적용을 위해 총 네 가지 기술을 사용한다. 초창기 방화벽은 서비스 제어 부분에만 초점을 맞췄으나, 근래에는 아래 네 가지 기술을 모두 지원하도록 진화했다.

- 서비스 제어 : 인바운드(inbound) 및 아웃바운드(outbound) 방향으로, 허용되는(인터넷) 서비스 유형을 지정한다. 방화벽은 IP 주소, 프로토콜 또는 포트번호를 기반으로 트래픽을 필터링할 수 있고, 각 서비스 요청이 통과될 때 프록시 기능을 제공할 수도 있다. 또한 웹 혹은 메일서비스 등, 서버 소프트웨어를 직접 설치/운영할 수도 있다.
- 방향 제어 : 특정 서비스 요청이 시작되는 방향과 통과하는 방향을 지정한다.
- 유저 제어 : 유저가 어떤 서비스에 접근하는지에 따라 달리 제어한다. 이 기능은 주로 방화벽 안쪽(로컬 유저)에게 적용된다. IP Security(IPsec)처럼 특수한 보안 인증 기술이 필요한 경우에는, 외부 유저 트래픽이 들어올 때 적용될 수 있다.
- 동작(behavior) 제어 : 특정 서비스를 제어한다. 예를 들어, 방화벽으로 스팸 이메일을 필터링하거나, 외부에서 로컬 웹 서버의 일부 정보만 접속하도록 한다.

방화벽 종류 및 설정에 대해서 자세히 알아보기 전에, 방화벽이 제공 가능한 기능들을 살펴보면 아래와 같다.

- 방화벽은 외부 네트워크의 비허가 유저의 내부 네트워크 접속을 막는 단일 관문이다. 이로써 잠재적으로 취약한 서비스가 들어오거나 또 나가는 것을 막는다. 더불어 다양한 종류의 IP spoofing*과 라우팅 공격을 차단한다. 또한 단일 관문으로 하나의 시스템 혹은 하나의 시스템그룹만 관리하면 되기 때문에 보안 관리를 단순화시켜준다.
- 방화벽에서 보안 관련 이벤트를 감시할 수 있다. 방화벽 시스템에는 감사 및 알람 기능이 구현되어 있다.
- 방화벽은 사설 IP 주소를 공인 IP 주소로 바꿔주는 NAT(network address translator) 또는 인터넷 사용을 감사, 로깅하는 기능과 같이 보안과 관련 없는 편의 기능들을 제공하기도 한다.
- 방화벽은 가상 사설 네트워크 구현을 위한 플랫폼 역할을 한다. (다음 절에서 설명함)

방화벽의 한계는 아래와 같다.

- 방화벽을 우회하는 공격은 막을 수 없다. 사내에 내부 시스템에서 직접 ISP로 전화를 거는 기능(dial-out)이 있을 수 있다. 반대로 출장 직원과 재택근무 등을 위해 외부 전화를 직접 받아주는 기능(dial-in)이 있는 모뎀 풀(pool)이 있을 수도 있다. 이처럼 방화벽을 경유하지 않는 트래픽은 방화벽이 제어할 수 없다.
- 회사에 불만을 품은 직원이나, 자신도 모르게 외부 공격자에게 협조하는 경우 등 방화벽이 모든 내부 위협을 막을 수는 없다.
- 보안이 허술한 무선 LAN은 외부에서 접속될 수 있다. 설령 회사 네트워크 내부에 방화벽이 있다 하더라도, 방화벽 손길이 닿지 않는 로컬 시스템간 무선 통신을 보호할 수는 없다.

---

* **역주** : 가짜 source IP로 공격하는 보안공격

- 노트북, PDA 같은 휴대 장비들이 회사 외부에서 감염되어 들어온 뒤, 회사 네트워크에 연결되어 내부 네트워크를 공격할 수 있다.

방화벽의 종류

방화벽은 패킷 필터 역할을 한다. 특정 기준에 만족하는 패킷만 허용하는 긍정(positive) 필터로 동작할 수도 있고 반대로 특정 기준에 부합하는 패킷을 비허용하는 부정(negative) 필터로 동작할 수도 있다. 종류에 따라 방화벽은 하나 이상의 프로토콜 헤더, 패킷 페이로드 혹은 패킷들이 만들어낸 패턴을 검사할 수 있다. 이번 절에서는 아래 그림 12.4에 표시된 방화벽의 주요 종류들에 대해 살펴본다.

패킷 필터링 방화벽

패킷 필터링 방화벽*, 이러한 종류의 방화벽은 일반적으로(인터넷으로 나가고 들어오는) 양방향에 모두 필터를 적용해야 한다.

필터링 룰은 패킷 정보를 기반으로 만들어 진다.

- 출발지 IP 주소 : 패킷을 만든 시스템 IP 주소(예를 들어, 192.178.1.1)
- 목적지 IP 주소 : 패킷이 가고자 하는 시스템의 IP 주소(예를 들어, 192.168.1.2)
- 출발지와 목적지 전송 계층 주소 : 전송 계층(예를 들어, Transmission Control Protocol [TCP] 또는 User Datagram Protocol [UDP]) 포트 번호. Simple Network Management Protocol(SNMP)—포트번호161— 또는 Telnet—포트번호23—처럼 포트 번호로 애플리케이션을 식별할 수 있다.
- IP 프로토콜 필드 : (예를 들어, TCP인지, UDP인지) 상위 계층 프로토콜을 정의한다.
- 인터페이스 : 셋 이상의 인터페이스를 가진 방화벽을 위한 옵션으로써, 패킷이 어느 인터페이스에서 들어오고 어느 인터페이스로 나가는지 지정한다.

패킷 필터는 일반적으로 IP/TCP 헤더 정보를 기반으로 만든 룰 집합들로 구성된다. 만일 룰 중 하나에 일치하는 룰이 있으면, 그 룰에 정해진 바에 따라 패킷을 허용할지 아니면 폐기할지 결정한다. 만일 일치하는 룰이 없다면 둘 중 하나의 기본(default) 정책에 따르게 된다.

- 기본 = 폐기 : 명시적으로 허용하지 않은 패킷들은 폐기된다.
- 기본 = 허용 : 명시적으로 금지된 패킷 외에 모든 패킷들이 허용된다.

---

* **역주** : 쉽게 말해 ACL)은 룰을 기반으로, 인터넷으로 들어오고 나가는 IP 패킷을 통과시키거나 폐기한다. (아래 그림 12.4(b) 참조

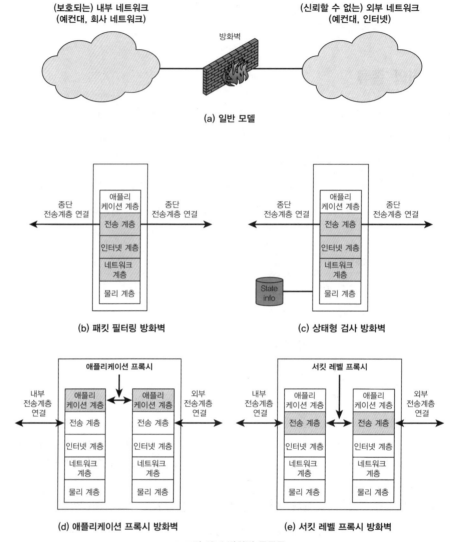

▲ 그림 12.4 방화벽 종류들

기본 = 폐기 정책이 더 보수적이다. 기본적으로 모든 패킷이 차단되고, 운영하면서 사례별 서비스가 추가된다. 방화벽을 장애물로 여기는 유저들은 매우 불편해 하는 정책이다. 하지만 기업이나 정부에서는 더 선호된다. 룰이 많아질수록 통과되는 정책이 많아지므로, 유저들에게 방화벽이 점점 보이지 않게 된다. 기본 = 허용 정책은 엔드 유저의 사용 편의성은 높여주지만 보안은 감소한다. 이 정책을 쓴다면 보안 관리자는 신경을 곤두세우고 새로운 보안 위협이 알려지는 대로 즉각 반응해야 한다. 대학교처럼 좀 더 개방적인 조직에서 사용된다.

아래 표 12.2는 패킷 필터링 룰 세트의 예시이다. 룰은 맨 위부터 아래로 순차적으로 적용된다. * 표시는 모든 것이 매칭되는 와일드카드이다. 이 예시의 모든 룰 세트는 기본 = 폐기 정책이 적용된다.

▼ 표 12.2 패킷 필터링 예시

룰 세트 A					
동작	**우리 호스트**	**포트**	**상대편 호스트**	**포트**	**코멘트**
비허용	*	*	SPIGOT	*	우린 저쪽 사람들 못믿음
허용	OUR–GW	25	*	*	우리 SMTP 포트 연결

룰 세트 B					
동작	**우리 호스트**	**포트**	**상대편 호스트**	**포트**	**코멘트**
허용	*	*	*	25	상대편 SMTP 포트 연결

룰 세트 C						
동작	**우리 호스트**	**포트**	**상대편 호스트**	**포트**	**flag**	**코멘트**
허용	{우리 호스트}	*	*	25		우리가 저쪽 SMTP 포트 연결
허용	*	25	*	*	ACK	저쪽의 응답 패킷들

룰 세트 D						
허용/비허용	**우리 호스트**	**포트**	**상대편 호스트**	**포트**		**코멘트**
허용	{우리 호스트}	*	*	*		우리에게서 나가는 통신들
허용	*	*	*	*	ACK	우리 통신에 응답
허용	*	*	*	〉1024		서버외의 트래픽

룰 세트 E					
동작	**우리 호스트**	**포트**	**상대편 호스트**	**포트**	**코멘트**
비허용	*	*	*	*	기본

각 룰 세트별 설명은 아래와 같다.

- **룰 세트 A** : 외부에서 내부로 들어오는 인바운드 메일은 허용된다.* 외부 호스트 중 SPIGOT이라는 호스트는 일전에 이메일로 대용량 파일을 보낸 적이 있어 차단되었다.

- **룰 세트 B** : 내부의 호스트가 외부로 메일을 보낼 수 있게 하는 룰 세트이다. 목적지 포트가 25인 TCP 패킷은 이 룰을 통과하여 목적지 SMTP 서버로 라우팅 될 것이다. 이 룰에 문제점 은 SMTP용으로 사용되는 25번 포트가 기본값일 뿐이며, 외부 시스템이 SMTP용으로 25가 아닌 다른 포트를 사용할 수도 있다는 점이다. 만일 공격자가 소스 포트 25로 설정된 패킷을 보낸다면, 내부 시스템을 침투할 수도 있을 것이다.

- **룰 세트 C** : 룰 세트 B의 목적을 제대로 달성할 수 있다. 이 룰은 TCP 연결 특성을 활용했다. TCP 연결이 정상적으로 완료되면 상대편의 패킷은 TCP 헤더의 ACK flag가 세팅 되어 들어 오게 된다. 이 룰은 출발지 IP가 {우리 호스트}에서 지정된 IP이고, 목적지 포트가 25인 경우

---

* **역주** : 포트 25는 메일 프로토콜인, Simple Mail Transfer Protocol [SMTP]용이다.

허용한다. 그리고 들어오는 패킷이 소스 포트 25이며, TCP 헤더의 ACK flag가 세팅 되었을 경우 허용한다. 위와 같은 룰을 만들 때는 출발지와 목적지 시스템을 명시적으로 지정하는 것을 강력히 권고하고 있다.

- **룰 세트 D :** 이 룰 세트는 파일 전송 프로토콜(FTP : File Transfer Protocol)을 다루기 위한 방식 중 하나이다. FTP에서는 TCP 커넥션이 2개가 필요한데, 하나는 컨트롤 메시지용이고, 다른 하나는 실제 파일 데이터 전송용이다. 데이터 전송용 포트는 그때그때 동적으로 할당된다. 공격 대상 서버들은 주로 낮은 포트를 사용하는 반면 내부에서 외부로 나가는 패킷은 1024 이상의 높은 포트를 사용하는 경향이 있다. 따라서 이 룰이 허용하는 범위는 아래와 같다.*
  - 패킷이 내부에서 시작했거나
  - 내부에서 출발했던 패킷에 대한 응답 패킷들이거나
  - 내부 장비의(1024 이상) 높은 포트로 오는 패킷

  이 체계가 제대로 동작하기 위해서는 각 시스템들이 적합한 포트 번호로만 구성되어 있어야 한다.
- **룰 세트 E :** 이는 기본 정책에 대해 명시적으로 눈에 보이게끔 설정한 것이다. 모든 룰 세트는 이 룰을 가장 마지막에(명시적으로 설정되어 있지 않더라도) 암시적으로 가지고 있다.

룰 세트 D는 패킷 필터링으로만 애플리케이션을 다루는 게 왜 어려운지 잘 보여주고 있다. FTP와 같은 애플리케이션을 다루기 위해서는 상태 유지(stateful) 패킷 필터 혹은 애플리케이션-레벨 게이트웨이를 사용하는 방법도 있다. 두 방화벽 모두 뒤쪽 파트에서 다뤄질 예정이다.

패킷 필터링 방화벽의 장점 중 하나는 단순하다는 것이다. 또한 라우터나 스위치를 활용할 수도 있기 때문에 초기 투자비가 낮으며, 빠르다는 장점도 있다. 반면 단점들은 아래와 같다.

- 패킷 필터 방화벽은 상위 계층 데이터를 분석하지 못하기 때문에 애플리케이션에서 발생하는 취약점 혹은 기능들에 대한 공격을 막지 못한다. 예를 들어, 패킷 필터링 방화벽은 애플리케이션의 특정 커맨드만 필터링 할 수 없다. 만일 해당 애플리케이션을 허용해야만 한다면, 그 애플리케이션의 모든 기능을 다 허용할 수밖에 없다.
- 방화벽이 알고 있는 정보 자체가 한정적이기 때문에 로깅 기능도 제한적일 수밖에 없다. 일반적으로 패킷 필터 로그에는 접근 제어용으로 사용되는 아주 기본 정보들만 포함되어 있다. (출발지 주소, 목적지 주소, 트래픽 타입 등)
- 대부분의 패킷 필터링 방화벽은 고급 유저 인증 체계(예, LDAP)를 지원하지 못한다. 이 또한 상위 계층 기능들을 지원하지 못하기 때문이다.
- 네트워크 계층 주소(network layer address) spoofing과 같이 TCP/IP 규격 및 프로토콜 스택내 취약점을 이용하는 공격에 약하다. 대부분의 패킷 필터링 방화벽은 OSI Layer 3에 해당

---

* **역주 :** 1023 이하의 포트는 root 권한으로만 애플리케이션을 띄울 수 있다. 즉, 해당 애플리케이션을 해킹하면 root 권한을 취득할 수 있기 때문에 주 공격대상이 된다. 이러한 이유로 서버가 아닌 클라이언트용 애플리케이션은 보통 1024번 이후 포트를 사용한다.

하는 네트워크 패킷 주소(즉, IP)가 변경된 것을 감지하지 못한다. 공격자들은 이러한 방화벽을 약점을 파고들고자 spoofing 공격을 시도한다.

- 마지막으로, 접근 제어에 사용되는 변수가 적기 때문에 부적절한 구성으로 인한 보안 침해에 취약하다. 다시 말해, 조직의 보안 규정에 어긋나는 트래픽 유형, 출발지, 목적지를 실수로 허용할 가능성이 높다.

패킷 필터링 방화벽에 대한 공격과 적절한 대응책은 아래와 같다.

- **IP 주소 spoofing** : 침입자가 소스 IP를 회사 내부 IP로 고쳐서 패킷을 전송한다. 공격자는 이렇게 spoofing된 IP를 보냄으로써 단순히 IP 주소만 보고 필터링 하는 보안체계들을 우회할 수 있길 기대한다. 대응책은 외부(인터넷) 인터페이스로 들어오는 패킷 중에, 내부 IP 주소를 소스 IP로 설정되어 있는 패킷을 비허용 한다. 사실 이 대응책은 방화벽 상단의 라우터 단에서 구현되는 경우가 많다.

- **소스 라우팅 공격** : 출발지에서 패킷을 만들 때 어떤 경로를 찍고 갈 것인지 정해줄 수 있는데, 공격자들은 보안 장비들이 해당 패킷을 통과시키길 기대한다. 대응책으로 이 옵션을 사용하는 모든 패킷을 비허용 한다.*

- **아주 작은 fragment 공격** : 공격자가 IP fragmentation 옵션을 사용해서, TCP 헤더 정보를 극히 작은 fragment 패킷으로 나눠 보내는 공격이다. 즉, TCP 헤더 정보에 의존하는 필터링 룰을 회피하기 위한 공격이다. 일반적으로 패킷 필터는 첫 번째 fragment를 보고, 패킷의 통과여부를 결정하게 된다. 공격자는 필터링 방화벽이 아주 작은 첫 번째 패킷을 검사해서, 그 다음 fragment 패킷들까지 통과되기를 기대한다. 이 공격은 첫 번째 fragment 패킷에 최소 헤더 크기를 지정해서 막을 수 있다. 만일 첫 번째 fragment 패킷이 막히면, 필터는 이를 기억하고 나머지 fragment 패킷들까지도 허용하지 않는다

상태형 검사 방화벽

전통적인 패킷 필터는 개별 패킷 기준으로 허용/비허용 여부를 결정하며, 상위계층 컨텍스트를 고려치 않는다. 여기서 컨텍스트가 무엇인지, 또 전통적인 패킷 필터에서 컨텍스트 한계를 알려면 약간의 배경지식이 필요하다. 대부분의 표준 애플리케이션들은 TCP 위에 서버/클라이언트 모델로 동작한다. 예를 들어, 클라이언트 시스템에서 서버 시스템으로 SMTP로 이메일을 전송하는 경우를 살펴보자. 유저가 클라이언트 시스템에서 새로운 이메일 메시지를 작성해서 보내면 서버 시스템에서 이메일을 받은 뒤, 적합한 유저 메일박스에 놓아둔다. SMTP는 클라이언트와 서버간 TCP 연결 위에서 맺어지며, SMTP 서버 애플리케이션 용으로 TCP 포트 25번이 사용된다. SMTP 클라이언트의 TCP 포트 번호는 SMTP 클라이언트가 생성하는 1024~65535 사이의 번호를 사용하게 된다.

---

* **역주** : IP헤더 옵션 중에 loose source and record route(LSRR) 이라는 옵션이 있으며, 해당 옵션에 관한 내용이다.

일반적으로, 원격(서버) 애플리케이션은 1024보다 작은 포트숫자를 사용하고, 로컬(클라이언트)는 1024~65535 중 하나를 선택한다. 1024보다 낮은 포트는 "well-known" 포트로 불리며, 특정 애플리케이션에 영구적으로 할당된다. (예를 들어, 25라면 SMTP 서버용이다) 1024~65535 포트는 그때그때 동적으로 생성되며 TCP 연결이 맺어지는 동안에만 잠깐 사용되었다가 OS에게 반납된다.

단순한 패킷 필터링 방화벽은 TCP 통신이 원활하게 되도록, 외부에서 내부로 들어오는 인바운드 트래픽 중 높은 포트번호(1024~)를 열어야 한다. 이는 악의적인 유저가 파고들 수 있는 취약점을 만드는 것이다.

상태형 검사 패킷 방화벽은 아래 표 12.3처럼 아웃바운드 TCP 연결 시 상태(세션) 테이블을 생성하여 룰을 강화한다. 이 테이블에는 현재 정상적으로 연결된 상태 정보가 저장되어 있다. 이제 패킷 필터는 이를 활용하여, 포트 번호가 높은 트래픽 중에서 이 테이블에 정보가 있을 경우에만 해당 패킷을 허용한다.

▼ 표 12.3 상태형 검사 방화벽 연결 상태 테이블 예시

출발지 주소	출발지 포트	목적지 주소	목적지 포트	연결 상태
192.168.1.100	1030	210.22.88.29	80	Established
192.168.1.102	1031	216.32.42.123	80	Established
192.168.1.101	1033	173.66.32.122	25	Established
192.168.1.106	1035	177.231.32.12	79	Established
223.43.21.231	1990	192.168.1.6	80	Established
219.22.123.32	2112	192.168.1.6	80	Established
210.98.212.18	3321	192.168.1.6	80	Established
24.102.32.23	1025	192.168.1.6	80	Established
223.21.22.12	1046	192.168.1.6	80	Established

상태형 검사 방화벽은 패킷 필터 방화벽이 살펴보는 패킷 정보에 더해서(그림 12.4c에 나왔던 것처럼) TCP 연결 정보도 기록한다. 일부 상태형 검사 방화벽은 TCP 일련 번호를 기록함으로써 세션 하이재킹과 같은 공격을 방어한다. 좀 더 발전된 방화벽들은 FTP, 메신저(IM, instant messaging) 또는 Session Initiation Protocol(SIP)와 같은 잘 알려진 프로토콜들의 일부 데이터까지 분석해서 연결을 식별/추적하기도 한다.

애플리케이션-레벨 게이트웨이

애플리케이션-레벨 게이트웨이는 애플리케이션 프록시(application proxy)라고도 불리며(그림 12.4d에 나왔던 것처럼) 애플리케이션-레벨 트래픽을 연결한다. 유저는 텔넷이나 FTP같은 TCP/IP 애플리케이션으로 게이트웨이에 접속하게 되며, 게이트웨이가 유저에게 접속하려는 원격 호스트의 정보를 물어본다. 정확한 유저 ID와 인증 정보를 입력하면, 게이트웨이가 실제 유저를 대신하여 원격 호스트에 접속한다. 이후 둘 사이에 오가는 TCP 세그먼트를 대신 받아 전달해준다.

만일 특정 애플리케이션용 프록시 모드가 구현되지 않은 경우에는 서비스가 지원되지 않으며, 방화벽을 통해 데이터가 오갈 수 없게 된다. 참고로 관리자가 특정 애플리케이션의 특정 기능만 허용하게 할 수 있으며, 애플리케이션의 나머지 다른 기능은 막을 수도 있다.

애플리케이션-레벨 게이트웨이는 패킷 필터처럼 TCP/IP 프로토콜에서 아직 알려지지 않은 수많은 취약점 조합에 매번 대응하기보다는, 허용하려는 몇 가지 애플리케이션들만 면밀히 조사하기 때문에 보안성이 더 높다. 더불어 애플리케이션 레벨에선 들어오는 모든 트래픽에 대해 로그를 남기고, 감사하기도 더 쉽다.

이 게이트웨이의 가장 큰 단점은 추가적인 프로세싱 소모(overhead)가 발생한다는 점이다. 유저단에서는 하나의 TCP 연결을 열었지만, 게이트웨이에서는 로컬 호스트와 원격 호스트로 각각 두개의 TCP 연결을 생성하고, 별개로 검사해야 하기 때문이다.

서킷-레벨 게이트웨이

네 번째 방화벽 타입은 서킷-레벨 게이트웨이로써, (그림 12.4e처럼) 서킷-레벨 프록시(circuit-level proxy)라고도 불린다. 단독 운영될 수도 있지만, 애플리케이션-레벨 게이트웨이에서 수행되는 특수기능 중 일부가 될 수도 있다. 애플리케이션 게이트웨이처럼 서킷-레벨 게이트웨이도 end-to-end TCP 연결을 허용하지 않는다. 서킷-레벨 게이트웨이가 자신을 기점으로 로컬 호스트나 원격 호스트로 향하는 두 개의 TCP 연결을 만든다. 두 개의 연결이 정상적으로 만들어지면, 이 연결을 허용할지 말지 판단하게 된다. 일반적으로 이 때(애플리케이션-레벨 게이트웨이처럼) 내용까지 보진 않는다.

서킷-레벨 게이트웨이는 시스템 관리자가 내부 유저를 신뢰하는 경우에 주로 사용된다. 예를 들어, 외부에서 내부로 들어오는 인바운드 TCP 연결을 위해서는 애플리케이션-레벨 혹은 프록시를 사용하고, 반대로 나가는 TCP 연결에 대해서는 서킷-

레벨을 사용할 수 있다. 이러한 구성에서는 들어오는 애플리케이션 데이터를 검사할 때 추가적인 프로세싱 소모가 발생하지만, 나가는 데이터에는 발생하지 않는다.

차세대 방화벽

차세대 방화벽은 소프트웨어, 하드웨어 형태 둘 다 존재하며 프로토콜, 포트뿐 아니라 애플리케이션 레벨까지 보안 검사를 수행하므로 복잡한 공격을 탐지하고 차단할 수 있다. 기존 방화벽들보다 더 깊은 심층검사를 수행하며 더 똑똑한 방식으로 공격을 탐지하는 게 특징이다. 더불어 여러 부가적인 기능을 지원하는데 예를 들어, Active Directory 연동이라던가 SSH(Secure Shell) 및 SSL(Secure Sockets Layer) 보안 및 평판에 따른 멀웨어 필터링 등을 지원한다.*

기존 방화벽에 존재하는 상태형 검사, 가상 사설 네트워크 및 패킷 필터 기능들 또한 모두 지원된다. 더불어 기존 방화벽들보다 애플리케이션 공격을 더 잘 감지하므로 악의적인 침입을 더 많이 방지할 수 있다. 이는 비정상적인 패킷이나 멀웨어 흔적을 확인하여, 전체 패킷 검사을 수행하기 때문이다.

DMZ 네트워크

아래 그림 12.5와 같이 방화벽은 내부용과 외부용이 있다. 외부 방화벽은 로컬 또는 회사 네트워크 경계에 존재하는데, 이는 인터넷이나 광역 통신망(WAN : Wide Area Network)이 연결된 라우터 바로 밑을 의미한다. 내부 방화벽은 말 그대로 회사 내부 네트워크에 있는 방화벽을 말하며, 회사 내부 네트워크를 방어하는 용도이다. 이두 종류의 방화벽 사이에는 하나 이상의 DMZ(비무장지대) 네트워크가 있다. 외부 접근이 필요하지만 약간의 보호가 필요하다면 DMZ 네트워크에 놓는다. 일반적으로 DMZ 시스템들은 회사 웹 사이트, 이메일 서버, DNS(Domain Name System)서버와 같이 외부에서 연결이 필요하거나, 외부로 접속이 필요한 시스템들이다.

외부 방화벽은 외부 연결이 필요한 DMZ 시스템들에 대한 접근 제어 및 보호를 제공하며, 더불어 나머지 회사 네트워크 장비들에 대한 기본적인 수준의 보호를 제공한다.

---

* **역주** : 평판 정보는 벤더가 자체적으로 수집했거나, 개별 방화벽들에서 수집된 정보를 토대로 벤더의 글로벌 보안 센터에서 분석한 자료이다. 이 정보를 기반으로 전세계적으로 특정 IP가 공격용으로 사용되는지, 특정 파일이 위험파일인지 판단하게 된다.

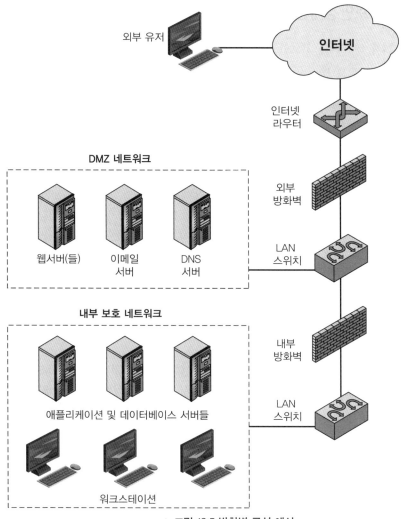

외부 유저

인터넷

인터넷
라우터

DMZ 네트워크

웹서버(들)   이메일
서버   DNS
서버

외부
방화벽

LAN
스위치

내부 보호 네트워크

애플리케이션 및 데이터베이스 서버들

워크스테이션

내부
방화벽

LAN
스위치

▲ 그림 12.5 방화벽 구성 예시

한편, 내부 방화벽에는 세 가지 목적이 있다.

- 내부 방화벽은 외부 방화벽에 비해 외부 공격들을 더 엄격하게 필터링하여 회사 서버 및 워크스테이션을 보호한다.

- DMZ에 양방향 보호를 제공한다. 첫 번째로, DMZ 시스템에서 시작되는 공격으로부터 나머지 다른 네트워크를 보호한다. 이러한 공격들은 DMZ 시스템이 웜, 루트 킷, 봇이나 기타 멀웨어 등에 감염되어 발생될 수 있다. 둘째, 반대로 내부 보호 네트워크로부터 DMZ 시스템을 보호한다.

- 다수의 내부 네트워크들끼리 서로로부터 보호하려는 경우에는 여러 개의 내부 방화벽이 설치된다. 예를 들어, 내부 서버와 워크스테이션끼리 서로서로 보호될 수 있도록 방화벽을 놓을 수 있다. 이러한 구성에서는, 외부 방화벽의 DMZ로 향하는 인터페이스와 내부 네트워크향 인터페이스를 물리적으로 완전히 나눠 구성하는 것이 일반적이다.

오늘날 IT 보안경계선

전통적인 회사 네트워크의 보안경계선(perimeter)은 라우터(혹은 외부 방화벽)의 인터넷(혹은 사설) WAN용 물리 인터페이스를 기준으로 구분 가능했었다. 허나 오늘날 기업 보안경계선은 물리 네트워크가 아니라, 네트워크 각 노드(node)에 의해 결정되는 경우가 많다. 기존의 네트워크 경계선을 깨버리는 주요 요소들은 아래와 같다.

- **무선 엑세스 포인트(AP)** : 악의적이던, 아무도 모르는 사이에 누군가 설치했던, 회사 네트워크 내부에 설치된 와이파이 AP는 인근 모바일 기기의 회사 네트워크 접속을 가능토록 한다.
- **모바일 기기** : 모바일 기기는 7장, "물리 자산 관리"에서 다룬 바와 같이 수많은 보안 문제를 일으킨다. 무선 기기는 이동통신망을 통해 인터넷에 연결될 수 있기 때문에 보안경계선과 깊이 연관되어 있다. 특히 모바일 기기가 연결된 회사 내부 컴퓨터는 회사 방화벽을 거치지 않고, 인터넷에 접속할 수 있다.

IBM Redpaper* [BUEC09]는 아래와 같은 무선 보안 지침들을 제안했다.

- 회사 네트워크에 접속이 필요한 모든 모바일 시스템에 호스트 기반 보안 소프트웨어 적용
- 알 수 없는 장치 검색, 발견 및 차단
- 트래픽 패턴, 통신, 전송된 데이터를 모니터링 하여 회사 네트워크가 어떻게 이용되는지 파악하고, 모바일 장치로부터 불필요하거나 보안 위협적인 트래픽이 발생되는지 알아볼 것

12.3 가상 사설 네트워크 및 IP 보안

이번 절에서는 가상 사설 네트워크(VPN: virtual private network)의 개념을 소개하고, VPN에 자주 사용되는 보안 메커니즘인 IPsec을 알아본다.

가상 사설 네트워크

가상 사설 네트워크는 대형 네트워크에서 규모의 경제와 관리적 이점 때문에 사용되는 기술로써, 공인망(이동통신사업자 네트워크 혹은 인터넷)을 통해 구성하는 사설 네트워크를 말한다. VPN은 지리적으로 넓은 영역에 걸쳐 있는 회사에게 광역 네트워크 구축을 가능하게 해주며, 더불어 지사 및 모바일 유저가 회사 LAN에 연결될 수 있도록 해준다. VPN을 타는 트래픽은 같은 VPN에 연결된 출발지에서 목적지로만 이

---

* 역주 : IBM에서 발간하는 Redbooks의 기술서

동할 수 있다. 더불어 대부분 VPN에는 암호화 및 인증 절차가 있다. 통신사업자 관점에서는 자신들의 공인망이 다수의 고객에게 공유되고, 각 회사별 트래픽을 구분할 수 있다는 특징이 있다.

오늘날 분산 컴퓨팅 환경에서 네트워크 관리자에게 VPN은 매력적인 솔루션이다. 간단히 말하자면, VPN은 상대적으로 보안이 취약한 네트워크안에서, 암호화 및 특수한 프로토콜들로 보안을 강화하여 컴퓨터를 연결하는 기술을 말한다. 회사 네트워크, 워크스테이션, 서버 및 데이터베이스는(하나 이상의) LAN에 연결되며, 네트워크 관리자가 비용 효율적으로 제어 및 구성한다. 반면 인터넷(또는 기타 공인망)은 각 회사 네트워크를 서로 연결하기 위해 사용되는데, 회사가 전용선을 직접 운영하는 것보다 저렴하다. 더불어 WAN 네트워크 관리 업무를 통신사업자에게 맡길 수 있다는 이점이 있다. 이 공인망을 통해 재택근무자나 모바일 직원들이 외부에서 회사 시스템에 접속할 수 있게 된다.

이때 관리자는 아주 기본적이고 필수적인 조건에 맞닥뜨리게 된다. 바로 보안이다. 공인망을 이용하게 되면 회사 트래픽이 외부에 노출될 수도 있고, 허가 받지 않은 유저가 들어올 수도 있다. 이러한 문제에 대처하기 위해 관리자는 다양한 암호화, 인증 패키지 및 제품을 선택할 수 있다. 그러나 특정 한 솔루션에 의존하게 되면 많은 문제를 일으킨다. 그럼 어떤 기준으로 솔루션을 선택해야 할까? 첫 번째로, 얼마나 안전한가 살펴봐야 한다. 독점 암호화 기술이나 인증 체계는 자체 기술 문서에서 언급한 내용을 100% 확신하기 힘들다. 두 번째는 호환성이다. 어떤 관리자도 보안 호환성 때문에 워크스테이션, 서버, 라우터, 방화벽 등을 선택할 때 문제가 생기길 바라지 않는다. 바로 이것이 인터넷 표준 중 하나인 IPsec이 사랑받는 배경이다.

IPsec

IPsec은 두 가지 IP 버전(IPv4 및 IPv6)를 지원하는 인터넷 표준 보안 기술이다. IPsec의 가장 중요한 특징은 모든 트래픽을 IP 레벨에서 암호화 및 인증한다는 점이다. 따라서 원격 로그인, 클라이언트/서버, 이메일, 파일 전송, 웹 접속 외 기타 등 모든 분산형 애플리케이션들이 보호될 수 있다.

IPsec은 크게 세 가지 기술로 구성되어 있다. 인증만 지원하는 Authentication Header(AH), 인증과 암호화를 지원하는 Encapsulating Security Payload(ESP) 그리고 키 교환(key exchange) 기능. VPN에서는 일반적으로 인증과 암호화 둘다 필요한데, 이는 (1) 허가되지 않은 유저가 VPN을 침투하거나 (2) 인터넷상에서 누군가 패킷을 훔쳐보더라도 그 내용을 읽지 못하게 할 수 있어야 하기 때문이다. 대부분의 환경에서 위 두 요건 모두를 필요로 하기 때문에, AH보단 ESP를 선택하는 경향이 있다. 참고로, 키 교환은 자동 교환 및 수동 교환 방식이 있다.

아래 그림 12.6 (a)는 ESP와 키 교환 기능을 사용하며, 터널모드 라고도 불리는 IPsec의 간단한 패킷 구조이다. 그림 12.6 (b)는 전형적인 IPsec 구성 예시이다. 이 예시의 조직은 지리적으로 분리된 LAN을 두 개 운영한다. 각 LAN 내부에서는 보안되지 않은 IP 통신을 한다. LAN을 벗어나는 트래픽 즉, WAN 구간에서 IPsec 프로토콜을 사용한다. IPsec은 각 LAN을 외부로 연결하는 라우터, 방화벽 같은 네트워크 장비에서 동작한다. 이 IPsec 장비는 WAN으로 나가는 모든 트래픽을 압축 및 암호화하며, 반대로 받을 때는 압축을 풀고 복호화를 수행한다. 이러한 암호화/복호화 동작은 IPsec 장비에서 모두 끝나므로 LAN 내부에 있는 워크스테이션이나 서버들은 이 과정을 알 수 없다. 공인망을 통해 직접 접속하는 유저의 경우에는 컴퓨터에 IPsec 프로그램을 설치하거나, 전용 장비들을 이용하여 암호화 전송을 할 수 있다.

터널 모드는 전체 IP 패킷을 보호한다. 이를 위해, 기존 IP패킷에 AH 혹은 ESP 필드를 추가한 뒤 전체 패킷을 터널용 신규 외부(outer) IP헤더 안쪽에 페이로드로 넣는다.(그림 12.6(a) 참조) 안쪽으로 들어간 기존 패킷은 터널을 통해 IP 네트워크의 VPN 터널 출발지에서 VPN 터널 목적지까지 이동된다. 기존 패킷은 완전히 다른 출발지와 목적지를 가진 신규(더 커진) 패킷 안쪽으로 들어가기 때문에 보안성이 강화된다. 중간 경로의 라우터들은 내부 IP 헤더를 들여다볼 수 없다. 터널 모드는 하나 이상의 security association(SA)가, 방화벽이나 IPsec 기능이 있는 라우터처럼, security gateway일 때 사용될 수 있다. 터널 모드를 사용하면 방화벽 뒤에 있는 호스트들은 IPsec 기능이 전혀 없어도 보안 통신을 할 수 있다. 호스트에서 생성된 비보호 패킷들은 security gateway가 만든 터널모드 SA 덕분에 외부 네트워크에서 터널링* 된다.

터널 모드 IPsec이 동작하는 예시는 이렇다. 호스트A가 다른 네트워크에 있는 호스트B로 가는 IP 패킷을 만든다. 이 패킷은 출발지에서 호스트A의 네트워크 끝에 있는 방화벽(또는 IPsec기능이 있는 라우터)에 도착한다. 방화벽은 IPsec 처리가 필요한 패킷들을 일단 막는다. 만일 호스트A에서 호스트B로 갈 때 IPsec이 필요하다면 방화벽은 IPsec 프로세싱을 거친 뒤 외부(outer) IP 헤더를 붙이고 그 안에 패킷을 넣는다(캡슐화(encapsulation)). 외부IP 헤더의 출발지는 이 방화벽이 되고, 목적지 주소는 호스트B 네트워크 끝에 있는 방화벽이 된다. 이 패킷은 이제 라우터들을 거쳐서 호

---

* **역주** : 패킷이 IPsec터널 안에서 오가게

스트B의 방화벽에 도달하게 된다. 호스트B의 방화벽은 외부IP헤더를 떼어내고 안쪽에 기존 IP 패킷을 B에게로 보낸다.

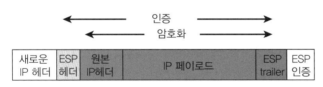

(a) 터널모드 패킷구조

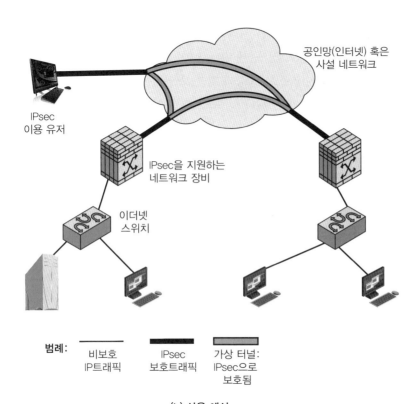

(b) 사용 예시

▲ 그림 12.6 IPsec 터널 모드 시나리오

방화벽 기반 VPN들

그림 12.7은 전형적인 IPsec 구성 예시이다. 이 예시의 조직은 지리적으로 분리된 LAN을 두 개 운영한다. 각 LAN 내부에서는 보안되지 않은 IP 통신을 한다. LAN을 벗어나는 트래픽 즉, WAN 구간에서 IPsec 프로토콜을 사용한다. IPsec은 각 LAN을 외부로 연결하는 라우터, 방화벽 같은 네트워크 장비에서 동작한다. 이 IPsec 장

비는 WAN으로 나가는 모든 트래픽을 압축 및 암호화하며, 반대로 받을 때는 압축을 풀고 복호화를 수행한다. 이러한 암호화/복호화 동작은 IPsec 장비에서 모두 끝나므로 LAN 내부에 있는 워크스테이션이나 서버들은 이 과정을 알 수 없다. 공인망을 통해 직접 접속하는 유저의 경우에는 컴퓨터에 IPsec 프로그램을 설치하거나, 전용 장비들을 이용하여 암호화 전송을 할 수 있다. 이들은 인터넷에 직접 연결되어 있기 때문에 회사 네트워크를 침투하려는 공격자들의 공격 대상이 될 수 있다. 따라서 높은 수준의 호스트 보안체계를 운영해야 한다.

아래 그림 12.7과 같이, IPsec을 구현하는 주체는 보통 방화벽이다. 만일 방화벽 옆(혹은 내부)의 별도 장비가 IPsec을 처리하게 되면 VPN 트래픽이 모두 암호화된 채로 방화벽을 통과하게 된다. 이 경우, 패킷이 암호화되어 있으므로 방화벽은 패킷 필터나 접근 제어, 로깅, 바이러스 스캔 등과 같은 보안 기능을 수행할 수 없다. 라우터에서 IPsec을 구현할 수도 있다. 허나 방화벽보다 보안성이 떨어지기 쉬우므로 IPsec 플랫폼으로서 덜 바람직하다.

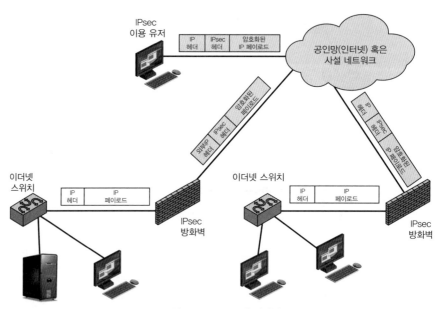

▲ 그림 12.7 VPN 보안 시나리오

12.4 네트워크 관리용 보안 고려사항

이번 절에서는 정보보호포럼(Information Security Forum's(ISF's))의 정보 보안을 위한 모범 사례 표준(SGP, Standard of Good Practice for Information Security)에 정의된 네트워크 관리 부분을 살펴본다.

네트워크 장비 설정

네트워크 장비 설정 시 보안 목표는, 설정은 정확하게 보안은 확실하게 하는 것이다.

SGP에서는 다음과 같은 순서로 정책 설정을 권장한다.

- 보안 아키텍처 원칙 수립
- 표준 보안 관리 실행
- 장비 설정
- 네트워크 장비 접속 제한
- 취약성 및 패치 관리
- 라우팅 테이블과 네트워크 장비 설정 변경
- 네트워크 장비 설정과 구성을 주기적으로 검토

네트워크 장비를 설정하는 것은 복잡한 일이다. 벤더들이 라우터, 스위치, 방화벽 그리고 application delivery controllers*에 점점 더 많은 기능을 넣고 있다. 이로 인해 커맨드라인(command-line) 구문(syntax)이 수많은 옵션과 선택 항목들로 더더욱 복잡해지고 있다. command-line interface(CLI) 대안으로 웹 기반(GUI: graphical user interfaces)가 제공되는 경우가 많지만, 탐색속도가 느린 편이다. 더불어 GUI는 페이지들을 예상하기 힘든 위치에 숨겨두어서, 수많은 클릭으로 짜증을 유발시키기도 한다.

여러 IT 전문가들이 분석한바에 따르면, 대부분의 대형 네트워크 장애는 잘못된 설정 변경이 원인이었다. [BANK14] 사소한 변경 실수가 대형 네트워크 장애를 유발시키기도 하는 것이다. 그래서 경험이 많은 네트워크 관리자는 장비 설정에 상당한 시간을 할애하게 되고, 이로 인해 생산적 혹은 관리적인 업무에 집중하기 어렵게 된다.

대부분의 설정 변경은 패스워드와 ACL 변경과 같이 반복적이고 노동 집약적인 작업이다. 그래서 이러한 반복적이고 복잡한 장비 설정 업무들을 자동화하여, 인적장

---

* **역주** : 국내에서는 흔히 L4스위치라고 부른다.

애를 줄여주는 여러 툴들이 존재한다. Zoho사의 백서 [BALA15]에서는 장비설정 자동화 관리 툴들이 갖춰야 할 주요 특징을 아래와 같이 요약하고 있다.

- **멀티 벤더 장비 지원 :** 유명한 벤더의 모든 제품군을 지원해야 한다.
- **장비 투입 시 자동 인식 :** 수천개의 네트워크 장비가 있을 수 있는데, 만일 장비 하나하나를 사람이 수동으로 추가한다면 매우 비효율적일 것이다. 관리 툴은 자동으로 장비를 인식하고, 기타 옵션들과 함께 자동 추가할 수 있어야 한다.
- **통신 프로토콜 :** 네트워크 장비와 직접 통신하거나, 설정 파일 전송을 위해서 다양한 프로토콜을 지원해야 한다.
- **보안 스토리지 :** 침입 사고에 대비하기 위해 설정 정보가 암호화되어 있어야 한다.
- **물품 관리 :** 관리 대상 장비의 물품 정보(인벤토리)를 제공해야 한다. 시리얼 번호, 인터페이스 및 샤시 세부정보, 포트 구성, IP 주소 그리고 하드웨어 속성 등과 같은 다양한 세부 정보들을 제공할 수 있어야 한다.
- **설정 작업 및 예약 :** 설정 정보의 검색, 보기, 편집 그리고 설정 정보를 장비로 다시 업로드하는 등의 작업을 GUI상에서 간단하고 직관적으로 할 수 있어야 한다. 자동 실행을 예약할 수 있는 옵션도 제공해야 한다.
- **설정 정보 버저닝(versioning) :** 장비의 설정정보 변경 발생 시, 버전을 할당하고 관리한다.
- **긴급복구 기능 :** 장애 발생 시 관리자가 설정을 즉각 복구할 수 있도록 각 장비별 안정적인 설정을 긴급복구 버전으로 표기할 수 있어야 한다. 더불어 장애 발생시, 해당 버전으로 복구할 수 있는 기능을 제공할 수 있어야 한다.
- **접근 제어 :** 다수의 유저가 접속할 경우, 14 장, "기술 보안 관리"에 기술된 것처럼 속성이나 역할 기반으로 접근 제어를 구현해야 한다.
- **승인 체계 :** 많은 기업들의 보안정책이 변경사항을 적용하기 전에, 특정 레벨 이상의 유저가 검토한 뒤, 최종 관리자가 승인하도록 하므로 이러한 기능을 보유하고 있어야 한다.

물리 네트워크 관리

물리 네트워크 관리는 물리적 보안의 하나이며 16장, "로컬 환경 관리"에서 좀 더 상세히 다룰 예정이다. 이 절에서는 물리 네트워크 관리의 조금 중요한 관점을 몇 가지 나열한 후 TIA-492 인프라 표준을 소개하고자 한다.

네트워크 관점

물리 네트워크 관리에는 세 가지 요소가 있다.

- **통신 회선 :** 외부 통신용 회선은 물리적으로 보호되어야 한다. 물리적으로 보호된 관로(conduit)이용, 잠금장치 검사, 말단(termination) 지점 잠금 및 공공장소 우회 등의 대응 방안들이 있다.

- **네트워크 액세스 포인트** : 네트워크 액세스 포인트를 안전한 환경에서 운영하며, 물리적 보안 정책이 적용되도록 해야 한다.
- **네트워크 문서** : 네트워크 설정 및 기능들에 대해 명확하게 문서화 해야한다.

TIA-492

미국통신산업협회(TIA: Telecommunications Industry Association)의 표준 TIA-492, 데이터센터 통신 인프라 표준(Telecommunications Infrastructure Standard for Data Centers)에는 데이터센터 통신 인프라의 최소 요구 사항들이 명시 되어있다.

이 표준은 기능 영역별로 데이터센터를 나누고 있으며, 설비 위치를 정할 때 표준 계층디자인을 따를 수 있도록 도움을 준다. 더불어 성장세에 맞춰 서버와 애플리케이션을 추가하거나, 업그레이드할 때 중단 시간을 최소화하도록 해준다. 이 표준은 고가용성을 지키면서, 보안 조치가 통일성있게 적용될 수 있도록 해준다. TIA-942는 아래와 같은 기능 영역으로 데이터 센터를 나누었다.

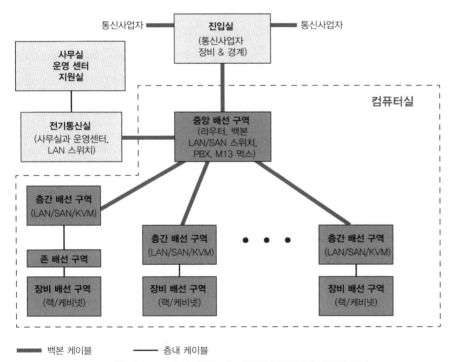

▲ 그림 12.8 TIA-942-핵심 기능 영역으로 구분된 데이터 센터

아래는 각 기능 영역의 설명이다.

- **컴퓨터실(Computer Room)** : 데이터 처리 장비들을 모아둔 영역
- **진입실(Entrance room)** : 컴퓨터실 또는 사내케이블 시스템과 외부 통신사업자 장비 간 인터페이스를 제공하는 공간으로써, 한 곳 이상이 있을 수 있다. 컴퓨터실과 진입실을 물리적으로 분리하여 보안을 강화하도록 한다.
- **중앙 배선 구역(Main distribution area)** : 데이터센터 중앙에 위치한 이 영역에는 메인 연결 단자함(cross-connect)과 코어 라우터, LAN과 SAN(스토리지 영역) 스위치 등의 인프라가 존재한다.
- **층간 배선 구역(Horizontal distribution area(HDA))** : HDA는 층간(역주 : 건물내에서 다른 층을 오가는) 케이블을 분배하는 공간으로, 일부 네트워크 장비 또는 장비 배선 구역(EDA)을 연결하기 위한 단자함을 보유하고 있다.
- **장비 배선 구역(Equipment distribution area(EDA))** : EDA는 랙과 캐비넷이 있는 공간으로, 이곳 패치 패널에 층간 케이블들이 연결된다.
- **존 배선 구역(Zone distribution area(ZDA))** : ZDA는 HDA와 EDA 사이 상호연동을 위한 공간으로써, 있을 수도 있고 없을 수도 있는 옵션 공간이다. ZDA는 대규모 케이블링 구조변경 시 작업을 최소화할 수 있도록 도와주며 랙 없이 설치되는 자립형(freestandin) 메인프레임 등을 수용하는 공간이다.

TIA-942에서 특히 컴퓨터 보안에 관련돼 중요한 부분은 계층(tier)형 구조 부분이다. 아래 표 12.4처럼, 총 네 개의 계층을 정의한다. 단계가 높아질수록 가용성이 높아지는데, TIA-942에서 각 단계별 상세한 아키텍처, 보안, 전기, 기계 및 통신 권장 사항을 설명해두고 있다.

▼ 표 12.4 TIA-942의 데이터센터 계층

Tier	시스템 디자인	가용율/연간 허용 중단시간
1	• Tier 1은 계획된 작업이나 계획되지 않은 이벤트, 모두로 인해 중단될 수 있다. • 전원과 공조시설이 단일 경로로써, 이중화가 안되어 있으며 컴포넌트 이중화도 제공되지 않는다. • raised floor(역주 : 공조 및 케이블 통로를 위해 바닥에서 띄어서 설치하는 이중 바닥재로써 액세스 플로어(access floo)라고도 불린다), 무정전전원장치(UPS) 또는 발전기가 있을 수도, 없을 수도 있다. • 구축하는데 3개월가량이 소요된다. • 예방 정비를 실시하려면 완전히 멈춰야 한다.	99.671%/ 28.8 시간
2	• Tier 2는 Tier 1보다 계획 작업 및 비계획 이벤트에 덜 취약하다 • 전원과 공조시설이 단일 경로로 이중화 안되어 있으며, 컴포넌트 이중화도 제공되지 않는다. • raised floor, 무정전전원장치, 발전기가 있다. • 구축하는데 3~6개월가량이 소요된다. • 전력선 및 일부 인프라 작업 시 중단이 필요하다.	99.741%/ 22.0 시간

3	• Tier3은 컴퓨터 하드웨어 운영을 중단하지 않고 계획된 작업을 수행할 수 있지만, 비계획 이벤트에는 여전히 취약하다 • 전원과 공조시설의 경로 이중화가 되어있다. 설령 경로는 단일 경로일 지라도, 컴포넌트는 이중화 되어 있다. • 구축하는데 15~20개월 가량이 소요된다. • raised floor가 있으며, 어떤 한 경로에 유지보수 작업이 발생하더라도 이중화 된 다른 경로로 충분한 용량 전달이 가능하다.	99.982%/ 1.6 시간
4	• 계획된 작업은 중요한 영향을 미치지 않으며, 계획되지 않은 최악의 이벤트 하나가 발생하더라도 용량에 중요한 영향을 미치지 않는다. • 전력 및 공조 경로 다중화 및 컴포넌트까지 이중화가 완전히 되어 있다. • 구축하는데 15~20개월 가량이 소요된다.	99.995%/ 0.4 시간

무선 액세스

무선 네트워크 관리 보안은 무선 통신의 감시, 가로채기 혹은 수정될 위험 최소화 및 인증 받은 사용자나 컴퓨터 장비만 접속하도록 하는 것이 목표이다.

Dennis Kennedy의 기사 "무선 네트워크 보안 모범사례"에서 아래와 같은 무선 액세스의 위험요소 및 각각의 완화 방안을 소개한다.

- **정책, 교육 및 인식부족** : 다른 영역들처럼, 무선 보안에 대한 정책과 인식 교육이 수반되어야 한다. 이 교육은 무선 장비 사용시 적합한 절차와 위험 요소들을 포함해야 한다.
- **접근 제약** : 무선 액세스 포인트(AP)는 주기적으로 Service Set Identifier(SSID)를 전송한다. 고유 SSID를 통해 각각의 액세스 포인트를 구별할 수 있게 되고, 특정 액세스 포인트가 살아있음을 알게 된다. 허나 이 SSID는 암호화되지 않고, 전송되기 때문에 취약점 공격이나 침입을 당할 수 있다. 대응 방법들은 아래와 같다.
  - 기기 보안 기능 활성화
  - 제조업체가 설정한(기본 SSID 값과 같은) 기본 설정들을 변경한다.
  - 무선 액세스 포인트에 고정IP를 사용해서, 무선 접속하려는 모든 이들에게 자동으로 IP를 부여하는 Dynamic Host Configuration Protocol(DHCP)가 활성화되지 않도록 한다. 고정 IP는 무단 침입을 어렵게 한다.
  - 집이나 원격에 WLAN이 있는 직원을 추적하라. 메인 회선 뒤쪽에 WLAN을 두도록 해서, 필요시 회사 네트워크 관리자가 그 직원의 네트워크를 차단할 수 있어야 한다. 만일 집에서 WLAN이 사용된다면, 암호화 및 VPN 터널링 등 특수한 보안 구성을 하는 것이 좋다.
- **불법 액세스 포인트** : 불법(rogue) 액세스 포인트는 IT팀과 협의하지 않고 임의로 설치한 AP이다. 적절한 통제를 위해서는 접근 제어, 암호화, 인증 절차가 있어야 한다.
- **트래픽 분석 및 도청** : 이 위협에 대응하기 위해서는 강력한 유저인증 적용 및 전체 트래픽 암호화를 시행한다.

- **네트워크 성능 부족** : AP의 불균형, 충분하지 못한 용량 계획 또는 denial of service(DoS) 공격으로 성능 부족현상이 나타난다. 이 리스크를 줄이기 위한 방안은 아래와 같다.

    1. 꾸준히 네트워크 성능을 모니터링하고, 이상 직후 발생시 즉시 조사한다.

    2. AP 커버리지를 세분화해서 한 AP에 너무 많은 사람이 몰리지 않도록 한다.

    3. traffic-shaping등으로 트래픽 한계치를 미리 설정해 두어서 트래픽 폭주 등에 대비하도록 한다.

- **해커 공격** : 해커들은 무선 네트워크에 무단 접속을 하려고 한다. 침입 탐지 시스템, 안티바이러스 그리고 방화벽을 이용하여 침입을 차단한다.

- **물리적 보안 결함** : 물리적 보안 영역으로써, 네트워크 장비와 모바일 장비 모두 물리적 보안 정책 및 절차를 준수하여야 한다.

VPN을 사용하면 보안성을 더욱 더 높일 수 있다.

외부 네트워크 연결

이 절의 보안 목표는 허가 받지 않은 외부 유저가, 내부 시스템이나 네트워크에 접속할 수 없도록 하는 것이다. SGP에서 아래와 같은 가이드라인을 제시하고 있다.

- 특정 시스템/네트워크 들만 외부 접속을 허용하고, 지정된 경로만 사용하도록 강제한다.
    - 외부 연결의 출발지를 확인한다.
    - 아주 기본적인 보안 설정만 충족하는 장비들은 외부 접속을 제한시킨다.
    - 특정 회사 애플리케이션들만 외부 접속 허용(예, 메일만 인터넷 통신 허용)
    - 방화벽을 사용하여 보안 정책 강제 적용
    - VPN 사용

방화벽

방화벽의 보안 관리에는 두 가지가 필요하다. (1) 전반적인 보안 정책에 부합하는 방화벽 정책과 (2) 방화벽 도입계획 및 구축방안. 아래 하위 절에서는 이 두 가지 토픽에 대해 살펴볼 예정이다.

방화벽 정책

NIST의 SP800-41, 방화벽 및 방화벽 정책의 가이드라인에서 방화벽 정책이란 조직의 보안 규정에 부합하여, IP 주소 (혹은 주소 영역), 프로토콜, 애플리케이션, 컨텐츠 종류 별로 어떻게 인바운드/아웃바운드 트래픽을 다룰지 정하는 것이라고 정의하고 있다. SP 800-41은 방화벽 정책 설정에 다음과 같은 권장 사항을 제시한다.

- 종합적인 위험 분석을 근거로 방화벽 정책을 설정할 것
- 모든 인바운드, 아웃바운드 트래픽 차단을 기본 방화벽 정책으로 하고, 꼭 필요한 트래픽들만 열어주는 형태로 운영할 것
- 출발지와 목적지의 트래픽 사용량과 컨텐츠를 살펴볼 것
- 주소가 올바르지 않거나, 사설주소로 되어있는 IPv4 트래픽은 최대한 많이 막을 것
- IPv6 트래픽을 어떻게 다룰지 정책을 세울 것
- 어떤 애플리케이션들이 트래픽을 보내고 받는지 확인하고,확인되지 않은 애플리케이션 트래픽은 방화벽 정책으로 막을 것.

방화벽 도입계획 및 구축방안

도입계획 및 구현과 관련하여 SP 800-41은 아래와 같은 단계별 조언을 제공하고 있다.

- **계획** : 보안정책 구현을 위한 방화벽을 선택 시, 가장 먼저 조직의 모든 요구 사항을 알아내도록 한다.
- **구성** : 구성 단계는 방화벽 설정에 관한 모든 것을 말한다. 하드웨어 및 소프트웨어 설치 및 해당 시스템용 룰 구성까지 모두 포함한다.
- **테스트** : 프로토타입을 랩이나 테스트 환경에서 구현 및 테스트해본다. 주요 목표는 솔루션의 기능, 성능, 확장성 및 보안을 평가하고, 호환성 이슈 등 잠재된 이슈가 있는지 확인하는 것이다.
- **설치** : 테스트가 완료되고, 모든 이슈가 해결되면 장비를 실망에 설치한다.
- **관리** : 방화벽 설치 이후 장비를 뺄 때까지 컴포넌트 유지보수 및 각종 운영이슈를 다루어야 한다. 개선 작업 혹은 주요 변경이 일어날 때마다 반복 수행되는 단계이다.

원격 유지보수

원격 유지보수란 보안경계선 외부에서 사람이 유지보수 작업을 수행하는 걸 말한다. 원격 유지보수는 기업에게 편리하며, 사물 인터넷(IoT)이나 산업 통제 시스템 등에서는 필수적이다. 이 영역의 보안 목표는 원격 유지보수가 오용되어, 주요 시스템 또는 네트워크의 무단 접속을 방지하는 것이다.

미 국토안보부에서 아래와 같이 산업통제 시스템의 원격 유지보수의 자격 요건 [DHS11]들을 작성했으며, 이는 일반 IT 시스템에도 적용될 수 있는 내용들이다.

- 원격 실행된 유지보수 및 진단 작업들의 승인, 모니터링 및 제어
- 원격 유지보수 및 진단 툴들이 조직의 정책과 보안 계획 문서에 부합하는 경우만 허용
- 원격 유지보수 및 진단 활동에 대해 기록
- 원격 유지보수 작업이 끝나면 원격 세션을 포함한 모든 세션을 종료
- 만일 원격접속을 위해 비밀번호 인증을 사용할 경우, 각 원격 세션별로 패스워드를 변경할 것
- 원격 유지보수 및 진단 세션을 감사하고, 이 기록에 대해 담당자가 검토 수행
- 원격 유지보수 및 진단 툴의 설치 및 운영에 대해 문서화할 것
- 원격 유지보수/진단은 사내 시스템 이상의 보안 레벨이 적용되어야 한다. 아니라면 원격 작업/진단을 하기전에 시스템에서 서비스 컴포넌트를 제거하고 기밀처리(sanitize)를 진행한다. (예를 들어, 세트 포인트 삭제, 임베디드 네트워크 주소나 임베디드 보안 검증 정보 등) 원격 작업 수행 후 컴포넌트가 반납되면, 구성 관리안에 따라 인증 펌웨어를 체크하거나 재설치하고, 모든 임베디드 설정을 초기화하도록 한다. 이 작업은 "신규" 펌웨어로 꾸며져 있을지도 모를 악성 소프트웨어가 시스템에 연결되기 전에 삭제될 수 있도록 해준다.
- 원격 유지보수 세션은 유저에게 강력하게 묶여 있는 인증체계로 보호되어야 한다.
- 유지보수 담당자는 시스템 관리자에게 언제(날짜/시간) 작업을 할지 통보해야 한다.
- 원격 원격작업을 승인하는 사람은 일정 수준 이상의 보안/시스템 지식이 있는 사람이어야 한다.
- 원격 유지보수/진단 통신의 무결성과 기밀성을 제공하기 위해 암호화 메커니즘이 사용되어야 한다.
- 원격 유지보수/진단 세션이 확실히 끊겼음을 검증해야 한다.

12.5 전자 통신

엔터프라이즈 보안의 목표는 보유 정보, 서버, 클라이언트/서버 통신 등을 다양한 위협으로부터 보호하는 것이다. 서버나 데이터베이스와 무관해 보이는 개인간 전자통신 보안을 결코 간과해서는 안된다. 이번 절에서는 보호해야 할 네 가지 유형의 전자통신에 대해 살펴본다.

이메일

이메일 기본 구조를 파악하기 위해서 RFC 5598, 인터넷 메일 아키텍처(Internet Mail Architecture)에 정의된 구조를 알아 두면 많은 도움이 된다. 크게 보면 이메일은 message user agent(MUA)라는 유저 담당과, message transfer agents(MTA)가

포함된 Message Handling System(MHS)라는 전송 담당으로 나뉜다. MHS는 메일을 받으면, 하나 이상의 유저에게 전달함으로써 가상 MUA-to-MUA 교환 환경을 만든다. 이 아키텍처는 세 가지 유형의 상호운영성(interoperability)을 필요로 한다. 첫 번째는 유저간 상호운영성이다. MUA가 메시지 작성자 대신, 메시지를 이메일 형식으로 알맞게 포장해서 보내면 목적지 MUA는 이를 복구한 뒤, 이메일 내용을 수신자에게 표시해준다. 메시지가 MUA에서 MHS로 처음 전달되고, 또 MHS에서 목적지 MUA로 내보내 질 때, 각각 MUA와 MHS 사이에도 상호운영성이 필요하다. 마지막으로 MHS 경로의 MTA 컴포넌트들 간에도 상호운영성이 필요하다.

아래 그림 12.9는 인터넷 메일 아키텍처의 주요 컴포넌트들을 보여준다.

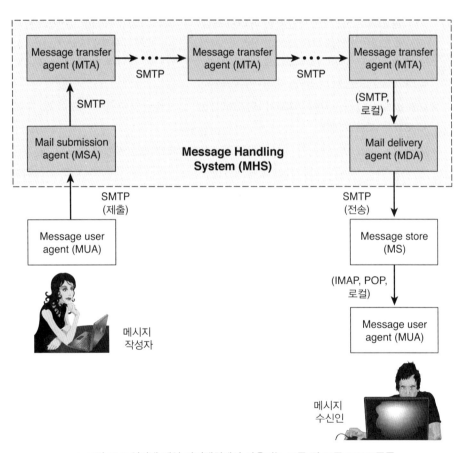

▲ 그림 12.9 인터넷 메일 아키텍처에서 사용되는 모듈 및 표준 프로토콜들

아래는 주요 컴포넌트들에 대한 설명이다.

- **Message user agent(MUA, 메시지 유저 에이전트)** : MUA는 유저 또는 유저 애플리케이션을 대신하여 동작한다. 이메일 서비스의 대리인이라고 볼 수 있다. 일반적으로 유저 컴퓨터에 있으며, 클라이언트 이메일 프로그램 또는 로컬 네트워크 이메일 서버라고 불린다. 작성자측 MUA는 메시지를 이메일 형식에 맞게 포장하고, MSA를 통해 MHS로 보낸다. 수신인측 MUA는 수신된 메일을 보관하고, 수신인에게 표시해준다.

- **Mail submission agent (MSA, 메시지 제출 에이전트)** : MSA는 MUA가 제출한 메시지를 받아서, 호스팅 도메인 표준과 인터넷 표준에 맞게 정책을 적용한다. 이 MSA 기능은 MUA에 포함되어 있거나, 별도로 나뉘어 있을 수 있다. 후자의 경우라면 MUA와 MSA사이에 SMTP가 사용된다.

- **Message transfer agent(MTA, 메시지 전송 에이전트)** : MTA는 메일을 한 애플리케이션에서 다음 홉으로 전송하는 역할을 한다. 마치 스위치나 라우터처럼, 메시지를 수신자에게 더 가깝게 보내는 작업을 하는 것이다. 목적지 MDA에 도달할 때까지 MTA간 메시지 전달 작업이 계속된다. 또한 MTA는 헤더에 추적 정보를 추가한다. MTA간에는 SMTP가 사용되며, MTA와 MSA(또는 MDA)간에도 SMTP가 사용된다.

- **Mail delivery agent(MDA, 메시지 배달 에이전트)** : MDA는 SMTP를 이용하여 메시지를 MHS에서 MS로 보낸다.

- **Message store(MS, 메시지 저장소)** : MUA는 원격 서버에 있는 독립된 별도 MS를 사용할 수도 있고, 아예 MUA와 MS가 동일 장비상에 있을 수도 있다. 일반적으로는 POP(Post Office Protocol) 혹은 IMAP(Internet Message Access Protocol)를 이용하여 원격 MS에서 메시지를 받아온다.

신뢰성을 높여주는 이메일 표준들

이메일은 개인 및 조직에게 매우 대중적으로 사용되지만, 다양한 보안 위협에 취약한 기술이다. 이메일의 보안 위협은 일반적으로 아래와 같이 분류할 수 있다.

- **인증 위협** : 회사 이메일 시스템에 무단 접속을 초래할 수 있다. 이메일 상에 보여지는 작성자가 실제 작성자가 아닌 기만 행위도 여기에 포함된다.
- **무결성 위협** : 이메일 내용 무단 변경을 초래할 수 있다.
- **기밀성 위협** : 민감한 정보가 무단 공개되는 결과를 초래할 수 있다.
- **가용성 위협** : 유저가 이메일을 보내거나 받을 수 없게 될 수 있다.

이러한 위협에 대응하기 위해 NIST는 SP 800-177, 신뢰할 수 있는 이메일로 이메일 신뢰성 강화를 위한 권고사항과 지침을 발간하였다. 이 문서는 이메일 보안 위협에 대응 가능한 표준 프로토콜들은 무엇이 있으며, 어떻게 사용할 수 있는지 수록되어 있다. 아래는 SP 800-177에서 권장하는 프로토콜들에 대한 설명이다.

- **STARTTLS :** 인터넷을 통해 SMTP 클라이언트와 서버간 Transport Layer Security(TLS)를 사용하여 서로 인증하고, 신뢰성을 높이는 SMTP 확장기능(extension)이다.

- **S/MIME :** SMTP 메시지 본문의 인증, 무결성, (전자서명을 통한) 부인 방지(non-repudiation)와 (암호화를 통한) 기밀성을 제공한다.

- **DNS-based Authentication of Named Entities(DANE) :** 인증 기관(certification authority(CA))의 약점을 보완하기 위해 탄생했으며, 공개 키를 DNSSEC(DNS Security Extensions)을 통해 별도 채널로 인증하는 기술이다. 이를 통해, IP 주소로 직접 통신하는 것만큼 DNS 신뢰도를 높일 수 있다.

- **Sender Policy Framework(SPF) :** 도메인 소유자가 인증한 MTA만 메일을 전송할 수 있도록 IP 주소를 지정하는 기술이다. 가장 먼저, 도메인 소유자는 도메인 주소와 인증 MTA의 IP 주소 연동 정보를 담아둔 DNS 레코드를 만들어 둔다. 수신자가 메일을 받으면 DNS안에 있는 SFP TXT 레코드를 확인하여, 만일 인증되지 않은 IP 주소로부터 왔다면 해당 메일을 허용하지 않게 된다.

- **DomainKeys Identified Mail(DKIM) :** 이메일 작성자 혹은 운영자가 암호 기술을 이용하여, 메시지에 도메인 이름을 넣는 기술이다. 이를 통해 필터링 엔진은 특정 도메인에 대한 평판 정보를 발전시킬 수 있다. MTA가 특정 헤더나 메시지 본문만 추려서 DKIM 서명을 만들 수도 있다. 이 프로토콜을 사용하면 메일의 출발지 도메인과 메시지 본문의 무결성을 검증할 수 있다.

- **Domain-based Message Authentication, Reporting and Conformance(DMARC) :** DMARC을 이용하면 DKIM과 SPF로 출발 도메인을 인증하게 된다. 도메인 소유자는 수신자에게 자신들의 도메인을 사용했으나, 인증에 통과되지 못한 이메일은 어떻게 처리했으면 하는지 의견을 전달할 수 있다. 더불어 역으로 수신자 측에서 도메인 소유자에게 리포팅 할 수 있도록 해준다. 이 과정으로 송신 측은 자신들의 SPF와 DKIM 정책이 얼마나 효과가 있는지 알 수 있게 된다. 그리고 수신 측으로는 자신의 도메인이 적혀 있는 다양한 개별 이메일을 어떻게 처리했으면 하는지, 또 대량 공격상황에서는 어떻게 처리를 했으면 하는지 알려줄 수 있다.

위 표준들의 아주 심도 있는 내용은 이 책의 범위를 벗어난다. 자세한 내용은 스탈링스의 글, "종합적인 인터넷 이메일 보안(Comprehensive Internet Email Security)" [STAL16]을 참조하길 바란다. 보안 관리자라면 이러한 표준들이 어떻게 동작하는지 알고, 또 조직에서 사용할지 말지 결정할 수 있어야 한다.

또 다른 유용한 NIST 문서는 SP 800-177을 보완하는 SP 800-45, 이메일 보안 가이드라인이다. 앞서 살펴본 SP 800-177은 프로토콜과 디지털 서명 및 암호화에 초점이 맞춰져 있다. 반면, SP 800-45은 공인/사설 네트워크에서 이메일 시스템의 설계, 구현 및 운영의 적절한 사례들을 다루고 있다.

이메일 이용 규정

많은 회사들은 직원들에게 이메일 계정을 제공하여, 조직내부 뿐 아니라 인터넷을 통해서도 메일을 주고받을 수 있게 해준다. 이때 이메일 이용 규정을 만들고, 직원들이 이 정책에 동의하도록 하는 것이 바람직하다. (4.3절, 허용 가능한 사용정책 참조) 예를 들어, 아래와 같은 정책들이 있을 수 있다.

- **제한적 행위** : 사업의 목표와 목적을 뒷받침하는 경우에 한해서, 직원들의 이메일 사용을 허용하고 권장한다.

- **비허용 행위** : 아래 행위들은 받아들일 수 없는 것으로 간주된다.

  - 회사 시스템을 개인 용도로 사용하거나, 행운의 편지 등을 발송하는 행위

  - 회사 기밀을 외부로 유출하는 행위

  - 외설, 음란 또는 불법으로 간주되는 영상이나 텍스트 자료의 배포, 전달 또는 보관

  - 문맥 상 인신공격, 성차별, 인종차별, 모욕, 괴롭힘으로 간주되는 이미지, 텍스트 또는 자료의 배포, 전달 또는 저장

  - 저작권 침해물

  - 회사 또는 다른 조직의 시스템에 침입하거나, 암호/우편함의 무단 사용

  - 사회적, 정치적, 종교적 또는 기타 비업무적 문제에 대한 자발적인 개인 의견 방송

  - 요청하지 않은 상업용, 광고용 자료 전송

  - 고의적으로 인력 또는 네트워크 리소스를 낭비하려는 행위

  - 회사 네트워크에 컴퓨터 바이러스 또는 멀웨어 전파

- **모니터링** : 조직에게 이메일은 귀중한 비즈니스 툴이다. 허나 이를 잘못 사용할 경우 직원들의 생산성과 조직명성에 악영향을 끼칠 수 있다. 회사의 모든 이메일 리소스는 사업 목적으로 제공되는 툴이다. 따라서 회사는 관련 시스템 및 모든 데이터를 검사할 권리가 있다. 이 방침에 따라, 회사는 이메일의 사용 용도와 내용을 체크할 수 있는 모니터링 소프트웨어를 사용할 권리를 보유한다. 단, 이러한 모니터링은 정당한 목적으로만 이루어지며, 직원과 합의된 절차에 따라 수행되어야 한다.

- **제재** : 직원이 이러한 정책에 부합하지 않은 것으로 판단되면, 징계 절차에 회부된다. 그 범위는 구두 경고부터 해고까지 폭넓다. 실제 처벌은 위반의 심각성과 직원의 징계기록에 따라 결정된다.

- **동의** : 회사 이메일을 사용하는 모든 회사 직원, 관계사 또는 임시 직원들은 이 약관에 서명하여, 이용 규정의 이해와 동의를 확인한다.

이메일 보안 정책

이용 규정과 더불어, 어떻게 이메일이 처리, 전송 및 저장할 것인지 보안 정책으로 지정되어야 한다. ISO 27002, 정보 보안 제어를 위한 실천 규약에서 다음과 같이 이메일 보호를 위한 고려사항들을 제시하고 있다.

- 무단 접근, 수정 및 DoS 공격으로부터 메시지 보호.
- 메시지의 정확한 주소 지정 및 전송 보장
- 서비스의 신뢰성 및 가용성 보장
- 전자서명 요건 등과 같은 법률적 요소 고려
- 메신저, SNS, 파일 공유와 같은 외부 인터넷 서비스는 승인 후 사용
- 외부 네트워크에서 접속할 때 높은 강도의 인증 절차 시행

메신저

메신저(Instant Messaging, IM)는 짧은 메시지가 수신되자 마자 팝업 화면으로 수신자의 즉각적인 관심을 유도하는 통신 서비스다. PC, 핸드폰 기타 기기에 둘 이상의 사람이 동일한 소프트웨어 클라이언트를 이용하여 통신한다. 이 통신은 주로 인터넷을 통해 이뤄지며, 음성 통화나 영상 통화와 같이 좀 더 발전된 형태를 띄는 경우도 있다. 파일 전송도 되지만 사이즈에 제한이 있는 편이다. 대부분의 메신저는 메시지를 주고받을 수 있는 대화상대가 온라인 상태인지 등의 정보를 표기해준다. 또한 자주 대화하는 유저나 그룹을 보여주는 대화 친구 리스트(buddy lists)를 제공한다. 대부분 메신저는 인터넷을 통해야 하지만, 사내용 메신저는 인터넷뿐 아니라 사설 네트워크에서도 메시지를 보낼 수 있다.

기술적으로 메신저는 온라인 채팅의 큰 범주에 포함되지만 대화 친구 리스트를 제공하고, 누군가 온라인이 되면 알람을 받는다는 점에서 일반 온라인 채팅과는 다소 다르다. 일반적인 온라인 채팅은 익명 사용자들 간의 통신을 제공하는 경우가 많다.

메신저는 핸드폰 문자 메시지 와도 다르다. 가장 큰 차이로 문자 메시지는 핸드폰 기반으로 최대 160자(한글은 70자) 제한이 있지만, 메신저는 컴퓨터 세션을 이용하므로 이보다 훨씬 더 길게 보낼 수 있다는 점이다. 문자 메시지는 한 번 메시지를 보내고 나면 사실상 해당 세션을 끝낸다. 송/수신인이 하루 종일 메시지를 주고받으면, 매번 세션이 열렸다 닫히는 구조이다. 허나 메신저는 한 번 시작되면 누군가 세션을 끊기 전까지 계속 열려있다.

Instant Messaging Usage & Security Policy: https://www.infotech.com/research/instant-messaging-usage-and-security-policy

메신저 이용 규정

Infotech에서 개발한 메신저 이용 규정 템플릿에는 다음과 같은 규칙들이 있다.

1. **지원 메신저 솔루션 :** [회사명]은 [메신저 이름 솔루션]을 회사 메신저 단독업체로 선정했다. IT 부서에서 관리하지 않는 메신저 서비스는 보안에 영향을 줄 수 있으므로, 회사 방화벽이 이러한 메신저들을 차단한다. 일반적으로 시장에서 많이 사용되는 무료 메신저는 관련 IT 부서가 승인하거나 지원하지 않는다.

2. **제한적 사용 :** 메신저 서비스는 사업의 목표와 목적을 뒷받침하는 경우에 한해서, 사내 커뮤니케이션 수단과 직무수행용으로 사용된다. 이러한 목적으로, [회사명] 직원들과 프로젝트 팀의 메신저 사용을 허용하고 권장한다. 모든 직원들이 상호 존중을 바탕으로 사용할 것을 기대하며, 욕설과 속어는 허용하지 않는다. [참고 : IT 부서가 메신저 사용을 비즈니스 파트너나 고객에게 허가할 경우에도 동일 정책이 적용된다. 단, 이와 같은 외부 사용은 추가 보안기능 개발이 반드시 선행되어야 한다.]

3. **기밀성 :** 사내 메신저로 민감한 기업정보를 전송해서는 안된다. 민감한 의사소통은 암호화된 이메일이나 직접 만나서 이루어져야 한다. 고객 명부, 개인정보, 신용카드 정보, 영업비밀, 기타 회사가 보유한 독점 정보를 메신저로 보내서는 안된다. 또한 메신저로 기업변호사에게 법률자문이나 질문을 해서는 안된다. 이는 변호사의 비밀유지권을 침해할 소지가 있다.

4. **파일 공유 :** 많은 메신저들이 파일 전송 기능을 지원하지만, [회사명]에서 이 기능은 차단되었다. [참고 : InfoTech에서는 모든 파일 공유를 전면 금지했지만, IT부서에서 모든 파일의 모니터링 및 바이러스 검사가 가능하다면 허용할 수도 있다]

5. **개인 사용 :** [회사명]에서 동료와 업무 외 잡담은 쉬는 시간과 점심시간에 한정해 사용해야 한다. 허용 시간이라 하더라도, 대량 메일 발송이나 회사와 관련된 비영리적 행위, 개인 소유 사업 운영, 자금 요청, 정치적 내용 전파, 종교/개인 신앙전도 등에 사용되어서는 아니 된다.

6. **내부 방침(Compliance) :** [회사명]에서 메신저 사용은, 모든 [회사명] 정책과 모든 [회사명] 계약 외 모든 내부 방침을 준수한다.

7. **사생활 :** 회사 시스템을 통해 회사 메신저로 전송된 대화 및 메시지는 [회사명]의 자산으로 간주된다. [회사명]은 기업에 의해, 또 기업을 위해 생성된 메신저 사용내역 및 메시지를 감시, 검사, 복사, 검토, 저장 및 감사할 권리를 보유한다. [회사명]은 또한 감사, 법원, 법 집행에 의해 지시되었을 때 임직원의 동의 여부와 관계없이 메시지와 대화를 공개할 의무가 있다. 이러한 요소들을 고려하여, 직원들은 회사 메신저 서비스를 이용 시, 사생활 보호에 대한 합리적인 기대를 하기는 어렵다.

메신저 보안 정책

메신저는 기업 네트워크에 여러 가지 위험을 초래할 수 있음에도 잘 관리되지 않는 경우가 많다. 위협 요소들로는 바이러스, 웜, 메신저 스팸, 멀웨어 및 피싱 공격, 우발적이거나 의도적인 데이터 유출, 부적절한 사용, 규정 미준수 등이 있다. 주된 공격 유형은 잠재적 피해자들을 속여서 악성 프로그램을 설치하는 것이다. 메신저 기반 공격은 유저간 상호작용이 필요하기 때문에, 공격자는 사회공학을 이용하여 보안 규정을 어기거나 비상식적으로 행동하도록 유도한다. 이러한 공격은 사람들의 호기심이나 누군가를 돕고자 하는 이타심을 이용하거나, 허영심이나 권위 또는 탐욕, 두려움, 분노 또는 도덕적 의무 등에 걸려들길 기대한다.

회사에서 직원들이 메신저를 사용할 수 있도록 하려면, 기업 보안 정책이 필수적이며, 사용자 교육 및 이용 규정이 뒷받침되어야 한다.

두 가지 접근법으로 회사 메신저 보안을 유지할 수 있다. 이 두 가지 접근법 모두, 직원들의 회사 메신저 사용을 제한하고, 더 나아가 더 큰 그룹단위로 제한하는 것이다. 첫 번째 방법은 메신저 관련 서버를 직접 사내에 두고 관리하는 것이다. 이를 통해 트래픽 분석 및 리포팅, 키워드 검색, 보관 등과 같은 메신저 정책을 시행할 수 있게 된다. 또한 종단간 암호화 및 유저 인증을 구현할 수 있을 뿐만 아니라, 컨텐츠 및 URL 필터링이 가능해지며 음성통화, 영상통화, 데이터 통신과 같은 추가적인 협업 툴도 제공할 수 있게 된다.

두 번째 방법으로 클라우드 서비스를 사용하는 방법이 있다. 이 경우, 회사 데이터센터에 하드웨어나 소프트웨어를 설치할 필요가 없다. 모든 메시지는 회사 네트워크에서 클라우드로 보내지며, 여기서 바이러스, 웜, 악성 URL외에 컨텐츠 문제가 있거나 이용 규정에 부합하지 않는지 검사된다. 악의적이거나, 의심스럽거나 또는 정책 위반시에는 자동으로 차단된다. 더불어 모든 메시지는 기록되고 법적 요건 및 기타 관련 규정을 충족하기 위해 회사 파일보관 솔루션으로 전송될 수 있다. 이와 같이 클라우드 서비스를 이용하면, 대기업 부럽지 않은 메신저 서비스를 중소기업에서도 사용할 수 있다.

인터넷 전화(VoIP) 네트워크

VoIP(Voice over IP, 인터넷 전화)는 모든 기업에게 점점 더 대중화되고 있다. 간단히 말해, VoIP는 IP 네트워크를 통해 음성을 전달하는 기술을 말한다. VoIP는 음성 정보를 디지털로 변환시키고, 이를 패킷들로 나눠서, IP 네트워크 망으로 주고받는다.

VoIP가 전통적인 전화에 비교했을 때, 두 가지 주요 이점은 아래와 같다.

- 일반적으로 VoIP는 기존 PBX 전화통신 시스템에 비해 저렴하다. 그 이유는 몇 가지가 있는데, 전통적인 전화 통신망은 음성 통신 전용 회선을 필요로 하지만, VoIP는 패킷 스위칭 네트워크를 사용하므로 별도 회선이 필요 없으며, IP 네트워크 용량을 공유할 수 있다. 또한 패킷으로 변환된 음성 전송은 TCP/IP 프로토콜 프레임워크와 잘 맞아서 통신을 위한 애플리케이션 및 전송 레벨의 프로토콜을 그대로 사용할 수 있다.
- PC나 각종 IT기기에 웹과 전화 기능을 결합한 것처럼, 다른 서비스들과 쉽게 통합된다.

VoIP 시그널링

VoIP로 음성을 전달하기 전에 전화 세션이 먼저 열려야 한다. 기존 전화망에서는 발신자가 전화번호를 눌러서 세션을 열었다. 눌린 전화번호는 전화통신 사업자의 시그널링 시스템에서 처리되어, 수신자의 전화기를 울린다. VoIP에서는 발신자(프로그램 혹은 개인)이 URI(universal resource indicator, URL의 한 형태)로 전화번호를 입력하고, 프로토콜의 상호작용을 통해 전화 세션이 열리게 된다.

VoIP 신호전달, 즉, 시그널링 기술의 핵심은 RFC 3261로 정의된 Session Initiation Protocol(SIP) 이다. 이 프로토콜은 IP 네트워크에서 실시간 통화 세션의 셋업, 수정, 종료를 담당하는 애플리케이션 레벨의 프로토콜이다. SIP는 VoIP 뿐 아니라 다수의 멀티미디어 애플리케이션도 지원한다. SIP의 단짝친구는 RFC 4566에 정의된 Session Description Protocol(SDP)이다.

SIP는 한 명 이상의 통화자를 세션에 초대하는 데 사용된다. SDP는 SIP message body안에 포함되어 전달되며, 전화 사용자들이 각자 지원가능한 미디어 인코딩(예 : 음성, 비디오) 정보를 서로에게 전달한다. 이 정보가 참여자들에게 전달이 완료되면, 서로의 IP 주소와 가능 대역폭 및 미디어 타입을 알게 된다. 그런 다음 적절한 전송 프로토콜을 통해 음성 데이터 전송을 시작한다. 일반적으로 Real-Time Transport Protocol(RTP)가 사용된다. 통화자들은 통화를 하고 있는 도중에도 SIP message를 이용하여, 미디어 타입 변경이나 신규 통화자 참여 등과 같은 세션 정보를 변경할 수 있다.

SIP의 대안 기술로는 ITU-T H.323가 있다. H.323 프로토콜은 수년전부터 상용화 되었으며, 통신사들은 대형 H.323 네트워크를 구축하기 위해 상당한 투자를 했다. 그러나 SIP이 음성 기반 서비스와 인터넷 기반 서비스를 쉽게 결합할 수 있어, 갈수록 인기가 높아지고 있다. SIP과 H.323의 공존은 투자수익을 극대화할 것이나, SIP이 향후 인터넷 전화 시그널링 프로토콜 중에서 대세가 될 듯하다.

VoIP 프로세싱

VoIP 시스템에서, 수신자가 응답할 때 둘(컨퍼런스 콜 같은 경우에는 둘 이상) 사이에 논리적인 세션이 열리면서 서로간 음성 데이터가 전달되게 된다. 아래 그림 12.10은 단방향 VoIP 트래픽 흐름을 간략화 한 것이다. 송신측 에서는 아날로그 음성 신호를 디지털 비트 스트림으로 변환한 뒤 패킷으로 나눠 보낸다. 이 패킷화 과정은 보통 RTP가 수행한다. RTP는 각 패킷에 라벨을 붙임으로써 수신 측에서 패킷을 순서대로 재조합 할 수 있도록 하고, 더불어 버퍼 기능을 가지고 있어서 음성 데이터가 수신자에게 좀 더 부드럽게 들릴 수 있도록 해준다. RTP는 IP/User Datagram Protocol(UDP) 위에서 동작하며 인터넷이나 사설망을 통해서 전달된다.

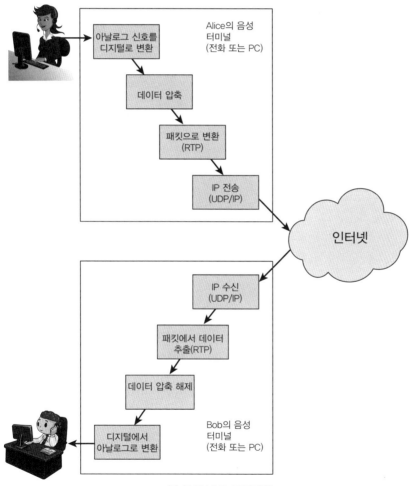

▲ 그림 12.10 VoIP 프로세싱

수신측의 프로세싱은 송신측의 역순으로 진행된다. RTP에 의해 패킷 페이로드가 순서대로 재조합 되고, 데이터로 변환된다. 그 뒤 압축을 해제하고 디지털화 되었던 음

성신호를 다시 아날로그로 변환하여, 수신자의 전화기나 헤드셋 스피커로 내보게
된다.

VoIP 컨텍스트

향후 언젠가는 IP 네트워크를 이용하는 VoIP가 기존 전화망을 완전히 대체할 수도
있으나, 당분간 이 둘은 공존할 수밖에 없다. 아래 그림 12.11은 이 둘이 공존할 때
필요한 핵심 요소들을 추려낸 그림이다.

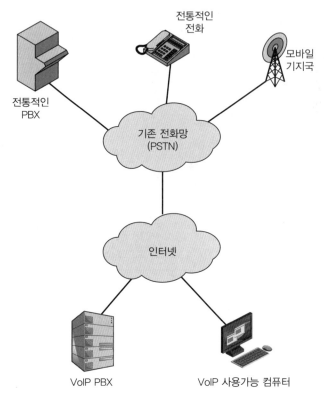

▲ 그림 12.11 VoIP 컨텍스트

다음과 같은 다양한 최종 사용자 제품들이 섞여 VoIP 인프라가 만들어진다.

- **전화 핸드셋** : 기존의 유/무선 전화기와 유사하지만 VoIP 통화가 가능하다. 일반적으로 화면
  이 있으며, 스마트폰과 비슷한 기능들을 제공한다.
- **컨퍼런스용 제품** : 기존 전화회의(컨퍼런스) 시스템 기능에 글, 그래픽, 비디오 및 화이트보
  드와 같은 부가적인 통신 서비스를 추가 제공한다.
- **모바일 장치** : 스마트폰이나 VoIP 기능이 있는 핸드폰들은, 어떠한 게이트웨이에 접속하지
  않아도 바로 VoIP 네트워크에 접속할 수 있다.

- **소프트 폰** : 소프트 폰(softphone)은 VoIP를 지원하는 PC 소프트웨어를 말한다. 일반적으로 PC 음성단자에 헤드셋을 연결하거나, USB 헤드셋 등을 연결한 뒤 소프트 폰을 실행하여 통화한다.

VoIP를 구성하는 인프라 장비는 여럿 있으나, 특히 알아둘만한 두 가지가 있다.

- **IP PBX** : IP PBX는 디지털/아날로그 전화를 IP기반 VoIP 망에 연결해주며, 필요시 전통적인 공중 전화망(public switched telephone network, PSTN)에 연결해 주기도 한다.
- **미디어 게이트웨이** : 미디어 게이트웨이는 물리적으로 분리된 두 네트워크를 연결해주는 역할을 한다. 중요한 타입의 미디어 게이트웨이는 VoIP 네트워크를 기존 공중 전화망에 연결하면서 이때 필요한 변환 작업과 시그널링을 담당한다.

VoIP 환경은 계속 진화하고 있으며, 통신사업자, 회사 그리고 개인 사용자를 위한 여러 제품들이 개발되고 있다.

VoIP 보안 위협들

VoIP가 대중화되면서 관련 보안 이슈들을 이해하고, 또 다뤄야 할 필요성 또한 커지고 있다. 핵심 이슈들은 아래와 같다.

- VoIP 트래픽은 인터넷으로 다닌다. 해커가 암호화되지 않은 VoIP 패킷을 훔쳐보거나 내용을 들을 수 있다. 이를 막기위해 양단간에 VPN을 놓으면 되지만, 망의 복잡성이 다소 증가하게 된다.
- 오래된 방화벽들은 VoIP 트래픽을 인식하지 못하는 편이다. 더불어 어떤 침입 감지 시스템들은 음성 패킷을 검사하려고 시도할 수 있으며, 이로 인해 지연(delay)과 지터(jitter)가 발생될 수 있다. 그렇다고 방화벽에서 트래픽 검사 룰을 풀어버리면 추가적인 취약성이 야기될 수 있다.
- 오래된 VoIP 전화기들은 소프트웨어 보안 패치가 필요할 수 있다. 많은 관리자들이 이를 간과하고 있으며, 심지어 패치가 필요한지도 모르는 경우도 있다. 어떤 VoIP 전화기들은 인증 요청을 하지 않고, 직접 패치를 수행하는 경우도 있는데 이는 해커들에게 매우 취약할 수 있다.
- VoIP 전화기는 그들이 사용하는 OS의 보안결함도 이어받는다.
- 많은 경우 간과되기 쉽지만, 별도 설정없이 바로 사용하는 시스템들은 기본 패스워드를 가지고 있을 수 있으며, 보안에 취약한 포트가 열려 있을 수도 있다.
- 다른 컴퓨터 애플리케이션들처럼, VoIP 시스템도 DoS 공격 대상이 될 수 있다.

아래는 VoIP에서 발생하는 보다 구체적인 보안 위협들이다.

- **인터넷 전화 스팸**(SPIT: Spam over Internet telephone) : 인터넷에 연결된 VoIP 전화기에서 의도치 않게 다량의 메시지가 나갈 수 있다. 마케팅 담당자들은 이미 보이스메일로 대량 발송하고 있지 않느냐고 반문할 수 있겠지만, IP전화는 개개인의 번호를 눌러도 되지 않아도 되기 때문에 더 손쉽게 대량 스팸 메시지를 발송할 수 있다.

- **도청** : 컨트롤 패킷을 몰래 훔쳐서 보안이 허술한 VoIP 전화를 엿들을 수 있다.
- **서비스 절도(theft)** : 공격자가 액세스 코드를 획득하여, VoIP 사업자 네트워크에 침투하는 공격이다.
- **Man-in-the middle 공격** : 양단의 VoIP 전화 사이에 몰래 파고드는 공격이다. 도청 외에, 전화를 제3자에게 돌리거나 조작된 음성으로 오해나 잘못된 행위를 유도한다.

VoIP 보안 대책

VoIP 트래픽을 보호하기 위해 다음과 같은 조치들을 취할 수 있다.

- **암호화** : 모든 음성 세션을 암호화하는 것이 좋다.
- **VPN** : VPN은 IP 네트워크에서 브로드케스팅 도메인(broadcast domain, 역주 : L2 영역)을 분리해준다. 음성용 VPN으로 인프라를 분리하면, DoS 공격 외에 기타 리스크를 잠재적으로 차단할 수 있다.
- **포트 관리** : SIP 애플리케이션들은 여러 네트워크 포트를 열어서 해커에게 노출되는 경향이 있다. 따라서 IT관리자는 방화벽이나 기타 보안 툴을 이용하여 불필요하게 열린 포트를 막고, 여러 포트를 열려는 장치는 엄격한 인증절차를 거치도록 한다.
- **실시간 바이러스 스캐너** : 주기적으로 VoIP 서버의 바이러스 검사를 시행한다.
- **애플리케이션-레벨 방화벽** : 통화 기록저장 데이터베이스 또는 통화녹음 데이터베이스와 같은, VoIP 서버들을 보호해줄 수 있다.
- **기기 인증** : VoIP 서비스를 이용하려는 모든 기기는 인증되어야 한다.
- **유저 인증** : 특정 개인(혹은 집단)이 특정 VoIP 서비스만 사용할 수 있도록 인증한다. (예, 외부 파트너 직원은 그룹통화가 불가하도록 설정)

전화 및 컨퍼런스

전화 및 컨퍼런스의 보안 목표는 무단 사용 또는 오용을 감지하고 미리 막는 것이다. 이는 물리적, 논리적 제어를 합쳐 달성할 수 있다. SGP에서는 다음과 같은 정책들이 있어야 한다고 권고한다.

- 조직내 전화기 사용 정책
- 전화기 사용자의 이동 및 변경에 관한 정책
- 보이스메일 사용자 등록 및 인증
- 보이스메일 무단 접속 차단(예를 들어, 패스워드)
- 웹 기반(전화회의, 화상회의 외 기타 온라인 웹 기반 협업 툴을 포함한) 컨퍼런싱의 이용 및 설정 정책

12.6 네트워크 및 통신 모범 사례

SGP에서는 네트워크 및 통신의 모범사례를 2개의 카테고리와 10개의 토픽으로 나누고, 각 토픽 별 체크리스트를 아래와 같이 만들어 두었다.

- **네트워크 관리** : 이 영역의 목표는 (1) 물리, 무선 그리고 음성 네트워크를 안정적이고, 탄력적으로 디자인하는 것이다. 무단접속 방지, 의심스러운 트래픽 감지 및 암호화를 통해서 구현 가능하다. (2) 네트워크 장비들(라우터, 방화벽 그리고 무선 액세스 포인트 등)이 설계대로 동작하면서, 무단 접속 및 잘못된 업데이트를 하지 않도록 설정한다.

  - 네트워크 장비 설정 : 네트워크 장비들(라우터, 방화벽 그리고 무선 액세스 포인트 등)이 설계대로 제대로 동작하면서, 무단 접속 및 잘못된 업데이트를 방지할 수 있도록 주요 정책들을 열거한다.

  - 물리 네트워크 관리 : 네트워크 장비 및 회선의 물리적인 보호방안에 대해 알아본다.

  - 무선 액세스 : 무선 네트워크 관리시 필요한 정책 체크리스트를 제공한다.

  - 외부 네트워크 연결 : 외부 네트워크를 연결할 때, 필요한 관리 정책과 보호 정책 체크리스트를 제공한다.

  - 방화벽 : 방화벽 유형들을 자세히 알아보고, 방화벽 보안 정책의 가이드라인을 제공한다.

  - 원격 유지보수 : 원격 유지보수의 악용을 막는 방안들에 대해 살펴본다.

- **전자 통신** : 전자통신 시스템 사용 정책을 세우고, 보안 정책을 설정한다. 또한 인프라를 강화하여 전자통신을 보호하는 방안을 살펴본다. 총 네 가지 토픽에 대해서 알아본다 : 이메일, 메신저, VoIP, 전화/컨퍼런싱. SGP는 각 토픽별로 잘못된 사용을 막기 위한 절차 및 정책 별 체크리스트를 제공한다.

12.7 참고문헌

- **BALA15 :** Balasubramanian, V., Conquering the Operational Challenges of Network Change & Configuration Management Through Automation. Zoho Corp. white paper, 2015. https ://www.manageengine.com/networkconfiguration-manager/network-configuration-management-overview.html

- **BANK14 :** Banks, E., "Automating Network Device Configuration." Network World, July 2014.

- **BELL94 :** Bellovin, S., and Cheswick, W. "Network Firewalls." IEEE Communications Magazine, September 1994.

- **BEUC09 :** Buecker, A., Andreas, P., & Paisley, S., Understanding IT Perimeter Security. IBM red paper REDP-4397-00, November 2009.

- **CISC07 :** Cisco Systems, Cisco Advanced Services Network Management Systems Architectural Leading Practice. White Paper C07-400447-00, September 2007. https ://www.cisco.com/en/US/technologies/tk869/tk769/ technologies_white_paper0900aecd806bfb4c.pdf

- **DHS11 :** U.S. Department of Homeland Security. Catalog of Control Systems Security : Recommendations for Standards Developers. Industrial Control Systems Cyber Emergency Response Team (ICS-CERT) Report, April 2011.

- **KENN03 :** Kennedy, S., "Best Practices for Wireless Network Security." ComputerWorld, November 23, 2003.

- **STAL16 :** Stallings, W., "Comprehensive Internet Email Security." Internet Protocol Journal, November 2016. Available at http ://williamstallings.com/Papers/

chapter **13**

공급망 관리 및
클라우드 보안

이 장의 학습 목표는 다음과 같다.

- 공급망 관리의 기본 개념을 이해한다.
- 공급망 리스크 관리 및 리스크 평가 정책과 관련된 애플리케이션을 제시할 수 있다.
- 클라우드 컴퓨터 개괄적인 개념을 설명할 수 있다.
- 클라우드 서비스의 리스트 및 개별 정의할 수 있다.
- 클라우드 구축 모델 리스트 및 개별 정의할 수 있다.
- 클라우드 서비스 보안 관리 방안을 제시할 수 있다.
- 공급망 관리의 모범 사례를 제시할 수 있다.
- 문서 관리와 기록 관리의 차이점을 제시할 수 있다.
- 민감한 물리 정보보호를 위한 고려사항들을 이해한다.
- 정보 관리 모범 사례를 제시할 수 있다.

13.1 공급망 관리 개요

기업이 아웃소싱*을 많이 채택하며 제품 공급 및 운반 시스템이 글로벌해지면서, 공급망(supply chain)의 시각화, 추적 및 관리가 점점 복잡해지고 있다. 공급망의 의존도가 높아지면서, 리스크 또한 커지고 있는 실정이다. 이번 절에서는 공급망 개요를 살펴보고, 공급망 관리와 보안관리 방안에 대해 살펴본다.

공급망 개요

전통적 의미에서 공급망이란, 제품 생산부터 최종 사용자에게 이르기까지 생산과 판매에 관련된 모든 개인, 조직, 리소스, 활동, 기술적 네트워크를 말한다. 즉, 물리 제품의 생산과 사용과 관련된 전체 연결고리를 말한다. 이 연결고리에는 원료 공급자부터 제조업체, 도소매업자 그리고 소비자까지 묶여 있다.

정보통신기술(ICT) : 디지털 세계에서 사람과 조직이 상호작용할 수 있도록 도와주는 장치, 네트워킹 구성 요소, 애플리케이션 및 시스템을 의미한다. 때때로 ICT가 IT와 동의어로 취급되기도 하지만, ICT가 IT보다 컴퓨터, 디지털 기술을 더 광범위하고 포괄적으로 포함한다.

최근에는 공급망이라는 용어에 ICT(information and communications technology, 정보통신기술)가 포함되기 시작했다. NIST SP800-41, 연방정보시스템 및 조직의 공급망 위험관리 실무에서는 ICT 공급망을 아래와 같이 기술하고 있다.

> *ICT 제품 및 서비스의 최초 설계부터 최종 사용자에게 전달되어 서비스될 때까지, 서비스 개발, 소싱(sourcing), 생산, 취급 과정에서 최종 사용자, 통합사업자(integrators) 그리고 공급자 사이의 리소스 및 공정을 말한다.*

> *참고 : ICT 공급망은 제품의 설계, 개발, 제조, 가공, 취급 및 배송에 관련된 벤더, 제조 설비, 물류업체, 물류창고, 유통업체, 도매업자 외 기타 단체들, 그리고 서비스 운영, 관리 및 제공과 관련된 서비스 제공업체들을 모두 포함하는 단어이다.*

아래 그림 13.1은 ICT 공급망의 간략한 흐름을 보여주고 있다.

---

* **역주 :** 기업의 일부를 제3자에게 위탁하여 처리하는 것

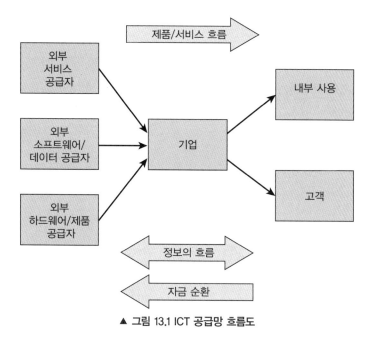

▲ 그림 13.1 ICT 공급망 흐름도

기업은 외부로부터 다음을 조달한다.

- **서비스 :** 클라우드 컴퓨팅 서비스, 데이터센터 서비스, 네트워크 서비스, 외부 감사 서비스 등등이 있다.
- **소프트웨어/데이터 :** OS, 애플리케이션 소프트웨어 및 위협 정보와 같은 정보 데이터베이스 등등이 있다.
- **하드웨어/제품 :** 컴퓨터와 네트워크 장비 등등이 있다.

조달된 품목들은 대부분 내부용으로 사용되지만, 포장되거나 통합되어 외부 고객 판매용으로 사용될 수도 있다. 위 그림 13.1 은 공급망의 세 가지 흐름을 보여주고 있다.

- **제품/서비스 흐름 :** 외부 공급자에서 기업으로, 또 기업에서 내부 사용자 또는 외부 고객용으로, 아이템의 원활한 흐름이 중요하다. 흐름이 빠를수록, 기업의 현금 회전을 최소화하기 때문이다.
- **정보의 흐름 :** 고객에서 공급자 방향으로 전달되는 정보로는 견적 요청, 구매 주문, 월간 일정, 엔지니어링 변경 요청, 품질 개선요청 및 리포트 등이 있다. 반대로 공급자에서 고객향으로 전달되는 정보로는 기업 소개, 제안서, 구매 요청 확인, 편차(deviation) 보고, 발송 내역, 재고 보고, 송장 등등이 있다.
- **자금 순환 :** 생산자가 발급한 송장을 보고 고객은 발주가 정확하게 진행된 것인지 확인한다. 문제가 없으면 고객에서 공급자로 자금이 흘러 들어간다. 공급자 쪽에서 고객향으로 차변 표(debit note)*가 발급되는 경우도 있다.

---

* **역주** : 수신인에게 금액을 요청하는 전표

공급망 관리

공급망 관리(SCM, Supply chain management)는 고객가치를 극대화하고, 지속 가능한 경쟁 우위를 확보하기 위한 관리 활동이다. 이는 기업이 최대한 효과적이고 효율적으로 공급망을 만들고, 운영하기 위한 계획들로 이뤄진다. 공급망 활동은 제품 개발, 소싱, 생산, 물류부터 또 이들을 조율해주는 정보시스템까지 이 모두를 말한다.

아래 그림 13.2는 공급망 관리 요소들의 전형적인 순서도를 보여준다.

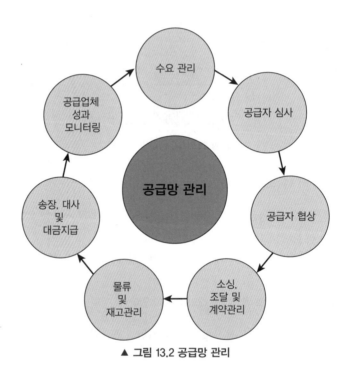

▲ 그림 13.2 공급망 관리

공급망 관리 요소들은 다음과 같다 :

- **수요 관리 :** 시장에서 필요한 상품과 서비스 수요를 조사하는 것이다. 공급이 부족할 때는 수요의 우선 순위를 정한다. 적절한 수요 관리는 수익성을 높여주는 리소스 계획과, 소비를 가능하게 해준다.

- **공급자 심사 :** 공급자 심사를 통해 공급자, 생산자 및 계약 업체들이, 고객 및 규제 요건을 준수하여 그들로부터 일관된 품질의 재료, 컴포넌트, 서비스를 제공 받을 수 있다는 일정 수준의 신뢰를 얻을 수 있다. 통합사업자는 이에 더하여 재료, 컴포넌트, 서비스의 리스크를 식별하고, 이를 완화할 수 있는 조치에 대해서도 심사해야 한다.

- **공급자 협상 :** 공식 의사소통 과정을 통해, 두 명 이상의 사람들이 특정 이슈에 관해 상호 합의를 모색한다. 금액 외에 다른 이슈가 더 큰 문제이거나, 경쟁 입찰로도 구매자를 충족시키지 못할 때, 이러한 공급자 협상이 더욱 적합하다.

- **소싱, 조달 및 계약관리 :** 소싱(sourcing)이란 공급자 선정을 말한다. 조달(Procurement)이란

상품이나 서비스를 구매하는 공식 과정이다. 계약관리란 고객과 공급자의 관계 및 기대치에 부응하기 위해, 리스크와 비용을 통제하기 위해, 수익성과 성공에 기여하기 위해, 구매자와 판매자가 전략적으로 계약을 관리하는 과정을 말한다. 성공적인 서비스 계약관리를 위해서는, 구매자가 공급자 성과에 실질적인 통제권을 가질 필요가 있다. 즉, 계약자의 성과 계획 및 성과 진행 사항에 관한 정확한 데이터를 적시에 제공받을 수 있어야 한다.

- **물류 및 재고관리** : 물류란 조직과 그 마케팅 채널을 통해, 자재, 부품, 완제품 재고(또 이와 관련된 정보 흐름)의 조달, 이동 및 저장을 전략적으로 관리하는 과정을 말한다. 재고관리는 조달이 완료된 품목을 추적 및 회계 처리하는 것을 말한다.
- **송장, 대사(reconciliation) 및 대금지급** : 제품과 서비스 대금을 지급하는 과정이다.*
- **공급업체 성과 모니터링** : 공급자 성과를 주기적으로 측정, 평가하고, 등급을 매기는데 필요한 정보를 수집하는 방법과 과정을 말한다. 여기서 성과란 공급자가 계약상 약정과 회사의 목적을 충족할 수 있는 능력을 말한다.

13.2 공급망 리스크 관리

SCRM(Supply chain risk management, 공급망 리스크 관리)이란 조직이 공급망의 지속과 수익성 보장을 위해, 위협을 식별, 모니터링, 탐지 및 완화시키는 노력 행위를 말한다. 짧게 말해, SCRM은 3장, "정보 보안 평가"에서 다뤘던 리스크 평가 기법을 공급망에 적용한 것이다. 해당 챕터에서 언급된 모든 기법들이 SCRM과 관련이 있다.

NIST는 SCRM과 관련된 유용한 문서 두 건을 발간했다. SP 800-161은, SCRM 프로세스 및 공급망의 위협과 취약성에 대해 상세히 기술하며, 보안 제어는 어떻게 해야 하는지 정의한다. NISTIR 7622, 연방정보시스템 공급망 위험관리방안 개념은 SCRM의 모범 사례에 초점이 맞춰져 있다. 또한 NIST는 SCRM 전용 웹사이트를 관리하고 있으며, 해당 웹사이트에서 SCRM에 관한 다수의 문서를 발간하고 있다.

SP 800-161에서 발췌한 아래 그림 13.3은 공급망 리스크 평가 프로세스를 보여주고 있다. (그림 13.1과 비교) 다른 리스크 평가들과 마찬가지로, SCRM 리스크 평가도 취약점 및 위협 분석을 가장 먼저 진행한다. 그림 13.3과 같이 위협은 고의적으로 손해를 일으키려는 적대적 관계로부터 발생되거나, 혹은 의도적이지 않게 발생한다. 취약점은 조직 외부 혹은 내부에서, 모두 발생할 수 있다.

---

* **역주** : '대사(對査)'란 회계 용어로써, 양쪽의 금액을 비교하여 차이 나지 않도록 대조하는 작업을 말한다.

위협들	취약점들
적대적: 예시: 위조품 판매, 변조, 도난, 악성 소프트웨어 삽입	외부: 예시: 공급망의 약점, 공급망내 요소의 약점, 의존성들(전력, 통신망 등)
비적대적: 예시: 자연재해, 열악한 제품/서비스 품질, 좋지못한 (엔지니어링, 제조, 인수, 관리 등) 관행	내부: 예시: 정보시스템 및 컴포넌트, 조직 정책/절차(경영구조, 절차 등)

가능성 (취약점을 이용한 위협 가능성)	
적대적: 예시: 능력과 관심도	비적대적: 예시: 통계/역사에서 발생

영향도 (손해 정도)	
대상: 업무/비즈니스 기능	기인: 데이터 손실, 수정 또는 유출 기인: 예상치 못한 고장 또는 시스템 가용성 손실 기인: 컴포넌트 가용성 감소

리스크

▲ 그림 13.3 ICT 공급망 리스크

취약성 및 위협 분석이 완료되면, 취약점을 이용한 위협의 가능성을 추정할 수 있다. 그 이후에 리스크 평가를 진행하여 다양한 위협 이벤트들의 영향도를 알 수 있게 된다.

리스크 평가의 구체적인 한 예시로써, 공급망 리스크 평가가 있다. 이는 그림 3.2와 3.3에 묘사된 리스크 관리 프로세스의 일부분 이기도 하다.

SP 800-161은 SP 600-39, 정보 보안 리스크 관리에서 정의된 리스크 관리 모델을 사용한다. (아래 그림 13.4) 이 모델은 세 개의 계층으로 구성 되어있다.

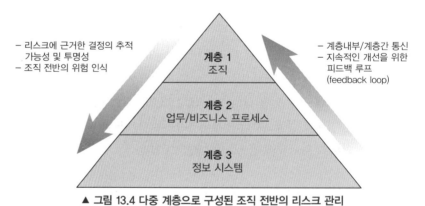

– 리스크에 근거한 결정의 추적 가능성 및 투명성
– 조직 전반의 위험 인식

계층 1
조직

– 계층내부/계층간 통신
– 지속적인 개선을 위한 피드백 루프 (feedback loop)

계층 2
업무/비즈니스 프로세스

계층 3
정보 시스템

▲ 그림 13.4 다중 계층으로 구성된 조직 전반의 리스크 관리

- **계층 1** : 전반적인 ICT SCRM 전략과 조직 레벨의 ICT SCRM 리스크를 정한다. 또한 조직 전반의 ICT SCRM 역량을 수립하고, 유지하기 위한 정책들을 만든다.

- **계층 2** : 업무 및 비즈니스의 우선순위를 정하고, 각각의 리스크 평가를 수행한다. 더불어, ICT 공급망 리스크 관리에 중요한 조직 능력의 확립을 위해 계층 1의 전략 및 지침을 구현한다. 또한, 조직 전반에 ICT가 자연스럽게 흡수되도록 가이드하고, SDLC(system development life cycles, 시스템 개발 수명주기)를 가이드 한다.

- **계층 3** : ICT SCRM이 정보 시스템들과 정보 기술획득 과정에 적용되도록 하고, 정보 시스템들의 SDLC에 통합되도록 한다.

리차드 윌딩의 블로그 "공급망 리스크 및 취약점 분류(Classification of the Sources of Supply Chain Risk and Vulnerability)" [WILD13]에서 공급망 리스크 영역 분류에 대해 좋은 관점을 제시한다. 일반적으로 공급망 리스크는 아래 그림 13.5처럼 외부 또는 내부에서 나올 수 있다.

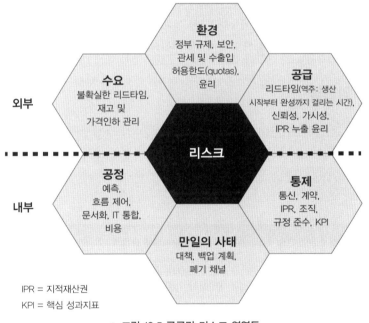

▲ 그림 13.5 공급망 리스크 영역들

지적재산권 (IPR, intellectual property rights) : 독창적이고 법률적 보호가 필요한 것으로 보여지는 지식, 아이디어, 컨셉에 대한 권리

핵심 성과지표 (KPI, key performance indicators) : 사전 협의가 완료된, 조직의 성공 요소를 반영하는 (정량화 가능한) 지표들

외부 리스크는 아래와 같다.

- **수요** : 기업과 시장사이 제품, 정보 또는 현금의 흐름이 원활하지 못한 경우가 있을 수 있다. 예를 들어, 공급망에서 기업에게 지불해야 할 현금이 원활하지 못하면, 기업 운영에 큰 영향을 미칠 수 있다.

- **공급** : (잠재적으로) 기업과 공급자 사이에 제품이나 정보의 흐름이 원활하지 못한 경우가 있을 수 있다. 수요 리스크처럼, 기업으로 들어오는 주요 자원의 차질은 조직 운영에 큰 영향을 미칠 수 있다.

- **환경** : 통제 불가능한 외부 리스크이다. 이 리스크는 회사에 직접 영향을 줄 수 있고, 회사의 공급자나 고객이 받은 영향을 이어서 받을 수도 있다. 환경 리스크는 지진이나 폭풍과 같은 단순 자연 사건 외에 그보다 더 광범위한 리스크들까지 포함한다. 예를 들어, 법령이나 관세 절차처럼 각국 정부에 의해 변경된 사안이나, 경쟁적인 환경 등까지 포함한다.

내부 리스크는 아래와 같다.

- **공정(process)** : 회사가 수행하는 부가가치 및 관리 활동에서 발생하는 리스크를 말한다. 공정 리스크는 기업 운영을 유지하는 주요 비즈니스에 영향을 줄 수 있다. 어떤 공정은 기업의 경쟁력 우위를 점할 수 있게 해주는 핵심 공정인 반면, 어떤 공정은 단순히 기업 활동을 뒷받침해주는 정도일 수 있다.

- **통제** : 기업이 공정과 자원을 통제하도록 해주는 규칙, 시스템, 절차들의 리스크이다. 공급망에서 통제는 주문 수량, 배치 사이즈(batch size)*, 안전 재고(safety stock) 정책 등등 외에 자산/운송관리의 정책, 절차 등과 연관되어 있을 수 있다. 통제 리스크는 이러한 룰들을 적용하거나, 오용할 때 발생한다.

- **만일의 사태(Contingency)** : 리스크 확인 시 필요한 리소스가 무엇인지 미리 파악하고, 최악의 상황을 감안한 계획이 필요하다. 비상계획(contingency plan)에는 재고, 용량, 이중 소싱, 유통 및 물류 다중화 및 백업 준비 등이 포함될 수 있다.

공급망 위협들

아래 표 13.1은 SP 800-161에서 발췌한 것으로, ICT 공급망에서 발생하는 계층별 위협의 고려사항들과 위협을 특징지을 수 있는 방법들을 제시한다. 고려사항들을 살펴봄으로써, (리스크 평가의 한 부분인) 위협 분석을 보다 체계적으로 접근할 수 있다.

▼ **표 13.1 공급망 위협 고려사항들**

계층	위협 고려사항들	특징지을 수 있는 방법들
계층 1	• 기업의 비즈니스 및 업무 • 공급자와 전략적인 관계 • ICT 공급망 범위와 관련된 지리적 고려사항들	• ICT 공급망 위협 파악을 위한 보편적인 출발점을 정한다. • 주요 시스템이나 컴포넌트에 위조품이 들어가는 위협 등을 대비하기 위해 조직 차원의 절차를 수립한다.
계층 2	• 업무 • 지리적 위치 • 공급자 유형(상용제품(COTS, commercial off the shelf), 외부 서비스 공급자, 맞춤형 등등) • 조직에서 전반적으로 사용되는 기술	• 기업의 업무에 관계된 정보 위협을 대비하여 예비 소싱 업체를 파악해 둔다. • ICT 공급망 정보를 토대로, 지역적 위치 혹은 공급자의 잠재적인 위협원 파악
계층 3	• 시스템 개발 수명주기 (SDLC)	• ICT 공급망 정보를 토대로 특정 업무의 위협원을 파악한다. • 위협에 대체하기 위해 업무별로 대비 절차를 수립한다. • SDLC 단계에서 어떤 위협을 고려할지 그 디테일의 수준을 정한다. • SDLC 개별 공정에 잠재적으로 있을 수 있는 위협원 파악 및 구체화

---

* **역주** : 한 번 생산시에 만들어지는 유닛 개수

그림 13.3과 나온 바와 같이, 위협은 적대적인, 비적대적인 대상으로 분류된다. 위협 분석 과정에서 모든 위협을 놓치지 않기 위해서 각 카테고리의 이벤트 유형별로 믿을 만한 리스트를 작성해 두는 것이 좋다. 아래 표 13.2는 SP 800-161에서 적대적인 위협 들을 7개 영역으로 나눈 것이다. 보는 것처럼 위협 분석 작업은 쉬운 작업이 아니다.

exfiltration : 계정/카 드 소유자 정보와 같은 데이터를 공격자 소유 서버로 자동 전송하는 멀웨어 프로세스

▼ 표 13.2 적대적인 공급망 위협 이벤트들

이벤트 카테고리	위협 이벤트
정찰 및 정보 수집	• 멀웨어를 이용한 내부 정찰
(맞춤형(craft)) 공격 툴 생성	• 맞춤형 피싱(phishing)공격 • 실망 IT 환경에 기반한 맞춤형 공격 • 위조/spoof 웹사이트 생성 • 가짜 공인인증서 생성 • 공급망에 악성 컴포넌트 삽입을 위해서 가짜 유령회사(front organization) 설립 및 운영
악의적인 기능 전송/ 삽입/설치	• 조직 내부 정보 시스템으로 공개된 멀웨어 전송 (예, 이메일 바이러스) • 정교하게 수정한 멀웨어를 내부 정보 시스템으로 전송 • 내부 시스템 제어권 획득 및 데이터 exfiltration을 위한 특수 멀웨어 전송 • 이동식 미디어를 통한 멀웨어 전송 • 소프트웨어 다운로드 혹은 상용 IT 제품에 불특정 다수 대상 멀웨어 삽입 • 기업 정보 시스템과 그 컴포넌트를 타겟으로 정교한 멀웨어 삽입
이벤트 카테고리	• 위협 이벤트

공격과 타협	• 시스템 구성을 분석하여 정보 시스템에 정교한 멀웨어 삽입
	• 공급망에 위조 또는 변조된 하드웨어 삽입
	• 시스템에 변조된 핵심 컴포넌트 삽입
	• 시설내에 악의적인 스캐닝 장치(예, 무선 스나이퍼) 삽입
	• 조직에 위장 직원 침투
	• 조직의 특수직위에 위장 직원 침투
	• 조직의 특수직위(정보 시스템이나 네트워크, 또 보안되지 않은 원격 연결이 가능한 직위)
	  에 위장 직원 침투
	• 조직의 업무/비즈니스 운영 템포에 맞춰 정보시스템 취약성 공격
	• 멀티테넌트(multitenant) 환경에서 보안되지 않은 데이터에 침투하거나, 일부 데이터 삭제
	• 멀티테넌트 환경에서 격리 위반
	• 외부에서 사용되었거나, 반출된 정보 시스템이나 장비에 관한 적당한 타협
	• 정보 시스템 컴포넌트(하드웨어, 소프트웨어 및 펌웨어)의 디자인, 제조 및 배포에 관한
	  적당한 타협

공격 시행 (직접 혹은 공격 뒤 에서 툴이나 행위를 조정)	• 조직 시설을 지탱하는 인프라에 물리적 공격 시행 • 내부적인 세션 하이재킹 시행 • 중요 하드웨어, 소프트웨어 또는 펌웨어를 대상으로 하는 공급망 공격 시행
결과 달성 (부정적 영향 유발, 정보 획득)	• 민감한 정보를 흘려서 무단 공개하거나, 이용 불가능하도록 함 • 외부에 위치한 무선 네트워크 트래픽 도청을 통한 정보 획득 • 무단 액세스 획득 • 우발적인 절도나 스캐빈징(scavenging. 역주 : 무단으로 잔여 자료를 뒤지는 행위)을 통 한 정보 시스템/컴포넌트 정보 획득
현상 혹은 기능 유지	• 특정 정보 수집이나 원하는 결과를 위해 다수 조직에 작전 시행 • 외부(외부인력), 내부(내부인력), 공급망(공급자) 공격 벡터(attack vector. 역주 : 해커가 내부 접근을 위해 사용하는 경로나 방법)를 이용한 사이버 공격 지휘

SP 800-161에서는 아래와 같은 비 적대적인 위협 이벤트들을 열거하고 있다.

- 인가된 사용자가 실수로 취급허가를 받지 않은 분류/민감성 정보를 다루거나 전송하여 장비, 정보 시스템 또는 네트워크를 오염시키는 경우. 해당 정보는 비인가 인원에게 노출되고, 유출 조사 및 조치가 완료되기 전까지 장비, 시스템 혹은 네트워크를 사용할 수 없게 된다.
- 인가된 사용자가 중요/민감한 정보를 실수로 노출함
- 권한 사용자 혹은 관리자가 실수로 일부 유저에게 예외적인 권한을 할당하거나, 반대로 권한을 너무 낮게 설정한 경우
- 리소스 고갈로 인한 처리 성능 저하
- 자주 사용하는 소프트웨어의 취약점 공개
- 한 공급자로부터 동일 시점에 도입한 장비들에서 동시 다발적인 노후화 발생으로 다량의 디스크 에러 발생

공급망 취약점들

SP 800-163은 위협 파트와 마찬가지로, 계층별로 공급망 취약점 분석 가이드를 제공한다. 아래 표 13.3은 체계적인 접근 방식으로 계층 1부터 계층 3까지 올라가며 모든 취약점들을 검토한다.

▼ 표 13.3 공급망 취약점 고려사항들

계층	취약점 고려사항	특정하는 방법들
계층 1	• 조직의 업무/비즈니스 • 공급자와의 관계 (예를 들어, 시스템 통합 사업자 [system Integrator, SI], COTS, 외부 서비스들) • ICT 공급망 범위와 관련된 지리적 고려사항들 • 기업/보안 아키텍처 • 임계치 기준	• 특별히 취약한 지역이나 조직을 파악하기 위해 공급망 지도나 ICT 공급망 정보를 조사 • 공급망 취약점에 잠재적으로 깊은 관련이 있는 업무 분석 • 잠재적인 공급망 취약점을 살펴보기 위해 시스템 통합 사업자와 공급자간 관계를 조사 • 타이트한 ICT 공급망을 필요로 하는 영역에서 기업 아키텍처와 임계치 기준을 검토하여, 약한 고리들을 파악
계층 2	• 업무 기능들 • 지리적 위치 • 공급자의 유형(COTS, 맞춤형 등등) • 사용된 기술	• 구체적인 업무 기능, 관련 위협 및 공급망 정보를 기반으로 계층 1의 분석을 구체화 • 취약점의 특성, 분류 및 위험도 파악을 위해 National Vulnerability Database (NVD) 외에 Common Vulnerabilities and Exposures (CVE) 그리고 Common Vulnerability Scoring System (CVSS)를 사용 • 취약점 치료의 우선순위를 정하기 위해 점수 가이드 사용을 고려한다.
계층 3	• 개별 기술, 솔루션 및 공급업체	• 취약성 특성 및 분류에 CVE를 사용 • 약점을 파악

예를 들어, 계층 1 취약점은 ICT SCRM 계획 부족처럼 기업의 관리 구조 혹은 공정의 결함이나 약점으로 인해 발생한다. 이 취약점을 완화하는 방법은, 외부 기관에 의존하는 것을 취약점으로 간주하고, 자체 개발이나 신규 기술에 관한 대안 공급처를

찾는 것이다.

계층 2의 취약점 예시로써, SDLC 주기에 도래한 ICT 컴포넌트 교체 파트를 선정해야 하는데 예산이 부족하여 기술 심사를 할 수 없는 경우를 들 수 있다. 이 예시에 확실한 해결책은 합리적인 예산 배분을 하는 것이다.

계층 3의 예시는 요구조건과 차이가 큰 시스템 기능으로 인해 성능에 상당한 영향을 미치는 경우이다. 이 경우 완화방법은 필요한 엔지니어링 업무를 진행하는 것이다.

공급망 보안 통제

SP 800-161은 SCRM의 종합적인 보안 통제 리스트를 제공한다. 다음과 같은 계열들로 구성된다.

- 접근 통제
- 인식 및 훈련
- 감사 및 책임
- 보안 평가 및 승인
- 미디어 보호
- 물리 및 환경 보호
- 계획
- 프로그램 관리
- 인적 보안
- 유지보수
- 설정 관리
- 비상 계획
- 식별 및 인증
- 사고 대응
- 출처
- 리스크 평가
- 시스템 및 서비스 인수
- 시스템 및 통신 보호
- 시스템 및 정보 보안

출처 계열을 제외한 모든 통제들은 SP 800-53에 정의된 보안 통제를 기반으로 SCRM에 맞게 적용되었다.

보안 통제 AC-3 (접근 제어 시행)은 보안 통제를 SCRM에 맞게 적용한 예시를 보여준다. SP 800-53에서는 보안 통제에 대해 아래와 같이 설명한다.

- **통제** : 정보시스템은 적합한 접근 통제 정책에 따라, 정보 및 시스템에 대한 논리적 접근 인증 절차를 시행한다.
- **부가 지침** : 접근 제어 정책(예를 들어, ID/역할/속성 기반 정책)들과 접근 제어 메커니즘(예를 들어, ACL, 접근 제어 매트릭, 암호화)은 정보 시스템의 능동 엔티티 또는 주체(예를 들어, 유저를 대신하여 기동 되는 프로세스들)와 수동 엔티티와 객체(예를 들어, 장치, 파일, 기록물, 도메인)간의 접근을 제어한다. 더 나은 정보 보안을 위해 애플리케이션이 올라가 있는 정보 시스템 및 조직의 업무와 비즈니스 운영을 뒷받침해주는 정보 시스템들은 무엇이 있는

지 파악해야 한다. 그리고 이들에게 정보 시스템 레벨, 애플리케이션 레벨, 서비스 레벨에서 접근 제어 메커니즘을 시행해야 한다.

● **통제 강화 :**

(8) 접근 권한 철회

정보 시스템은 [공시 : 접근 권한 철회 시기에 관한 조직 규정(Assignment : organization-defined rules governing the timing of revocations of access authorizations)]에 근거하여, 주체 또는 객체의 보안 속성 변경 시 접근 권한을 철회한다.

● **부가 지침 :** 권한 해지 종류별로 철회 절차가 다를 수 있다. 만일 주체(즉, 유저 혹은 프로세스)가 그룹에서 삭제되었음에도, 추후 객체(예를 들어, 파일)를 오픈하거나, 신규 접속시도를 하기 전까지 권한이 철회되지 않을 수 있다. 보안라벨 변경에 의한 철회는 즉각 시행될 수 있다. 따라서, 정보 시스템이 이러한 기능을 제공하지 않는 상황에서, 즉각적인 철회가 필요할 경우에 조직은 적절한 대안 방법을 고려해야 한다.

(9) 접근 제어 시행 | 공개 제한

아래 경우를 제외하고, 정보 시스템이 정해진 시스템 영역 밖으로 정보를 공개해서는 안된다.

- 수신측(공시(Assignment) : 조직이 지정한 정보 시스템 또는 그 컴포넌트)이 (공시 : 조직이 지정한 보안 안전장치)를 제공하고,

- (공시 : 조직이 지정한 보안 안전장치)가 공개하려는 정보가 적절한지 검증할 수 있는 경우

이 통제에는 총 10개의 보안 강화 방안들이 있으나, 위 예시에서는 8과 9만 언급하였다.

통제 절에서는 조직이나 정보 시스템이 시행할 구체적인 보안관련 활동이나 조치가 무엇인지 규정한다. 부가 지침 절에서는 보안통제의 비 규범적인 정보를 제공한다. 조직은 이를 적절하게 활용할 수 있다. 통제 강화 절에서는 (1) 통제력을 높이고, (2) 통제 기능성/특이도를 더할 수 있는 방안에 대해 설명하고 있다.

두 경우 모두, 잠재적으로 조직에 부정적인 영향을 줄 수 있어서 기본 통제안보다 더 강력한 보호수단이 필요하거나, 리스크 평가에 기반하여 기본적인 기능성/특이도에 추가적인 사항을 모색하는 경우, 이러한 통제 강화 방안을 정보 시스템과 운영 환경에 적용한다.

SP 800-161는 아래와 같이 AC-3를 각색하여 설명한다.

● **부가 ICT SCRM 지침 :** 정보 시스템과 ICT 공급망 인프라에 적합한 접근 제어 메커니즘이 있는지 확인한다. 이는 ICT 공급망 니즈에 따라 활용될 수 있는 물리적, 논리적 접근 제어 메커니즘 모두를 말한다. 조직은 접근 제어 시행을 위한 세부 규정이 있는지 살펴야 한다.

● **통제 향상 : 커뮤니티(8) 접근 권한부여 철회 : 부가 ICT SCRM 지침 :** 시스템 통합업체(SI), 공급자, 그리고 외부 서비스 제공업체들이 조직 시스템에 더 이상 접속할 필요가 없을 때는

신속한 권한 철회가 매우 중요하다. 예를 들어, "뱃지 플리핑(badge flipping)" 상황이 있는데, 이는 하나의 시스템 통합 업체에서 다른 업체로 계약이 이동되나, 관련 담당자는 그대로인 경우이다. 이러한 상황에서 조직은 기존 인증서들을 모두 폐기하고, 신규 인증서를 발급해야 한다.

(9) 공개 제한

부가 ICT SCRM 지침 : ICT 공급망에 관한 정보가 조직간 공개될 때 적절한 통제가 필요하다. 어떤 정보는 조직과 시스템통합업체, 공급자, 그리고 외부 서비스 제공업체 간에 끊임없이 오갈 수 있다. 조직 정보의 공개 통제를 통해 폭로 리스크를 보호할 수 있다.

위 사례에서 알 수 듯이, SP 800-53은 각 통제별 SCRM 요건들을 구체화했다. 더불어, SP 800-163은 SP 800-53에는 없는 출처 통제(provenance controls)라는 새로운 계열이 추가되었다. SP 800-163에서 출처는 아래와 같이 정의되었다.

> *ICT SCRM에서 컴포넌트, 컴포넌트 프로세스, 정보, 시스템, 조직 그리고 조직 프로세스의 보유 및 변경 내용을 적은 기록을 말한다. 출처는 컴포넌트 기준, 컴포넌트 프로세스, 정보, 시스템, 조직 그리고 조직 프로세스 등등의 변경이 관련 액터, 기능, 영역 또는 활동에 보고될 수 있도록 한다.*

출처의 개념은 모든 시스템과 컴포넌트가 공급망의 어디선가 생성되고, 변경될 수 있다는 사실과 관련이 있다. 시스템과 컴포넌트가 어디서 온 것인지 기록하고, 이력, 변경사항과 또 누가 변경했는지 기록하는 것을 출처라고 하는 것이다. SP 800-163의 출처 계열에 언급된 아래 세 가지 보안 통제는 ICT 공급망 내에서 출처의 생성과 유지에 관한 것이다. 이로써 기업에서 꼭 파악되고, 조치되어야 하는 좋지 않은 이벤트가 발생했을 때 추적가능성을 높일 수 있다. 출처 계열에 세 가지 보안통제는 아래와 같다.

- **출처 정책 및 절차** : 출처 정책 구현을 위한 가이드 제공
- **출처 추적 및 기준 논의** : 추적 프로세스에 대한 상세 방안 제공
- **출처 담당의 역할 감사** : 출처 정책에 효과적으로 역할 감사가 적용될 수 있도록 함

SCRM 모범 사례들

정보보호포럼(Information Security Forum's (ISF's))의 SGP(Standard of Good Practice for Information Security), NISTIR 7622 그리고 ISO 28000의 공급망 보안 시리즈 등에서 SCRM 모범 사례들이 언급되고 있다. ISO 시리즈에는 아래와 같은 문서들이 있다.

- ISO 28000, 공급망 보안관리 시스템 규격

- ISO 28001, 공급망 보안, 평가 및 계획 구현을 위한 모범 사례들 – 요건 및 지침

- ISO 28003, 공급망 보안 관리 시스템 인증 및 감사 기관의 요건사항들

- ISO 28004, ISO 28000 구현 지침

NIST는 SCRM 웹사이트에서 효과적인 SCRM을 위해, 기업들의 실제 적용 사례들을 제공하고 있다. 그 중 벤더 선택 및 관리 등에 관한 모범 사례는 아래와 같다.

- 공급망 취약점을 미리 식별하고 제거할 수 있는 라이프 사이클 위협 모델링 수립을 위해서는 브랜드 보호보다는 브랜드 무결성에 집중하는 것이 좋다.

- 조달, 소싱 공정에는 IT, 보안, 엔지니어링 및 운영 인력의 목소리가 잘 녹아들어가 있어야 한다. 소싱 결정 과정에서 다수 이해관계자의 목소리를 듣게 될 것이다.

- 모든 제안요청서(RFP) 및 (계약 유형이나 비즈니스 요구에 맞춘) 별도 계약서에는 표준 보안 약관이 포함되어야 한다.

- 사업주는 보안 지침의 예외 사항 및 그 영향에 따른 책임을 공식적으로 인정해야 한다.

- 많은 리스크 평가가 공급자 자체평가에 의존하기 때문에, 많은 기업들이 현장에서 검증 및 검증 리뷰를 수행한다. 어떤 기업은 공급 업체에 연 단위로 인력을 교차 파견하여, 보안 기준이 제대로 적용되는지 확인하기도 한다.

- 신규 공급자가 공급망에 투입되기 전에, 공급자의 능력 및 다양한 요건 준수 시험을 위한 테스트 및 평가 기간이 있어야 한다. 고위험 영역을 위해서는, 공급자 완전 도입 이전에 여러 차례 시범 운영을 거칠 수도 있다.

- 계층 1 공급자는, 그들에게 OEM(Original Equipment Manufacturer)을 발주한 업체에서 요구한 심사를 그들의 공급자들에게도 동일하게 진행해야 한다.

- 제조 파트너사들을 위해 공식인증 벤더 리스트를 작성한다.

- 분기별로 투자자 그룹에서 공급자의 성과 평가를 검토한다.

- 공급자가 고객사의 비즈니스 요구, 우려 및 보안 우선순위를 이해할 수 있도록, 매년 공급자 미팅을 수행한다.

- 사이버 보안 같이 어렵거나 중요한 분야를 다루는 회사는 공급자들에게 멘토링 및 교육 프로그램을 수행한다.

공급망 리스크 관리를 위해, 기업은 다음과 같은 사례를 적절히 적용하는 것이 권장된다.

- 보안 요건이 모든 RFP 및 계약에 포함되어야 한다.

- 공급망에서 공식적으로 특정 벤더가 선택되면, 보안팀은 현장에서 그들과 만나 취약점들이나 보안 격차가 있는지 검토한다.

- 위조품이나 규격에 맞지 않는 공급업체 제품은 "원스트라이크 아웃제(one strike and you're out)" 정책을 시행한다.

- 컴포넌트 구매를 엄격히 통제한다. 예를 들어, 신규 벤더로부터 구매한 컴포넌트 뿐 아니라 적합 심사를 받은 벤더의 컴포넌트도 포장을 풀고, 검사한 뒤, X-레이를 찍고 승인하도록 한다.

- 보안 SDLC 프로그램 및 교육을 관계된 모든 엔지니어에게 시행한다.

- 구매한 모든 소프트웨어의 소스 코드를 확보하도록 한다.

- 소프트웨어와 하드웨어는 보안적으로 협력 관계에 있다. 예를 들어, 시큐어 부팅(Secure booting)은 인증 코드가 정확하지 않으면 부팅되질 않는다.

- 제조 및 테스트 과정의 자동화로 사람의 개입을 최소화한다.

- 트랙 및 트레이스(track-and-trace)* 프로그램을 통해 모든 부품, 컴포넌트 및 시스템의 출처를 확인한다.

- 프로그램에서 "만들어진" 컴포넌트 데이터를 캡처해서, 각 어셈블리 및 컴포넌트 식별 데이터를 자동으로 소싱 정보와 연결한다.

- 공급망 사이버 보안 책임자는 제품 개발기간 동안 조금이라도 연관되는 모든 팀과 협력하여, 공급자 및 개발사 직원들이 경험, 프로세스, 툴에서 사이버 보안을 염두 하는지 확인한다.

- 인증된 IP 및 부품의 지속적인 공급을 위해, 수명만료 제품과 플랫폼 사후지원(legacy support)이 제공되는지 확인한다.

- 서비스 벤더의 접근을 엄격하게 통제한다. 더불어 소프트웨어 접근은 극소수 벤더로 제한한다. 하드웨어 벤더는 기계 시스템으로만 접근을 허용하며, 제어 시스템은 접근이 불가하도록 한다. 모든 벤더는 인증절차를 거쳐야 하고, 인솔자의 가이드를 받아 출입해야 한다.

공급망 리스크 관리는 조직의 전반적인 리스크 관리 중 일부로써 수행되어야 한다. 따라서 정보보호 최고책임자(CISO, chief information security officer) 혹은 이와 유사한 직책에 있는 사람은 공급망 리스크 관리를 포함한 조직 모든 기능의 리스크 관리 및 평가를 감독할 근본적인 책임이 있다.

13.3 클라우드 컴퓨팅

IT 인프라의 일부분 혹은 전체를 인터넷으로 연결된, 엔터프라이즈 클라우드 컴퓨팅으로 옮기는 경향이 두드러지고 있다. 이 절에서는 클라우드 컴퓨팅에 관해 알아보고자 한다.

---

* **역주** : 제품의 과거/현재 물리적인 위치를 추적

클라우드 컴퓨팅 요소들

NIST는 클라우드 컴퓨팅을 NIST SP-800-145, NIST 클라우드 컴퓨팅 정의에서 아래와 같이 정의한다.

- **클라우드 컴퓨팅** : 최소한의 관리활동 또는 서비스 제공자의 도움으로, 신속하게 권한 설정 및 배포할 수 있도록 설정 가능한 컴퓨팅 리소스 (예 : 네트워크, 서버, 스토리지, 애플리케이션 및 서비스)의 공유 풀에 어디서나 편리하게 필요하면 언제든지, 네트워크 접속이 가능하도록 하는 모델. 이 클라우드 모델은 가용성을 높여주며 다섯개의 필수 특성, 세 개의 서비스 모델, 네가지 구축 모델로 이뤄진다.

아래 그림 13.6은 이처럼 다양한 모델과 특성 간의 관계를 보여주고 있다.

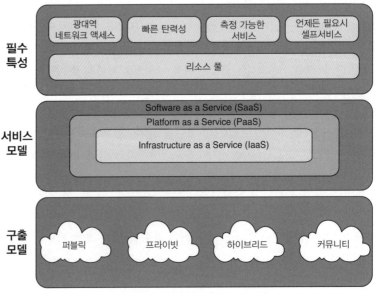

▲ 그림 13.6 클라우드 컴퓨팅 요소들

클라우드 컴퓨팅의 필수 특성들은 아래와 같다.

- **광대역 네트워크 액세스** : 각종 기능들이 네트워크를 통해서 접근될 수 있어야 하며, 전통적인 컴퓨터, 클라우드 기반 소프트웨어 서비스 혹은 다양한 플랫폼들(예를 들어, 핸드폰, 노트북, PDA 등)에서 접속 될 수 있도록 표준 메커니즘(예, 클라우드 컴퓨팅 사업자의 앱이나 웹 등)을 이용해야 한다.
- **빠른 탄력성** : 클라우드 컴퓨팅은 서비스 요구에 따라, 리소스를 늘리거나 줄일 수 있는 기능을 제공해야 한다. 예를 들어, 특정 시간대에만 많은 수의 서버 리소스가 필요할 수 있다. 해당 시점 이후에는 리소스들을 반납할 수 있어야 한다.
- **측정 가능한 서비스** : 클라우드 시스템은 서비스 유형(예 : 스토리지, 프로세싱, 대역폭, 사용자 계정)에 따라 적절한 추상화 레벨에서 가용치를 측정할 수 있어야 하며, 이를 통해 리소스

사용을 자동으로 제어하고 최적화할 수 있어야 한다. 또한 리소스 사용량을 모니터링, 제어 및 리포트 하여 사업자와 고객 모두에게 투명하게 운영되어야 한다.

- **언제든 필요시 셀프서비스 :** 고객은 서비스 사업자의 직원에 요청하지 않고도 언제든 필요시, 서버나 네트워크 용량과 같은 컴퓨팅 성능을 자체적으로 할당할 수 있어야 한다. 언제든 필요시에 서비스에 할당할 수 있어야 하기 때문에, 리소스가 특정 IT 인프라에 영구적으로 묶여서는 안된다.

NIST에서 정의한 세 가지 서비스 모델은 아래와 같다.

- **Software as a service(SaaS) :** 고객이 클라우드 인프라에서 사업자 애플리케이션을 사용하는 모델이다. 다양한 클라이언트 장비에서 웹 브라우저와 같은 경량 클라이언트 인터페이스로, 애플리케이션을 접속할 수 있다. 소프트웨어 제품의 데스크탑 또는 서버용 라이선스를 따로 구매하지 않더라도, 클라우드 서비스에서 필요한 기능을 사용할 수 있다. SaaS는 소프트웨어 설치, 유지보수, 업그레이드와 패치 등 복잡한 운영요소를 제거해준다. 이러한 서비스의 대표적 예시로는 Gmail이 있다. 구글의 Gmail 서비스와 Salesforce.com은 고객사 정보가 클라우드에서 유지될 수 있도록 도와준다.

- **Platform as a service(PaaS) :** 사업자가 제공하는 프로그래밍 언어와 툴을 이용하거나, 고객이 직접 생성한 애플리케이션을 클라우드 인프라에 구축한다. PaaS의 경우 애플리케이션이 연동하여 사용하는 데이터베이스나 컴포넌트 같은 미들웨어 스타일 서비스가 많다. 실상, PaaS는 클라우드의 운영체제라고 볼 수 있다.

- **Infrastructure as a service(IaaS) :** 고객이 프로세싱, 스토리지, 네트워크나 다른 핵심적인 컴퓨팅 리소스를 직접 만들고 실행하며, 운영체제와 애플리케이션들을 포함해 필요한 그 어떤 소프트웨어라도 직접 실행할 수 있는 모델이다. IaaS는 고객이 숫자 연산 혹은 데이터 스토리지처럼 기본적인 컴퓨팅 서비스와 결합하여, 적응력이 뛰어난 컴퓨터 시스템을 구축할 수 있도록 도와준다.*

NIST은 구축 모델을 아래와 같이 네 가지로 제시한다.

- **퍼블릭 클라우드(Public cloud) :** 클라우드 서비스를 판매하는 서비스를 일반 개인 혹은 큰 사업 그룹이 이용할 수 있는 모델이다. 클라우드 사업자가 클라우드 인프라 및 그 안에 데이터 제어, 운영 모두를 책임진다.

- **프라이빗 클라우드(Private cloud) :** 순수 단일 조직만을 위해 운영되는 클라우드 인프라이다. 해당 조직이 직접 또는 제3자가 관리하며, 온-프라미스(on premise**)나 오프-프라미스(off premise***)모두 지원한다. 클라우드 사업자는 인프라에 대해서만 책임을 지며, 제어권은 없다.

---

* **역주 :** SaaS 〈 PaaS 〈 IaaS로 갈수록 고객의 인프라 제어권이 강해진다. SaaS는 인프라가 완전히 숨겨져 있고 고객은 소프트웨어만 이용하는 모델이다. 반면, PaaS는 사업자의 클라우드 소프트웨어를 고객의 앱이나 웹 등, 애플리케이션에 붙이는 형태이다. 마지막으로 IaaS는 클라우드 인프라를 고객이 직접 입맛에 맞게 구성하는 모델이다

** **역주 :** 고객 소유 인프라 환경

*** **역주 :** 제 3자가 운영하는 인프라 환경

- **커뮤니티 클라우드** : 여러 조직에 의해 공유되며, 공통 관심사(예를 들어, 업무 및 보안 요구사항, 정책, 규정준수)를 위한 커뮤니티를 지원한다. 해당 조직들이나 제 3자에 의해 관리되며, 온프라미스 및 오프-프라미스 모두 지원한다.
- **하이브리드 클라우드** : 데이터 및 애플리케이션이 이동 가능한 둘 이상의 클라우드(프라이빗, 커뮤니티 또는 퍼블릭)를 결합하여, 하나의 엔터티(서비스)를 구성한다. (예를 들어, 클라우드 폭증으로 인한 클라우드간 로드 밸런싱)

그림 13.7은 프라이빗 클라우드의 전형적인 두 가지 구성을 보여준다. 프라이빗 클라우드는 회사 애플리케이션, 데이터 서버와 데이터 스토리지가 상호 연동되어 있다. 로컬 워크스테이션은 보안 경계선 내에서 클라우드 리소스에 접속할 수 있다. 원격 사용자(예를 들어, 위성사무실(satellite office)는 VPN(virtual private network)과 같은 보안 회선을 통해 방화벽 같은 보안경계 컨트롤러로 연결된다. 클라우드 사업자는 다른 고객에게 리소스를 공유하지 않는, 전용 인프라 리소스로 구성된 프라이빗 클라우드를 만들고 운영한다.

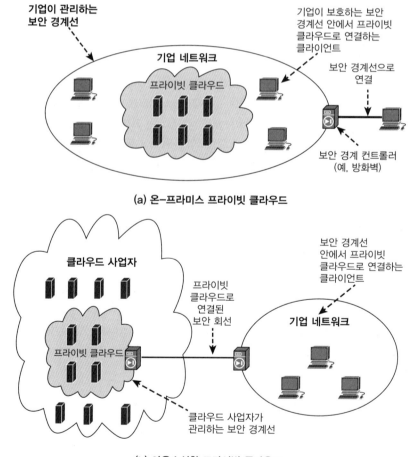

(a) 온-프라미스 프라이빗 클라우드

(b) 아웃소싱한 프라이빗 클라우드
▲ 그림 13.7 프라이빗 클라우드 구성들

일반적으로 경계 콘트롤러간 보안 회선을 이용하여 고객 기업의 클라이언트 시스템과 프라이빗 클라우드를 연결한다. 이 회선은 인터넷으로 구성한 VPN이거나 전용 임대회선(전용선)이 될 수 있다.

아래 그림 13.8은 기업 전용 클라우드 서비스를 제공하는 퍼블릭 클라우드를 보여준다. 퍼블릭 클라우드 사업자는 클라이언트 별로 각각의 풀(pool)을 운영한다. 기업의 클라우드 리소스는 다른 클라이언트와 분리되지만, 사업자 별로 분리되는 범위가 다를 수 있다. 예를 들어, 각 개별 고객에게 전용VM(virtual machine)을 제공하지만, 하드웨어는 다른 고객 VM들과 같이 공용 사용할 수 있다.

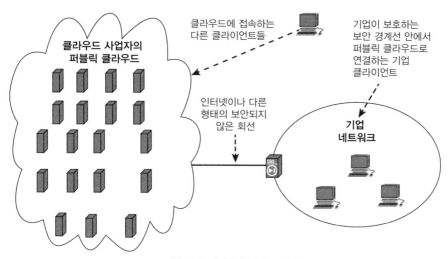

▲ 그림 13.8 퍼블릭 클라우드 구성

클라우딩 컴퓨팅 참조 아키텍처

클라우딩 컴퓨팅 참조 아키텍처는, 클라우드 컴퓨팅의 요구 사항, 구조, 운영에 관한 고차원 컨셉 모델이다. NIST SP 500–292, NIST 클라우딩 컴퓨팅 참조 아키텍쳐에서 참조 아키텍처를 아래와 같이 기술한다.

NIST 클라우딩 컴퓨팅 참조 아키텍처는, 클라우드 서비스 사업자가 "어떻게" 솔루션을 디자인하고 구현하는지가 아니라, "무슨" 요구 사항들을 받는지에 초점을 맞춘다. 이 아키텍처는 클라우드 컴퓨팅의 운영 복잡성을 이해하게끔 하는 것이 목표이다. 즉, 특정 클라우드 컴퓨팅 시스템의 아키텍처에 관한 것이 아니라, 공통의 참조 프레임워크를 사용하여 시스템별 아키텍처를 기술하고, 논의하며, 개발하고자 하는 도구이다.

NIST는 다음과 같은 목표를 염두에 두고, 참고 아키텍처를 개발하였다.

- 전체 클라우드 컴퓨팅 컨셉 모델 관점에서, 다양한 클라우드 서비스를 설명하고 이해하기 위해
- 고객이 클라우드 서비스를 이해, 토론, 분류 및 비교할 수 있는 기술적 참조자료 제공을 위해
- 보안, 상호운영성 및 이동성과 구현에 관한 후보 표준의 분석을 위해 아래 그림 13.9의 참조 아키텍처는 주요 다섯 액터(actor)의 역할과 행위를 보여준다.

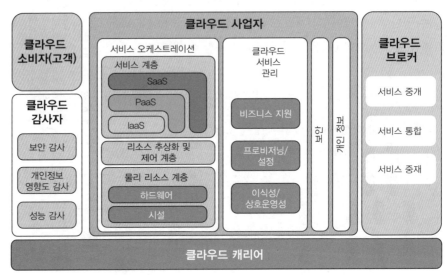

▲ 그림 13.9 NIST 클라우드 컴퓨팅 참조 아키텍처

- **클라우드 소비자(고객)** : 클라우드 사업자와 비즈니스 관계를 유지하고, 그들의 서비스를 사용하는 개인 또는 조직
- **클라우드 사업자(CP, Cloud provider)** : 소비자들이 서비스를 이용할 수 있도록 책임지고, 클라우드 서비스를 운영하는 개인, 기업 또는 단체
- **클라우드 감사자** : 구축된 클라우드의 서비스, 정보 시스템 운영, 성능 및 보안에 대해 독립적인 평가를 실시하는 자
- **클라우드 브로커** : 클라우드 서비스의 사용, 성능 및 구성을 관리하고, CP와 소비자간 사이에서 협상을 진행하는 기업
- **클라우드 캐리어** : CP와 소비자간 클라우드 서비스 연결 및 전송을 제공하는 중개자

클라우드 소비자(고객) 및 사업자의 역할은 이미 살펴보았다. 요약하자면, 클라우드 사업자 또는 클라우드 서비스 사업자(CSP, cloud service provider)는 클라우드 소비자(고객)의 IT 및 비즈니스 요구 사항들을 충족하는 하나 이상의 클라우드 서비스를 제공한다. CP는 세 가지 서비스 모델(SaaS, PaaS, and IaaS)별로 고객용 클라우드 인터페이스와 스토리지 및 프로세싱 시설을 제공한다.

SaaS에서 CP는 클라우드 인프라 내부 소프트웨어 애플리케이션의 설치, 유지보수,

업데이트 및 운영을 담당하며, 고객의 예상치에 부합하는 수준으로 서비스가 운영될 수 있도록 한다. SaaS의 고객으로는 직접 소프트웨어를 사용하고자 하는 최종 사용자, 내부 인원에게 소프트웨어 애플리케이션을 제공하고자 하는 조직, 소프트웨어 애플리케이션을 사용하려는 최종 사용자를 위해 애플리케이션을 구성하는 관리자 등이 있다.

PaaS에서 CP는 플랫폼의 컴퓨팅 인프라를 관리하고, 런타임 소프트웨어 실행 스택, 데이터베이스 외에 기타 미들웨어 컴포넌트들을 제공하는 클라우드 소프트웨어를 운영한다. PaaS의 고객은 CP가 제공하는 툴과 실행 리소스를 사용하여, 클라우드 환경에서 애플리케이션을 개발, 테스트, 구축 및 관리한다.

IaaS에서 CP는 서버, 네트워크, 스토리지 및 호스팅 인프라 등 서비스의 기반이 되는 물리 컴퓨팅 리소스를 소유한다. IaaS의 고객은 펀더멘털(fundamental) 컴퓨팅 니즈에 따라, 가상 컴퓨터과 같은 컴퓨팅 리소스를 사용한다.*

클라우드 캐리어(cloud carrier)는 클라우드 고객과 CP간 클라우드 서비스의 연결 및 전송을 담당하는 네트워킹 시설이다. 일반적으로, CP는 고객과 서비스 수준 협약을 설정하며, 계약한 수준으로 서비스가 일관되게 제공될 수 있도록 노력한다. CP와 고객 사이에 전용 보안 회선을 요청할 수도 있다.

클라우드 브로커(cloud broker)는 클라우드 서비스가 너무 복잡해서 고객이 쉽게 관리할 수 없을 때 유용하다. 이들은 아래와 같은 세 가지 영역의 서비스를 제공한다.

- **서비스 중개(Service intermediation)** : ID 관리, 성능 리포팅, 보안 강화와 같은 부가가치 서비스 제공.
- **서비스 통합(Service aggregation)** : 단일 CP로는 해결되지 않는 요구 사항이나, 성능 최적화 또는 비용 최적화를 위해 여러 클라우드 서비스를 결합.
- **서비스 중재(Service arbitrage)** : 통합할 대상이 지정되어 있지 않다는 점을 빼면 서비스 통합과 유사하다. 서비스 중재라는 것은 브로커가 여러 CP에서 서비스를 선택할 수 있음을 말한다. 예를 들어, 브로커가 여러 CP들의 신용평가를 측정하여, 가장 높은 점수의 CP를 선택하는 경우 등이다.

클라우드 감사자(cloud auditor)는 보안 제어, 개인정보 보호 능력, 성능 등등 측면에서 CP의 서비스를 평가한다. 다시 말해, 감사자는 CP가 여러 표준들을 준수하는지 확인하는 별도의 독립 기관이다.

---

*　**역주** : 여기서 펀더멘털 컴퓨팅은 좀 더 인프라적인 즉, 좀 더 물리 인프라에 가까운 컴퓨팅을 일컫는 의도로 사용되었다.

13.4 클라우드 보안

이번 세션은 클라우드 서비스 사업자의 서비스를 활용하는 클라우드 고객 입장에서 클라우드 보안에 초점을 맞춰 살펴본다.

클라우드 컴퓨팅의 보안 고려사항들

조직이 데이터와 애플리케이션을 클라우드로 이동할 때, 해결해야 하는 주요 이슈들은 아래와 같다.

- **기밀성 및 개인정보보호** : 조직은 직원과 고객에게 데이터 기밀성을 보장하고, 또한 개인정보를 보호할 의무가 있다. 둘 중 무엇이라도 소홀이 했을 경우, 비즈니스에 악영향을 미칠 수 있기 때문에 규제와 법률상 제한이 있어야 한다. 데이터를 클라우드에 두는 순간, 반드시 다뤄야 할 새로운 리스크가 발생하게 된다.
- **데이터 침해 책임** : 클라우드에 데이터와 서비스를 올리면, 보안이 고객의 직접적인 통제 하에 있지 않기 때문에 직접 데이터센터를 운영하는 것보다 데이터 침해 우려가 더 크게 일어난다. 이와 관련하여, 다음과 같은 몇 가지 문제가 있다.
  - 통지 책임 : 데이터 침해는 일반적으로 통지 의무를 수반한다. (고객, 공급사, 제3자) 통지는 누가 담당하며, 얼마나 빨리 통지해야 하는가?
  - 지적재산 리스크 : 제3자가 보유한 지적재산 소유권을 (부적절하게) 주장할 수 있는 여지를 남겨두었거나, "조직 자원을 사용하지 않고" 개발된 창작물에 관한 "고용자 저작권 보유 원칙*" 허점이 있는 권한, 약관들이 문제가 될 수 있다.
  - 반출 통제 : 공급사가 외국에 데이터를 저장하는가? 그 시스템은 외국 인력들이 관리하는가?
- **전자증거개시(E-discovery)** : 기관 및 해당 법률 변호인은 법적 증거 개시에 필요한 모든 기록을 보관할 의무가 있다. 그러나 이러한 기록들이 조직의 직접 통제권 밖에 있다. 기존과 동일한 방식으로 기록들을 보유하지 못하는 것이다. 이처럼 외부로 옮겨진 인프라의 증거 개시 절차는 어떻게 처리할 것인가?
- **리스크 평가** : 효과적인 리스크 평가를 수행하려면, 고객은 클라우드 서비스 사업자에게 적용되는 보안 정책 및 제어에 관한 많은 정보를 보유하고 있어야 한다.
- **비즈니스 연속성** : 클라우드 서비스의 정지 및 종료를 위한 계획이 필요하다. 고객은 데이터를 다른 클라우드 서비스 사업자에게 이전이 가능하도록 이식성을 준비해 두어야 한다.
- **법률 문제** : 법적 리스크와 의무를 명확히 하고, 문서화해야 한다.

---

* **역주** : 고용한자가 저작권을 보유한다는 저작권 보호법

클라우드 서비스 유저의 위협들

클라우드 서비스 및 리소스 이용은 엔터프라이즈 사이버 보안에 다량의 신규 위협을 불러 일으켰다. ITU-T [ITUT12]의 보고서에는 아래와 같은 위협 예시들을 열거했다.

- **모호한 책임소재 :** 기업 소유 시스템이 클라우드 사업자의 서비스에 의존하게 된다. 서비스 레벨(SaaS, PaaS, IaaS)에 따라 클라우드 시스템으로 넘기는 IT 시스템의 규모가 달라지는데, 이 서비스 레벨과 무관하게 고객과 사업자간 보안 책임을 명확하게 정의하기 어렵다. 이러한 모호한 점이 리스크 평가, 보안통제 디자인 및 사고 대응을 어렵게 만든다.

- **지배능력 감소 :** 기업 IT 리소스의 일부를 클라우드 인프라로 넘김으로써, 관리 통제권도 일부 넘기게 된다. 클라우드 서비스 모델(SaaS, PaaS, IaaS)에 따라 이러한 지배능력 감소 정도가 달라진다. 클라우드 서비스를 이용하는 한, 어떤 경우든, 기업이 완벽하게 IT 제어권을 가질 수 없다.

- **신뢰 감소 :** 클라우드 서비스의 블랙박스 기능(역주 : 소프트웨어의 내부 구조나 작동 원리를 모르는 상태)으로 인해, 고객이 클라우드 사업자의 신뢰 수준을 평가하기 어려울 때가 있다. 공인화된 방법으로 사업자의 보안 수준을 취득하거나, 공유할 수 있는 방법은 없다. 또한 일반적으로 클라우드 서비스 사업자가 자신들의 보안구현 수준을 자체적으로 평가하기 힘들다. 그러므로 고객 입장에서 현실적인 리스크 평가를 수행하기 어렵다.

- **서비스 사업자 락인(lock-in) :** 클라우드 사업자를 변경할 때 지배능력 감소로 인한 자율성 침해가 발생될 수 있다. 기존 클라우드 사업자가 비표준 하이퍼바이저 또는 비표준 VM 이미지 포맷을 사용해서, 표준 방식으로 변경을 못하는 경우를 예로 들 수 있다.

- **비보안 클라우드 서비스 유저 접속 :** 대부분의 리소스는 원격으로 접속되기 때문에, 보호되지 않는 API(대부분 관리용 API 또는 PaaS 서비스용)가 가장 손쉬운 공격 벡터 중 하나이다. 피싱, 사기, 소프트웨어 취약성의 악용같은 공격 방법들이 중대한 위협 요인이 된다.

- **자산 관리 결여 :** 고객은 클라우드 서비스 사업자의 자산 관리를 평가, 모니터링하는데 어려움을 겪을 수 있다. 중요한 요소들로는 민감한 자산/정보의 위치, 데이터 스토리지의 물리통제 수준, 데이터 백업의 신뢰성(데이터 보존 이슈)과 비즈니스 연속성 및 재해 복구에 관한 대책 등이 있다. 또한 고객은 개인정보 보호법이나, 외국 정부에 의해 데이터가 노출되는 것에 대해 큰 우려를 가질 수 있다.

- **데이터 손실 및 누출 :** 이전 항목과 관계가 깊다. 암호 키 또는 액세스 코드의 분실은 클라우드 서비스 고객에게 큰 문제를 야기한다. 암호키, 인증코드, 액세스 권한 등 암호 관리 정보의 누실은 데이터 손실이나 외부 유출 등 민감한 문제로 이어진다.

리스크 평가

클라우드 서비스 리스크 평가 수행을 위해 자세한 질문지를 준비해두는 것이 좋다. 정보 보안위원회에서 이를 위한 템플릿을 개발했다. [HEIS14b] 이 템플릿은 아래와 같은 영역들에 대해 질문을 제기한다.

Cybersecurity Book Resource Site :

https://app.box.com/
v/wscybersecurity

- 고차원(high-level) 설명
- 인증
- 권한 부여 – 논리적 접근 제어
- 데이터 보안
- 복구 가능성
- 운영 통제
- 사건 대응
- 애플리케이션 보안
- 테스트 및 검증

이 질문지들은 꽤 상세한 편이다. 예를 들어, 애플리케이션 보안 절에서는 아래와 같은 내용들을 포함하고 있다.

8.0 애플리케이션 보안

8.1 호스팅 서비스 사업자의 소프트웨어 개발 수명주기 모델이 표준 프레임워크 모델 (예를 들어, TSP-Secure, SAMM, Microsoft SDL, OWASP, NIST SP800-64 rev 2)의 내용들을 포함하고 있는가? 그렇다면 어느 표준 기반인가?

8.1.1 소프트웨어 개발 수명주기 단계별 보안 컴포넌트가 설계 및 구현 되었는가?

8.2 서비스 사업자가 변경 관리 정책을 가지고 있는가?

8.2.1 변경 사항 적용을 위해, 미리 정해진 유지보수 일정이 있는가?

8.2.2 변경 사항 발생시, 해당 내용을 고객이 반영할 수 있도록 시간적인 여유를 얼마나 두는가?

8.2.3 변경 사항을 고객에게 어떻게 통보하는가?

8.2.4 클라우드 사업자가 신규 OS 패치를 적용할 때, 자체 소프트웨어의 정상동작 여부를 테스트하는가?

8.2.5 기술/보안 평가를 완료했는가? 또 중대한 변경이 발생할 때마다 기술/보안 평가를 수행하는가?

8.3 소스 코드 감사는 주기적으로 수행되는가?

8.3.1 코드를 작성한 당사자 혹은 해당 팀이 아닌 사람이 소스 코드 감사를 수행하는가?

8.4 서비스 사업자의 애플리케이션 접근이 암호화된 채널로 제한되어 있는가? (예, https)

8.5 클라우드 사업자는 고객 애플리케이션 세션 관리를 어떻게 하는가?

서비스 사업자는 계약 제안 단계에서 이러한 질문지에 답변을 제공해야 한다. 답변이 만족스러운 경우, 사업자의 확약과 함께 계약을 진행하게 된다.

모범 사례들

퍼블릭 클라우드나 아웃소싱 프라이빗 클라우드를 사용하는 경우, 위협, 취약점 및 리스크를 평가하기 힘든 환경에 마주하게 된다. 그 대부분은 클라우드 사업자의 보안 통제의 적절성과 관련이 있다. 따라서 기업이 클라우드로 기능 및 리소스를 이전할 때는, 필히 실사(due diligence)를 해야 한다. SP 800-144, 퍼블릭 클라우드 컴퓨팅에서 보안 및 개인정보보호에서는 클라우드 서비스 사업자를 아웃소싱 할 때 아래와 같은 세 가지 카테고리 모범 사례들을 제공한다.

- **예비 활동**
  - 클라우드 사업자 선정 기준으로 보안, 개인정보보호 및 기타 조직 요구 사항 파악
  - 클라우드 사업자 환경에서 보안 및 개인정보보호 통제가 어떻게 이뤄지는지 분석하고, 조직의 목표치와 비교해 어느정도 수준인지 파악
  - 클라우드 서비스를 목표기간 내에 제공하고 약정한 보안 및 개인정보 보호 수준을 충족시키고자 하는 클라우드 사업자의 공약과 능력을 평가
- **시작 및 운영 활동**
  - 개인정보보호와 보안 규정을 포함하여, 계약상 모든 요구 사항들이 서비스 계약서에 명시적으로 적혀 있고 보증되는지 확인
  - 서비스 이용약관 검토 및 협상 시 법률고문 참여
  - 모든 계약 의무가 충실히 이행되고, 또 리스크가 관리 및 완화되도록 클라우드 사업자의 성과와 서비스 품질을 지속적으로 평가
- **활동 종료**
  - 종료 시 준수해야 하는 모든 계약 요구 사항을 클라우드 사업자에게 알림
  - 클라우드 사업자에게 주어졌던 물리적/전자적 접속 권한을 취소하고, 물리적 토큰(physical token)* 및 출입증 등을 적시에 회수한다.
  - 클라우드 사업자가 서비스 약관에 기반하여 제공하거나 보유한 리소스가 사용가능한 형태로 반환 또는 복구되고 정보가 적절히 삭제된 것인지 확인한다.

---

* **역주** : 사전에 약속된 재화 및 서비스 권리를 나타내는 증표로, 대표적인 예로 카지노 칩이 있다.

클라우드 서비스 계약

아웃소싱 클라우드 서비스를 사용할 때 기업의 전체 업무와 목표, 특히 보안 관점에서, 필수적인 부분은 클라우드 서비스 계약(CSA, cloud service agreement) 이다. 클라우드 표준 고객 위원회(Cloud Standards Customer Council)는 CSA [CSCC15]의 주요 컴포넌트로 다음을 열거하고 있다.

- **고객 동의** : 고객과 사업자간 전반적인 관계를 설명한다. 약관에는 고객이 서비스를 어떻게 사용하게 될지 및 충천 및 결재 방법, 사업자가 서비스를 중지, 해지할 수 있는 사유 및 책임 제한 등이 포함된다.
- **제한적 사용 정책** : 사업자는 부적절하거나 불법적으로 이용되는 서비스를 금지한다. 더불어 사업자는 일반적으로 고객의 지적 재산권을 침해하지 않기로 동의한다.
- **클라우드 서비스 수준 계약(Cloud service level agreements)** : 가용성, 성능, 보안 및 컴플라이언스/개인정보를 비롯한 여러 서비스 수준 목표를 정의한다. 각 임계치를 설정하고, 이를 위반시 적용할 재정적 불이익을 SLA에 명시한다. 잘 설계된 SLA는 충돌을 방지하고, 문제가 분쟁으로 확대되기 전에 해결될 수 있도록 큰 기여를 한다.
- **개인정보 보호정책** : 일반적으로 개인정보 보호정책은 수집한 다양한 유형의 정보, 정보의 사용, 공개 및 공유 방법과 사업자가 이를 보호하는 방법들을 설명한다. 이 계약에서 고객으로부터 수집할 정보는 무엇인지, 어떤 개인식별정보(personally identifiable information, PII)를 저장할지, 정보가 저장되는 물리적 위치는 어디인지 등을 정의할 수 있다.

13.5 공급망 모범사례

SGP에서는 공급망 관리 모범사례를 2개의 카테고리와 4개의 토픽으로 나누고, 각 토픽별 체크리스트를 만들어 두었다. 그 영역과 토픽은 아래와 같다.

- **외부 공급업체 관리** : 외부 공급업체(공급망 내 공급자의 하드웨어, 소프트웨어 또는 아웃소싱 전문가 및 클라우드 서비스 사업자를 포함하여)와 공식 계약서에 정보 보안 요구 사항을 포함시킨다. 또 그 요건이 충족된다는 확신을 얻을 때까지 각 단계별 정보 리스크를 식별하고 관리하는 것이 이 영역의 목표이다.
  - 외부 공급자 관리 프로세스 : 외부 협력사와 관계(공급망 내 조직 포함)된 모든 단계에서 정보 리스크를 파악하고, 관리하는 절차를 기술한다.
  - 아웃소싱 : 요구 사항을 명시하는 문서 협약으로 (클라우드 서비스 사업자를 포함한) 아웃소싱 사업자를 선정 및 관리하는 과정에 관한 절차를 기술한다.

- **클라우드 컴퓨팅 :** 클라우드 관련 계약에 특수한 정보 보안 요구 사항들을 통합하여, 클라우드 서비스를 구매하거나 이용하는 모든 개인에게 전달할 수 있는 종합적인 클라우드 보안 정책을 수립하고, 시행하는 것이 이 영역의 목적이다.
- **클라우드 컴퓨팅 정책 :** 클라우드 서비스를 구매하거나, 사용하려는 모든 개인에게 전달할 만한 클라우드 서비스 사용정책 요소들을 규정한다.
- **클라우드 서비스 계약 :** (서비스 계약에 포함될) 클라우드 서비스 사업자의 구체적인 의무사항 목록을 제공한다.

13.6 참고문헌

- **CSCC15 :** Cloud Standards Customer Council, Practical Guide to Cloud Service Agreements. April 2015. http ://www.cloud-council.org/deliverables/CSCCPractical-Guide-to-Cloud-Service-Agreements.pdf
- **HEIS14b :** Higher Education Information Security Council, "Cloud Computing Security." Information Security Guide, 2014. https ://spaces.internet2.edu/display/2014infosecurityguide/Cloud+Computing+Security
- **ITUT12 :** ITU-T, Focus Group on Cloud Computing Technical Report Part 5 : Cloud Security. FG Cloud TR, February 2012
- **WILD13 :** Wilding, R., "Classification of the Sources of Supply Chain Risk and Vulnerability." August 2013. http ://www.richardwilding.info/blog/ the-sources-of-supply-chain-risk

기술 보안 관리

이 장의 학습 목표는 다음과 같다.

- 보안 아키텍처의 목적과 주요 특성에 대해 설명한다.
- 멀웨어 방지 기술에 대해 논의한다.
- 멀웨어 방지 소프트웨어의 요구 사항에 대해 이해한다.
- 개인 식별 정보와 접근 제어에 대한 전반적인 개념을 기술한다.
- 주요 침입 탐지 기술에 대해 기술한다.
- 데이터 유실 방지 솔루션의 주요 요소에 대해 설명한다.
- 디지털 권리 관리 기술에 대한 기본 개념을 이해한다.
- 보안 알고리즘의 효과적인 구현과 사용에 대한 주요 요구 사항을 기술한다.
- 공개 키 구조의 기본 특성에 대해 논의한다.
- 기술 보안 관리의 모범 사례를 제시한다.

기술 보안(Technical security)이라는 용어는 종종 소프트웨어 및 하드웨어 기반 보안 제어와 관리, 그리고 운영 보안 제어 개념과 반대되는 뜻으로 사용된다. 기술 보안 관리는 효과적인 보안 통제를 위한 설계, 개발 그리고 평가에 이르는 모든 보안 기술의 관리 계획 및 정책의 개발 전반을 의미한다. 가상사설망과 방화벽의 사용 등은 기술 보안 제어의 대표적인 예이다. 반대로, 직원들에게 허용 권한에 대한 정책, 보안 감사 및 보안 거버넌스 구조에 대한 교육을 실시하는 것은 비기술적 보안 제어라 할 수 있다.

정보 보안 포럼(Information Security Forum's, ISF's)의 정보 보안 모범사례 표준 (Standard of Good Practice for Information Security, SGP)은 기술 보안 관리를 크게 보안 솔루션과 암호화 기술의 두 가지 주요 영역으로 나누어 설명한다. 보안 솔루션의 경우, SGP는 기술 보안 제어를 개발하기 위한 프레임워크 및 전반적인 보안 아키텍처의 필요성을 다루고, 특정 기술 영역의 보안 정책과 절차를 상세히 기술한다(14.1절부터 14.7절의 내용 참조). 보안 솔루션에 대해 심도 있게 다뤄보고 싶다면 스탈링스와 브라운의 컴퓨터 보안 : 원리와 실전(Computer Security : Principles and Practice) [STAL18]을 참조하기 바란다. 암호화 기법과 관련하여 SGP는 암호화 알고리즘의 선택 및 사용, 암호화 키 관리 및 공개 키 기반 암호화의 구현에 대한 지침까지 개발하였다(14.8절부터 14.10절의 내용 참조). 해당 분야에 관심이 있는 독자는 스탈링스의 암호화 기법과 네트워크 보안(Cryptography and Network Security) [STAL17]을 참조하기 바란다.

> **기술 보안 제어 (Technical security controls) :** 정보 시스템을 위한 보안 제어 (즉, 안전장치 또는 보안대책)는 주로 정보 시스템의 하드웨어, 소프트웨어 또는 펌웨어 구성 요소에 포함된 메커니즘을 통해 구현 및 실행된다.

14.1 보안 아키텍처

보안 아키텍처(Security Architecture)는 특정 시나리오 또는 환경에 대한 보안의 필요성 및 잠재적 위험을 해결하기 위한 통합 보안 설계를 의미한다. 아울러, 보안 제어 기술을 적용할 시기와 적정한 위치를 결정하기도 한다. 일반적으로 설계 과정은 재현 가능하다. 보안 아키텍처에서 설계 원칙은 명확하게 기록되며, 심층 보안 제어 명세 또한 독립적인 문서로 보존되기 때문이다. 보안 아키텍처는 구조 자체를 포함할 뿐 아니라 구조 내 컴포넌트 간 연결을 위한 설계로도 간주할 수 있다. 보안 아키텍처는 일관된 모델 및 원칙을 사용하여 조직에서 정보 보안 정책의 원활한 이행을 돕는 지침문서이기도 하다.

보안 아키텍처는 다음과 같은 특성을 지닌다.

- 특정 솔루션에 편중되지 않은 관점에서 정보 보안 정책의 심도 있는 해석을 제공하기 위한 투명하고 일관성 있는 모델, 원칙, 시작점 그리고 조건에 대한 개요를 포함한다.
- 복잡한 문제를 이해하기위해 모델, 원칙, 그리고 세부 문제의 형태로 변경한다.
- 모델과 원칙을 통해 시나리오 상에서 어떤 방식의 조치를 취할 것인지, 원칙이 적용되는 상황, 그리고 원칙들의 상호 연결성을 보여준다.

가장 널리 사용되는 보안 아키텍처 중 하나는 SABSA(Sherwood Applied Business Security Architecture) 전사적 보안 아키텍처이다. SABSA는 비즈니스에 맞춰 추적 가능한 방식의 보안을 지원하고, 다수의 전통 표준과 프로세스에 통합할 수 있는 형태로 보안을 설계 및 배포하는 종단 프레임워크를 제공하고자 개발되었다. 현재는 비즈니스 운영 리스크 기반 아키텍처 개발의 대표 방법론으로 널리 인정받고 있다 [BURK12, SHOR10]. SABSA는 주요 비즈니스 서비스 요구 사항을 도출하는 것에 서부터 비즈니스 지원에 필요한 보안 아키텍처, 서비스, 메커니즘 및 구성 요소를 식별하는 것까지 세심하게 고려하여 설계되었다. 또한 서비스 관리 문제를 해결하는데도 초점을 맞추고 있다.

SABSA 모델은 5개의 수직 계층으로 구성되며 6번째 계층은 5개의 수직 계층에 걸쳐있다(그림 14.1).

The SABSA
Institute:
http://www.sabsa.
org

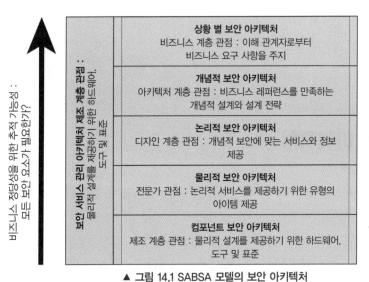

▲ 그림 14.1 SABSA 모델의 보안 아키텍처

- **상황별 보안 아키텍처** : 해당 계층은 자산, 보안 제공 동기, 비즈니스 절차, 조직, 지리적 분포와 같은 주요 비즈니스 문제를 다루며 모든 과정에서 시간과 관련된 주요 고려사항을 설명한다. 비즈니스 동인(Business drivers), 즉 비즈니스에서 원하는 결과는 상황 별 보안 계층에서 반드시 고려해야 할 사항으로 인터뷰나 계획 등 다양한 소스를 통해 분석한다. 보안

에 대한 동기는 비즈니스 동인과 관련된 규제 및 리스크 요소들을 분석함으로써 결정되며, 비즈니스 절차 또한 기술된다.

- **개념적 보안 아키텍처** : 개념적 보안 계층은 각 비즈니스 동인의 보안 특성을 고려한다. 이를 위해 조직은 보안 특성을 비즈니스 언어로 기술한 속성 집합인 SABSA의 정보통신기술 비즈니스 속성 분류 체계를 사용할 수 있다. 표준 분류 체계는 전통적인 보안 속성인 기밀성, 가용성 및 무결성을 포함한 53개의 보안 속성을 제시하고 있다. 이러한 속성 집합을 각 비즈니스 동인과 연결함으로써 비즈니스 요구에 대해 완전한 추적 가능성을 제공하는 보안 아키텍처를 정의할 수 있다. 이 계층은 보안 도메인 및 관련 정책 아키텍처도 정의하는데, 이는 올바른 보안 거버넌스를 적용하도록 소유권을 정의하는데 중요한 역할을 한다. 아키텍처 전략 또한 해당 계층에서 정의된다. 특히 리스크/통제 전략 및 보안 준수 프레임워크와 억제, 예방, 봉쇄, 탐지 및 복구/복원에 대한 SABSA의 다중 계층 접근방식을 정의한다. 보안 성능 및 서비스 수준 협약(Service level agreement, SLA) 또한 개념적 보안 계층에서 정의한다.
- **논리적 보안 아키텍처** : 해당 계층은 보안 개념을 만족하는 서비스 및 정보의 전달에 초점을 맞춘 설계 계층 뷰(view)를 제공한다.
- **물리적 보안 아키텍처** : 해당 계층은 논리적 서비스를 지원하기 위한 유형의 아이템을 다루는 역할을 수행한다.
- **컴포넌트 보안 아키텍처** : 해당 계층은 물리적 설계를 위한 하드웨어와 도구를 정의하고 설계 내용과 부합하는 보안 표준을 확인한다.

SABSA 아키텍처에서 가장 강력한 도구는 속성과 속성 프로파일링이다. 속성은 비즈니스 동인(보안 중심의 비즈니스 요구 사항)을 기술하는 가장 개념적이고 정규화된 방법을 제공한다. 일반적으로 1개, 2개 또는 3개의 단어를 이용하여 사용 가능 또는 접근 제어와 같은 속성을 기술하며, 비즈니스 요구 사항을 만족하기 위한 비즈니스 동인에 알맞은 속성을 부여한다. 속성은 아키텍처 설계 관점에서 태그를 지정하는데 사용되는데, 이는 상하계층의 양방향 추적을 허용함으로써 이해 관계자들에게 투명한 추적가능성을 보장하고, 다양한 비즈니스 요구 사항을 지원하기위한 제어 장치들을 이해하는데 도움이 된다.

SABSA 모델을 활용하는데 필요한 주요 지침서인 SABSA 보안 아키텍처 매트릭스는 표 14.1에 설명되어 있다. 표에서 각 행은 SABSA 모델을 구성하는 여섯 가지 계층을 의미한다. 열은 각 계층에서 반드시 다루어야 할 핵심 질문을 육하원칙에 기반하여 정의하고 있다. 만약 조직이 각 셀에서 제기하는 모든 이슈를 해결한다면, 해당 조직은 보안에 필요한 모든 범위의 문제를 검토하였고 완전한 보안 아키텍처를 완성하였다는 높은 수준의 신뢰도를 보장할 수 있다. 전사적 보안 아키텍처를 개발하는 SBASA 프로세스는 이 모든 셀을 채워가는 과정을 의미한다.

해당 매트릭스 또한 그림 14.1과 같이 비즈니스 정당성과 완전성 측면에서 양방향 추적 가능성을 제공한다.

- **완전성** : 모든 비즈니스 요구 사항이 충족되었는가? 모델을 구성하는 계층과 매트릭스를 이용하여 솔루션을 제공하는 컴포넌트가 만족하는 요구 사항을 추적할 수 있다.
- **비즈니스 정당성** : 아키텍처의 모든 컴포넌트가 필요한가? 누군가 "왜 이런 방식으로 하는 거야?"라고 물었을 때, 해당 솔루션이 만족하고자 하는 비즈니스 요구 사항을 추적하면 질문에 대한 근거가 명확해진다.

▼ 표 14.1 보안 아키텍처를 위한 SABSA 매트릭스

SABSA 계층	자산 (What)	동기 (Why)	과정 (How)	사람 (Who)	장소 (Where)	시간 (When)
상황별 계층	비즈니스 의사결정	비즈니스 리스크	비즈니스 절차	비즈니스 거버넌스	비즈니스 지리학	비즈니스 시간 의존성
개념계층	위험 전략	제어 목표	보안 전략	역할과 책임	보안 도메인	시간 관리
논리계층	정보 자산	리스크 관리 정책	보안 서비스	권한 프로파일	도메인 지도	달력 및 일정표
물리계층	데이터 자산	위험 관리 실제	보안 메커니즘	사용자 인터페이스	ICT 기반 시설	프로세스 일정
컴포넌트	ICT 컴포넌트	보안 표준	보안 제품/도구	개인 신원 및 기능	위치 탐지 및 표준	타이머와 인터럽트
서비스 관리	서비스 이행 관리	운영 리스크 관리	프로세스 이행 관리	인사 관리	환경 관리	시간/성능 관리

14.2 멀웨어 방지 활동

멀웨어는 아마도 조직에 가장 위협적인 보안 문제일 것이다. NIST SP 800-83 〈데스크톱과 노트북을 위한 멀웨어 사고 방지 및 처리 가이드〉는 멀웨어를 다음과 같이 정의하고 있다.

- **멀웨어** : 데이터를 파괴하거나 시스템을 파괴 또는 침입하는 프로그램을 실행하거나, 또는 피해자의 데이터, 애플리케이션 또는 운영체제의 기밀성, 무결성, 가용성을 손상시키려는 목적을 가지고 다른 프로그램에 은밀하게 삽입되는 프로그램을 의미한다.

따라서 멀웨어는 응용 프로그램, 유틸리티 프로그램(예 : 편집기 및 컴파일러), 그리고 커널 수준의 프로그램 모두에 위협이 될 수 있다. 멀웨어는 위험에 노출되었거나 악

의적인 목적의 웹사이트 및 서버, 그리고 특히 조작된 스팸 메일이나 다른 형태의 메시지에도 사용되는데, 이것은 사용자를 속여 민감한 개인 정보를 노출하도록 유도하려는 것이다.

이 장에서는 멀웨어 종류에 대한 간략한 설명과 멀웨어 방지 모범 사례에 대해 알아보도록 한다.

멀웨어의 종류

멀웨어와 관련된 용어는 일관되진 않지만, 다음 목록은 다양한 타입의 멀웨어에 대한 유용한 가이드 역할을 할 것이다.

- **애드웨어(Adware)** : 소프트웨어에 내장된 광고. 감염되면 팝업 광고를 보여주거나 광고 사이트로 자동으로 이동
- **오토루터(Auto-rooter)** : 새로운 시스템에 원격으로 침입하기 위한 악성 공격 도구
- **백도어(trapdoor)** : 정상적인 보안 점검을 우회하여 통과하는 기법. 프로그램이나 시스템 기능에 비정상적인 접근이 가능하다.
- **익스플로잇(Exploit)** : 하나의 취약점 또는 다수의 취약점에 특화된 코드
- **다운로더(Downloader)** : 공격 대상이 되는 기계에 바이러스와 같은 프로그램을 설치하는 프로그램. 일반적으로 이메일을 통해 감염된다.
- **드로퍼(Dropper)** : 위험에 노출된 시스템에 바이러스, 백도어 및 기타 악성소프트웨어를 몰래 운반하여 실행하는 멀웨어 설치 프로그램. 드로퍼는 직접적으로 시스템에 해를 끼치지는 않지만 악성코드의 페이로드(payload)를 들키지 않고 목표 기기에 전달하는 역할을 수행한다.
- **다형성 드로퍼(Polymorphic dropper)** : 다형성 패커(packer)라고도 하며, 여러 종류의 악성 코드를 전자 메일 첨부 파일과 같은 하나의 패키지로 묶어주는 소프트웨어 공격 도구로써 시간에 따라 "서명"자체를 강제로 변형할 수 있어 검출과 제거가 어려운 특징이 있다.
- **플러더(Flooder)** : 네트워크 컴퓨터 시스템을 공격하기 위해 대량의 데이터를 이용해 서비스 거부 공격(Denial-of-Service, DoS)을 수행하는 도구
- **키 로거(Keyloggers)** : 위험에 노출된 시스템으로부터 키보드 입력 정보를 수집하는 소프트웨어 도구
- **바이러스 생성킷(virus generator)** : 새로운 바이러스를 자동으로 생성하는 도구 세트
- **논리 폭탄(Logic bomb)** : 공격자가 악성 소프트웨어에 삽입한 코드. 논리 폭탄은 조건이 만족할 때까지 잠복하고 있다가 조건을 만족하면 트리거되어 공격을 시행한다.
- **서비스로서의 멀웨어(Malware as a Service : MaaS)** : 웹 기반 멀웨어 공급자. MaaS는 봇넷(botnet)에 대한 접근을 제공하고, 핫라인을 지원하며 악성코드 변종을 정기적으로 업데이트하고 유효성을 테스트하는 서버를 제공한다.

- **모바일 코드(Mobile code)** : 동일한 기능을 이기종 플랫폼에 변형없이 설치하여 실행가능한 소프트웨어(예 : 스크립트, 매크로와 같이 이동성이 높은 명령어)

- **잠재적 유해 프로그램(Potentially unwanted program, PUP)** : 사용자가 다운로드에 동의 했음에도 불구하고 원하지 않는(또는 원하지 않을 가능성이 높은) 프로그램. PUP는 스파이웨어, 애드웨어, 다이얼러(Dialer, 인터넷 ISP 등에 사용자 허락없이 몰래 접속하는 프로그램)를 포함하며 사용자가 실제로 원하는 프로그램과 함께 다운로드되는 경우가 많다.

- **랜섬웨어(Ransomware)** : 사용자 컴퓨터의 중요 데이터를 암호화하여 접근하지 못하게 하고, 이를 해독하고 데이터에 접근할 수 있게 해주는 조건으로 금품을 요구해 금전적 이득을 취하는 악성 프로그램

- **원격 접속 트로이목마(Remote access Trojan, RAT)** : 타겟 시스템에 대한 관리자 수준의 관리 제어를 위한 백도어가 포함된 멀웨어 프로그램. RAT은 게임과 같이 사용자가 요청한 프로그램에 은닉되어 다운로드 되거나 이메일 첨부파일로 전송된다.

- **루트 킷(Rootkit)** : 공격자가 컴퓨터 시스템에 침입하여 루트 수준의 접근 권한을 획득하기 위해 사용하는 해커 도구 모음

- **스크래퍼(Scraper)** : 신용카드 번호와 같이 특정 패턴과 일치하는 일련의 데이터를 찾기위해 컴퓨터 메모리를 검색하는 간단한 프로그램. POS(point of sale) 단말 등 컴퓨팅 장치는 일반적으로 카드 데이터를 저장하고 전송할 때 암호화하지만, 공격자는 스크래퍼를 이용하여 카드가 암호화되기 전 혹은 결제 처리를 위해 복호화된 상태의 메모리에서 카드 번호를 획득한다.

- **스팸 프로그램(Spammer programs)** : 대량의 스팸메일을 전송하는 프로그램

- **스파이웨어(Spyware)** : 컴퓨터에서 수집한 정보를 다른 시스템으로 전송하는 소프트웨어

- **트로이목마(Trojan horse)** : 사용자에게 유용한 기능을 하는 프로그램처럼 보이지만, 종종 시스템 엔티티의 합법적인 인증을 악용하는 등 보안 메커니즘을 회피하는 방식으로 트로이목마 프로그램을 호출하는 악의적인 기능을 숨기고 있는 잠재적인 악성 프로그램

- **바이러스(Virus)** : 실행하면 사용자 몰래 프로그램이나 실행가능한 코드를 변형하여 자신 또는 자신의 변형을 복사하는 멀웨어. 복사에 성공할 경우 숙주 코드는 감염되며, 감염된 프로그램을 실행하면 바이러스도 함께 실행한다.

- **드라이브 바이 웹(Web drive-by)** : 사용자가 웹페이지를 방문할 때 사용자 시스템을 감염시키는 공격

- **웜(Worm)** : 독립적으로 실행 가능하며 다른 프로그램의 감염없이 네트워크를 통해 스스로 전파하는 프로그램

- **좀비(Zombie), 봇(bot)** : 공격자는 봇에 감염된 기기를 이용하여 다른 장치를 공격하는데 사용한다. 이때 공격에 사용되는 감염된 장비는 좀비 또는 봇 상태가 된다.

멀웨어 위협의 특성

유럽 연합 네트워크 및 정보 보안 기구의 연례 위협 보고서[ENIS18]는 2016년과 2017년 주요 사이버 위협으로 멀웨어를 지정하였다. 보고서에서 기술한 주요 내용은 다음과 같다.

- 2107년 멀웨어 위협을 경험한 기업의 수는 2016년에 비해 급증하였다.
- 랜섬웨어는 Windows 환경에서 가장 지배적인 위협으로 자리잡고 있는데, 이는 2017년 1월 55%에서 2017년 7월 75%로 급격히 증가하였다.
- 시스템 공격 활성화를 위해 사용자의 도움없이 자동으로 악성코드를 주입하는 클릭없는 멀웨어(clickless malware)의 위협이 증가하고 있다.
- 파일없는 멀웨어(fileless malware), 즉 시스템의 RAM(random access memory)에 상주하거나 PowerShell과 같이 정교하게 조작된 스크립트를 사용하여 악성코드를 전파하고 호스트를 감염시키는 멀웨어 또한 증가하고 있다.
- 잠재적 유해 프로그램(PUPs)에 패키징된 악성 기능이 증가하고 있다. 파이어폭스 및 크롬과 같은 합법적인 브라우저 개발사가 보안을 강화하기 위해 노력하는 동안 애드웨어 업계에서는 내장된 보안 기능이 없는 사용자 맞춤형 브라우저를 개발하여 애드웨어 응용 프로그램과 함께 제공하고 있다. 사용자 맞춤형 브라우저를 기본 브라우저로 교체하게 되면 더 큰 위험에 노출되는 것이다.

실용적인 멀웨어 방어 기술

악성코드와의 전쟁이 끝이 없다. 이는 멀웨어 제작자와 방어자 간에 서로 우월한 위치를 차지하기위해 벌어지는 지속적인 싸움일 뿐이다. 기존 악성 코드 위협에 대한 효과적인 대응책이 개발되면, 더욱 새로운 멀웨어가 나타나거나 기존 유형을 수정한 형태의 멀웨어가 개발된다. 멀웨어는 사용자 단말 기기나, 이메일 첨부파일, 웹 페이지, 클라우드 서비스, 사용자 작업 및 이동식 미디어를 포함한 다양한 형태로 우리에게 접근한다. 멀웨어는 시스템의 방어 기술을 회피, 공격 또는 비활성화 하도록 설계되었다. 그리고 멀웨어는 기존의 방어 기술보다 앞선 위치를 차지하기 위해 끊임없이 진화하고 있다.

문제 해결의 복잡성을 고려할 때, 기업은 안티-멀웨어(anti-malware) 작업을 최대한 자동화해야 한다. 그림 14.2는 인터넷 보안 센터(Center for Internet Security)의 "효과적인 사이버 방어를 위한 CIS 중요 보안 통제[CIS18]"에 소개된 전형적인 보안 요소들을 나타낸다. 효과적인 멀웨어 방어 기술은 잠재적으로 공격 가능한 다수의 지점에 배치해야 한다. 엔터프라이즈 단말 보안 제품군은 현재 관리하고 있는 시스템의 모든 방어가 활성화되어 있고 최신 상태를 유지하고 있는지 확인할 수 있는 관리 기능을 제공해야 한다. 또한 적절한 분석 및 자동 시정 조치를 통해 지속적으로 사고 결과를 수집할 수 있는 시스템을 갖춰야 한다.

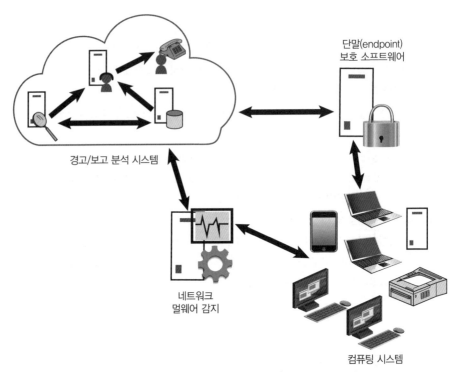

▲ 그림 14.2 멀웨어 시스템 엔티티(Entity) 관계 다이어그램

IT 관리 측면에서 어느 시점이든 가장 높은 수준의 보호를 제공하기 위해서는 다음 과 같은 방법을 취할 수 있다.

1. 시스템의 사용과 보고, 그리고 멀웨어 공격 이후의 복구에 대한 교육을 포함하여 시스템에 서 멀웨어 방지를 수행하기 위한 절차와 책임을 정의한다.

2. 가능한 한 최종 사용자에게 관리자 권한 또는 루트/슈퍼 유저의 권한을 부여하는 것을 지 양하여 시스템에서 인증된 사용자 지위를 얻으려 하는 멀웨어의 공격을 최소화하도록 관 리한다.

3. 민감한 데이터가 어느 곳에 저장되어 있는지 추적 가능하고, 더 이상 필요하지 않은 데이터 는 삭제하며 민감한 데이터를 포함하는 시스템에 보안 리소스를 집중 제공할 수 있는 시스 템 및 정책을 마련한다. 14.5절에서 해당 주제에 대해 긴밀히 다룰 예정이다.

4. 중요한 비즈니스 프로세스를 지원하는 시스템의 소프트웨어 및 데이터 컨텐츠를 정기적으 로 검토하고, 승인되지 않은 파일이 저장되어 있거나 허가되지 않은 수정 사항이 있는지 공식적인 조사를 시행한다.

5. 사용자와 서버 플랫폼이 잘 관리되고 있는지 확인한다. 특히 주요 공격 대상이 되는 윈도우 시스템은 각별한 관리를 취한다. 관리 업무는 다음과 같다.

   – 최신 보안 업데이트를 설치한다. 이와 관련하여 패치 관리 소프트웨어나 아웃소싱 서비스를 활용하는 것도 좋은 방법이다.

   – 비밀번호 유추 멀웨어 등으로부터 시스템을 보호하기위한 비밀번호 지정 정책을 세운다.

   – 시스템에서 의도하지 않은 네트워크 포트가 연결되어 있는지 모니터링한다.

6. 정보 보안 전문가, 시스템과 응용 소프트웨어를 담당하는 IT 인력 등과 같이 주요한 임무를 수행하는 직원들은 정기적으로 멀웨어 관련 보안 훈련 및 보안 인식 개선 교육에 참가하도록 한다.

7. 사용 가능한 소프트웨어를 명시함으로써 무단 소프트웨어 사용을 금지하는 공식적인 정책을 수립한다.

8. 다음을 고려하여 사용자 단말 환경에 적합한 방어 대책을 마련한다.

   – 시스템에서 지원이 가능하다면 중앙 서버에서 관리하는 바이러스 백신 및 스파이웨어 방지 프로그램을 사용한다. 예를 들면 Microsoft System Center Endpoint Protection이 있다.

   – 호스트 기반의 방화벽을 적절하게 구성하여 활용한다.

   – 호스트 기반의 침입 탐지 기술을 활성화하고 적절하게 활용한다.

   – 가능한 경우, 개인 용도로 라이선스가 부여된 보안 소프트웨어를 사용한다.

Squid:
http://www.squid-cache.org

9. 가능한 도메인 네임 시스템 기반의 보안을 사용한다. 특정 유형의 멀웨어는 PC, 홈 게이트웨이 및 응용 프로그램의 DNS 설정을 공격자가 가로챌 수 있도록 한다. 이러한 설정이 노출되면 공격자는 DNS 트랜잭션을 중간에 가로채는 중간자 공격(man-in-the-middle attack)이 가능하다. 중간자 공격은 가입자의 컴퓨터나 홈 게이트웨이에 위치한 DNS 설정을 비정상적인 값으로 조작하거나 악의적인 값으로 변경하여 공격자가 광대역 인터넷에 입력된 소비자의 정보를 의심없이 가로챌 수 있게 하는 것이다 [MAAW10].

10. 웹 필터링 기능을 지원하는 소프트웨어, 서비스 또는 응용 프로그램을 사용한다. 유용한 도구로는 Squid caching proxy, Forcepoint Web Security, 그리고 Microsoft Forefront Threat Management Gateway가 있다.

Nmap:
https://nmap.org

11. 응용 프로그램 허용리스트(whitelist)를 작성하여 오직 검증된 프로그램만 시스템에서 사용할 수 있도록 관리한다.

12. 블랙리스트와 같이 이미 알려져 있거나 의심되는 악성 웹사이트의 사용을 방지하거나, 즉시 탐지하는 관리 체계를 구축한다.

13. 시스템의 취약성을 판단하기위한 소프트웨어나 서비스를 사용한다. 예를 들어 오픈소스인 Nmap이나, 오픈소스 및 상용 버전의 메타스플로잇(Metasploit)이 있다. 상용 제품으로는 Nessus와 Rapid7이 있다.

Metasploit:
https://www.metasploit.com

14. 3장 "정보 위험 평가"에서 기술한 것과 같이, 온라인에서 시스템 취약성이나 위협에 대한 정보를 수집한다. 다음과 같은 방법이 있다.

- 구글의 호스트마스터(hostmaster) 도구는 웹사이트 보안 점검을 수행하고 멀웨어 감염 여부를 조사한다.
- Internet Storm Center사의 DShield는 다양한 종류의 점검 도구를 제공한다.

15. 악성 소프트웨어의 감염 여부를 판단하기 위해 시스템 로그와 네트워크 활동을 모니터한다. 다음과 같은 조치를 취할 수 있다.

- 안티바이러스 로그를 주기적으로 확인한다.
- 잘 알려진 멀웨어 호스팅 도메인으로 DNS 트래픽이 전송되는지 주기적으로 모니터링한다.
- 중앙에서 이벤트 로그 관리를 수행하고 적절한 로직을 바탕으로 시스템 기준에 맞지 않는 이벤트 결과를 식별한다. 이를 지원하는 도구에는 Microsoft System Center Operations Manager가 있다.
- 네트워크 관리를 위해 셰도우서버(Shadowserver)에서 제공하는 악성코드 유포 사이트 리스트를 구독한다. 셰도우 서버 재단은 악성 소프트웨어, 봇넷 활동 및 전자 사기 활동을 수집, 추적 및 보고하는 자발적 비영리 형태의 벤더 중립인 조직이다. 이들은 악의적인 목적을 가진 서버나, 공격자 그리고 인터넷상에서 퍼지고 있는 악성 소프트웨어를 탐색한다. 이러한 리스팅은 무료이며 주로 자사 네트워크를 가지고 관리하는 조직을 위해 운영된다. 이를 통해 기업은 자사 네트워크의 위협 탐지 및 대비 프로그램을 지원하기위해 관련성 있는 악성 활동에 대해 상세하게 기술한 맞춤형 보고서를 받을 수 있다.

16. PC, 서버 및 데이터 저장 기기를 포함한 모든 시스템의 백업 정책을 마련한다. 인터넷과 기업 네트워크를 통해 전송되는 백업 데이터 스트림은 반드시 암호화되어야 한다.

17. 모든 직원은 문제가 발생한 경우 IT 보안팀에 보고하도록 한다. 이를 용이하게 하는 방법은 다음과 같다.

- 모든 관련 업무 담당자들은 인터넷 통신망 정보 제공 서비스인 후이즈(whois)의 최신버전을 유지하고 있어야 한다. 후이즈 인터넷 프로그램을 통해IP 주소나 도메인 이름, 네트워크 정보, 호스트, 그리고 사용자 정보를 검색할 수 있다. 검색하면 사용자의 회사 이름, 주소, 전화번호, 전자우편 주소와 같은 정보를 조회할 수 있다.
- RFC 2142의 "공용 서비스, 역할 및 기능을 위한 메일박스 이름"에서 지정한 표준 남용 보고 주소를 사용한다.
- 대상이 원치 않는 메시지를 수신하였을 경우 출처를 신고할 수 있도록 지원하는 네트워크 악용 관리센터(Network Abuse Clearinghouse)에 도메인을 사용할 수 있는지 확인한다.

Google Malware Infection Resources :
https://support.
google.com/web
masters/answer/
163635?hl=en

DShield Tools :
https://secure.
dshield.org/tools/

Whois : https://www.
whois.net

앞에서 기술된 목록에는 ISO 27002, 정보 보안 제어 실행 강령, SGP, 카드사 연합 데이터 보안 표준(PCI DSS, the Payment Card Industry Data Security Standard), 그리고 COBIT 5의 권장사항이 포함되어 있다. 해당 레퍼런스에는 추가 권장사항도 있으니 관심이 있으면 살펴보기 바란다.

14.3 멀웨어 방지 소프트웨어

멀웨어 방지 소프트웨어는 다양한 방식으로 꾸준히 진화하는 악성 소프트웨어의 위협으로부터 시스템을 보호하기 위해 사용하는 자동화 프로그램을 의미한다. 본 절에서는 먼저 멀웨어 방지 소프트웨어의 필수 기능 및 관리 기법에 대해 알아보도록 한다.

멀웨어 방지 소프트웨어 필수 기능

기업에서 사용할 수 있는 오픈소스 및 상업용 멀웨어 방지 소프트웨어 패키지는 다양하게 존재하며, 대부분 유사한 기능을 지원하고 있다. SP800-83리스트가 정리한 멀웨어 방지 소프트웨어의 필수 기능은 다음과 같다.

Network Abuse
Clearinghouse:
https://www.abuse
.net

- 시작 파일 및 부팅 기록과 같은 주요 호스트 구성 요소를 검사한다.
- 호스트의 실시간 활동을 감지하여 의심스러운 활동을 확인한다. 예를 들면, 이메일 송수신시에 첨부파일을 스캔하여 알려진 멀웨어에 노출되었는지 확인한다. 멀웨어 방지 소프트웨어를 구성하여 각 파일이 다운로드하고, 열기 및 실행 될 때마다 실시간 검색을 수행한다. 이를 온액세스 검사(on-access scanning)라 한다.
- 이메일 클라이언트, 웹 브라우저 및 인스턴트 메시징 소프트웨어와 같이 일반적인 애플리케이션의 동작을 모니터링한다. 멀웨어 방지 소프트웨어를 사용하여 호스트를 감염 시키거나 다른 호스트로 멀웨어를 전파하는 데 가장 많이 사용되는 애플리케이션과 관련된 활동을 모니터링한다.
- 알려진 악성 코드에 대한 파일 검사를 수행한다. 모든 종류의 하드드라이브를 정기적으로 검사하여 파일 시스템이 감염되었는지 점검하고, 추가적으로, 조직의 보안 요구에 따라 이동식 미디어를 사용하기 전에 검사를 수행하도록 멀웨어 방지 소프트웨어를 구성한다. 또한 사용자는 필요에 따라 수동으로 멀웨어 검색을 수행할 수 있다. 이를 온디맨드 검사(on-demand scanning) 라 한다.
- 공통된 멀웨어 종류와 공격 도구에 대해 파악한다.
- 감염된 파일의 악성 소프트웨어를 제거하여 치료하고, 멀웨어가 포함된 파일을 향후 치료 또는 검사를 위해 독립된 장소에 저장하여 격리한다. 감염 치료의 경우 원본 파일이 복원되므로 일반적으로 치료보다는 파일 격리를 수행하는 것이 더욱 안전하다. 또한 다수의 감염된 파일은 완전한 치료가 어렵다. 따라서 감염된 파일의 치료를 시도하고, 치료할 수 없는 파일은 격리 또는 삭제하도록 멀웨어 방지 소프트웨어를 구성한다.

멀웨어 방지 소프트웨어는 알려지지 않은 바이러스 및 기타 공격을 받을 경우 알려진 위협이나 공격에 대한 방지를 수행하는 것과 동일한 수준의 보호를 제공하지 못한다. 따라서 다음과 같은 추가 조치를 취하는 것이 좋다.

- 8장 "시스템 개발"에서 논의된 응용 소프트웨어 샌드 박싱

- 비정상적인 동작을 감시하는 침입 탐지 소프트웨어

- 사용자에게 멀웨어 사고 예방에 대한 지침을 소개하는 인식 교육

- 기본적으로 예상하지못한 동작 패턴을 거부하는 방화벽

- 알려지지 않은 소프트웨어로부터 시스템 침입을 방지하기위한 애플리케이션 화이트리스트

- 애플리케이션과 운영체제를 분리하여 관리하는 가상화 및 컨테이너 기술

멀웨어 방지 소프트웨어 관리

엔터프라이즈 시스템에서 사용하는 모든 응용 프로그램에 대해서 소프트웨어 사용 주기에 대한 특별 관리 정책을 수립해야 한다. 멀웨어 방지 소프트웨어 관리 정책은 다음의 조치사항을 명시해야 한다.

- 멀웨어 방지 소프트웨어의 선택, 설치, 구성, 업데이트 및 리뷰 절차를 문서화하여 관리한다.

- 멀웨어에 노출 가능한 모든 시스템에 멀웨어 방지 소프트웨어를 설치한다. 대상 시스템은 인터넷이나 네트워크 연결을 지원하는 장치, 휴대용 저장 장치 사용을 지원하는 장비, 그리고 여러 외부 공급 업체가 사용하는 시스템을 포함한다.

- 사용 중인 멀웨어 방지 소프트웨어 제품군이 모든 형태의 멀웨어로부터 시스템 보호를 수행하는지 확인한다.

- 정기적으로 멀웨어 방지 소프트웨어가 자동 설치될 수 있도록 일정을 관리한다.

- 멀웨어 방지 소프트웨어를 상시 활성화하여 의심되는 악성 코드가 감지되면 즉시 알림을 활성화하고, 해당 일 및 관련된 모든 파일을 제거한다.

- 장치를 정기적으로 검사하여 지정된 멀웨어 방지 소프트웨어가 올바르게 설치, 활성화, 구성되어 있는지 확인한다.

14.4 사용자 계정 및 접근 관리

SGP는 사용자 계정 및 접근 관리를 다음과 같이 정의하고 있다.

사용자 계정 및 접근 관리(Identity and access management, IAM)는 일반적으로 조직 내 사용자의 역할 변화에 따른 개별 활동으로 구성된다. 이러한 활동은 두 가지 범주로 분류 가능하다.

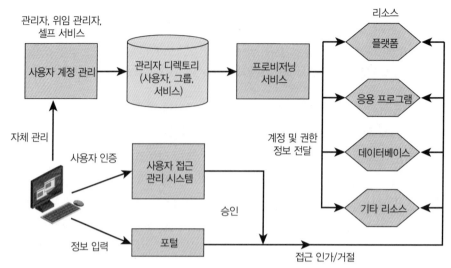

▲ 그림 14.3 사용자 계정 및 접근 관리 기반 구조

그림 14.3은 다음과 같은 요소를 포함하고 있다.

싱글 사인온(single sign-on, SSO) : 사용자가 계정 인증 및 보장 서비스를 제공하는 시스템 상에서 자신의 신원을 인증한 후 재인증없이 다른 서비스를 이용할 수 있도록 하는 보안 하위 시스템

- **사용자 계정 관리 서비스 :** 각 사용자(사람 또는 프로세스)별 계정을 정의하고, 계정 별 속성을 연결하며, 사용자 계정 확인 서비스를 제공한다. 사용자 계정 관리 시스템에서 가장 중요한 개념은 싱글 사인온(single sign-on, SSO)의 사용이다. SSO는 사용자가 한 번 인증을 수행하고 나면 재인증 없이도 네트워크 상의 모든 리소스(또는 응용 프로그램)를 사용할 수 있는 기능을 지원한다. 사용자 계정 관리 서비스를 구축함으로써 사용자 등록, 상태 및 기타 세부정보 변경, 그리고 등록 해제가 가능하다. 사용자 계정 관리를 통해 사용자 프로파일을 생성, 삭제 또는 수정하거나 사업부/조직별로 사용자 역할과 기능을 변경할 수 있다.

- **디렉토리(Directory) :** 중앙 사용자 계정 정보 저장소를 제공하고 응용 프로그램 디렉토리별로 저장된 사용자 상세 정보를 조정한다. 각 사용자 별로 저장되는 정보는 다음과 같다.

  – 사용자 인증을 수행하기 위한 사용자 ID, 패스워드 및 인증서

  – 권한 부여의 기반을 형성하는 사용자 역할, 그룹과 같은 속성 정보

  – 개인화를 위한 사용자 개인 설정 정보

  – 고유한 데이터 항목 별 접근 권한을 정의하는 접근 제어 정책

- **접근 관리 시스템 :** 사용자 인증 기능 구현

- **포털(Portal) :** 시스템 리소스와 모든 사용자 간의 상호작용을 위해 개인화된 인터페이스 제공

- **프로비저닝 서비스(Provisioning services) :** 중앙 관리 방식의 사용자 관리 기능을 제공한다. 프로비저닝 서비스는 다수의 기업 전용 응용 프로그램을 통해 자동화된 사용자 권한 부여 및 변경 기능을 제공한다. 이를 통해 새로운 직원의 계정을 생성하거나 관리자 권한이 해지된 계정을 빠르게 차단할 수 있어 더욱 강화된 수준의 보안을 제공한다.

연합 사용자 관리

연합 사용자 관리는 여러 기업과 응용 프로그램에서 사용자 계정 및 속성, 권한의 이식성을 활용하여 수천 또는 수백만명의 사용자에게 서비스를 제공하기 위한 합의 사항, 표준 및 기술을 의미한다. 다수의 조직에서 상호 운용 가능한 연합 사용자 관리체계를 구축하고 나면, 한 조직의 사용자(직원)는 SSO를 사용하여 연합된 서비스에 모두 접근할 수 있다. 예를 들어, 회사 인트라넷에 로그온하여 인증을 완료한 직원은, 해당 인트라넷에서 제공하는 모든 서비스를 접근할 수 있다. 또한 추가적인 인증 없이 연계된 외부 의료 서비스 제공자로부터 건강 혜택에 대한 정보를 조회할 수 있다.

SSO외에도, 연합 사용자 관리는 다양한 기능을 제공한다. 그 중 하나는 표준화된 방법으로 속성을 표현하는 것이다. 디지털 계정은 단순 ID와 패스워드, 생체 정보와 같은 인증 정보를 이외에 다양한 속성을 통합하고 있다. 예를 들면 은행 계좌, 조직 내 역할, 물리적 위치 및 파일 소유권 등과 같은 속성이다. 한 명의 사용자는 각각 고유한 역할이 있는 다수의 계정을 사용할 수 있다.

연합 사용자 관리의 또 다른 주요 기능은 사용자 계정 매핑(mapping)이다. 보안 도메인 별로 사용자 계정 정보와 속성의 표현 방식이 다를 수 있다. 또한 하나의 도메인에서 수집하는 사용자 정보는 다른 도메인에서 필요로 하는 것보다 더 많을 수 있다. 연합 사용자 관리 프로토콜은 한 도메인에 저장된 사용자의 계정과 속성을 다른 도메인의 요구 사항에 맞게 매핑한다.

그림 14.4는 일반적인 연합 사용자 관리 구조의 엔티티 및 데이터 흐름을 보여준다.

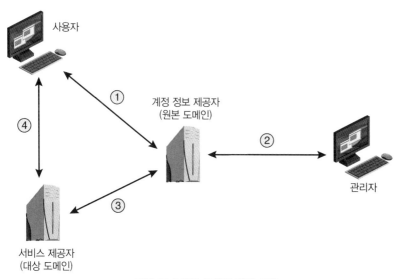

▲ 그림 14.4 연합 사용자 관리 운용

그림 14.4에서 각 연결의 의미는 다음과 같다.

1. 최종 사용자는 브라우저나 응용 프로그램을 활용하여 동일한 도메인에 있는 계정 서비스 제공자와 인증을 수행한다. 최종 사용자는 자신의 계정에 필요한 속성 정보를 제공한다.

2. 사용자에게 허용된 역할 등 계정의 특정 속성 정보를 동일한 도메인 상의 관리자에게 제공한다.

3. 사용자가 이용하고자 하는 원격 도메인의 서비스 제공자는 원본 도메인의 계정 정보 제공자에게 사용자의 계정 정보, 인증정보 및 연관 속성 정보를 요청하여 획득한다.

4. 서비스 제공자는 원격 사용자의 권한에 맞는 세션을 허용하고 사용자의 신원 및 속성을 기반으로 권한에 맞게 시스템에 접근할 수 있도록 서비스를 제공한다.

계정 정보 제공자는 사용자 및 관리자와의 통신을 통해 속성 정보를 수집한다. 예를 들어, 사용자는 인터넷 상에서 물건을 구매할 때 사이트 별로 배송지 주소를 입력해야 하고, 주소가 변경되면 다시 수정해야 한다. 만약 계정 정보 제공자를 이용한다면, 사용자의 개인 정보가 한 곳에서 관리되기 때문에 사용자는 관련 정보를 한 번만 입력하면 되고, 해당 정보는 각 사이트(데이터 소비자)의 권한 및 정보 보호 정책에 따라 적절히 제공될 수 있다.

서비스 제공자는 주로 계정 정보 제공자가 수집하고 관리하는 데이터를 활용하여 사용자의 권한 설정 및 인증을 수행하는 엔티티를 의미한다. 예를 들어, 데이터베이스 서버 또는 파일 서버는 클라이언트의 접근 권한을 결정하기 위해 계정 정보 제공자에게 해당 클라이언트와 관련된 데이터를 요청하여 자격 증명을 확인하고자 할 것이다. 서비스 제공자는 사용자와 계정 정보 제공자와 동일한 도메인을 사용할 수 있다. 그러나 연합 사용자 관리의 주요한 강점은 서비스 제공자가 다른 도메인(예 : 공급 업체 또는 공급 업체 네트워크)에 있을 때 발휘된다.

해당 접근 방식의 목표는 디지털 계정 정보를 공유함으로써 사용자가 한 번의 인증을 수행하고도 다양한 도메인(자동화된 내부 인터넷 조직, 외부 비즈니스 파트너, 기타 타사 응용 프로그램 및 서비스)상에 있는 응용 프로그램 및 리소스에 접근할 수 있도록 하는 것이다. 협력 관계를 구축하기 위해 조직은 디지털 계정 정보를 안전하게 공유하기 위한 표준에 합의하고, 상호 신뢰를 기반으로 한 연합을 형성한다. 연합 사용자 관리는 사용자가 수행하는 인증의 수를 크게 줄일 수 있다.

IAM 계획

IAM의 복잡성을 감안할 때, 비용 효율적인 솔루션을 구축하기 위해서는 견고한 계획 프로세스가 필요하다. 고등 교육 정보 보안 위원회(Higher Education Information Security Council's)의 "계정 정보 및 접근 제어 관리[HEIS14c]" 항목에 기반하여 다음과 같이 포괄적인 계획 프로세스를 제안한다.

1. 도전 과제를 정의하고 이를 달성하기 위한 접근법을 세운다. 기관의 IAM이 원하는 관리 방법, 대상 서비스, 대상 사용자 및 관련성이 있는 기능(SSO, 2-factor, 연합, IAM 프로세스 자동화)을 명확하게 이해하고 기술한다. 당면과제를 해결하기위해 필요한 정책, 기술, 비즈니스 프로세스 등에 대한 고차원의 설명을 포함한 접근법을 정의한다.

2. 비즈니스 및 규제 동인을 정의하고 조직 목표 달성을 위해 그것이 얼마나 중요한 것인지 설명한다.

3. 기업의 현재 IAM 상태를 정의하고 문서화한다.
   - 기업이 IAM에 대한 정책을 가지고 있는가?
   - 기관의 IAM 및 정책 거버넌스 접근 방식은 무엇인가?
   - 중앙 집중화는 어느 정도 수준인가? 사용자 인증 단위는 시스템, 응용 프로그램, 부서 또는 중앙 서버 중 어느 단계에서 수행되는가?
   - 사용자 계정 정보와 자격 증명은 어떻게 제공되는가? 프로비저닝 프로세스는 전사적으로 일관되게 제공되고 있는가? 대면 심사가 요구되는가? 또는 암호 재설정을 사용자가 혼자 수행할 수 있는가?
   - 응용 애플리케이션 및 서비스의 인증 요구 사항이 위험을 고려하여 설계되었는가?

4. 기업의 현재 IAM 상태와 이상적인 상태, 대상 서비스, 그리고 대상 사용자 간의 차이를 확인한다.
   - 대상 사용자 및 대상 서비스의 매트릭스를 매핑하고 위험과 해당 비즈니스 특성, 규제 요구 사항 등을 고려하여 필요한 정책, 프로세스 및 기술을 결정한다.

5. 프로젝트 이해 관계자를 명확히 하여 해당 과정에 참여해야 하는 인원과 참여 수준 및 시기를 결정한다.

6. 정책 프레임워크를 개발한다.
   - 역할과 책임은 무엇인가?
   - 사용자 식별을 위해 필요한 것은 무엇인가?
   - 자격 증명 유형을 결정하기 위해 어떤 기준이 사용되는가?
   - 응용 프로그램 및 서비스에 대한 접근 수준을 결정하기 위한 기준은 무엇인가?
   - 계정 정보 제공자와 서비스 제공자에게 필요한 것은 무엇인가?

7. 필요한 비즈니스 프로세스를 개발한다. 다음을 수행하기 위해 필요한 단계는 무엇인가?

    – 사용자 식별 및 등록?

    – 자격 증명 프로비저닝 및 프로비저닝 해제?

    – 지원 및 교육 제공?

    – 응용 프로그램 및 서비스에 대한 자격 요청, 자격 부여 및 권한 변경?

8. 기술 프레임워크를 정의한다.

    – 권한 시스템의 소스를 지정한다.

    – 인증 프로토콜 및 기술을 명시한다.

    – 접근법과 제품을 설명한다.

    – 관련 직원 및 기술을 열거한다.

IAM 모범 사례

Andy Zindel의 블로그 게시물 중 하나인 "공격 가능성을 줄이기 위한 IAM 모범 사례" [ZIND17]는 보안 서비스 회사인 Verizon과 Centrify의 경험을 바탕으로 IAM에서 발생하는 일반적인 보안 실수를 방지하기위한 IAM모범 사례를 제공한다.

- **사람을 최우선 방어선으로** : 직원을 교육하여 피싱 공격 및 소셜 엔지니어링과 관련된 경고 신호를 찾아낸다.
- **신속하고 정확한 패치** : 다양한 공격으로부터 방어할 수 있다.
- **민감 데이터 암호화** : 데이터가 분실되어도 쓸모 없게 만들면 된다.
- **다단계 인증(MFA) 사용** : 자격 증명 분실 또는 도난으로 인해 발생하는 피해를 제한한다.
- **최소 권한의 접근 제어 구현** : 업무를 수행하기 위해 시스템에 접근해야 하는 직원에게만 권한을 부여한다. 내부자 남용과 사고로 인한 데이터 유출을 방지할 수 있다.
- **시스템 및 데이터 접근을 제어하고 모니터링 하는 도구를 사용** : 누가 어떤 데이터에 접근하여 사용 중인지 항상 모니터링하고 의심스러운 활동이 발생하면 경고를 보낸다. 로그 파일 및 분석시스템은 빠른 경고 서비스를 제공한다.
- **모바일 및 클라우드 애플리케이션 보호** : 상황 인식 기반 적응적 MFA를 사용하여 보안을 강화하고, 앱 접근 강화를 위해 기억하기 쉽고, 재사용되거나, 부적절하게 저장된 패스워드 사용을 금지한다.
- **최종 사용자로부터 시작되는 침해 방지** : 신뢰할 수 있고 안전한 사용자에게만 응용 프로그램 및 인프라에 대한 접근 권한을 부여한다. 단일 사용자 계정 제공 및 최소 권한 부여 모델을 사용하여 이기종 단말 사용자를 관리하고 보호한다.
- **SaaS 애플리케이션으로 웹에 접근하기 위한 포털 구현** : 연합 SSO를 통해 최종 사용자의 생산성을 높이고 모든 사용자의 앱 접근을 보호하여 피싱 웹 사이트로의 전향을 방지한다.

14.5 침입 탐지

침입 탐지와 관련된 용어를 먼저 정의하고 시작해보자.

- **침입** : 컴퓨터나 네트워크의 기밀성, 무결성 또는 가용성에 영향을 미치려는 시도를 가진 보안 정책 위반 행위를 일컫는다. 이러한 위협은 인터넷을 통한 공격, 합법적인 권한 수준을 벗어난 접근을 시도하는 인증된 사용자, 또는 정당한 방법으로 데이터를 획득하여 인가되지 않은 활동을 무단으로 수행하려는 사용자로부터 발생한다.
- **침입 탐지** : 컴퓨터 시스템 또는 네트워크에서 발생하는 이벤트에 대한 정보를 수집하고 침입 징후를 분석하는 프로세스
- **침입 탐지 시스템(Intrusion detection system, IDS)** : 컴퓨터나 네트워크상에서 다양한 영역의 정보를 수집하고 분석하는 하드웨어 또는 소프트웨어 제품으로써, 비인가 된 방식으로 시스템에 접근하려는 시도를 탐지하여 실시간 또는 준 실시간으로 경고한다.

IDS는 다음과 같이 분류할 수 있다.

- **호스트 기반 IDS** : 단일 호스트의 특성을 분석하고 해당 호스트에서 발생하는 의심스러운 활동과 관련된 이벤트를 모니터링 한다. 단일 호스트의 이점을 활용하여 사용중인 운영체제 상에서 발생하는 특정 유형의 공격과 관련된 프로세스 및 사용자 계정을 정확하게 판단할 수 있다. 네트워크 기반 IDS와는 달리, 호스트 기반 IDS는 일반적으로 공격이 되는 데이터 파일 및 시스템 프로세스에 직접 접근하여 모니터링 하기 때문에 악의적인 의도를 가진 접근/공격을 좀 더 쉽게 확인할 수 있다.
- **네트워크 기반 IDS** : 특정 네트워크 세그먼트 혹은 장치의 네트워크 트래픽을 모니터링하고 의심스러운 활동을 식별하기 위해 네트워크, 데이터 전송 및 응용 프로토콜을 분석한다.

IDS는 다음과 같은 세 가지 논리 구성 요소를 포함한다.

- **센서** : 센서를 이용하여 데이터를 수집한다. 시스템의 어느 부분에서든 침입의 흔적이 발견되면 센서로 정보를 전송한다. 수집하는 정보는 네트워크 패킷, 로스 파일 그리고 시스템 호출 추적 정보 등이다. 센서는 수집한 정보를 분석기에게 전달한다.
- **분석기** : 하나 이상의 센서 또는 다른 분석기로부터 정보를 전달받아 분석 엔진을 통해 침입이 발생했는지 판단한다. 분석기는 침입이 발생했다고 판단하는 증거를 결과로 생성할 수 있다. 분석기는 침입이 발생했을 때 어떠한 조치를 취해야 하는지에 대한 지침을 제공한다.
- **사용자 인터페이스** : 사용자는 인터페이스를 통해 시스템 출력을 확인하거나 시스템 동작을 제어할 수 있다. 일부 시스템에서 사용자 인터페이스는 관리자, 디렉터 혹은 콘솔 컴포넌트와 같은 의미로 해석할 수 있다.

기본 원리

사용자 인증, 접근 제어, 방화벽은 모두 침입에 대응하는 공통된 역할을 수행한다. 또한 다른 형태의 보안 방어선으로써 침입 탐지는 최근 몇 년간 다양한 분야에서 연구되었다. 이러한 관심은 다음의 내용을 포함한 다양한 관점에서 시작되었다.

- 만약 침입을 충분히 빠르게 감지할 수 있다면, 공격자가 시스템에 접근하여 해를 가하거나 데이터를 손상시키기 전에 시스템에서 차단이 가능할 것이다. 혹시 침입 탐지가 공격자에 대한 즉각적인 대응을 하지 못하더라도, 침입 탐지가 빠를수록 피해가 적고 복구 또한 빠르게 진행 될 수 있다.
- 효과적인 IDS 서비스는 침입을 방지하는 제지효과를 가져온다.
- 침입 탐지를 통해 침입 기술 정보를 수집하여 다양한 종류의 침입에 대응 가능한 강화된 방지 조치를 제공할 수 있다.

침입 탐지 접근 방식

침입 탐지 기술은 시스템에 침입한 공격자의 행동이 인증된 사용자의 행동과 차별성을 가지고 있으며, 이를 정량화된 방식으로 표현 가능하다고 가정한다. 물론 침입자의 공격과 인증된 사용자의 일반적인 활동을 명확하고 분명하게 구분할 수는 없을 것이다. 오히려 둘 사이에 공통된 특징이 있을 것으로 예상해야 한다. 침입 탐지는 오용 탐지와 이상 탐지로 구분된다.(그림 14.5 참조)

▲ 그림 14.5 침입 탐지 접근 방식

오용 탐지(Misuse detection)는 보안 사고의 증후로 판단되는 시스템 이벤트, 이벤트 시퀀스 또는 관측 가능한 속성을 명확하게 지정하는 규칙을 기반으로 수행된다. 오용 탐지기는 대규모의 공격 패턴 또는 시그니처를 저장한 데이터베이스상에서 수행하는 패턴 매치 알고리즘을 의미한다. 오용 탐지의 장점은 결과가 매우 정확하며 잘못된 경고를 생성하지 않는다는 것이다. 그러나 새로운 방식의 공격이나 알려지지 않은 공격에 취약한 문제를 지닌다.

이상 탐지(Anomaly detection)는 시스템 엔티티와 리소스간의 정상적이지 않은 활동을 감지하는 것이다. 이상 탐지의 장점은 모든 사용자의 행위 감사를 통해 알려지지 않은 공격을 탐지할 수 있다는 것이다. 그러나 거짓 양성(false positive) 및 거짓 음성(false negatives) 탐지 결과를 생성할 수 있어 트레이드 오프(trade-off) 관계에 있다. 그림 14.6은 이상 탐지 시스템 설계자가 다뤄야할 문제의 특성을 추상적으로 표현한 것이다. 침입자의 일반적인 동작은 인증된 사용자의 일반적인 동작과 다르지만 일부 공통되는 영역이 있다. 따라서 더 많은 침입자를 탐지하기 위해 탐지 행위 범위를 확장하면, 정상 사용자를 침입자로 판단하는 거짓 양성 결과를 많이 생성하게 된다. 반대로, 침입자 행동을 엄격하게 해석하여 거짓 양성을 줄이려고 한다면, 침입자를 제대로 식별하지 못하거나 거짓 음성 수가 증가하는 결과를 발생할 수 있다. 따라서 이상 탐지의 실행에는 보안 수준의 타협과 관리자의 선택이 필요하다.

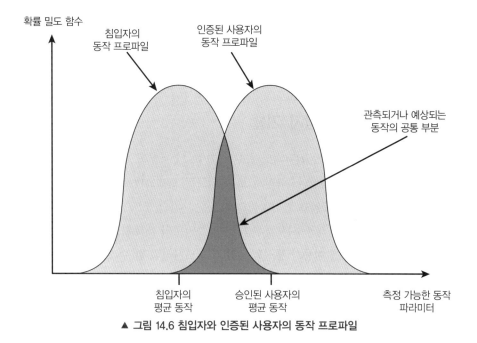

▲ **그림 14.6 침입자와 인증된 사용자의 동작 프로파일**

표 14.2는 거짓 양성(false positive), 참 양성(true positive), 거짓 음성(false negative) 그리고 참 음성(true negative) 용어의 관계를 보여준다.

▼ **표 14.2 호스트 기반 침입 탐지 기술**

테스트 결과	A의 발생 조건	A가 발생하지 않을 조건
"A" 반환	참 양성	거짓 양성
"NOT A" 반환	거짓 음성	참 음성

호스트 기반 IDS는 데이터베이스 서버나 관리 시스템과 같이 보안에 취약하거나 민감한 시스템에 적절한 보안 소프트웨어 계층을 추가하는 것이다. 호스트 기반 IDS는 의심스러운 동작을 감지하기위해 다양한 방법으로 시스템 활동을 모니터링 한다. 경우에 따라 IDS는 시스템 손상이 발생하기 전에 공격을 중지시키기도 하지만, 이 기술의 주요한 목적은 침입을 감지하고, 의심스러운 이벤트 로그를 생성하고, 경고 메시지를 전송하는 것이다.

호스트 기반 IDS의 주요 이점은 네트워크 기반 IDS나 방화벽으로는 감지가 불가능한 내외부 침입 공격을 모두 탐지할 수 있다는 것이다.

호스트 기반 IDS는 이상 탐지 또는 오용 탐지를 수행하거나 둘 다 수행할 수 있다. 이상 탐지를 위한 주요 전략은 다음과 같다.

- **임계값(threshold) 탐지 :** 다양한 이벤트의 발생 빈도에 대해 사용자에 관계없이 임계값을 설정하고, 이를 기준으로 탐지한다.
- **프로파일 기반 탐지 :** 각 사용자의 동작 프로파일을 생성하고 계정 별 활동 변화를 감지한다.

네트워크 기반 침입 탐지 기술

네트워크 기반 침입 탐지 기술은 네트워크 세그먼트의 트래픽 정보를 데이터 소스로 활용하여 모니터링을 수행한다. 따라서 모든 네트워크 세그먼트를 통과하는 트래픽 정보를 수집하기위해 네트워크 인터페이스 카드를 무차별 모드(promiscuous mode)로 배치한다. 단일 NIDS을 사용하는 경우 다른 세그먼트의 네트워크 트래픽이나 전화회선과 같이 다른 수단을 이용한 통신의 트래픽은 모니터링 할 수 없다.

NIDS 기능

네트워크 기반 침입 탐지 기술은 일부 센서를 통과하는 네트워크 패킷을 검사하는 작업을 포함한다. 전송되는 패킷이 특정 시그니처와 일치하면 해당 패킷을 감시 대상으로 설정한다. 이때 사용되는 시그니처는 문자열 시그니처, 포트 시그니처, 그리고 헤더 조건 시그니처가 있다.

문자열 시그니처는 공격 가능성을 나타내는 문자열을 검사한다. UNIX 운영체제에서 문자열 시그니처의 대표적인 예는 **"cat "+ +" > /.rhosts"**가 있으며, UNIX 시스템을 네트워크 공격에 매우 취약하게 만드는 공격이다. 거짓 양성 오탐지를 줄이기 위해서는 복합 문자열 시그니처를 사용하여 구체화된 서명을 사용해야 한다. 일반적인 웹 서버 공격에 대한 복합 문자열 시그니처에는 **"cgi-bin" AND "aglimpse" AND "IFS"** 가 있다.

포트 시그니처는 잘 알려져 있고, 빈번하게 공격을 받는 네트워크 포트에 대한 연결 시도를 감시한다. 이러한 포트의 예로는 Telnet(TCP port 23), FTP(TCP port 21/20), SUNRPC(TCP/UDP port 111), and IMAP(TCP port 143)가 있다. 만약 이 중에 사이트에서 사용하지 않는 포트가 있다면, 해당 포트로 연결을 시도하는 패킷은 의심할 필요가 있다.

헤더 시그니처는 패킷 헤더 파일에 위험하거나 비논리적인 조합이 있는지 확인한다. 가장 대표적인 예로는 NetBIOS 포트에 OOB(out of band) 포인터나 URG(urgent) 포인터를 전송하는 WinNuke 공격이 있다. 이러한 공격은 윈도우 시스템에 "블루스크린"을 발생하게 한다. 또 다른 헤더 시그니처의 대표적인 예로는 동기화(SYN) 및 완료(FIN) 플래그가 설정된 TCP 패킷으로, 요청자가 연결을 시작함과 동시에 종료를 원한다는 의미를 나타내므로 비논리적이다.

NIDS 배치

NIDS 센서는 자신이 속한 네트워크 세그먼트를 통해 전달되는 트래픽을 감시한다. 따라서, 일반적인 NIDS 배치는 트래픽을 감시하고자 하는 주요 세그먼트에 센서를 배치하는 방식으로 수행되며, 센서는 수집한 트래픽 정보와 잠재적 위협에 대한 피드 정보를 중앙의 NIDS 매니저에게 전송한다. 그림 14.7은 NDIS 센서 배치 예를 보여준다.

Sguil: http://
bammv.github.io/
sguil/index.html

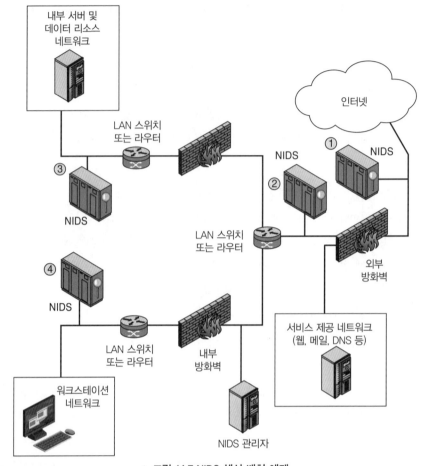

▲ 그림 14.7 NIDS 센서 배치 예제

**Demilitarized zone
(DMZ) :** 물리적으로나
논리적으로 외부 네트
워크와 내부 네트워크
경계에 위치한 네트워
크 세그먼트. DMZ는
외부 인터넷과 조직의
내부 네트워크 사이에
추가적인 네트워크 보
안 계층을 배치함으
로써 외부에서 내부에
시스템에 접근할 때는
반드시 DMZ 장치를
거쳐 연결하도록 한다.
따라서 외부 공격으로
부터 내부 네트워크를
효율적으로 보호하고,
신뢰할 수 없는 외부
소스에는 제한적인 정
보에만 접근 가능하도
록 제어한다.

센서를 배치하는 위치는 크게 네 가지로 분류된다.

- **기업의 대표 방화벽 외부 :** 해당 배치 방식은 특정 기업 네트워크에 대한 위협 수준을 판단
  하는데 유용하다. 보안을 위한 노력 대비 성공적인 관리 지원 제공 측면에서 해당 배치는 매
  우 중요하다.
- **네트워크 DMZ(demilitarized zone), 대표 방화벽과 내부 방화벽 사이 :** 이 위치는 일반적으
  로 외부인에게 개방된 웹 기반 서비스 및 기타 서비스에서의 침입 시도를 모니터링한다.
- **내부 방화벽 뒤 :** 내부 서버 및 데이터베이스 리소스에 연결된 네트워크와 같이 주요 백본
  네트워크를 모니터링 하는 센서 배치
- **내부 방화벽 뒤 :** 사용자 워크스테이션과 부서 별 서버 등과 같이 LAN 연결을 이루는 곳을
  모니터링하기위해 배치한다. 그림 14.7에서 3과 4의 위치는 조직 내부에서 발생하는 공격 뿐
  아니라 각 네트워크 세그먼트에서 보다 구체화된 공격 감지를 수행할 수 있다.

IDS 모범 사례

보안 관리자에게 도움이 될 만한 제안을 기술한다.

- 각 IDS 사용자 및 관리자에게 별도의 계정을 제공한다.

- IDS 구성 요소에 대한 네트워크 접근을 제한한다.

- IDS 관리 통신을 안전하게 수행하기 위해 통신 데이터를 암호화하거나 물리적/논리적으로 분리된 네트워크를 사용하여 전송하는 등의 조치를 취한다.

- IDS 구성 요소의 설정은 정기적인 백업을 수행하고, 업데이트 전에도 반드시 백업하여 기존 설정을 유지한다.

- 한 번에 하나의 IDS 센서를 모니터하고 조정하는 작업을 수행하여 보안 담당자에게 한 번에 많은 양의 경고 메시지가 전송되거나 오탐지하는 것을 방지한다.

- 특정 보안 우선순위를 갖는 경고 메시지는 보안 담당자에게 직접 전송하여 공격이 탐지되었음을 즉시 알리고, 관리자가 문제를 해결하도록 한다. 불필요한 경고를 줄이기 위해 기업에 가장 우려하는 몇 가지 위험에 대해 알람을 설정하고 시스템의 기본 설정을 사용하지 않는다.

- IDS와 함께 로그 및 경고 교정 제품(보안 정보 이벤트 관리(SIEM) 시스템 등)을 사용한다. 이러한 교정 제품은 다양한 기능을 수행한다. 먼저, 경고 메시지 트래픽을 줄이기 위해 관련 메시지를 그룹화한다. 대신, 각각의 보안 경고나 이벤트는 더욱 관리하기 좋은 배치 형태로 전송된다. 또한 네트워크 및 호스트 IDS, 다른 시스템의 시스템 로그 이벤트를 포함한 다양한 플랫폼에 대한 지원을 제공한다.

- IDS 이벤트 로그를 정기적으로 검토하는 시스템을 갖춘다. 관련 제품으로는 무료 소프트웨어 패키지인 Sguil이 있다.

참고할 만한 자료로는 IDS 기능에 대한 튜토리얼 및 IDS 조달 및 관리에 관련된 권장사항이 정리되어 있는 SP 800-94, "침입 탐지 및 방지 시스템에 대한 안내서"가 있다.

14.6 데이터 유출 방지

데이터 유출은 신뢰할 수 없는 환경에 의도적으로 또는 의도하지 않게 데이터를 공개하는 것을 의미한다. 정보 유출이라고도 이야기하는 데이터 유출 방지는 사용 데이터(예: 최종사용자 작업), 이동 데이터(예: 네트워크 전송 데이터) 그리고 저장 데이터(예: 데이터 스토리지)에 대해 중앙 집중식 관리 프레임워크를 이용한 심도 높은 검사를 통해 데이터를 식별하고, 모니터링 및 보호하는 작업을 수행하는 사람, 프로세스 그리고 시스템을 통칭한다.

지난 몇 년 동안 기존 네트워크 보안에 초점을 둔 보안방식에서 네트워크 내 시스템 보호 및 데이터 자체 보안을 수행하는 방식으로 변경이 이루어지고 있다. DLP 제어는 정책을 기반으로 민감한 데이터를 분류하고 기업 전체에서 사용되는 데이터 확인, 제어 강화, 보고 및 감사를 통해 기업 정책 준수를 강화한다. 유출 위험이 있거나 실제로 유출되는 민감한 정보는 워드프로세서 문서, 프리젠테이션 및 스프레드 시트 문서와 같이 암호되지 않은 컨텐츠의 형태로 다양한 곳에 공유(예 : 이메일 전송, 인스턴트 메시징, 인터넷 검색, 모바일 장치 또는 휴대용 저장 장치)되는 파일이다.

데이터 분류 및 식별

기업에서 관리하는 민감데이터는 항상 어떤 장소에서든 적절히 보호되어야 한다. 첫 번째 단계로, 기업은 민감 데이터가 무엇인지 정의하고, 필요에 따라 다른 수준의 민감도를 설정한다. 이를 통해 기업 내에서 사용하는 민감 데이터에 대해 인식할 수 있도록 한다. 마지막으로 중요한 데이터에 대한 접근을 실시간으로 감시하는 응용 프로그램을 구축한다. 다음은 인식 업무 [MOGU07]에 대한 일반적인 접근 방법을 나타낸다.

- **규칙 기반 인식** : 정규 표현식, 키워드 및 기타 패턴 매칭 기법은 신용 카드 정보 및 사회 보장 번호와 같이 구조화된 데이터에 가장 적합하다. 해당 기술은 쉽게 식별 가능한 민감 데이터를 포함하는 데이터 블록, 파일, 데이터베이스 레코드와 같은 효율적으로 식별한다.
- **데이터베이스 핑거프린팅(fingerprinting)** : 이름, 신용카드 번호, CVV 번호와 같이 여러 필드 조합을 포함하는 데이터베이스에서 정확하게 일치하는 정보를 탐색한다. 예를 들어 고객 정보를 기반으로 신용카드 정보를 검색하는 경우, 온라인으로 구매하는 직원의 구매 정보를 탐색하지는 못한다. 해당 기법은 많은 시간이 걸리지만 거짓 양성률(false-positive)이 매우 낮다.
- **정확한 파일 매칭** : 이 기법은 파일의 해시값을 계산하고 정확하게 핑거프린트가 매치하는 파일을 모니터링 한다. 해당 기법은 구현이 용이하며, 파일을 실수로 저장했거나 인가되지 않은 접근을 통해 전송되었는지 쉽게 확인할 수 있다. 그러나 많은 시간을 소요하는 해시 함수를 사용함에도 불구하고 공격자가 쉽게 회피 가능한 기술이다.
- **부분 문서 매칭** : 해당 기술은 보호된 문서에서 부분 일치 항목이 있는지 탐색한다. 문서의 일부를 추출하여 다른 곳에 저장하거나 전자메일에 첨부할 수 있도록 문서의 일부에 다중 해시 함수를 적용한다. 이를 통해 민감한 문서를 보호하는 것이 가능하다.

데이터 상태

효과적인 DLP의 핵심은 데이터가 위험에 취약한 장소와 시간을 이해하는 것이다. DLP 관리를 위한 유용한 방법은 데이터를 저장 데이터, 사용 데이터, 이동 데이터 상태로 분류하는 것이다. 세 가지 데이터 상태는 다음과 같다.

- **저장 데이터** : 기업 전반에 걸쳐 민감한 데이터의 저장 위치를 확인하고 분류한다.
- **이동 데이터** : 기업 네트워크에서 전송되는 민감 데이터에 대한 이동 정보를 모니터링 및 관리한다.
- **사용 데이터** : 최종 사용자 시스템에서 중요한 데이터의 이동을 모니터링 및 관리한다.

저장 데이터

저장 데이터는 기업에 심각한 위험을 초래한다. 대규모 기업은 드라이브 및 이동식 미디어에 수백만 개의 파일과 데이터베이스 레코드를 보유하고 있다. 특정 데이터 파일 또는 레코드 집합은 "home"위치(원본 위치)에 저장되어 있지만, 이를 다른 저장 위치로 이동하는 작업을 수행할 때 정확히 모니터링하거나 제어하지 않으면 순식간에 관리 불가능한 상태에 놓이게 된다. 데이터가 복제되고 확산되는 가장 대표적인 예는 파일 공유이다. 네트워크로 연결된 컴퓨터 시스템에서 공동 프로젝트 협업을 위한 파일 공유는 일반적인 일이지만, 원본 파일 작성자는 파일이 공유된 후 어떻게 관리되고 있는지 전혀 알지 못한다. 공통적으로 다수의 웹 기반 협업 시스템이나 문서 관리 플랫폼에서 이러한 문제를 찾을 수 있다.

저장 데이터를 관리하기 위한 기본적인 DLP 업무는 기업 전체에서 특정 유형의 정보가 저장된 위치를 식별하고 로그 파일을 생성하는 것이다. DLP 장치는 그림 14.8과 같이 작업을 수행하는 일종의 데이터 검색 에이전트를 사용한다.

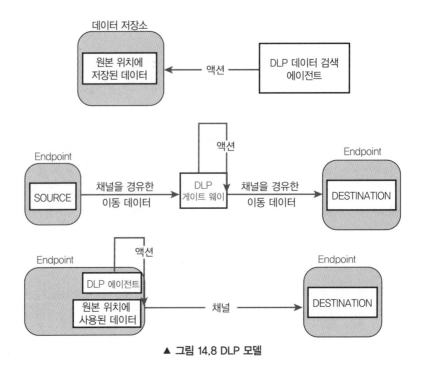

▲ 그림 14.8 DLP 모델

그림에서 액션은 다음을 포함한다.

- 스프레드 시트, 워드 프로세싱 문서, 이메일 파일 및 데이터베이스 기록과 같은 특정 파일 유형을 검색하고 식별한다. 검색 활동은 파일 서버, 스토리지 영역 네트워크, 네트워크 연결 스토리지 및 엔드 포인트 시스템 상에서 이루어진다.
- 파일 검색이 완료되면, 에이전트는 각 파일을 열람하여 특정 유형의 정보를 검색할 수 있어야 한다.
- 에이전트는 보안 관련 정보가 포함된 파일에 대한 로그 파일을 작성하고, 만약 보안 정책을 위반한 경우 경고 메시지를 생성한다.

이동 데이터

이동 데이터는 기업 내부에서 전송되는 데이터 또는 기업과 외부 네트워크 링크를 통해 전송되는 데이터를 나타낸다. 이동 데이터를 관리하기 위한 솔루션은 다음 두 가지 모드로 동작한다.

- **수동 모니터링 :** 네트워크 링크를 통해 전송되는 데이터 패킷의 사본을 검사하는 것으로, 스위치의 포트 미러 또는 네트워크 회선 탭을 이용하여 수행한다. 관심있는 정보를 포함하는 패킷 또는 패킷 시퀀스에 대한 로그 정보를 생성하고, 보안 위반 사항이 있으면 경고 메시지를 생성한다.
- **능동 모니터링 :** 네트워크 회선에 릴레이 또는 게이트웨이 유형의 장치를 배치하여 데이터

port mirror : 두 개 이상의 포트를 네트워크 스위치에서 교차 연결하여 트래픽이 다른 포트에 연결된 네트워크 분석기 또는 모니터에 동시에 전송될 수 있도록 지원하는 방식

패킷을 분석하고 전달한다(그림 14.8 참조). 능동 모니터링은 로그 생성 및 경고 메시지를 생성 기능과 보안 정책을 위반하는 데이터의 전송을 차단하는 기능을 설정할 수 있다.

네트워크를 통해 전송되는 정보를 검사하기 위한 DLP 솔루션은 다음과 같은 기능을 수행해야 한다. 먼저 네트워크 트래픽을 모니터링하고, 추적할 올바른 데이터 스트림 정보를 인식하고, 수집한 패킷을 조립하여 데이터 스트림이 전송파는 파일을 재구성한다. 이를 저장 데이터와 동일한 방식으로 비교 분석하여 파일 내용의 중 보안 규정을 침해한 내용이 있는지 판단한다.

사용 데이터

사용 데이터 솔루션은 일반적으로 최종사용자 시스템에 DLP 에이전트 소프트웨어를 설치하여 관리하는 것을 의미한다. 설치한 에이전트를 통해 특정 종류의 데이터 파일 또는 파일의 내용에 대한 사용을 모니터링, 보고, 차단 또는 격리한다. 에이전트는 또한 시스템의 하드 드라이브나 단말에 연결된 이동식 미디어에 저장된 파일도 관리한다. 에이전트는 암호화를 지원하는 이동식 장치만을 사용하도록 제한하는 등 특정 타입의 이동식 미디어에 대한 사용 여부를 결정한다.

14.7 디지털 권한 관리

디지털 권한 관리(DRM)는 디지털 권한을 가진 사용자를 명확하게 구분하고 소유권이 있는 문서의 사용료를 보장할 수 있도록 지원하는 시스템 및 절차를 의미한다. 또한 디지털 자료에 대한 인쇄 금지 또는 추가 배포 금지와 같은 제한을 정책을 포함한다.

DRM에 대한 단일 표준이나 아키텍처는 제공되지 않는다. DRM은 지적 재산 관리 및 집행에 대한 다양한 접근법을 포함하며, 이를 통해 컨텐츠의 배포 및 사용을 관리하는 안전하고 신뢰할 수 있는 자동 서비스를 제공한다. 일반적인 목적은 컨텐츠와 관련된 권한 정보 관리를 포함하여 전체 컨텐츠 관리 수명 주기(생성, 다른 사람의 추가 기여, 열람, 배포, 사용)에 따른 적절한 메커니즘을 제공하는 것이다.

DRM 시스템은 다음 목표를 충족해야 한다.

- 디지털 컨텐츠에 대한 무단 액세스를 지속적으로 차단하고, 적절한 권한이 있는 사람에게만 제한된 액세스를 제공한다.

- 다양한 디지털 컨텐츠 유형 (예 : 음악 파일, 비디오 스트림, 디지털 도서, 이미지)을 지원한다.
- 다양한 플랫폼 (예 : PC, 태블릿, 휴대폰)에서의 컨텐츠 사용을 제공한다.
- 다양한 매체 (예 : CD-ROM, DVD, 플래시 메모리)를 이용한 컨텐츠 배포를 용이하게 한다.

DRM 구조 및 구성 요소

DRM을 이해하기 위해서는 DRM 시스템의 주요 구성 요소 및 상호 연결을 이해하면된다. 그림 14.9는 DRM 시스템의 주요 사용자 관점에서 기술한 일반적인 DRM 모델을 보여줍니다.

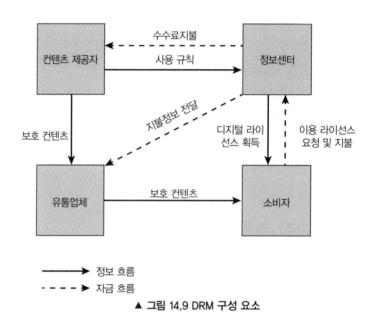

▲ 그림 14.9 DRM 구성 요소

DRM 시스템의 주요 사용자는 다음과 같다.

- **컨텐츠 제공자** : 컨텐츠에 대한 디지털 권한을 보유하고 있으며 이를 보호하기위해 노력한다. 예를 들면 음반사 및 영화 제작 스튜디오가 있다.
- **유통 업체** : 온라인스토어 또는 웹 쇼핑과 같은 유통 채널을 제공한다. 예를 들어, 온라인 유통 업체는 컨텐츠 제공자로부터 디지털 컨텐츠를 받아 컨텐츠 정보 및 권한 메타 데이터를 포함하는 웹 카탈로그를 제작하여 프로모션 한다.
- **소비자** : 시스템에서 유통 업체의 채널을 통해 다운로드 또는 스트리밍 컨텐츠를 검색한 다음 라이선스 비용을 지불하고 디지털 컨텐츠를 사용한다. 소비자가 사용하는 플레이어/뷰어 프로그램은 정보 센터에 라이선스 요청을 전달하고 컨텐츠 사용 권한을 보호하는 역할을 가진다.

- **정보센터 :** 소비자에게 디지털 라이선스를 발급하기위한 금융 거래를 처리한다. 또한 컨텐츠 제공자에게는 로열티 수수료를 지불하고 유통 업체에게는 배포 수수료를 지불한다. 정보 센터는 또한 개별 소비자의 라이선스 구매 기록 관리한다.

이 모델에서 유통 업체는 접근 권한을 획득할 필요가 없다. 대신 컨텐츠 제공자는 소비자가 정보 센터를 통해 디지털 라이선스와 사용 권리를 구매하는 방식(일반적으로 암호화)으로 컨텐츠를 보호 할 수 있다. 정보 센터는 컨텐츠 제공자로부터 획득한 사용 규칙을 참조하여 허용된 사용 범주를 설명하고, 그에 맞는 사용 요금을 결정한다. 정보 센터는 징수한 수수료를 컨텐츠 제공자와 유통 업체에게 적절하게 분배한다.

그림 14.10은 DRM 기능을 지원하는 일반 시스템 아키텍처를 보여준다. 시스템은 서로 다른 세 가지 역할로 구분된다. 권한 소유자는 컨텐츠를 생성했거나 컨텐츠에 대한 권리를 획득한 컨텐츠 제공자를 뜻한다. 서비스 제공 업체에는 유통 업체와 정보 센터가 포함된다. 소비자는 특정 용도로 컨텐츠에 액세스 할 수 있는 권한을 구매하는 사람을 의미한다.

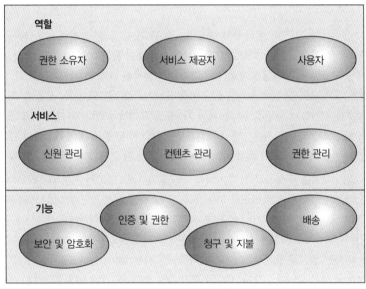

▲ 그림 14.10 DRM 시스템 구조

DRM 시스템에서 제공하는 서비스는 다음과 같다.

- **신원 관리 :** 개별 사용자 및 컨텐츠와 같은 고유 엔티티를 식별하는 메커니즘
- **컨텐츠 관리 :** 컨텐츠 사용 주기에 맞춰 필요한 프로세스 및 기능
- **권한 관리 :** 컨텐츠 권한, 권한 보유자 및 관련 요구 사항을 관리하는 데 필요한 프로세스 및 기능

각 관리 모듈은 공통된 기능 집합을 의미한다. 보안/암호화 모듈은 컨텐츠를 암호화하고 라이선스 계약에 서명하는 기능을 제공한다. 신원 관리 서비스는 사용자 인증 및 권한 부여 기능을 통해 사용자를 식별합니다. 신원 관리 서비스에는 다음이 포함됩니다.

- 고유 사용자 ID 할당
- 사용자 프로필 및 기본 설정
- 사용자 장치 관리
- 공개 키 관리

청구/결제 기능은 소비자로부터 사용료를 징수하고 권한 소유자와 유통 업체에게 수수료를 분배하는 작업을 처리한다. 배송 기능은 소비자에게 컨텐츠를 전달하는 작업을 처리한다.

DRM 모범 사례

NSS 연구소의 보고서[BAYL13]에는 다음과 같은 DRM 모범 사례를 명시하고 있다.

- 솔루션을 구현하기 전에 문서 분류 매트릭스를 구축한다. 해당 매트릭스는 데이터 위험 정도에 따라 데이터 유형을 3개에서 5개 단계로 분류하고, 공개 데이터는 1점, 가장 높은 수준의 보안 자료는 최고 등급을 부여한다. 각 데이터 분류를 수행할 때는 저장 데이터, 이동 데이터에 대한 보호 및 더욱 엄격한 접근 제어 및 감사 로그를 요구하는 민감한 데이터에 대한 보호를 지원하기 위해 필수적인 제어 기술들을 포함해야 한다. 이 분류 매트릭스를 패스워드, MF, SSO와 같은 기존 인증 시스템과 통합한다. 이를 통해 활성 계정만이 민감 문서를 열람할 수 있고, 공식 SOR (System of Record)을 이용한 감사 추적 기능을 제공할 수 있다.

- 직원 협조 체계를 구축하기 위한 사용자 교육을 실시한다. 이는 기존 데이터와 새로 생성되는 데이터 보호에 매우 중요한 기능이다. 이 때 위험 기반 접근 방식을 선택하여 교육하는 것이 필요한데, 이는 기밀 데이터에 정기적으로 접근하는 직원에게 데이터 사용에 대한 책임을 철저하게 교육하는 것이다. 사용자는 데이터 유출의 위험과 데이터 유출 결과가 조직에 미치는 영향을 이해해야 한다. 데이터 소유자는 데이터에 대한 적절한 레이블 지정 및 보호에 대한 책임이 있으며, 관련된 관리 승인 정책에도 익숙해야 한다. DLP 또는 DRM 시스템을 배포하기 전에 기업은 계약자, 파트너 또는 직원이 공용 클라우드 시스템 (예 : Dropbox, iCloud)에 회사 데이터를 저장하는 행위를 관리해야 한다.

- 기존 데이터가 저장된 위치와 분류 방식을 인지하고 있어야 한다. 경영진과 동료 직원을 인터뷰하여 회사 네트워크에 들어오고 나가는 데이터 흐름을 파악한다. 현재 사용중인 관리 체계 및 데이터 저장소를 검사한다. 방치된 기밀 데이터 사본을 찾아 보호하거나 삭제한다. 가장 높은 민감도를 가지는 데이터 범주를 파악하고 높은 우선순위로 보호한다. 대규모 기업에서는 큰 위험에 노출될 가능성이 가장 높은 문서에서부터 시작하는 것이 좋다 (예 : 완전히 신뢰할 수 없는 외부 기관에 전송하는 파일). 기업 전반적으로 가장 민감한 데이터에

- 사용자가 시스템이나 애플리케이션에 접근하기 위해 필요한 계정 및 권한을 제공하는 프로비저닝 프로세스(Provisioning process)
- 사용자가 새로운 시스템에 접근하기 위해 본인 인증이나 사인온(sign-on)과 같은 작업을 수행하도록 지원하는 사용자 액세스 프로세스(User access process)

IAM은 더욱 다양해지는 이기종 기술 환경에서 자원에 대해 적절한 접근 제어를 수행하고, 더욱 엄격해지는 규정 준수 요건을 충족하기위한 업무 수행에 필수적인 요구 사항을 해결한다. 이러한 보안 정책은 모든 엔터프라이즈에서 반드시 수행해야하는 필수 요소이다. IAM은 점점 더 비즈니스 요구 사항에 맞춰 발전하고 있으며, 기술 전문성보다는 비즈니스 기술을 필요로 한다. 성숙한 IAM 기능을 개발하는 기업은 사용자 계정 관리 비용을 크게 절감할 수 있다. 더욱 중요한 것은, 새로운 비즈니스 전략에 대해 민첩하게 대응 할 수 있다는 것이다.

IAM은 세 가지 방법으로 지원 가능하다.

- **중앙집중 관리(Centralized)** : 모든 접근 인가 결정, 프로비저닝, 관리 및 기술이 물리적/가상 환경에서 단일 위치에서 이루어지는 중앙 집중 방식이다. 정책, 표준 및 운영이 해당 위치에서 수행된다.
- **분산 관리(Decentralized)** : 로컬, 지역 또는 비즈니스 단위로 접근 인가, 프로비저닝, 관리 및 기술에 대한 모든 결정을 수행한다. 전사적 정책과 표준이 있는 경우에도 각 분산 관리자를 위한 지침을 제공한다.
- **연합 관리(Federated)** : 각 조직은 사용자 프로비저닝 및 관리를 위한 정책, 표준 그리고 절차에 대해 공통으로 합의한 내용을 기반으로 관리한다. 또는, 전문 서비스 공급자에게 해당 서비스를 구입하여 관리할 수 있다.

IAM 아키텍처

사용자 계정 및 접근 관리 아키텍처는 IAM 시스템의 주요 요소와 요소간 상호관계를 나타내는 고차원 모델이다. 그림 14.3은 IAM 시스템의 지원 방식에 무관한 일반적인 구조를 나타낸다.

대한 보호가 완전히 수행되고 나면, 다음 단계의 민감 데이터에 대한 작업을 수행한다.

- 주요 데이터 유출 시나리오를 판별한다. 데이터의 위치, 저장된 형식, 데이터에 사용 권한을 가진 사람의 정보를 이용하여 맞춤형 제어를 수행한다. 이를 통해 데이터 유출 위험을 줄이고 특정 데이터 유출 시나리오로 인한 피해를 줄일 수 있다. 해당 방식은 비즈니스 요구 사항 및 관행, 규제 요구 사항, 위험 및 데이터 유출의 영향에 대한 분명한 이해를 바탕으로 수행되어야 한다. 보안 위반 사례에 대해 명확하게 정의하고 이를 위반하는 사람에 대한 실제 처벌 규정을 정의한다. 규칙 위반 시 처벌받게 된다는 규정을 인사팀, 법률 담당자 및 고위 경영진으로부터 문서화하여 관리한다. 높은 수준의 보안 문서를 다루는 사용자는 해당 문서가 초안 단계에 있을 지라도 모든 작업이 DRM을 통해 제대로 보호되고 있는지 확인해야 한다.

- 데이터 소유자와 IT관리 부서가 민감한 파일의 사용을 쉽게 모니터링 할 수 있도록 한다. 데이터 사용 모니터링을 통해 조직 내부에서의 데이터 활용 방식을 이해할 수 있다. DRM 도구를 활용하여 내부 네트워크와 외부 인터넷으로 전송되는 데이터에 대한 흐름을 파악해야 한다.

- 사용자 친화적인 DRM 시스템을 제공하기 위해 노력한다. 문서를 열람할 때마다 라이선스 확인을 요구하는 것은 높은 수준의 보안 문서나 즉시 회수해야 하는 문서를 관리하기에 좋은 방법이다. 그러나 라이선스 확인 방법은 오프라인에서 사용할 수 없기 때문에 접근성이 떨어지는 문제가 있다. 또한 라이선스 확인 후 인증이 유지되는 시간 동안 권한이 없는 사용자가 문서를 열람할 수 있는 위험도 있기 때문에, 인증 유지 시간을 문서의 민감도나 조직의 위험 성향에 따라 적절하게 설정해야 한다.

- 정기적으로 로그 및 경고 메시지를 검토하고 의심스러운 이벤트를 해결한다. 최신 DRM 솔루션을 사용하면 기업 외부로 문서를 보내거나 최종 사용자의 장치에 문서를 다운로드 한 후에도 제어를 수행할 수 있다. 문서 제어를 사용하면 수신자가 컨텐츠를 열람, 인쇄, 복사하는 것을 허용하거나 제한하는 것과 같은 세부적인 제어를 관리를 할 수 있다. 문서 사용 권한은 변경 가능하며 (문서에 대한 최신 권한을 확인하기 위해 홈 디렉토리 호출) DRM 관리자 또는 문서 소유자가 언제든지 수정할 수 있다. 문서 추적 기능을 이용하면 사용자는 문서를 송부한 후에도 추적할 수 있다. 전체 감사 로그 파일은 누가, 언제, 어디서, 어떤 장치에서 문서를 열람했는지에 대한 정보를 저장한다. 일부 솔루션은 지리적 표시 장치를 이용하여 문서가 열리는 위치를 정확히 기록하기도 한다. 예를 들어 본사의 사용자가 현재 열람하고 있는 민감 문서를 다른 지리적 위치에서 동일한 자격 증명을 사용하여 동시에 접근하는 경우 신속하게 대처할 수 있다.

- 데이터 손실에 대한 조직의 현재 위험 수준과 조직에서 허용 가능한 위험 수준 간의 차이를 자세하게 설명하는 격차 분석을 정기적으로 수행한다. DRM에서는 중요한 문서를 보호하는 것과 권한을 적절하게 유지하는 것 사이에 알맞은 균형을 결정하기 어려운 경우가 많다. 추가적인 규칙, 정책, 교육, 절차 또는 기술이 보장되는 경우에는 이해 관계자의 승인을 거쳐 이를 적용한다.

14.8 암호화 솔루션

이 절과 다음 두 절에서는 암호화 사용의 중요한 측면을 살펴본다. 각 절에서는 간략한 기술 소개가 제공된다.

암호화 기술 사용

암호화는 기업 IT 시스템의 내부 및 외부에서 저장 데이터와 이동 데이터를 보호하는 데 사용된다. 시스템 내에서 논리적 및 물리적 액세스 제어, 침입 탐지, 방화벽 및 기타 보안 제어 기능은(암호화 방식으로 보완될 가능성이 있지만) 충분한 보호를 제공한다. 그러나 기업의 통제 밖에서는 암호화를 사용하는 것이 데이터를 보호하는 유일한 방법인 경우가 많다. 암호화의 네 가지 용도는 다음과 같다.

- **데이터 암호화** : 데이터 암호화는 데이터 기밀성과 무결성을 제공하는 강력하고 비용 효율적인 수단이다. 데이터가 암호화되면 암호문이 공개되지 않도록 보호할 필요가 없다. 또한 암호문이 수정되면 올바르게 해독되지 않는다. 데이터 암호화는 기업이 통제할 수 없는 인터넷 또는 기타 네트워크를 통해 데이터를 전송하고 클라우드에 저장하는 데 특히 유용하다.
- **데이터 무결성** : 암호화 알고리즘은 데이터 블록 (예 : 전자 메일 텍스트, 메시지, 파일, 데이터베이스 레코드)이 무단으로 변경되었는지 여부를 확인하는 효과적인 방법을 제공한다.
- **디지털 서명** : 디지털 서명 또는 전자 서명은 서면 서명과 동일한 법적 효력을 갖는 것으로 인식되는 전자 서명을 의미한다. 데이터 무결성을 보장하는 것 외에도 디지털 서명 알고리즘은 서면 서명으로 수행되는 것처럼 문서를 특정 개체와 연결하는 수단을 제공한다.
- **사용자 인증** : 암호화는 여러 고급 인증 방법의 기반이 되는 기술이다. 개방형 네트워크를 통해 암호를 전달하는 대신 인증에는 암호화 키에 대한 지식을 증명하는 것을 포함한다. 이러한 방법을 사용하면 도청에 취약하지 않은 일회용 암호가 사용됩니다.

암호화 알고리즘

암호화 알고리즘(Crypto graphic algorithm) : 암호 알고리즘, 암호 해시 알고리즘, 디지털 서명 알고리즘 및 키 합의 알고리즘과 같은 암호화 과학 기술을 사용하는 알고리즘

암호화 알고리즘은 크게 암호화/복호화 알고리즘, 보안 해시 알고리즘, 전자 서명 알고리즘으로 분류할 수 있다.

대칭 암호화 기법

관용 암호화 기법으로도 일컬어지는 대칭 암호화 기법은 동일한 키를 사용하여 암호화와 복호화를 수행하는 기법을 말한다. 그림 14.11a에 나타나 있듯이 대칭 암호화

기법은 5개의 구성 요소를 갖는다.

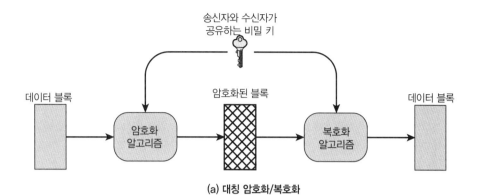

(a) 대칭 암호화/복호화

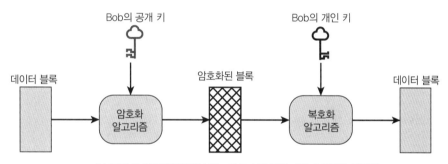

(b) 공개 키 암호화/복호화 (Alice가 Bob을 위해 데이터 블록을 암호화)

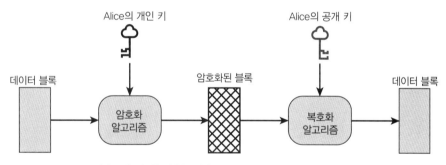

(c) 공개 키 암호화/복호화 (Alice가 모든 사용자를 위해 블록을 인증)

▲ **그림 14.11 대칭키 및 공개 키 암호화**

- **평문 :** 암호화 알고리즘의 입력 값이 되는 원본 메시지 혹은 데이터 블록을 의미한다.
- **암호화 알고리즘 :** 암호화 알고리즘은 평문에 대해 다양한 대체 및 변환을 수행한다.
- **비밀 키 :** 비밀 키도 암호화 알고리즘의 입력이다. 대체 및 변환 수행은 해당 키에 의해 결정된다.

- **암호문** : 암호화 알고리즘에 의해 출력된 스크램블 메시지로 평문과 비밀키에 의해 결정된다. 동일한 데이터 블록에 대해서 두 개의 다른 키가 사용될 경우 다른 암호문이 생성된다.
- **복호화 알고리즘** : 암호화 알고리즘의 역 알고리즘으로, 암호문과 비밀키를 입력 받아 원본 평문을 생성한다.

대칭 암호화 기법을 안전하게 사용하기 위한 두 가지 필요조건은 다음과 같다.

- 강력한 암호화 알고리즘이 필요하다. 암호화 알고리즘은 최소한 상대가 암호화 알고리즘을 알고 있고 하나 이상의 암호문에 대한 접근 권한을 가지고 있다 할지라도 암호문을 복호화 하거나 비밀키를 알아낼 수 없을 정도로는 강력해야 한다. 해당 필요조건은 보통 보다 강력한 형태로 기술된다 : 상대가 다수의 평문과 암호문 쌍을 가지고 있다 할지라도 이를 통해 암호문을 복호화 하거나 비밀 키를 알아내는 것이 불가능해야 한다.
- 송신자와 수신자는 반드시 안전한 방법을 통해서 비밀키 사본을 획득해야 하며, 해당 키를 안전하게 보관해야 한다. 만약 누군가 비밀키를 찾아내거나 암호화 알고리즘을 알게 된다면, 해당 비밀 키를 이용한 모든 통신은 파악이 가능하다.

대칭 암호화 기법을 공격하기 위한 두 가지 전형적인 방법이 존재한다. 첫 번째 공격은 암호 해독이다. 암호 해독 공격자는 알고리즘의 특성과 평문에 대한 일반적인 지식, 혹은 샘플 평문/암호문 쌍에 대한 지식을 활용한다. 해당 유형의 공격은 특정 평문 혹은 사용된 암호화 키를 추론하는데 알고리즘 특징에 따른 취약성을 이용한다. 암호화 키를 추론하는 데 성공하면, 그 결과는 매우 비극적이다. 해당 키를 이용해 과거에 암호화되었거나 향후 암호화 대상인 모든 메시지가 노출 될 수 있는 위험에 빠진다. 두 번째로 무차별 대입공격(brute-force attack)은 특정 암호문이 이해할 수 있는 평문으로 해석될 때까지 모든 가능한 키를 적용해 보는 공격이다. 해당 공격이 성공하기 위해서는 평균적으로 가능한 전체 키의 절반 정도를 대입하여 공격을 시도해야 한다. 따라서 안전한 대칭 암호화 기법은 무차별 대입공격을 방지하기 위해서 안전한 알고리즘의 선택과 충분한 길이를 갖는 키가 필수적이다.

공개 키 암호화 기법

비대칭 암호화 기법으로도 일컬어지는 공개 키 암호화 기법은 안전하게 하나의 키를 사용하는 대칭 암호화 기법과 달리 두 개의 독립된 키를 사용한다. 두 개의 키를 사용하는 것은 보안, 키의 분배, 인증 측면에서 엄청난 결과를 낳는다. 공개 키 암호화 기법은 다음과 같은 구성 요소를 갖는다.

- **평문** : 암호화 알고리즘의 입력 값으로, 읽을 수 있는 메시지 혹은 데이터 블록을 의미한다.
- **암호화 알고리즘** : 암호화 알고리즘은 평문에 대해 다양한 변환을 수행한다.

- **공개 키와 개인 키** : 하나가 암호화에 사용되면, 다른 하나는 복호화에 사용하기 위해 선택된 키 쌍이다. 암호화 알고리즘에 의해 수행되는 데이터 변환 결과는 입력으로 주어지는 공개 키와 개인 키에 의해 결정된다.
- **암호문** : 암호화 알고리즘에 의해 출력된 스크램블(scrambled) 메시지로 평문과 비밀키에 의해 결정된다. 동일한 데이터 블록에 대해서 두 개의 다른 키가 사용될 경우 다른 암호문이 생성된다.
- **복호화 알고리즘** : 복호화 알고리즘은 암호문과 매칭되는 키를 이용하여 원본 평문을 생성한다.

암호화 프로세스는 키의 사용 순서에 관계없이 정확한 결과를 생성한다. 즉, 원본 데이터에 대해 개인 키나 공개 키의 순서에 상관없이 각 키를 한 번씩 사용하여 암호화/복호화 과정을 거치게 되면, 제대로 된 원본 평문이 출력된다. 이름에서 알 수 있듯이, 키 쌍에서 공개 키는 모두에게 공개되어 사용되고, 개인 키는 사용자만이 알 수 있다.

Alice가 Bob에게 비밀 메시지를 보내고 싶어한다고 가정해보자. 또한, Alice가 Bob의 공개 키를 소유하고 있고, Bob은 짝을 이루는 개인 키를 가지고 있다고 가정하자 (그림 14.11b). Bob의 공개 키를 이용해서 Alice는 메시지를 암호화하여 암호문을 생성하고, 암호문을 Bob에게 전송한다. Bob은 자신의 개인 키를 이용하여 수신한 암호문을 복호화 한다. Bob만이 개인 키 사본을 소유하고 있기 때문에, Bob을 제외한 다른 누구도 메시지를 읽을 수 없다.

공개 키 암호화 기법은 그림 14.11c와 같은 방법으로도 활용 가능하다. Alice가 Bob에게 메시지를 보내고 싶어한다고 가정해보자. 이 때, 해당 메시지가 비밀스럽게 보관될 필요는 없지만, 해당 메시지가 Alice가 보낸 것임을 Bob이 알 수 있게 하고 싶다. Bob은 암호문을 수신한 후, Alice의 공개 키로 복호화가 가능함을 확인함으로써 해당 메시지가 Alice에 의해 암호화된 메시지라는 것을 알 수 있다 : Alice의 개인 키는 Alice만이 소유하고 있기 때문에, 어느 다른 누구도 Alice의 공개 키로 복호화 가능한 암호문을 생성할 수 없다.

대칭 암호화 알고리즘과 같이, 공개 키 암호화 기법의 보안은 알고리즘의 강도와 개인 키의 길이에 의해 결정된다. 동일한 데이터 블록 길이에 대해, 공개 키 암호화 알고리즘은 대칭 알고리즘에 비해 상당히 느리게 동작한다. 따라서 공개 키 암호화는 비밀 키, 혹은 다음에 논의될 해시 값과 같이 작은 데이터 블록에 대해서만 제한적으로 사용된다.

보안 해시 함수

다른 해시 함수와 같이, 보안 해시 함수는 가변 길이의 데이터 블록을 입력으로 받아서 통상 입력 데이터 블록보다는 짧은 고정 길이의 해시 값을 출력한다. 보안 해시 함수는 많은 보안 프로토콜 및 응용에 있어 필수적인 요소이다. 보안 응용에 유용하게 활용되기 위해서는, 해시 함수 H는 표 14.3에 나타난 특성을 보유해야 한다.

▼ 표 14.3 암호화 해시 함수 H를 위한 필요조건

필요조건	설명
가변 입력 크기	H는 데이터 블록의 크기에 관계없이 적용 가능하다.
고정 출력 크기	H는 고정 길이의 출력을 생성한다.
효율성	주어진 x에 대해서 H(x)를 계산하는 것이 상대적으로 쉽다. 이는 하드웨어와 소프트웨어 구현을 실용적이게 한다.
단방향성	해시 값 h가 주어졌을 때, H(y)=h를 만족하는 y를 찾는 것이 계산적으로 불가능하다.
약한 충돌 저항성	블록 x가 주어졌을 때, H(y)=H(x)를 만족하는 y를 찾는 것이 계산적으로 불가능하다.
강한 충돌 저항성	H(x)=H(y)를 만족하는 (x, y) 쌍을 찾는 것이 계산적으로 불가능하다.
의사 난수	H의 출력은 의사 난수를 위한 표준 시험를 만족한다.

그림 14.12는 해시 함수가 사용되는 두 가지 방법을 나타낸다. 그림 14.12a는 흔히 메시지 인증으로 통하는 데이터 블록의 데이터 무결성을 보장하기 위한 해시 함수의 사용을 보인다. 메시지 인증의 두 가지 중요한 측면은 메시지의 내용이 바뀌지 않았음을 입증하는 것과 인증된 출처임을 입증하는 것이다. 또한, 데이터의 적시성(데이터가 인위적으로 지연되거나 재생된 것이 아님)과 데이터의 순서가 두 당사자 사이의 메시지 흐름과 연관되는지도 입증할 수 있다.

메시지 인증을 위해, 먼저 원본 메시지의 해시 값을 생성하고, 해당 해시 값을 협력 관계에 있는 파트너 사이에서 공유되는 비밀 키를 통해 암호화한다. 다음으로, 메시지와 암호화된 해시 값을 목적지로 전송한다. 수신자는 전송 받은 암호화 해시 값을 복호화하고, 전송 받은 메시지를 통해 새로운 해시 값을 생성한 후, 두 개의 해시 값을 비교한다. 송신자와 수신자만이 비밀 키의 정체를 알고 있다고 가정하고, 수신한 코드와 계산한 코드가 일치할 경우, 다음이 상황이 발생한다.

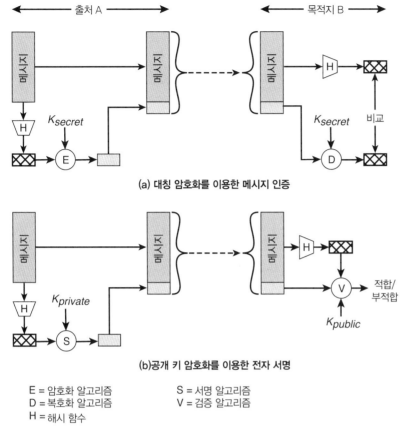

(a) 대칭 암호화를 이용한 메시지 인증

(b)공개 키 암호화를 이용한 전자 서명

E = 암호화 알고리즘   S = 서명 알고리즘
D = 복호화 알고리즘   V = 검증 알고리즘
H = 해시 함수

▲ 그림 14.12 안전한 해시 함수의 사용

1. 수신자는 전송 받은 메시지가 바뀌지 않았음을 확신할 수 있다. 만약 공격자가 메시지를 바꾸고 코드는 바꾸지 않았다면, 수신자가 계산한 코드는 수신한 코드와 달라야 한다. 안전한 해시 함수에서 해시 값을 변경하지 않고서 공격자가 메시지를 변경하는 것은 불가능하다.

2. 수신자는 메시지가 수상한 송신자가 보낸 것임을 확신할 수 있다. 이는 누구도 비밀 키를 알지 못하기 때문에, 누구도 메시지를 적절한 코드와 함께 준비할 수 없다.

3. 만약 메시지가 일련번호(High-Level Data Link Control [HDLC]와 TCP에서 사용되는 것처럼)를 포함하고 있다면, 공격자가 일련번호를 성공적으로 변경하는 것은 불가능하기 때문에 수신자는 메시지의 순서가 적절한지를 확신할 수 있다.

해시 함수의 두 번째 중요한 사용 방법은 다음에 설명될 전자 서명 절차이다.

전자 서명

NIST FIPS 86-3(전자 서명 표준)은 전자 서명을 다음과 같이 정의한다.

적절히 구현된 데이터의 암호화 변환 결과는 출처 인증, 데이터 무결성, 부인 방지를 확인할 수 있는 방법을 제공한다.

따라서 전자 서명은 대리인에 의해 파일, 메시지, 혹은 다른 형태의 데이터 블록의 함수로 생성된 데이터 의존적인 비트 패턴을 의미한다. 다른 대리인은 데이터 블록 및 이와 연관된 서명에 접근할 수 있고, (1) 데이터 블록이 수상한 서명자가 서명한 것인지 확인할 수 있으며, (2) 서명을 통해 데이터 블록이 변경되지 않았음을 확인할 수 있다. 또한, 서명자는 서명을 부인할 수 없다.

그림 14.12b는 전자 서명 절차를 보인다. Bob이 문서 혹은 메시지에 대해 서명을 원한다고 가정하자. 이 때, 해당 메시지가 비밀스럽게 보관될 필요는 없지만, 다른 이가 봤을 때 해당 메시지가 자신의 것임을 확인할 수 있게 하고 싶어한다. 이러한 목적을 달성하기 위해, Bob은 메시지를 위한 해시 값을 생성하기 위해 안전한 해시 함수를 이용한다. 해당 해시 값과 Bob의 개인 키는 전자 서명 생성 알고리즘의 입력으로 사용하여 전자 서명의 기능을 수행하는 짧은 블록을 생성한다. Bob은 서명을 첨부하여 메시지를 전송한다. 다른 사용자는 해당 메시지에 대한 해시 값을 계산할 수 있다. 사용자는 전자 서명 검증 알고리즘에 해당 해시 값, 첨부된 서명, Bob의 공개 키를 입력으로 넣는다. 알고리즘이 해당 서명이 유효하다는 결과를 반환하면, 사용자는 해당 메시지가 Bob이 서명한 것임을 확인할 수 있다. 어느 누구나 Bob의 개인 키를 가지고 있지 않기 때문에, Bob의 공개 키로 검증 가능한 서명을 생성할 수 없다. 또한, Bob의 개인 키에 접근하지 않고는 메시지를 바꾸는 것이 불가능하기 때문에, 메시지의 출처 및 데이터 무결성도 입증된다. 해당 메시지는 아울러 부인 방지 특성도 갖는다. Bob 이외에는 누구도 해당 메시지를 생성할 수 없기 때문이다.

전자 서명은 아래의 목적을 포함하여 광범위하게 사용된다.

- 발신자를 입증하기 위한 이메일 메시지의 전자 서명
- 프로그램의 출처 및 소프트웨어 부당변경 위협의 횟수를 입증하기 위한 소프트웨어 프로그램 전자 서명.
- 전자 데이터의 저자 및 출처 입증
- 전자 데이터의 부당 변경에 대한 무결성 확인
- 온라인 개체 입증

암호화 알고리즘 및 암호 길이 선택

프로세서의 속도와 처리 능력이 꾸준히 증가하고 암호화 알고리즘의 보안 허점을 찾기 위한 시도가 꾸준히 이루어짐에 따라, 한 때 안전하다고 여겨졌던 알고리즘이 폐기되는 현상이 발생하기도 한다. 유사하게, 예전에 충분히 안전하다고 생각했던 키의 길이와 해시 값의 길이도 현재는 보안 상 매우 취약한 것으로 판단한다. 따라서 보안 관리자는 원하는 보안 수준을 달성하기 위해 알고리즘과 길이 선택에 있어 조심해야 하다. 알고리즘 선택에 대한 유용한 지침으로는 FIPS-140-2A(Approved Security Functions for FIPS PUB 140-2), 키와 해시 길이에 대한 유용한 지침으로는 SP 800-131A(Transitions : Recommendation for Transitioning the Use of Cryptographic Algorithms and Key Lengths)가 있다. ENISA 리포트(The ENISA report Algorithms, Key Size and Parameters—2014 [ENIS14]) 또한 유사한 권고사항을 포함하고 있다.

대칭 암호화 기법에 대해 NIST는 키 길이가 128, 192, 256 비트인 AES(Advanced Encryption Standard)의 사용을 권고한다. AES는 전세계적으로 광범위하게 채택되고 있으며, 대칭 암호화 알고리즘의 표준이 되었다.

해시 함수에 대해 얘기해보면, NIST는 NIST 표준 해시 함수인 SHA-2와 SHA-3 중 하나를 사용하는 것을 권고한다. 해당 해시 함수를 위한 인증된 해시 길이는 224~512 비트이다. SHA-3의 구조 및 기능은 SHA-2및 SHA-1와는 상당히 다르다. 따라서, SHA-2 혹은 SHA-3중 하나의 해시 함수를 사용하고 있는 사용자가 취약점을 발견한다면, 둘 중 다른 표준으로 변경하여 사용할 수 있다. SHA-2는 대부분의 상황에서 안전하게 잘 사용되고 있기 때문에 NIST는 일반적인 목적으로 사용함에 있어서 SHA-2가 안전하다고 보고 있다. 현재로서 SHA-3은 SHA-2의 보완 버전이라기 보다는 대체 버전이다. 상대적으로 컴팩트한 SHA-3의 특성으로 인해 전자 네트워크에 연결되어 있지만 그 자체로 완벽한 컴퓨터는 아닌 임베디드 혹은 스마트 장치에서 유용하게 활용할 수 있다. 예를 들면 빌딩 규모 보안 시스템의 센서 및 원격 제어되는 가전 제품 등에 활용 가능하다.

전자 서명에 대해 NIST는 세 가지 대안적인 전자 서명 알고리즘을 권고한다.

- 2048 비트 DSA (Digital Signature Algorithm)
- 2048 비트 RSA (Rivest-Shamir-Adleman)
- 224 비트 ECDSA (Elliptic-Curve Digital Signature Algorithm)

암호 기술 구현 시 고려사항

SP 800-12 "정보 보안 안내서"는 기관에서의 암호화 구현을 위한 중요한 관리 고려 사항을 다음과 같이 제시하고 있다.

- **설계 및 구현 표준 선택** : 자체 개발한 암호화 알고리즘의 사용을 지양한다. 특히, 해당 알고리즘이 외부에 노출되지 않은 알고리즘이라면 더욱 그러하다. AES, SHA (Secure Hash Algorithm), DSA와 같이 표준화된 알고리즘은 전문가 커뮤니티에 의해 광범위하게 분석되어 왔고, 관리자는 권고되는 키 및 해시 길이를 사용하는 해당 알고리즘이 안전함을 확신할 수 있다. NIST및 기타 다른 기관들은 암호화 알고리즘을 설계하고, 구현하고, 사용하고, 이를 자동화 시스템에 통합하기 위한 다양한 표준을 개발해왔다. 관리자와 시스템 사용자는 비용-효과 분석, 표준 채택 경향, 상호 운용성 요구 사항 등을 고려하여 적절한 암호화 표준을 선택해야 한다.

- **구현 수준(하드웨어, 소프트웨어, 펌웨어) 결정** : 관리자는 표준을 만족하는 다양한 보안 제품에 대해서 보안, 비용, 간결성, 효율성, 구현 난이도 사이에서의 균형을 분석할 필요가 있다.

- **키 관리** : 14.9절 참조

- **암호화 모듈의 보안 보장** : 암호화 모듈은 암호화 알고리즘, 제어 파라미터, 알고리즘에 의해 사용되는 키의 임시 저장 설비 등을 포함한다. 암호화가 제 기능을 하기 위해서는 암호화 모듈의 안전한 설계, 구현, 사용이 요구되며, 암호화 모듈을 부당하게 변경하는 행위로부터 보호해야 한다. 유용한 도구로는 확인해주는 NIST CMVP (Cryptographic Module Validation Program)과 같이 독립이고 공인된 실험실을 이용하여 판매 제품을 검증하는 것이다. 검증은 FIPS 140-2 (Security Requirements for Cryptographic Modules)에 제시된 보안 요구 사항에 대해서 수행한다. FIPS 140-2는 보안 레벨을 4단계로 구분하고 하드웨어, 펌웨어, 소프트웨어에 평가에 대한 각 단계에서의 구체적인 요구 사항을 제시하고 있다 (표 14.1).

- **네트워크에 암호화 적용** : 네트워크 응용에서 암호화를 사용시 종종 특별한 고려사항이 요구된다. 해당 응용에서의 암호화 모듈의 적합성은 로컬 통신 장비 혹은 네트워크 프로토콜과 소프트웨어에 의해 부여되는 특별 요구 사항을 다루는 능력에 의해 결정된다.

NIST Cryptographic Module Validation Program:
https://csrc.nist.gov/Projects/Cryptographic-Module-Validation-Program

설계 및 구현 영역	보안 레벨 1	보안 레벨 2	보안 레벨 3	보안 레벨 4
보안 모듈 상세	암호화 모듈 명세. 암호의 경계, 인증 알고리즘 및 승인된 운영 모드. 모든 하드웨어, 소프트웨어 및 펌웨어 구성 요소를 포함한 암호화 모듈의 설명. 모듈 보안 정책의 명세			
보안 모듈 포트 및 인터페이스	필수 및 옵션 인터페이스. 모든 입출력 데이터 경로의 인터페이스 명세		보호되지 않은 중요한 보안 매개변수의 데이터 포트를 다른 데이터 포트와 논리적 또는 물리적으로 분리하는 데이터 포트	
역할, 서비스 그리고 인증	필수 및 옵션 역할과 서비스의 논리적 분리	역할 기반 또는 식별 정보 기반의 운영자 인증	식별 정보에 의한 운영자 인증	
유한 상태 모델	유한 상태 모델의 명세. 필수 상태 및 옵션 상태. 상태 전이 다이어그램 및 상태 전이의 명세			
물리적 보안	제품 등급 장비	잠금 또는 불법 조작 증거	변경 추적과 포장 잠금의 손상에 대한 대응	변경 추적과 환경장애 보호(EFP) 또는 환경장애시험(EFT) 반응
운영 환경	단일 운영자. 실행 가능한 코드, 승인된 무결성 기술	특성화된 임의 접근 제어 메커니즘과 감사 기능 및 검증된 EAL2(평가 인증 레벨2) 등급의 참조 보호 프로파일 (PPs) 준수	보안 채널이 존재하고 보안 정책 모델이 추가된 EAL3 등급의 PP 준수	보안 채널이 존재하는 EAL4 등급의 PP 준수
암호 키 관리	키 관리 방법 : 난수 및 암호 키 생성, 암호 키 설정, 배포, 입출력, 암호 키 저장 및 초기화			
	일반 텍스트 입력 또는 출력 시 수동으로 설정된 비밀 키 및 개인 키 사용		분산 지식 프로시저 또는 입/출력 시 암호화된 분산 지식 프로시저에 수동으로 설정된 비밀 키 및 개인 키 사용	
EMI/EMC	47 연방 규정집 (CFR) 연방 통신위원회 (FCC) 파트 15. 하위 파트 B, 클래스 A (비즈니스 사용). 적용 가능한 FCC 요구 사항 (무선 주파수 관련).		47 연방 규정집 (CFR) 연방 통신위원회 (FCC) 파트 15. 하위 파트 B, 클래스 B (가정용).	
자체 진단	전원인가 시험 : 암호화 알고리즘 테스트, 소프트웨어 및 펌웨어 무결성 테스트, 주요 기능 테스트. 조건부 시험			
설계 인증	형상 관리(Configuration management, CM), 안전한 설치 및 생성, 설계 및 정책 대응. 안내 문서	CM 시스템. 안전한 분배. 기능 명세서	고급 언어 구현	정형화된 모델. 자세한 설명(비정형화된 증명). 전제조건 및 사후조건
다른 공격 완화	현재 검증할 수 없는 요구 사항들에 대한 공격 완화 방침			

- CFR = code of federal regulations, 연방 규정집

- EAL = evaluated assurance level, 평가 인증 레벨

- EMI/EMC = electromagnetic interference/electromagnetic compatibility 전자파 장애, 전자기기에서 발생하는 전기 잡음의 유출 수준

- PP = protection profile, 보호 프로파일

14.9 암호 키 관리

키 관리는 암호화 시스템에서 암호화 키 권한 및 관리에 관련된 일련의 프로세스를 의미한다. 이는 키의 생성, 보호, 저장, 교환, 교체 및 사용을 포함하며 특정 키에 대한 선택적 권한 부여를 가능하게 한다. 키 관리는 접근 제한 외에도 각 키의 접근, 사용 및 컨텍스트에 대한 모니터링 및 기록도 포함한다. 키 관리 시스템은 암호화 프로토콜 설계를 포함한 키 서버, 사용자 인증 절차 및 프로토콜을 포함한다. 암호화 시스템의 성공여부는 성공적인 키 관리에 달려있다고 볼 수 있다.

암호화 키 관리는 복잡하고도 매우 중요한 작업이다. 조직의 응용 프로그램, 프로토콜 그리고 보안 기능을 지원하기 위해서는 많은 수의 암호화 키를 사용해야 한다. 암호화 키의 종류는 꽤 다양하다. 암호화 키 유형 별로 사용 기간, 안전한 보관 및 배포 방법 등의 문제를 다루어야 한다. 키 관리 및 기술에 대한 문제도 광범위한 관점에서 반드시 다루어야 한다. 다행히도 표준을 다루는 조직에서 확실한 지침을 참조할 수 있다.

NIST는 다음과 같이 키 관리에 관련된 다양한 간행물을 발간하였다.

- **SP 800-57, 키 관리 권고 사항—제1부 : 일반** : 키 관리 개요와 암호화 키와 관련된 자료 관리의 일반적인 지침 및 모범 사례를 제공한다.
- **SP 800-57, 키 관리 권고 사항—제2부** : 키 관리 조직을 위한 모범 사례 : 정책 및 보안 계획 요구 사항에 대한 지침을 제공한다.
- **SP 800-57, 키 관리 권고 사항—제 3부** : 응용 프로그램 별 키 관리 지침 : 현재 시스템에서 암호화 기능을 사용하기 위한 지침 제공.
- **SP 800-130, 암호키 관리 시스템 설계를 위한 프레임워크(CKMS)** : CKMS 설계 명세서를 작성할 때 CKMS 설계자가 고려해야 할 항목을 기술.
- **IR 7956, 클라우드 서비스의 암호화 키 관리 문제 및 과제** : 기업과 클라우드 서비스 제공자 간에 분산된 키 관리를 위한 문제.

국제표준화기구(ISO)는 키 관리와 관련된 11770개의 상세 기술 문서를 발행하였다.

- **ISO 11770-1, 키 관리 — 제1 부** : 프레임워크 : 암호 알고리즘에 독립적인 키 관리의 일반 모델을 규정.
- **ISO 11770-2, 키 관리 —제 2 부** : 대칭 기법을 이용한 메커니즘 : 공유 비밀 키를 설정하기 위한 세 가지 환경 : 지점 간 키 설정 체계, 키 배포 센터(KDC)을 사용하는 방법 및 키 변환 센터(KTC)를 사용하는 기술의 설명
- **ISO 11770-3, 키 관리 —제3부** : 비대칭 기법을 이용한 메커니즘 : 비대칭 암호화 기술을 기

반으로 한 키 관리 메커니즘을 정의. 특히 다음 목표를 달성하기 위한 비대칭 기술의 사용을 구체적으로 다룬다.

- – 두 엔티티 A와 B 간에 키 합의를 통한 대칭 암호화 기술에 사용되는 공유 비밀 키를 설정한다. 비밀키 합의 메커니즘에서 비밀키는 두 엔티티 A와 B 사이의 데이터 교환을 통해 계산된다. 이 때, 둘 중 누구도 공유 비밀 키의 값을 미리 결정할 수 없다.
- – 두 엔티티 A와 B 간에 키 전송을 통한 대칭 암호화 기술에 사용되는 공유 비밀 키를 설정한다. 비밀 키 전송 메커니즘에서 엔티티 A는 비밀 키를 설정하고 적절한 비대칭 암호화 기술을 이용하여 엔티티 B에게 전송한다.
- – 특정 엔티티의 공개 키 배포 방식. 공개 키 전송 메커니즘에서 엔티티 A의 공개 키는 인증된 방식으로 다른 엔티티로 전송되며, 특별한 보안을 요구하지 않는다.

- **ISO 11770-4, 키 관리 — 제 4 부** : 취약한 자격 정보에 기반한 키 설정 기법 : 취약한 자격 정보에 기반하여 사람이 쉽게 기억할 수 있는 비밀키를 설정한다. 따라서 사용가능한 키 후보 집합은 상대적으로 제한적이다.
- **ISO 11770-5, 키 관리 — 제5부** : 그룹 키 관리 : 시행중인 보안 정책에 따라 대칭 또는 비대칭 암호화 알고리즘에 사용되는 암호화 키 자료 취급 절차를 여러 엔티티에 제공하기 위한 키 설정 메커니즘을 기술한다.
- **ISO 11770-6, 키 관리 — 제6부** : 키 유도 : 키 유도 함수를 정의한다. 즉, 비밀 정보 및 기타 (공개) 매개변수를 입력으로 사용하여 하나 이상의 유도된 비밀키를 생성하는 함수를 정의한다. MAC 알고리즘 및 해시 함수를 기반으로 하는 키 유도 함수가 있다.

그룹 키(Group key) : 다수의 참여자가 공유하는 대칭 암호화 키. 그룹키를 사용하여 암호화한 데이터 블록은 그룹키를 공유하는 모든 참가자에 의해 해독 가능하다.

암호 키 종류

암호화 키 관리 관리를 어렵게 만드는 가장 큰 요인은 사이버 보안 구축에 사용되는 키의 종류가 매우 다양하다는 것이다. SP 800-57은 다양한 키 유형을 다음과 같이 정의한다.

- **개인 및 공개 서명키** : 디지털 서명을 생성하고 확인하는 데 사용되는 비대칭키 알고리즘의 개인 키 및 공개 키 쌍
- **대칭 인증 키** : 그림 14.12a와 같이 메시지의 무결성을 보장하기 위한 키.
- **개인 및 공개 인증 키** : 인증된 통신 세션을 설정할 때 엔티티의 인증, 즉 출처의 식별 정보 (Identity)를 인증하거나 데이터를 보장하는데 사용되는 개인 키 및 공개 키 쌍
- **대칭 데이터 암호화 키** : 암호화/복호화에 의한 데이터 기밀성을 제공하는 데 사용.
- **대칭 키-래핑 키** : 키-암호화키라고도 하며, 다른 키를 암호화 또는 복호화 하는데 사용.
- **대칭 난수 생성 키** : 난수 생성 알고리즘에서 사용되는 비밀키.
- **대칭 마스터 키** : 대칭 암호화 방식을 사용하여 데이터 암호화 키, 키-래핑키와 같은 다른 대칭키를 유도하는데 사용. 마스터 키는 키-유도키라고도 한다.

- **개인 키 및 공개 키-전송 키** : 키 설정 (예 : 키-래핑 키, 데이터-암호화 키, 메시지 인증 키) 및 초기화 벡터와 같은 추가 키 관련 자료를 설정하는데 사용되는 개인 키 및 공개 키 쌍.

- **대칭 키-합의키** : 대칭 키 동의 알고리즘을 사용한 키 설정 (예 : 키-래핑 키, 데이터-암호화 키, 메시지 인증 키) 및 다른 키 자료를 위해 사용되는 키.

- **개인 및 공개 고정 암호키-합의키** : 키 설정(예 : 키-래핑키, 데이터 암호화 키, 메시지 인증 키) 및 다른 키 자료를 위해 장기간 사용되는 암호화 키 쌍.

- **개인 및 공개 임시 키-합의키** : 하나 이상의 키(예 : 키-래핑 키, 데이터 암호화 키, 메시지 인증 키) 생성 및 다른 키 자료를 위해 단 한 번만 사용되는 단기 키 쌍.

- **대칭 인증 키** : 엔티티 별 권한 부여에 사용. 인증키는 인증된 사용자의 접근 권한 부여 및 모니터링 임무를 수행하는 엔티티 및 리소스에 대한 접근을 요청한 엔티티에게 부여된다.

- **개인 및 공개 인증키** : 권한 부여 및 검증에 사용.

암호 사용 기간

암호화 키의 사용 기간은 특정 암호화 키가 정의된 목적을 위해 사용하도록 승인된 기간이다. 이것은 매우 중요한 고려사항이다. 여러가지 잠재적인 보안 위협을 고려할 때, 장기적인 키 사용은 매우 위험하다. 장기간 키 사용에 따른 위험은 다음과 같다.

- **무차별 대입 공격** : 프로세서의 자체 성능이 빠르게 발전하고, 다수의 프로세서를 병렬로 사용한 처리 기법이 발전함에 따라 기존에 충분히 안전하다고 생각했던 키 길이는 점점 취약해지고, 더욱 긴 길이의 키가 권장된다. 예를 들어 미국 표준기술연구소NIST는 특정 비대칭 알고리즘에 1,024 비트 키 사용을 권장했지만, 지금은 2,048 비트 사용을 권장하고 있다.

- **암호 분석** : 시간이 지남에 따라 암호화 알고리즘을 "파괴"할 만한 결함이 발견될 수 있다. 이러한 예로 예전NIST 표준 해시 알고리즘인 SHA-1을 들 수 있다. SHA-1의 약점이 발견되자 NIST는 표준 해시 알고리즘을 SHA-2 및 SHA-3으로 전환하였다. 마찬가지로 장기간 키를 사용한 경우 RSA 비대칭 알고리즘과 같은 알고리즘을 무차별 대입 공격보다 빠른 속도로 파괴하는 방법이 발견되었다.

- **기타 보안 위험** : 사용중인 키를 알아내기 위해 단순히 알고리즘을 직접 공격하는 것 외에도, 다양한 공격이 존재한다. 키와 관련된 메커니즘과 프로토콜에 대한 공격, 키 수정 및 비인가 접근을 통한 기밀 공개와 같은 공격이 있다. 특정 암호화 및 복호화 키 사용 기간이 길어질수록 이를 학습할 가능성 또한 커지게 된다.

따라서, 기업은 각 키 유형의 최대 암호화 기간에 대한 정책을 세워야 한다.

그림 14.13은 암호 사용 기간의 두 가지 관점을 보여준다. 암호 생성자 사용 기간(OUP)은 데이터를 암호화하는데 소요된 시간이며, 수신자 사용 기간(RUP)은 해당 데이터가 복호화되기 전까지 암호화된 형태로 유지되어 있는 시간이다. RUP는 종종 OUP의 초기에 시작되지만, 데이터를 복호화 하기까지는 약간의 지연이 있을 수 있

다. 더 중요한 것은 데이터가 암호화되고 난 후, 즉 OUP가 종료한 후에도 RUP는 상당한 시간동안 유지되어 종료하지 않을 수 있다는 점이다. 즉, 암호 사용 기간 정책은 기존 암호화 키가 새로운 데이터의 암호화에 더 이상 사용되지 않더라도 이미 암호화된 데이터를 복호화 하는데 사용될 수 있음을 명시해야 한다. 따라서 암호 사용 기간은 OUP의 시작 지점부터 RUP의 종료시점을 포함한다.

표 14.5는 SP 80-57에서 권장하는 암호 사용 기간을 보여준다.

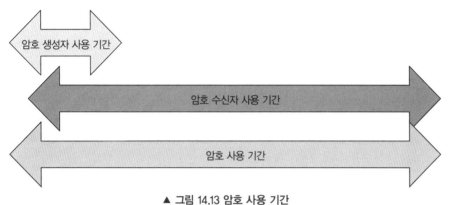

▲ 그림 14.13 암호 사용 기간

▼ 표 14.5 SP 800-57에 따른 권장 암호 사용기간

키 종류	OUP	RUP
개인 서명키	최대 3년	-
공개 서명-인증키	키 길에 따라 수년간 사용 가능	
대칭 인증키	최대 2년	최대 OUP+ 3년
개인 인증키	1년에서 최대 2년	
공개 인증키	1년에서 최대 2년	
대칭 데이터 암호화키	최대 2년	최대 OUP+ 3년
대칭 키-래핑키	최대 2년	최대 OUP+ 3년
대칭 RBG키	SP 800-90 참조	최대 OUP+ 3년
대칭 마스터키	약 1년	-
개인 키 전송키	최대 2년	
공개 키 전송키	1년에서 최대 2년	
대칭 키 합의키	1년에서 최대 2년	
개인 고정키 합의키	1년에서 최대 2년	
공개 고정키 합의키	1년에서 최대 2년	
개인 임시키 합의키	한 번의 키 협의(agreement)가 수행되는 트랜잭션	

공개 임시키 합의키	한 번의 키 협의(agreement)가 수행되는 트랜잭션
대칭 인증키	최대 2년
개인 인증키	최대 2년
공개 인증키	최대 2년

암호키 수명 주기

암호키 수명 주기 동안 암호화 키는 생성부터 폐기에 이르기까지 여러가지 상태를 거치게 된다. 그림 14.14는 *Key Management for Dummies* [MOUL11]에서 참조한 전형적인 키 수명 주기를 나타낸다.

- **키 생성 :** 난수 또는 유사 난수 생성기를 사용하여 새로운 암호키를 생성한다. 이때 공격자가 생성된 키 시퀀스에서 하나의 키를 획득할지라도 미래에 생성될 키를 예측하지 못하도록 하는 것이 주요 보안 이슈이다. 암호화 키는 최소한 아래에 기술한 SP 800-90 표준을 준수하는 난수 생성 모듈을 이용하여 생성해야 한다.

  - SP 800-90A, 결정론적 난수 발생기를 이용한 난수 생성 기법에 대한 권고 사항 : 결정론적 기법을 이용한 랜덤 비트 생성 메커니즘 명세

  - SP 800-90B, 랜덤 비트 생성에 사용되는 엔트로피 소스에 대한 권고사항 : 랜덤 비트 생성과 엔트로피 소스의 유효성 검사에 대한 시험의 설계 원리 및 요구 사항에 대한 명세. SP-800-90C에서 지정한 랜덤 비트 생성기를 구성하기위해, 엔트로피 소스는 SP 800-90A를 만족하는 결정론적 랜덤 비트 생성 메커니즘과 결합된다.

  - SP 800-90C, 랜덤 비트 생성기(RBG) 구성에 대한 권고사항 : 랜덤 비트 생성기 구현을 위한 구성 요소를 지정. 랜덤 비트 생성기는 결정론적 난수 발생기 또는 비결정론적 난수 발생기 중 하나를 사용할 수 있다. 구성된 랜덤 비트 생성기는 SP 800-90 A에서 지정한 결정론적 난수 발생기 메커니즘과 SP 800-90B에서 정의한 엔트로피 소스를 포함한다.

- **등록 :** 새 키를 사용하기위해 등록하거나 특정 사용자, 시스템, 응용 프로그램 또는 정책과 연결하는 것을 의미한다.

- **분배 및 설치 :** 이 기능은 몇 가지 까다로운 보안 요구 사항을 야기한다. 저장된 키 또는 새로 생성된 키는 반드시 사용 권한이 있는 개인(들)에게 분배되어야 하며, 상호 인증이 필요하다. 키 배포자는 암호키 수신자가 반드시 키 사용 권한이 있음을 확인해야 한다. 수신자는 키가 제대로된 출처에서 온다는 것을 신뢰할 수 있어야한다. 마지막으로 네트워크 프로토콜 또는 물리적 전송(예 : USB 장치를 통한)을 통해 안전하게 키 배포를 수행한다.

- **사용 :** 일반적으로, 특정 키의 사용은 단일 목적 또는 응용 프로그램에 한정되어야 한다. 하나의 키를 다수의 응용에 사용하게 되면, 공격 영역이 확대되어 취약성을 증가시킨다. 아울러, 암호키는 반드시 공개되지 않도록 안전한 방식으로 사용해야 한다.

- **중단/보류** : 작업 수명을 초과하여 키를 유지해야하는 경우 중단/보류 상태가 된다. 예를 들어 데이터 암호화에 사용된 키는 OUP가 만료되면 사용을 중단해야 한다. 그러나 해당 시점 이후에 데이터를 복호해야 하는 경우에는 키를 사용할 수 있어야 한다.
- **폐기** : 암호키가 더 이상 필요하지 않은 경우, 키 사본을 포함한 모든 키를 시스템에서 삭제한다. 이를 위해 IT 시스템은 모든 키 사본이 저장된 위치를 확인하기위한 감사 추적을 지원해야 한다.

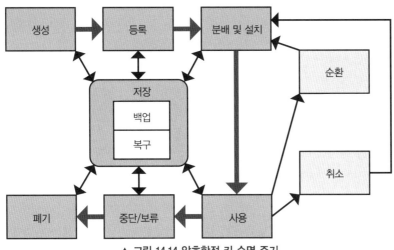

▲ **그림 14.14 암호학적 키 수명 주기**

키 수명 주기의 핵심은 저장 상태에 있다. 암호키는 물리적으로나 전산상에서 모두 안전한 방식으로 저장되어야 한다. 암호키 저장과 관련된 보안 방법 중 하나는 키를 암호화하는 것이다. 이때, 키-래핑키가 사용되는데 이 또한 안전하게 저장되어야 한다. 키-래핑키는 전용 하드웨어에 저장하는 것이 이상적이다. 키 저장과 관련된 두 개의 기능은 키 백업과 복구 기능이다. 다시 말하지만, 키의 백업과 복구 프로세스 모두 반드시 안전한 방법으로 수행되어야 하며, 백업 저장소를 안전하게 보호해야 한다.

암호키와 관련된 두 가지 추가 상태는 다음과 같다.

- **순환** : 암호키 사용기간이 길어 질수록 공격자가 암호키를 유추하기 위한 자료의 수집이 용이해 진다. 순환이라는 용어는 일반적으로 키 유형 별 암호키 수명 주기 정책에 맞게 하나의 암호키를 다른 키로 대체하는 프로세스를 의미한다.
- **취소** : 만약 암호키가 손상되었거나, 손상이 의심되는 경우 해당 키를 취소하고 수정 조치를 위해야 한다. 먼저, 보안이 보장된 상태에서 모든 키 사용자에게 해당 키 사용을 중지할 것을 전달한다. 다음으로, 노출된 위험 수준에 따라 적합한 복구 기능을 수행한다.

유사 난수 생성기(pseu dorandom number generator) : 통계적으로 무작위로 보이는 일련의 숫자를 결정론적 방법으로 생성하는 함수

14.10 공개 키 기반 구조

공개 키 기반 구조는 공개 암호화키의 배포 및 식별을 통해 사용자와 컴퓨터가 네트워크를 이용하여 안전하게 데이터를 교환하고 상대방의 신원을 확인할 수 있도록 지원한다. 공개 키 기반 구조는 각 사용자 별로 공개 키를 할당하고, 사용자의 공개 키를 이용하여 신원을 확인하고, 공개 키 할당을 취소하거나 관리하는데 중요한 서비스를 제공하는 구조이다.

공개 키 기반 구조에 대한 설명에 앞서 공개 키 인증서 개념에 대해 살펴보자.

공개 키 인증서

공개 키 인증서는 엔티티를 고유하게 식별하고 엔티티의 공개 키를 포함하며 CA(인증 기관)라고하는 신뢰할 수 있는 당사자가 디지털 서명하여 공개 키를 엔티티에 바인딩하는 데이터 집합이다.

공개 키 인증서는 공개 키 배포 문제에 대한 해결책을 제공하기 위해 설계되었다. 일반적으로 공개 키 방식에서는 다수의 사용자가 A에게 보낼 데이터를 암호화하거나 A가 서명한 디지털 서명을 검증할 때, 대상 엔티티 A의 공개 키 정보를 소유하고 있어야 한다. 공개 키/개인 키 쌍을 소유한 사용자는 누구나 자신의 공개 키를 열람할 수 있도록 공개적으로 배포할 수 있다. 그러나 이 방식의 문제점은 일부 공격자 X가 A를 사칭해 A의 공개 키라고 거짓으로 표기된 자신(X)의 공개 키를 배포할 수 있다는 점이다. 이에 대응하기 위해 각 사용자 A와 상호 작용하는 신뢰할 수 있는 중앙 기관을 설정하여 신원을 인증한 다음 A의 공개 키 사본을 관리할 수 있도록 권한을 위임할 수 있다. 각 사용자는 인증된 보안 통신 채널을 통해 신뢰할 수 있는 중앙 기관에 문의하여 각 사용자의 공개 키 사본을 획득할 수 있다. 그러나 이 방법은 효율적인 확장성을 제공하지 못한다.

다른 방법은 참여자가 사용하는 공개 키 인증서를 기반으로 키 교환을 수행하되, 신뢰할 수 있는 공개 키 기관에서 직접 키를 획득한 수준의 신뢰도를 제공하는 것이다. 본질적으로 인증서는 공개 키와 키 소유자의 식별정보로 구성되며, 전체 블록은 신뢰할 수 있는 제 3의 기관이 서명한다. 대표적으로 제 3자는 정부기관이나 금융기관 등 다수의 사용자 커뮤니티가 신뢰할 수 있는 인증 기관(Certificate authority, CA)이다. 사용자는 자신의 공개 키를 안전한 방식으로 기관에 제공하고 인증서를 발급하고 이를 등록한다. 이 사용자의 공개 키가 필요한 사람은 누구나 인증서를 저장하고 인증서에 첨부된 신뢰할 수 있는 서명을 통해 유효성을 판단한다. 참여자는 또한 다른 사용자에게 인증서를 전송하여 자신의 키 정보를 전달할 수 있다. 인증서를 수신한 사용자는 해당 인증서가 인증 기관에서 생성된 것인지 확인 가능하다.

그림 14.15는 공개 키 인증서 사용과 관련된 전체 과정을 보여준다. Bob의 공개 키 인증서에는 Bob의 고유 식별 정보, 공개 키, CA에 대한 식별 정보, 그리고 만료 날짜와 같은 인증서 정보가 포함된다. 인증서 정보는 디지털 서명을 이용하여 서명된 인증서로 발급되는데, 디지털 서명은 인증서 정보를 기반으로 생성한 해시값과 CA의 개인 키를 이용하여 생성한다. 이 후 Bob은 해당 인증서를 다른 사용자에게 전송하거나 자신이 서명한 문서 또는 데이터 블록에 첨부하여 배포한다. Bob의 공개 키를 획득한 사람은 인증서가 신뢰할 수 있는 인증기관(CA)으로부터 서명되었기 때문에 Bob의 인증서에 포함된 공개 키가 유효하다는 것을 확신할 수 있다.

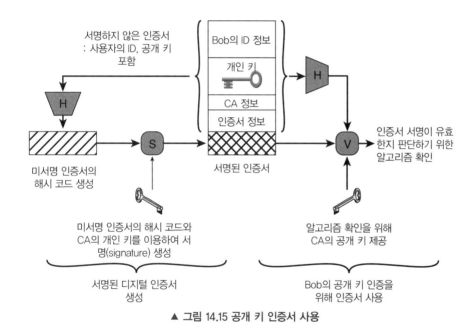

▲ 그림 14.15 공개 키 인증서 사용

ITU-T X.509 표준 권고안, "디렉토리 : 공개 키 및 속성 인증서 프레임워크"는 보편적으로 사용되는 공개 키 인증서의 형식을 정의하고 있다.

PKI 아키텍처

PKI 아키텍처는 CA와 PKI 사용자 간의 조직과 상호관계를 정의한다. PKI 아키텍처는 다음의 요구 사항을 만족해야 한다.

- 모든 참가자는 인증서를 읽고 인증서 소유자의 이름과 공개 키를 확인할 수 있다.

- 모든 참가자는 인증서가 신뢰할 수 있는 인증 기관에서 생성되었으며 위조되지 않았는지 확인할 수 있다.

- 오직 인증 기관만이 인증서를 생성하거나 갱신할 수 있다.

- 모든 참가자는 인증서 기반 화폐를 확인할 수 있다.

그림 14.6은 전형적인 PKI 사용 구조를 나타낸다.

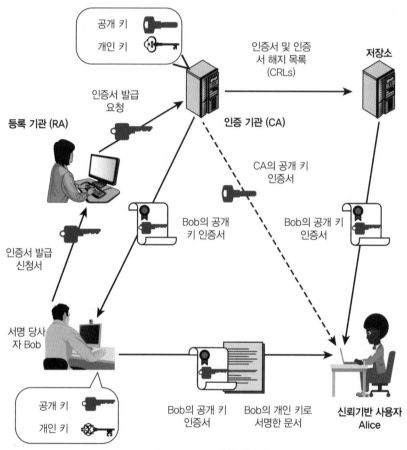

▲ 그림 14.16 PKI 사용 시나리오

다음은 인증서 사용구조의 필수 구성 요소이다.

- **최종 사용자** : 사용자, 라우터나 서버와 같은 장치, 프로세스 또는 공개 키 인증서의 주체가 되는 식별 가능한 개체를 의미한다. 최종 사용자는 PKI 관련 서비스의 수요 자이며 경우에 따라 PKI 서비스 공급자가 되기도 한다. 예를 들어, 등록 기관은 CA의 관점에서 최종 사용 자로 간주할 수 있다.

- **인증 기관(Certification authority, CA)** : CA는 공개 키 인증서를 만들고 사용자에게 할당하기 위해 한 명 이상의 사용자가 신뢰하는 인증 기관을 의미한다. 추가적으로 인증 기관은

사용자의 암호키를 발급하기도 한다. CA는 공개 키 인증서에 디지털 서명을 추가하여 발급 대상자의 이름과 공개 키를 효과적으로 연결하고, 인증서 해지 목록(Certificate revocation lists, CRL)을 발급하기도 한다. 인증서 해지 목록(CRL)은 CA가 발급한 인증서 중 만료일 전에 사용 해지된 인증서를 확인한다. 인증서는 사용자의 개인 키가 손상되었거나, CA로부터 인증할 수 없는 사용자로 판단되거나, 인증서 자체가 손상된 것으로 판단될 때 취소될 수 있다.

- **등록 기관(Registration authority, RA) :** RA는 CA의 업무 부하를 분산시키기 위해 사용하는 선택적인 구성 요소이다. 일반적으로 RA는 최종 사용자의 등록 업무를 담당한다. 즉, PKI를 등록하고 공개 키 인증서를 발급하고자 하는 최종 사용자의 신원 확인 업무를 수행한다.
- **저장소 :** 저장소는 공개 키 인증서 및 인증서 해지 목록(CRL)과 같은 PKI 관련 정보를 저장하고 검색할 수 있는 수단을 제공한다. 저장소는 LDAP(Lightweight Directory Access Protocol)를 통해 사용자에게 서비스를 제공하는 X.500 기반 디렉토리 등을 사용한다. 또한 FTP 또는 HTTP와 같이 원격 서버에서 파일을 검색하는 간단한 기능을 제공할 수도 있다.
- **신뢰기반 사용자 :** 신뢰기반 사용자는 의사 결정을 내릴 때 인증서에 저장된 데이터를 기반으로 결정을 내리는 사용자 또는 에이전트를 의미한다.

그림 14.6은 다양한 컴포넌트간 상호작용을 보여주고 있다. Bob의 공개 키를 사용해야하는 신뢰 기반 사용자 Alice를 생각해보자. Alice는 먼저 신뢰할 수 있는 보안 채널을 통해 CA의 공개 키 사본을 획득한다.

이는 특정 PKI 아키텍처 및 기업 정책에 따라 여러가지 방법으로 수행할 수 있다. 만약 Alice가 암호화된 데이터를 Bob에게 전송하고자 한다면, Alice는 저장소를 통해 Bob의 인증서가 해지되었는지 확인하고, 유효한 인증서로 판단되는 경우 Bob의 인증서 사본을 저장한다. 다음으로 Alice는 Bob의 공개 키를 이용하여 데이터를 암호화하고 Bob에게 전송한다. Bob 또한 자신의 개인 키를 이용해 서명한 문서를 Alice에게 전송할 수 있다. Bob은 해당 문서와 자신의 인증서를 함께 전송하거나 Alice가 이미 인증서를 가지고 있다고 가정할 수 있다. 어떤 경우든 Alice는 먼저 CA의 공개 키를 이용해 해당 인증서 정보가 유효한지 판단하고, (인증서에서 획득한) Bob의 공개 키를 이용하여 Bob의 서명을 확인한다.

단일 CA를 사용하는 대신, 기업은 다수의 CA와 저장소를 사용해야 할 수도 있다. CA는 계층적으로 구성되며, 모두가 신뢰하는 최상위 루트 CA는 하위 CA의 공개 키 인증서에 서명한다. 다수의 루트 인증서가 웹 브라우저에 포함되어 있으므로 해당 CA에 대한 기본 신뢰가 구축되어 있다고 할 수 있다. 웹 서버, 이메일 클라이언트, 스마트폰, 그리고 기타 많은 종류의 하드웨어 및 소프트웨어가 PKI를 지원하며 주요 CA로부터 발급된 신뢰할 수 있는 인증서를 포함하고 있다.

관리 이슈

PKI 배치는 어느 기업에게도 쉽지 않은 문제이다. NIST SP 800-32 "공개 키 기술 및 연합 PKI 기반 구조"는 다음과 같은 일반적인 관리 계획을 제안하고 있다.

- **데이터 및 응용 프로그램 분석 :** 기업 아키텍처에 추가된 어느 응용 프로그램이나 보안 서비스와 같이 PKI 또한 기업의 보안과 관련성이 있기 때문에, 통상적인 위험 분석을 수행해야 한다. PKI의 초기 비용과 운영 비용을 예상되는 비용 절감액과 비교하는 것 외에도, 비용/편익 대비 분석을 통해 PKI를 구현하지 않았을 때 발생할 수 있는 위험을 숙지해야 한다. 또한 PKI 서비스를 사용할 데이터와 응용 프로그램을 식별해야 한다.

- **샘플 정책 검토 :** PKI를 개발하기 위한 효율적인 접근방식은 샘플 정책을 수립하여 기업 PKI 정책을 개발하기 위한 템플릿으로 사용하는 것이다. OASIS PKI 웹사이트를 통해 이러한 정책의 좋은 리소스를 검색할 수 있다. 또 다른 예로는 미국 연방 PKI 공통 정책 프레임워크에 대한 X.509 인증서 정책이다.

- **인증서 정책 초안 작성 :** 인증서 정책은 디지털 인증서의 생성, 발생, 배포, 회계, 손상 복구 및 관리와 관련된 모든 측면을 다루어야 한다. 인증서 정책은 인증서 기반 보안 시스템에 의해 보호되는 통신 시스템에서 발생하는 트랜잭션을 간접적으로 통제할 수 있다. 중요한 인증서의 확장을 제어하는 정책과 집행 기술은 특정 애플리케이션에 필요한 보안 서비스를 지원할 수 있다. 인증서 정책은 인증서 사용자가 특정 응용 프로그램의 인증서를 신뢰해야 하는지 여부를 결정하는 데 도움이 된다. 예를 들어, 주어진 가격 범위 내의 상품 거래에 필요한 전자 데이터 교환 트랜잭션 인증을 수행하는 특별한 목적을 가진 인증서를 발급할 수 있다. 이와 관련하여 유용한 문서는 RFC 3647, 인터넷 X.509 "Public Key Infrastructure Certificate Policy and Certification Practice Framework"이다.

- **PKI 제품 또는 서비스 공급자 선택 :** 기업의 PKI는 독점 서비스 또는 오픈 소스 소프트웨어를 이용하여 내부에서 일부 혹은 전체를 구현할 수 있다. 또는 일부 서비스 또는 전체를 서비스 제공자에게 아웃소싱 할 수도 있다. 기업은 상호운용성, 채택의 용이성, 관리의 유연성 및 확장성을 포함한 다양한 문제를 고려하여 판단해야 한다.

- **인증 관련 실무서 작성 :** 인증 관련 실무서는 CA가 특정 요건(인증서 정책에 명시된 요구 사항 또는 서비스에 대한 계약에서 명시한 조건)에 따라 인증서를 발급, 보류, 취소 및 갱신하고 이를 사용하는데 필요한 실무 목록을 나타낸다.

- **파일럿 배치로 시작 :** PKI의 복잡성을 고려해 볼 때, 기업 내부에서 사용하는 일부 응용 프로그램에서 제한된 수의 사용자를 기반으로 배치를 시작하는 것이 좋다.

- **교차 인증 방식 고려 :** 공급자, 사용자 또는 기업이 상호작용하는 기타 주체와 인증 계약을 체결하는 것을 권장한다. 이를 통해 기업이 특정한 CA와 외부 주체 간에 신뢰 관계가 수립될 것이다.

OASIS PKI Website:
http://www.oasis-
pki.org

14.11 기술 보안 관리 모범 사례

SGP는 기술 보안 관리 범주의 모범 사례를 2 개 영역과 10 개의 주제로 분류하고 각 항목에 대한 자세한 체크리스트를 제공한다. 관련 영역 및 주제는 다음과 같다.

- **보안 솔루션** : 이 영역의 목표는 다음의 주제를 고려하여 보안 아키텍처 원칙을 적용하고 기술 보안 솔루션을 통합함으로써 기술적으로 탄탄한 보안 인프라를 구축하는 것이다.
  - 보안 아키텍처 : 시스템 개발자와 관리자가 조직 전체의 여러 비즈니스 애플리케이션 및 시스템에서 보다 효과적인 의사 결정을 내리고, 일관적이며 사용이 간편한 보안 기능을 구현할 수 있도록 보안 아키텍처의 애플리케이션이 충족해야 하는 요구 사항을 작성한다.
  - 멀웨어 방지 활동 : 멀웨어 방지를 위한 관리 작업의 체크리스트를 제공한다.
  - 멀웨어 방지 소프트웨어 : 멀웨어 방지 소프트웨어 사용과 관련된 관리 작업의 체크리스트를 제공한다.
  - 식별정보(ID) 및 접근 관리 : 조직 전체에 효과적이고 일관된 사용자 관리, 식별, 인증 및 접근 제어 메커니즘을 제공하는 IAM 실무를 기술한다.
  - 침입 탐지 : 탐지해야 하는 침입 유형과 침입 발생 시 적절한 관리 정책을 기술한다. 이를 통해 의심되는 공격이나 실제로 발생한 악의적인 공격을 탐지하여 심각한 피해가 발생하기 전에 조직이 대응할 수 있도록 한다.
  - 정보 유출 보호 : 승인되지 않은 개인이나 시스템에 의한 기밀 공개의 위험이 있는 민감한 정보를 식별하는데 중점을 둔다. 이 주제는 정보 유출 방지와 관련된 관리 조치를 제공한다.
  - 디지털 권한 관리 : 조직 전체의 디지털 권한 부여 및 관리를 위하여 권장되는 문서화된 표준/프로시저를 제공한다. 이를 통해 소수의 인증된 사용자에게만 매우 민감한 정보에 대한 액세스 및 처리를 허용하는 특별 기능을 제한한다.
- **암호 기술** : 암호 기술의 목표는 승인된 암호화 솔루션 (예 : 암호화, 공개 키 인프라, 디지털 서명의 사용)을 조직 전체에 일관된 방식으로 배포하여 정보의 기밀성을 보장하고, 중요한 정보가 변경되었는지 판단하며, 강화된 인증 및 부인방지를 지원하는 것이다.
  - 암호화 솔루션 : 해당 주제의 목표는 민감 정보의 기밀성을 보장하고, 중요한 정보의 무결성을 유지하며 트랜잭션 또는 통신을 시작한 사용자의 신원을 확인하는 것이다. 이를 위해 암호화 기술의 사용 시기를 정의하고, 승인된 알고리즘 선택하며, 암호화 솔루션을 문서화하여 사용할 것을 권장한다.
  - 암호화 키 관리 : 해당 주제의 목표는 암호화 키가 손상되어(예 : 손실, 손상 또는 공개) 중요하거나 민감한 정보가 공격에 노출되는 것을 방지하는 것이다. 이를 위해 문서화된 표준/절차에 기반한 키 관리 기술 및 무단 접근 또는 파기에 대한 보호와 관련된 지침을 제공합니다.
  - 공개 키 구조(PKI) : 해당 주제는 공개 키 구조가 원래 의도대로 작동하고 있으며, 필요할 때 사용 가능한지, 그리고 관련 암호화 키에 대한 적절한 보호를 제공하며, 비상시 복구 가능한지 여부를 확인하는 것이다. CA 사용에 대한 정책을 자세히 설명하고 있다.

14.12 참고 문헌

- **BAYL13:** Baylor, K., Top 8 DRM Best Practices. NSS Labs Research Report.2013. https://www.nsslabs.com/linkservid/A59EC3DC–5056–9046–9336E175181E14C9/

- **BURK12:** Burkett, J., "Business Security Architecture: Weaving Information Security into Your Organization's Enterprise Architecture through SABSA." Information Security Journal, February 15, 2012.

- **CIS18:** Center for Internet Security. The CIS Critical Security Controls for Effective Cyber Defense version 7. 2018. https://www.cisecurity.org/controls/

- **ENIS14:** European Union Agency for Network and Information Security, Algorithms, Key Size and Parameters—2014. November 2014. https://www.enisa.europa.eu/publications/algorithms–key–size–and–parametersreport–2014

- **ENIS18:** European Union Agency for Network and Information Security, ENISA Threat Landscape Report 2017. January 2018. https://www.enisa.europa.eu/publications/enisa–threat–landscape–report–2017

- **HEIS14c:** Higher Education Information Security Council, "Identity and Access Management." Information Security Guide, 2014. https://spaces.internet2.edu/display/2014infosecurityguide/Identity+and+Access+Management

- **MAAW10:** Messaging Anti–Abuse Working Group, Overview of DNS Security—Port 53 Protection. MAAWG Paper, June 2010. https://www.m3aawg.org

- **MOGU07:** Mogull, R., Understanding and Selecting a Data Loss Prevention Solution. SANS Institute White Paper, December 3, 2007. https://securosis.com/assets/library/publications/DLP–Whitepaper.pdf

- **MOUL11:** Moulds, R., Key Management for Dummies. Hoboken, NJ: Wiley, 2011.

- **SHER09:** Sherwood, J., Clark, A., & Lynas, D., Enterprise Security Architecture. SABSA White Paper, 2009. http://www.sabsa.org

- **SHOR10:** Shore, M., & Deng, X., "Architecting Survivable Networks using SABSA." 6th International Conference on Wireless Communications Networking and Mobile Computing, 2010.

- **STAL17:** Stallings, W., Cryptography and Network Security. Hoboken, NJ: Pearson, 2017.

- **STAL18:** Stallings, W., & Brown, L., Computer Security: Principles and Practice. Hoboken, NJ: Pearson, 2018.

- **ZIND17:** Zindel, A., "IAM Best Practices to Reduce Your Attack Surface." Centrify Blog, August 30, 2017. https://blog.centrify.com/reduce–attacksurface–iam/

chapter 15

위협 및 사고 관리

이 장의 학습 목표는 다음과 같다.

- 기술 취약점 관리 프로세스의 개요를 설명한다.
- 이벤트 관리 프로세스를 위한 보안 이벤트 로깅의 중요성을 인식한다.
- 위협 인텔리전스의 성격과 목적을 이해한다.
- 사이버 공격의 일반적인 특성과 이를 예방하고 대응하기 위한 전략을 기술한다.
- 보안 이벤트와 보안 사고의 차이점을 이해한다.
- 보안 사고 관리 프로세스의 개요를 설명한다.
- 디지털 포렌식으로 알려진 사고 관리를 전문적인 관점에서 설명한다.
- 위협 및 사고 관리의 모범 사례를 살펴본다.

본 장은 기술 보안 공격의 감지 및 대응에 대해 다루고 있다. 1절에서 4절은 위협 및 취약점 관리와 취약점을 악용한 위협을 감지하는 이벤트 모니터링에 대해 중점적으로 기술한다. 나머지 절에서는 공격 또는 보안 정책 위반에 해당하는 보안 사고에 대해 다룬다.

15.1 기술 취약점 관리

기술 취약점 관리는 시스템 또는 조직에 존재하는 기술 취약점을 악용한 공격을 사전에 완화하거나 방지하기 위해 특별히 설계된 보안 정책을 의미하며, 간단히 취약점 관리라고도 한다. 해당 프로세스는 시스템의 다양한 취약성에 대한 식별, 분류, 수정 및 완화를 포함한다. 사이버 보안의 필수 분야로써 위기 관리를 포함한 기타 보안 정책과 함께 실행된다.

그림 15.1은 기술 취약성 관리의 다섯가지 주요 단계를 보여준다. 각 단계에 대해 자세히 알아보자.

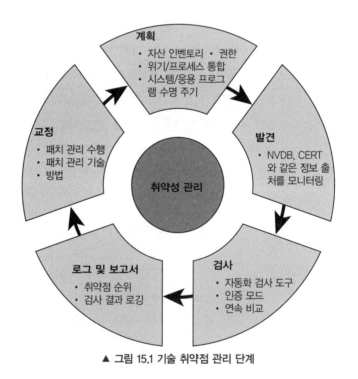

▲ 그림 15.1 기술 취약점 관리 단계

취약점 관리 계획

기술 취약성의 효과적인 관리는 계획 수립부터 시작된다. 계획 수립 단계의 주요 고려사항은 다음과 같다.

- **리스크와 프로세스의 통합** : 기술 취약점 검토는 전반적인 정보 보안 위험 관리 전략의 운영 측면에서 수행된다. 취약성 분석은 운영 중단 가능성을 고려하여 이와 관련된 위험 요소를 분석해야 한다. 또한 위험 요소 및 노출에 대해 적절한 관리 인식을 갖출 수 있도록 명확한 보고 경로를 설정해야 한다. 취약성 관리는 또한 변경 관리 및 사고 관리 프로세스에 대한 정보를 제공한다.
- **자산 인벤토리의 통합** : 3 장 "정보 위험 평가"에서 논의한 것과 같이, 자산 식별은 위험 평가의 필수 부분이다. 자산 인벤토리 결과를 기반으로 기술적 취약성이 검토 및 완화 전략이 합의되면 적절한 조치를 취할 수 있다. 자산 인벤토리를 취약성 관리 시스템과 통합함으로써 기업은 기술 취약성의 가장 큰 고위험 시스템의 우선 순위를 지정할 수 있다.
- **취약성을 검토할 수 있는 명확한 권한 설정** : 네트워크 취약성 검사를 수행하는 경우, 시스템이 중단되거나 개인 데이터가 노출될 수 있으므로 기업은 취약성 평가를 수행하기 전에 관련 정책을 마련하고 최고 경영진의 동의를 얻어야 한다. 기업에서 허용가능한 사용 정책은 사용자와 시스템 관리자가 네트워크에 연결할 때 취약성 검사에 대해 동의하도록 하는 방법이다. 또한 인식 교육을 통해 취약성 검사의 주요 목적이 공격을 방어하기 위한 것임을 명확히 인식하도록 한다. 아울러, 취약성 검사를 통해 생성한 보고서 등을 열람할 수 있는 권한을 가진 사용자를 위한 정책과 윤리적 지침이 필요하다. 관련 직원은 시스템 취약성 검사 중에 발견한 불법 자료를 처리하기위한 적절한 조치에 대해 숙지하고 있어야 한다.
- **시스템 및 애플리케이션 수명주기 통합** : 취약성 검토는 시스템 출시 및 소프트웨어 개발 계획에 통합되어야 한다. 이를 통해 잠재적인 취약점이 조기에 발견될 수 있도록 보장하고, 정해진 출시 날짜 이전에 문제를 발견하고 관리하는 비용을 설정할 수 있도록 해야 한다.

알려진 취약점 탐색

탐색 단계는 하드웨어, 소프트웨어 그리고 네트워크 장비의 알려진 취약점 정보를 수집하고 모니터링하는 단계이다. 주요 정보 수집은 다음과 같이 이루어진다.

CERT Coordination Center: https://www.sei.cmu.edu/about/divisions/cert/index.cfm

- **NIST, NVDB, CVSS** : 이 정보 소스는 3.5절에서 자세히 설명하고 있다.
- **컴퓨터 비상 대응 또는 준비 팀 (CERT)** : 시스템 취약성에 대한 정보를 수집하고 시스템 관리자에게 배포하는 협력 조직을 의미한다. 해커 또한 정기적으로 CERT 보고서를 구독한다. 따라서 시스템 관리자는 발견된 취약점을 확인하고, 이를 대처하기위한 소프트웨어 패치를 신속하게 적용하는 것이 중요하다. 이러한 팀 중 가장 유명한 팀 중 하나는 미국의 컴퓨터 비상 준비 팀으로, 인터넷 보안 위협에 대한 대응을 마련하기 위해 국토 안보부와 공공 및 민간 부문 간의 파트너십으로 구축한 팀이다. 또 다른 훌륭한 리소스는 CERT Coordination

Center로, 컴퓨터 비상 대응 팀에서 성장한 조직이다. CERT Coordination Center 웹 사이트는 인터넷 보안 위협, 취약성 및 공격 통계에 관련된 유용한 정보를 제공한다.

- **패킷 스톰** : 패킷 스톰은 전 세계적으로 개인 데이터 및 재정 손실을 완화하는데 도움이 되는 24 시간 정보 서비스 및 도구를 제공한다. 새로운 정보가 수집되면, 패킷 스톰은 RSS (Rich Site Summary) 피드, 트위터 및 페이스북을 통해 모든 것을 즉시 공개하고 있다.
- **SecurityFocus** : 이 사이트는 두 가지 중요한 자료를 공유한다. BugTraq은 컴퓨터 보안 취약성에 대한 자세한 논의 및 발표를 위한 대량 공개 메일링 리스트이다. SecurityFocus Vulnerability Database는 보안 전문가에게 모든 플랫폼 및 서비스의 취약성에 대한 최신 정보를 제공한다.
- **인터넷 스톰 센터 (ISC)** : SANS Technology Institute에서 관리하는 ISC는 수천 명의 인터넷 사용자 및 조직에 무료 분석 및 경고 서비스를 제공하고 가장 악의적인 공격자에 맞서기 위해 인터넷 서비스 제공 업체와 적극적으로 협력하고 있다.

Packet Storm:
https://packetstorm
security.com

SecurityFocus :
https://www
.securityfocus.com

**Internet Storm
Center:** https://
isc.sans.edu

취약점 탐색

기업은 취약성 보고 서비스를 모니터링하는 것 외에도 소프트웨어, 시스템, 네트워크 등을 정기적으로 검사해 발견된 취약성을 선제적으로 해결해야 한다. CIS(Center for Internet Security)는 다음과 같은 검사 방식[CIS18]을 권장하고 있다.

- 네트워크의 모든 시스템에 대해 매주 또는 그 이상의 빈도로 취약점 검색 도구를 자동 실행하고, 가장 먼저 해결해야 하는 취약점에 대한 우선 순위 목록을 각 책임 시스템 관리자에게 전달하고, 시스템 관리자 및 부서 별로 위험 감소 효과를 비교할 수 있는 위험 점수 체계를 제공한다. 코드 기반 취약성(예 : 3.5절 설명된 공통 취약성 및 노출 경로)과 설정 기반 취약성(NVDB의 Common Configuration Enumeration Project에서 열거한 내용)을 모두 탐지할 수 있는 취약성 검색 도구를 사용한다.
- 보안 설정을 분석하기 위해 각 최종 사용자 시스템에서 실행하는 에이전트나 검사할 시스템에 대한 관리 권한이 부여된 원격 검사 도구를 사용하여 인증 모드에서 취약성 검색을 수행한다. 인증된 취약성 검사를 위한 전용 계정을 사용한다. 이 계정은 다른 관리자 작업에 사용해서는 안 되며, 지정 IP 주소를 할당한 특정 시스템에 연결되어 사용해야 한다. 권한을 가진 직원만이 취약성 관리자 인터페이스를 사용할 수 있으며 각 사용자 별로 정해진 역할을 확인해야 한다.
- 연속으로 취약성 검사의 결과를 비교하여 패치 적용, 보완 방안 구현, 또는 합리적인 비즈니스 리스크를 문서화 및 수용하는 방법으로 취약점이 해결되었는지 확인한다. 기존 취약점에 대한 비즈니스 위험을 주기적으로 검토하여 새로운 보완 방침 또는 후속 패치가 이전에 수용된 취약성을 해결할 수 있는지, 또는 조건이 변경되거나 위험성이 증가하는지를 판단한다.

기관의 규모와 구조에 따라 취약성 검사 방식이 다를 수 있다. 전사적으로 IT 자원을 잘 이해하고 있는 소규모 기관은 취약성 검사를 중앙 집중화하여 수행한다. 대형 기관일수록 어느 정도 분권화가 이뤄질 가능성이 높기 때문에 취약성 검사는 개별 단위의 책임일 수 있다. 일부 기관은 중앙집중식 및 분산형 취약성 평가 방식을 혼합하여 수행한다. 어떤 경우든 취약성 검사 프로그램을 시작하기 전에 이를 수행할 수 있는 권한과 검색 대상에 대한 이해가 충분한지 검토하는 것이 중요하다.

기업용으로 사용할 수 있는 수많은 무료 및 상업용 취약성 검사 도구가 있다. 프리웨어 패키지로는 수천 개의 취약성을 검색하고 동시 검색 및 예약 검색 기능을 지원하는 Open VAS(Open Vulnerability Assessment System)가 있다. OpenVAS는 매일 업데이트되는 취약성 검사 피드를 제공한다. 아마도 가장 널리 사용되는 상업용 스캐너는 Nessus일 것이다. Nessus는 다양한 종류의 검사를 시행하며 광범위한 영역에서 취약성을 탐색한다.

기업이 취약성 검사를 수행할 때 수반되는 문제점은 다음과 같다.

- **시스템 검사는 업무에 지장을 줄 수 있다** : 취약성 검사 프로세스는 시스템 성능에 영향을 미칠 수 있다. 단순한 네트워크 포트 스캔에도 문제가 발생할 수 있는 레거시 시스템의 경우 특히 그렇다. IT 운영 담당자가 상주해야 하고, 검사의 중요성과 업무 관련성에 대해 인식하도록 한다. 또한 취약성 검사가 정기적인 유지보수 일정과 겹치지 않도록 조율해야 한다.
- **스캐닝은 엄청난 양의 데이터를 생성하고, 거짓 양성(false-positive) 결과를 가져올 수 있다** : 기술적 취약성 관리 업무는 매우 방대한 양의 데이터 세트를 생성한다. 따라서 빈번한 후속 평가를 통해 발견한 취약점의 유효성을 검토해야 한다. 모든 취약점을 검토하는 것은 거의 불가능하기 때문에, 방대한 자료를 검토하기 전에 취약성 우선 순위 계획을 수립하는 것이 좋다.

취약점 우선 순위 지정 계획은 전반적인 IT 전략 계획을 지원하기 위한 IT 인프라 및 응용 프로그램 계획과 연계되어야 하며, 곧 폐기될 수 있는 레거시 인프라 및 레거시 애플리케이션에 지나치게 집중해서는 안 된다.

로그 및 보고

취약성 검사가 완료되면, 조직은 정기적인 취약성 검색 활동을 확인할 수 있도록 결과를 기록해야 한다.

조직은 다음의 사항을 반영하여 발견한 취약성에 점수를 부여하고, 우선 순위를 선정한다.

- 취약점을 악용하는데 필요한 기술
- 잠재적인 공격자가 취약점을 이용할 가능성
- 공격이 성공했을 때 취득할 수 있는 권한
- 공격이 성공했을 때 해당 취약성이 가져올 위험 및 영향

취약성에 대한 점수 부여 방식 및 측정 방법은 이를 완화하기 위한 프로세스에 중요한 지침을 제공한다.

보고 프로세스에는 시간에 따라 발견된 취약점 수와 위험 수준 그리고 이를 제거하기 위한 완화 조치의 효율성에 대한 추적이 포함된다.

로깅과 관련하여, 효과적인 사이버 방어를 위한 CIS 주요 보안 지침 [CIS18]은 취약성 검사를 통해 수집한 정보와 연계하여 이벤트 로그를 작성할 것을 권고하고 있다. 이것은 세 가지 목표를 가지고 있다. 첫째, 정기 취약성 검색 도구의 활동 결과가 자동으로 기록되고 있는지 확인한다. 둘째, 공격 탐지 이벤트와 기수행한 취약성 검사 결과를 연계하여, 발견한 공격이 이전에 알려진 취약점을 대상으로 발생한 적이 있는지 확인한다. 셋째, 검사 로그를 모니터링하여 이 활동이 정해진 기간에 제대로 수행되고 있는지 확인한다. 이는 일상적인 유지보수와 같은 다른 활동과 취약성 검사가 충돌하는 문제를 피하고, 취약성 검색 자체도 반드시 탐지해야 하는 공격의 한 형태이기 때문에 매우 중요한 문제이다.

취약점 해결

조직은 운영체제 및 소프트웨어/애플리케이션에 대해 자동화된 패치 관리 도구와 소프트웨어 업데이트 도구를 실시간 운용 가능성 및 안정성을 고려하여 배치해야 한다. 즉, 인터넷 혹은 보안이 적용되지 않은 네트워크에 독립적인 시스템을 포함하여 모든 시스템에 패치를 적용해야 한다.

NIST SP 800-40 가이드에는 패치 관리를 위한 매우 상세한 권장 사항이 수록되어 있다. 본 장에서는 패치 관리 수행, 패치 관리 기술 및 패치 관리 방법의 세 가지 범주로 분류되는 권장 사항을 간략히 알아보도록 한다.

패치 관리 수행

패치 관리 수행과 관련하여 고려해야 할 많은 문제가 있다. 하나는 타이밍, 우선 순위, 테스트의 관계다. 이상적으로는 발견된 모든 취약성은 발견 즉시 패치해야 한다.

그러나 한정된 자원으로 인해 기업은 패치 적용에 우선 순위를 두어 수행한다. 또한 패치를 테스트하지 않고 전체 시스템에 설치할 경우 야기할 수 있는 위험성을 고려하여 테스트를 수행할 리소스를 선정해야 한다. 조직은 재부팅이나 설정 변경과 같이 패치가 운영체제에 미치는 영향을 고려해야 한다. 자체 패칭 기능이 탑재된 소프트웨어, 타사 지원 서비스, 네트워크 기반 패치와 같은 다수의 자동화 패치 수단을 사용하는 경우에도 각별한 주의가 필요하다. 조직은 충돌을 예측 및 해결하고 패치가 모든 관련 시스템에 효과적인지 확인하는 정책을 유지해야 한다.

패치 관리 기술

표 15.1은 에이전트 기반 스캔, 에이전트 없는 스캔, 수동적 네트워크 모니터링의 세 가지 유형의 패치 관리 기법을 보여준다.

▼ 표 15.1 패치 관리 기술 비교

특징	에이전트 기반 스캔	에이전트 없는 스캔	수동 네트워크 모니터링
호스트에서 관리자 권한이 필요한가?	예	예	아니오
무인 호스트를 지원하는가?	아니오	아니오	예
원격 호스트를 지원하는가?	예	아니오	아니오
어플라이언스 기능을 지원하는가?	아니오	아니오	예
검사를 위해 네트워크 대역폭이 필요한가?	최소	적당하거나 과도한 수준	해당 사항 없음
응용 프로그램의 잠재적 사용을 감지하는가?	종합적	종합적	비암호화 네트워크 트래픽을 생성할 때만 해당

3가지 패치 관리 기법의 세부 사항은 다음과 같다.

- **에이전트 기반 스캔** : 패치를 실행하는 각 호스트에서 에이전트가 실행되는 방식으로, 하나 이상의 서버가 패치 프로세스를 관리하고 에이전트와 조정하여 패치를 적용한다. 각 에이전트는 호스트에 설치된 취약한 소프트웨어를 확인하고, 패치 관리 서버와 통신하며, 호스트에 적용 가능한 새 패치를 결정하고, 해당 패치를 설치하고, 패치를 적용하기 위해 필요한 상태 변경과 같은 일련의 과정을 담당한다.
- **에이전트 없는 스캔** : 하나 이상의 서버를 이용하여 패치를 적용할 각 호스트에 대한 네트워크 스캔 및 각 호스트에 필요한 패치를 결정한다. 일반적으로 에이전트 없는 스캔은 서버가 관리자 권한을 가지고 있기 때문에, 정확한 검색 결과를 반환하고, 패치 설치 및 호스트에 상태 변경을 구현할 수 있다.
- **수동 네트워크 모니터링** : 로컬 네트워크 트래픽을 모니터링하여 패치가 필요한 애플리케이션(경우에 따라 운영체제)를 감지한다. 다른 기법과는 달리 수동 네트워크 모니터링은 일부 사물인터넷(IoT) 장치 및 기타 장치 등과 같이 운영체제에 대한 직접적인 관리자 접근을 허

용하지 않는 호스트 상에서 취약성 검사를 수행한다. 그러나 패치를 설치하기 위해서는 시스템 관리 소프트웨어에 연결하여 작업을 수행해야 한다.

패치 관리의 일반적인 기능은 다음과 같다. 먼저 필요한 패치를 식별하고, 배포를 위해 패치를 묶거나 순서를 정하고, 관리자에게 설치할 패치를 선택할 수 있는 옵션을 제공하며, 패치를 설치하고 설치 여부를 확인한다. 다양한 패치 관리 기술을 이용하여 패치를 조직 내 중앙 서버에 저장하거나 필요에 따라 다운로드할 수 있다.

기존 패치 관리에 추가로 고려할 수 있는 방식은 가상 패치 방식이다. 가상 패치는 유입되는 네트워크 트래픽, 응용 프로그램, 데이터베이스, 서버 또는 최종 사용자 단말 사이에 위치하는 하드웨어 장치 또는 소프트웨어 모듈에서 구현된다. 가상 패치 방식은 모든 트래픽에서 취약성을 검사를 수행하고 몇 가지 기준에 따라 특정 통신 및 리소스 사용을 차단한다. 가상 패치는 필요한 패치를 즉시 설치하기 어려운 경우 임시방편으로 활용하는 것이 좋다.

패치 관리 방법

보안의 다른 요소와 마찬가지로, 패치 관리의 효율성을 평가하기 위한 지표가 필요하다. SP 800-40은 가능한 구현 방식을 판단하기 위한 기준을 다음과 같이 제시하고 있다.

- 기업의 패치 관리 기술이 담당해야하는 기업의 데스크톱 및 랩톱의 비율은 어떻게 되는가?
- 기업 패치 관리 기술을 이용하여 자동으로 사용중인 응용 프로그램 목록을 저장하는 서버의 비율은 어떻게 되는가?

SP 800-40은 패치 관리의 효과/효율성 측정을 위한 예를 다음과 같이 제시한다.

- 호스트에서 누락된 업데이트 점검 빈도는 어떻게 되는가?
- 호스트가 사용중인 응용 프로그램 목록은 얼마나 자주 업데이트 하는가?
- 호스트의 X%에 패치를 적용하기 위한 최소/평균/최대 시간은 얼마나 되는가?
- 조직에서 패치 릴리스 후 X일 이내에 패치가 적용되는 데스크톱 및 랩톱 비율은 어떻게 되는가? Y 일 혹은 Z 일의 경우는 어떠한가? (이 경우, X, Y, Z는 10, 20, 30과 같이 다른 값이다.)
- 주어진 시간에 전체 패치를 수행하는 호스트의 비율은 평균 몇 %인가? 높은 중요도, 중간 중요도, 낮은 중요도를 갖는 호스트가 완전히 패치되는 비율은 얼마인가?
- 완전히 자동으로 적용되는 패치, 부분적으로 자동 설치되는 패치, 수동으로 설치해야 하는 패치의 비율은 어떻게 되는가?

SP 800-40은 패치 관리가 미치는 영향을 판단하기 위한 다음과 같이 예시를 제공한다.

- 조직이 패치 관리 프로세스를 통해 달성한 비용 절감 효과는 얼마인가?
- 조직의 정보 시스템 예산 중 패치 관리에 할당한 비율은 어떻게 되는가?

15.2 보안 이벤트 로깅

본 절에서는 보안 이벤트와 보안 사고의 차이점을 먼저 설명하고, 보안 이벤트 로깅 수행의 핵심 목표를 살펴본다. 이 절의 나머지 부분에서는 보안 이벤트 로깅 기능의 세부사항을 다룬다.

정보 보안 분야에서는 일반적으로 이벤트와 사고를 구분하여 설명한다.

- **보안 이벤트** : 조직이 시스템 또는 시스템 환경에 잠재적인 보안 영향을 미치는 것으로 간주하는 사건. 보안 이벤트는 의심스럽거나 비정상적인 활동을 식별한다. 이벤트는 때때로 사건이 발생하고 있다는 징후를 포착하기도 한다.
- **보안 사고** : 정보 시스템의 기밀성, 무결성 또는 가용성을 실질적으로 또는 잠재적으로 위태롭게 하는 사건; 시스템이 처리, 저장 또는 전송하는 정보를 위험에 노출시키는 사건; 보안 정책, 보안 절차 또는 허용 가능한 이용 정책의 위반 또는 임박한 위협이 되는 사건을 의미한다.

보안 이벤트와 관련된 개념에는 침해 지표(indicator of compromise, IoC)가 있다. IoCs는 공격 과정에서 발생하는 비정상적인 활동의 유형을 지표화한 정보이다. SP 800-53 "연합 정보 시스템 및 조직"은 IoCs를 조직 정보 시스템(호스트 또는 네트워크 수준에서)에서 발생한 공격을 통해 수집한 법의학적 증거물로 정의한다. IOC는 손상된 대상이나 정보 시스템에 대한 중요한 정보를 조직에 제공한다. 위험에 노출된 호스트를 검출하는 침해 지표는 레지스트리 키 값 생성이 있다. 네트워크 트래픽에 대한 침해 지표는 멀웨어 명령 및 제어 서버를 나타내는 URL 또는 프로토콜이 포함된다. IOC의 신속한 보급과 채택을 통해 정보시스템과 조직이 동일한 방식의 위협이나 공격에 취약한 노출되는 시간을 단축시키고, 정보 보호 수준을 높일 수 있다.

보안 이벤트라는 용어는 그림 15.2와 같이 보안 사고를 포함하는 개념이다.

▲ 그림 15.2 보안 이벤트 및 사고

예를 들어, 인증 기관의 워크스테이션과 관련된 보안 이벤트 목록은 다음을 포함할 수 있다.

- 운영자 로그아웃 기록
- 디지털 인증서 또는 인증서 해지 목록의 서명 등 암호화 작업 수행
- 암호화 카드 작업 수행(생성, 삽입, 제거 또는 백업)
- 디지털 인증서 수명 주기와 관련된 작업(재발행, 갱신, 해지 또는 업데이트)
- X.500 디렉토리에 디지털 인증서 게시
- 주요 위험 정보 수신
- 부적절한 인증서 관련 요청
- 암호화 모듈에서 보고된 경고 메시지 검출
- 내장 하드웨어 자체 테스트 또는 소프트웨어 시스템 무결성 검사 실패

이 목록의 마지막 4개 항목만이 보안 사고에 해당된다. 본 절과 다음 절에서는 보안 이벤트와 관련된 문제를 다룬다. 15.6절과 15.7절에서는 보안 사고의 관리에 대해 논의한다.

보안 이벤트 로깅 목표

보안 이벤트 로깅의 목적은 정보 보안 사고로 이어질 수 있는 위협을 식별하고, 중요

한 보안 관련 정보의 무결성을 유지하며, 포렌식 검사를 지원하는 데 있다. 효과적인 로깅을 통해 기업은 보안과 관련된 이벤트, 상호 작용 및 변경 사항을 검토할 수 있다. 기업은 이상 징후, 무단 액세스 시도, 과도한 리소스 사용과 같은 이벤트 기록을 분석하여 원인을 파악한다.

로그(log) : 조직의 시스템과 네트워크 내에서 발생하는 이벤트에 대한 기록

잠재적인 보안 로그 소스

보안 이벤트 로그를 생성하는 목록은 다음과 같다.

- 서버 및 워크스테이션 운영체제 로그
- 응용 프로그램 로그(예 : 웹 서버, 데이터베이스 서버)
- 보안 도구 로그(예 : 안티바이러스, 변경 탐지, 침입 탐지/예방 시스템)
- 아웃바운드 프록시 로그 및 최종 사용자 애플리케이션 로그
- 로컬 사용자와 원격 데이터베이스 또는 서버 간에 발생하는 트래픽에 대한 방화벽 및 기타 경계 보안 장치
- 데이터 센터 서버의 보안 장치 간에 발생하는 네트워크 트래픽 정보. 가상 머신 및 소프트웨어 기반 가상 보안 기능 포함

로그를 생성하는 요소가 매우 다양하기 때문에, 기업 보안 관리에 상당한 어려움이 있을 수 있다. 조직은 로그를 표준화된 형식으로 저장하는 중앙 저장소를 만들고, 로그 정보의 양을 관리 가능한 수준으로 유지하는 변환 소프트웨어 및 통합 소프트웨어를 사용할 수 있다.

기록 대상

기록할 이벤트 유형을 결정할 때 조직이 고려해야 할 요소는 매우 다양하다. 대표적으로 관련 규정 준수 의무, 기관 프라이버시 정책, 데이터 저장 비용, 액세스 제어 필요성, 적절한 시간 내에 대용량 데이터 세트를 모니터링하고 검색할 수 있는 능력 등여러 요소를 고려해야 한다. 다음은 기록해야 하는 잠재적인 보안 관련 이벤트의 예시이다.

- **운영체제 로그 :** 성공적인 사용자 로그온/로그오프, 사용자 로그온 실패, 사용자 계정 변경 또는 삭제, 서비스 오류, 암호 변경 기록, 서비스 시작 또는 중지, 접근이 거부된 개체, 변경된 개체
- **네트워크 장치 로그 :** 방화벽을 통해 전송이 허용 된 트래픽, 방화벽에 의해 차단 된 트래픽, 전송된 바이트, 프로토콜 사용량, 탐지된 공격 활동, 사용자 계정 변경, 관리자 액세스

- **웹 서버 :** 존재하지 않는 파일에 대한 과도한 액세스 시도; URL의 일부로 보이는 코드(예 : SQL 또는 HTML), 서버에 구현되지 않은 확장에 대한 접근 시도, 웹 서비스 중지/시작/실패 메시지, 사용자 인증 실패, 잘못된 요청, 내부 서버 오류

로그 데이터 보호

조직은 기밀성, 데이터 무결성, 가용성 및 인증된 사용의 측면에서 로그 데이터를 보호해야 한다. 로그에는 사용자의 암호 또는 전자 메일의 내용과 같은 중요한 정보가 포함될 수 있으며, 이는 보안과 프라이버시 위험성을 나타낸다. 또 로그를 변경하거나 삭제하면 의심스러운 활동을 감지할 수 없거나 악의적인 공격자의 신원이 은폐될 수 있다.

역할 기반 접근 제어는 비즈니스 요구 사항 및 역할 책임에 따라 로그 데이터를 읽고 수정하는 권한을 분할하여 부여하는데 사용된다.

로그 관리 정책

로그 관리 : 로그 데이터를 생성, 전송, 저장, 분석, 보관 및 폐기하는 프로세스.

NIST SP 800-92, "컴퓨터 보안 로그 관리 가이드"는 로그 관리 정책에서 다음 질문들을 해결할 것을 권장한다.

로그 생성 :

- 로깅을 수행하는 호스트 유형은?
- 로깅을 수행하는 호스트 구성 요소(예 : 운영체제, 서비스, 애플리케이션)는 무엇인가?
- 각 구성 요소가 기록하는 이벤트 유형(예 : 보안 이벤트, 네트워크 연결, 인증 시도)은 무엇인가?
- 이벤트 유형별로 기록되는 데이터 특성(예 : 인증을 시도한 사용자 이름 및 소스 IP 주소)은 무엇인가?
- 각 유형의 이벤트가 기록되는 빈도는 무엇인가? (예 : 모든 발생 빈도, x분 동안 발생한 모든 인스턴스, 모든 x 인스턴스에 대해 발생빈도, x 인스턴스 이후 발생한 모든 인스턴스)

로그 전송 :

- 로그 관리 인프라로 로그를 전송하는 호스트 유형은 무엇인가?
- 개별 호스트에서 로그 관리 인프라로 전송되는 항목의 유형 및 데이터 특성은 무엇인가?
- 아웃오브밴드(Out-of-Band) 방법을 포함하여 로그가 전송되는 방식은 무엇인가? (예 : 어떤 프로토콜이 허용 가능한가), 이런 방식은 어느 곳에 적용 가능한가? (예 : 독립 실행형 시스템)

- 개별 호스트에서 로그 관리 인프라로 로그 데이터가 전송되는 빈도는 어떻게 되는가? (예 : 실시간, 매 5분마다, 매시간마다)
- 로그 데이터가 전송되는 동안 로그 데이터의 기밀성, 무결성 및 가용성은 어떻게 보호되고 있으며, 분리된 로깅 네트워크를 사용하고 있는가?

로그 저장 및 폐기 :

- 로그의 순환 또는 저장 빈도
- (시스템 수준과 애플리케이션 수준 모두에서)저장된 로그 데이터의 기밀성, 무결성 및 가용성은 어떻게 보호되고 있는가?
- 각종 로그 데이터의 보존 기간(시스템 및 인프라 수준 모두)은 어떻게 설정하는가?
- 필요하지 않은 로그 데이터는 (시스템 및 인프라 수준 모두) 어떻게 처리하는가?
- 시스템 레벨과 인프라 레벨에서 로그 저장을 위해 사용 공간의 크기는 어떻게 되는가?
- 특정 로그 기록의 변경 및 파기 방지를 위한 법적 요건 등과 같은 로그 보존 요청은 어떻게 처리되고 있는가(예 : 영향을 받은 로그를 표시, 저장, 보호하고 있는지?)

로그 분석 :

- 각종 로그 데이터의 분석 빈도(시스템 수준과 인프라 수준 모두)는 무엇인가?
- 누가 (시스템 수준과 인프라 수준 모두에서) 로그 데이터에 접근할 수 있으며, 접근 로그는 어떻게 저장되는가?
- 의심스러운 활동이나 이상 징후가 확인되면 어떻게 해야 하는가?
- 로그 분석 결과(예 : 경고 메시지, 보고서)의 기밀성, 무결성 및 가용성은 스토리지(시스템 레벨 및 인프라 레벨에서 모두) 및 이동 중에 어떻게 보호되고 있는가?
- 비밀번호나 e-메일 내용 등 로그에 기록된 중요 정보에 대한 부주의한 공개는 어떻게 처리하고 있는가?

15.3 보안 이벤트 관리

보안 이벤트 관리(Security Event Management, SEM)는 보안 관련 이벤트를 식별, 수집, 모니터링, 분석, 보고하는 모든 과정을 포함한다. SEM의 목적은 대량의 보안 이벤트 중에서 보안 사고로 판단할 수 있는 이벤트를 검출하는 것이다. SEM은 모든 기기/노드와 로그 관리 소프트웨어와 같은 다양한 애플리케이션으로부터 데이터를 수집한다. 그림 15.3과 같이, SEM은 수집한 이벤트 데이터를 보안 알고리즘 및 통계적 계산을 이용하여 분석하고, 모든 취약점, 위협 또는 잠재 위험을 추적한다.

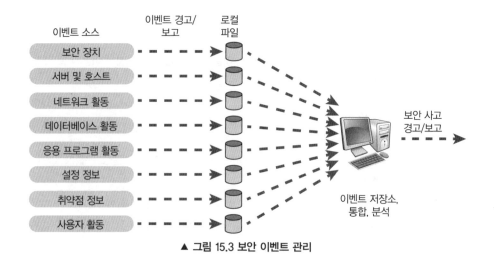

이벤트 소스　　이벤트 경고/　　로컬
　　　　　　　　　　보고　　　　파일

보안 장치

서버 및 호스트

네트워크 활동

데이터베이스 활동

응용 프로그램 활동

설정 정보

취약점 정보

사용자 활동

보안 사고
경고/보고

이벤트 저장소,
통합, 분석

▲ 그림 15.3 보안 이벤트 관리

SEM 기능

이전 절에서 논의한 바와 같이, 이벤트 관리의 제1단계는 로그 형태로 이벤트 데이터를 수집하는 것이다. 이벤트 데이터가 생성되면 일반적으로 해당 데이터를 생성한 장치의 로컬 로그에 저장된다. 이 시점에서는 다음과 같은 단계를 수행해야 한다.

1. **정규화** : 향후 처리의 효율성을 높이기 위해, 로그 데이터는 공통 포맷으로 저장해야 한다.
2. **필터링** : 다양한 유형의 이벤트에 우선 순위를 할당한다. 우선 순위를 기준으로 많은 수의 이벤트를 따로 구분하여 추가 분석을 수행하지 않거나, 나중에 검토할 필요가 있을 경우에 대비해 보관할 수 있다.
3. **집계** : 대규모 기업의 IT 시설은 하루에 수백만 개의 이벤트를 생성한다. 따라서 범주를 이용하여 관리에 용이하도록 데이터를 집계할 수 있다. 예를 들어 특정 유형의 트래픽이 여러 번 차단된 경우 해당 트래픽 유형과 특정 기간 동안 차단된 횟수를 통합하여 하나의 집계된 이벤트로 기록할 수 있다.

이러한 사전 처리 단계는 로그 데이터의 양을 감소시킨다. 다음 단계의 목표는 데이터를 분석하고 보안 사고에 대한 경고를 생성하는 것이다.

분석에는 다음과 같은 측면이 포함된다.

- **패턴 매칭** : 저장된 이벤트 레코드 필드 내에서 데이터 패턴을 찾는 것이 중요하다. 일정한 패턴의 이벤트 집합은 보안 사고의 신호로 인식할 수 있다.
- **검사 탐지** : 칩입 공격은 종종 포트 검사, 취약성 검사 또는 기타 유형의 네트워크 ping 등을 통해 공격자가 IT 리소스를 검색하는 것으로 시작하는 경우가 많다. 단일 소스 또는 소수의 소스에서 상당한 수의 검사가 발견되는 경우 보안 사고에 대한 신호로 인식할 수 있다.

- 어떤 시스템을 모니터링해야 하는가?

- 중요한 이벤트에는 어떤 것이 있으며, 로컬 로그에서 어떤 정보를 수집해야 하는가?

- 중앙 이벤트 로그는 어디에 저장해야 하며, 보호 및 액세스 방법은 무엇인가?

- 로그 데이터는 얼마나 보관해야 하는가?

- 의미 있는 경고 및 측정 기준을 생성하기 위해 이벤트 데이터를 분석하는 방법은 무엇인가?

- SEM 시스템의 성능은 어떻게 모니터링할 예정인가?

평가

IT 시스템의 현재 보안 상태를 평가한다. 이는 기존 시스템에 대한 기본 취약성 평가를 포함한다. 최소한 팀은 가장 가치 있는 자산에 대한 가장 심각한 취약성을 해결해야 한다.

이 작업이 완료되면, 팀은 기업의 SEM 요구 사항을 평가해야 한다. 블로그 게시물 "보안 이벤트 관리 준비" [HUTT07] 에는 다음과 같은 목표가 기재되어 있다.

- 우선 순위를 이해한다. 먼저 SEM에 연결해야 하는 시스템은 무엇이며, 가장 많은 공격을 받는 IT 부문은 어디인가?

- IT 인프라에서 가장 중요한 부분을 결정한다. 이는 다양한 IT 인프라 구성 요소에 대해 SEM 내에서 설정하는 경보 수준 구성 단계를 결정한다.

- 기록되는 이벤트와 기록되지 않는 이벤트, 그리고 기록되는 각 이벤트에 대한 로깅 세부 사항을 결정한다.

- 모든 보안 제품의 재고, 의도된 용도, 그리고 각 제품의 사용 여부 등을 파악한다.

- 이벤트 관리 전에 취약성 개선 작업이 필요한 곳을 파악한다. SEM 소프트웨어는 잘 구성된 시스템을 모니터링할 때 가장 잘 작동하며, 현재 안전하지 않거나 손상된 항목을 수정하지 않는다.

단순화

전체 보안 인프라의 단순화는 그 자체로도 이점이 있으며 SEM의 업무를 더욱 용이하게 한다. 이와 관련하여 몇 가지 고려사항이 있다.

- 시간이 지남에 따라 보안 인프라에는 다른 기능과 중복되기 때문에 더 이상 필요하지 않거나 비효율적으로 설정되거나 배치되는 요소가 포함될 수 있다. 이러한 요소를 제거, 재구성 또는 재배포한다.

- 가능한 한 레거시 소프트웨어 및 장비를 폐기하고 외부 경로를 기업 네트워크에 통합한다.

- 최고 보안을 위해 높은 가치를 가지는 자산을 함께 묶어 관리하는 것을 고려한다.

- 기본 거부 정책을 가능한 한 광범위하게 적용한다. 예를 들어, 특별히 허용된 사용자 작업만

처리하고, 다른 모든 작업을 금지한다. 또는 화이트리스트에 있는 응용 프로그램만 실행을 허용하고 다른 모든 응용 프로그램은 자동으로 차단한다. 기본 거부는 짧고 우아한 구성, 조사가 필요한 이벤트 감소, 전체적인 보안 강화 등을 가능하게 한다.

단순화의 또 다른 측면은 경고의 수, 특히 오탐지(false-positive) 수를 줄이는 방식으로 시스템을 구성하고 배치하는 것이다. 예를 들어, 논리적으로 서버를 그룹화하여 UNIX 시스템에 대한 윈도우 공격을 선택적으로 무시하도록 서버를 구성하고, 그 반대도 가능하도록 설정하는 것이 가능하다

배치

SEM 시스템의 구축은 제8장 "시스템 개발"에서 논의한 바와 같이 보안 프로젝트의 일반적인 시스템 개발 수명 주기를 따른다.

15.4 위협 인텔리전스

사이버 위협 인텔리전스(cyber threat intelligence, CTI) 또는 사이버 인텔리전스 (cyberintelligence) 라고도 알려진 위협 인텔리전스는 조직을 위협하는 잠재적 공격이나 현재 공격에 대한 정보를 분석한 결과를 정리한 지식 정보이다. 이 정보는 응용 프로그램, 시스템 및 네트워크 로그; 방화벽, 침입 탐지 시스템 등과 같은 보안 제품; 전용 위협 피드 등 다수의 내부 및 외부 소스로부터 수집한다.

위협 분류법

위협 인텔리전스를 효과적으로 사용하고 공격에 대응하기 위해서는 기업이 직면한 위협의 유형을 명확하게 파악하는 것이 중요하다. 이 때, 발생 가능한 위협의 유형뿐만 아니라 잠재적 위협의 출처도 이해해야 한다.

위협 원인

위협의 기본 성격은 위협이 발생한 원인에 따라 크게 달라진다. 위협 원인은 다음과 같이 분류할 수 있다.

- **적대적** : 사이버 자원 (즉, 전자 형식의 정보, 정보 통신 기술, 그리고 그러한 기술을 제공하기 위한 통신 및 정보 처리 능력)에 대한 조직의 의존성을 악용하려는 개인, 단체, 단체 또는 국가
- **우발적** : 개인이 일상적인 책임을 수행하는 과정에서 취한 잘못된 행동
- **구조적** : 노후화, 자원 고갈 또는 기타 예상 운영 매개변수를 초과하는 상황으로 인한 장비, 환경 제어 또는 소프트웨어의 고장
- **환경적** : 조직이 의존하고 있지만 조직의 통제를 벗어난 중요 인프라의 자연 재해 및 장애

위협 유형

피싱(Phishing) : 전자 우편이나 웹사이트에서 부정한 청탁을 통해 은행 계좌번호나 비밀번호와 같은 민감한 데이터를 취득하려고 시도하는 디지털 형태의 사회 공학으로, 가해자는 합법적인 사업체나 평판이 좋은 사람으로 가장한다.

많은 조직이 위협 유형 분류 체계 또는 카탈로그를 발행했다. NIST는 "위험 평가 수행을 위한 가이드" SP 800-30에 83개의 적대적 위협 이벤트와 18개의 비 적대적 위협 이벤트로 구성된 카탈로그를 제공하고 있다. 적대적 위협은 15.5절에 설명한 사이버 공격 킬 체인을 기반으로 구성된다. 비적대적 위협 이벤트에는 사용자 오류, 하드웨어 오류 및 환경 이벤트가 포함된다. ENISA(European Union Agency for Network and Information Security) 위협 분류 [ENIS16]에는 177개의 개별 위협이 나열되어 있다. WASC(Web Application Security Consortium) 위협 분류 [WASC10]에는 34개의 위협 유형이 기술되어 있다. 정보 보안 포럼(ISF)의 정보 보안 모범사례 표준(SGP)에는 적대적 위협 22건, 우발적 위협 11건, 환경적 위협 13건이 나열되어 있다. 표 15.2는 SGP의 위협 목록을 보여준다.

이러한 다양한 목록을 연구하여 기업이 직면하고 있는 위협의 범주를 파악하는 것이 중요하다.

적대적 위협	우발적 위협
• 세션 가로채기 • 합법적인 인증 자격 증명에 대한 무단 액세스 • 취약한 권한 부여 메커니즘 악용 • 통신의 무단 모니터링 및/또는 수정 • 서비스 거부(DoS) 공격 • 조직 정보 자산의 안전하지 않은 폐기 방식 악용 • 정보 시스템에 악성 프로그램 도입 • 잘못 구성된 조직의 정보 시스템 악용 • 조직의 원격 접근 서비스의 설계 또는 설정 문제 악용 • 설계가 미흡한 네트워크 아키텍처 악용 • 정보 시스템 오용 • 정보 시스템에 대한 무단 물리적 접근 • 정보 시스템의 물리적 손상 또는 변조 • 정보시스템 하드웨어 절도 • 조직 시설 또는 지원 인프라에 대한 물리적 공격 수행 • 비인가된 네트워크 스캔 및 프로빙 • 조직에 대한 공개 정보 수집 • 피싱 • 조직에 파괴적인 영향을 미치는 개인 침투 • 대인 조작 • 조직의 정보 시스템 취약성 악용 • 대상 조직의 공급 업체 또는 비즈니스 파트너 위협	• 사용자 오류(사고) • 인증된 사용자에 의한 중요 정보 및/또는 민감 정보 오사용 • 사용자 오류(과실) • 정보 시스템 손실 • 의도하지 않은 변경 결과 • 자원 고갈 • 잘못된 설정 • 유지관리 오류 • 소프트웨어 오작동(내부 생산 소프트웨어) • 소프트웨어 오작동(외부에서 획득한 소프트웨어) • 우발적 물리적 손상
	환경적 위협
	• 병원체(예 : 질병 발생) • 폭풍(우박, 천둥, 눈보라) • 허리케인 • 폭풍 • 지진 • 화산 분출 • 홍수 • 쓰나미 • 화재 (야생) • 정전 또는 변동 • 외부 통신의 손상 또는 단절 • 환경 제어 시스템의 오류 • 하드웨어 오작동 또는 고장

위협 인텔리전스의 중요성

위협 인텔리전스의 주요 목적은 조직이 지능형 지속 공격(Advanced Persistent Threat, APT), 악용 및 제로 데이 공격과 같은 가장 일반적이고 심각한 외부 위협의 위험성을 이해하도록 돕는 것이다. 위협 행위는 내부 (또는 내부자) 및 파트너 위협도 포함하지만, 특정 조직의 환경에 가장 영향을 미칠 가능성이 높은 외부 위협 유형에 중점을 두고 있다. 위협 인텔리전스는 특정 위협에 대한 심도 깊은 정보를 포함하고 있어, 조직에 가장 큰 피해를 줄 수 있는 공격 유형으로부터 스스로를 보호할 수 있도록 도와준다.

위협 인텔리전스의 중요성을 나타낼 수 있는 예로서, 정보 시스템 감사 및 통제 협회 (ISACA's)의 표적 사이버 공격에 대한 대응 [ISAC13]의 하나를 바탕으로 한 그림 15.4 는 위협 인텔리전스가 APT 공격에 미치는 영향을 보여주고 있다.

취약점 공격(exploit) :
컴퓨터 시스템에 대한
공격으로, 특히 시스템
이 침입자에게 제공하
는 특정 취약성을 이
용하는 공격.

제로 데이 공격(zero-day threat) : 패치가
릴리스되지 않았거나
응용 프로그램 개발자
가 아직 인식하지 못
한 문제를 가지고 있
거나, 알고 있는 문제
를 해결할 만큼 충분
한 시간을 갖지 못한
컴퓨터 소프트웨어 또
는 응용 프로그램의
보안 취약성의 위험을
뜻한다. 또한 보안 취
약성이 공개된 당일에
이를 이용하는 공격으
로 정의되기도 한다.

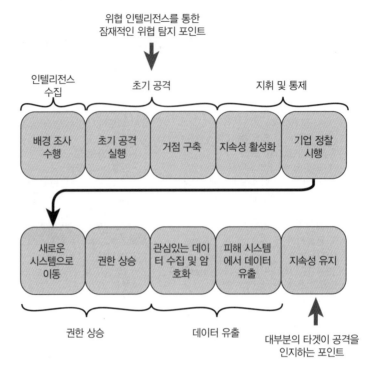

▲ 그림 15.4 위협 인텔리전스의 잠재적인 이점

일반적인 APT 공격은 다음 단계를 통해 진행된다.

1. **배경 조사를 실시한다.** APT 공격은 특정 공격 경로를 설정하기 위해 잠재적 목표물에 대한 연구를 실시하는 것으로 시작된다. 이를 통해 목표물이 의도한 대로 반응할 가능성을 최대화한다.

2. **초기 공격을 실행한다.** 일반적으로, 초기 공격은 특정 형태의 사회 공학을 통해 선정한 한 명 이상의 특정 개인을 대상으로 한다. 악성 컨텐츠에 대한 링크를 이메일 메시지, 인스턴트 메시지, 소셜 미디어 게시물 또는 다른 공격 벡터에 포함시킨 다음 대상을 설득하여 첨부 파일을 열거나 링크를 클릭하도록 유도하여 하나 이상의 장치를 감염시킨다.

3. **공격 거점 구축.** APT는 맞춤형 악성코드를 이용하여 대상 환경에 대한 초기 기반을 구축한다. 거의 모든 경우에, 공격에 사용되도록 조작된 소프트웨어는 어떤 바이러스 백신 경고도 유발하지 않고 APT에 공격이 성공했음을 알린다. 1단계 악성코드라고도 불리는 초기 감염 도구는 악성 기능이 거의 없을 수 있지만 일반적으로 2단계 악성코드라고 불리는 추가 기능을 호출하여 다운로드할 수 있다.

4. **지속성을 활성화한다.** APT의 주요 목표 중 하나는 대상 환경에서 손상된 컴퓨터에 대한 지속적인 명령과 제어를 설정하는 것이다. 즉, 대상 장치가 재부팅 하는 경우에도 꾸준하게 APT에 대상 환경에 대한 정기적인 연결을 제공하는 제어 및 액세스를 의미한다. 대부분의 경우, 이러한 지속성은 컴퓨터가 부팅될 때 자동으로 시작되는 새로운 서비스(공격자의 명령 및 제어 소프트웨어 포함)를 대상 컴퓨터에 설치함으로써 간단하게 설정 가능하다.

5. **기업 정찰을 실시한다.** APT는 타겟 환경에 대한 지속적인 액세스를 설정한 후, 일반적으로 타겟 정보를 보유한 서버나 스토리지 시설을 찾으려고 시도한다. 대부분의 경우, 기업 정찰은 손상된 컴퓨터에서 설치된 도구를 사용한다. 경우에 따라 APT는 특정 유형의 시스템(예: ID 및 접근 관리, 인증, 가상 사설망 작업 [VPN], 데이터베이스 또는 이메일 서버)을 검색하기 위해 검색 도구를 업로드 한다.

6. **인접한 새로운 시스템으로 이동한다.** 기업 정찰의 일부분에는 반드시 인접한 새로운 시스템으로 이동하여 그 시스템의 컨텐츠를 탐색하고 새로운 시스템에서 기업에 접근할 때 발견할 수 있는 대상 기업의 새로운 부분을 이해하는 것이 포함된다. APT는 새로운 시스템에 명령 및 제어 소프트웨어를 직접 설치하여 해당 환경에 대한 지속적인 액세스를 확장할 수 있다.

7. **특권을 확대한다.** 공격자는 초기 타겟의 손상된 자격증명을 이용하여 기업 정찰을 수행하고 네트워크를 그 영역을 확장하게 되는데, 이때 타겟 환경에서 활동의 제약을 받지 않기 위해 로컬 사용자에서 로컬 관리자로 특권을 확장한다. 정보에 대한 액세스가 엄격히 통제되는 기업에서 환경 내의 모든 자격 증명을 훼손하면 공격자는 타겟 환경에서 사용자로 가장하여 원하는 리소스에 액세스할 수 있다.

8. **관심 있는 데이터를 수집하고 암호화한다.** 공격자가 관심을 가지고 있는 데이터를 찾게 되면, APT는 일반적으로 데이터를 아카이브로 수집한 다음 아카이브를 압축하고 암호화한다. 이를 통해 APT는 엔터프라이즈 경계에서 수행하는 심층 패킷 검사 및 데이터 손실 방지(DLP) 기능과 같은 보안 기술로부터 아카이브의 내용을 감출 수 있다.

9. **피해자 시스템에서 데이터를 유출한다.** APT는 타겟 시스템에서 몰래 데이터를 전송하기 위해 다양한 도구와 프로토콜을 사용한다.

10. **끈질긴 존재감을 유지하라.** APT는 컨트롤러가 수행해야 하는 작업, 즉 타겟 환경에 대한 액세스를 유지하기 위해 꾸준히 노력한다. 따라서 APT가 활성화되기 전에 오랫동안 기업 네트워크에서 탐지되지 않은 상태로 남아 있는 것은 드문 일이 아니다.

그림 15.4에서 알 수 있듯이, 위협 인텔리전스는 보안 팀이 실제 피해가 발생한 후 받는 일반적인 경고 시점보다 훨씬 이전에 위협을 인지할 수 있도록 돕는다. 비록 초기에 위협을 발견하지 못하더라도 위협 인텔리전스는 시스템에 APT 공격이 성공하여 시스템에 상주하는 시간을 단축시킬 수 있기 때문에 피해를 제한하기 위한 수정 조치를 빠르게 이행할 수 있다.

위협 인텔리전스 수집

위협 인텔리전스 사용의 출발점은 물론 관련 인텔리전스 정보를 수집하는 것이다. 이 절에서는 보안 담당자가 해당 업무를 수행하기위해 활용가능한 다양한 출처를 살펴본다.

APT(Advanced Persistent Threat): 권한이 없는 사람이 네트워크에 접근하여 탐지되지 않은 상태로 장기간 네트워크에 머무르는 공격. APT 공격의 의도는 네트워크나 조직에 피해를 입히기 보다는 데이터를 훔치는 것이다. APT 공격은 국방, 제조업, 금융산업 등 고부가가치 정보를 보유한 분야의 조직을 타깃으로 한다. APT는 신중한 표적 선택과 장기간에 걸쳐 지속적이고 은밀하게 침입하려는 노력에서 다른 유형의 공격과는 다른 특징을 가진다.

외부 출처

Wapack Labs Cyber Threat Analysis Center: http://www .wapacklabs.com/

위협 인텔리전스 관련 작업을 한 명 이상의 직원에게 할당하여 기존의 위협 및 꾸준히 진화하는 위협에 대한 연구를 수행하도록 지시할 수 있지만, 보다 효과적인 접근 방식은 위협 인텔리전스 구독 서비스를 통해 정기적으로 위협 데이터 정보를 수집하는 것이다. 대표적인 상업용 배포 서비스는 한 가지 상업적인 예는 Wapack Labs Cyber Threat Analysis Center가 있다.

우리가 서비스를 이용할 수 있는 사이버 인텔리전스 공급 업체는 다양하다. 15.1 절에서 논의된 CERT와 같은 다양한 취약성 정보 소스 또한 위협 인텔리전스 정보 수집에 활용할 수 있다.

National Council of ISACs: https://www .nationalisacs.org

위협 인텔리전스의 또 다른 유용한 정보 출처는 정보 공유 및 분석 센터(information sharing and analysis centers, ISACs)가 있다. ISAC 중요한 인프라 구조에 대한 사이버 위협 정보를 수집하고 민간과 공공 부문 간의 양방향 정보 공유를 위한 중앙 자원을 제공하는 비영리 조직이다. 미국의 ISAC 국가 협의회는 많은 ISAC의 중심이 되고 있다. 이들은 비록 미국에 기반을 두고 있지만, 일반적으로 세계적인 영향력을 갖추고 있다.

내부 출처

보안 정보 및 이벤트 관리(SIEM) : 정보 시스템 구성 요소에서 보안 데이터를 수집하고, 단일 인터페이스를 통해 해당 데이터를 실행 가능한 정보로 표시하는 기능을 제공하는 응용 프로그램 또는 도구 모음

기업의 IT 인프라에서의 다양한 활동은 공격이 임박했거나 위협이 전개되고 있다는 신호를 나타낸다. SGP에는 다음과 같은 예시를 제시하고 있다.

- 운영체제 로그와 같은 기술 인프라의 이벤트 로그 (예 : 서버, 모바일 기기, 인증 및 DNS로그, 서비스 및 응용 프로그램 로그, 네트워크 장비 로그)
- 방화벽, 멀웨어 방지, DLP, 네트워크 기반 침입 탐지 시스템(NIDS), 게이트웨이 프록시 서버 및 물리적 보안 시스템 등 보안 시스템의 경고
- 보안 이벤트 로깅 소프트웨어 또는 보안 정보 및 이벤트 관리(SIEM; security information and event management) 시스템에서 생성한 것과 같은 보안 이벤트 관리 유틸리티의 직접 피드
- 정보 보안 관련 활동을 수행하는 전담 팀 (예 : 사고 관리, IT 헬프 데스크 업무 및 포렌식 조사 담당)
- 비즈니스 지원 기능 (예 : 법률, 인사, 감사, 물리적 보안, 시설)

위협 분석

위협 분석에는 가능한 공격 유형, 잠재적 공격자, 공격 방법 및 성공적인 공격의 결과를 설명하는 작업이 포함된다. 관련 작업은 다음과 같다.

- 시스템 취약점 파악
- 시스템 취약점을 악용한 위협의 발생 가능성 분석
- 각 위협이 성공적으로 수행될 경우 발생할 수 있는 결과 평가
- 각 공격의 비용 추정
- 잠재적 대응 방안 도출
- 활용 가능한 보안 메커니즘의 선정(가능한 비용/편익 측면을 분석하여)

조직은 위험 관리를 위한 정기적인 작업의 일부로 해당 분석을 반드시 실시해야 한다. 성공적으로 이행한다면, 만약 보안팀에서 새로운 위협에 대한 경고를 받게 되더라도 이미 해당 위협에 대처하기 위한 계획이 마련되어 있을 것이다. 예상하지 못한 위협인 경우에는 앞에서 언급한 분석 단계를 적용하여 새로운 위협에 대한 대책을 마련한다.

15.5 사이버 공격 보호

National Information Assurance Glossary [CNSS10]는 사이버 공격을 사이버 공간을 통한 공격으로 정의하며, 컴퓨팅 환경/인프라를 교란, 비활성화, 파괴 또는 악의적으로 제어할 목적으로 기업의 사이버 공간 사용을 목표로 하며, 또는 데이터의 무결성을 파괴하거나 통제된 정보를 도용할 목적을 가진다.

사이버 공격 킬 체인

사이버 공격 킬 체인의 개념은 3장에서 소개되었으며 그림 15.5에 예시되어 있다. 본 장 앞부분에서 설명한 APT는 사이버 공격의 한 형태라는 점에 유의한다(그림 15.4 참조). 다음 절에서는 사이버 공격 킬 체인의 각 단계를 차례로 살펴본다.

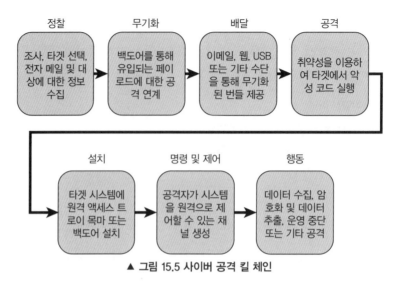

정찰	무기화	배달	공격
조사, 타겟 선택, 전자 메일 및 대상에 대한 정보 수집	백도어를 통해 유입되는 페이로드에 대한 공격 연계	이메일, 웹, USB 또는 기타 수단을 통해 무기화된 번들 제공	취약성을 이용하여 타겟에서 악성 코드 실행

설치	명령 및 제어	행동
타겟 시스템에 원격 액세스 트로이 목마 또는 백도어 설치	공격자가 시스템을 원격으로 제어할 수 있는 채널 생성	데이터 수집, 암호화 및 데이터 추출, 운영 중단 또는 기타 공격

▲ 그림 15.5 사이버 공격 킬 체인

정찰

전형적인 사이버 공격의 첫 단계에서 공격자는 잠재적인 타깃이 실제로 침입 가능한 대상인지 그리고 만약 그렇다면, 최선의 공격 수단은 무엇인지 결정한다. 공격자 측면에서는 치명적인 취약성과 중요한 데이터를 모두 가지고 있는 타깃을 찾는 것이 이상적일 것이다. 그러나 타깃이 특별히 높은 가치를 가지는 정보를 가지고 있다면, 취약점이 거의 없더라도 공격을 시도할 수 있다. 타깃에 대한 정보를 수집할 수 있는 잠재적인 정보 출처는 다음과 같다.

사회 공학(social engineering) : 누군가를 속여 정보를 공개(예 : 패스워드)하거나 기업을 공격하기위한 특정 작업을 수행하도록 시도하고, 정상인 것으로 보이지만 실제로는 악의적인 파일 다운로드 및 실행 등을 수행하도록 유도하는 트릭

- **온라인 상에서 제공되는 직원 이름 및 연락처 정보 :** 기업 웹사이트에 제공되지 않더라도 소셜 네트워크를 통해 획득할 수 있다. 이 정보는 사회 공학적 목적으로 사용될 수 있다.
- **온라인 상에서 제공되는 기업 웹 서버 또는 물리적 위치에 대한 세부 정보 :** 이러한 세부 사항은 사회 공학을 위해 사용되거나 기업 환경에 침입하기위해 활용할 수 있는 목록을 구체화하는데 사용된다.
- **이메일 및 기타 네트워크 트래픽 :** 이 정보는 사회 공학이나 공격의 가능한 수단에 대한 통찰력을 얻기 위해 사용될 수 있다.

정찰 수행 수단은 다음과 같다.

스피어 피싱(spear phishing) : 그룹, 회사 또는 회사 내 개인을 대상으로 하는 피싱

- 경계 네트워크 정찰/스캔 수행
- 노출된 네트워크에 대한 네트워크 감청
- 조직 정보의 오픈소스 검색을 이용하여 정보 수집
- 시간 경과에 따라 대상 조직에 대한 감시 수행
- 오랜 시간동안 타겟 조직을 정찰하고 조직과 취약점을 확인하기 위한 검사 및 평가 수행
- 멀웨어를 활용한 내부 정찰 수행

무기화

이 단계에서 공격자는 수집한 정보를 사용하여 공격 페이로드를 준비하고, 공격을 전달하기 위한 도구를 준비한다. 이 단계는 공격자 측에서 수행되며, 피해자와 접촉이 발생하지 않는다.

SP 800-30에는 다음과 같은 유형의 공격 도구가 있다.

- 피싱 공격
- 스피어 피싱 공격
- 구축된 정보 기술 환경을 기반으로 한 공격
- 위조/스푸핑 웹사이트
- 위조 증명서

전달

전달 단계에서 공격자는 여러 침입 방법 중 하나를 선택하여 공격 페이로드를 피해자에게 전송한다. 활용 가능한 전달 방법으로는 이메일, 웹 트래픽, 인스턴트 메시징 및 파일 전송 프로토콜(FTP)이 있다. 또한 이동식 미디어(예 : 플래시 드라이브)에 페이로드를 배치할 수 있으며, 소셜 엔지니어링 기술을 사용하여 직원이 이동식 미디어에서 기업의 정보 시스템에 악성코드를 설치하도록 설득할 수 있다. SP 800-30에서 다음과 같은 여러 가지 전달 기법을 나열하고 있다.

- 일반 프리웨어, 쉐어웨어 또는 상용 IT 제품에 악성코드를 삽입한다. 이 기술은 특정 조직을 대상으로 하는 것이 아니라 타겟이 될 대상을 확보하기 위한 방법이다.
- 정찰을 통해 얻은 지식을 기반으로 조직정보시스템 및 정보시스템 구성 요소(예 : 상용 정보 기술 제품)에 악성코드를 삽입한다. 특히, 조직에서 사용하는 하드웨어, 소프트웨어 및 펌웨어를 대상으로 한다.
- 중요 정보 시스템의 구성 요소를 수정 또는 손상된 구성 요소로 교체한다. 이것은 공급 체인, 변절한 내부자 또는 이들의 조합을 통해 이루어진다.
- 조직의 임무/비즈니스 기능에 위해를 가하는 행위를 할 의지와 능력이 있는 개인을 조직 내의 특권을 가진 위치에 배치한다.

공격

공격 단계에서 전달된 페이로드가 트리거되고 대상 시스템에서 취약성을 이용하기 위한 조치를 취한다. 이 단계는 실제 공격을 시작하기 위해 시스템에 진입하는 단계로 볼 수 있다. 이 단계는 공격자에게 알려진 취약성을 이용하거나, 초기에 전달한

페이로드가 지속적으로 공격을 수행하고 확장할 수 있는 취약성을 직접 검색하고 발견할 수 있다.

해당 단계에서는 이 책에서 논의한 모든 위협 범주(예 : 데이터 유출, 데이터 수정, 가용성 손상)를 포괄하는 광범위한 공격이 가능하다.

설치

설치 단계에서 공격자는 타겟 시스템을 영구적으로 제어할 수 있는 구성 요소를 설치한다. 설치 목적은 대상 기업에 더 많은 공격을 가하는 것이다. 이 단계에서 공격자는 설치된 멀웨어의 사용자 권한을 높이고 영구 페이로드도 설치할 수도 있다.

명령 및 제어

공격자는 지속적으로 내부 자산을 원격으로 운용하기 위해 명령 및 제어 채널을 생성한다. 해당 단계는 멀웨어 설치 여부와 관계없이 비교적 일반적이며 공격 전반에 관련되어 있다. 공격자는 침입 탐지 시스템의 효율성 또는 조직의 감사 능력을 방해하는 조치를 취할 수 있다. 공격자는 감시 및 조직의 보안 조치에 대응하여 자율적으로 행동을 조정할 수 있다.

행동

공격자는 피해자의 네트워크 내에서 자신의 목표(정보 획득, 정보 파괴, 시스템이나 네트워크 교란 등)를 달성하기 위한 작업을 수행한다. 이것은 달성하는 데 수 개월이 소요되거나, 수 천개의 작은 단계가 필요한 정교한 활성 공격 프로세스가 될 수 있다.

보호 및 대응 조치

다음 절에서는 앞 절에서 설명한 사이버 공격 킬 체인의 각 단계에 대한 취약성을 줄이기 위해 조직이 취할 수 있는 조치를 설명한다.

정찰 단계 대처

정찰 시도를 탐지하기 위해 다양한 기술을 사용할 수 있다. 웹 사이트의 경우 웹 분석은 일반 사용자보다 공격자에게 더 일치하는 동작을 탐지할 수 있다. 모든 트래픽 유형에 대해, 알려진 나쁜 평판을 가진 소스 IP 주소를 검사하는 것은 매우 효과적이다. 짧은 시간 동안 동일한 주소에서 발생하는 여러 이벤트는 정찰을 위한 시도로 간주할 수 있다.

방지 기술로는 특히 기본 거부 정책을 적용한 방화벽의 사용, 화이트리스트 작성 및 기업 네트워크 세분화가 포함된다.

무기화 단계 대처

앞서 설명한 바와 같이 무기화 단계는 공격자 사이트에서 발생하기 때문에, 타겟 대상자가 탐지할 수 없다. 그러나 정기적인 취약점 개선과 신속한 패치 및 업데이트를 수행하여 공격자가 취약성을 무기로 시도하고자 하는 공격을 좌절시킬 수 있다. 이는 시기 적절하게 위협 인텔리전스를 확보하고 조치를 취해야 하는 필요성을 강조한다.

전달 단계 대처

전달 단계를 방지하기 위한 핵심은 강력한 보안 교육 및 인식 프로그램을 활용하여 공격자의 사회 공학 노력이 실패할 가능성을 높이는 것이다.

다음과 같은 다양한 기술 도구를 사용하여 전달 단계를 방지할 수 있다.

- **안티바이러스 소프트웨어** : 바이러스 백신 소프트웨어는 컴퓨터나 네트워크를 모니터링하여 주요 유형의 악성 프로그램을 식별하고 악성 프로그램 사고를 방지하거나 실행을 저지하는 프로그램이다. 알려진 바이러스를 식별하여 실행을 차단하고 삭제하기 위해서는 안티바이러스 소프트웨어를 지속적으로 실행하는 것이 중요하다. 바이러스가 검출되면 안티바이러스 소프트웨어는 IT 인프라의 나머지 부분에 대해 해당 바이러스와 관련된 침해 지표를 감지하기 위한 스캔을 실행하도록 설정되어 있다.
- **방화벽** : 방화벽은 알려져 있거나 의심되는 악의적 출처로부터의 트래픽 전송 시도를 차단한다.
- **웹 애플리케이션 방화벽(WAF)** : 9장 "비즈니스 응용 프로그램 관리"에서 설명한 바와 같이 WAF는 웹 애플리케이션을 오가는 데이터 패킷을 모니터링, 필터링 또는 차단하는 방화벽이다.
- **침입방지시스템(IPS)** : IPS는 침입 행위를 감지하고, 이상적으로는 침입자가 목표물에 도달하기 전에 활동을 중지시키는 시스템이다. 침입 탐지 시스템과 유사하지만 IPS는 선제적인 침입 차단에 목표를 두고 있다.

공격 단계 대처

공격 단계의 대응책에는 다음이 포함된다.

- **호스트 기반 침입 탐지 시스템(HIDS)** : 기업 네트워크 내부와 호스트 내부에서 공격이 시작되면, HIDS는 이러한 시도를 탐지하고 경고한다.

> **웹 분석(Web analysis)**
> : 웹사이트 방문자들의 행동을 분석하는 과정. 이 프로세스에는 정성적/정량적 데이터를 추출하고 분류하여 온 사이트 및 오프 사이트 패턴과 동향을 파악하고 분석하는 작업이 포함된다.

- **정기적인 패치** : 발견된 취약점을 패치하면 피해를 억제하는 데 도움이 된다.
- **백업에서 데이터 복원** : 공격이 발견되고 제거되면 백업에서 유효한 데이터 복사본을 복원해야 할 수 있다.

설치 단계 대처

설치 단계에서는 바이러스 백신 소프트웨어, HIDS 등 의심스러운 소프트웨어나 행동을 탐지하는 도구를 사용하는 것이 적합하다. 해당 도구는 다음과 같은 특정 작업을 포함된다.

- 조직은 멀웨어 감염이 진행되기 전에 최대한 빨리 치료해야 한다. 기업 네트워크의 나머지 부분을 검사하여 해당 감염과 관련된 손상 징후를 확인한다.
- 분산서비스거부(DDoS; distributed denial-of-service) 공격을 사용하여 더 심각한 다른 유형의 공격으로부터 주의를 분산시키기는 경우도 있다. 따라서 모니터링을 강화하고 모든 관련 활동을 조사하며 기업 인터넷 서비스 공급자(ISP) 또는 기타 서비스 공급자와 긴밀하게 협력해야 한다.
- 조직은 무단 접속 시도를 탐지, 감시 및 조사하는 업무에 우선순위를 부여함으로써 중요한 업무 및 데이터와 관련된 공격 시도를 탐지한다.
- 조직은 모든 도메인, 서버, 응용 프로그램 및 중요한 장치에 대해 사용 권한을 가진 사용자 계정을 식별해야 한다. 모든 시스템과 모든 시스템 이벤트에 대한 모니터링을 활성화하고, 모니터링 시스템은 로그 모니터링 인프라를 공급해야 한다.
- 조직은 모든 권한 상승 이벤트를 기록하도록 중요 시스템을 구성하고 인가되지 않은 권한 상승 시도를 위한 경보를 설정해야 한다.

명령 및 제어 단계 대처

명령 및 제어 단계의 대응방안은 다음과 같다.

- **네트워크 기반 침입 탐지 시스템 (NIDS)** : NIDS는 허가되지 않았거나 의심스러운 채널의 이용 시도를 탐지 · 경보할 수 있다.
- **방화벽** : 방화벽은 알려져 있거나 의심되는 적대적 출처와의 통신을 차단하고 의심스러운 활동이나 패킷 내용도 차단한다.
- **타르핏(Tarpit)** : 이것은 컴퓨터 시스템(일반적으로 서버)의 서비스로서, 수신한 연결 요청을 가능한 한 오래 지연시킨다. 타르핏은 스팸이나 광범위한 검색과 같은 네트워크 남용 공격이 너무 오래 걸리면 효과가 떨어진다는 관점에서 개발된 컴퓨터 웜에 대한 방어 수단이다. 타르핏은 승인된 출처 화이트리스트가 아닌 곳에서 수신된 트래픽에 사용된다.

행동 단계 대처

진행 중인 공격이 지능형 공격 단계에 도달하면, 보안 측면에서 가장 중요한 조치는 백업 정책이다. 조직은 모든 중요한 데이터와 시스템을 정기적으로 백업하고, 시스템 복구 절차를 테스트, 문서화 및 업데이트해야 한다. 또한 시스템 손상 증거를 신중하게 수집하고 모든 복구 단계와 수집한 증거 데이터를 문서화해야 한다.

15.6절과 15.7절에 설명하는 사고 관리는 이 단계와 관련이 있다.

비 멀웨어 공격

최근 점점 더 중요하게 여겨지는 사이버 공격 범주에는 비 멀웨어 공격이 있다. 비 멀웨어 공격의 주요 특징은 악성 파일이나 코드를 공격 대상 장치로 다운로드하지 않는다는 것이다. 오히려 공격자는 타겟 컴퓨터, 화이트 리스트 응용 프로그램, 인증된 프로토콜에 기반한 기존 소프트웨어를 사용하여 악의적인 활동을 수행한다. 비 멀웨어 공격은 사이버 킬 체인을 따라 여러 지점에서 나타날 수 있다. 비 멀웨어 공격의 가장 일반적인 유형은 다음과 같다.

- 원격 로그인
- WMI(Windows Management Instrumentation) 기반 공격
- PowerShell 기반 공격
- Office 매크로를 활용한 공격

멀웨어 이외의 보안 이벤트를 처리할 때는 대응 프로세스를 자동화하는 것이 훨씬 더 어렵다. 바이러스 백신 소프트웨어 또는 기타 사고 모니터링 소프트웨어가 멀웨어를 발견하면, 악성코드를 자동으로 제거하거나 추가 분석을 위해 격리할 수 있다. 그러나 침입과 같은 또다른 침해 유형은 피해 인식을 위한 자동화된 도구와 피해 대응을 위한 인적 개입을 모두 요구할 수 있다. "Restoring Machine Learning's Good Name in Cybersecurity"(CHES17) 기사에는 다음과 같은 예가 수록되어 있다. 중대형 기업의 일반적인 시나리오 상에서 보안 분석가가 취해야 할 잠재적 침해의 대응 절차는 다음과 같다.

- 보안 이벤트를 식별한다.
- 이벤트명과 설명(일반적으로 이벤트명은 너무 일반적이고 설명은 굉장히 모호하기 때문에 의도를 정확하게 표현하지 못하므로 거의 만족스럽지 않음)에 근거하여 공격 의도를 파악한다.
- 타사 위협 센터, 보안 블로그, 인텔리전스 보고서 및 이와 유사한 출처로부터 관련성이 높고 활용 가능성이 있는 데이터를 검색하고 수집한다.

WMI : 마이크로소프트 윈도우 장치, 특히 운영체제 및 소프트웨어 버전 데이터에서 시스템 메타데이터를 가져오는 프로토콜.

파워쉘(PowerShell) : 보안 설정에 대한 액세스를 포함하여 윈도우 시스템에 대한 풍부한 액세스를 제공하는 스크립트 언어 및 관련 기능.

- 데이터 분석을 시작한다.
- 관련 위협정보를 토대로 보안 이벤트의 의도 및 조직에 미칠 수 있는 영향을 판단한다.

그러나 분석가의 일은 여기에서 끝나지 않는다. 해당 이벤트는 조직 전체에서 반드시 통합되어 잠재적 위협과의 인과관계 및 연관성을 찾기 위한 분석을 수행해야 한다. 그러나 단기간에 처리해야 하는 보안 이벤트의 양이 많은 경우 해당 작업은 거의 불가능하다.

해당 문제를 극복하기 위한 방법으로 점점 더 인기를 얻고 있는 접근법은 인공지능(AI)과 머신러닝(ML) 소프트웨어를 사용하는 것이다.

- **인공 지능** : 인간의 능력을 모방하는 것으로 보이는 이 기술은, 전형적으로 학습, 자체 결론 도달, 복잡한 컨텐츠를 이해하는 것처럼 보이는 것, 언어를 사용해 자연스럽게 사람들과 대화 참여, 인간의 인지 성능을 향상시키는 행위(일명 인지 컴퓨팅이라고도 함), 또는 사람을 대체하여 비일상적인 작업 실행 등의 기능을 수행한다. AI는 경험을 통해 학습하고 적응할 수 있는 능력을 의미하며, 비 AI 소프트웨어의 접근 방식인 엄격하고 사전 정의된 알고리즘을 사용하지 않고도 문제에 대한 해결책을 제시할 수 있는 능력을 가지고 있다.
- **머신 러닝** : 보다 지능화되고 개선된 향후 결과를 도출하기위해 자체 알고리즘을 수정하는 AI 소프트웨어. 일반 프로그램의 정적 논리("만약 이런 조건을 가지면, 다음과 같이 처리 하라")와는 달리, 머신 러닝은 기본 논리를 개선하여 다음 작업이 이전 작업보다 더 효과적인 결과를 도출하도록 한다.

현재 많은 공급업체가 사이버 대응 노력을 지원하기 위해 머신러닝 및 인공지능 제품을 출시하고 있다. 그러나 이러한 기술은 보호 수준을 크게 향상시킬만큼 발전된 기술을 Carbon Black [CARB17]의 최근 보고서는 주요 사이버 보안 연구자를 대상으로 시행한 400개 이상의 인터뷰를 통해 얻은 통찰을 다음과 같이 요약하고 있다.

- 멀웨어 기반 공격보다 비 멀웨어 공격을 더 위협적인 것으로 간주한다.
- WMI 및 PowerShell과 같은 기본 시스템 도구을 활용하여 악의적인 작업을 수행하는 비 멀웨어 공격의 사례가 증가하고 있다.
- 기존의 바이러스 백신 소프트웨어를 이용한 비 멀웨어 공격 방지 기능에 대한 신뢰도는 낮다.
- 대부분의 보안 연구자들은 AI가 초기 단계에 있으며 사이버 보안에서 아직 인간의 의사결정을 대체할 수 없다고 생각한다.
- 연구진은 공격자가 ML 기반 보안 솔루션을 우회할 수 있다고 말한다.
- 사이버 보안 인재, 자원 공급 및 경영진의 신뢰 확보 문제는 계속해서 많은 비즈니스를 괴롭히는 가장 큰 과제이다.

15.6 보안 사고 관리 프레임워크

ISO 27000 제품군은 정보 보안 사고 관리(information security incident management)를 감지, 보고, 평가, 대응, 처리 및 학습하는 일련의 프로세스로 정의하고 있다. 본 절에서는 보안 정보 관리를 위한 관리 프레임워크를 살펴본다. 해당 프레임워크는 관계 당사자, 정보 및 도구 등으로 구성된다. 그림 15.6은 사고 대응 프레임워크의 4가지 핵심 요소를 강조하고 있으며, 자세한 내용은 이 절의 뒷부분에서 설명할 것이다. 보안 사고 관리 프레임워크의 목적은 정보 보안 사고를 신속하고 효과적으로 해결하는 데 필요한 자원의 가용성을 보장하는 것이다. 15.7절에서는 보안사고 관리 프로세스를 살펴본다.

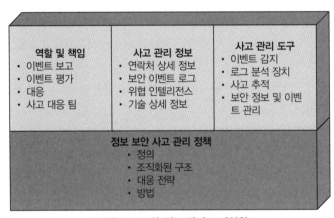

▲ 그림 15.6 보안 정보 관리 프레임워크

보안 사고 관리 구축에 관련된 몇 가지 표준은 다음과 같다.

- **ISO 27002, 정보 보안 통제를 위한 실행 강령** : 사고대응을 위한 관리 실무의 종합적인 체크리스트를 제공한다.

- **ISO 27035−1, 정보 보안 사고 관리—제1부** : 사고 관리 원칙 : 정보 보안 사고 관리의 기본 개념 및 단계, 사고 관리 개선 방법을 제시한다. 해당 파트는 앞에서 설명한 개념을 원칙과 통합하기 위해 사고를 감지, 보고, 평가 및 대응하고 그 과정에서 학습한 내용을 적용하는 구조화된 접근방식을 사용한다.

- **ISO 27035−2, 정보 보안 사고 관리—제2부** : 사고 대응 계획 및 준비 지침 : 사고 대응을 계획하고 준비하는 방법을 설명한다. 정보 보안 사고 관리 계획에 반드시 포함되어야 하는 사항에 대해 매우 자세한 설명을 제공한다.

- **ITU−T X.1056, 통신 담당 조직을 위한 보안사고 관리지침** : 사고 발생 시 효과적이고 효율적인 대응방안에 대한 실무 지침을 제공한다.

- **NIST SP 800-61, 컴퓨터 보안 사고 처리 가이드 :** 사고 대응 계획과 관련된 계획 수립, 관리 및 구현에 대한 상세한 지침을 제공한다.
- **RFC 2350, 컴퓨터 보안 사고 대응에 대한 기대 :** 사고 대응 관리를 위한 문제 및 요구 사항을 설명한다.

이 모든 문서를 검토하는 것은 보안 관리자의 책임이다.

사고 관리 목표

ISO 27035-1은 보안 사고 관리의 목적을 다음과 같이 기술하고 있다.

- 정보 보안 이벤트를 탐지하고 효율적으로 관리한다. 특히, 보안 이벤트를 정보 보안 사고로 분류할 시기를 적절하게 결정한다.
- 식별된 정보 보안 사고는 가장 적절하고 효율적인 방식으로 평가하고 대응한다.
- 정보 보안 사고가 조직과 조직의 운영에 미치는 악영향은 사고 대응의 일환인 적절한 제어를 통해 최소화한다.
- 에스컬레이션 프로세스를 통해 위기 관리 및 비즈니스 연속성 관리와 관련된 요소 및 링크를 설정한다.
- 정보 보안 취약점을 평가하고 적절히 대처하여 사고를 예방하거나 감소시킨다.
- 정보 보안 사고, 취약점 및 그와 관련된 관리 과정을 통해 신속하게 교훈을 얻는다. 이러한 피드백 메커니즘은 향후 정보 보안 사고 발생을 막을 수 있는 가능성을 높이고, 정보 보안 제어의 구현과 활용을 개선하며, 전반적인 정보 보안 사고 관리 계획을 개선한다.

정보 보안 관리 시스템과의 관계

ISO 27035-1의 그림을 참조한다. 그림 15.7은 정보 보안 사고 관리와 정보 보안 관리 시스템(ISMS)의 관계를 나타낸다(그림 2.1 참조). 그림의 윗부분에 점선으로 표현된 부분은 정보 보안 사고에서 객체 간의 관계를 잘 보여준다. 위협은 시스템의 취약성을 악용하여 보안 이벤트를 발생시켜 위협 요소가 이벤트를 생성하도록 한다. 이 이벤트는 취약성에 노출된 정보 자산에 영향을 미치고 정보 자산과 관련된 운영을 손상시키는 보안 사건일 가능성이 있다. 그림 상단에서 음영처리된 개체는 이미 존재하는 요소를 의미하여 음영 처리되지 않은 개체의 영향을 받는다.

그림 15.7의 하단에는 보안 사고 관리가 위험 관리 및 ISMS와 어떻게 관련되는지를 나타내는 큰 그림이 있다.

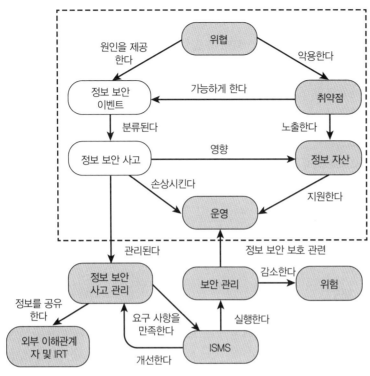

ISMS = 정보 보안 관리 시스템
IRT= 사고 대응 팀

▲ 그림 15.7 ISMS 및 적용된 제어 정책과 관련된 보안 사고 관리

사고 관리 정책

성공적인 사고 관리에 필수적인 것은 문서화된 사고 관리 정책이다. 이러한 정책은 다음 주제를 포함하는 사고 관리 전반에 대한 주제를 다루어야 한다.

- 내부 및 외부 이해관계자 명세
- 합의된 형태의 "사고" 정의 및 이를 식별하기 위한 지침
- 사고 대응/처리의 정의와 전체적인 목표 및 범위
- 사고 대응/처리의 목표와 원칙을 뒷받침하는 관리 의도 진술서
- 기업에게 특히 중요한 사고 대응/처리 정책, 원칙, 표준 및 규정 준수 요구 사항에 대한 간략한 설명
- 증거의 취급 및 보고를 포함한 사고 대응/처리에 대한 일반적이고 구체적인 책임 정의
- 세부적인 사고 대응/처리, 사고 경위, 컴퓨터 포렌식 정책 및 절차 등과 같이 정책을 지원하는 문서에 대한 참조
- 사고 식별 및 보고와 관련된 사용자 인식 교육
- 사고 대응 능력 및 그 효과를 측정하기위한 지표

- **임계 값 감지 :** 간단한 분석 방법으로, 임계값 설정을 통한 이벤트 감지가 있다. 예를 들어, 특정 기간 동안 탐지한 유형별 이벤트 횟수가 지정된 임계값을 초과하면, 이는 보안 사고로 간주할 수 있다.

- **이벤트 상관 관계 :** 상관 관계는 공격이나 의심스러운 활동이 발생했는지 판단하기 위해 여러 소스에서 다수의 이벤트를 사용하는 것이다. 예를 들어 특정 유형의 공격이 여러 단계로 진행되는 경우 이러한 활동을 기록하는 독립적인 이벤트와 공격과 연관된 다수의 이벤트를 상호 연결시킬 필요가 있다. 상관 관계의 또 다른 측면은 특정 이벤트를 알려진 시스템 취약성과 연관시켜 우선순위가 높은 사건으로 판단할 수 있다는 것이다.

SEM 모범 사례

SEM 시스템은 IT 환경의 거의 모든 다른 시스템과 상호 작용하기 때문에 SEM 시스템의 배치는 크고 복잡한 프로젝트로서 세심하게 계획하고 실행해야 한다.

계획

SEM 계획은 기업의 관점에서 프로젝트의 범위를 이해하는 것으로 시작한다. 블로그 포스트 "보안 이벤트 관리 준비 [HUTT07]"에는 SEM 시스템 계획 단계에서 고려해야할 문제를 다음과 같이 정의하고 있다.

- 인프라의 복잡성, SEM 도구, 설정한 패턴/로직 등의 요인에 따라 구축에 소요되는 시간은 1개월에서 1년까지 다양하다.
- SEMS에 의해 발생하는 부하를 관리하기 위해 여러 대의 전용 서버가 필요할 수 있다.
- 경보의 실시간성으로 인해 방대한 양의 데이터가 생성될 수 있다. 따라서 SEM 설계자는 성능과 규모의 요구 사항을 신중하게 고려할 필요가 있다.
- 대규모 분산 설치 시에는 요구되는 대역폭 크기 및 장애 모드를 고려한 신중한 네트워크 계획이 필요하다.
- SEM 수집기에 정보를 전달하기 위해 에이전트 설치를 요구하는 시스템도 있고, 그렇지 않은 시스템도 있다.
- SEM의 모든 투자 수익(return on investment, ROI)은 적절한 사용법을 숙지하기 위해 분석가를 훈련시키는 데 투입한 노력과 주의에 비례한다.

SEM 프로젝트의 규모에 대한 이해를 바탕으로, 관리 팀은 프로젝트 관점에서 책임과 권한을 부여하고 SEM의 개발, 구축, 이용에 관여하는 IT 및 IT 보안 담당자를 결정한다. 이 시점에서 SEM에 대한 보다 구체적인 질문을 통해 업무를 인수 및 개발하도록 유도하는 것이 필요하며, 다음과 같은 질문이 포함된다.

또한 이 정책은 다음의 주제를 포함한 사고 처리 전략도 다루어야 한다.

- 사고의 식별 및 대응 방침(예 : 종료, 봉쇄, 격리)
- 휘발성 및 정적 데이터 수집
- 데이터 보유 및 분석
- 교정
- 법 집행부 회부
- 포렌식 자료 처리
- 사고의 에스컬레이션
- 결과 및 소견 보고
- 사고에서 시스템 및 프로세스 업그레이드에 이르는 학습 프로세스 정의

역할과 책임

정보 보안 사고관리 프레임워크는 정보 보안 사고관리팀 및 사고대응에 관련된 사람들의 역할과 책임을 정의한다. ISO 27035-2에는 대응 인원을 배치해야 하는 사고 관리 책임을 다음과 같이 기술하고 있다.

- 정보 보안 이벤트 탐지 및 보고. (이것은 회사에 근무하는 모든 직원(정규, 계약)과 그 동료의 책임이다)
- 정보 보안 이벤트와 사고를 평가 및 대응하고 사후 해결 작업에 참여하는 활동. 이러한 활동에는 정보 보안 및 정보 보안 사고관리 계획에 대한 학습 및 개선이 포함된다. 해당 활동은 연락 담당 팀, 사고 대응 팀, 경영진, 홍보 담당자 및 법률 대리인의 책임이다.
- 정보 보안 취약점을 보고하고 대처한다. (이것은 회사에 근무하는 모든 직원(정규, 계약)과 그 동료의 책임이다)

대부분의 조직은 공식적인 정보 보안 사고 대응팀(information security incident response team, IRT)을 만들고자 한다. X.1056은 IRT를 적절한 숙련도와 높은 신뢰도를 가진 조직원으로 구성된 팀으로 정의하며, 팀의 수명 기간 동안 보안 사고를 처리한다. 때로는 외부 전문가를 활용하여 팀을 보완할 수도 있다. 팀 구성원은 다음과 같은 배경 및 기술을 갖추어야 한다.

- 알려진 위협, 공격 서명 및 취약성에 대한 이해
- 기업 대표 네트워크, 보안 인프라 및 플랫폼에 대한 이해
- 보안 대응 및/또는 문제 해결 기술의 경험
- 포렌식 기법 및 모범 사례의 경험

- 개인정보 보호 및 공개와 관련된 규정과 법률의 이해 및 증거 요건
- 비즈니스 책임 관점에서 시스템, 위협, 취약성 그리고 해결 방법에 대한 이해

IRT의 파트 타임 또는 섭외 담당자는 다음과 같은 주요 분야에 정통해야 한다.

- 정보기술
- 정보 보안
- 기업 커뮤니케이션
- 인적자원
- 법률
- 사업부 관리 및 기술 전문가
- 기업 보안(물리적 보안 포함)

IRT의 주된 책임은 15.7절에서 설명한 것과 같이 사고 대응 수명 주기 전반에 전체에 걸쳐 보안 사고를 처리하는 것이다. IRT는 또한 보안 관행을 개선하고 새로운 보안 통제 수단을 구축하기 위한 고안을 만드는 데도 참여한다.

사고 관리 정보

정보 보안 사고관리 프레임워크는 정보 보안 사고 관리를 지원하는데 필요한 정보의 유형을 자세히 설명할 필요가 있다. SGP에는 사고 관리에 필요한 정보 유형을 다음과 같이 기술하고 있다.

- 비즈니스 관리자, 기술 전문가(보안운영센터[SOC] 또는 이에 준하는 직원 등) 및 외부 공급 업체와 같은 관계 당사자의 연락처 세부 정보
- 보안 관련 이벤트 로그(예 : 응용 프로그램, 시스템, 네트워크 장치 및 보안 제품에서 생성한 로그)
- 프로세스, 운영 및 응용 프로그램과 같이 영향을 받는 비즈니스 환경에 대한 세부 정보
- 네트워크 다이어그램, 시스템 구성, 외부 네트워크 연결과 같은 기술 세부 정보
- 위협 인텔리전스 및 위협 분석 결과

사고 관리 도구

정보 보안 사고관리 프레임워크는 정보 보안 사고 관리를 지원하는 데 필요한 도구(예 : 체크리스트, 전자 검색 소프트웨어, 로그 분석기, 사고 추적 소프트웨어, 포렌식 분석 소프트웨어)를 규정하고 있다.

가장 중요한 사고 관리 도구 중 하나로 SIEM 시스템이 있다. SIEM은 SEM보다 더 광범위한 의미를 지닌 용어로 보다 포괄적인 정보 수집 및 후속 조치 시스템을 의미한다. ISACA의 "보안 정보 및 이벤트 관리 : 비즈니스 이익 및 보안, 거버넌스 및 보증 관점 [ISAC10]"에 따르면 일반적인 SIEM의 기능은 다음과 같다.

- **데이터 수집** : 일반적인 사용 사례에서, SIEM 솔루션은 방화벽, 프록시 서버, 데이터베이스, 침입 탐지 및 방지 시스템, 운영체제, 라우터, 스위치, 액세스 제어 시스템 등과 같은 다양한 시스템에 접근할 수 있어야 한다. 이들 중 일부는 유사한 로깅 및 경보 기능을 제공하지만, 종종 제공 형식, 프로토콜 및 정보에 상당한 차이가 있다.

- **데이터 집계** : 데이터 집계자는 데이터가 상호 연관성 분석 및 보관을 위해 전송되기 전까지 통합 리소스의 역할을 한다.

- **데이터 정규화** : 정규화는 동일한 유형의 데이터에 대한 서로 다른 표현을 공통 데이터베이스에서 사용하기 위한 방식으로 표현하는 프로세스를 의미한다.

- **상관 관계** : 이벤트 상관 관계는 일반적으로 단일 이벤트에서 분명하지 않은 비정상적인 활동을 식별하기 위해 주어진 시간 범위 내에서 여러 시스템에 걸쳐 수집한 여러 보안 이벤트 또는 경고를 연결하는 기능이다.

- **경고** : 특정 응답 (예 : 경고 또는 잠재적 보안 문제)을 트리거하는 데이터가 수집되거나 식별되면, SIEM 도구는 지정된 프로토콜을 활성화하여 사용자에게 경고(예 : 대시보드로 전송되는 알림, 자동 이메일 또는 텍스트 메시지)를 전달한다.

- **보고 및 준수** : SIEM의 프로토콜은 회사, 조직 및 정부 정책을 준수하는 데 필요한 데이터를 자동으로 수집하도록 설정된다. 사용자 보고 및 보고서 템플릿(일반적으로 결제 카드 산업 데이터 보안 표준 [PCI DSS] 및 미국 Sarbanes-Oxley Act와 같은 일반 규정을 위한)은 전형적인 SIEM 솔루션의 일부분이다.

- **포렌식** : 로그 및 경고 데이터에서 악의적이거나 비정상적인 활동의 증거를 확인하는 기능을 SIEM의 포렌식 기능이라 한다. 이벤트 상관 관계 및 정규화 프로세스에서 지원하는 포렌식은 높은 수준의 사용자 정의를 지원하는 세부 쿼리 기능, 원시 로그 파일과 아카이브 데이터에 대한 드릴다운 액세스가 필요하다. 데이터 수집, 집계, 상관 관계 기술 등이 실시간 사건 감지 및 대응 능력을 향상시키듯이, 포렌식은 다른 기술과 함께 동작하여 보안 분석가의 탐지 능력을 크게 향상시킨다.

- **보존** : 데이터를 장기간 저장하여 보다 완전한 데이터 세트를 바탕으로 의사결정을 할 수 있도록 지원한다.

- **대시보드** : 대시보드는 패턴이나 타겟 활동 또는 정상적인 사용 패턴에 맞지 않는 데이터를 파악하기위해 데이터를 분석하고 시각화 하는 데 사용된다.

15.7 보안 사고 관리 프로세스

보안 사고가 발생하면 많은 기관들이 임시방편으로 대응한다. 보안 사고로 인한 잠재적인 비용으로 인해, 이러한 보안 사고를 빠르게 발견하고 대응하기 위한 고정적인 능력을 개발하는 것은 비용 측면에서 이점이 있다. 이러한 능력은 또한 과거에 발생한 보안 사고에 대한 예방 및 대응 능력을 향상시키기 위한 분석을 제공하는 역할을 한다.

SP 800-61은 그림 15.8에서 보이는 것과 같이 네 가지 사고 관리 절차를 제시하며, 이는 심의 구성의 좋은 방법이 된다.

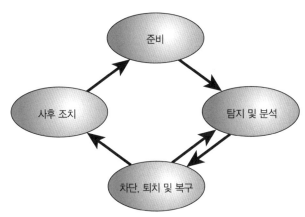

▲ 그림 15.8 사고 대응 생활 주기

사고 대응을 위한 준비

효과적인 사고 대응을 위해서는 조직 내 다수의 참여가 필요하다. 성공적인 사고 대응 프로그램을 정립하는 데 있어 가장 중요한 사항은 올바른 계획 및 시행 결정을 수립하는 것이다. 사고 대응 준비에 포함되는 업무들은 다음을 포함한다.

- 보안 사고에 대한 범위를 명확히 하기 위해서, 사고라는 용어에 대한 기관별 정의를 개발한다.
- 사고 대응 정책을 수립한다.
- 사고 대응 및 보고 절차를 개발한다.
- 외부 당사자와 소통하기 위한 지침을 수립한다.
- IRT에 의해 제공될 서비스를 정의한다.
- 사고 대응을 위한 조직의 구조와 직원 채용 모델을 선택한다.
- IRT를 채용하고 훈련시킨다.

- 정확한 알림 메커니즘을 설립하고 유지한다.
- 사고의 우선순위를 매기기 위한 서면 지침을 개발한다.
- 사고 데이터의 수집, 포멧팅, 조직, 저장, 보유를 위한 계획을 갖춘다.

탐지 및 분석

아마도 사고 대응 생활 주기에서 가장 도전적인 단계는 사고가 발생했는지를 알아내고, 사고가 발생했을 경우 사고의 종류, 내용, 규모를 알아내는 탐지 및 분석일 것이다.

사고 탐지

15.2와 15.3절은 이벤트 기록과 관리에 대해 자세히 논의한다. 사고 대응 생활 주기의 한 부분으로서 보안 사고는 로깅 되고 기록된 많은 보안 이벤트 중에서 반드시 탐지되어야 한다.

보안 탐지의 주요 양상은 다음을 포함한다.

- 모든 IT 직원 및 사용자는 훈련을 통해 다음의 업무를 원활하게 수행할 수 있어야 한다. 실패, 취약점, 의심스러운 사고에 대한 보고 절차; 보안 문제의 인지 및 발견; 적절히 보고를 전파하기 위한 방법;
- 이벤트 로그로부터 보안 사고를 자동으로 탐지하고, 최대한 실시간 보고까지 가능한 기술적인 제어가 구현되어야 한다. 주요 기술 도구로는 IDS와 지속적으로 모니터링을 수행하는 안티 바이러스 소프트웨어를 들 수 있다.
- 상황 인식 정보가 내/외부 데이터 소스로부터 수집될 필요가 있다. 이는 다음의 것들을 포함할 수 있다.

  로컬 시스템과 네트워크 트래픽, 활동 로그; 사고 활동에 영향을 줄 수 있는 현재 진행중인 정치적, 사회적, 경제적 활동에 관한 뉴스 피드; 사고 경향에 대한 외부 피드, 새로운 공격 매개체, 현 공격 지표, 완화 전력 및 기술;
- 디지털 증거가 수집되고 안전하게 저장될 필요가 있으며, 해당 증거가 법적 기소 혹은 내부 징계 조치를 위해 필요한 경우 안전하게 보존되는지 지속적으로 모니터링 되어야 한다.

분석

일단 사고가 탐지되면, 위협을 제거하고 피해로부터 복구를 수행하는 생활 주기의 다음 단계로 즉시 넘어가는 것이 적절하다. 대부분의 기업은 해당 시점에서 상세한 분석을 수행한다. 전형적인 조치는 다음의 사항을 포함한다.

- 피해의 규모를 확인한다. 영향을 받은 사용자의 수, 장치의 수, 네트워크의 세그먼트를 고려한다.
- 심각성을 평가한다. 포함된 데이터의 민감성은 어떠한가? 서비스, 시스템, 응용의 임계는 어떠한가? 잠정적인 피해 및 법적 책임은 어떠한가?
- 사건이 얼마나 긴급 한지를 평가한다. 유효한 문제, 위협인가, 혹은 진행 중인 사건인가? 문제가 사후에 발견되었는가? 침입이 중단되었는가 완료되었는가? 시스템이 아닌 계정의 사용에 관한 문제인가? 개인의 안전 및 사생활에 관한 문제인가?

분석은 또한 취약성을 제거하거나 사고 발생을 야기한 행위를 차단하기 위한 즉각적인 조치가 필요한지 결정할 필요가 있다. 이러한 분석은 사후 조치 단계의 일부로 볼 수 있다.

차단, 퇴치 및 복구

차단, 퇴치, 복구 단계는 사고 관리의 가장 중요한 업무이다. 예방 조치가 실패하고 사고가 발생하게 되면, 기업은 해당 공격이 진행중일 경우 이를 중단시키고 공격으로부터 복구할 필요가 있다. 해당 단계에서 취해지는 조치들은 다른 사고를 발견할 수 있고, 이는 그림 15.8에서 보이는 것과 같이 탐지 및 분석 단계로 피드백 된다.

차단

대부분의 사고는 어느 정도 봉쇄를 필요로 한다. 봉쇄 조치의 목적은 사고가 자원을 완전히 장악하거나 다른 측면으로 피해를 증가시키기 전에 사고의 영향이 전파되는 것을 막는 것이다.

다양한 종류의 사고를 다루기 위한 전략은 반드시 사전에 잘 계획되어야 한다. 전략은 사고의 종류에 따라 다르다. 예를 들어, 전자메일 기반 바이러스, DoS 공격, 권한 확대를 통한 침입 등은 다른 전략을 요구한다. 몇몇 경우, 사고가 조치될 때까지 시스템이 네트워크로부터 분리되어야 할 수도 있다. 사용자 혹은 시스템 레벨의 계정을 중지시키거나 변경해야 할 수도 있다. 활동 중인 세션이 종료되어야 할 수도 있다.

전략의 특성 및 봉쇄에 사용되는 자원의 규모는 사전에 개발된 기준에 의해 결정된다. 기준의 예로 잠정적인 피해 및 자원의 탈취, 증거 보존의 필요성, 전략의 효과, 전략 구현을 위해 필요한 시간과 자원, 해법의 지속 기간 등이 있을 수 있다.

퇴치

진행 중인 피해가 중단되면, 멀웨어와 손상된 사용자 계정 등과 같은 사고의 잔여 요소를 제거하기 위한 퇴치 과정이 필요할 수 있다.

복구

복구 단계에서, IT 지원은 시스템을 정상 동작이 가능한 상태로 복구하고, 만약 가능하면 유사한 사고를 방지하기 위해 시스템을 강화시킨다. 가능한 조치로는 다음과 같은 사항들이 존재한다.

- 최신 백업으로부터 안전한 버전의 시스템 복구
- 새로운 시스템 구축
- 침해된 파일을 안전한 버전으로 교체
- 패치 설치
- 비밀번호 변경
- 네트워크 주변 보안 강화 (예, 방화벽 규칙 집합)

사건 후 조치

사고 로깅 능력은 사고 및 사고와 관련한 주석을 기록하는 것을 가능하게 한다. 사고가 봉쇄, 박멸, 복구 단계를 거치고 나면, 기관은 반드시 평가 절차를 착수해야 한다. 이는 사고를 통해 알게 된 사실을 논의하는 교훈 회의, 사후 보고 등을 포함한다. 사고의 종류 및 보안 정책에 따라, 종합적인 포렌식 조사를 지원할 수 있으며(15.9절에서 논의됨), 종합적인 피해 분석이 수행될 수 있다. 사고와 영향, 복구를 위해 요구되는 업무의 규모가 파악되면, 다음과 같은 추가적인 조치가 필요할 수 있다.

- 사고 처리 절차가 수정되어야 하는지 혹은 보다 많은 자원이 투입되어야 하는지 결정하기 위해 사고 처리 절차를 반드시 검토해야 한다. 사고처리 절차 수정은 사고의 신규 발생 여부와 심각성에 의해 결정된다.
- 정책과 절차 변경이 수반될 수 있다. 고려 가능한 질문 항목들은 다음과 같다. 생략된 절차가 있었는가? 의사소통이 명확하지 않았는가? 적절히 고려되지 않은 이해 당사자가 있었는가? 기술 직원이 분석 및 복구를 위한 적절한 자원(정보와 장비)을 보유하고 있었는가?
- 신규 혹은 수정된 기술 보안 제어, 인식 개선과 수용 가능한 정책 업데이트, 위협 지능과 취약성 평가 분야 개선과 같은 사고 관리 절차 외 다른 개선사항이 필요할 수 있다.

15.8 긴급 수리

보안 사고에 대한 긴급 상황은 다른 보안사고보다 더 긴박하게 대처해야 한다. 긴급 대응시에는 영구적인 방안이 수립될 때까지 진행 중인 손상을 최소화하는 긴급 수리를 수행해야 한다. 긴급 수리를 실시하려면 정보 보안 책임자에게 일반적인 경우에는 허가되지 않는 접근 권한을 임시로 부여해야 하는 경우도 있다.

비상사태를 구성하는 요소를 파악하려면 ISO 27035에서 제안된 보안 사고에 대한 분류 체계를 고려해야 한다.

- **긴급** : 다음과 같은 심각한 영향을 끼치는 사항이다.
  - 심각한 정보시스템에 관한 법률적 조치
  - 심각한 영업손실 발생
  - 심각한 사회적 영향 발생
- **중요** : 다음과 같은 중대한 영향을 끼치는 사항이다.
  - 중대한 정보시스템 또는 중요정보시스템에 관한 법률적 조치
  - 중대한 영업손실 발생
  - 중대한 사회적 영향 발생
- **경고** : 다음과 같은 상당한 영향을 끼치는 사항이다.
  - 상당한 정보시스템 또는 일반 정보시스템에 관한 법률적 조치
  - 상당한 영업손실 발생
  - 상당한 사회적 영향 발생
- **정보** : 다음과 같은 경미한 영향을 끼치는 사항이다.
  - 경미한 일반정보시스템에 관한 법률적 조치
  - 경미한 사업손실 또는 사업손실 없음
  - 사회적 영향이 경미하거나 사회적 영향이 없음

표 15.3에는 다양한 영향을 초래할 수 있는 보안 사고 유형의 예를 나타낸다.

▼ 표 15.3 사고 분류 및 위험 등급의 예

사고 분류	정보	경고	치명적인	긴급상황
기술적 공격	실패 횟수	단순 사항(사용자 손상)	다중(애플리케이션 접근 권한 손상)	대량(애플리케이션 접근 권한 손상)
기술적 공격		신경 쓰이는(경계에서 침입을 시도)	교란	사용 불가(서비스 중지)
멀웨어	단순 사건 (백신에 의해 탐지된 사항)	단순(알려지지않은 상태)	다중 감염 서버 감염	대량 감염

보안 정책에는 긴급 수리가 필요한 보안 사고에 대응하는 계획이 포함되어야 한다. 이는 다음과 같다.

- 긴급 수리가 필요한지 판단하기 위한 절차
- 비상연락처 정보
- 하드웨어 관련 사용방법 요약
- 소프트웨어 관련 사용방법 요약
- 긴급 수리의 승인 및 사고 기록 절차
- 긴급 수리 시 필요한 비상 접근 절차
- 사건 문서화, 대응 검토, 수정사항 제거 절차
- 보호 우선순위가 높은 자산 및 리소스 목록

비상사태에 대응하기 위해 반드시 필요한 사항은 한 명 이상의 개인이 관련 업무를 수행할 권한을 가져야 한다는 것이다. 보안요원은 정보자산을 보호하기 위한 긴급 조치를 명령해야 하며 비상 접근을 허용하도록 관리자 권한과 역할을 재정의해야 한다. 관리자가 부재중이라면 시스템 관리자 액세스 권한을 시스템 관리자가 아닌 다른 사람과 공유하는 것이 좋은 보안 관행이다. 그러나, 전체 시스템 접근 허용은 완전한 책임을 필요로 하며, 전체 시스템 접근권을 가진 사람은 모든 보안 기능을 무시할 수 있는 능력을 가지고 있기 때문에, 시스템을 안전하게 유지하는 데 필요한 가장 적은 수의 인원으로 제한해야 한다.

15.9 포렌식 조사

NIST SP 800-96, 포렌식 기술과 사고대응의 통합에 따르면 컴퓨터 포렌식 또는 디지털 포렌식은 데이터의 식별, 수집, 검사 및 분석으로 정의되며, 정보의 무결성 보장 및 데이터에 대한 엄격한 관리 체인을 유지하는 것을 뜻한다. 컴퓨터 포렌식은 다음과 같은 중요한 질문에 대한 답변이 필요하다.

- 무슨 일이 있었는가?
- 사건이 발생한 시점은?
- 어떤 순서로 사건이 발생하였는가?
- 이러한 사건의 원인은 무엇인가?
- 누가 이러한 사건들을 발생시켰는가?
- 이러한 이벤트를 발생시킬 수 있었던 것은?
- 어떤 영향을 받았는가? 얼마나 영향을 받았는가?

컴퓨터 포렌식 분석은 다음과 같은 여러 가지 이유로 사용된다.

- 범죄수사
- 의심스러운 직원 행태 조사
- 중대한 보안사고 재구성
- 운영 문제 해결 방법
- 감사기록 유지관리를 위한 실사 지원
- 우발적인 시스템 손상으로부터 복구

대부분의 보안사고는 포렌식 조사가 필요하지는 않으며, 일반적인 사건관리 과정을 통해 처리된다. 하지만 심각한 사건에 대해서는 포렌식 조사를 통해 보다 심도 있는 분석을 보장할 수 있다. 예를 들어, 고객이나 공급자와 같은 외부 당사자가 기업과 관련된 사고로 인해 손실을 입는 경우, 포렌식 분석은 기업이 책임을 회피하거나 경감시키는 데 도움이 될 수 있다. 또 다른 예로, 종업원이 어떠한 사건으로 인해 해고되었지만 해고된 것이 부당하거나 근거가 없다고 주장할 수 있다. 이 때 부적절하게 사용된 증거는 그 결정을 정당화시키고 부당 해고 청구에 대해 방어하는 것을 더 어렵게 할 수 있다. 만약 증거가 없다면, 그 기업은 종업원이 소송을 제기할 경우 추가적인 비용이 소모될 수 있는 상황이 발생할 수 있다.

그림 15.9에는 디지털 포렌식 프로세스의 일반적인 단계를 나타내며, 이 단계는

다음 절에 자세히 설명된다.

▲ 그림 15.9 디지털 포렌식의 처리 단계

준비

준비는 포렌식 조사와 관련된 계획과 정책 수립 활동을 포함한다. 보안 정책에 대해 특정 사항에 대해서는 컴퓨터 포렌식을 수행해야 한다. SP 800-86, 포렌식 기술을 사고 대응에 통합하는 방법에 대한 가이드에서는 다음 사항을 고려할 것을 권고한다.

- 포렌식 정책 및 절차에 대한 정기적인 검토, 법 집행, 모니터링 실시 등 주요 법의학적 고려 사항 전반에 대한 명확한 진술이 정책에 포함되었는지 확인
- 조직의 방침 및 모든 관련 법령에 근거하여 포렌식 업무 수행 절차 및 지침 작성 및 유지 관리
- 정책 및 절차가 포렌식 도구에 합리적이고 적절한 사용을 지원하는지 확인
- IT 전문가가 포렌식 활동에 참여할 수 있도록 준비

또한, 조직은 증거 관리 방법에 관한 가이드라인을 제정해야 한다. 이러한 지침은 전체 조사 과정 내내 증거가 보존되도록 하는 데 도움이 된다.

준비 단계에서는 직원 채용 및 교육, 도구 검증 및 품질 보증 조치와 같은 기타 활동도 다룬다.

준비의 중요한 사항은 포렌식 분석에 필요한 데이터 출처를 만들고 안전하게 저장하는 것이다. 이에 대한 주요 조치는 다음과 같다.

- 변동 사항을 감지하는 파일 시스템의 기준점 설정
- 중앙 시스템 로그 서버 활용
- 네트워크의 제어점에서의 네트워크 레벨 로깅 유지 관리
- 로그를 생성하는 시스템에 대해 중앙 NTP(Network Time Protocol) 서버를 사용하여 시스템

클럭 및 로그 타임스탬프 동기화

- 특정 유형의 사고에 대응할 때 유용한 프로토콜 유지

중앙 집중식 로그 생성의 장점은 분산 네트워크 구조보다 보호가 용이해 공격 표면이 더 크다는 점이다.

식별

식별 단계는 포렌식 분석 요청이 있을 때 시작된다. 이 단계에는 사건의 유형, 관련 주체, 관련 제도 등 의뢰의 목적과 조사 범위를 파악한다. 포렌식 분석가는 프로세스를 시작하기 위한 충분한 정보를 포함하고 있는지 파악해야 한다. 그렇지 않은 경우, 분석가는 요청자와 조율하여 다음 단계를 결정해야 한다.

식별 단계는 관심 데이터의 저장 위치 및 복구, 검색이 필요한 데이터를 결정한다. 이 단계의 또 다른 역할은 포렌식 하드웨어와 소프트웨어에 대한 설정 및 검증, 그리고 필요에 따라 시스템 구성하는 것이다.

수집

일단 데이터의 위치가 확인되면, 포렌식 프로세스는 데이터가 무결성을 보장한 상태로 수집되었는지 확인해야 한다. 일반적인 기업 정책은 원본 데이터가 절대 변경되지 않으며, 수집된 증거가 법적 조사에 부합함을 확인하기 위해 특수한 목적의 포렌식 하드웨어와 소프트웨어를 사용하도록 한다. 데이터가 수집되면 데이터를 검증하고 백업한다.

데이터 수집 과정에는 포렌식 분석의 목적에 따라 다음의 사항을 포함한다.

- 시스템 로그, 이벤트 로그 및 사고 발생 시점에서의 로그 데이터 캡처
- 시스템 데이터 검색
- 삭제, 암호화 또는 손상된 파일 정보 복구
- 온라인 활동 모니터링
- 시스템 하드 드라이브의 비트 이미지 복사본 만들기
- 기업 정책 위반 적발

수집 단계 뿐만 아니라 보존 단계에서도 포렌식 도구 키트(FTK), EnCase 등 컴퓨터 포렌식 커뮤니티에 잘 알려진 포렌식 소프트웨어 도구를 사용해야 한다.

네트워크 타임 프로토콜 (NTP) : 인터넷에 위치한 라디오 및 원자 시계를 참조하여 컴퓨터 시스템, 네트워크 장치 및 기타 시스템 구성 요소에 대한 정확한 로컬 시간을 보장하는 프로토콜. 이 프로토콜은 장기간에 걸쳐 밀리초 이내에 분산 클럭을 동기화할 수 있다.

보존

다음과 같은 조치에 따라 데이터 프로세스의 보존을 구성한다.

- 데이터를 수집하는 시기, 장소, 방법 및 사용자 정보 로그 작성
- 변조 또는 오염을 방지하기 위한 데이터의 안전한 저장
- 포렌식 분석을 위해 작성된 데이터에 대한 액세스 기록

분석

분석은 각 작업의 세부사항에 따라 달라진다. 검사자는 분석 중에 고객에게 피드백을 제공하며, 피드백 과정에서 다른 경로를 취하거나 특정 영역으로 좁혀질 수 있다.

분석 작업은 다음과 같다.

- 새 프로그램, 파일, 서비스, 사용자 등 시스템 변경사항 확인
- 비정상적인 동작에 대한 프로세스 및 오픈 포트 검토
- 트로이 목마 프로그램 및 툴킷 확인
- 기타 악성 프로그램 확인
- 불법 컨텐츠 찾기
- 타협의 지표 찾기
- 보안사고의 발생인원, 시기, 장소, 내용 및 방법

분석가는 다음과 같은 다양한 포렌식 분석 도구를 활용할 수 있다.

- 디스크 및 데이터 캡처 도구
- 파일 뷰어
- 파일 분석 도구
- 등록부 분석 도구
- 인터넷 분석 도구
- 전자 메일 분석 도구
- 모바일 기기 분석 도구
- macOS 분석 툴
- 네트워크 포렌식 도구
- 데이터베이스 법의학 도구

분석 단계에서 NIST 컴퓨터 포렌식 도구 시험 프로그램은 좋은 도구이다. 이 프로그

램은 이용 가능한 포렌식 도구를 테스트하고 카탈로그를 유지 관리한다. 이를 통해 실무자들은 자신의 특정 기술 요구 사항을 충족하는 도구를 찾을 수 있다. 카탈로그는 디스크 이미징이나 삭제된 파일 복구와 같은 특정 디지털 포렌식 기능에 기반한 기술적 매개변수로 검색할 수 있는 기능을 제공한다.

보고

포렌식 조사로 인한 모든 보고는 조사의 목적에 따라 달라진다. 일반적으로 SP 800-86에는 모든 유형의 조사보고에 영향을 끼치는 요소가 나열되어 있다.

NIST Computer Forensics Tool Testing Program: https://www. nist.gov/itl/ssd/ software-quality-group/computer-forensics-tool-testing-program-cftt

- **대체 설명** : 사용 가능한 정보는 사건의 원인과 성격에 대한 명확한 설명을 제공하지 않을 수 있다. 분석가는 가능한 최선의 결론을 제시하고 대체 설명을 강조해야 한다.
- **청중에 대한 고려** : 법 집행이 필요한 사건에는 수집된 모든 정보에 대한 매우 상세한 보고가 필요하며, 취득한 모든 증거 자료의 사본을 요구할 수 있다. 시스템 관리자는 네트워크 트래픽 및 관련 통계를 매우 자세히 보고 싶어 할 수 있다. 고위 경영진은 공격이 어떻게 발생했는지에 대한 단순화된 시각 자료 및 유사한 사고를 방지하기 위해 수행해야 하는 작업에 대한 높은 수준의 개요를 요청할 수 있다.
- **실행 가능한 정보** : 보고에는 분석가가 새로운 정보를 수집할 수 있도록 데이터에서 얻은 실행 가능한 정보를 식별할 수 있다. 예를 들어, 사건 또는 범죄에 대한 추가 정보로 사용될 수 있는 연락처 목록을 데이터에서 추출할 수 있다. 또한, 얻어진 정보는 미래의 공격에 이용될 시스템의 백도어, 계획 중인 범죄, 특정 시기에 퍼지기 시작할 웜, 또는 악용될 수 있는 취약성에 대비하여 미래 사건을 예방하는 데 도움이 될 수 있다.

15.10 위협 및 사고 관리 모범 사례

SGP는 위협 및 사고 관리 범주의 모범 사례를 2개 영역과 9개 항목으로 구분하고 각 주제에 대한 세부 점검 목록을 제공한다. 영역과 주제는 다음과 같다.

- **사이버 보안 복원력** : 기술적 취약성 검색, 최신 패치 수준 유지, 지속적인 보안 이벤트 모니터링 수행, 위협 인텔리전스에 대한 조치, 대상 사이버 공격에 대한 정보 보호 등을 통해 비즈니스 애플리케이션, 시스템 및 네트워크와 관련된 위협 및 취약성을 관리할 수 있다.
- **기술 취약성 관리** : 이 항목에서는 비즈니스 애플리케이션, 시스템, 장비 및 장치의 기술적

취약성을 식별하고 교정하기 위한 프로세스를 설정하는 것을 다룬다. 기술적 취약점을 신속하고 효과적으로 해결하여 악용될 가능성을 줄이고 심각한 보안 사고를 예방하는 것이 목적이다.

- **보안 이벤트 로깅 :** 이 항목에서는 보안 관련 이벤트를 로그에 기록하고 중앙에서 저장하며 무단 변경으로부터 보호하고 정기적으로 분석한다.
- **보안 이벤트 관리 :** 이 항목에서는 보안 관련 이벤트 로그를 검토하고 분석하기 위한 관리 지침을 다룬다. 알려진 취약성을 탐지하고, 특이하거나 의심스러운 활동을 탐지하며, 적시에 조사가 필요한 사건에 대응하는 것이 목적이다.
- **위협 인텔리전스 :** 이 항목의 목적은 범위 분석을 기반으로 정보 위험 관련 의사결정 및 활동을 지원함으로써 위협에 대한 상황 인식을 파악하는데 있다. SGP는 위협 정보의 내부 및 외부 출처, 위협 정보에 포함되어야 하는 세부사항, 분석 정책 및 위협 정보 공유에 대해 논의한다.
- **사이버 공격 보호 :** 이 항목에서는 사이버 공격의 모든 단계에서 기업 자산을 보호하기 위한 체크리스트를 제공한다.
- **보안 사고 관리 :** 이 영역의 목적은 정보 보안 사고의 식별, 대응, 복구 및 사후 구현 검토를 위한 프로세스의 종합적이고 문서화된 전략을 개발하는 것이다.
- **보안 사고 관리 프레임워크 :** 이 항목에는 조직의 정보 보안 사고 관리 프로세스에서 요구하는 관련 개인, 정보 및 도구를 포함하여 정보 보안 사고 관리 프레임워크를 정의하기 위한 고려사항이 열거되어 있다.
- **보안 사고 관리 프로세스 :** 이 항목에서는 보안 사고의 탐지, 분석, 포함, 복구 및 학습과 관련된 조치의 체크리스트를 제공한다.
- **긴급 수정 :** 이 항목에서는 긴급 수리를 적용하고, 시기 적절하고 안전한 방식으로 비상사태에 대응하며, 조직에 혼란을 줄이기 위한 조치의 체크리스트를 제공한다.
- **포렌식 조사 :** 이 항목에서는 법의학적 조사가 필요한 정보 보안 사고나 기타 사건(예 : 전자 발견 요청)에 대처하기 위한 조치의 체크리스트를 제공한다.

15.11 참고문헌

- **CARB17:** Carbon Black, Beyond the Hype: Security Experts Weigh in on Artificial Intelligence, Machine Learning, and Non-malware Attacks. March 2017. https://www.carbonblack.com/wp-content/uploads/2017/03/ Carbon_Black_Research_Report_NonMalwareAttacks_ArtificialIntelligence_MachineLearning_BeyondtheHype.pdf

- **CHES17:** Chesla, A., "Restoring Machine Learning's Good Name in Cybersecurity." Forbes Community Voice, July 25, 2017. https://www.forbes.com/sites/forbestechcouncil/2017/07/25/restoring-machine-learnings-good-name-incybersecurity/#18be0e1168f4

- **CIS18:** Center for Internet Security. The CIS Critical Security Controls for Effective Cyber Defense version 7. 2018. https://www.cisecurity.org

- **CNSS10:** Committee on National Security Systems. National Information Assurance (IA) Glossary. April 2010.

- **ENIS16:** European Union Agency for Network and Information Security, ENISA Threat Taxonomy—A Tool for Structuring Threat Information. January 2016. https://www.enisa.europa.eu

- **HUTT07:** Hutton, N., "Preparing for Security Event Management." 360is Blog, February 28, 2017. http://www.windowsecurity.com/uplarticle/NetworkSecurity/360is-prep-sem.pdf

- **ISAC10:** ISACA, Security Information and Event Management: Business Benefits and Security, Governance and Assurance Perspectives. 2008. www.isaca.org

- **ISAC13:** ISACA, Responding to Targeted Cyberattacks. 2008. www.isaca.org

- **WASC10:** Web Application Security Consortium, WASC Threat Classification. January 2010. http://www.webappsec.org/

chapter 16

로컬 환경 관리

이 장의 학습 목표는 다음과 같다.

- 로컬 환경 보안에 관한 사항을 논의한다.

- 다양한 유형의 물리적 보안 위협에 대해 소개한다.

- 다양한 물리적 보안 예방 및 완화 조치에 대한 평가를 제시한다.

- 물리적 보안 침해로부터 복구하기 위한 조치 방법을 설명한다.

- SP 800-53 물리적 보안 컨트롤의 가치 이해

- 로컬 환경 관리 모범 사례 개요를 제시한다.

이번 장에서는 다른 로컬 환경과 물리적으로 분리된 로컬 환경에 대한 특정 보안 문제에 대해 논의한다. 16.1절에서는 로컬 정보 처리 보안 문제와 관련된 사항, 그리고 이러한 문제를 조치하고 해결하는 방법, 로컬 보안 정책을 전체 엔터프라이즈 보안 정책과 조율하고 통합하는 방법을 살펴본다. 16.2절에서는 물리적 보안에 대해 살펴본다.

16.1 로컬 환경 보안

기업들은 기업 전체의 보안 문제를 해결하기 위해 보안 정책 및 절차를 개발하는 데 많은 노력을 기울인다. 하지만 전자 장비 및 장비는 사용자들은 다양한 로컬 환경을 지니고 있기 때문에, 각 로컬 환경의 고유한 보안 과제를 고려하는 것도 매우 중요하다. 로컬 환경에 맞는 전략을 개발해야 하는 요인은 다음과 같다.

- 대부분의 조직은 다양한 사용자 환경을 가지고 있으며 정보를 처리하기 위해 다양한 기술을 사용하는 개인으로 구성된다.
- 다양한 환경에서 사용자의 지식, 행동, 행동 등에 현저한 차이가 존재한다.
- 사용자는 회사에서 발급한 다양한 개인 소유 장치를 사용한다(BYOD 정책이 있는 조직).
- 사용자는 업무와 개인용 컴퓨팅(예 : 모바일 컴퓨팅)의 경계를 모호하게 만드는 경우가 있다.
- 사용자는 일반적으로 자신의 사용자 환경을 구성하고 소셜 네트워킹, 인스턴트 메시징, 피어 투 피어 네트워킹, VoIP(Voice over IP) 등의 개인 소프트웨어를 설치하고자 한다.

로컬 환경의 보안 문제를 해결하기 위해서는 작업자 권한 부여, 기능 및 효용성의 증가, 최종 사용자의 환경 제어와 같은 보안 사항에 기업 목표를 염두에 두어야 한다. 또한 최종 사용자는 지나치게 제한적이거나 비용이 드는 보안 사항에 불만을 제기할 수 있는 영향력을 가지고 있어야 한다.

이 복잡한 문제를 해결하려면 두 단계가 필요하다.

- 기업 보안 책임자는 사용자 환경과 관련된 고유한 보안 문제를 이해할 필요가 있다.
- 기업은 기업 보안 정책을 로컬에서 조정하고 구현하는 작업을 각 로컬 환경에서 한 명 이상의 개인에게 맡겨야 한다.

로컬 환경 : 사이버 보안의 맥락에서, 물리적으로 구별되고 분리된 영역으로, 단일 사무실 공간, 건물 또는 건물 복합체가 될 수 있다. 로컬 환경은 기업의 나머지 환경과 구별되는 고유한 물리적 보안, 인적 보안 및 정보 보안 요구를 가질 수 있다.

로컬 환경 프로필

기업 책임자 및 기업의 보안 책임자는 직원이 접근하여 사용하는 정보의 가치, 적절히 보호되지 않을 때 이 정보가 노출되는 위협, 사용자 환경에서 이 정보가 손상될 경우 발생할 수 있는 잠재적인 비즈니스 영향과 같은 로컬 환경의 보안 문제를 잘 파악하지 못할 수 있다.

ISF SGP는 각 로컬 환경의 보안 담당자 또는 보안 그룹이 보안 프로필을 개발하도록 권장하고 있다. 프로필의 핵심 요소는 다음과 같다.

- **개인** : 각 로컬 환경에는 정보 보안 책임을 가진 한 명 이상의 직원이 있어야 한다. 프로필은 해당 위치의 사용자 유형, 응용 프로그램 및 데이터 사용, 보안 인식 교육 수준, 보안 권한, 모바일 장치 사용 여부 및 유형을 자세히 포함해야 한다.
- **비즈니스 프로세스 및 정보** : 접근 정보 유형과 중요한 정보에 대한 접근 인가 여부가 포함된다. 프로필에는 사용자 정보 액세스와 관련된 비즈니스 프로세스에 대한 사항과 외부 공급 업체 (예 : 클라우드 서비스 제공 업체)에 대한 설명이 포함되어야 한다.
- **기술 사용** : 사용되는 응용 프로그램 및 IT 장비로 구성된다.
- **위치** : 프로필에는 사용자와 장비가 배치된 위치 정보를 수록해야 한다. 특히, 기업 직원이 아닌 다른 사람이 비슷한 물리적 위치에 액세스 할 수 있는지에 대한 여부, 다른 조직 (예 : 사무실 건물 또는 공원)과의 물리적 공간 공유 여부 및 특정 환경에 대한 위험을 표시해야 한다. (예 : 토네이도 지역).

로컬 보안 조정

기업은 기업 전체의 정보 보안 정책이 로컬 환경에 적용되고, 정책 요소가 로컬 프로파일에 맞게 조정되도록 복합적으로 관리해야 한다. 이러한 목적을 위해 각 지역에는 보안에 책임이 있는 한 명 이상의 직원들이 상주해야 한다. 이는 정보 보안 코디네이터 및 정보 보안 팀이다.

정보 보안 코디네이터

정보 보안 코디네이터는 지역 환경에서의 정보 보안 개발 및 유지관리를 담당하며, 조직의 보안 임원 및 관리자와 상호 조정을 수행한다.

정보 보안 코디네이터는 다음과 같은 임무를 지닌다.

- 지역 환경 프로파일 개발
- 지역 환경에서 엔터프라이즈 보안정책을 가장 잘 시행할 수 있는 방법 결정

- 지역 환경에서의 정보 보안 정책 추진에 대한 감독
- 물리적 보안대책이 마련되어 있고 적절한지 확인
- 지역 최종 사용자 및 로컬 관리자에 대한 보안 정책 및 요구 사항 전달 지원
- 기업 보안 임원 및 경영진에게 보안 관련 개발 상황 통보
- 사용자 인식 교육 감독 또는 조정
- 정보 보안 리스크 평가에 대한 영역 대응 조정
- 정보 보안 위험성 감사 요청에 대한 대응 조정
- 요구되는 문서의 작성 및 제출 확인

정보 보호 팀

최근 몇 년 동안, 수 많은 기업들이 각 지역 환경에 정보 보호 팀, 즉 보안 팀을 배치하고 있다. 정보 보안 코디네이터가 이 역할을 맡을 수도 있고, 각 지역 환경에 별도로 배치할 수도 있다. 보안 관리자는 이 역할에 누군가를 임명하거나 보안 코디네이터의 역할과 같은 특정 역할의 직무 설명에 포함시킬 수도 있으며, 자원 봉사 기회로서 제공될 수도 있다.

COBIT 5는 정보 보호 팀 배치를 권장하며 이를 통해 조직 전체에 보안 문화를 촉진하는 역할을 수행할 수 있을 것이라고 얘기한다. 정보 보호 팀은 최고 정보 보안 책임자(CISO)와 기업 보안 책임자의 중간자 역할을 하며 지역 환경에서의 보안 정책이 원활하게 소통될 수 있도록 한다. 또한 정보 보호팀은 보안 문화 전파자 역할을 하며, 보안 인식을 증진시키고 최종 사용자 시스템과 소프트웨어가 보안 요구 사항을 만족하도록 노력한다.

정보 시스템 감사 통제 협회(The Information Systems Audit and Control Association, ISAACA)의 보고서 Creating a Culture of Security [ISAC11]를 통해서도 의도적인 보안 문화 촉진을 위해 보안팀을 활용할 것을 권고하고 있다. "의도적인"이라는 용어를 사용하는 이유는 대부분의 기업이 효과적인 보안 문화를 가지고 있지 않기 때문이며, 이는 기업의 광범위한 목적은 적극 지원하면서도 정보 보호에 대해서는 소홀한 문제는 지적하기 위함이다. 보고서는 이를 개선하기 위해 능동적이고 지시된 조치를 취해야 하며, 보안 팀은 최종 사용자 환경에서 해당 문화를 개발하는 데 도움을 줄 수 있다고 이야기하고 있다.

다음은 SGP에서 설명하는 정보보호 팀의 역할이다.

- 중요하고 민감한 정보 파악
- 지역환경의 정보 리스크 평가

- 정보 위험 완화를 위한 보안 통제 선택 및 이행
- 지역 환경에서의 정보 보안 촉진을 위한 정보 보안 인식 메시지 전달
- 정보 보안 사고 관리

16.2 물리적 보안

정보 시스템에서 물리적 보안의 역할은 정보의 저장과 처리를 지원하는 물리적 자산을 보호하는 것이다. 물리적 보안에는 두 가지 상호 보완적인 요구 사항이 존재한다. 첫째, 물리적 보안은 정보시스템을 유지하는 물리적 인프라의 손상을 방지해야 한다. 넓은 의미에서 해당 인프라에는 다음이 포함된다.

- **정보시스템 하드웨어** : 데이터 처리 및 저장 장비, 전송 및 네트워킹 시설, 지원 문서, 오프라인 저장 매체가 포함된다.
- **물리 시설** : 물리적 시설은 시스템과 네트워크 구성 요소를 수용하는 건물 및 기타 구조물이다.
- **지원 시설** : 정보 시스템 운영을 지원하기 위한 시설을 의미한다. 전력, 통신 서비스 및 환경 제어(열, 습도 등)이 있다.
- **직원** : 정보시스템의 통제, 유지, 이용에 관여하는 인력

둘째, 물리적 보안은 보호의 대상이 되는 정보의 오용이나 손상을 초래하는 물리적 인프라의 남용을 방지해야 한다. 물리적 기반 구조의 남용은 우발적이거나 악의적인 목적에 의해 발생될 수 있다(예 : 파괴 행위, 장비 도난, 복사에 의한 도난, 서비스의 도난, 무단 침입).

물리적 보안 위협

물리적 보안 위협이 포함하는 문제는 지역 및 조직마다 다르다. 따라서 이 절은 일반적인 해결 방안만을 제공한다. 물리적 보안에 대한 위협은 크게 세 가지의 범주로 분류할 수 있다.

- 환경 위협
- 기술적 위협
- 인간이 초래한 위협

환경 위협

환경적 위협은 시설의 물리적 환경에서의 자연적으로 발생하거나 인간이 초래한 재해로부터 발생하는 위협이다. 환경 위협에는 다음과 같은 범주가 포함된다.

- **자연 재해** : 자연 재해는 데이터센터, 기타 정보처리시설, 인력에 대한 광범위한 환경 위협 요인이다. 자연 재해는 잠재적으로 가장 치명적인 물리적 위협이다.

- **부적절한 온도/습도** : 컴퓨터 및 관련 장비들은 특정 온도 범위 내에서 작동하도록 설계되었다. 대부분의 컴퓨터 시스템은 섭씨 10도에서 32도 사이에서 운영되며, 해당 범위를 벗어나면 자원이 계속 운영될 수 있지만 부정확한 결과를 초래할 수 있다. 컴퓨터 주변 온도가 너무 높아지면 컴퓨터가 스스로 충분히 냉각하지 못하기 때문에 내부 부품이 손상될 수 있다. 또 높은 습도와 매우 낮은 습도 모두 IT 장비의 오작동이나 손상을 초래할 수 있다.

- **화재 및 연기** : 화재는 인간의 생명과 재산에 심각한 위협이다. 직접적인 화염뿐만 아니라 열, 유독가스 배출, 화재 진압으로 인한 물 피해, 연기 피해 등이 위협 요소다. 또한 화재는 전자장비를 소유하는 공공시설에 위험하다. 가장 흔한 화재 위험은 시설 내에서 발생한 화재에서 비롯된다. 일부 지역에서는 산불 또한 위험 요소로 고려할 수 있다.

- **물** : 물 혹은 액체들은 컴퓨터 장비에 명백한 위협이 되는 물질이다. 가장 주요한 위험은 누전이다. 수도 배관 등 흐르는 물과 비, 눈, 얼음 등과 같이 날씨 환경 등도 위협이 될 수 있다. 흔한 경우는 아니지만 홍수는 더 큰 재앙을 가져온다. 가장 많은 피해는 물에 떠 있는 부산물로부터 나온다. 또한 홍수는 진흙 잔여물을 남기기 때문에 치우기 매우 어렵다.

- **화학, 방사선 및 생물학적 위험** : 화학적, 방사선, 생물학적 위험은 우발적이던 의도적이던 상당한 위협을 제기한다. 일반적으로 이러한 위협의 가장 큰 위험은 인력에 있다. 방사선 및 화학약품 역시 전자장비에 손상을 줄 수 있다.

- **먼지** : 먼지는 흔히 간과할 수 있는 일반적인 위험이다. 일반적으로 장비는 오염물질에 대한 내성이 있지만, 직물과 종이의 섬유조차도 연마성이 있고 가벼운 전도성이 있다. 인근 건물에서 발생한 제한적인 폭발 사고나 산불의 잔해를 실은 폭풍과 같은 사건으로 인해 먼지가 더 많이 유입될 수 있다. 혹은 인근에서 공사나 유지 보수 작업으로 인해 건물 내부에서 발생하는 분진이 넘어오는 경우도 존재한다.

- **침입** : 가장 회피하고 싶은 신체적 위협 중 하나는 곰팡이, 곤충, 설치류 등의 침입이다. 습도가 높으면 곰팡이가 생길 수 있어 인력과 장비 모두에 해롭다. 특히 나무와 종이를 공격하는 곤충들 또한 일반적인 전자 장비 관련 위협은 아니지만 공통적인 위협이다.

표 16.1에는 자연 재해의 6가지 범주, 각 재해에 대한 경고 시간, 인력 대피의 표시 혹은 가능 여부, 그리고 각 재해의 일반적인 지속 기간이 나열되어 있다. 각종 자연 재해에 따른 재해의 위험도를 평가하고, 자연 재해로 인한 재난적 손실을 예방하기 위해 적절한 예방조치를 취할 수 있다.

종류	경고	대피	지속 시간
토네이도	지역별 경고가 아닌 재해의 잠재력에 대한 사전 경고	대피할 필요 없음	짧지만(일반적으로 분 단위) 강력함
허리케인	중대한 사전 경고	대피가 필요할 수 있음	몇 시간에서 며칠까지 발생
지진	경고 없음	대피할 수 없음	짧지만(일반적으로 분 단위) 계속되는 여진의 위협
얼음폭풍/눈보라	일반적으로 며칠 간의 경고	대피하지 못할 수 있음	며칠간 지속 가능
번개	센서로부터 몇 분 전 경고 가능	대피가 필요할 수 있음	단일 타격은 짧지만 반복 가능
홍수	일반적인 며칠 간의 경고	대피하지 못할 수 있음	해당 지역이 장기간 격리될 수 있음

기술적 위협

물리적 보안은 전력 및 전자파 방출과 관련된 기술적 위협이 존재한다.

전력은 IT 장비의 작동에 필수적이다. 시스템의 모든 전기 및 전자 장치에는 전원이 필요하며 대부분의 경우 중단 없이 활용할 수 있는 전력이 필요하다. 전력 활용 문제는 크게 세 가지 범주로 분류할 수 있다.

- **저전압 및 정전** : 저전압의 범위는 전압 공급의 일시적인 하락, 절전 (오래 지속된 저전압), 정전이 있다.
- **과전압** : 훨씬 더 심각한 것은 과전압 조건이다. 전력회사의 공급 이상, 건물 내부 배선 결함 또는 번개에 의해 전압이 급증할 수 있다. 전력 손상은 과전압의 지속 시간 뿐만 아니라 IT 장비와 전류 급증 보호 장치의 성능에 따라 달라진다.
- **소음** : 전력 배선은 소음의 통로가 될 수 있다. 대부분의 경우 노이즈 신호는 전원 공급 장치의 필터링 회로를 통해 지속되며 전자 장치 내부의 신호를 방해하여 논리적 오류를 유발시킬 수 있다.

전원 공급 라인의 소음은 전자기 간섭(EMI : Electromagnetic Interference)의 원인이 된다. 모터, 팬, 중장비에서도 컴퓨터에 간헐적인 문제를 일으킬 수 있는 전기 소음이 발생한다. 해당 소음은 공간과 인근 전력선을 통해 전달된다. EMI는 인근 상업 라디오 방송국과 라디오 중계 안테나에서도 고강도로 방출될 수 있다. 휴대폰과 같은 장치도 민감한 전자 장비에 방해가 될 수 있다.

인간이 유발한 물리적 위협

인간이 원인이 되어 발생한 위협은 환경적, 기술적 위협보다 더 다루기 어렵다. 이는 다른 유형의 물리적 위협에 비해 예측 가능성이 매우 낮다. 설상가상으로, 인간이 야기하는 위협은 예방 조치를 벗어나거나 가장 취약한 공격 지점에서 발생한다. 이러한 위협은 다음과 같다.

- **비인가된 물리적 접근 :** 서버, 메인 프레임 컴퓨터, 네트워크 장비, 스토리지 네트워크와 같은 정보 자산은 일반적으로 제한된 구역에 위치하며, 소수의 직원만이 접근할 수 있다. 물리적으로 이러한 장비에 무단으로 접근하는 것은 절도, 공공 기물 파손 또는 오용과 같은 다른 유형의 위험으로 이어질 수 있다.

- **도난 :** 장비 도난과 복사를 통한 데이터 도용을 포함한다. 감청 및 도청도 이 범주에 속한다. 도난은 무단으로 접근 권한을 획득한 외부인 또는 내부자들을 통해 발생한다.

- **기물 파손 및 산업 파괴 행위 :** 해당 위협에는 장비와 데이터의 고의적이고 의도적인 파괴가 포함된다.

물리적 보안 책임자

기업은 한 사람을 물리적 보안 책임자(Physical Security Officer, 이하 PSO)로 임명해야 한다. PSO는 직원에게 추가로 부여한 업무일 수 있다. PSO는 정보 보안 통제의 통합 및 조직 전체에 걸친 물리적 보안 통제의 전반적인 구현과 관리를 책임진다. 정보 보안 프로그램이 개발됨에 따라, 기업 고위 관리들은 이를 바탕으로 한 층 강화된 운영을 제공해야 한다. 또한 각 로컬 환경은 현지 PSO 책임자를 배정하여 기업 PSO와 협력하고, 기업 PSO에 보고해야 한다.

PSO와 그 팀의 임무는 다음과 같다.

- 물리적 보안 조사를 통한 지역의 물리적 보안 요구 사항 평가

- 설계 단계를 포함한 건설 프로젝트 준비 시 물리적 보안 고려 사항 권장

- 신축, 개조, 개조 작업 또는 임대 상황에 따라 보안 고려 사항이 포함되도록 조정

- 지역 물리적 보안 프로그램의 자원 관리 (금전 및 인력) 모니터링

- 재무 담당자와 협력하여 예산주기에서 물리적 보안 프로젝트에 필요한 리소스를 계획하고 프로그래밍 수행

- 모든 물리적 보안 프로그램 자원 요구 사항의 자금 상태 모니터링

- 기업의 물리적 보안 프로그램을 개발, 공표, 구현 및 모니터링하여 로컬 환경에 대한 적절한 조치를 제어

- 접근 제어 (예 : 권한 부여, 액세스, 방문자 제어, 전송 매체, 디스플레이 매체, 로깅)의 조직 구현 및 모니터링 보장

- 조직의 환경 제어 조정 (예 : 지속적인 비상 전원 지원 및 백업, 화재 방지, 온도 및 습도 제어, 물 손상)
- 기업 자산의 이동 및 제거에 대한 통제 감독 및 관리

심층 방어

이 책을 통해 알 수 있는 중요한 전략은 정보 시스템의 인력, 기술 및 운용 측면을 다루는 다중 중복 보호 접근법의 사용이다. 다중 중복 보호 접근방식을 사용함으로써, 사용자의 보호 실패나 우회적 접근이 발생하여도 시스템을 보호할 수 있을 것이다. 해당 방식은 공격자와 보호되는 정보나 서비스 사이에 복수의 장벽을 제공하는 데 사용된다. 이러한 전략을 흔히 심층 방어라 한다. 해당 전략의 대표적인 예는 다단계 인증(그림 10.3 참조)이며, 또 다른 하나는 방화벽, 침입 탐지 시스템 및 접근 제어 시스템의 통합 시스템이다.

심층 방어는 물리적 보안에도 대해서도 유효적인 방법이다. 해당사항으로는 울타리, 관문, 잠긴 문, 전자 접속(스마트 카드를 통한 등), 무장 경비원, 감시 시스템 등이 포함된다. 심층 방어의 첫 번째 단계는 물리적 시설의 전체 구조를 파악하고, 다른 접근 규칙이나 보안 수준이 필요한 지역과 진입점을 식별하는 것이다. 이러한 영역은 부지 경계, 건물 경계, 컴퓨터 영역, 컴퓨터실 및 장비 랙과 같은 지역 경계를 가질 수 있다. 또한 방문객 구역, 사무실, 유틸리티 룸과 같은 경계로 구분하여 관리한다. 지역 경계의 경우, 각 경계에서 접근 제어와 모니터링을 수행하는 물리적 보안이 심층 방어를 제공한다. Schneider Electric 백서[NILE15]의 그림 16.1에는 심층 방어의 개략적인 구조가 묘사되어 있다.

심층 방어(Defense in depth) : 계층화되고 상호 보완적인 보안 메커니즘 및 대응책을 바탕으로 시스템의 보안 아키텍처를 구축하는 전략. 따라서 하나의 보안 메커니즘이 뚫리더라도 하나 이상의 다른 메커니즘(첫 번째 메커니즘의 "후면" 또는 "후면")이 강력한 보호를 제공한다.

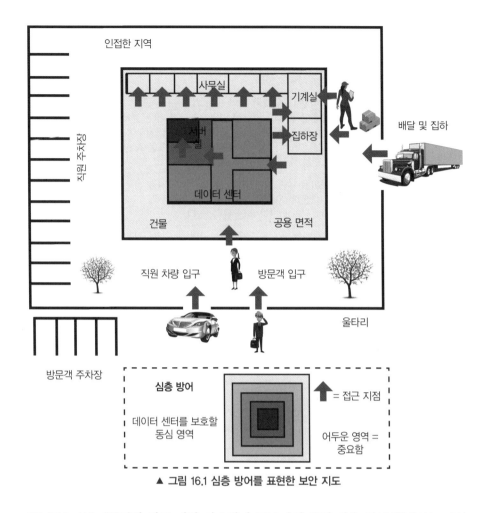

인접한 지역

직원 주차장

사무실

기계실

집하장

서버실

데이터 센터

건물

공용 면적

직원 차량 입구

방문객 입구

배달 및 집하

울타리

방문객 주차장

심층 방어

데이터 센터를 보호할
동심 영역

= 접근 지점

어두운 영역 =
중요함

▲ **그림 16.1 심층 방어를 표현한 보안 지도**

SP 800-116, "물리적 접근 제어 시스템에 PIV 자격 증명 사용 권고안"에서는 자산이나 자원을 고려하여 설정한 보호 영역을 기준으로 인증 메커니즘을 선택할 것을 권고한다. 이 문서는 육군 물리 보안부(Physical Security) 현장 매뉴얼[ARMY10]에서 정의하고 있으며, 표 16.2에 요약한 대로 "통제, 제한, 제외" 영역의 개념을 채택하고 있다. 절차적으로, 소속의 증빙만으로도 통제된 구역에 대한 접근 관리에 충분한 경우가 많다(예를 들어, 본사의 출입 및 외부 경계의 회사 출입을 위한 부서 배지). 제한된 영역에 대한 접근은 기능적 하위 그룹이나 역할(예 : 특정 부서의 건물 또는 동에 대한 부서 배지)을 기반으로 한다. 그룹의 개별 멤버십이나 높은 접근 권한을 가진 역할의 구분은 카드 소지자의 신원 인증을 통해 설정된다. 접근 제한 구역에 대한 접근은 개별 승인에 의해서만 얻을 수 있다.

분류	설명
제한없음	보안 사항이 없는 시설의 영역
통제	제한 구역의 영역은 대개 제한 구역 또는 제한 구역 근처에 있거나 주변에 있다. 통제 구역의 출입은 출입이 필요한 인원으로 제한된다. 통제 구역에 들어가는 것만으로는 안보 이익에 접근할 수 없기 때문에, 지역 내에서의 인가된 인력의 이동이 통제되는 것은 아니다. 통제구역은 행정통제, 또는 제한구역이나 제외구역에 대한 심층적 보안을 위한 완충구역으로 제공된다.
제한	안보 이익에 가까운 제한 구역. 이동 통제를 하지 않을 경우 보안 시설에 대한 접근이 가능하기 때문에, 이동을 통제한다. 에스코트 및 기타 내부 제한으로 인해 제한된 영역 내에서의 접근이 차단 될 수 있다.
제외	안보 이익을 포함하는 제한된 구역. 안보 이익을 보호하기 위해 반드시 이동 통제 시행

물리적 보안 : 예방 및 완화 방법

이 절에는 물리적 공격을 방지하거나 경우에 따라 저지하기 위한 다양한 기법을 소개한다.

일반적인 예방책은 클라우드 컴퓨팅을 사용하는 것이다. 물리적 보안 관점에서 클라우드 컴퓨팅은 현장에서 관리하는 정보 시스템 자산에 대한 필요성을 줄이기 때문에 데이터 자산의 상당 부분이 현장에서 위협받지 않는 다는 장점이 존재한다.

환경적 조치

다음 조치는 환경적 위협을 해결하기위한 조치를 나타낸다.

- 자연 재해 : 기업은 지방 관할 지역에서 작성한 자연 재해 대비책을 기반으로 한 자연 재해 대비 계획이 필요하다. 자연 재해 대비 계획은 최소 다음 사항에 대한 지침을 제공해야 한다.
  - 운영 통제
  - 대피
  - 통신
  - 홍보 관리
  - 물리적 보안
  - 사후 보고

장소 선택과 자연 재해 계획 수립을 위해 기업은 해당 지역의 위협 수준에 대한 정보가 필요하다. 이를 위한 좋은 자원은 유엔 재해 위험 감축 사무국(the United

Nations Office for Disaster Risk Reduction)이다. 미국 국토안보부 연방방재청(the U.S. Department of Homeland Security' Federal Emergency Management Agency, FEMA)의 자연 재해 위험 관리 간행물도 유용한 자료이다.

- **부적절한 온도/습도** : 해딩 문제를 해결하기 위해서 가장 중요한 요구 사항은 환경 관리를 위한 적절한 제어 장비를 갖추는 것이다. 해당 장비는 특정 임계 값이 초과되었음을 경고하기 위한 측정 능력과 적절한 센서를 갖추어야 한다. 그 외의 주요 요구 사항은 전원 공급 장치의 유지 관리이다.

- **화재 및 연기** : 화재를 다루기 위한 방법으로 화재 경보, 예방조치, 화재 진화 기술이 요구된다. 표 16.3에는 미국 국립표준기술연구원(NIST)의 SP 800-53의 정보가 요약되어 있다. 연기의 위험에 대처하기 위해, 책임 관리자는 이중 바닥 아래 부분이나 천장 위 혹은 컴퓨터 장비가 있는 모든 공간에 연막 감지기를 설치해야 한다. 모든 조직은 컴퓨터실에서의 흡연을 금지해야 한다. 산불의 경우 적용 가능한 대책은 제한적이다. 내화성 건축 기법은 비용이 많이 들고, 통제하기 어렵다.

UN 재해 위험 감축 사
무국 : https://www.
unisdr.org/we/
inform/
disaster-statistics

▼ 표 16.3 방화 통제

통제 항목	설명
일반 화재 보호 지침	
PE-13	독립된 전원 공급망을 통해 작동되는 화재 진압 및 감지 장치/시스템을 구축하고 유지한다.
화재 방지/탐지 장치 및 시스템	
PE-13(1)	화재 발생 시 자동으로 활성화 되고 담당자[배치 : 조직에서 정의한 인원 또는 역할],[배치 : 비상 대응 인원]에게 알려주는 화재 감시 장치/시스템을 구축한다.
화재 방지/ 자동 억제 장치 및 시스템	
PE-13(2)(a)	화재에 대한 자동적인 활성화 및 담당자[배치 : 조직에서 정의한 인원 또는 역할],[배치 : 비상 대응 인원]에게 자동적으로 알림을 제공하는 화재 억제 장치/시스템을 설치한다.
PE-13(2)(b)	해당 시설에 직원이 상주하지 못할 경우에 대한 자동 화재 진압 장비를 설치한다.
화재 예방/검사	
PE-13(4)	화재 보호 시설이 설치된 후 자격을 갖춘 검사관의 [할당 : 정의된 빈도] 화재 방지 검사를 받고 [할당 : 정의된 기간] 내에 식별된 결함에 대한 해결을 확인한다.

FEMA 자연 재해 위험
관리 간행물 : https://
www.fema.gov/
security-risk-
management-
series-publications

- **물** : 물 위협에 대한 예방 및 완화 대책은 반드시 위협 범위를 포함해야 한다. 배관 누수의 경우, 정확한 급수관 배치도를 알고 있어야 한다. 각 차단 밸브의 위치가 명확하게 보이거나 최소한 문서화가 되어 있는지 확인해야 하며, 담당자가 문제 발생 시 수행해야 할 절차를 알고 있는지 확인해야 한다. 배관 누수를 포함한 다른 문제를 모두 처리하기 위해서는 센서 배치가 필수적이다. 조직은 컴퓨터실 바닥 뿐 만 아니라 이중 바닥 아래에도 물 감지기를 설치하고 홍수 발생 시 자동으로 전원을 차단해야 한다.

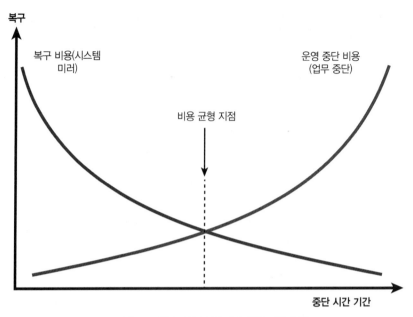

▲ 그림 17.4 업무 연속성 관리를 위한 비용 균형

업무 연속성 전략은 특정한 보안 통제를 제공하지 않는다는 점에서 매우 어려운 문제이다. 업무 연속성 전략은 더 광범위하고, 전략적이며, 전반적인 지침을 제공해야만 한다.

ISO 22301에서는 업무 연속성 전략을 결정과 선택, 자원 요구 사항, 보호와 완화라는 세 가지 범주로 구분한다.

결정 및 선택

업무 연속성 전략 수립의 첫 번째 단계이다. 업무 연속성 문서의 첫 번째 파트는 업무 영향 분석 및 위험 평가에 기초한 업무 연속성 전략을 결정하는 것으로 구성된다.

ISO 22301은 전략 개발 시 고려해야 할 세 가지 방안을 제시한다.

- **우선 순위가 지정된 업무 보호** : 연속성 유지에 중요하다고 간주되는 활동에 대해서는, 각 활동이 어떻게 수행되는지에 대한 전략적 질문을 검토할 필요가 있다. 업무 활동에 대한 위험을 줄이는 전략을 결정하는 것이 목표이며, 조직은 아웃소싱(예 : 클라우드 서비스 사용)을 포함하거나 위험을 피하기 위해 업무 방향을 근본적으로 변경하는 등의 대안도 고려해야한다.
- **우선 순위 업무 및 종속 업무에 대한 자원 안정화, 지속, 재개 및 복구** : 조직은 비즈니스 연속성 프로세스 중에 우선순위가 정해진 각 업무를 관리하기 위한 보다 상세한 옵션을 제공해야 한다. 예를 들면 다음과 같다.

- **화학, 방사선 및 생물학적 위험** : 해당 위험에 대해 기업은 인프라 설계, 센서 설계 및 배치, 완화 절차, 직원 교육 등 다양한 위험 대처 기술을 활용해야 한다. 해당 위험과 관련된 표준과 기술을 지속적으로 개선해야 한다.
- **먼지** : 적절한 필터 관리와 정기적인 IT실 정비를 통하여 먼지를 제거한다.
- **감염** : 깨끗한 환경을 유지하는 것부터 시작하여 정기적인 해충 방제 절차가 필요하다.

기술적 위협

기술적 위협을 해결하기 위해 다음과 같은 방법이 고안되었다.

- **일시적인 전원 중단** : 조직은 각 중요 장비에 대해 무정전 전원 공급 장치(uninterruptible power supply, 이하 UPS)를 사용해야 한다. UPS는 프로세서, 모니터 및 기타 장비에 몇 분 동안 전원을 유지하는 배터리 백업 장치이며, 배터리가 부족할 경우 서지 보호기, 전원 노이즈 필터 및 자동 종료 장치로서 기능을 수행한다.
- **장시간 정전 또는 전압 저하** : 조직은 중요한 장비를 발전기와 같은 비상 전원에 연결해야 한다. 안정적인 서비스 제공을 위해 경영진은 제품 선택, 발전기 배치, 인력 교육, 테스트 및 유지 보수 일정을 포함한 다양한 문제에 대한 대응책을 마련해야 한다.
- **전자기 간섭** : 조직은 필터와 보호 장비를 조합하여 사용해야 한다. 구체적인 기술 세부 사항은 인프라 설계와 신호 및 간섭의 특성에 따라 다르게 구축된다.

인간에 의한 물리적 위협

다음과 같은 방법은 사람으로 인한 위협을 해결한다.

- **비인가 물리적 접근** : 이를 예방하기 위해, 잠금 장치, 카드 출입 시스템, 근접/터치 액세스 시스템을 사용한다. 비인가 접근에 대한 억제 및 대응 조치에는 침입 경보, 센서 및 감시 시스템이 있다.
- **도난** : 비인가 물리적 접근에 대응하기 위한 조치는 도난 위협에도 그대로 적용된다. 또한 조직은 물체를 볼트로 고정하여 이동할 수 없도록 보호해야 하며, 이동 가능한 물체의 경우 조직은 추적 장치를 부착하여 물체가 인가된 지역 바깥으로 통과할 때 경보를 발동하는 자동화된 시스템을 구축한다.
- **기물 파손** : 기물 파손은 화재와 같은 환경적 위협이나 전력 중단 또는 급증과 같은 기술적 위협과 관련될 수 있으며 해당 대응 조치가 적용된다.

물리적 보안 통제

표 16.4는 NIST의SP 800-53에 기술된 물리적 및 환경적 보안 제어의 세부 목록을 나타낸다.

▼ 표 16.4 물리적 및 환경적 보호 통제

PE-1	물리적 및 환경적 보호 정책 및 절차	PE-9(2)	자동 전압 제어
PE-2	물리적 접근 인가	PE-10	비상 차단
PE-2(1)	위치 및 역할별 접근	PE-11	비상 전원
PE-2(2)	두 가지 형태의 신분증	PE-11(1)	장기 대체 전원 공급 장치 – 최소한의 작동 능력
PE-2(3)	이동 통제 제한	PE-11(2)	장기 대체 전원 공급 장치 – 독립형
PE-3	물리적 접근 통제	PE-12	비상 조명
PE-3(1)	시스템 접근	PE-12(1)	필수 임무 및 비즈니스 기능
PE-3(2)	시설 및 시스템 경계	PE-13	화재 방지
PE-3(3)	상주 보안 직원	PE-13(1)	감지 장치 & 시스템
PE-3(4)	잠금장치 케이스	PE-13(2)	자동 억제 장치 & 시스템
PE-3(5)	변조 방지	PE-13(4)	검사
PE-3(7)	물리적 방호벽	PE-14	온도 및 습도 제어
PE-4	전송 매체 접근통제	PE-14(1)	자동 제어
PE-5	출력 장치 접근통제	PE-14(2)	경보와 알림을 통한 모니터링
PE-5(1)	인가된 인원에 대한 출력물 접근	PE-15	수해 방지
PE-5(2)	개별 ID에 대한 출력물 접근	PE-15(1)	자동화 지원
PE-5(3)	출력 장치 표시	PE-16	배달 및 제거
PE-6	물리적 접근 모니터링	PE-17	대체 작업장
PE-6(1)	침입 경보 및 감시 장비	PE-18	정보시스템 구성 요소의 위치
PE-6(2)	자동 침입 인식 및 대응	PE-18(1)	작업 시설
PE-6(3)	영상 감시	PE-19	정보 유출
PE-6(4)	시스템에 대한 물리적 접근 모니터링	PE-19(1)	국가별 배출량 및 조절 정책 및 절차
PE-8	방문객 접근 기록	PE-20	자산 모니터링 및 추적
PE-8(1)	자동 레코드 관리 및 검토	PE-21	전자기 펄스 보호
PE-9	전원 장치 및 케이블류	PE-22	구성 요소 표시
PE-9(1)	중복 케이블링		

SP 800-53내의 다른 통제 방법과 마찬가지로 물리적 및 환경 통제는 다음과 같은 구조를 가지고 있다.

- 기본 통제 섹션
- 추가 지침 섹션
- 제어 기능 향상 섹션
- 관련 제어 섹션
- 참고 섹션

예를 들어 표 16.3에는 화재 방호 조치에 대한 기본적인 통제 방법이 기술되었다. 이러한 통제장치는 물리적 보안 계획에 유용한 점검표를 구성한다.

통제 기준

SP 800-53은 낮은, 중간 및 높은 수준의 시스템으로 정의된 최소 보안 통제 기준치를 제공한다. FIPS 199, 연방 정보 및 정보 시스템의 제3장 "정보 위험 평가"에서 이를 정의하였다.

- **낮은 수준** : 조직 운영, 조직 자산 또는 개인에 제한적인 악영향을 미칠 것으로 예상
- **중간 수준** : 조직 운영, 조직 자산 또는 개인에 심각한 악영향을 미칠 것으로 예상
- **높은 수준** : 조직 운영, 조직 자산 또는 개인에 중대하거나 치명적인 악영향을 미칠 것으로 예상

통제 기준치는 조직의 위험 수준에 상응하는 시스템 통제 방법을 선택하는 데 도움을 주기 위해 제공된다. 통제 기준은 그룹, 조직 또는 관심 커뮤니티를 보호하기 위한 보안 요구 사항을 만족하는 통제 기술의 집합이다. 통제 기준은 서비스를 제공하고자 하는 기업의 목표에 맞게 정의한 보안 및 개인 정보 보호 솔루션을 적용하기 위한 후속 활동의 초기 시작점을 나타내는 일반화된 통제 목록을 제공한다.

표 16.5는 물리적 및 환경 보호 제어를 위해 정의된 통제 기준을 나타낸다.

통제 목록	통제 기준치		
	낮음	보통	높음
PE-1 물리적 및 환경적 보호 정책 및 절차	PE-1	PE-1	PE-1
PE-2 물리적 접근 인가	PE-2	PE-2	PE-2
PE-3 물리적 접근 통제	PE-3	PE-3	PE-3
PE-4 전송 매체 접근 통제	—	PE-4	PE-4
PE-5 출력 장치 접근 통제	—	PE-5	PE-5
PE-6 물리적 접근 모니터링	PE-6	PE-6(1)	PE-6(1)(4)
PE-8 방문객 접근 기록	PE-8	PE-8	PE-8
PE-9 전원 장치 및 케이블류	—	PE-9	PE-9
PE-10 비상 차단	—	PE-10	PE-10
PE-11 비상 전원	—	PE-11	PE-11(1)
PE-12 비상 조명	PE-12	PE-12	PE-12
PE-13 화재 방지	PE-13	PE-13(1)(2)	PE-13(1)(2)
PE-14 온도 및 습도 제어	PE-13	PE-13(1)(2)	PE-13(1)(2)
PE-15 수해 방지	PE-14	PE-14	PE-14
PE-16 배달 및 제거	PE-15	PE-15	PE-15(1)
PE-17 대체 작업장	PE-16	PE-16	PE-16
PE-18 정보시스템 구성 요소의 위치	—	PE-17	PE-17
PE-19 정보 유출	—	—	PE-18
PE-20 자산 모니터링 및 추적	—	—	—
PE-22 전자기 펄스 보호	—	—	—
PE-23 구성 요소 표시	—	—	—

제어 평가

SP 800-53A, "연방 정보 시스템 및 조직의 보안 제어 평가 가이드 : 효과적인 보안 평가 계획 구축"에서는 보안 통제의 효율성을 평가하고, 시스템 개발 수명 주기 동안 수행된 보안 평가 및 이에 관련된 보안 증거를 위한 지침을 제공한다.

예를 들어, 그림 16.2는 표 16.3에서 방화제어 PE-13(1)에 대한 평가 사례를 보여 준다.

PE-13(1)	화재 보호 | 감지 장치 /시스템		
	평가 목적 : 조직이 다음의 능력을 갖추었는지 확인한다.		
	PE-13(1)(1)	화재 방생 시 대응 인원과 역할 명시	
	PE-13(1)(2)	화재 발생 시 비상 연락 인원 명시	
	PE-13(1)(3)	독립된 전원 공급망으로 작동되는 화재 진압 및 감지 장치/시스템을 구축하고 유지한다.	
		PE-13(1)(3)(a)	자동 활성화
		PE-13(1)(3)(b)	화재 발생 시 담당 인원에 대한 알림 제공
		PE-13(1)(3)(c)	화재 발생 시 담당 비상 연락원 알림 제공
	활용 가능한 평가 방법 및 목표 :		
	조사 내용: [SELECT FROM: 물리적 및 환경 보호 정책; 화재 예방 절차, 정보 시스템을 수용하는 시설, 경보 서비스 수준 협의, 화재 진압 및 탐지 장치/시스템에 대한 테스트 기록, 화재 진압 및 탐지 장치/시스템 관련 문서, 화재 사건의 경보/알림, 기타 관련 문서 또는 보고서].		
	인터뷰 내용 : [SELECT FROM: 조직에서 화재 감지 및 진압 장치/시스템을 담당한 직원; 화재에 대비한 적절한 인력 배치, 대응 역할 및 긴급 대응자에게 통보해야 할 책임이 있는 조직의 직원; 정보보안 책임이 있는 조직 직원].		
	테스트 : [SELECT FROM: 화재 감지 장치/시스템을 지원 및/또는 구현하는 자동화된 메커니즘, 화재 감지 장치/시스템의 활성화(시뮬레이션), 자동 경보 메시지 전송].		

▲ 그림 16.2 PE-13(1)에 따른 화재 예방을 위한 관리 평가

보안 통제와 평가 지침의 조합은 효과적인 물리적 보안 정책을 지원한다. 또한, 이러한 통제와 평가 절차를 이행하는 것은 조직이 다양한 형태의 보안 책임을 준수하고 있음을 보여주는 수단으로 활용할 수 있다.

16.3 로컬 환경 관리 모범 사례

SGP는 로컬 환경 관리의 모범 사례에 대해 2개 영역과 5개 항목으로 세분화하여 점검 목록을 제공하며, 이는 다음과 같다.

- **로컬 환경 :** 사용자 환경 및 기타 로컬 환경의 보안 문제를 다룬다.
  - 로컬 환경 프로파일 : 로컬 환경에서 실시하는 사업의 종류와 중요성에 대한 내용을 문서로 작성할 때 반드시 포함해야 하는 내용이다. 기업 사용자, 정보, 기술, 입지 등에 관한 중요 비즈니스 및 보안 세부 내역 등이 있다.

– 로컬 보안 조정 : 개별 사업 부서에서 정보 보안 활동을 조율, 조정하기 위해 기업이 취해야 하는 조치를 설명한다.

- **물리적 및 환경적 보안 :** 표적 사이버 공격, 비인가 물리적 접근, 우발적 손상, 전력 손실, 화재 및 기타 환경 또는 자연 재해에 대한 중요 시설의 보안을 다룬다.

– 물리적 보호 : 물리적 보호를 위한 보안 제어 유형을 기술한다.

– 전원 공급 장치 : 컴퓨터 시스템에서 제공하는 서비스가 전력 손실로 인해 중단되는 것을 방지하기 위해 권장되는 대비 방식에 대해 논의한다.

– 위험물 보호 : 화재, 홍수 및 기타 유형의 위험으로 중요 시설이 손상되어 서비스가 중단되는 것을 방지하기 위해 보안 통제 목록을 작성한다.

16.4 참고문헌

- **ARMY10:** Department of the Army, Physical Security. Field Manual FM 3-99.32, August 2010.
- **ISAC11:** ISACA, Creating a Culture of Security. 2011. www.isaca.org
- **NILE15:** Niles, S., Physical Security in Mission Critical Facilities. White Paper 82. Schneider Electric. March 2015. http://it-resource.schneider-electric.com/h/i/55734850-wp-82-physical-security-in-mission-critical-facilities

chapter 17

업무 연속성

이 장의 학습 목표는 다음과 같다.

- 업무 연속성 관리 시스템의 운용, 업무 연속성의 목표, 업무 연속성 유지에 필수적인 요소 등을 포함한 업무 연속성 개념을 제시한다.
- 업무 연속성 프로그램의 핵심 요소 이해를 돕는다.
- 업무 연속성 측면에서의 복원성 개념을 설명한다.
- 업무 연속성 계획 요소의 개략적인 설명한다.
- 업무 연속성 관리 시스템의 성능 분석을 논의한다.
- 비상상황 발생 이후의 업무 연속성 운영 단계를 설명한다.
- 업무 연속성 모범 사례 개요를 제시한다.

모든 조직의 근본적인 관심사는 업무 연속성이다. 조직은 정상적인 운영을 방해하는 비상 상황에서도 필수적인 업무를 수행해야 하며, 비상사태가 종료된 후 적절한 시기에 맞춰 정상 업무를 재개하는 것이 필요하다.

국제표준화기구(ISO)는 기업 보안 관리자들이 숙지해야 할 업무 연속성 관리 표준을 제시하였다.

- **ISO 22300, 보안 및 복원력-어휘 :** 관련 용어집 제공
- **ISO 22301, 업무 연속성 관리 시스템-요구 사항 :** 효과적인 업무 연속성 관리 시스템(BCMS : Business Continuity Management System)의 설정 및 이를 위한 요건을 명시한다. 업무 연속성에만 초점을 맞춘 최초의 국제표준이다.
- **ISO 22313, 업무 연속성 관리 시스템-가이드라인 :** ISO 22301에 명시된 요건에 대한 지침(해당되는 경우)을 제공하고 이에 대한 권고("해야 한다")와 권한("할 수 있다")을 제공한다.
- **ISO 22317, 업무 연속성 관리 시스템 :** 업무 영향 분석을 위한 지침(BIA) : ISO 22301(조항 8.2)의 요구 사항인 업무 영향 분석(BIA) 수행을 위한 지침(우수한 국제관행에 근거)을 제공한다. 아울러, 업무 영향 분석을 위한 공식적인 프로세스 문서를 수립, 구현 및 유지하기 위한 지침을 제공한다. 조직의 종류, 위치, 규모, 성격에 관계없이 모든 조직에 적용할 수 있다.
- **ISO 22318, 비즈니스 연속성 관리 시스템 :** 비즈니스 영향 분석을 위한 지침(BIA : Business Impact Analysis) : 공급망 연속성 지침 제공

유용한 지침 문서 2개는 다음과 같다.

- **국가표준기술연구원(NIST) SP 800-34, 연방정보시스템 보정 계획 안내서 :** 계획 과정에 대한 자세한 설명 제공
- **유럽 정보보호원(ENISA :** European Union Agency for Network and Information Security)의 IT 비즈니스 연속성 관리 : 중소기업을 위한 접근법 : 업무 연속성 계획 수립을 위한 세부적인 통제 목록 제공

17.1절에서는 업무 연속성 관리(이하 BCM)의 핵심 개념을 소개하고 있다. 그림 17.1은 BCM에 유용한 거버넌스와 정책, 준비성 및 운영을 다루는 3층 모델을 제공하며, 17.2절부터 17.4절까지는 이러한 개념을 차례대로 다룬다.

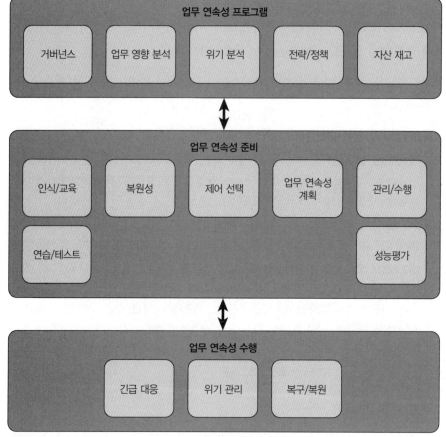

▲ 그림 17.1 업무 연관성 관리의 구성 요소

그림 17.2는 ISO 22301에서 제시된 주요 요소들 사이의 흐름을 보여주는 BCM에 대한 방법론을 나타낸다.

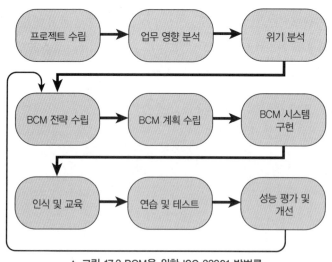

▲ 그림 17.2 BCM을 위한 ISO 22301 방법론

BCM은 자연 재해, 보건 및 안전사고, 사이버 공격 등 모든 종류의 재해를 다루는 광범위한 영역이다. ISO 27002, 정보 보안 통제에 관한 실무 강령은 특히 정보 자산과 정보통신 기술(ICT) 시스템에 대한 위협에 초점을 맞추고 있다. 본 장에서는 정보 자산과 ICT 시스템에 대한 구체적인 참조를 바탕으로 BCM을 일반적인 용어로 알기 쉽게 설명한다.

17.1 업무 연속성 개념

본 절에서는 업무 연속성에 대한 개요를 소개한다. 다양한 개념을 정의한 후, 업무 비즈니스 연속성에 대한 위협을 조사하여 기업에서 취해야 할 일반적인 업무 연속성에 대한 접근법을 살펴본다. ISO 22300에 따른 업무 연속성 관련 개념은 다음과 같이 정의한다.

- **업무** : 업무 연속성을 논의하기 위한 목적으로, 조직의 목표, 그리고 목표 또는 사명을 추구하기 위해 조직에 의해 수행되는 운영과 서비스이다. 산업·상업·공공·비영리 분야에서 활동하는 대·중·소 단체에도 동일하게 적용할 수 있다.

- **업무 연속성** : 비상상황에 따른 중단 사고 후에도 사전 정의된 수준에서 제품 또는 서비스를 계속 제공할 수 있는 조직의 기능을 뜻하며, 업무 연속성은 직원들의 비상 상황에서의 업무 역할을 포함한 회사의 모든 운영을 뜻한다.

- **업무 연속성 관리(BCM : Business Continuity Management)** : 조직에 대한 잠재적 위협과 위협을 통해 발생할 수 있는 비즈니스 운영에 미치는 영향을 식별하는 전체적인 관리 프로세스이다. 이는 잠재적 위협이 발생할 경우 실행되며, 효과적인 대응 능력으로 조직의 업무 복원성을 구축하기 위한 프레임워크를 제공한다. 이를 통해, 주요 이해 관계자의 이익, 평판, 브랜드 및 가치 창출 활동을 보호한다.

- **업무 연속성 관리체계(BCMS : Business Continuity Management System)** : 업무 연속성을 확립, 구현, 운영, 모니터링, 검토, 유지, 향상시키는 전반적인 관리체계를 뜻한다. 관리 시스템에는 조직 구조, 정책, 계획 활동, 책임, 절차, 프로세스 및 자원 등이 포함된다.

- **업무 연속성 관리자** : 기업의 업무 연속성 기능을 관리, 설계, 감독 및 평가하여 기업의 비상 상황 발생 시 업무가 지속적으로 운영되도록 조정한다.

- **업무 연속성 계획(BCP : Business Continuity Plan)** : 조직의 임무/비즈니스 프로세스가 중대한 위기 상황 및 사후에 대한 방안을 정해 놓은 지침 또는 문서를 뜻한다.

- **업무 연속성 프로그램** : 최고 경영진의 지원을 받고 비즈니스 연속성 관리를 수행 및 유지하기 위한 지속적인 관리 및 거버넌스 프로세스를 뜻한다.

위협

모든 조직의 최우선 과제는 운영 및 리소스 가용성의 실질적인 중단에 대한 예방이며, 필요한 경우 신속하게 복구할 수 있는 능력이라는 점을 분명히 해야 한다. 업무 연속성을 위한 계획은 광범위한 위협을 고려할 때 더욱 더 중요하다. 이러한 위협은 자연 재해, 시스템 문제, 사이버 공격, 그리고 인간이 초래한 재해로 분류될 수 있다. 다음 목록은 ENISA IT 업무 연속성 관리 및 중소기업을 위한 접근법 [ENIS10] 및 연방금융기관심사위원회의 업무 연속성 계획 [FFIE15]에 정의된 위협 사항을 기반으로 한다.

자연 재해

자연 재해 위협은 다음과 같다.

- **예기치 못한 화재** : 산불, 번개, 휴지통 화재, 누전 등에서의 발생
- **심각한 자연 재해** : 지진, 허리케인, 토네이도 또는 극심한 더위, 추위, 습도, 바람 혹은 가뭄과 같은 심각한 날씨의 영향으로 인한 피해가 포함된다.
- **예기치 못한 홍수** : 침수 원인으로는 냉방 기기의 배관 누수, 물탱크 누수, 화재 노즐 개방, 스프링쿨러 시스템의 우발적 작동, 폭풍우 시 창문 개방 등이 있다.
- **에어컨의 우발적 고장** : 냉방서비스의 고장, 정지 또는 오작동은 냉각이나 환기를 필요로 하는 자산이 정지, 오작동, 또는 고장 나는 원인이 될 수 있다.
- **전자파 복사** : 전자기 방사선은 레이더, 무선 안테나, 발전소와 같은 내부 또는 외부 장치에서 발생한다. 장비의 적절한 기능이나 무선 송수신의 서비스 품질을 방해할 수 있다.
- **대기 오염 물질** : 자연 재해는 넓은 지역에 걸쳐 공기를 오염시킴으로써 2차적인 문제를 야기한다. 홍수와 같은 자연 재해는 또한 물이 빠진 후에 심각한 곰팡이나 다른 오염을 초래할 수 있다. 위험물질의 인근 방류도 공중의 위협을 일으킬 수 있다. 이러한 오염물질의 심각성은 조직 내의 대기 질에 영향을 미칠 수 있으며 장기간(예를 들어 화산 폭발의 경우) 대피를 초래할 수도 있다.

시스템 문제

시스템 문제에는 다음이 포함된다.

- **소프트웨어 오작동** : 설계 오류, 설치 오류 또는 수정 중에 커밋된 운영 오류는 잘못된 운영을 유발할 수 있다.
- **장비 오작동/고장** : 업데이트/업그레이드 후 장비 검증 절차를 따르지 않거나 작동 한계를 벗어난 조건 (예 : 온도 또는 환경)에서 장비를 사용하여 장비 항목의 오작동 및 문제를 일으킬 수 있다.

- **정보시스템 유지 보수 침해 :** 시스템에 대한 전문 지식이 부족하여 장비의 개선 및 업그레이드가 불가능할 수 있다. 또한 운영 문제를 시정하거나 새로운 요구에 대응할 수 없는 경우가 발생할 수 있다. 예를 들어, 외부 소프트웨어 및 하드웨어 유지보수 회사가 폐업하거나 시스템 업그레이드에 필요한 역량의 부족에 따른 계약 해지가 발생할 수 있다.

사이버 공격

14장 "기술보안 관리"에서는 ICT 시스템에 대한 다양한 기술적 위협에 대해 논의하고, 15장 "위협 및 사고 관리"에서는 사이버 공격에 대해, ICT 시스템에 초점을 맞추어 상세히 기술하였다.

업무 연속성에 대한 보다 광범위한 문제와 관련하여 경영진은 사이버 물리적 시스템에 대한 위협도 인식해야 한다. NIST SP 1500-201, Framework for Cyber-Physical Systems: Volume 1, 개요에서는 사이버-물리적 장치는 감지 및 작동을 통해 물리적 세계와 상호 작용하는 장치로 정의할 수 있다. 사이버-물리 시스템 (cyber-physical system, CPS)을 물리적 컴포넌트 및 연산 컴포넌트 간의 네트워크를 포함하는 스마트 시스템으로 정의한다. CPS에는 일반적으로 감지, 연산 및 조작 기능이 포함된다. CPS는 센서의 데이터를 계산하여 데이터 처리부로 전달하는 전통적인 정보 기술(information technology, IT) 및 제어와 작동을 위한 전통적인 운영 기술 (operational technology, OT)을 포함한다.

조직은 CPS에 의존하기 때문에 CPS의 IT 및 OT 측면 모두에 대한 다양한 위협을 고려해야 한다. 이러한 복잡한 분야에 대한 사항은 책의 범주를 벗어나기 때문에, 자세한 내용은 NIST SP 1500-202, 사이버 물리 시스템 프레임 워크 : 21 권, 워킹 그룹 보고서를 참조한다.

인간이 초래한 재해

인간이 초래하는 위협에는 다음이 포함된다.

- 장비 도난
- 고의 화재
- 고의 홍수
- 의도적인 전원공급 상실
- 에어컨의 고의적 고장
- 장비 또는 매체의 파괴
- 장비 무단 사용
- 기물 파손 및 폭발성 방전

운영상의 업무 연속성

본질적으로 업무 연속성 관리는 재해의 영향을 완화하는 데 관련이 있다. 그림 17.3은 ISO 22313를 기반으로 한 업무 연속성 관리 완화 방법을 나타낸다. 그림에 표시된 상대 거리는 특정 시간 척도를 의미하지 않는다. 회색 곡선은 업무 연속성 계획이 수립된 상태에서 재해 복구 속도를 나타내고 검은 색 곡선은 업무 연속성 계획이 없는 일반적인 복구 속도를 나타낸다.

재해가 발생한 경우에서 최악의 시나리오는 일부 업무 프로세스 또는 기능이 완전히 중단될 가능성이 존재한다는 것이다. 업무 연속성 계획에는 이러한 초기 영향을 완화하는 방법과 즉각적인 전환 메커니즘이 포함한다. 업무 연속성 계획은 업무 운영을 보다 신속하게 복원할 수 있는 능력과 절차를 제공한다.

그림 17.3은 복구 프로세스가 세 가지의 중첩 단계를 거치는 것을 보여준다. 17.4절에서는 이 프로세스에 대해 설명한다.

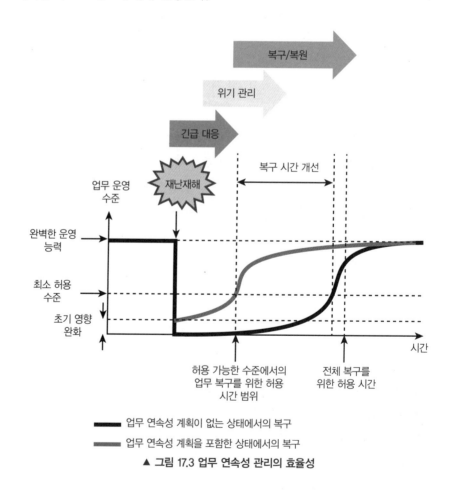

▲ 그림 17.3 업무 연속성 관리의 효율성

업무 연속성의 목표

기업은 업무 연속성 계획을 수립하여 모든 비상 상황의 결과를 관리 가능한 수준으로 줄인다. 특정 조직의 연속성 계획의 구체적인 목표는 그 임무와 기능, 역량, 전체적인 연속성 전략에 따라 달라질 수 있다. 연방 비상 관리국의 비 연방 기관에 대한 연속성 지침[FEMA09]은 업무 연속성 관리를 위한 목표를 다음과 같이 설명한다.

- 인명 피해, 부상 및 재산 피해를 최소화해야 한다.
- 비상 상황의 지속시간, 심각성 및 확산을 완화해야 한다.
- 필수 업무를 통해 시기 적절하고 질서 있게 재개 및 정상 운영 복귀를 달성해야 한다.
- 필수 시설, 장비, 기록 및 자산을 보호해야 한다.
- 경고 여부와 관계없이 실행 가능 해야 한다.
- 조직의 운영 요건 충족 – 업무 연속성 계획은 필수 업무이기에 서비스에 따라 활성화 후 수분 이내에 운영되어야 하지만, 최소한 활성화 후 12시간 이내에 운영되어야 한다.
- 각 기관의 지속적 요구 충족 – 조직은 자원, 지원 관계 및 전략에 따라 최대 30일 이상 지속성 운영을 계획해야 한다.
- 기존의 연속성 계획(전염병 인플루엔자 등)을 포함하여 추가적인 고려사항이 필요한 필수 기능의 지속적인 업데이트를 수행해야 한다.
- 기타 관련 조직, 정부, 민간 부문 연속성 계획 및 절차를 고려한 통합된 업무 연속성 프레임워크를 제공해야 한다.

업무 연속성을 유지하기 위한 필수 구성 요소

조직의 업무 복원성은 업무 연속성 기능의 효율성과 직접적인 관련이 있다. 조직의 연속성 능력은 업무 연속성을 유지하는 데 필수적이며, 다음과 같은 요소로 구성된다.

- **관리:** 관리의 연속성은 필수 업무의 연속성을 보장하는 데 매우 중요하다. 조직은 명확한 업무 승계선을 나타내는 상세한 비상 업무 계획을 가지고 담당 관리자가 부재 중일 때 업무를 수행할 수 있는 대체자를 지정함으로써 연속성을 유지하는 데 필요한 권한을 갖도록 한다.
- **직원 :** 모든 직원은 기능 연속성(COOP : Continuity of Operations)을 유지하는 방법에 대해 교육을 받아야 한다. 아울러, 예기치 않은 중단에 대응하여 복원 작업을 수행한다. 이에 따라 조직은 직원이 필요에 따라 보고 계층 구조에서 동료 직원의 업무를 수행할 수 있도록 수직 교육 및 교차 교육에 대한 지침을 마련해야 한다.
- **ICT 시스템 :** 비상 상황 발생 이후의 최우선 순위는 내부 및 외부 통신이다. 통신 시스템 기술은 상호 운용 가능하고 견고하며 신뢰할 수 있어야 한다. 조직은 이러한 중요한 IT 시스템을 식별하고 백업 및 롤오버 기능을 테스트하고 배치해야 한다.

기능 연속성(COOP) : 자연 재해, 사고, 기술에 대한 공격 등의 관련 긴급 상황을 포함하여 광범위한 긴급 상황 중에 필수 업무를 지속할 수 있도록 하는 조직 내의 업무 지침이다.

- **건물 및 장비 :** 업무 연속성의 필수 업무가 수행되는 건물이 포함된다. 조직은 기본 시설을 비활성화 될 수도 있는 상황에도 관리 및 비즈니스 프로세스 기능이 계속될 수 있도록 별도의 백업 위치를 구축해야 한다. 이는 필수 장비 및 유틸리티도 포함된다.

17.2 업무 연속성 프로그램

2장 "보안 거버넌스"에서 정보 보안 프로그램은 정보 및 시스템 보호에 관한 관리, 운영 및 기술적 측면으로 구분된다는 것을 설명하였다. 아울러, 정보 보안 프로그램은 보안 활동을 조정하기 위한 정책, 절차, 관리 구조 및 메커니즘을 포함한다. 본 장의 앞 부분에서 정의한 업무 연속성 프로그램은 ICT 시스템에만 국한되는 것이 아니라 보다 광범위한 업무 연속성 영역을 포괄하고 있다.

거버넌스

업무 연속성 거버넌스는 주요 보안 사고 및 재해에 대응하여 업무 연속성을 유지하기 위한 프레임워크를 제공하는 관리 구조와 프로세스를 수립하고 유지하는 것과 관련이 있다.

관리 프레임워크를 구축하기 위한 일반적인 프로세스에는 다음과 같은 작업이 포함된다.

- 임원진 회의를 통해 업무 연속성 전략 및 정책의 목적과 목표를 정의한다.
- 상임관리자는 업무 연속성 이사와 BCM 운영위원회를 임명한다.
- 업무 연속성 전문가는 프로젝트 계획뿐만 아니라 업무 시간 및 효율의 정도를 보여주는 비즈니스/프로세스 차트를 작성한다. 주요 항목은 다음과 같다.
- 주요/중요 서비스 식별
- BCM 적용범위 결정
- 구현 타임라인 목표 설정
- 경영진은 향후 진행될 업무 연속성 계획 프로그램에 대하여 모든 이사와 관리자에게 전달한다.
- 부서장들은 업무 연속성 계획 목표에 전념하여 업무를 수행한다.
- 부서장 및 관리자는 연락 담당자를 임명한다.
- 업무 연속성 이사는 부서장 및 관리자와 만나 목표를 논의한다.

업무 영향 분석

SP 800-3에서는 시스템에 대한 비상 상황 발생 시 우선순위를 고려하는데 있어 정보 시스템의 요건, 업무 및 분석을 위한 비즈니스 영향 분석(BIA)을 정의하였다. BIA는 조직의 업무 프로세스를 지원하는 데 중요한 정보 시스템에 대한 구성 요소를 식별하고 우선순위를 정하도록 돕는다.

일반적인 BIA에는 다음 단계가 포함된다.

1. 중요한 업무 요소 탐색 :
   – 업무 프로세스
   – 정보시스템/애플리케이션
   – 자산
   – 인원
   – 공급업체

2. 정보를 수집하고, 업무 전반에 걸쳐 주요 전문가를 인터뷰하여 업무 요소 수립

3. 상호 의존성을 고려한 모든 업무 기능 및 프로세스의 평가 및 우선순위 지정

4. 비상상황으로 인한 업무 중단이 기관의 업무 기능 및 프로세스에 미칠 잠재적 영향 파악

5. 법률 및 규제 요건을 규정하는 기관의 업무 기능 및 프로세스를 확인

6. 업무 프로세스에 대해 최대 허용 중단 시간(MTD: maximum tolerable downtime)을 결정

7. 업무 프로세스에 대해 합리적인 목표 복구 시간(RTO: Recovery time objective)와 목표 복구 시점(RPO: Recovery point objective) 계산, MTD 혹은 RTO가 가장 짧은 프로세스가 가장 중요한 업무 프로세스다.

BIA는 기업이 수용할 수 있는 기간 내에 업무 프로세스와 이를 복구하기 위한 요구 사항을 식별하는 것이다.

위험 평가

조직은 각 중요 프로세스에 대해 위험 분석을 수행하여 취약점을 식별하고 이를 완화하기 위한 위험 평가를 수행해야 한다. 3장 "정보 보안 평가"에서는 보안 관리를 위해 해당 프로세서에 대해 상세히 기술하였으며, 업무 연속성에도 동일한 프로세스가 적용된다.

본질적으로 업무 연속성 위험 평가는 세 가지의 질문을 주로 다룬다. 어떠한 문제가 발생할 수 있을까? 사건이 발생할 확률은 얼마인가? 그리고 사건이 발생하면 어떤

최대 허용 중단 시간 (MTD) : 업무 연속성이 중단되었을 경우 업무의 정지 상태를 허용하는 최대 시간

목표 복구 시간(RTO) : 업무가 중단되었을 경우 정해진 수준의 업무로 재개를 위한 목표 시간이다. 운영 복구에 심각한 영향을 주지 않고 발생할 수 있는 최대 허용 시간이며, 애플리케이션 또는 비즈니스 기능을 중단 후 복구해야 하는 시간(예 : 프로세스가 더 이상 작동하지 않을 수 없는 시점) 이다.

목표 복구 시점(RPO) : 업무 복구에 심각한 영향을 끼치지 않고 데이터 및 시스템을 복구해야 하는 시점(예 : 비즈니스 중단 날짜 및 시간)

영향이 있을까? FEMA의 비 연방 기관에 대한 연속성 지침[FEMA09]은 위험 평가 프로세스의 몇 가지 단계를 정의한다.

1. **조직이 제공하는 필수 업무의 목록 작성** : 이러한 필수 업무는 중단을 허용할 수 없는 업무이다.

2. **필수 업무에 영향을 끼칠 수 있는 위협 식별** : 이 단계에는 조직의 업무 수행 능력에 부정적인 영향을 미칠 수 있는 잠재적 자연 재해, 시스템 문제, 의도적인 인간 재해 및 의도하지 않은 인간이 초래한 사건을 분석하는 것을 포함한다.

3. **연속성 위험 시나리오 수립** : 특정 위험을 조직의 필수 업무의 맥락 안에서 시나리오 평가를 수행한다. 시나리오에서, 4대 핵심 요소 관리, 직원, ICT 시스템 및 설비에 대한 리스크를 적절히 고려한다. 시나리오 위험 평가에는 다음 단계가 포함된다.

   a. 위험 평가에 필요한 위험 정보 결정. 각 시나리오별 위험 평가에 필요한 정보를 기술한다. 각 정보 항목에 대해 필요한 정보 유형, 정밀도, 확실성 및 사용 가능한 분석 리소스를 지정한다.

   b. 위험 평가. 각 시나리오에 대해 다음과 같은 경우 위협, 취약성 및 결과를 평가한다.

   – 위협은 시도되거나 시나리오가 발생할 수 있는 유형의 확률적 공격이다.

   – 취약성은 공격자가 특정 공격형식으로 성공할 가능성 또는 시나리오를 통해 예상되는 부정적 결과이다.

   – 결과는 특정 공격의 잠재적 영향 또는 시나리오의 부정적 영향이다.

4. 안전장치/대처 식별. 각 시나리오의 위험 가능성(예 : 보안 대응책) 또는 부정적 결과(예 : 중복 기능)를 줄이기 위한 기존 안전장치를 식별한다.

표 17.1, ENISA IT 업무 연속성 관리 : 중소기업을 위한 접근법[ENIS10]은 업무 평가팀이 조직의 위험 프로필을 평가하는 데 사용할 수 있는 일련의 범주를 제공한다.

▼ 표 17.1 위험 프로파일 평가 테이블

위험 영역	고	중	저
법률 및 규제			
민감하고 개인적인 고객 데이터	민감하고 개인적인 고객 데이터 처리	개인 고객 데이터 처리	개인 고객 데이터를 처리하지 않음
데이터의 손실 및 파괴	상당한 법적 벌금 부과	법적 벌금 부과	해당 없음
고객과 합의한 SLA(서비스 수준 계약)를 만족하지 못함	법적 책임이 없는 소송 발생할 것이다.	법적 책임이 없는 소송 발생할 수 있다.	해당 없음

위험 영역	고	중	저
생산성			
서비스 및 운영 프로세스	정보 시스템 및 애플리케이션에 대한 의존도가 높음	정보 시스템 및 애플리케이션, 그리고 타사 서비스에 의존적임	정보 시스템 및 애플리케이션, 그리고 타사 서비스에 의존적이지 않음
언급된 사항에 대한 공급 중단	업무 재개 및 시장 손실에 대한 상당한 복구 비용이 요구됨	조직에서 심각한 생산성 영향 없이 백업 프로시저를 제한 시간내에 사용할 수 있음	조직에서 생산성 영향 없이 백업 프로시저를 잠시 동안 사용할 수 있음
금융 안정			
하루 정도 제품 생산 불가	한 번의 중대한 재정 손실	한 번의 상당한 재정 손실	재정 손실 없음
온라인 서비스의 지속적인 수익에 관련된 사항	직접적	간접적	관련 없음
온라인 상태 확인 불가	직접적으로 재정 손실 발생 가능	직접적인 재정 손실로 이어지지 않음	직접적 혹은 간접적 손실로 이어지지 않음
법률 및 규정 미준수로 인한 벌금	엄청난 재정 손실 발생 가능	금융 안정에 영향을 끼치지 않음	벌금 없음 & 최소한의 벌금
평판과 고객 신뢰의 상실			
고객의 중대한 손실 서비스 이용 불가능	엄청난 고객 손실	상당한 고객 손실	고객이 알지 못함

업무 연속성 전략

업무 연속성 전략은 재해 발생과 정상 운영이 복구되는 시점 사이에 수행해야 하는 예방 및 복구 전략을 개념적으로 요약한 것이다. 전략 설계에는 업무 영향 분석 및 리스크 평가 중에 수집된 요구 사항을 이해하고 이를 실행 가능한 전략으로 변환하는 작업이 포함된다. 또한 제안된 전략의 비용 및 효용성도 고려해야 한다.

그림 17.4는 경영진이 고려해야 할 비용에 대한 트레이드오프를 보여준다. 업무 중단 비용은 업무 영향 분석과 위험 평가에서 발생한다. 이에 반하는 것은 업무 연속성 프로그램을 구현하는 데 필요한 비용이다. 일반적으로 중단이 오래 지속될수록 조직에 더 많은 비용이 발생한다. RTO가 짧을수록 더 많은 비용이 발생한다. 예를 들어, 복구 시간이 짧을 경우 조직에서는 주기적으로 업데이트되는 미러 데이터 사이트가 필요할 수 있지만, RTO가 길수록 기업은 비용이 덜 드는 테이프 백업 시스템에 의존할 수 있다.

- 일시적으로 업무를 백업 사이트로 재배치하거나, 활동을 지원하는 IT 및 기타 리소스용으로 일부 재배치
- 업무 연속성 프로세스 중 중복 장비 및 리소스 사용
- 다른 인력, 자원 및 프로세스를 수반할 수 있는 정상적 활동에 대체 작업
- **영향 완화 및 대응 :** 조직은 재난으로 인한 조직의 피해를 억제하기 위한 전략을 세워야 한다. 이러한 전략에는 보험, 사전 계획된 교체/수리 서비스 및 회사의 명성을 유지하기 위한 계획이 포함될 수 있다.

리소스 요구 사항

리소스 요구 사항의 목적은 각 업무 연속성 전략 범주의 이행에 필요한 자원을 결정하는 것이다. ISO 22301에는 고려할 리소스의 유형을 다음과 같이 명시하였다.

- **인원 :** 다음과 같은 몇 가지 사항을 고려해야 한다.
  - 전담 업무 연속성 담당자가 1명 이상 필요한가?
  - 업무 연속성 구현 및 프로세스에 다른 직원이 참여하기 위해서는 어느 정도의 능력이 필요한가?
  - 인식 프로그램 및 교육에 필요한 자원 수준은?
- **정보 및 데이터 :** 백업 유지관리에 필요한 리소스 추정 및 중요 정보 자산의 사본 소지
- **건물, 작업환경 및 관련 유틸리티 :** 자원을 보강하거나 보호하는 비용 및 이를 유지하는 대기 또는 예비 시설의 비용을 포함한다.
- **시설, 장비 및 소모품 :** 중복성 보호 및 제공을 위한 추정치를 포함한다.
- **ICT 시스템 :** ICT 시스템의 보호 및 중복 제공을 위한 자원을 추정한다.
- **운송 :** 대응 및 복구 단계 기간 동안 장비와 인력의 이동 가능성을 고려한다.
- **재무 :** 대응 및 복구와 관련된 추가 비용을 충족하기 위해 비상상황 기간 동안 필요한 자금을 조달할 수 있는 옵션을 결정한다.
- **파트너 및 공급업체 :** 파트너 및 공급업체로부터 어떤 계약이 필요한지, 조직에 어떤 비용을 부담할 것인지 명시한다.

보호 및 완화

ISO 22301및 22313에서는 전략 개발의 일부인 보호 및 완화를 언급한다. 해당 사항은 업무 연속성 전략 개발 관련자들이 피드백, 선택 및 승인을 위해 전략 옵션과 권고사항을 경영진에게 보여줄 때 가장 두드러지게 나타난다. 제공된 정보를 바탕으로 경영진은 비용/효용성 분석을 평가하여 요구 사항과 조직의 위험도 분석에 기반한 최적의 전략을 결정할 수 있다.

17.3 업무 연속성 준비

업무 연속성 준비 상태는 조직 및 조직 내 자산이 비상 상황에 대응, 관리 및 복구하는 기능을 말한다. 이 절에서는 이러한 비상 상황에 대비하기 위해 취할 수 있는 조치를 살펴본다.

인식

인식 프로그램은 조직의 직원이 업무 연속성의 중요성을 인식하고 업무 연속성을 유지하는 데 있어 자신의 역할을 이해하도록 보장하는 프로그램이다. 조직은 모든 직원이 신입사원 선발 프로그램을 통해 인식 프로그램에 대해 배우고 지속적인 근거를 갖도록 보장한다. 인식 프로그램의 목적은 다음과 같다.

- BCM 인식 및 교육 프로그램의 목표 수립
- 업무 인식 및 교육 요건 파악
- 적절한 내부 및 외부 역할 인식
- 인식 및 훈련 방법론 개발
- 인식 도구 식별, 획득 또는 개발
- 외부 인식 교육 활용
- 인식 활동 전달 감독
- 프로그램의 효과성 평가 기반 마련
- BCM 프로그램 요구 사항을 준수하지 않을 경우의 조치 전달
- BCM 프로그램의 지속적인 개선 보장
- 직원이 BCM프로그램에서의 역할 및 책임을 인지하고 있는지 확인

인식 프로그램은 다음 주제를 다루어야 한다.

- BCM의 개요
- BCM이 조직에 중요한 이유
- 비상시 직원의 역할
- BCM 계획이 실행되면 직원이 해야할 일
- 긴급 연락처
- 사고 식별
- 사고 대응 및 업무 연속성 계획 활성화 방안
- 특별 사고 대응방법
- 현장 대피 시 조치사항

교육

교육은 관련 기술을 제공하고 리더 및 직원에게 연속성 계획을 실행하는 데 필요한 절차와 과제를 숙지하도록 한다. FEMA의 비연방기관에 대한 연속성 지침 [FEMA09]에서는 교육 프로그램에 다음을 포함할 것을 권고하고 있다.

- 위기 대처 운영 활성화, 지원 및 유지보수를 위해 배정된 인력(정규직 또는 계약직 인력 포함)에 대한 연간 교육
- 책임급 인력의 연례 교육을 통한 해당 조직의 리더십 배양
- 업무 연속성 상황 중 조직 지도부의 권한과 책임을 지는 모든 조직 인력에 대한 연간 교육
- 현장, 지부, 기타 조직 차원의 정책 결정 및 기타 의사결정을 위한 사전 위임된 모든 기관에 대한 연간 교육 실시
- 비상상황 시설, 기존 시설 또는 가상 사무소를 이용 또는 이전하는 조직 연속성 계획에 대한 인사 보고
- 사고 발생 시 사용할 통신 및 IT 시스템의 기능에 대한 연간 교육
- 비상 상황 중 필수 업무를 지원하는 데 필요한 전자 · 하드 카피 문서, 참고자료, 기록, 정보 시스템, 데이터 관리 소프트웨어 및 장비(민감한 데이터 포함)의 식별, 보호 및 가용성에 관한 연간 교육
- 조직의 업무 연속성을 위한 업무 이관에 대한 연례 교육으로, 위협 증가 혹은 재난 발생 시 각 조직이 자신의 필수 기능을 어떻게 식별하고 수행하는지에 대한 교육
- 기본 운영시설에서 정상적인 조직운영을 재개하기 위한 모든 재구성 계획 및 절차에 대한 연간 교육

교육의 구체적인 관점에서, 소방방재청 업무 연속성 관리기준 및 가이드 [NCEM12]에서는 다음 사항을 권고하고 있다.

- 내부 · 외부 이해관계자 정보, 대피 장소 내 대피 절차 숙지, 직원에 대한 책임, 대체 근무 장소 준비 및 대처, 대피 요청서를 포함
- 대응 및 복구팀 최초 대응자와의 상호작용 방법 등 책임과 의무에 대한 교육 제공

복원력

기업의 인프라, 자산 및 절차의 복원력(정보 시스템 복원력)을 갖추기 위해 노력하는 기업은 조직의 비상 상황을 견디고 복구할 수 있는 능력을 향상시킬 수 있다.

IBM 백서 탄력적인 인프라 구조: 업무 복원성 향상[GOBL02]에서는 업무 복원성의 요소를 정의한다. 다음의 세 가지는 기본적으로 보수적이지만 기업이 사용하는 공통 전략이며 업무 연속성 관리에 필요한 부분이다.

정보 시스템 복원성 :
정보 시스템이 (1) 성능이 저하되거나 불가능한 상태에서도 지속적으로 작동하면서 필수 운영 능력을 유지하며, (2) 시간 내에 효과적인 운영 태세로 회복할 수 있는 능력을 뜻한다.

업무 복원성 : 조직이 지속적인 사업 운영을 유지하면서 인력, 자산 및 전체 브랜드 자산을 보호하고 운영 중단에 신속하게 적응할 수 있는 능력을 뜻한다. 업무 복원성은 재해 복구를 넘어 재해 후 전략을 제공하여 비용이 많이 드는 시간 비용을 감소시키고 취약성을 강화하며 예상치 못한 추가 상황에서도 업무 운영을 유지할 수 있도록 지원한다.

- **복구 :** 재해 발생 시 안전하고 신속한 오프사이트 데이터 복구 제공
- **강화 :** 자연 재해, 직원 실수 혹은 악의적인 행동에 덜 취약하도록 인프라의 전체 또는 일부를 강화
- **중복 :** 예상치 못한 상황이 발생한 경우, 백업 서비스를 제공하기 위해 인프라의 전체 또는 복제

탄력적인 인프라 구조 : 업무 복원성 향상 [GOBL02]에서도 기존 접근 방식을 넘어 복원성을 제공하는 세 가지 강력한 조치를 정의한다.

- **접근성 :** 기본 작업 사이트에 접속할 수 없는 경우, 접근성 대책을 통해 기업 직원, 파트너 및 고객이 다른 위치에서 인프라에 접속할 수 있도록 한다. 이러한 조치는 다양한 통신 기술(예 : 무선, 팩스, 이메일, 인스턴트 메시징)의 구축이 요구된다.
- **다변화 :** 재해로 인해 업무 운영이 크게 저하되는 가능성을 줄이기 위해서는 자원(물리 자산 및 인력)의 물리적 분배와 다양한 통신 경로 구현이 필요하다. 이는 물리적으로 분산되어 있지만 단일 통합 엔터티인 것처럼 관리할 수 있는 운영 인프라를 조성해야 한다.
- **자율화 :** 인프라 내에 자체 관리 하드웨어 및 소프트웨어 구성 요소를 탑재하는 것을 뜻한다. 이러한 제품들은 사람의 개입 없이 결정을 내리거나 개입을 최소한으로 줄이고, 문제 상황이나 경고 발생 시 사람의 도움 없이도 초기 대응을 수행한다. 최근 이러한 제품들이 다양하게 출시되고 있으며, 기술이 발전함에 따라 복원성이 높은 인프라에는 자가 구성, 자가 치유, 자가 보호, 자가 최적화 기능을 갖춘 자율 구성 요소가 더 많이 포함될 것이다.

통제 제어

이 전 장에서 논의한 바와 같이 통제 제어는 보안 목적을 충족하는 자산 및 운용과 관련된 구체적인 조치 사항을 뜻한다. ENISA IT 비즈니스 연속성 관리 : 중소기업을 위한 접근법 [ENIS10]에서는 조직 연속성 제어와 자산 기반 연속성 제어의 두 가지 범주에 걸친 포괄적인 통제 방안을 제공한다. 총 39개의 제어에 대해 5개의 조직 연속성 제어 방안이 존재하며, 이는 다수의 특정 제어 장치를 다음과 같이 포함하고 있다.

- **업무 연속성 관리 :** 업무 연속성 고려사항을 주기적으로 통합하기 위한 조직의 업무 전략 관리
- **업무 연속성 정책, 계획 및 절차 :** 조직에게 정기적으로 검토 혹은 업데이트되는 업무 연속성 정책, 계획 및 절차의 종합적인 문서
- **업무 연속성 계획 테스트 :** 연속성 계획의 시험 시뮬레이션을 완료하기 위해 보안 제어 장치를 통합하여 구현 시 원활한 실행을 보장하도록 한다.
- **업무 연속성 관리 유지 :** 직원이 보안 역할 및 책임을 이해하도록 모든 직원에게 보안 인식,

교육 및 주기적 주의사항이 제공되어야 한다.

- **서비스 제공업체/제3자 비즈니스 연속성 관리** : 외부 조직과 협력할 때 조직의 정보 보호를 위해 문서화, 모니터링 및 시행 절차를 강제하는 보안 기능을 포함한다.

다음은 업무 연속성 정책, 계획 및 절차에 포함된 통제의 예제이다.

조직은 종합적인 업무 연속성 계획을 가지고 있으며, 이 계획은 정기적으로 검토되고 업데이트 된다. 이러한 계획은 다음을 포함한 주요 업무 연속성 주제를 다룬다.

- 중요 업무 우선 순위 목록
- 중요한 업무 IT 인프라 종속성
- 업무 연속성 관리자/팀 연락처 목록
- 중요 업무 보호 및 복구 전략
- 업무 연속성 관련 절차(사고 대응, 비상 등)
- 업무 연속성 계획 재평가 및 유지관리 테스트
- 주요 공급업체 목록 및 연락처 세부 정보

자산 기반 연속성 제어는 보다 광범위하며, 다음과 같은 5개 항목에 92개의 제어로 구성된다.

- **하드웨어 및 네트워크** : 복원력, 백업, 이중화 및 복구 작업 포함
- **애플리케이션** : 복원력, 백업 및 복구 작업 포함
- **데이터** : 데이터 스토리지, 데이터 백업 및 복구 작업 포함
- **인력** : 물리적 보안, 인식 및 교육, 복구 작업 포함
- **시설물** : IT 사이트, 환경 보안, 물리적 보안 및 복구 작업 포함

다음은 응용 프로그램 제어의 예제이다.

- **애플리케이션 백업** : 응용 프로그램은 정기적으로 업데이트되고 테스트되는 문서화된 백업 절차가 필요하다. 아울러, 응용 소프트웨어의 정기적인 예약 백업이 필요하며, 백업으로부터 복원하는 기능에 대한 정기적인 테스트와 검증이 필요하다. 조직은 애플리케이션 파일, 데이터베이스 및 기타 사용 가능한 애플리케이션 모듈의 전체 백업을 수행해야 한다. 또한 서비스(예 : 이메일 또는 인터넷 프로비저닝)에 해당 제어를 적용하면 관련 데이터 백업 외에도 대체 백업 서비스를 구축해야 한다. 데이터를 생성하거나 저장하는 서비스의 백업을 고려할 때 데이터의 로컬 복사본을 보유하거나 기존 데이터를 백업 서비스로 전송할 수 있는 기능을 고려하고 평가해야 한다.

조직은 최적의 선택을 위해 각 담당자에 대한 기회 비용 및 효율을 결정하기 위한 비즈니스 영향 분석과 위험 평가를 수행해야 한다.

업무 연속성 계획

업무 연속성 전략은 업무 연속성 관리에 대한 기업의 접근 방식에 대한 전반적인 시각을 제공하는 한편, 업무 연속성 계획은 비상 상황에 대비하고 대응하기 위한 문서화된 절차와 자원을 수립하는데 목적이 있다.

ISO 22301은 조직이 업무 연속성 계획 혹은 연관된 업무 연속성 계획을 같이 작성할 것을 권고한다. 조직은 비상 상황에 대응하기 위한 문서화된 절차를 수립하고 미리 정해진 기간 내에 활동을 지속하거나 복구하는 방법을 파악해야 한다. 이러한 계획은 사용자의 요구 사항을 반영해야 한다. ISO 22313은 계획 혹은 개발에 관한 지침을 제공한다.

모든 조직이 업무 연속성 절차를 수립하고 문서화하기 위해 이용할 수 있는 간단한 방법은 없다. 단지 비상상황 발생 후 지체 없이 실행할 수 있는 대응 구조, 경고 및 통신 절차와 같은 효과적인 대응 및 복구 프로세스에 대한 계획을 수립하는 것이 최종 목표이다.

서부 오스트레일리아 정부의 사업 연속성 관리 지침[WAG15]은 비상 대응 계획, 위기 관리 계획 및 복구 및 복구 계획 등 업무 연속성 운영의 모든 단계를 망라하는 계획 지침을 제공한다(그림 17.5 참조). 다음 절에서는 업무 연속성 관리 지침의 계획 개요를 소개한다.

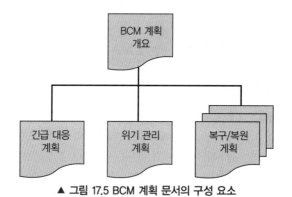

▲ 그림 17.5 BCM 계획 문서의 구성 요소

BCM 계획 개요

BCM 계획 개요는 비즈니스 연속성 준비 및 비즈니스 연속성 작업을 수행하기 위한 프레임워크, 정책, 프로세스 및 전반적인 전략에 대한 내용이다. 개요 문서는 문제에 대한 상세한 지침을 제공하지 않는다. 다만, 이것은 업무 연속성에 대한 조직의 접근 방식만을 문서화한다.

예를 들어, 업무 연속성 관리 지침[WAG15]에 따라 BCM 계획 개요 문서는 다음과 같다.

1. 버전 제어 정보
2. 배포 목록
3. BCM 계획 목적
4. BCM 계획 목표
5. BCM 정책
6. BCM 프로세스 개요
7. 중요한 비즈니스 활동
   A. 최대 허용 중단
   B. 상호의존성
8. 비즈니스 연속성 전략 및 요구 사항
   A. 포괄적 전략
   B. 자원 요구 사항
   C. 시스템 및 애플리케이션 요구 사항
9. 대응 옵션
   A. 계획 매개변수
   B. 비즈니스 연속성 사이트
10. 대응계획
   A. 지침 원칙
   B. 위기 관리기구
      i. 위기 관리 팀
      ii. 현장 대응 팀
      iii. 위기 지원 팀
      iv. 비즈니스 연속성 팀
      v. IT 재해 복구 팀
   C. 통지 및 에스컬레이션 프로세스
   D. 제어 센터
11. 훈련, 운동, 유지 관리
   A. 교육 요구 사항 및 프로토콜
   B. 연습 요구 사항 및 프로토콜
   C. 유지보수 요구 사항 및 프로토콜

위기 대응 계획

위기 대응 계획은 인력과 자산의 보호를 위해 비상 상황 이후의 조치를 다룬다.

업무 연속성 관리 지침 [WAG15]에 위기 대응 계획 문서에는 다음 섹션이 포함된다.

1. 소개
   A. 정의
   B. 목적
2. 긴급 보고 절차
   A. 기본 보고 절차
   B. 지시의 우선순위
   C. 비상 전화 번호
3. 예방
   A. 화재 예방
   B. 사고 예방
4. 응급처치
5. 비상사태에 대한 대응
   A. 화재 비상
   B. 지진 비상
   C. 폭탄 위협
   D. 강도와 보류
   E. 납치 – 인질 상황

위기 관리 계획

위기 관리 계획은 초기 비상대응 이후 비상 상황에 대처하기 위한 지침을 제공한다. 위기 관리 계획은 일정 수준의 연속성을 유지하고자 하는 조직적이고 체계적인 대응의 신속한 개발에 대한 지침을 제공해야 한다.

위기 관리계획 문서에는 다음과 같은 8개의 섹션[WAG15]으로 구성한다.

1. 목적
   A. 계획의 목적 및 계획을 실행될 상황에 대한 개요
2. 위기 사건의 정의
   A. 위기 관리 계획이 실행되는 위기 상황에 대해 규정
3. 위기 관리 팀 구조
   A. 위기 관리 팀의 목적과 구성원 자격 개요

B. 팀 구성원의 역할과 책임 설명

4. 통지 및 에스컬레이션 프로세스

A. 다양한 수준의 관리를 통해 상황을 보고, 평가하여 위기 관리팀의 발동 과정을 개략적으로 설명

5. 지휘 센터

A. 위기 관리 팀을 지원하기 위해 사용할 수 있는 지휘 센터의 목적, 위치 및 자원 설명

6. 위기 중의 통신

A. 통신 프로토콜 및 도구, 이벤트 추적 및 기록 방법, 위기 상황에서 상태 업데이트 전달 방법 설명

7. 연락처 목록

A. 위기 상황 중 도움을 받을 필요가 있거나 도움이 필요한 위기 관리 팀원, 고위 경영진, 주요 직원, 서비스 제공업체, 응급 서비스 및 기타 이해관계자의 연락처 목록

8. 활동 체크리스트

A. 위기 관리 팀이 위기 관리 대응을 위해 고려해야 할 문제 및 조치 목록을 확인한다. 업무 연속성 측면에서 위기 상황에서 발생할 수 있는 혼란 속에서 해야 할 일에 대한 주요 사항을 숙지할 수 있도록 한다.

복구 및 복원 계획

복구/복원 계획은 특정 비상 상황에 대한 복구를 지원하는 팀을 대상으로 한다. 해당 목표는 필수 업무 활동을 유지하고 정상 운영을 재개하기 위해 가능한 한 신속하게 기본 시스템을 복구하기 위한 절차와 필요한 자원을 정의하는 것이다.

복구/복원 계획 문서에는 다음과 같은 사항이 포함된다[WAG15].

1. 목적
2. 팀 헌장
3. 팀 구성
4. 활동과 전략
5. 1단계 : 평가 및 통지

   5.1 근무 시간 동안의 사고 상황

      5.1.1 초기 경보

      5.1.2 대피

      5.1.3 초기 평가

      5.1.4 계획 호출

   5.2 근무 시간 이외의 사고 상황

      5.2.1 초기 경고

연습 및 테스트

비상상황에 대해 경영진이 지정한 시간 안에 효과적으로 대응하고 복구하는 능력을 검증하기 위해서는 연습과 테스트가 필수적이다. 해당 직원의 교체 및 시설, 장비의 위협 환경 변화를 수용하기 위해서는 연습과 테스트가 진행되어야 한다.

ISO 22300에서는 연습 및 테스트 용어를 다음과 같이 정의한다.

- **연습** : 조직의 성과를 교육, 평가를 개선하기 위한 프로세스. 연습은 다음을 위해 사용할 수 있다.
  - 정책, 계획, 절차, 교육, 장비 및 조직간 협약의 검증
  - 역할 및 책임에 대한 인력양성 및 훈련
  - 조직간 커뮤니케이션 개선
  - 자원 격차 파악
  - 개별 실적 개선
  - 개선 기회 파악 및 연습을 위한 통제

- **테스트** : 평가를 위한 절차, 품질 또는 다양한 상황에 대한 대처를 판단하는 수단이다.
  - 테스트는 일종의 연습이다.
  - 지원 계획에서는 수시로 시험을 실시한다.
  - 테스트는 계획 중인 연습의 목표에 대한 합격/불합격 요소를 포함하여 수행한다.

Cybersecurity
Book Resource Site:
https://app.box.com/
v/ws–cybersecurity

연습은 업무 연속성 계획에 초점을 맞추고 인력, 절차, 장비가 원위치에서 비상 상황에 대응할 준비가 되어 있는지 여부를 판단한다. 테스트는 업무 연속성의 개별적인 측면에 더 초점을 맞추고 장비 인력, 그리고 절차가 운영을 지원할 수 있는 지속적인 준비 상태로 유지되도록 보장한다.

다양한 연습

조직의 업무 연속성 절차의 신뢰성을 보장하기 위해 다양한 연습이 필요하다. 잘 설계되고 분석된 계획도 연습에 따라 개선될 여지가 존재하며, 때때로 절차의 결함을 발견한다.

다음은 복잡한 순서에 따른 다양한 연습 목록을 나타낸다.

- **세미나 연습** : 참가자를 그룹으로 나누어 특정 문제를 논의
- **탁상 연습** : 개인 또는 그룹으로서 수행할 특정 역할을 부여하는 연습. 이 책의 문서 자원 사이트에 다양한 업무 연속성 탁상 연습의 예를 제공한다.
- **간단한 연습** : 해당 사건을 관리할 수 있는 조직의 능력을 평가하고 향후 대응을 개선하고 관련자들의 관련 역량을 향상시킬 수 있는 기회를 제공하기 위해 고안된 가능한 사건의 계획된 리허설.
- **훈련** : 책임 단계에서 단일 업무, 단일 프로시저, 단일 운영 등을 연습하기 위한 특정한 연습 방식.
- **시뮬레이션** : 일반적으로 제어 센터 또는 관리 팀에서 수행하는 것으로써 비상상황에 대한 대처 방안을 시뮬레이션하는 연습.
- **라이브 플레이** : 실제 사건에 대한 예상 대응과 안전하게 실행 가능한 만큼 가까운 연습 활동. 전체 업무에 대한 비상 상황을 가정하여 재해 복구 계획에 따라 업무 운영이 주 사이트에서 종료되고 복구 사이트로 이동된다.

경영진은 조직의 규모 및 요구 사항에 따라 하나 이상의 연습을 수행할 수 있다. 업무 연속성 관리자는 하나 이상의 시나리오를 결정하여 연습 참가자를 통솔하고 업무 연속성 계획의 사용, 검토 및 피드백을 장려해야 한다. 시나리오의 예는 다음과 같다.

- **시설 손실** : 주요 시설(예 : 화재로 인한)의 손실에 따른 주요 제품 및 서비스의 지속적인 제공
- **인명 손실** : 감소된 인력으로 중요 제품 및 서비스의 지속적인 제공(예 : 전염병으로 인한 손실)

- **기술 손실** : 기술 또는 시스템에 접근하지 않고 중요한 제품 및 서비스를 지속적으로 제공 (예 : 데이터 센터 장애)
- **장비 손실** : 핵심 장비(금속 압착기 등)의 분실된 후에도 중요 제품 및 서비스의 지속적인 전달
- **공급자 손실** : 중요 제품 및 서비스의 지속적인 제공(급여처리 등)

다양한 테스트

테스트의 목적은 하나 이상의 시스템 구성 요소 및 계획의 운영 가능성을 검증함으로써 업무 연속성 계획 결함을 확인하고 해결하는 것이다. 테스트는 목표에 따라 다양한 형태로 구성된다. 테스트는 가능한 한 실제 운영 환경과 유사한 환경으로 맞춰서 수행해야 한다.

비연방기업을 위한 FEMA의 연속성 지침 [FEMA09]에는 다음과 같은 테스트 지침이 명시되어 있다.

- 업무 연속성 담당자에 대한 경보, 통보, 활성화 절차의 연간 시험
- 중요 기록물, 중요정보시스템, 서비스, 자료의 복구 계획의 연도별 시험 실시
- 초기 설정 및 백업 인프라 시스템 및 서비스(예 : 전력, 수도, 연료)에 대한 연간 테스트
- 물리적 보안 기능에 대한 연간 테스트
- 통신 시스템의 내부 및 외부 상호운용성 실행을 보장하기 위한 장비 테스트 및 검증
- 조직의 필수 업무 수행에 필요한 역량 테스트
- 테스트를 수행하고 이에 대한 결과를 공식적으로 문서화하고 보고하는 절차
- 조직의 필수 업무 수행과 관련하여 내부 및 외부 상호의존성에 대한 연간 시험

연습 또는 테스트 계획

연습과 테스트 계획은 BCP에서 정의한 목적에 따라 결정된다. 개별 연습 또는 테스트 계획은 정량화 가능한 측정을 지표를 사용해야 한다. 연습 또는 테스트 계획에는 다음 항목을 포함한다.

- **목표** : 시험할 BCP의 업무 연속성 기능 또는 구성 요소를 명시한다.
- **목적** : 예상 결과를 리스트업 해야 한다. 목적은 도전적, 구체적, 현실적이어야 하며, 측정 가능하고 시기 적절해야 한다.
- **범위** : 관련 부서 또는 조직의 중요 업무 기능, 시험 조건 및 발표 내용을 파악한다.
- **인위적 측면 및 가정** : 배경 정보, 따라야 할 절차, 장비 가용성 같이 인위적이거나 가정된 연습을 정의한다.
- **참가자 지침** : 실제 재해 전에 BCP를 시험할 수 있는 기회를 제공한다고 설명한다.

- **연습 또는 테스트 서술** : 참가자에게 필요한 배경 정보를 제공하고 환경을 설정하며 참가자가 행동을 취할 수 있도록 준비한다. 비상 상황 발생 시간, 장소, 발견 방법, 상황 발생 순서, 종료 여부, 초기 피해 보고, 외부 조건 등을 포함하도록 서술한다.
- **평가** : 공정한 모니터링을 통해 목표 달성 여부를 결정한다. 태도, 결단력, 지휘 능력, 조정 능력, 의사소통 등의 항목을 포함한 참가자의 성과를 평가한다. 디브리핑은 짧지만 포괄적으로 수행해야 하며, 어떠한 것이 효과가 있었는지, 또는 효과가 없었는지 설명한다. 또한 성공적인 사례를 강조하고 개선 사항을 설명한다. 연습 평가 시에는 주기적으로 참가자 피드백을 받도록 한다.

성과 평가

성과 평가는 BCMS(BCMS 운영 및 계획 프로세스)가 ISO 22301과 같은 표준의 요구 사항 및 관리 요구 사항에 부합하는지 평가한다. ISO 22301에는 세 가지 주요 성과 평가 요구 사항이 포함하고 있다.

- 정기적인 BCMS의 평가를 받기 위해 측정지표, 모니터링, 분석 및 평가 지표를 업데이트 해야 한다.
- BCMS는 기업 경영진의 요구 사항과 ISO 22301에 부합하도록 내부 감사 프로세스를 수립하고 유지 관리한다.
- 지속적인 계획 업무 개선을 위한 우선순위를 정하기 위해, 검토 프로세스를 BCMS 및 주주들에게 주기적으로 보고한다.

성과 지표

성과 지표로부터 도출된 피드백은 경영진이 업무 연속성 절차에 대한 지속적인 개선 우선순위 조정을 수행할 수 있도록 한다. 업무 연속성 성과 지표는 다음과 같은 특성을 가지고 있다.

- 고위 관리자(대상 고객)가 조직의 리스크 대응 및 복구 솔루션의 성과를 신속하게 파악할 수 있도록 지원
- 상급 관리자에게 중요한 정보 전달
- 활동에만 집중하기보다는 성과에 집중
- 상급 경영진이 문제 영역을 파악하여 문제 해결 노력에 집중할 수 있도록 지원

표 17.2는 비연방기업에 대한 FEMA의 연속성 지침 [FEMA09]에 기초하여 조직이 업무 연속성 요건을 충족하는 능력을 측정하기 위해 사용할 수 있는 지표 목록을 나타낸다. 7가지 연속성 고려사항에 대해 경영진은 표와 같이 정의한다. 녹색은 만족, 노란색은 보통, 빨간색은 불만족으로 표시하여 시스템의 등급을 설정한다.

연속성 요구 사항	주요 질문	지표
비상 상황 발생시 필수 업무의 지속적인 수행을 위해 다음을 만족해야 한다. 최대 30일 또는 정상 운영이 재개될 때까지 기간, 비상 발생 후 COOP 활성화 후 12 시간 이내에 대체 사이트에서 완전히 작동할 수 있어야 한다	• 귀하의 조직은 비상 상황에서 최대 30일 동안 또는 정상 운영을 재개하는 동안 필수 업무를 수행할 수 있는가? • 귀하의 조직은 COOP 활성화 후 12 시간 이내에 대체 사이트에서 완전히 운영할 수 있는가?	• 테스트, 연습을 통해 필수 업무를 수행할 수 있는 능력을 측정하고, 개선책을 확인한다. • 테스트, 교육 및 연습을 통해 12시간 이내에 COOP 사이트에서 완전하게 작동할 수 있는 능력을 측정하여 이에 대한 솔루션을 파악한다.
관련 법률에 따라 사전에 긴급 권한 위임을 보장하는 승계 명령 및 권한 위임을 계획하고 이를 문서화한다	• 귀하의 조직은 후임자에게 완전한 승계가 가능한가? • 귀하의 조직은 이전 대상자가 알고 있는 권한을 완전히 이전할 수 있는가	• 승계 명령서 작성 및 교육 • 권한 이양에 대한 문서화 및 교육
중요한 자원, 시설 및 기록을 보호한다	• 중요한 자원이 보호되는가? • 시설이 보호되고 있는가? • 귀하의 기록은 보호되는가? • 연속성 직원이 비상시 중요한 자원, 시설 및 기록에 공식적으로 액세스 할 수 있는가?	• 중요한 자원, 시설 및 기록을 보호하기 위한 조치를 문서화 • 중요한 자원, 시설 및 기록에 대한 공식적인 접근을 보장하기 위한 조치를 문서화
비상시 연속성 운영에 필요한 자원을 확보하기 위한 준비가 필요하다.	• 비상 연속성 자원을 확인 했는가? • 비상 연속성 자원을 확보하기 위한 계약이 있는가?	• 비상 연속성 리소스 요구 사항 파악 • 요구 사항을 만족하는 계약사항 확인 • 추가 계약 사항이 필요한지 파악
주요 정부 부서, 회사 내부 부서, 기타 행정 부서 및 기관, 중요한 파트너 및 대중 간의 연결을 지원하기 위한 사이트 구성이 마련되어야 한다.	• 대체 사이트에 중요한 통신 기능이 있습니까? • 대체 사이트에 중복 통신 기능이 있습니까?	• 다른 사이트에서 현재 통신 기능을 확인 • 필요한 통신 기능을 파악 • 6개월, 1년, 2년 이내에 대체 사이트에서의 커뮤니케이션을 개선하기 위한 계획을 확인
재해 복구 및 정상 운영 재개를 가능하게 하는 재구성 기능에 대한 규정을 마련해야 한다.	• 재건 역량을 확보하기 위한 계획은 무엇인가?	• 재건 능력 계획 파악
필수 기능 수행의 지속을 지원하기 위해 대체 시설로 재배치할 수 있는 인원의 식별, 교육 및 준비를 위한 규정을 마련한다	• 필수 업무를 지속적으로 수행하기 위해 대체 사이트로 이동할 인력을 식별할 교육 및 준비가 되었는가?	• 대체 사이트로 직원을 이동 및 재배치할 준비가 되었는지 확인

ISO 22313 에는 다음과 같이 성능 모니터링에 대한 요구 사항이 기술되어 있다.

- 조직의 요구에 적합한 정량적 성과 지표 설정
- 조직의 업무 연속성 정책 및 목표 달성 정도 모니터링
- 모니터링 및 측정 시기 파악
- 우선 순위가 높은 업무를 보호하는 프로세스, 절차, 기능의 성과 평가
- BCMS의 법률 및 규제 요구 사항에 대한 준수 여부 모니터링의 성과 측정 마련

- 장애, 사고, 부적합(실패 및 허위 경보 포함) 및 기타 BCMS 성능 결함의 증거를 모니터링 하기 위한 사후 대응적 성과 측정 실시
- 시정조치 분석을 용이하게 하기 위한 충분한 모니터링 및 측정 결과 기록

내부 감사

조직은 BCMS의 성과 평가를 위한 업무를 감사하는 내부 감사 프로세스를 구축해야 한다. 반드시 내부 감사 부서가 필요하거나 감사 업무를 수행할 필요는 없지만, 감사는 BCMS와 무관한 업체 혹은 전문가에 의해 수행되어야 한다. 조직은 감사 활동의 수준과 빈도를 결정하고 업무 연속성의 평가 자료를 중요도에 따라 보고해야 한다. 감사 활동과 관련된 산출물의 범위는 다를 수 있지만, 대부분의 경우는 BCMS에 독립적이고 객관적인 평가를 포함해야 한다.

- 내부 감사를 위한 주요 업무는 다음과 같다.
- 감사 프로그램이 BCMS가 요구 사항을 준수하는지에 대한 여부 판단
- 감사프로그램이 BCMS가 BC플랜을 준수하는지에 대한 여부 판다
- 감사 프로그램 수립 및 시행
- 최고경영진, 감사프로그램의 효율성 검토 확인

경영 검토

경영 검토는 업무 연속성 관리의 필수적인 요소이다. 경영 검토에서는 요구 사항 및 표준에 대한 준비성과 이행을 검토할 필요가 있다. 경영 검토에서는 다음과 같은 사항을 다룬다.

- BCM 감사 결과, 비상사태 발생 후 검토 결과, 연습 결과
- 주요 공급업체 및 아웃소싱 파트너 BCM 상태 (사용 가능한 경우)
- 남은 위험 및 허용 가능한 위험 수준
- 기존 위험도 평가에서 확인된 위험도 포함한 부적절한 위험 수준
- 기업의 BCM 능력에 영향을 미칠 수 있는 대내외적 변화
- 연습, 테스트, 자기평가 결과
- 훈련 및 인식 프로그램의 성과
- 기존 경영 검토에 대한 후속 절차
- 기업의 BCM 능력 개발을 위한 제안된 권고 사항

조직은 검토 문서에 다음 사항을 포함해야 한다.

- 검토 범위

- 검토 사유

- 검토 관련자

- 문제가 있는 부분, 특히 제기된 위험

- 시정 및 예방조치 권고사항

- 테스트 및 연습에 대한 간략한 검토

17.4 업무 연속성 운영

그림 17.1에서 설명한 바와 같이, 업무 연속성 운영은 업무 연속성 관리를 위한 기반 계층으로 이루어진다. 비상 상황에 대응하여 업무 연속성 프로세스는 세 가지 단계로 진행된다(그림 17.6 참조).

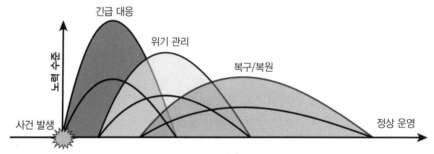

Note : 하위 3개 선은 ICT 연속성 프로세스를 나타낸다.
상위 3개 선은 전체 업무 연속성 프로세스는 나타낸다.

▲ 그림 17.6 업무 연속성 프로세스

1. 긴급 대응 : 이벤트 탐지 또는 안정화에 집중

2. 위기 관리 : 조직 보호에 중점을 둠

3. 업무 회복/복구 : 중요한 업무 프로세스의 빠른 복원 및 복구에 중점을 둠

그림 17.6은 각 단계에 대한 일반적인 노력 수준과 시간 척도를 대략적으로 보여준다. 이러한 상대적 지표는 비상 상황의 성격과 심각성, 조직의 복잡성, 조직의 준비 상태에 따라 달라진다.

긴급 대응

긴급 대응은 화재, 홍수, 시민 폭동, 폭탄 위협, 기타 심각한 상황 등에 대한 긴급한 대응으로, 인명 보호, 재산 피해 최소화, 시스템 운영의 혼란을 최소화할 목적으로 수행된다.

일반적으로 긴급 대응은 제한된 시간(보통 수 분에서 수 시간) 속에 이루어진다. 지정된 긴급 대응 요원이 수행하는 주요 업무는 다음과 같다.

- 직원 및 방문자 계정
- 사상자 처리
- 피해 억제 및 최소화
- 피해 평가
- 위기 관리 팀에 연락하여 업무 연속성 계획 수립

보안 사고의 특성에 따라 긴급 대응에 참여하는 인원이 결정된다. 예를 들어, 화재경보기의 경우 일반적으로 모든 직원에게 안전지역으로의 대피 절차에 대한 지시를 받는다. 건물 혹은 각 층당 1명 이상의 직원을 전화 업무 지시로 할당할 수 있다. 이는 소방서에서 경보를 수신하고 대응할 수 있는 인력이며, 해당 시점부터 위기 관리자 팀장이 업무 연속성 대응 업무를 인계 받을 수 있다.

또 다른 예로, 정전 사태에 대처하기 위해 데이터 센터에 긴급 대응 팀을 지정할 수 있다. 팀원은 백업 발전기가 제대로 작동하고 있는지 확인하고 서비스 제공업체에 상태 보고를 확인해야 한다. 추가 조치가 추가적으로 요구되기 전에 전원이 복구되면 사건은 종결되며, 정전이 장기화될 경우 위기 관리팀에 통보해 데이터센터의 미러 이미지로 조정하고, 사건이 전개될 때 필요한 다른 업무 연속성 업무를 맡을 수 있도록 한다.

위기 관리

위기 관리에는 기업이 중요한 비즈니스 서비스를 지속적으로 제공하도록 보장하기 위해, 업무 중단 후 곧바로 비상 업무 프로세스를 수행할 수 있도록 보장해야 한다.

일반적으로 위기 관리는 몇 시간에서 며칠에 걸쳐 지속되며, 위기 관리팀이 수행하는 주요 업무는 다음과 같다.

- 필요에 따라 직원, 고객, 공급업체에 연락
- 가능한 한 빠르게 중요한 업무 프로세스의 초기 복구 수행
- 손실된 작업 재구축

위기 관리팀은 신속히 대응할 필요가 있다. 따라서 해당 팀은 유기적인 대응을 위해 십여 명 이하의 소규모 집단으로 구성되어야 한다. 위기 관리 팀은 위기 상황이나 비상사태 시 직접적인 업무 연속성 활동을 지시할 권한이 있는 사람이 포함되어야 한다. 표 17.3은 업무 연속성 관리 지침[WAG15]의 일반적인 위기 관리 팀의 구성을 보여준다.

▼ 표 17.3 위기 관리 팀

역할	책임
위기 관리자/팀장	• 전반적인 리더십 제공 • 이사회 및 CEO와의 연락 • 리소스 할당, 우선순위 설정 및 충돌 해결 • 회사 대변인 브리핑
커맨드 센터 코디네이터	• 기술 및 리소스 지원을 포함한 명령 센터의 기능 유지 • 위기 상황판 및 콜 레지스터 유지
기업 커뮤니케이션 인력	• 내부 및 외부 이해관계자와 미디어에 대한 정보 출처 역할 수행 • 미디어 관리 제공
인사담당자	• 의료지원, 상담, 보험금 청구, 급여 업무 등 직원 지원 • 긴급 대피/송환 처리 • 피해자 가족과 연락 • 채용 지원
기업 보안 담당자	• 직원 안전 보장 • 응급 서비스 부서와 연락 • 긴급 대응 모니터링 • 자산 및 직원의 보안 제공 • 보안 인텔리전스 외부 당사자와의 소통
행정 및 물류 지원 인력	• 식품 서비스, 운송 준비, 우편 업무, 보험, 법률, 재정 요구 사항 등으로 구성된 복구 지원
시설 및 시설 직원	• 피해 평가, 인양 및 수리 작업, 재건 작업 조정 • 보험금 청구 절차 지원 • 기본 부지 이전 계획
비즈니스 복구 코디네이터	• 업무 복구 계획 실행 조정 • 위기 관리 팀 현황 업데이트 제공
IT 복구 코디네이터	• IT 복구 계획 실행 조정 • 시스템, 네트워크 및 애플리케이션 문제 해결 • 위기 관리 팀 현황 업데이트 제공

업무 복구/복원

업무 복구/복원은 기업이 최대한 빨리 정상 운영 상태로 복귀할 수 있도록 하기 위한 것이다. 일반적으로 업무 복구/복원은 수 일에서 수 주 또는 몇 달까지 걸쳐 발생하여, 위기 관리 팀이 수행하는 주요 업무는 다음과 같다.

- 손상 수리/교체
- 상시 근무지로 이전
- 정상적인 IT 운영의 복원
- 보험사 비용 회수

업무 복구/복원에는 조직의 규모와 복잡성에 따라 다수의 팀이 참여할 수 있으며, 팀은 부서 라인으로 구성될 수 있다. 표 17.4는 비즈니스 연속성 관리 지침[WAG15]의 일반적인 업무 복구/복원 팀의 구성을 보여준다.

▼ 표 17.4 복구/복원 팀

역할	책임
팀장	• 팀에 전반적인 리더십 제공 • 필수 업무가 필요한 기간 내에 복원되도록 보장 • 위기 관리팀이 업무 연속성 진행상황을 지속적으로 평가
대체 팀장	• 팀장의 백업 역할 수행
BCM 코디네이터	• 필요에 따라 팀장 지원 • 팀 내 커뮤니케이션 조정 및 다른 기관과의 연락 • 팀의 업무 연속성 진행 현황판 유지
팀 구성원	• 팀의 업무 연속성 및 복구 계획에 따른 업무 연속성 작업 수행
대기 팀 구성원	• 집에서 대기 중 • 요청 시 업무 연속성 작업 지원 • 필요한 경우 장기 복구 작업 지원

업무 복구/복원 팀과 위기 관리팀에만 해당되는 활동 외에도 모든 팀 리더는 다음과 같은 일반적인 문제를 해결해야 한다.

- 모든 지역 활동 및 종속적 업무가 계획에 의해 해결되었는지 확인한다.
- 계획에 대한 관리 책임을 가진다.
- 위기 관리 및 복구 대응 절차 (예 : 위험 평가, 연락처 목록, 직원 할당, 하드웨어 및 소프트웨어 사양, 네트워크 다이어그램, 중요 기록, 재고 목록, 오프 사이트 백업 일정)를 지원하는 세부 정보에 대한 주기적인 업데이트를 수행한다.

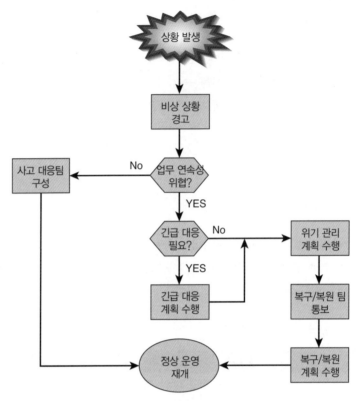

▲ 그림 17.7 사고 대응 및 업무 연속성

- 관련 계획 및 절차에 대한 전자 액세스 및 하드 카피 배포를 필요한 직원에게 지시한다.
- 관련 담당자가 비상상태 시 중단된 업무에 대한 활동 계획 및 역할을 숙지하고 있는지 확인한다.
- 비상 대응 및 업무 연속성 계획 및 관련 절차의 기밀성, 무결성 및 가용성을 보호한다.
- 다른 이해 관계자, 응급 서비스 및 업무 연속성 서비스 제공 업체와의 서비스 계약이 잘 유지되고 있는지 확인한다.
- 근무 시간 외 긴급 책임을 처리했는지 확인한다.

그림 17.7은 보안 사고 관리, 긴급 대응, 위기 관리, 복구/복구 간의 관계에 대한 일반적인 흐름을 나타낸다.

17.5 업무 연속성 모범 사례

정보 보안 포럼(ISF)의 정보 보안 모범 사례 표준(SGP)은 업무 연속성의 모범 사례를 2개 영역과 7개 항목으로 세분화하고 주제별 세부 점검 리스트를 제공한다. 이는 다음과 같다.

- **업무 연속성 프레임워크** : 복원성 높은 기술 인프라와 효과적인 위기 관리 능력이 뒷받침되는 조직 전체의 업무 연속성 전략 및 프로그램을 개발하는 것이다.
  - 업무 연속성 전략 : 정보 보안 전략 개발을 위한 조치 및 이와 유사한 환경의 전략 개발을 위한 조치 체크리스트 제공
  - 업무 연속성 프로그램 : 업무 환경에 따른 업무 연속성 요건에 대한 지침 제공
  - 복원성 높은 기술 환경 : 복원력이 뛰어난 하드웨어/소프트웨어, 중복성 및 백업을 제공하기 위한 기술 설명
  - 위기 관리 : 위기 관리 계획의 세부 항목들의 점검 리스트를 제고
- **업무 연속성 프로세스** : 조직 전체의 중요한 업무 프로세스, 애플리케이션에 대한 업무 연속성의 계획(재해 복구 계획)을 개발 및 유지하고, 이를 정기적으로 테스트하는 것이다.
  - 업무 연속성 계획 : 리스크 평가, 역할 할당, 충족 지표, 업무 연속성을 위협하는 상황에 대응하는 프로세스 등 업무 연속성 계획에 포함되어야 할 모든 요소를 설명
  - 업무 연속성 정리 : 재해 복구 계획에 포함되어야 할 요소를 나열
  - 업무 연속성 테스트 : 업무 연속성 계획 테스트 방안 설명

17.6 참고문헌

- **ENIS10:** European Union Agency for Network and Information Security, ENISA IT Business Continuity Management: An Approach for Small and Medium Sized Organizations. January 2010. https://www.enisa.europa.eu/ publications/business-continuity-for-smes/at_download/fullReport
- **FEMA09:** Federal Emergency Management Agency, Continuity Guidance for Non-Federal Entities (States, Territories, Tribal and Local Government Jurisdictions, and Private Sector Organizations). Continuity Guidance Circular 1 (CGC 1), January 21, 2009.
- **FFIE15:** Federal Financial Institutions Examination Council, Business Continuity Planning. February 2015.
- **GOBL02:** Goble, G., Fields, H., & Cocchiara, R., Resilient Infrastructure: Improving

Your Business Resilience. IBM Global Service White Paper. September 2002.

- **NCEM12:** National Emergency Crisis and Disasters Management Authority. Business Continuity Management Standard and Guide. United Arab Emirates Supreme Council for National Security Standard AE/HSC/ NCEMA 7000, 2012. https://www.ncema. gov.ae/content/documents/BCM%20English%20NCEMA_29_8_2013.pdf

- **WAG15:** Western Australian Government. Business Continuity Management Guidelines. June 2015. https://www.icwa.wa.gov.au/__data/assets/pdf_file/0010/6112/Business-Continuity-Management-Guidelines.pdf

보안 평가

3부에서는 시스템간 차이를 찾고 이를 개선하기 위한 사이버 보안 통제 성과 감사 및 모니터링 기술에 대해 다룰 것이다. 3부의 유일한 18장에서는 보안 감사 및 보안 성과 평가에 대해 살펴볼 것이다.

chapter 18

시스템 모니터링 및 개선

이 장의 학습 목표는 다음과 같다.

- X.816 보안 감사 및 알람 모델을 제시할 수 있다.

- 보안 감사 추적에서 수집할 유용한 정보들을 제시할 수 있다.

- 보안 감사 통제에 대해 논의할 수 있다.

- 보안 성과 모니터링에서 지표 활용을 이해한다.

- 정보 위험 보고의 기본적인 요소들을 설명할 수 있다.

- 정보 보안 컴플라이언스 모니터링과 관련된 사항에 대해 논의할 수 있다.

- 보안 모니터링 및 개선 모범 사례에 대해 개략적인 내용을 제시할 수 있다.

이 장에서는 조직 보안에서 개선으로 이어지는 보안 모니터링의 주요 두 가지 관점인 보안 감사 및 보안 성과에 대해 살펴볼 것이다.

18.1 보안 감사

기업 감사는 일반적으로 표준 또는 정책 준수 여부를 판단하기 위한 기업 기록을 독립적으로 검사하는 행위이다. 보안 감사는 보안 정책 및 해당 정책을 시행하는 체계 및 절차와 관련이 있다. 보안 감사 추적은 보안 감사의 중요한 구성 요소이다. X.816 보안 감사 및 알람 프레임워크는 다음과 같은 감사 목표를 갖는다.

- 평가될 수 있는 보안 정책의 타당성을 허용
- 보안 위반 탐지 지원
- 개인이 자신의 행위(또는 자신을 대신한 행위)에 대한 책임 수용
- 자원 오용 탐지 지원
- 시스템 손상에 손상을 줄 수 있는 개인에 대한 억제 행위

보안 감사 체계는 보안 위반 방지와 직접 관련되지 않는다. 오히려 사건의 감지, 기록, 분석에 중점을 둔다. 보안 감사의 기본 목표는 보안 관련 이벤트 및 작업을 시작하거나 참여하는 시스템 요소들에 대한 책임을 수립하는 것이다. 따라서 보안 감사 추적 생성하고, 기록하며, 보안 위반을 발견시 이를 조사하기 위한 감사 추적의 검토 분석 수단이 필요하다.

보안 감사 및 경보 모델

X.816은 보안 감사 기능 요소와 그들과의 관계를 보여주는 그림 18.1과 같은 모델을 제안했다.

보안 감사 : 시스템 통제 항목의 적절성을 결정하고, 보안 정책 및 절차의 준수를 보장하며, 보안 서비스의 위반을 감지하고, 지시된 대책에 대한 사항을 권고하기 위한 시스템의 기록 및 활동에 대한 독립적인 검토 및 조사

보안 감사 추적 : 시작부터 마지막까지 보안 관련 트랜잭션의 운영, 절차, 이벤트와 관련된 환경 및 활동을 재구성하고 검토할 수 있을 정도로 충분히 시스템 활동을 기록

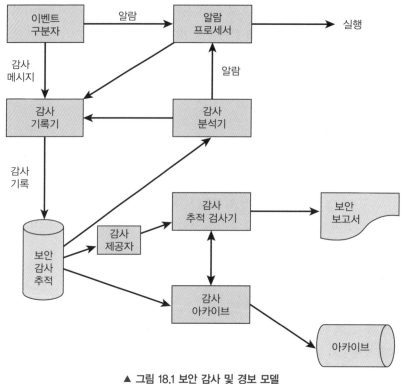

▲ 그림 18.1 보안 감사 및 경보 모델

이 모델의 주요 요소는 다음과 같다.

- **이벤트 구분자** : 시스템 소프트웨어에 내장된 이 소프트웨어는 시스템 활동을 감시하고 감지하도록 설정된 조건에 따라 보안 관련 이벤트를 감지한다.

- **감사 기록기** : 검출된 이벤트들에 대해 이벤트 구분자는 감사 기록기로 정보를 전송한다. 이 모델은 이러한 전송을 메시지 형태로 기술한다. 감사는 또한 공유된 메모리 영역 내 이벤트를 기록하여 감사를 수행할 수 있다.

- **알람 프로세서** : 이벤트 구분자가 감지한 일부 이벤트는 알람 이벤트로 정의된다. 이러한 이벤트의 경우 알림이 알람 프로세서에서 발행된다. 알람 프로세서는 알람에 따라 조치를 취한다. 이러한 조치는 감사 가능한 이벤트이므로 감사 기록기로 전송된다.

- **보안 감사 추적** : 감사 레코더는 각 이벤트의 정형화된 레코드를 생성하여 보안 감사 추적에 기록한다.

- **감사 분석기** : 보안 감사 내역은 감사 분석기에서 제공되며, 활동 패턴에 따라 감사 레코더로 전송되는 새로운 감사 가능 이벤트를 정의하고 알람을 생성할 수 있다.

- **감사 보관** : 이 소프트웨어 모듈은 감사 추적에서 레코드를 주기적으로 추출하여 감사 가능한 이벤트에 대해 영구적인 아카이브를 생성한다.

- **아카이브** : 감사 아카이브는 시스템에서 보안 관련 이벤트를 영구적으로 저장한다.

- **감사 공급자** : 감사 공급자는 감사 내역에 대한 응용 프로그램 또는 사용자 인터페이스이다.

- **감사 추적 검사관** : 감사 추적 검사관은 응용 프로그램 또는 사용자로 컴퓨터 포렌식 목적 및 기타 분석을 위해 감사 추적 및 보관 파일에 내역을 기록한다.
- **보안 보고서** : 감사 추적 검사관은 사람이 읽을 수 있는 보안 보고서를 작성한다.

감사 처리는 알람을 발생시킬 수 있는 보안 사고로 판단되는 보안 이벤트 검출에서 부터 시작된다. 프로세스에 대한 보다 상세한 내용은 15장 "위협 및 사고 관리"의 그림 15.3을 참고 하기 바란다.

감사를 위해 데이터 수집

수집할 데이터 선택은 여러 가지 요구 사항을 고려해야 한다. 문제는 관심 분야와 데이터 수집에 있어 수집 할 데이터의 양을 결정하는 것이다. 양과 효율성 사이에서 절충할 필요가 있다. 더 많은 양의 데이터를 수집할수록 시스템 성능이 저하된다. 또한 많은 양의 데이터는 데이터를 시험하고 분석하는 다양한 알고리즘을 필요로 하기 때문에 부담이 될 수 있다. 또한 많은 양의 데이터가 있으면 보고 받는 입장에서는 방대한 양이나 시간의 보고를 기대하게 된다.

이러한 사항들을 염두에 두고 보안 감사 추적 설계의 첫 번째 단계로 다음 사항들을 고려하여 수집할 데이터 항목을 선택하는 것이다.

- 감사 소프트웨어 사용과 관련된 이벤트
- 시스템 보안 메커니즘과 관련된 이벤트
- 침입 탐지 관련 항목 및 방화벽 운영 관련 항목을 포함한 다양한 보안 탐지 및 방지 메커니즘에 의해 사용되도록 수집된 모든 이벤트
- 시스템 관리 및 운영 관련 이벤트
- 운영체제 접근과 관련된 이벤트(예 : 시스템 호출)
- 선택된 응용 프로그램에 대해 응용 프로그램 접근과 관련된 이벤트
- 원격 접근 관련 이벤트

X.816은 다음과 같은 감사 항목들을 제안한다.

특정 연결과 관련된 보안 이벤트
- 연결 요청
- 연결 확인
- 연결 종료 요청
- 연결 해제 확인
- 연결에 관한 통계

보안 서비스 사용과 관련된 보안 이벤트

- 보안 서비스 요청
- 보안 메커니즘 사용법
- 보안 알람

관리와 관련된 보안 이벤트

- 관리 운용
- 관리 통지

감사 가능한 이벤트에 최소한 다음 항목을 포함해야 한다.

- 접근 거부
- 인증
- 속성 변경
- 객체 생성
- 객체 삭제
- 객체 수정
- 권한 사용

개별적인 보안 서비스 관점에서 보안과 관련된 중요한 이벤트들은 다음과 같다.

- **인증** : 성공 및 실패를 검증.
- **접근 제어** : 접근 성공 및 접근 실패를 결정
- **부인 방지** : 원본 메시지 부인 방지, 수신 메시지 부인 방지, 부인 실패 및 성공 이벤트
- **무결성** : 보호 사용, 비보호 사용, 성공 및 실패 검증
- **기밀 유지** : 은닉 및 노출 활용
- **감사** : 감사할 이벤트 선택, 감사할 이벤트 선택 해제 및 감사 이벤트 선택 기준 변경

표준에서는 정상적인 조건과 비정상적인 조건 모두 감사가 필요하다고 언급하고 있다. 예를 들어 TCP(Transmission Control Protocol) 연결 요청과 같은 경우 각 연결 요청은 정상 요청 여부, 수락 여부와 관계 없이 보안 감사 추적 대상일 수 있다. 감사를 위한 데이터 수집은 보안 알람을 생성하거나 방화벽 모듈의 입력으로 제공되기 위해 꼭 필요로 하기 때문에 중요하다. 알람을 발생시키지 않는 행위를 나타내는 데이터는 정상 사용 패턴과 비 정상 사용 패턴을 식별하는데 사용되므로 침입 탐지 분석에 활용된다. 또한 공격이 발생한 경우 공격을 진단하고 향후 적절한 대책을 수립하기 위해 시스템의 모든 활동에 대한 분석이 필요할 수 있다.

보안 관리자가 감사 데이터 수집 정책을 설계할 때 수집할 데이터 항목 선택을 위해

감사 추적을 범주로 구성하는 것이 유용하다. 다음 절에서는 감사 추적 설계에 대한 범주를 살펴 볼 것이다.

시스템 감사 추적

시스템 감사 추적은 일반적으로 시스템 성능을 감시하고 최적화하는데 사용되지만 보안 감사 기능도 제공한다. 시스템은 시스템 자체에 대한 접근과 같은 보안 정책을 강화한다. 시스템 수준 감사 추적은 로그인 시도(성공 및 실패), 사용된 장치 및 수행된 운영체제 기능과 같은 데이터를 수집한다. 그 외 시스템 운용 및 네트워크 성능 표시기와 같은 시스템 수준 기능들은 감사에 중요할 수 있다.

애플리케이션 감사 추적

애플리케이션 감사 추적은 애플리케이션의 보안 위반을 감지하거나 애플리케이션과 시스템의 상호 작용에 대한 결함을 감지하는데 사용된다. 중요한 애플리케이션 또는 중요한 데이터를 다루는 애플리케이션의 경우 애플리케이션 수준 감사 추적은 보안 위협 및 영향을 평가하기 위해 원하는 수준의 세부 정보를 제공한다. 예를 들어 전자 메일 애플리케이션의 경우 감사 내역은 발신자와 수신자, 메시지 크기 및 첨부 파일 유형이다. SQL(Structured Query Language) 쿼리를 사용하는 데이터베이스 상호 작용에 대한 감사 추적은 사용자, 트랜잭션 유형 및 접근된 개별 테이블, 행, 열, 또는 데이터 항목이다.

사용자 감사 추적

사용자 감사 추적은 시간의 흐름에 따른 사용자 활동을 추적한다. 사용자의 행동에 대한 책임을 사용자에게 부여하게 된다. 이러한 감사 추적은 정상 행동 대 비정상 행동을 정의하려는 분석 프로그램에 대한 입력으로도 유용하다. 사용자 수준 감사 추적은 발행된 명령, 식별 및 인증 시도, 접근된 파일 및 자원과 같은 사용자 상호 작용을 기록한다. 감사 추적은 사용자가 애플리케이션 사용 정보를 수집한다.

네트워크 감사 추적

네트워크 감사 추적에는 다양한 네트워크 활동이 포함된다. 기업은 감사 추적을 통해 시스템 성능을 평가하고 부하 분산을 수행한다. 이러한 감사 내역에는 방화벽, 가상 사설망 관리자 및 IPsec 트래픽에 의해 생성된 것과 같은 보안 관련 데이터도 포함될 수 있다.

물리 접근 감사 추적

물리적 접근 감사 내역은 물리적 접근을 제어하는 장비에 의해 생성된 후 저장 및 분석을 위해 중앙 호스트로 전송된다.

카드 키 시스템 및 알람 시스템이 예시이다. 다음은 중요한 데이터 유형의 예이다.

- 출입을 시도한 날짜와 시간, 출입을 시도하거나 출입했던 출입 게이트 또는 문, 게이트 또는 문에 접근을 시도했던 개인(또는 사용자 ID)
- 컴퓨터 시스템 감사 내역과 마찬가지로 컴퓨터 이외의 감사 추적에 의한 승인되지 않은 시도를 모니터링하고 기록한다. 승인되지 않은 시간 동안 누군가 접근을 시도했다는 것을 경영진이 인식하도록 한다.
- 물리적 접근 권한을 추가, 수정 또는 삭제하려는 시도에 대한 정보를 기록한다(예 신입 직원에 대한 건물 접근 권한 부여 또는 전배된 직원에 대한 새로운 사무실 접근 권한 부여 및 이전 권한에 대한 삭제).
- 시스템 및 애플리케이션 감사 내역과 마찬가지로 컴퓨터 이외의 기능에 대한 감사를 구현하여 통제된 공간에 접근하려는 정상 또는 비정상적인 시도에 대한 메시지를 보안 담당자에게 전송한다. 모든 접근에 대한 메시지가 전송되는 경우 모니터링 감도가 떨어질 수 있다. 따라서 접근 모니터링에서는 접근 시도 실패와 같은 예외 항목만 표시하는 것이 좋다.

로그 데이터는 기록된 이벤트와 동시에 비디오 감시의 디지털 아카이브를 포함할 수 있다.

내부 및 외부 감사

내부 보안 감사 : 감사 관리를 담당하는 직원이 수행하는 감사

외부 보안 감사 : 감사 대상 조직과 독립적인 조직에서 수행하는 감사

올바른 감사 정책은 내부 보안 감사 및 외부 보안 감사 모두를 포함한다. 내부 감사는 조직에 의해 분기 또는 중요한 보안 사건이 있을 때 실행된다. 외부 감사는 외부 감사자에 의해 년 단위로 실행된다.

내부 보안 감사의 목표는 다음과 같다.

- 보안 약점 식별
- 정보 보안 관리 시스템을 개선할 수 있는 기회 제공
- 보안 상태에 대한 정보를 포함한 관리 제공
- 보안 상태에 대한 정보를 경영진에게 제공
- 조직의 정보 보안 정책에 따른 보안 시스템 컴플라이언스 검토
- 컴플라이언스 문제 탐지 및 해결

외부 보안 감사의 목표는 다음과 같다.

- 내부 감사 프로세스 평가
- 다양한 유형의 보안 위반의 공통점 및 재발 빈도 파악
- 다양한 유형의 보안 위반의 공통적인 원인 파악
- 절차 무시를 대처하기 위한 자문 및 훈련 정보 제공
- 정책 검토 및 업데이트

보안 감사 통제 항목

보안 감사 프로그램 개발에 유용한 안내서는 "SP 800-53 연방 정보 시스템 및 조직의 보안 및 개인 정보 보호"로 감사 통제 항목들이 정의되어 있다. 통제는 유연하고 사용자 정의가 가능하며 위험 관리를 위한 조직 전체 프로세스의 일부로 구현된다.

감사 및 책임 계통은 16개의 기본 통제로 구성된다. 기본 통제 중 일부는 기본 통제 기능 또는 특별함을 추가하거나 기본 통제의 강도를 높이는 하나 이상의 통제 향상 기능이 포함된다. 통제 개선 사항은 다음 목록과 표의 괄호 안 숫자로 표시되어 있다. 다음 목록에는 통제 향상과 관련된 일부 숫자가 누락되어 있는데 이는 철회된 사항이다. 16개의 통제 항목은 다음과 같다.

- **감사 및 책임 정책과 절차** : 보안 감사 정책에 대한 거버넌스 전략을 정의한다.
- **감사 이벤트** : 이 통제는 감사할 이벤트 유형을 지정한다. 추가 지침은 다음 내용을 포함한다. 시스템이 선택된 이벤트 유형을 감사할 수 있는지 확인하며 감사 가능한 이벤트 유형이 사후 보안 및 개인 정보 보호 관련 이벤트에 대한 사후 조사 지원에 대한 적합성의 근거를 제공한다. 감사 관련 정보가 필요한 다른 조직과 보안 감사 기능을 조정한다.
  - (3) 감사할 이벤트들을 정기적으로 업데이트한다.
- **감사 기록 내용** : 다음과 같은 감사 기록을 포함한다.
  - (1) 발생한 이벤트 유형, 발생한 시기, 발생한 장소, 출처, 결과를 명시하고 관련된 개인 또는 대상을 식별한다.
  - (2) 수집할 컨텐츠의 중앙 집중식 관리 및 구성을 제공한다.
  - (3) 감사 기록에 포함된 개인 식별 정보를 제한한다.
- **저장 용량 감사** : 레코드 보존 기한에 대한 요구 사항을 수용하기에 충분한 저장 용량을 할당한다.
  - (1) 정기적으로 다른 시스템이나 매체에 감사 기록을 분산 저장한다.
- **감사 처리 실패에 대한 응답** : 특정 담당자에게 감사 처리 실패 및 수행 할 추가 조치에 대한 경고 지침을 제공한다. 다음과 같은 통제 강화를 제공한다.
  - (1) 할당된 저장소가 소진되면 알람을 발생한다.
  - (2) 지정된 감사 실패 이벤트가 발생할 때 지정된 담당자 또는 지정된 장소에 알람을 제공한다.

- (3) 감사 용량 제한을 고려하여 구성 가능한 네트워크 통신 트래픽 임계 값의 설정을 시행한다.
- (4) 지정된 감사 처리 실패 시 지정된 전체 시스템 종료, 부분 시스템 종료, 또는 제한된 임무/비즈니스 기능이 가능하도록 운용 모드를 제한한다.

- **감사 검토, 분석 및 보고** : 지정된 개인에 대한 보고서와 함께 지정된 빈도로 보안 감사 레코드를 검토하고 분석한다. 강화 사항은 다음과 같다.
  - (1) 감사 검토, 분석 및 보고를 통합하기 위한 자동화된 메커니즘을 사용한다.
  - (3) 조직 전체에서 상황에 대한 인식을 위해 여러 저장소의 감사 레코드를 분석하고 연관 짓는다.
  - (4) 시스템의 여러 구성 요소에서 감사 레코드를 중앙에서 검토하고 분석 할 수 있는 기능을 제공하고 구현한다.
  - (5) 감사 기록 분석을 다른 보안 분석 및 모니터링 활동과 통합한다.
  - (6) 의심스럽고, 부적절하고, 비정상적인 악의적 활동을 식별하는 능력 향상을 위해 물리적 접근 모니터링을 통해 얻은 정보와 감사 기록 정보를 연관 시킨다.
  - (7) 감사 레코드의 검토, 분석 및 보고와 관련된 시스템 프로세스, 역할, 사용자에 대해 허용 가능한 조치를 지정한다.
  - (8) 권한 있는 사용자와 관련된 감사 정보의 전용 분석을 위한 별도 환경을 요구한다.
  - (9) 조직 전체에 대한 상황 인식을 향상시키기 위해 비 기술적인 출처를 가진 정보를 감사 정보와 연관 시킨다.

- **감사 축소 및 보고서 생성** : 분석가에게 유용한 감사 레코드의 요약 정보를 제공한다. 다음을 포함한다.
  - (1) 지정된 기준에 따라 관심 있는 이벤트에 대한 감사 레코드를 처리하는 기능을 제공하고 구현한다.
  - (2) 선택한 감사 필드를 기반으로 관심 있는 이벤트에 대한 감사 레코드를 정렬하고 검색하는 기능을 제공하고 구현한다.

- **타임스탬프** : 내부 시스템 시계의 타임 스탬프 기록을 처리한다.
  - (1) 신뢰할 수 있는 시간 원본과 동기화 한다.
  - (2) 기본 제공자를 사용할 수 없는 경우 사용할 보조 제공자를 확인한다.

- **감사 정보 보호** : 감사 정보의 기술 또는 자동 보호 기능을 제공한다.
  - (1) 감사 추적의 초기 생성 및 백업에는 단일 기입 방식과 같은 미디어를 사용한다.
  - (2) 감사 정보를 감사된 시스템 또는 시스템 구성 요소와 별도의 저장소에 저장한다.
  - (3) 감사 정보 및 감사 도구의 무결성을 보호하기 위해 암호화 메커니즘을 구현한다.
  - (4) 선택된 권한 있는 사용자에게만 감사 기능 관리 권한을 부여한다.
  - (5) 선택된 행동을 수행하려면 인가를 받은 두 사람의 승인이 필요하다.
  - (6) 권한 있는 사용자의 선택된 하위 집합에 대한 감사 정보에 대한 읽기 전용 접근 권한

을 부여한다.

- (7) 감사 정보는 시스템 또는 감사중인 구성 요소와 다른 운영체제를 실행중인 구성 요소에 저장한다.

- **부인 방지** : 선택된 감사 관련 활동에 대해 잘못 거부한 개인을 보호한다.
  - (1) 조직 담당자에게 정보 전송시 특정 정보를 생성한 사람을 식별 할 수 있는 수단을 제공한다.
  - (2) 생성과 검토 사이에 정보 수정을 방지한다.
  - (3) 검토 또는 공개된 모든 정보에 대해 확립된 관리 체인 내에서 검토자 또는 발표자 신원 및 자격 정보를 유지한다.
  - (4) 검토 및 전송/배포 간 정보 수정을 방지한다

- **감사 기록 보존** : 레코드 보전 정책에 대한 지침을 제공하거나 개발한다.
  - (1) 시스템에 의해 생성된 장기 감사 레코드를 검색할 수 있도록 조직이 정한 조치를 활용한다.

- **감사 생성** : 감사 가능한 이벤트 유형에 대한 감사 레코드 생성 기능을 정의하기 위한 지침을 제공한다.
  - 조직이 정의한 시스템 구성 요소의 감사 레코드를 감사 내역에 있는 개별 레코드의 시간 관계에 대해 조직이 정의한 허용 수준 내에서 관련된 시스템 전체 감사 내역을 작성한다.
  - 표준화된 형식의 감사 레코드로 구성된 시스템 전체(논리적 또는 물리적) 감사 추적을 생성한다.
  - 필요에 따라 감사를 확장하거나 제한하여 조직의 요구 사항을 충족시킨다. 시스템 자원을 절약하기 위해 제한되는 감사는 특정 위협 상황을 해결하기 위해 확장 될 수 있다.
  - 개인 식별 정보를 포함하는 데이터 집합에 대한 시스템 내 질의관련 변수 감사를 통해 인증된 직원이 개인 식별 정보에 대한 접근, 사용 또는 공유 여부의 추적 및 이해를 향상 시킨다.

- **정보 노출에 대한 모니터링** : 조직 정보의 비인가 공개 증거에 대한 공개 소스 정보에 대해 논의한다.
  - 조직 정보의 무단 공개 여부를 판단하는 자동화된 메커니즘을 활용한다.
  - 모니터링중인 공개 소스 정보 사이트를 검토한다.

- **세션 감사** : 권한 있는 사용자가 사용자 세션에 대한 수집 기록 또는 감시 대상을 선택하기 위한 기능을 제공 및 구현하는 것을 다룬다.
  - 시스템 시작시 세션 감사를 자동으로 시작한다.
  - 권한이 있는 사용자가 사용자 세션과 관련된 내용을 수집, 기록, 로깅할 수 있는 기능을 제공하고 구현한다.
  - 권한이 있는 사용자가 설정된 사용자 세션과 관련된 컨텐츠를 실시간으로 원격지에서 보고 들을 수 있는 기능을 제공하고 구현한다.

- **대체 감사 기능 :** 기본 감사 기능이 실패한 경우 대체 감사 기능이 정의된 조직에서 구현하는 대체 감사 기능을 제공하는 것에 대해 다룬다.
- **조직간 감사 :** 외부 조직의 시스템 또는 서비스를 사용하는 경우 감사 기능은 조직에서 통합된 접근 방식이 필요하다. 통제는 이러한 기능을 제공하고 강화 방법은 다음과 같다.
  - (1)조직간 감사 추적에서 보존되어 있는 개인 신원을 요구한다.
  - (2)조직간 정의된 계약에 따라 조직간 감사 정보를 제공한다.

이러한 통제 집합은 효과적인 보안 감사 기능을 계획하고 구현하기 위한 포괄적인 지침을 제공한다.

표 18.1에는 통제 기준이라는 권장된 최소한의 통제 집합이 표시되어 있다. 16장 "로컬 환경 관리"의 16.2절은 통제 기준의 개념을 설명한다. 표 18.1은 위험 평가를 기반으로 통제 항목을 선택하는 조직에 대한 추가 지침을 제공한다.

▼ 표 18.1 감사 및 책임 관리 기준

통제		통제 기준		
		보통	높음	
AU-1	감사 및 책임 정책과 절차	AU-1	AU-1	AU-1
AU-2	감사 이벤트	AU-2	AU-2(3)	AU-2(3)
AU-3	감사 레코드 내용	AU-3	AU-3(1)	AU-3(1)(2)
AU-4	감사 저장 용량	AU-4	AU-4	AU-4
AU-5	감사 처리 실패에 대한 대응	AU-5	AU-5	AU-5(1)(2)
AU-6	감사 검토, 분석 및 보고	AU-6	AU-6(1)(3)	AU-6(1)(3)(5)(6)
AU-7	감사 축소 및 보고서 생성	–	AU-7(1)	AU-7(1)
AU-8	타임 스탬프	AU-8	AU-8(1)	AU-8(1)
AU-9	감사 정보 보호	AU-9	AU-9(4)	AU-9(2)(3)(4)
AU-10	부인 방지	–	–	AU-10
AU-11	감사 기록 유지	–	–	AU-11
AU-12	감사 생성	AU-12	AU-12	AU-12(1)(3)
AU-13	정보 공개 모니터링	–	–	–
AU-14	세션 감사	–	–	–
AU-15	대체 감사 능력	–	–	–
AU-16	조직간 감사	–	–	–

18.2 보안 성과

보안 성과는 정보 시스템에 적용되고 정보 보안 프로그램을 지지하는 보안 통제 항목의 측정 가능한 지표이다. 정보 보안 포럼(ISF)의 정보 보안 모범 사례(SGP)는 다음 세 가지 영역으로 구성된 보안 성과 기능을 정의한다.

- **보안 모니터링 및 보고** : 보안 성과를 정기적으로 모니터링하고 경영진과 같은 특정 대상에게 보고한다.
- **정보 위험 보고** : 정보 위험과 관련된 보고서를 작성하고 정기적으로 경영진에게 보고한다.
- **정보 보안 준수 모니터링** : 보안 준수 여부를 모니터링 하는데 사용되는 규제, 법적 요소, 계약으로 구성된다.

이 절에서는 먼저 보안 성과 지표에 대해 살펴본 다음 앞서 언급한 세 가지 영역에 대해 살펴볼 것이다.

보안 성과 측정

두 가지 용어에 대해 먼저 살펴보자

- **보안 성과** : 정보 시스템에 적용되고 정보 보안 프로그램을 지지하는 보안 통제 항목의 측정 가능한 지표이다.
- **보안 성과 지표** : 측정의 결과로 할당되는 수치에 대한 보안 성과와 관련된 변수로 보안 성과 기준이라고도 한다.

미국 국가 표준 기술 연구소(NIST) IR 7564의 보안 지표 연구 방향에서 보안 지표의 주요 용도를 다음과 같이 열거하고 있다.

- **전략적 지원** : 보안 속성 평가는 프로그램 계획, 자원 할당, 제품 및 서비스 선택과 같은 다양한 종류의 의사 결정을 지원하는데 사용될 수 있다.
- **품질 보증** : 소프트웨어 개발 수명 주기 동안 보안 코드는 보안 코딩 표준 준수에 따른 측정, 존재 가능성 있는 취약성 식별, 보안 결함 추적 및 분석과 같은 기능을 수행하여 취약성을 제거하는데 사용될 수 있다.
- **전략적 감시** : IT 시스템에 대한 보안 상태 또는 상태 모니터링 및 보고는 보안 요구 사항의 준수 여부, 보안 통제 항목의 효과성 및 위험 관리, 동향 분석의 기초 자료 제공, 개선 영역 식별을 위해 수행된다.

이(Yee)의 논문 "보안 지표 : 소개 및 문헌 검토[YEE17]에 따르는 보안 지표는 다음과 같은 특징을 갖는다.

- 컴퓨터 시스템 또는 조직의 보안 상태를 판단하는데 중요한 정량적 측정
- 재현 가능
- 객관적이며 편견 없음
- 시간에 따라 목표에 대한 진행 상황을 측정 가능

보안 지표 출처

보안 성과 평가를 위한 일련의 지표 개발을 담당하는 보안 책임자 또는 그룹은 몇 가지 권한 집합을 사용하는데 그 중 일부를 여기에서 소개하려고 한다.

1장 "모범 사례, 표준 및 실행 계획"에서 COBIT 5의 5개 영역과 37개의 프로세스에 대해 설명했다. 회사의 전략이 필요한지 IT 시스템이 설계 목표와 규제 요구 사항을 충족하는지를 다루는 모니터링, 평가, 사정(MEA : Monitor, Evaluate, Assess) 영역은 이 장과 관련 있다고 할 수 있다. 또한 모니터링은 내부 및 외부 감사인이 비즈니스 목표와 회사의 통제 프로세스와 부합 여부에 대한 IT 시스템의 효과에 대한 독립적 평가 문제를 다룬다. 다음 세 가지 프로세스가 이 영역을 구성한다.

- **성과 및 적합성** : 비즈니스, IT 및 프로세스 목표 및 지표를 수집, 검증, 평가한다. 프로세스가 합의된 성과, 목표 및 지표에 대비 적절하게 수행되고 있는지 모니터링하고 이에 대한 체계적인 보고서를 제공한다.
- **내부 통제 시스템** : 자체 사정 및 독립적인 검토를 포함하여 통제 환경을 지속적으로 모니터링하고 평가한다. 경영진이 통제 부족 및 비효율성에 대해 식별하고 개선 조치를 취할 수 있도록 한다. 내부 통제 평가 및 보증 활동에 대한 표준을 계획, 구성, 유지한다.
- **외부 요구 사항 준수** : IT 프로세스 및 IT 지원 비즈니스 프로세스가 법률, 규정, 계약 요구 사항을 준수하는지 평가한다. 요구 사항이 식별되고 준수되었으며 전체적인 기업 컴플라이언스와 IT 컴플라이언스가 통합되었는지 확인한다.

표 18.2는 세 가지 프로세스에 대해 정의된 지표가 나열되어 있다.

▼ 표 18.2 제안된 보안 성과 지표(정보 보호에 대한 COBIT 5)

목표	지표
성과 및 적합성	
정보 보안 성과는 지속적으로 모니터링 된다.	• 정의된 정보 보안 요구 사항을 충족하는 비즈니스 프로세스 비율
정보 보안 및 정보 위험 사례는 내부 컴플라이언스 요구 사항을 준수한다.	• 내부 규정 컴플라이언스 요구 사항을 충족하는 정보 보안 관행 비율

내부 통제 시스템	
정보 보안 통제가 효과적으로 배치되고 운용된다.	• 정보 보안 통제 요구 사항을 충족시키는 프로세스 비율 • 정보 보안 제어 요구 사항이 충족되는 통제 비율
정보 보안 통제를 위한 모니터링 프로세스가 마련되어 있으며 결과가 보고된다.	• 적절하게 모니터링하고 결과를 보고 검토한 정보 보안 통제 비율
외부 요구 사항 준수	
정보 보안 및 정보 위험 관행은 외부 규정 컴플라이언스 사항을 준수한다.	• 외부 규정 컴플라이언스 요구 사항을 충족하는 정보 보안 사례 비율
정보 보안에 영향을 주는 신규 또는 개정된 외부 요구 사항에 대한 모니터링을 수행한다.	• 새로운 외부 요구 사항을 구현하기 위한 정보 보안에 의해 시작되는 프로젝트 수 또는 비율

SP 800-55 정보 보안 성과 측정 지침에는 조직에서 다른 지표를 개발하기 위한 모델로 조정, 확장 또는 사용할 수 있는 여러 가지 지표들이 나와 있다(표 18.3 참조). 권장되는 지표는 SP 800-53 보안 통제에 중점을 두고 있다. 본질적으로 지표들은 보안 제어 구현에 대한 효율성을 측정한다.

▼ **표 18.3 보안 성능 지표 예시(NIST 800-55)**

영역	지표
보안 예산	정보 보안에 투입하는 정보 보안 예산의 비율
취약성 관리	취약성 발견 후 조직이 정한 기간 내에 완화된 취약점의 비율
접근 통제	무단 접근을 획득할 수 있는 원격 접근 점의 비율
인식 및 교육	보안 교육을 받은 정보 시스템 보안 요원의 비율
감사 및 책임성	부적절한 활동에 대한 감사 기록 검토 및 분석의 평균 빈도
인증, 인정 및 보안 감사	구현 전 인증 및 인정을 완료 한 새로운 시스템의 비율
구성 관리	최신 자동 구성에서 식별된 승인 및 구현된 구성 변경 비율
비상 계획	연간 비상 계획 시험을 수행한 정보 시스템의 비율
식별 및 인증	공유 계정에 접근 할 수 있는 사용자 비율
사고 대응	사고 유형별 정해진 기간 내 보고된 사고의 비율
유지보수	공식적인 유지 보수 일정에 따라 유지 보수를 수행한 시스템 구성 요소의 비율
미디어 보호	FIPS 199 영향이 큰 시스템에 대한 기밀 처리 절차 시험을 통과한 미디어의 비율
물리 및 환경	정보 시스템이 포함된 시설에 무단으로 출입할 수 있는 물리적 보안 사고 비율
계획	행동 규칙을 읽고 이해했다는 조항에 서명한 후에만 정보 시스템에 접근할 수 있는 권한이 부여된 직원의 비율
개인 보안	조직 정보 빛 정보 시스템에 대한 접근 권한이 부여되기 전에 선별된 개인의 비율

위험관리	조직이 지정한 기간 내에 해결된 취약점의 비율
시스템 및 서비스 획득	보안 요구 사항 또는 명세를 포함한 시스템 및 서비스 취득 계약의 비율
시스템 및 통신 보호	승인된 운용 모드에서 FIPS 104-2의 검증된 암호화 모듈을 통해 모든 암호화 동작을 수행하는 모바일 컴퓨터 및 디바이스 비율
시스템 및 정보 무결성	패치가 적용되거나 다른 방법을 통한 완화된 취약성에 대한 운영 체제 취약성의 비율

각 시스템 통제에 대한 하나의 지표가 있다. 각 지표에 대해 SP 800-55는 많은 범주에서 상세한 지침을 제공한다. 예를 들어 유지보수에서는 다음과 같은 값들이 있다.

- **목표** : 전략적 목표 : 전자 정보 인프라의 개발 및 사용을 촉진한다.
- **정보 보안 목표** : 조직적인 정보 보안 시스템에 대한 정기적이고 시기 적절한 유지보수를 수행하며 정보 시스템 유지보수 수행을 위한 적절한 도구, 기술, 메커니즘, 숙련가를 제공한다.
- **측정** : 공식적인 유지 보수 일정에 따른 유지 보수 시스템 구성 요소에 대한 비율(%)
- **측정 유형** : 효과/효율성
- **공식** : (공식적인 유지 보수 일정에 따른 유지 보수 대상 구성 요소 수/총 시스템 구성 요소 수) X 100
- **대상** : 조직에 의해 정의된 비율로 높게 책정
- **시행 증거** : (1) 시스템에 공식적인 정비 일정이 있는가? (2) 시스템 내에 몇 개의 구성 요소가 포함되어 있는가? (3) 정식 유지 보수 일정에 따라 유지 보수를 거친 구성품은 몇 개 인가?
- **빈도** : 수집 빈도 : 조직에서 정의(예 : 분기별); 보고 빈도 : 조직에서 정의(예 : 매년)
- **책임 대상자** : 정보 소유자 : 조직에서 정의(예 : 시스템 소유자); 정보 수집기 : 조직에서 정의(예 : 시스템 관리자); 정보 고객 : 최고 정보 책임자(CIO), 정보 시스템 보안 책임자(ISSO), SAISO(고위 기관 정보 보안 책임자)(예 : 최고 정보 보안 책임자[CISO])
- **데이터 출처** : 유지보수 일정, 유지보수 로그
- **보고서 형식** : 공식 유지 보수 일정에 따라 유지 보수를 받는 시스템 구성 요소의 비율과 지정된 기간 동안 유지 보수 일정에 따라 유지 보수를 받지 않는 시스템 구성 요소의 비율을 비교하는 파이 차트

1장에서는 CIS에서 정의한 중요 보안 통제 항목들에 대해 설명했다(표 1.10 참조). 또한 CIS는 각 통제에 대한 많은 보안 지표를 제공하는 문서를 발표했다. 각 지표는 세 가지 위험 임계 값(낮음, 보통, 높음)으로 표시된다. 위험 임계 값은 실무 경험자들의 합의하에 설정되어 있다. 통제 채택자가 자체 보안 개선 프로그램 환경에서 지표를 고민하고 선택할 수 있도록 한다. 예를 들어 표 18.4는 유지보수, 모니터링, 감사 로그 통제 분석에 대해 정의된 지표를 보여준다.

지표	위험 임계 값 (낮음)	위험 임계 값(보통)	위험 임계 값(높음)
현재 조직의 시스템 기준에 따라 포괄적 로깅이 활성화 되지 않은 시스템 비율은 얼마인가?	1% 이하	1% − 4%	5%–10%
조직내 시스템 중 비즈니스 단위 별 중앙 로그 관리 시스템으로 로그를 집중화하도록 구성되어 있지 않은 비율은 얼마인가?	1% 이하	1% − 4%	5%–10%
최근 조직 단위 로그에서 비즈니스 단위로 몇 개의 비정상적인 현상/사고가 발견 되었는가?	—	—	—
시스템이 정상적인 정보를 전송하고 있지 않다면 이에 대한 오류 경고를 보내는데 걸리는 시간은 얼마인가?(시간 단위, 사업 단위)	60분	1일	1주
시스템이 정상적인 정보를 전송하고 있지 않다면 직원이 장애에 대해 대응하는데 걸리는 시간은 얼마인가?(분단위, 사업 단위)	60분	1일	1주

정보 보안 지표 개발 과정

SP 800−55의 그림 18.2는 정보 보안 지표를 개발하는 과정을 보여 준다. 이는 프로세스가 더 큰 조직에서 수행되는 과정을 보여주고 정보 보안 지표가 조직 또는 특정 시스템에 대한 정보 보안 활동의 구현, 효과, 효율성, 업무 영향을 측정하는데 활용됨을 보여준다.

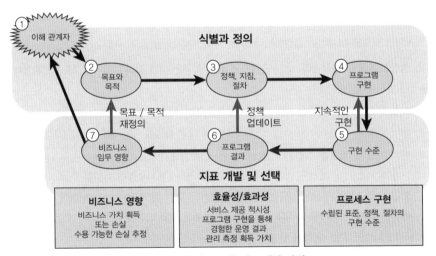

▲ 그림 18.2 정보 보안 지표 개발 과정

정보 보안 지표 개발 과정은 2가지 주요 활동으로 구성된다.

1. 현재 정보 보안 프로그램에 대한 식별 및 정의
2. 시행, 효율성, 효과성, 보안 통제의 영향을 측정하기 위한 지표 개발 및 선택

그림 18.2의 네 번째 단계까지 이 책의 앞에서 논의한 정보 보안 프로그램 개발 과정을 축약해서 보여준다. 이해관계자 또는 관심사를 바탕으로 보안 목표 및 목적이 수립된다. 목표와 목적은 보안 정책 개발 및 보안 프로그램 구현으로 이어진다.

그림 18.2의 5,6,7 단계는 프로세스 시행, 효과 및 효율성, 임무 영향을 측정하는 지표 개발과 관련이 있다. 조직은 성과를 측정하고 만족스럽지 않은 성과에 대한 원인을 식별하고 개선 사항을 도출한다. 또한 이러한 지표는 관리자들에게 일관된 정책 구현을 촉진하고 정보 보안 정책 변경에 영향을 미치며 목적 및 목표를 세분화 할 수 있는 지침을 제공한다.

그림 18.2는 지표 개발이 시스템 프로그램 개발 프로세스와 상호 작용하는 방식을 보여준다. 페인(Payne)의 "보안 지표 안내"[PAYN06]에서는 다음과 같은 단계로 구성된 지표 프로그램 구현에 대한 지침을 제공한다.

1. **지표 프로그램 목표 및 목적을 정의한다.** 예를 들어 목표는 다음과 같이 표현될 수 있다. 회사가 보안 위험과 예방 조치의 균형을 얼마나 효율적이고 효과적으로 전달하는가에 대한 지표를 제공하여 보안 프로그램에 대한 투자를 적절하게 조정하고 전체 보안 목표를 달성할 수 있도록 한다.

   목표는 다음과 같다.

   - 회사 내 프로세스 개선 모범 사례를 기반으로 보안 지표 프로그램을 구축한다.
   - 현재 수집된 연관된 측정 데이터를 활용한다.
   - 다양한 대상에 맞게 사용자 정의된 형식으로 지표를 전달한다.
   - 어떤 지표를 생성할지 결정하는데 있어 이해 관계자들을 참여 시킨다.

2. **생성할 지표를 결정한다.** 보안 담당자는 앞서 설명한 것과 같이 COBIT 5, NIST, CIS에서 제공한 지침을 활용할 수 있다.

3. **지표 생성을 위한 전략을 개발한다.** 이러한 전략은 데이터 출처, 데이터 수집 빈도, 원시 데이터 정확도, 측정 데이터 수집 및 지표 생성에 대한 책임을 갖는 사람을 지정해야 한다.

4. **벤치 마크 및 목표를 수립한다.** 벤치마킹은 업계 경쟁자들과 자신의 성과 및 사례를 비교하는 프로세스이다. 조직은 업계 표준과 비교하여 달성된 지표를 비교하고 모범 사례에 비해 보안 프로그램의 개선이 필요한 영역을 결정한다. 예를 들어 BitSight는 이러한 서비스를 제공하는 업체 중 하나로 조직의 보안 상태를 동종 업체와 비교할 수 있도록 해준다.
   - 인터넷 보안 위협, 취약성 및 공격 통계에 대한 유용한 정보

5. **지표에 대한 보고 방법을 결정한다.** 프로그램 계획자는 맥락, 형식, 빈도, 배포 방법 및 지표에 대한 책임을 결정하여 지표를 생성하는 사람과 이를 결정할 사람이 최종 제품을 조기에 시각화 할 수 있도록 한다.

6. **실행 계획을 수립하고 실행한다.** 계획에는 시간 계획 및 시간 할당과 함께 보안 지표 프로그램 시작을 위해 수행되어야 하는 단계가 자세히 설명되어 있어야 한다.

BitSight :

https://www.
bitsighttech.com/

7. **공식적인 프로그램 검토 및 개선 주기를 설정한다.** 보안 지표 계획에는 프로그램에 대한 공식적이고 정기적인 검토가 포함되어야 한다.

보안 모니터링 및 보고

보안 모니터링 및 보고의 목표는 대상자에게 보안 성과에 대한 적절하고 정확하며 포괄적이고 일관된 평가를 제공하는 것이다.

COBIT 5는 이 절의 앞부분에서 정의한 성과 및 적합성, 내부 통제 시스템 및 외부 요구 사항 준수를 기반으로 보안 모니터링 및 보고에 대한 특정 지침을 제공한다. 이 절에서는 처음 두 개의 프로세스에 대해 다룰 것이며 18.2절 마지막 부분에서 최종 프로세스에 대해 다룰 것이다.

성과 및 적합성 프로세스를 위해 COBIT 5에서는 다음 단계들을 정의한다

1. 모니터링 방법을 확립한다. 비즈니스 솔루션 및 서비스 제공 및 기업 목표에 대한 공헌 정도를 측정하기 위한 목표, 범위, 방법을 정의하기 위한 모니터링 방식을 수립하고 유지하기 위해 이해 관계자들과 협력한다. 이러한 방식을 회사 성과 관리 시스템에 통합한다.

2. 성과 및 적합성 목표를 수립한다. 이해 관계자와 협력하여 성과 측정 시스템에서 성과 및 적합성 목표를 정의, 정기 검토, 업데이트, 승인한다.

3. 성과 및 적합성 데이터를 수집하고 처리한다. 엔터프라이즈 접근 방식에 맞춰 적시에 정확한 데이터를 수집하고 처리한다.

4. 성과를 분석하고 보고한다. IT 성능에 대한 모든 정보를 간결하게 제공하고 엔터프라이즈 모니터링 시스템에 적합한 방법을 사용하여 대상에 대한 성과를 정기적으로 검토하고 보고한다.

5. 시정 조치에 대한 이행 여부를 확인한다. 문제를 해결하기 위한 시정 조치를 식별, 시작 및 추적하는데 있어 이해 관계자를 지원한다.

내부 제어 프로세스 시스템의 경우 COBIT 5는 다음 단계를 정의한다.

1. 내부 통제 감시. 조직의 목표와 부합하는 IT 통제 환경 및 통제 프레임워크에 대한 지속적인 모니터링, 벤치 마크, 개선

2. 비즈니스 프로세스 통제 효과 검토 : 모니터링 및 테스트 근거 검토를 포함한 통제 운영을 검토하여 비즈니스 프로세스 통제가 효과적으로 작동하는지 확인한다. 정기적인 통제 테스트, 지속적인 통제 모니터링, 독립적 평가, 명령 및 통제 센터, 네트워크 운영 센터와 같은 메커니즘을 통해 통제의 효과적인 운영에 대한 입증 활동이 포함된다.

3. 통제 자체 평가 수행 : 지속적인 자체 평가 프로그램을 통해 관리 및 프로세스 소유자가 통제 개선에 대한 긍정적인 주인의식을 갖도록 프로세스, 정책 및 계약에 대한 관리 통제 완전성을 평가한다.

4. **통제 결합 식별 및 보고** : 통제 결함을 식별하고 근본 원인을 식별하고 분석한다. 통제 결함에 대해 전파하고 이해 관계자들에게 보고한다.

5. **보증 제공자들이 독립적이며 적절한 자격 여부를 확인** : 보증을 수행하는 주체가 보증 범위 내에서 기능, 그룹, 조직과 독립되어 있는지 확인한다.

6. **보증 시행 계획** : 기업 목표 및 전략적 우선 순위, 고유 위험, 자원 제한 및 기업에 대한 충분한 지식을 기반으로 보증 시행 계획을 수립한다.

7. **보증 시행의 범위** : 검증 목표를 기반으로 검증 계획의 범위를 경영진과 정의하고 합의한다.

8. **보증 시행을 실행** : 계획된 보증 시행을 실행한다. 확인된 결과에 대해 보고한다. 식별된 운영 성과, 외부 규정 준수 및 내부 제어 시스템 잔여 위험과 관련하여 개선이 필요한 경우 필요에 따라 긍정적인 보증 의견과 권장 사항을 제시한다.

그림 18.3의 SP 800-55는 보안 성과 지표를 기반으로 모니터링 및 보고 기능에 대한 실행 관점을 제시한다.

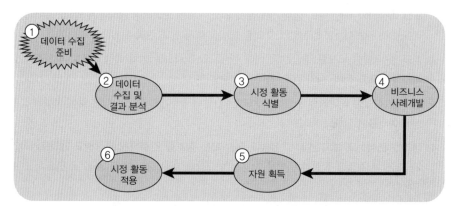

▲ 그림 18.3 정보 보안 지표 프로그램 시행 프로세스

다음과 같은 6단계를 갖는다.

1. **데이터 수집 준비** : 기본적으로 이 단계에서는 그림 18.2의 지표 개발 프로세스를 포함한다.

2. **데이터 수집 및 결과 분석** : 분석에서는 실제 성과와 목표 성과 사이의 차이를 식별해야 하며 그러한 결과에 대한 원인을 식별하고 요구되는 개선책을 제시해야 한다.

3. **시정 활동 식별** : 2단계를 기반으로 적절한 시정 조치를 결정하고 위험 완화 목표에 따라 우선 순위를 결정한다.

4. **비즈니스 사례 개발** : 시정 조치에 대한 비용 모델을 개발하고 해당 조치를 취하기 위한 비즈니스 사례를 작성한다.

5. **자원 확보** : 필요한 예산과 자원을 확보한다.

6. **시정 조치 적용** : 이러한 조치에는 관리, 기술 및 운영 영역에서 조정이 포함될 수 있다.

정보 위험 보고

위험 보고는 위협, 기능, 취약성 및 고유 위험 변경을 해결하는 정보 시스템 보고서를 생성하는 프로세스이다. 위험 보고는 기관이 직면한 정보 보안 이벤트와 해당 이벤트에 대한 경영진의 대응 및 허용에 대한 효과를 기술한다. 조직에는 해당 보고서를 적절한 관리 구성원에게 배포하는 방법이 필요하다. 보고서의 내용은 필요한 경우 적절한 수준의 위험을 관리하기 위해 바로 실행되어야 한다.

정보 위험 보고의 첫 번째 목표는 경영진에게 조직 전체의 정보 위험에 대한 정확하고 포괄적이며 일관된 실행관리를 제공하는 것이다. 두 번째 목표는 위험 관리 선택 항목에 대한 승인을 경영진으로부터 얻는 것이다. ISACA(Information Systems Audit and Control Association)는 COBIT 5[ISA09]를 기반으로 정보 위험 보고에 대한 유용한 지침을 작성했다. 이 지침은 COBIT 5에서 두 가지 주요 개념을 차용하고 있다.

- **프로세스** : 기업 정책 및 절차에 영향을 받아 여러 출처의 정보를 입력 받고 조작하며 출력하는 관례 모음이다. 프로세스는 명확한 비즈니스 이유, 책임을 갖는 소유자, 프로세스 실행에 대한 명확한 역할 및 책임, 성과 측정을 수단을 가지고 있다.
- **활동** : 엔터프라이즈 IT의 성공적인 관리 및 관리 사례를 달성하기 위한 지침을 제공하는 성공 프로세스를 운영하기 위한 주요 조치로 다음과 같은 활동이 있다.
  - 거버넌스 관행 또는 관리 관행을 달성하기 위한 필요하고 충분한 실행 중심적 단계를 기술한다.
  - 프로세스의 입력과 출력을 고려한다.
  - 일반적으로 인정되는 표준과 모범 사례를 기반으로 한다.
  - 명확한 역할과 책임 확립을 지원한다.
  - 규정이 없으며 기업에 적합한 특정 절차에 맞게 조정 및 개발되어야 한다.

이러한 개념을 통해 ISACA에서는 위험 보고 기능뿐 아니라 보고 기능 자체에 기여하는 프로세스에 대한 목표, 지표, 활동에 대한 개괄적인 사항을 제공한다.

범주	목표	지표
프로세스	• IT 관련 노출 및 기회의 실제 상태에 대한 정보를 적시에 적절한 방법으로 적절한 사람에게 제공할 수 있도록 함	• 엔터프라이즈 계층 구조에서 너무 높거나 낮은 수준으로 잘못 배포된 위험 문제 비율 • IT 위험과 같이 비즈니스에 영향을 미쳤던 IT 관련 이벤트 수 • 모니터링이 적용된 중요 자산/자원 비율 • 발생 예상되는 위협 및 손실 이벤트와 관련된 IT 노출에 대한 보고서의 적시성 • 보증 그룹에 의해 발견된 노출의 잠재적 비즈니스 영향
활동	• IT 위험 분석 결과 전달 • IT 위험 관리 활동 및 준수 상태 보고 • 독립적인 IT 평가 결과 해석	• 최초 배포시 허용되는 위험 분석 보고서 비율 • 적시 위험 관리 보고서 비율 • 위험 관리 활동 보고 빈도 • IT 위험으로 보고되지 않은 비즈니스 영향을 가진 IT 관련 • 외부 당사자에 의해 식별된 미 분석 IT 위험 문제 수
위험 보고	• IT 관련 위험, 기회, 이벤트들이 비용 효과적인 방법과 비즈니스 우선 순위에 따라 기술되었는지 확인한다.	• 위험 평가 프로세스에서 예상되지만 완화 또는 이벤트 실행 계획으로 해결되지 않은 IT관련 사고 및 이벤트의 누적 비즈니스 영향

정보 보안 컴플라이언스 모니터링

정보 보안 컴플라이언스 모니터링의 목적은 법률, 규정, 계약, 산업 표준 또는 조직 정책과 관련된 정보 보안 의무에 따라 정보 보안 통제가 지속적이며 우선 순위에 따라 해결되도록 하는 것이다.

COBIT 5 지침

COBIT 5는 외부 요구 사항 준수를 위한 보안 모니터링 및 보고에 대한 특정 지침을 제공하는 것이다.

외부 요구 사항을 준수하는 과정에서 COBIT 5는 다음 단계를 정의한다.

1. **외부 규정 준수 요구 사항 식별** : 지속적으로 조직이 IT 관점의 컴플라이언스는 현지 및 국제 법률, 규정 및 기타 외부 요구 사항의 변경 사항을 식별하고 모니터링 한다.

2. **외부 요구 사항에 대한 응답 최적화** : 법률, 규제, 계약 요구 사항이 해결되고 전달되도록 정책, 원칙, 표준, 절차, 방법론을 검토하고 조정한다. 도입 및 채택을 위한 산업 표준, 모범 사례, 모범 사례 지침을 참고한다.

3. **외부 컴플라이언스 확인** : 법률, 규제, 계약 요구 사항에 대한 정책, 원칙, 표준, 절차, 방법론의 준수 여부를 확인한다.

4. **외부 규정 준수 보장** : 정책, 원칙, 표준, 절차, 방법론 준수 및 컴플라이언스에 대한 보증을 확보하고 보고한다. 규정 준수 격차를 해결하기 위한 시정 조치가 적시에 종료되었는지 확인한다.

컴플라이언스 전략

다음 단계는 정보 보안 준수 모니터링에 대한 일반적인 접근 방식이다.

1. 기관의 규정 준수 문제(예 : 법적, 위험, 관리, 개인 정보 보호, 감사)를 정기적으로 처리하는 주요 이해 관계자 또는 파트너를 식별한다.

2. 보안 및 개인 정보 보호에 대한 특정 요구 사항을 처리하는 주요 표준, 규정, 계약 약정 및 기타 영역을 식별한다.

3. 진행 상황을 결정하는데 적용할 수 있는 각 컴플라이언스 요구 사항에 대한 차이를 분석한다.

4. 교정에 도움되는 우선 순위가 정해진 실행 계획을 수립한다.

5. 다른 주요 이해 관계자와 협력하여 컴플라이언스 정책, 표준, 역할 및 책임 또는 절차를 수립한다.

18.3 보안 모니터링 및 개선 모범 사례

SGP는 보안 모니터링 및 개선 범주의 모범 사례를 2가지 영역과 8가지 주제로 분류하고 각 주제에 대한 상세한 점검 목록을 제공한다. 관련 영역과 주제는 다음과 같다.

- **보안 감사 :** 이 영역에서는 대상 환경(비즈니스 환경, 프로세스, 응용 프로그램 및 지원 시스템/네트워크)의 보안 상태를 철저하고 독립적이며 정기적으로 감사하기 위함 지침을 제공한다.

- **보안 감사 관리 :** 이 주제의 목적은 보안 제어가 효과적으로 구현되고 위험이 적절하게 관리되고 있는지 확인하고 대상 환경 소유자와 경영진에게 보안 상태에 대한 독립적인 평가를 제공하는 것이다.

  - 보안 감사 프로세스 – 계획 : 보안 감사 방법론에 대한 지침을 제공한다.

  - 보안 감사 프로세스 – 현장 조사 : 배경 자료 수집, 보안 감사 테스트 수행, 테스트 결과 기록과 관련된 활동 점검 목록을 제공한다.

  - 보안 감사 프로세스 – 보고 : 보안 감사 보고서에 포함되는 항목에 대한 점검 목록과 보고 프로세스에 대한 지침을 제공한다.

  - 보안 감사 프로세스 – 모니터링 : 보안 감사 중 식별된 위험을 효과적으로 처리하고 컴플라이언스 요구 사항을 충족시키며 합의된 시간 내에 합의된 보안 통제를 구현할 수 있도록 실행 점검 목록을 제공한다.

- **보안 성과 :** 법적, 규제 및 계약 요구 사항과 관련된 준수 사항, 정기적인 조직 전반의 정보 보안 상태 유지, 경영진과 같은 특정 대상을 위한 결과 보고와 같은 정보 위험 모니터링에 대한 지침을 제공한다.

- **보안 모니터링 및 성과** : 목표는 선택된 대상을 위해 관련성이 있고 정확하고 포괄적이며 일관된 정보 보안 성과를 평가하는 보고 기능을 확인하는 것이다.
- **정보 위험 보고** : 이 주제의 목표는 경영진에게 조직 전체의 정보 위험에 대한 정확하고 포괄적이며 일관된 관점에서 제공되는 보고 기능을 확인하는 것입니다.
- **정보 보안 컴플라이언스 모니터링** : 규제, 법률, 계약에서 파생된 정보 보안 통제로 구성되는 정보 보안 관리 프로세스에 대한 지침을 다룬다.

18.4 참고 문헌

- **CIS15** : Center for Internet Security. A Measurement Companion to the CIS Critical Security Controls. October 2015. https ://www.cisecurity.org/whitepapers/a-measurement-companion-to-the-cis-critical-controls/
- **ISAC09** : ISACA, The Risk IT Framework. 2009. www.isaca.org
- **PAYN06** : Payne, S., "A Guide to Security Metrics." SANS Institute White Paper. June 19, 2006. https ://www.sans.org/reading-room/whitepapers/auditing/guide-security-metrics-55
- **YEE17** : Yee, G., "Security Metrics : An Introduction and Literature Review." In Vacca, J. (Ed.), Computer and Information Security Handbook. Cambridge MA : Elsevier, 2017.

Index

Index

Index

Index